Fundamentals of Sumerian Grammar / Grundzüge der sumerischen Grammatik

Ancient Language Resources

K. C. Hanson, Series Editor

A. H. Sayce
Assyrian Grammar

Samuel A. B. Mercer
Introduction to Assyrian Grammar

The Student's Concise Hebrew-English
Lexicon of the Bible

Heinrich Ewald
Syntax of the Hebrew Language of the Old Testament

S. R. Driver
A Treatise on the Use of the Tenses in Hebrew

M. H. Segal
A Grammar of Mishnaic Hebrew

William B. Stevenson
Grammar of Palestinian Jewish Aramaic

Carl Brockelmann
Lexicon Syriacum

J. Payne Smith
A Compendious Syriac Dictionary

Theodor William Jennings
Lexicon to the Syriac New Testament

Eberhard Nestle
Syriac Grammar

Theodor Nöldeke
Compendius Syriac Grammar

Theodor Nöldeke
Mandaean Grammar / Mandäische Grammatik

August Dillman, Carl Bezold, and James A. Crichton
Ethiopic Grammar

William W. Goodwin
A Greek Grammar

William W. Goodwin
Syntax of the Moods and Tenses of the Greek Verb

Ernest D. Burton
Syntax of the Moods and Tenses of New Testament Greek

J. B. Smith
Greek-English Concordanc to the New Testament

W. E. Crum
A Coptic Dictionary

Thomas O. Lambdin
An Introduction to the Gothic Language

Fundamentals of Sumerian Grammar / Grundzüge der sumerischen Grammatik

Arno Poebel

Wipf & Stock Publishers
Eugene, Oregon

FUNDAMENTALS OF SUMERIAN GRAMMAR / GRUNDZÜGE DER SUMERISCHEN GRAMMATIK
Ancient Language Resources

ISBN: 1-59752-298-8

An earlier edition of this book was cataloged as follows:

Poebel, Arno (1881–)
Grundzüge der sumerischen grammatik / by Arno Poebel.
Rostocker orientalistische Studien, Bd. 1
Rostock: Selbstverlag des Verfassers
xv, 324 p.; 24 cm.
1. Sumerian language—Grammar. I. Title. I. Series

PJ4013 .P63

Manufactured in the U.S.A.

Contents

Series Foreword / K. C. Hanson
Select Bibliography / K. C. Hanson

Preface / V
Abbreviations / XIII

I. The People and Language of Sumer / 1
II. The Script and Writing System / 9
III. Phonology / 12
IV. Word Roots / 31
V. Formation of Connections / 35
VI. Sentence Elements / 39
VII. The Substantive / 43
VIII. The Adjective / 61
IX. The Pronouns / 65
X. Numbers / 104
XI. Equivalents of Prepositions and Conjunctions / 122
XII. The Verb / 168

Additions / 322
Corrections / 325

Series Foreword

The study of languages forms the foundation of any study of ancient societies. While we are dependent upon archaeology to unearth pottery, tools, buildings, and graves, it is through reading the documentary evidence that we learn the nuances of each culture—from receipts and letters to myths and legends. And the access to those documents comes only through the basic work of deciphering scripts, mastering vocabu-lary, conjugating verbs, and untangling syntax.

Ancient Language Resources (ALR) brings together some of the most significant reference works for the study of ancient languages, includ-ing grammars, dictionaries, and related materials. While most of the volumes will be reprints of classic works, we also intend to include new publications. The linguistic circle is widely drawn, encompassing Egyptian, Sumerian, Akkadian, Ugaritic, Phoenician, Hattic, Hittite (Nesite), Hurrian, Hebrew, Aramaic, Syriac, Ethiopic, Arabic, Greek, Coptic, Latin, Mandaean, Armenian, and Gothic. It is the hope of the publishers that this will continue to encourage study of the ancient languages and keep the work of groundbreaking scholars accessible.

—K. C. Hanson
Series Editor

Select Bibliography

Civil, Miguel. "The Sumerian Writing System: Some Problems." *Orientalia* 42 (1973) 21–34.

Cooper, Jerrold S. "Sumerian and Akkadian in Sumer and Akkad." *Orientalia* 42 (1973) 239–46.

Deimel, Anton. *Sumerisches Lexikon.* 8 vols. Scripta Pontificii Instituti Biblici. Rome: Pontifical Biblical Institute Press, 1928–50.

Edzard, Dietz Otto. *Sumerian Grammar.* Handbook of Oriental Studies. Leiden: Brill, 2003.

Falkenstein, A. *Archäische Texte aus Uruk.* Ausgrabungen der deutschen Forschungsgemeinschaft in Uruk-Warka 2. Berlin: Harrassowitz, 1936.

———. *Grammatik der Sprache Gudeas von Lagas.* 2 vols. Analecta Orientalia 28, 29, 29A. Rome: Pontifical Biblical Institute Press, 1949–50.

———. *Das Sumerische.* Handbuch der Orientalistik 1/2/1–2/1. Leiden: Brill, 1959.

Gostony, Colman Gabriel. *Dictionnaire d'étymologie sumérienne et grammaire comparée.* Paris: de Boccard, 1975.

Hallo, William W. "Sumerian Literature." In *Anchor Bible Dictionary,* edited by David Noel Freedman, 6:234–37. New York: Doubleday, 1992.

Hayes, John L. *A Manual of Sumerian Grammar and Texts.* 2d ed. Aids and Research Tools in Ancient Near Eastern Studies 5. Malibu: Undena, 2000.

Jacobsen, Thorkild. "Sumerian Grammar Today." *Journal of the American Oriental Society* 108 (1988) 123–33.

———. "The Sumerian Verbal Core." *Zeitschrift für Assyriologie* 78 (1988) 161–220.

Landsberger, Benno, et al. *Materialen zum sumerischen Lexikon / Materials for the Sumerian Lexicon.* Scripta Pontificii Instituti Biblici. Rome: Pontifical Biblical Institute Press, 1937–.

Lieberman, Stephen J., editor. *Sumerological Studies in Honor of Thorkild Jacobsen on His Seventieth Birthday, June 7, 1974.* Assyriological Studies 20. Chicago: University of Chicago Press, 1976.

Poebel, Arno. *Historical and Grammatical Texts.* Publications of the Babylonian Section 5. Philadelphia: University Museum, 1914.

———. *Miscellaneous Studies*. Assyriological Studies 14. Chicago: University of Chicago Press, 1947.

Römer, W. H. Ph. *Die Sumerologie: Einführung in die Forschung und Bibliographie in Auswahl*. 2d ed. Alter Orient und Altes Testament 262. Münster: Ugarit-Verlag, 1999.

Schildmann, Kurt. *Compendium of the Historical Grammar of Sumerian / Grundriss der historischen Grammatik des Sumerischen.* 3 vols. Bonn: n.p., 1964–70.

———. *Historical Grammar of Sumerian, HGS*. 2d ed. Acta et Studia Linguistica. Bonn: Kaufmann, 1981–.

Sjoberg, Åke. *The Sumerian Dictionary of the Museum of the University of Pennsylvania*. Philadelphia: Babylonian Section of the University Museum, 1984–.

Thomsen, Marie-Louise. *The Sumerian Language: An Introduction to Its History and Grammatical Structure*. 2d ed. Mesopotamia: Copenhagen Studies in Assyriology 10. Copenhagen: Akademisk, 1987.

Heinrich Zimmern

zum 60. Geburtstag

14. Juli 1922.

Vorwort.

An Darstellungen der sumerischen Grammatik hat es in den sieben Jahrzehnten, auf die nun die sumerische Forschung zurückblicken kann, nicht gefehlt; aber jeder Keilschriftkundige weiss auch, wie spröde das Sumerische sich gegen die Versuche, tiefer in sein grammatisches Verständnis einzudringen, verhalten hat. Die Ursachen lagen zu einem grossen Teil in der Sprache selbst und in der Art ihrer Überlieferung; ist doch das Sumerische dem Sprachtypus nach grundverschieden von den dem Keilschriftforscher gemeiniglich bekannten Sprachen und zudem auch noch in einem fremdartigen und ungewöhnliche Schwierigkeiten bietenden Schriftsystem überliefert, dessen Eigentümlichkeiten selbst erst zu enträtseln waren. Dazu kam noch, dass ein grosser Teil der sumerischen Texte, u. z. der Hauptsache nach der zuerst bekannt gewordene oder wenigstens zuerst untersuchte, aus einer Zeit stammt, in der das Sumerische als Volkssprache schon seit Jahrhunderten und Jahrtausenden erloschen war; die Sprache dieser Texte ist, wie wir jetzt wissen, verderbt und war darum ein wenig taugliches Objekt für den Versuch, die grammatischen Eigentümlichkeiten des Sumerischen festzustellen. Indessen trug doch zu einem nicht unbeträchtlichen Teil auch die sumerische Forschung selbst Schuld daran, dass sie sich nicht so, wie es vielleicht hätte erwartet werden können, entwickelte, indem sie selbst sich durch mehr oder minder übereilte, aber trotzdem zeitweilig fast allgemein angenommene Theorien den Weg zu einer besseren Erkenntnis versperrte; ich erinnere, ganz absehend von der seinerzeit von vielen Assyriologen und so zeitweise auch von Delitzsch geteilten Ansicht Halévys, dass die sumerischen Inschriften eine künstliche „Allographie“ des semitischen Babylonisch oder eines anderen alten semitischen Idioms darstellten, nur an das Dogma von dem ideographischen Charakter der sumerischen Schrift, das auch in den Kreisen, welche nie an der „Echtheit“ des Sumerischen zweifelten, ganz allgemein herrschte, an die damit teilweise zusammenhängende Theorie von dem sogenannten überhängenden Vokal, den der Sumerier jedem Wurzelwort habe anfügen können, und schliesslich an die Ansicht, dass gewisse Bildungselemente des Nomens und besonders des Verbums ohne irgendwelche oder doch wenigstens ohne nennenswerte Bedeutungsunterschiede in kürzerer oder erweiterter Gestalt hätten erscheinen und auch mit lautlich ganz andersartigen Elementen hätten wechseln können, Annahmen, die notwendig zu der merkwürdigen Ansicht führen mussten, dass das Sumerische trotz eines verwirrenden Reichtums an Formen und Kombinationsmöglichkeiten dennoch viele auch der wichtigsten grammatischen Denkformen nicht eindeutig zur Darstellung bringe.

Demgegenüber stand es mir von Anfang an fest, dass die restlose Erschliessung des grammatischen Systems der sumerischen Sprache nur durch eine genaue Beobachtung auch der geringsten lautlichen Eigentümlichkeiten der sumerischen Wortformen und Bildungselemente, der Eigentümlichkeiten der Wortkombinationen und nicht zum mindesten auch der Besonderheiten des Schriftsystems erfolgen könne. Diese Überzeugung führte zuerst zu der Erkenntnis des phonetischen Charakters des entwickelten sumerischen Schriftsystems,[1] wodurch zunächst einmal ein sicherer Grund für die Ansetzung der Wortformen usw. geschaffen wurde, und weiterhin zu der sich immermehr erweiternden Erkenntnis, dass viele der bis dahin als mehr oder minder belanglos angesehenen lautlichen Elemente gerade besonders wichtige Träger grammatischer Funktionen darstellen. Sehr wichtige Resultate ergab auch das Auseinanderhalten der verschiedenen Perioden, aus denen die uns zur Verfügung stehenden Texte stammen, sowohl im Hinblick auf die Eigentümlichkeiten des Schriftsystems als auch hinsichtlich des zu der betreffendenZeit herrschenden grammatischen Systems.

Zu welchen Erfolgen im Einzelnen diese Beobachtungsmethode geführt hat, das zu zeigen möge dem vorliegenden Buch selbst und einem Vergleich desselben mit den früheren Darstellungen der sumerischen Grammatik durch den Benutzer des Buches überlassen bleiben.[2] Eine bis in alle Einzelheiten und nach allen

---

[1]) S. Kap. I meiner Schrift: „Die sumerischen Personennamen zur Zeit der Dynastie von Larsam und der ersten Dynastie von Babylon", 1910 (im Selbstverlag).

[2]) Dankbar aber sei an dieser Stelle Thureau-Dangins gedacht, der durch seine scharfsinnige und durch musterhafte Akribie ausgezeichnete

Richtungen hin völlig abgeschlossene Darstellung der sumerischen Grammatik ist allerdings auch heute noch nicht möglich; sie zu geben verhindert gegenwärtig noch, wie jeder weiss, der sich mit sumerischen Texten irgendwie ernsthaft beschäftigt hat, allein schon die in manchen Punkten recht fühlbare Unvollkommenheit des uns zur Verfügung stehenden sprachlichen Untersuchungsmaterials; sind es doch oft nur bestimmte Gattungen von Texten, auf die unsere sprachlichen Untersuchungen angewiesen sind. Mein Buch trägt deshalb auch wie das Friedrich Delitzsch's nur den Titel „Grundzüge der sumerischen Grammatik". Das aber darf mit voller Sicherheit behauptet werden, dass die hier niedergelegten Erkenntnisse den sicheren Kern bilden, um den herum sich die aus neuen Texten und aus weiteren Untersuchungen sich ergebenden grammatischen Erkenntnisse ankristallisieren werden. Ich habe es mir aus diesem Grunde, woimmer es möglich war, angelegen sein lassen, ausdrücklich auch darauf aufmerksam zu machen, was wir jetzt noch nicht wissen können oder wo eine genauere Untersuchung noch aussteht, in der Hoffnung, dass dies späteren Forschungen ein Fingerzeig dafür sein möge, wo eine fruchtbare Untersuchung einsetzen kann, bez. damit eine leichtere Erkennung der Bedeutung neu auftauchender grammatischer Formen und deren sichere Einreihung in das System der sumerischen Grammatik ermöglicht werde.

Was die Anlage der Grammatik anlangt, so ist darin nach Möglichkeit dem agglutinierenden Charakter des sumerischen Sprachsystems Rechnung getragen worden. Indessen war es doch geboten, in einem wenngleich nicht durchweg, so doch in sehr vielen und sehr wesentlichen Punkten und vor allem auch als durchgreifende Gesamtdarstellung erstmaligen Aufriss der sumerischen Sprache darauf Rücksicht zu nehmen, dass der Benutzer der Grammatik zunächst doch unwillkürlich mit Vorstellungen, die auf den Denkkategorien seiner eigenen Sprache beruhen, an das Sumerische herantritt. Es wird deshalb in dieser Grammatik an den Stellen, wo grammatische Erscheinungen der uns geläufigen flektierenden Sprachen ihren Platz finden würden, auch auf diese Bezug genommen, bez. auf die Paragraphen verwiesen, in denen die entsprechenden sumerischen Erscheinungen dem sumerischen Sprachsystem zu-

---

Arbeit an den alten einsprachigen Texten den W g dazu geebnet hat, dass auch diese wichtigste Gruppe der sumerischen Inschriften für die Grammatik nutzbar gemacht werden konnte.

folge haben behandelt werden müssen; aus rein praktischen Gründen und stets unter ausdrücklicher Hervorhebung des Sachverhaltes sind jedoch in einzelnen Fällen, wie z. B. bei der Darstellung des sumerischen Relativsatzes und mancher konjunktionalen Verhältnisse, die sumerischen Spracherscheinungen an der Stelle ausführlicher behandelt, wo in einer Darstellung unserer eigenen Sprache die ihnen entsprechenden Erscheinungen zu behandeln wären, und nur darauf bezügliche Hinweise an den Stellen gegeben, wo diese Erscheinungen dem sumerischen Sprachsystem zufolge besprochen werden müssten.

Ebenfalls aus rein praktischen Gründen und zweifellos zum Vorteil derer, die sich in das Sumerische einarbeiten wollen, sind jeweils die lautlichen und syntaktischen Erscheinungen in den einzelnen Kapiteln behandelt, obgleich sie in einer einheitlichen Übersicht zusammengefasst werden könnten und dies auch tatsächlich in dem Kapitel „Lautlehre" hinsichtlich der lautlichen Vorgänge und in dem Kapitel über die Kettenbildung wenigstens hinsichtlich bestimmter syntaktischer Erscheinungen geschehen ist. Die einheitliche Darstellung des gesamten syntaktischen Systems allerdings muss noch einer künftigen Behandlung vorbehalten werden. Eine Scheidung zwischen Formenlehre und Syntax dagegen, wie wir sie bei der Darstellung flektierender Sprachen gewöhnt sind, ist selbstverständlich im Sumerischen nicht oder wenigstens nicht in der gleichen Art wie in den eben erwähnten Sprachen möglich, da das Sumerische als agglutinierendes Idiom kein eigentliches, zu einem selbständigen Bestandteil seines Sprachsystems gewordenes Formensystem besitzt, sondern sein Sprachsystem im wesentlichen nur mit Hilfe der Syntax aufbaut.

Zur Veranschaulichung der Regeln und Bedeutungserklärungen sind den einzelnen Paragraphen stets die nötigen Belege aus den sumerischen Inschriften beigegeben, u. z. ist in der Regel, um dem Benutzer die eigene Nachprüfung zu erleichtern, jede Stelle so vollständig angeführt, dass der syntaktische Zusammenhang ersichtlich ist. Dass ich wegen der grossen Schwierigkeiten, welche die Erfassung der grammatischen Eigentümlichkeiten des Sumerischen und demgemäss auch das selbständige Übersetzen sumerischer Texte bisher geboten hat, den angeführten Stellen auch die deutsche Übersetzung beizufügen für nötig befunden habe, wird man, glaube ich, nur begrüssen.

Zur Ergänzung des vorliegenden Buches werden als ein weiterer Band der „Rostocker Orientalistischen Studien" meine

„Sumerischen Lesestücke" mit einem grammatisch orientierten Glossar für die Lesestücke sowohl als auch für die in der Grammatik angeführten Belegstellen erscheinen.[1] Dem Buche werden ausserdem noch einige grammatische Kapitel beigegeben werden, die von den syntaktischen Partikeln (-eše, -gišen, -am usw.), der Betonung der sumerischen Wortformen und anderen Gegenständen handeln werden. Die ursprüngliche Absicht, die Lesestücke zusammen mit der Grammatik in einem Bande zu veröffentlichen, musste aus finanziellen Gründen aufgegeben werden.

Der Abfassung und Drucklegung der Grammatik haben bei der Ungunst der Zeiten viele äussere Schwierigkeiten im Wege gestanden, die zu überwinden es grosser Anstrengungen und reichlicher Opfer an Zeit und Geld bedurfte. Leider war es mir mangels der dazu erforderlichen Geldmittel nicht möglich, eine Reihe von ausländischen Veröffentlichungen, deren grammatisches Material ich gern herangezogen hätte, zu beschaffen. Um so höheren Dank weiss ich deshalb den Herren Clay, Nies †, Langdon, Thureau-Dangin, Scheil, Deimel, Barton, Meek, Lutz und Luckenbill dafür, dass sie mir in liebenswürdiger Weise manche der von ihnen veröffentlichten Bücher oder Sonderabzüge ihrer einschlägigen Arbeiten haben zukommen lassen. Herrn Böhl, besonders aber Herrn Clay sei auch mein Dank ausgesprochen für die Gewinnung von im voraus zahlenden Subskribenten, wodurch allein es möglich wurde, die Grammatik in Druck zu geben,[2]

---

[1]) Die „Lesestücke" geben die Texte in grammatisch zergliederter Umschrift; doch wird einigen von ihnen ausserdem noch eine der sumerischen Orthographie entsprechende Transkription, sowie die Übersetzung und im Anhang der Keilschrifttext beigefügt werden. Es ist damit beabsichtigt denen, die sich mit dem Sumerischen beschäftigen wollen, ein rasches und doch gründliches Sicheinlesen zu ermöglichen.

[2]) Man möge mir verzeihen, dass ich bei dieser Gelegenheit an diejenigen, welche die „Sumerischen Lesestücke" zu bestellen geneigt sind, die Bitte richte, auch diesmal den Subskriptionspreis, der für im voraus zahlende ausländische Subskribenten 2.50 Dollar = 13 Schweizer Franken = 10¼ englische Schilling = 6 holländische Gulden (in Halbleder gebunden 3 Dollar = 12⅓ englische Schilling = 7.20 holländische Gulden) und in den Währungen anderer Länder eine dem Dollarpreis entsprechende Summe beträgt, im voraus zu entrichten; es wird leider nur so möglich sein, das Erscheinen der Lesestücke in nächster Zeit zu sichern. Nach dem Erscheinen des Buches wird der Preis bedeutend höher sein. Es wird gebeten vom Ausland nur Zahlungen in ausländischer Währung zu leisten und bei Einzelbestellungen wegen der hohen Einzugskosten nicht mit Scheck zu zahlen, sondern Banknoten in eingeschriebenem Brief einzusenden, bez. dem Scheck die **Einzugskosten beizufügen.**

und ebenso auch Herrn Muss-Arnolt für eine mir sehr überraschend gekommene Gabe. Ich glaube, dass den genannten Herren auch die Wissenschaft dankbar sein wird für diese ihre Beihilfe zu dem Zustandekommen der Grammatik.

Schliesslich aber muss ich auch der Ww. Winterbergschen Buchdruckerei in Rostock Erwähnung tun, welche den Druck der Grammatik unter ausserordentlich entgegenkommenden Bedingungen übernommen hat, als es mir wegen der an anderen Stellen geforderten Druckpreise bereits als unmöglich erscheinen wollte, die Veröffentlichung der Grammatik zu bewirken. Für die sorgfältige Durchführung des unternommenen schwierigen Werkes trotz aller durch die traurigen Zeitverhältnisse veranlassten Hindernisse sei der Druckerei mein ganz besonderer Dank abgestattet.

Rostock, im Mai 1923.

A. Poebel.

Inhalt.

	Paragraph	Seite
Vorwort		V
Abkürzungen		XIII
I. Volk und Sprache der Sumerier	1-8	1
II. Die Schrift und das Schriftsystem	9-13	9
III. Lautlehre	14-87	12
1. Die Vokale	14-30	12
2. Die Konsonanten	31-87	17
IV. Die Wortwurzeln	88-97	31
V. Die Kettenbildung	98-105	35
VI. Die Satzteile	106-114	39
VII. Das Substantivum	115-162	43
1. Die Bildung der Substantiva	115-123	43
2. Das Geschlecht	124-127	46
3. Determination	128-131	48
4. Der Numerus	132-150	49
5. Das Kasusverhältnis	151-162	58
VIII. Das Adjektivum	163-175	61
XI. Die Fürwörter	176-286	65
1. Das persönliche Fürwort	176-205	65
A. Die selbständige einfache Form	176-191	65
B. Die enklitische Form	192-197a	70
C. Die verstärkte Form	198-205	74
2. Das besitzanzeigende Fürwort	206-222	76
3. Das hinweisende Fürwort	223-234	81
4. Das fragende Fürwort	235-251	84
5. Ausdruck des unbestimmten Fürwortes	252-257	90
6. Das verallgemeinernde Fürwort	258-267	92
7. Die Relativbeziehung	268-280	97
8. Das Reflexivverhältnis	281-284	102
9. Das reziproke Verhältnis	285-286	103
X. Das Zahlwort	287-338	104
1. Die Grundzahlen	287-309	104
2. Das Distributivverhältnis	310.311	113
3. Das multiplikative Zahladverbium	312-317	114
4. Die Ordnungszahlen	318-329	116
5. Die Bruchzahlen	330-338	120
XI. Die Verhältniswörter und sonstigen Verhältnisbezeichnungen (Äquivalente von Präpositionen und Konjunktionen)	339-440	122
1. Die Postpositionen	339-395	122
2. Das kopulative Verhältnis (Begriffe „und“, „auch“, „oder“)	396-418	145

	Paragraph	Seite
3. Das konjunktionale Satzverhältnis	419-440	155
A. Beiordnende Satzverhältnisse	420-428	155
B. Der abhängige Satz	429-439	161
C. Verbalnomen und Postposition	440	167
XII. Das Verbum	441-731	168
A. Die Verbalwurzel	442-446f	168
B. Die verbalen Bildungselemente	447-720	173
I. Die Behauptungsform	447-640a	173
1. Die Subjektselemente	447-485	173
2. Die dimensionalen Infixe	486-516	188
3. Akkusativische Personalelemente	517-520	206
4. Die Kausativelemente	521-531	208
5. Die Präfixe	532-624	213
A. Das Präfix i-	534-548a	214
B. Das Präfix mu-	549-571	220
C. Das Präfix al-	572-584	230
D. Das Präfix bi-	585-589	237
E. Das Präfix immi-	590-597	240
F. Das Präfix ba-	598-612a	432
G. Das Präfix imma-	613-622	250
H. Das Präfix abba-	623.624	254
6. Das Futurelement ed-	625-627	255
7. Die Negationen	628-638	257
8. Beteuerungsformen	639-640a	260
II. Die Wunschformen	641-673	261
A. Die positiven Wunschformen	642-669	262
1. Die Wunschpartikel ḫe-	642-650	262
2. Die Wunschpartikel de-	651.652	265
3. Die Wunschpartikel u-	653-662	266
4. Die Wunschpartikel ga- (ES auch da-)	663-669	272
B. Die negierte Wunschform	670-673	274
1. Die Prohibitivpartikel na-	670-672a	274
2. Bara- als Prohibitivpartikel	673	276
III. Die Befehlsform	674-681	276
IV. Die Verbalnomina	682-730	279
A. Allgemeine Klassifizierung usw.	682-684	279
B. Die Verbalnomina im Einzelnen	685-720	280
1. Die Nomina agentis LAL und LAL-e(d)	685-692	280
2 Die Nomina actionis LAL-a und LAL-ed-a	693-720	284
I. Das Nomen actionis in infinitivischer Bedeutung	695-709	285
II. Das appositionell gebrauchte Nomen actionis (Passives und intransitives Partizipium)	710-730	291
C. Lautliche Veränderungen der Bildungselemente der Verbalnomina	721-730	297
C. Paradigmen der Verbalformen	731	301
Nachträge		322
Berichtigungen		325

Abkürzungen.

AAS	Assyriologische und archaeologische Studien, H. V. Hilprecht gewidmet.
AB	Assyriologische Bibliothek.
A-d 2 usw.	Ammi-ditana, 2. Jahr, usw.
AFD	Gautier, Archives d'une famille de Dilbat au temps de la première dynastie de Babylone.
AH	Delitzsch, Assyrisches Handwörterbuch.
AJSL	American Journal of Semitic Languages and Literatures.
AK	Winckler, Altbabylonische Keilschrifttexte.
akk.	akkadisch.
AL³	Delitzsch, Assyrische Lesestücke, 3. Auflage.
AO 1100 usw.	Louvre-Museum, Antiquités orientales, Inventarnummer 1100 usw.
AS	Haupt, Die akkadische Sprache.
ASK	Haupt, Akkadische und sumerische Keilschrifttexte.
Ass. 2559 usw.	Assurfunde im Ottomanischen Museum in Konstantinopel, Inventarnummer 2559.
BA	Beiträge zur Assyriologie.
BAP	Meissner, Beiträge zum altbabylonischen Privatrecht.
BE	The Babylonian Expedition of the University of Pennsylvania. Series A.: Cuneiform Texts.
Bertinsche Tafel	Bertin, Notes on the Assyrian and Akkadian Pronouns, Tafel I und II (JRAS XVII S. 65).
bez.	beziehentlich, beziehungsweise.
BM	Britisches Museum, Department of Egyptian and Assyrian Antiquities, Inventarnummer.
Br.	Brünnow, A Classified List of all Simple and Compound Cuneiform Ideographs.
Brüss. Vok.	Brüsseler Vokabular = de Genouillac, Vocabulaire suméro-babylonienne à l'usage des devins d'Ourouk (RA X S. 69ff. und Tafel: Vocabulaire du Musée de Bruxelles).
CBS	Universitätsmuseum in Philadelphia, Catalogue of the Babylonian Section.
CDSA	Thureau-Dangin, La chronologie des dynasties de Sumer et d'Accad.
Chic. Voc.	Chicago Vocabulary = Luckenbill, The Chicago Syllabary (AJSL XXXII S. 169ff.).
CT	Cuneiform Texts from Babylonian Tablets, &c., in the British Museum.
Del.	Delitzsch.

DP	Délegation en Perse.
DPr.	Allotte de la Fuye, Documents présargoniques.
EDSA	Gadd, The Early Dynasties of Sumer and Akkad.
ES	Eme SAL
GSG	Delitzsch, Grundzüge der sumerischen Grammatik.
GT	Poebel, Grammatical Texts (UPUM VI 1)
HGT	Poebel, Historical and Grammatical Texts (UPUM V).
H-r	Hammurabi.
HRETA	Nies und Keiser, Historical, Religious and Economic Texts and Antiquities.
HT	Poebel, Historical Texts (UPUM IV 1).
ITT	Mission française de Chaldée. Inventaire des tablettes de Tello conservées au Musée Impérial Ottoman.
JRAS	Journal of the Royal Asiatic Society.
KARI	Ebeling, Keilschrifttexte aus Assur religiösen Inhalts (WVDOG 28 usw.)
KBo	Keilschrifttexte aus Boghazköi (WVDOG 30 usw.)
Ko.	Kollektivum.
Kol.	Kolumne.
koll.	kollektivisch.
LAKF	Deimel, Liste der archaischen Keilschriftzeichen von Fara (WVDOG 40).
LC	Thureau-Dangin, Lettres et contrats de l'époque de la première dynastie babylonienne.
LIH	King, The Letters and Inscriptions of Ḫammurabi, King of Babylon.
MAT	Smith, Miscellaneous Assyrian Texts of the British Museum.
MI	Clay, Miscellaneous Inscriptions in the Yale Babylonian Collection (= Yale Oriental Series. Babylonian Texts I)
MST	Radau, Miscellaneous Sumerian Texts from the Temple Library of Nippur (AAS S. 374ff.)
MVG	Mitteilungen der Vorderasiatischen Gesellschaft.
NFT	Nouvelles fouilles de Tello, herausgegeben von Cros.
Nik.	Nikolsky, Documents de comptabilité.
Nr.	Numero.
NVB	Scheil, Nouveau vocabulaires babyloniens.
o. ä.	oder ähnlich.
OLZ	Orientalistische Literatur-Zeitung.
Ovale Platte	SAK S. 54 (Découvertes en Chaldée, partie épigraphique S. L).
Pl.	Plural.
plur.	pluralisch.
PSBA	Proceedings of the Society of Biblical Archaeology.
1 R 5 usw.	Rawlinson, Cuneiform Inscriptions of Western Asia, 1. Band, Platte 5, usw.
RA	Revue d'assyriologie.
RMANB	Thompson, The reports of the Magicians and Astrologers of Niniveh and Babylon.
ROEC	Thureau-Dangin, Recherches sur l'origine de l'écriture cunéiforme.

Rs.	Rückseite.
R-S	Rim-Sin.
R-S-Š-b	Rim-Sin-Šala-baštašu, unveröffentlichte Inschrift, jetzt in der orientalischen Sammlung von Yale University.
RTC	Thureau-Dangin, Recueil de tablettes chaldéennes.
S.	Seite.
Sa, usw.	Syllabar a, usw.
SAI	Meissner, Seltene assyrische Ideogramme.
SAK	Thureau-Dangin, Die sumerischen und akkadischen Königsinschriften.
Sá-tilla	Pelagaud, Sá-tilla. Textes juridiques de la seconde dynastie d'Our (Bab. III S. 81ff.).
SBH	Reisner, Sumerisch-babylonische Hymnen nach Tontafelfunden griechischer Zeit.
SBMGN	Hrozný, Sumerisch-babylonische Mythen von dem Gotte Ninrag (Ninib). MVAG VIII S. 159ff.
SELGT	Meek, Some Explanatory Lists and Grammatical Texts (RA XVII S. 117ff.).
Sg.	Singular.
S-i	Samsu-iluna.
SK	Zimmern, Sumerische Kultlieder aus altbabylonischer Zeit (VS II und X).
S-m	Sin-muballiṭ
SP	Poebel, Die sumerischen Personennamen zur Zeit der Dynastie von Larsam und der ersten Dynastie von Babylon.
ŠRT	Gray, The Šamaš Religious Texts.
STHSM	Hussey, Sumerian Tablets in the Harvard Semitic Museum.
Str. W.	Strassmaier, Die altbabylonischen Verträge aus Warka (Verhandlungen des 5. internationalen Orientalisten-Congresses, II. Teil, 1. Hälfte S. 315ff.).
TSA	de Genouillac, Tablettes sumériennes archaiques.
TT	Reisner, Tempelurkunden aus Telloh.
u. ä. ö.	und ähnlich öfters.
UDT	Nies, Ur Dynasty Tablets (AB XXV).
UPUM	University of Pennsylvania. The University Museum. Publications of the Babylonian Section.
u. o.	und oft.
u. ö.	und öfters.
VA	Vorderasiatische Abteilung der Berliner Staatsmuseen (früher Königliche Museen).
Vok. Ass. 523	Zimolong, Das sumerisch-assyrische Vokabular Ass. 523.
Vs.	Vorderseite.
VS	Vorderasiatische Bibliothek.
Yale Voc.	Yale Vocabulary (= MI Nr. 53).
Z	Zabium.
ZA	Zeitschrift für Assyriologie.
ZK	Zeitschrift für Keilschriftforschung.
ZSSR	Zeitschrift der Savigny-Stiftung für Rechtsgeschichte.
Zyl.	Zylinder.

I. Volk und Sprache der Sumerier.

1. Schon zu Beginn der uns bekannten Geschichte Baby- §1
loniens treten uns die Sumerier als die Bewohner der südlichen Hälfte Babyloniens entgegen, während der nördliche Teil des Landes auch damals schon in der Hauptsache eine semitische Bevölkerung aufweist, die seit dem Aufkommen der semitischen Dynastie von Akkad in Nordbabylonien im Gegensatz zu den Sumeriern als Akkader bezeichnet wurde. Wir haben jedoch guten Grund zu der Annahme, dass die Sumerier in früheren, also in jetzt noch prähistorisch zu nennenden Zeiten einmal die ganze babylonische Tiefebene, vielleicht auch noch Ländergebiete ausserhalb Babyloniens bewohnt haben; denn nur so lässt sich eine hinreichende Erklärung für die Tatsache gewinnen, dass die gesamte babylonische Kultur in jener älteren Zeit ein durchaus sumerisches Gepräge trägt. Trotzdem würde es übereilt sein, wenn man aus diesem Grunde in den Sumeriern die autochthone Urbevölkerung Babyloniens sehen wollte. Denn wenn in historischer Zeit die Eufrat- und Tigrisebene ständig den Invasionen mannigfacher Völkerschaften ausgesetzt war, und wenn vor allem infolge der unmittelbaren Nähe der grossen semitischen Völkerkammer Arabien die semitische Völkerrasse immer und immer wieder in die babylonische Tiefebene eindrang und die dort befindliche andersartige Bevölkerung vertrieb oder in sich aufsog, so dürfen wir ohne weiteres annehmen, dass der offene oder latente Kampf der Völker um den Besitz Babyloniens sich auch schon unzählige Male in prähistorischer Zeit abgespielt hat. Auch die Sumerier sind darum zweifellos nur eines der vielen Völker gewesen, die im Laufe der Geschichte von aussen her in Babylonien eingedrungen sind. Vor ihnen aber wird das Land, nach der Analogie der späteren Zeiten zu schliessen, aller Wahrscheinlichkeit nach im Besitz einer älteren semitischen Bevölkerung gewesen sein. Aus welchem der umliegenden oder auch entfernteren Länder

aber die Sumerier gekommen sein mögen, darüber lässt sich bis jetzt noch keine mit triftigen Gründen zu stützende Vermutung hegen; nur das darf als sicher gelten, dass sie nicht aus dem von Semiten bewohnten Arabien eingedrungen sein können. Auch ihre Sprache vermag uns gegenwärtig noch keinerlei Anhaltspunkte für irgendwelche Mutmassung hinsichtlich ihrer früheren Wohnsitze oder ihrer Verwandtschaft mit anderen Völkern zu geben; denn das Sumerische hat bisher noch nicht als zu einer uns auch anderweitig bekannten Sprachgruppe gehörend erwiesen werden können. Nichts auch lässt sich aus dem Namen schliessen, mit welchem das Volk und sein Land bezeichnet wurden; denn der sumerische Name für das von den Sumeriern bewohnte Gebiet, nämlich Kengi(r) oder Kingi(r) „Südbabylonien", worauf allem Anschein nach auch die akkadische Volksbezeichnung Šumerû „Sumerier" zurückgeht, bedeutet nach einem Vokabular[1] nichts weiter als „das Land".[2]

§ 2 In historischer Zeit erliegt das sumerische Volk allmählich der semitischen Volksrasse und seine Sprache dem Akkadischen. Wir sahen bereits, dass schon in den ältesten Zeiten der babylonischen Geschichte, soweit wir sie kennen, Semiten in Nordbabylonien sitzen und damals schon das sumerische Volkstum in der Hauptsache auf Südbabylonien beschränkt ist. Einen besonders fühlbaren Rückschlag für die Sumerier bedeutete aber im ersten Viertel des 3. Jahrtausends v. Chr. das Emporkommen des nordbabylonischen Reiches von Akkad, dessen berühmter Gründer, der mächtige Erobererkönig Šarrukîn, den sumerischen Süden unterwarf, und dessen nächste, nicht minder kriegerische Herrscher bei den verschiedenen Aufständen des Südens grosse Mengen von Sumeriern in die Gefangenschaft führten und dafür Semiten in Südbabylonien ansiedelten. Und wenn auch später nach der Befreiung Babyloniens von der Gutäerherrschaft in dem starken südbabylonischen Reiche von Ur sumerisches Staatswesen und sumerische Kultur noch einmal eine hohe Blüte erreichten, so sind doch die semitischen Namen der drei letzten Könige von Ur ein beredtes Zeichen dafür, wie sehr sich das Semitentum auch damals schon in Südbabylonien festgesetzt hatte. Im Laufe einer neu einsetzenden semitischen Einwanderung, die beim Sturz des Reiches von Ur um die Mitte des 24. Jahrhunderts v. Chr.

---

1) 5R 59 Nr. 1 Kol. 2_9.

2) Vielleicht stellt Kengi(r) nur eine einem andern Dialekt entnommene Form von kalamma, ES kanagga „Land" dar.

zur Gründung der semitischen Reiche von Isin und Larsam führte, ist das sumerische Volkstum nun auch in Südbabylonien sehr rasch geschwunden und vor allem das Sumerische als Volkssprache schnell erloschen. Ob sich vielleicht weiter südlich im Meerlande Reste sumerischen Volkstums neben der auch dort sich findenden semitischen Bevölkerung noch längere Zeit haben halten können, ist gegenwärtig noch nicht sicher zu erweisen; ein Hinweis darauf darf aber vielleicht in der Tatsache erblickt werden, dass mehr als die Hälfte der Könige der ersten Meerlanddynastie, die bis in die Kassitenzeit hinein im Süden regierte, sumerische Namen trugen.

Der Untergang des sumerischen Volkstums und das Erlöschen § 3
des Sumerischen als Volkssprache hat aber nicht zu hindern vermocht, dass das Sumerische noch über zwei Jahrtausende von den Gelehrten und Gebildeten Babyloniens als die alte Kultursprache weitergepflegt wurde. Auch in den spätesten Zeiten musste, wer Anspruch auf Bildung und Gelehrsamkeit erheben wollte, Sumerisch studiert haben; ja, dieses bildete überhaupt in den babylonischen Schulen die Grundlage des Unterrichts und musste dies schon deswegen, weil die völlige Beherrschung des akkadischen Schriftsystems eine gewisse Kenntnis der sumerischen Sprache voraussetzte. In dieser wurden auch noch geraume Zeit mit Vorliebe die königlichen Inschriften abgefasst, und ebenso blieb das Sumerische, wenigstens in den grossen Zentren der sumerischen Gelehrsamkeit, wie z. B. in Nippur, bis in die Zeit Samsuilunas von Babylon die Sprache der Rechtsurkunden, und auch an anderen Orten wurden in den Urkunden noch lange mit Vorliebe wenigstens die alten sumerischen Termini technici angewandt. Aber auch auf anderen kulturellen und besonders auf allen von der Wissenschaft gepflegten Gebieten, wie z. B. in der Medizin, der Pflanzenkunde, der Baukunst usw., erbten sich die sumerischen Benennungen und Fachausdrücke fort. Unzählige sumerische Wörter sind auch als Kulturlehnwörter in die akkadische Sprache übergegangen. Vor allem war es aber die Priesterschaft, welche das Sumerische als die geheiligte Sprache der babylonischen Religion weiterpflegte; so schufen beispielsweise noch in der Zeit der Dynastien von Isin, Larsam und Babylon priesterliche Dichter in Nippur sumerische Hymnen und Gebete, und solche Dichtungen und besonders auch Beschwörungen wurden sogar noch in seleucidischer Zeit in den babylonischen Heiligtümern und sonst bei religiösen Handlungen sumerisch rezitiert.

Auch bei den fremden Völkern, zu denen babylonische Kultur und Gelehrsamkeit drang, fand mit dieser das Studium der alten sumerischen Sprache Eingang, wie die sumerisch-akkadisch-hethischen Vokabulare, die in der Hethiterhauptstadt Boghazköi gefunden worden sind, beweisen. Es braucht wohl kaum besonders hervorgehoben zu werden, welch überraschende Parallele dieses Weiterleben des Sumerischen zu der Pflege des Lateinischen bei den europäischen Völkern während des Mittelalters und in der Neuzeit bildet.

§ 4 2. Nach Vokabularangaben schied sich das Sumerische in verschiedene Mundarten, und zwar nennt das Vokabular VA 244 (ZA IX S. 159 ff.) deren fünf, nämlich das eme-gal (einmal auch eme-SAL genannt), das eme-sukud-a, das eme-SUH-a, das eme-TE.NÁ und das eme-si-sá. Andere Vokabularien dagegen führen neben dem unbezeichnet gelassenen Hauptdialekt dann und wann, bisweilen aber auch in besonderen Spalten, in der Regel nur Wortformen der als eme-SAL bezeichneten Mundart an, und auch die sumerischen Texte selbst lassen uns bis jetzt mit Sicherheit nur drei Mundarten oder Gruppen von Mundarten unterscheiden. Von diesen wird die vornehmste und hauptsächlichste, in welcher die königlichen Bau- und Weihinschriften, die Rechtsurkunden und Wirtschaftstexte, alle wissenschaftlichen und auch die meisten religiösen Texte geschrieben sind, heute gewöhnlich eme-KU genannt, jedoch vielleicht zu Unrecht, da diese Benennung bis jetzt nur als Gesamtbezeichnung für das Sumerische nachweisbar ist. Nach den Wortproben und der Schreibweise der Wörter zu urteilen, könnte man daran denken, diese Hauptmundart mit dem auf VA 244 genannten eme-si-sá zu identifizieren. Ob die Sumerier innerhalb der Hauptmundart auch noch Untergruppen unterschieden, wie etwa das Sumerisch, das uns in den älteren Inschriften, vor allem in den zahlreichen Inschriften aus Telloh, entgegentritt, und das Sumerisch, das die Inschriften der spät- und nachsumerischen Periode aufweisen, entzieht sich noch unserer Kenntnis. Die zweite aus zusammenhängenden Texten bekannte Mundart, welche uns in mancherlei Schattierungen in einer Reihe von Hymnen, Klageliedern und Beschwörungen, sowie gelegentlich auch in der direkten Rede gewisser Gottheiten, wie z. B. der Innanna und der Ninḫursag in sonst dem Hauptdialekt folgenden Epen entgegentritt, wird gewöhnlich mit dem eme-SAL der oben genannten Vokabulare gleichgesetzt; nach den Wortbeispielen von VA 244 dagegen könnte es scheinen, als ob die meisten

Texte dieser Klasse dem dort genannten eme-TE.NÁ angehörten. Ob dieses darum mit dem eme-SAL der Hauptsache nach identisch ist, bez. eine Untermundart desselben bildet, ist vorläufig noch ebenso unklar wie das Verhältnis des eme-SAL zum eme-gal, für welches VA 244 einmal (Kol. 4_{18}) auch eme-SAL bietet. Eine dritte Mundart, die sowohl vom Hauptdialekt, wie vom eme-SAL beträchtlich abweicht, tritt uns schliesslich in der Ammizaduga-inschrift OBI 129 entgegen.

Vorläufig noch nicht zu beantworten ist auch die Frage § 5
nach der Lokalisierung der sumerischen Mundarten; ja es ist sogar zweifelhaft, ob man für die historische Zeit überhaupt noch eine örtliche Aufteilung der Dialekte annehmen darf und diese letzteren nicht vielmehr, z. T. wenigstens, damals nur noch in bestimmten Kultzweigen, Literaturgattungen usw. festgehaltene ältere Mundarten darstellen. Darüber wird sich eine sichere Entscheidung erst dann treffen lassen, wenn aus den verschiedenen Gegenden Babyloniens, besonders auch aus dem Süden, z. B. aus Uruk und Eridu, stammende Texte der sumerischen Periode uns in den Stand setzen, lokale Eigentümlichkeiten der Sprache zu der Zeit, als diese noch gesprochen wurde, nachzuweisen.

Auch das rein sprachliche Verhältnis der einzelnen Mund- § 6
arten zu einander kann bis jetzt noch keineswegs in völlig zufriedenstellender Weise nach durchgreifenden Prinzipien festgelegt werden. Wohl lässt sich in den Dialekten, ganz abgesehen von einer gelegentlichen verschiedenen Ausprägung der Wortbedeutung und einer Bevorzugung gewisser Wörter, vor allem eine z. T. recht beträchtliche Verschiedenheit der Lautentwicklung beobachten; indessen ist es bis jetzt noch nicht möglich gewesen, diese auf überall gleichmässig durchgeführte Lautgesetze zurückzuführen, ja häufig lassen sich die gleichen lautlichen Verschiedenheiten auch innerhalb derselben Mundart, wenngleich natürlich in viel geringerem Masse, nachweisen. Man beachte z. B., dass das sonst dem Hauptdialekt folgende Nippurvokabular HGT 102 (Kol. 6_{51}) für dingir und digir „Gott" die Aussprache dimir, entsprechend dem dimmer des eme-SAL, und der Nippurschultext HGT 111 (Kol. 2_4) für nigin „umgeben" die Aussprache nimin fordert. Inwieweit hierin wirkliche lokal-dialektische Sprachunterschiede oder nur Eigentümlichkeiten der einzelnen nachsumerischen Schreiberschulen zu erblicken sind, wird sich ebenfalls erst entscheiden lassen, wenn uns ein umfangreicheres, lokal fixiertes

Untersuchungsmaterial aus den Zeiten der gesprochenen Sprache zur Verfügung steht.

§ 7 Dem Sprachbau nach gehört das Sumerische ganz deutlich in die Kategorie der agglutinierenden Sprachen.[1] Die wichtigsten Merkmale sind die folgenden: Die Wortwurzeln sind nicht wandelbar, obwohl sie, besonders wenn sie die Aufgabe grammatischer Bildungselemente erfüllen, lautlichen Veränderungen, z. B. dem Schwunde von Konsonanten und Vokalen, der Assimilation von Konsonanten und Vokalen (dem Streben nach einer gewissen Vokalharmonie) usw. unterliegen. Die grammatische Zusammengehörigkeit wird durch das Prinzip der Wortkettenbildung bestimmt, und zwar stehen stets an der Spitze einer solchen Kette die konkretesten Wortarten (oder Wortgruppen), nämlich das Substantiv oder das substantivische Pronomen, während alle übrigen Wortarten in einer streng logisch bestimmten Reihenfolge dem Substantiv als Modifikationen angefügt werden. Obwohl auch diejenigen Wortarten (oder Wortkomplexe), welche die grammatischen Beziehungen ausdrücken, ihre Selbständigkeit im allgemeinen in hervorragendem Masse wahren, so sind sie doch, besonders beim Verbum, oft schon eng mit den Hauptwurzeln verbunden und auch bereits lautlich z. T. so reduziert, dass sie bisweilen schon eine gewisse Ähnlichkeit mit den grammatischen Bildungselementen der flektierenden Sprachen haben. Andererseits aber stellt das Prinzip der Kettenbildung selbst auch eine deutliche Berührung mit den auf der anderen Seite der Sprachengruppenfolge stehenden isolierenden Sprachen dar. Besonders hervorzuheben ist auch noch die ausgedehnte Verwendung der Wurzelreduplikation. Nur des Umstandes wegen, dass man früher einmal versucht hat, das Sumerische als Umschöpfung eines semitischen Idioms zu erklären, sei darauf hingewiesen, dass das flektierende, die Wurzel in hervorragendem Masse varriierende Semitische und das die Wurzel völlig unverändert lassende agglutinierende Sumerische zwei Sprachtypen darstellen, wie sie in allen Einzelheiten einander mehr entgegengesetzt kaum zu finden sind.

§ 8 3. Die einheimischen Schrifterzeugnisse, die uns als Quellen für das Studium des Sumerischen dienen, lassen sich im Hinblick auf eben diese Eigenschaft in folgende Klassen einteilen:

---

[1]) Vgl. zu diesen Fr. Mistelli, Charakteristik der hauptsächlichsten Typen des Sprachbaus, Kap. V: Agglutinierende Sprachen: Der uraltaische Typus. Der dravidische Typus.

I. Von den Babyloniern selbst geschaffene Hilfsmittel zum Studium der sumerischen Sprache:

a. Zweisprachige sumerisch-akkadische Vokabulare. Sie sind zu einem grossen Teil zweispaltig angelegt, wobei die linke Kolumne stets das sumerische, die rechte das akkadische Wort enthält. Bei einer Reihe von Vokabularien dagegen, welche nur die einfachsten sumerischen Worte aufführen, die also in die Klasse der elementaren Unterrichtsmittel zu zählen sind, steht der Kolumne, welche das sumerische Wort enthält, noch eine andere voran, welche zur genauen Festlegung der Lesung des sumerischen Wortes dieses noch besonders mit den im akkadischen Schriftsystem üblichen einfacheren und durchweg einsilbigen Schriftzeichen umschreibt. In manchen dieser Vokabularien wird ferner, um eine Verlesung oder Verwechselung des zur Schreibung des sumerischen Worts gebrauchten Schriftzeichens zu verhindern, in einer besonderen, dem sumerischen Wort oder Schriftzeichen nachgesetzten Kolumne auch noch der Schulname des betreffenden Zeichens gegeben. Zur Veranschaulichung diene der folgende Auszug aus einem vierspaltigen Vokabular (Chic. Voc. $_{110\ .\ 216}$):

Sumerisches Wort. Akkadische Umschrift:	Übliche sumerische Schreibung:	Zeichen-name:	Akkadische Bedeutung.	Deutsche Übersetzung.
za-aḫ	zaḫ	kûa-aiia-ku	ḫalâqu	„verloren gehen“
ma-a	mà	pisannu	alâku	„gehen“

Nicht selten aber sind die Lautwerte und gelegentlich auch die Zeichennamen nicht in besonderen Kolumnen gegeben, sondern in kleinerer Schrift der sumerischen Hauptkolumne beigefügt. Einige dreispaltige, bis jetzt nicht zahlreiche Vokabularien geben, wie oben erwähnt, vor dem der Hauptmundart angehörigen sumerischen Wort auch das entsprechende Wort der eme-SAL-Mundart, und zwar nach folgendem Schema (5R 12 Nr. 1_1):

Sumerisches Wort. Eme-SAL:	Hauptdialekt:	Akkadische Bedeutung.	Deutsche Übersetzung.
á-mar	é-gar	igaru	„Wand“

Dreisprachige sumerisch-akkadisch-hethitische Vokabulare wurden, wie bereits erwähnt, in Boghazköi gefunden. Auf Tonscherben sind uns auch ein paar kleine Fragmente eines sumerisch-akkadischen Vokabulars in griechischer Schrift erhalten.[1] Entstanden sind die zweisprachigen Vokabulare aus einsprachigen

[1]) PSBA 1894, S. 308 ff.

Wort- und Zeichenlisten, welche die Sumerier in ihren Schulen zu Lehrzwecken gebrauchten.

b. Zweisprachige sumerisch-akkadische Paradigmen der Verbal- und Pronominalformen, Illustrationen für die Kettenbildung in grammatischer Entwicklung. usw.; vgl. z. B. (HGT 150 Kol.1_{1-3}):

Sumerisch:	Akkadisch:	
ziga	tibi	„steh auf“
gazi	lutbi	„lass mich aufstehen“
izigen	etbi	„ich bin aufgestanden“,

und ferner (ASK 2 Kol. 4_{16-19}):

Sumerisch:	Akkadisch:
nam-dŭ	ipṭîru
nam-dŭ-ani	ipṭîrušu
nam-dŭ-ani-šù	ana ipṭîrišu
nam-dŭ-ani-šù kù(g) bí-n-lá	ana ipṭîrišu kaspa išqul,

„Lösung“; „seine Lösung“; „zu seiner Lösung“; „zu seiner Lösung hat er Geld gezahlt“.

c. Zweisprachige, sumerisch-akkadische Zusammenstellungen von Phrasen und kurzen Sätzen, nach Materien geordnet, wie z. B. Phrasen, die Rechtsurkunden entnommen sind, ganze Vorlagen für Urkunden oder deren Teile, Sprichwörter usw., z. T. in Verbindung mit der zuletzt erwähnten Textgattung. Vgl. z. B. 5 R 25 und 2 R 10 (die sogenannten sumerischen Familiengesetze) und 2 R 16 (Sprichwörter).

Die unter b und c genannten Texte finden sich in älterer Zeit auch ohne die akkadische Uebersetzung.

II. Berufliche oder literarische Schrifterzeugnisse usw.

A. Prosatexte.

a. Rechtsurkunden und Wirtschaftstexte (meistens auch mit Datenformeln), einsprachig, aber in Aufbau und Phraseologie den gleichzeitigen ihnen nachgebildeten akkadischen entsprechend, sodass sie den Wert von Bilinguen haben; vgl. z. B. ITT I-III, TT, BE VI 1 und 2, LC usw.

b. Weih- und Bauinschriften usw. von Königen, Fürsten, Priestern und vornehmen Beamten, häufig auch historische Angaben enthaltend; einsprachig, dazu bisweilen aber eine akkadische Parallelinschrift; vgl. SAK; LIH 98, 99 (sumerisch) und 97 (akkadisch). Zweisprachig: LIH 60.

c. Texte wissenschaftlich-historischen Inhalts, Tabellen von Jahresdaten, Königslisten, usw.; in der Regel einsprachig. Vgl. HGT 2-5; LIH 102.

B. Poetische Texte.

a. Hymnen, Gebete und Beschwörungen, in älterer Zeit einsprachig, später mit Interlinearübersetzung (meistens nach selbständigen akkadischen Versionen). Von grosser Wichtigkeit ist es, dass die babylonischen Schreiber, wenn ihnen für ihre Abschrift mehrere Vorlagen zur Verfügung standen, sämtliche Varianten der Vorlagen gewissenhaft über der betreffenden Zeile in kleinerer Schrift, oder wenn es sich um grössere Varianten handelte, auf der betreffenden Zeile selbst durch Trennungskeile abgehoben, notierten.

b. Epen, einsprachig, später ebenfalls mit Interlinarversion versehen.

Diese poetischen Texte zeigen in späten Abschriften sehr oft weitgehende Abweichungen, die häufig geradezu als Textverderbnis zu bezeichnen sind.

II. Die Schrift und das Schriftsystem.

1. Die sumerischen Schriftzeichen sind aus bildlichen Dar- § 9
stellungen entstanden, die anfänglich mit einem spitzen Griffel in das Schreibmaterial, als welches noch nicht völlig getrocknete Tontafein dienten, eingeritzt wurden. Als man es später für bequemer fand, die Linien des Bildzeichens mit der scharfen Kante des Schriftgriffels in den Ton einzudrücken, änderte sich naturgemäss auch die Gestalt des Bildzeichens ganz beträchtlich; denn einerseits nahmen jetzt infolge des tieferen Einsinkens des Stylusendes die einzelnen Linien eine Keilform an, andererseits aber lösten sich schwach gekrümmte Linien in gerade, und stärker gekrümmte in gebrochene Linien auf. Schon auf den ältesten Tafeln sind die Schriftzeichen bereits soweit entwickelt, dass bei den meisten nicht mehr mit Sicherheit festgestellt werden kann, was für ein Bild sie ursprünglich darstellten.

Wie die Chinesen ordneten die Sumerier anfänglich die einzelnen § 10
Schriftzeichen zu senkrecht von oben nach unten laufenden Reihen, indem sie dabei rechts oben begannen und die weiteren Reihen links anfügten. Da die Schreiber jedoch von dem Bestreben geleitet wurden, eine solche Reihe gleichzeitig auch eine grammatisch in sich zusammenhängende Wortkette bilden zu lassen, so fielen diese Reihen in der Regel sehr kurz aus und durchliefen gewöhnlich nicht den ganzen zu beschreibenden Raum. Sie wurden deshalb zu einem horizontal von rechts nach links laufenden Bande

zusammengeschlossen, unter welches noch weitere Bänder, durch Horizontallinien von einander abgegrenzt, gesetzt werden konnten. Die einzelnen Schriftreihen innerhalb der Bänder waren somit in rechteckige, auf ihrer Schmalseite stehende Fächer eingeschlossen. Waren die Zeichengruppen, die in diese Fächer zu setzen waren, zu umfangreich, so konnten sie innerhalb eines Faches auch in zwei oder drei senkrechten Reihen angeordnet werden, die aber nicht durch Linien von einander getrennt waren.[1]

§ 11 Für den Schreiber war es indessen sehr unbequem, die zwischen dem Daumen und den übrigen Fingern in der Hand liegende Tafel so zu halten, dass die Reihenbänder, welche den langen Weg über die Tafel gingen, wagrecht, und die einzelnen Fächer senkrecht vor ihm standen; er gewöhnfe sich deshalb daran, die Hand in ihrer natürlichen Lage und die Tafel somit um 90° nach links gedreht zu halten. Die Schriftzeichen kamen dadurch alle auf dem Rücken zu liegen, und die Fächer oder Zeilen liefen nun wie in unserer Schrift von links nach rechts, während die horizontalen Bänder zu senkrecht verlaufenden Kolumnen wurden. In monumentalen Inschriften dagegen wurde von den Sumeriern die alte Richtung der Schrift stets beibehalten.

§ 12 2. Das sumerische Schriftsystem, wie es uns fertig entwickelt in den Inschriften vorliegt, trägt einen durchaus phonetischen Charakter, indem jedem Zeichen oder einer bestimmten Zeichengruppe ein bestimmter ein- bis viersilbiger Lautwert zukommt.[2] Dieser phonetische Charakter wird weder dadurch berührt, dass die meisten Zeichen infolge ihrer historischen Entwicklung aus Sinnbildern oder infolge einer Vermengung ursprünglich verschiedener Zeichen polyphon sind,[3] noch auch dadurch, dass die übliche Orthographie für die Schreibung gewisser Wortstämme, Silben usw. die Verwendung bestimmter Zeichen fordert, wie diese durch die geschichtliche Entwicklung der Schrift bestimmt worden ist. So werden z. B. die Wortstämme ku „essen“ und ku(g) „Edelmetall“ nicht mit dem gewöhnlichen Zeichen ku, sondern mit den Zeichen kú und kù, das zweisilbige udun „Ofen“ nicht als u-dun oder u-du-un, sondern mit dem besonderen

---

[1]) Auf den ältesten archaischen Tafeln schliessen sich die ungleich grossen und unregelmässigen Fächer noch nicht zu Bändern zusammen, sondern sind ziemlich unregelmässig über die Tafel verteilt, jedoch ebenfalls so, dass sie rechts oben beginnen.

[2]) Vgl. z. B. lù, saḫar, ugula, šimbirida.

[3]) Vgl. z. B. du, tùm, gub, gin, ra für DU; ka, gù, dū̄(g) für KA.

Zeichen udun geschrieben. In vielen Fällen stellt das gewählte Schriftzeichen das ursprüngliche Bild oder Sinnzeichen des betreffenden Wortes dar. So ist z. B. das für ku „essen“ gebrauchte Schriftzeichen kú eine Kombination von ka „Mund“ und GAR „Speise“, das für nag „trinken“ verwendete nag eine Kombination von ka „Mund“ und a „Wasser“; aber für das vollentwickelte Schriftsystem kommen auch diese Zeichen lediglich als Zeichen mit bestimmten Lautwerten in Betracht, die gewohnheitsmässig für ku „essen“ und nag „trinken“ gebraucht werden. Wenn hier tatsächlich noch ein Rest der den Anfang des sumerischen Schrifttums bildenden bildlichen Darstellungsweise vorliegt, so handelt es sich indessen in der weitaus grössten Anzahl solcher historischen Schreibungen nicht um eigentliche „Ideogramme“, sondern lediglich um eine alte Orthographie, wie ohne weiteres daraus hervorgeht, dass beispielsweise das Zeichen sì sowohl zur Schreibung von sì(m) „geben“, wie auch von sì(g) „schlagen“ gebraucht wird.

Gegen diese historische Schreibung, welche in zähem Konservatismus den Zusammenhang mit der Entstehung des sumerischen Schriftsystems wahrte und welcher der Hauptdialekt des Sumerischen grundsätzlich folgte, machte sich im sumerischen Schrifttum doch auch in ausgedehntem Masse die Tendenz nach einer Vereinfachung des Schriftsystems geltend, insofern als z. B. die Schreiber der von Thureau-Dangin in NFT S. 198 ff. veröffentlichten altbabylonischen religiösen eme-SAL-Texte wie auch die Schreiber der eme-SAL-Texte der späteren Zeit bestrebt waren oder es sich wenigstens gestatteten, die sonst mit den alten historischen Zeichen geschriebenen Wörter mit den zur Zeit gebräuchlichen einfacheren Zeichen zu schreiben und vor allem auch ein- und mehrsilbige Wörter in gebrochener Schreibung wiederzugeben; vgl. z. B. Schreibungen wie du-ru-n... für duru-n... „wohnen“, dìm-me-ir für dimmer (dingir) „Gott“, e-ne-em für enem „Wort“, usw. Auch innerhalb des Hauptdialektes finden sich gelegentlich derartige Schreibungen; vgl. ì-bí-la für ibila (=DUMU-NITA) „Erbe“, Gudea, Statue B 7_{44-46}, ITT III 5279_{20-28}, 6439_{14}; gi-gù-na neben späterem gi-[g]unu „Gigunû“, Entemena, Alabastertafel Rs. 2_5, Urukagina, Tontafel 2_{10};[1] ^{anšu}dü(r), Gudea, Zyl. A 6_{12} und ^{anšu}dü-ùr, 6_{18}, B 9_{16} neben ANŠU-NITA, A 5_{10} und ANŠU-NITA-ùr, 4 R 18 * Sm 1708 Rs. Wie im vorigen Kapitel bereits angedeutet, stellen auch die in kleinerer Schrift über die Zeilen gesetzten § 13

[1]) Vgl. dazu auch die eme-SAL-Schreibung gi-gü-na (=gi-KU-na), NFT S. 229, 4334 und Fragmente, Kol. 3_7.

Zeichen nicht, wie bisher angenommen wurde, Glossen dar, welche die Lesung der in der Zeile gebrauchten Zeichen klarstellen sollen, sondern Schreibvarianten der verschiedenen Vorlagen. Die Tatsache jedoch, dass der babylonische Abschreiber, wenn er die Wahl zwischen mehreren Schreibungen hatte, fast ausnahmslos die alte historische Schreibung bevorzugte, indem er sie auf die Zeile setzte, die Schreibung mit den einfacheren Zeichen aber über der Zeile notierte, beweist, dass auch die (späten) Schreiber dieser Texte die alte historische Schreibung als die bessere betrachteten.

III. Lautlehre.

1. Die Vokale.

§ 14 a. Das Sumerische kennt, wenigstens in seinem Schriftsystem, nur die Vokale a, e, i und u. Diphthonge sind ihm fremd.[1]

§ 15 b. α. Die Vokale gehen nicht selten in andere über. Das deutet darauf hin, dass die Vokale nicht durchweg rein artikuliert wurden. Verschiedenheit des Wurzelvokals bildet oft auch eine dialektische Verschiedenheit.

Vgl. imin (< ia-min) und umun „sieben"; ulul und alal „Fluren", Chic. Voc. $_{282-283}$; nagga und niggi „Blei", dib, dab und dub „fassen"; ẽn (< ewen) und ES umun (= uwun), ũn, ú(n) „Herr"; ara(d), aru(d) und ES eri(d) „Sklave"; uru „Stadt" und eri in Eri-dû(g)^{ki}, Eri-da(g)^{ki} „Eridu"; giš und ES mu(š) „Mann" usw.

§ 16 β. Besonders häufig zeigen eine Neigung zur Umwandlung die kurzen und unbetonten Endvokale, vor allem die der grammatischen Bildungselemente, wie beispielsweise das auslautende -a des Imperativs und des Verbalnomens; oft auch die im Wortinnern stehenden kurzen und unbetonten Vokale der Bildungselemente. Im allgemeinen zeigt sich hierbei die Tendenz, anstelle des stärkeren Vokals a den schwächeren e (i) oder u zu setzen; doch findet sich bisweilen auch die entgegengesetzte Tendenz.

Vgl. eššadu, geschr. eššə-du (= ZAG-ḪA-du), Urukagina, Kegel BC 3_{12}, oder éšḫa-ză-duḫa, 2 R 27 Nr. 2 Kol. 2_{11}, 5 R 23_{25a}, und eššade, geschr. eššad-e (= ZAG-ḪA-e), Gudea, Zyl. B 12_5; kú-e „iss" statt kú-a (aber entstanden < ku-e), 4 R Nr. 2_5 (§ 676 ff.); ginn-i (< ginn-a), „gegangen", „gereist" (§ 719 ff.); sim-ud-a (geschr. sì-mu-da), Gudea, Zyl. B $6_{14.25}$, und sim-ad-a (geschr. sì-ma-da), ebenda 12_9, „um zu geben" (§ 724), usw.

---

[1]) Beachte dazu, dass auch das Akkadische nur Monophthonge hat. In Wörtern und Formen wie gairu, kugaede usw. gehören die beiden aneinanderstossenden Vokale verschiedenen Silben an.

c. Die Vokale verbaler und pronominaler Bildungselemente unterliegen in gewissen Fällen der Vokalangleichung. In der Regel handelt es sich dabei um Vorwärtsangleichung (in passivem Sinne), weniger häufig um Rückwärtsangleichung. § 17

α. Zur Vorwärtsangleichung vgl. z. B. die Pronominalformen mendan-a (< menden-a) „auf uns"; menzan-ám (< menzen-ám) „ihr (seid es, die . . .)". Das verbale Präfix mu- wird vor dem Infix -ni- häufig zu mi- (also mi-ni-; § 568), vor dem Infix -(e-)ra- zu ma- (also ma-ra-; § 564); nu- „nicht" wird vor dem Präfix bi- zu li-, vor ba- zu la- (also li-bi- und la-ba-; § 634). Die Partikel ḫe- „möge" wird vor den Präfixen ba-, m(u-'-)a- und (i-e-)ra- zu ḫa- (also ḫa-ba-, ḫa-ma-, ḫa-ra-; § 643), vor mu- in nachsumerischer Zeit zu ḫu- (also ḫu-mu-; § 646), in sumerischer Zeit in unvollständiger Angleichung zu ḫa- (also ḫa-mu-; § 645). Beachte auch den nur vereinzelt sich findenden Übergang von -da- in -ti- vor dem Infix -ni- (also -ti-ni- statt -da-ni-; § 507).

β. Rückwärtsangleichung dagegen zeigt sich in den folgenden Fällen: Das dimensionale Element -ra- wird öfters nach -e- „du", bez. nach einem e, in welchem -e- „du" infolge von Kontraktion enthalten ist, zu -ri-; vgl. ḫe-(i-e-)ri-pá(d) (< ḫe-i-e-ra-pád) „es möge über dich gerufen sein", CT 16, 39 $Rs._{11, 12}$ (§ 508); auch -da- nach -e- wird bisweilen zu -di-; vgl. ba-e-di-ḫuluḫ-e (< ba-e-da-ḫuluḫ-e) „sie zittert vor dir", CT 15, 15_{14} (§ 509); vgl. ferner den Übergang von -ta- in -te- nach ume- (< u-immi-), z. B. (geschr.) ú-me-te-gur-gur = kuppirma, CT 17, $29f_{35}$ (§ 510). Ebenso liegt Rückwärtsangleichung des Vokals vor in der Umwandlung des e der verbalen postpositiven Bildungselemente zu u nach einer Verbalwurzel mit u-Vokal (wobei allerdings in der Regel auch ein dem u lautlich nahestehender Schlusskonsonant der Wurzel mitwirkt); vgl. al-gubb-uš (< al-gubb-eš) „sie sind getreten", „sie stehen", ASK 2 Kol. 2_{21}; bí-b-gubb-u-a (< bí-b-gubb-e-a) „welcher aufstellen wird", R-S-Š-b. $_{45}$; i-b-da-b-kurr-u-a „welcher ändern wird", ebenda $_{43}$; nig-nu-kurr-ud-a (< nig-nu-kurr-ed-a) „etwas nicht zu Änderndes", Warad-Sin, Zyl. VA 5950 Kol. 1_{21}; tum-ud-a (< tum-ed-a) „um zu bringen", Gudea, Zyl. B 9_{20}; in i-n-sim-uš (< i-n-sim-eš) „sie haben gegeben", ASK 1 Kol. 1_{18}, i-n-sim-u (< i-n-sim-e) „er gibt", $ebenda_{19}$, sim-ud-a (< sim-ed-a) „zu geben", BE III 1 Nr. 13_{8}, usw. dagegen wird der assimilierende Einfluss durch den Konsonanten m (= w) ausgeübt, falls die Wurzel sim gegenüber der ebenfalls bezeugten sum die ursprünglichere sein sollte. Ebenso wandelt sich auch a (wahr- § 18 scheinlich über die Mittelstufe e (s. § 16) nach den genannten Verbalstämmen in u; vgl. sud-u (< sud-a) „fern", „weit", Gudea, Zyl. A 7_4, 9_2; sim-u-š (< sim-a-š) „zu geben", ITT II $2781_{4.11}$. Beachte aber auch badd-u neben badd-a „entferne dich", CT 16,12ff Kol. 5_{25}, ba-n-badd-uš neben ba-n-badd-aeš „sie entfernten sich", „brachen auf", CT 16, 42 ff_{68};[1] zid-u, geschr. zi-du (< zid-a) „das Rechte", 4 R 28 Nr. 1 $Rs._{10}$[2].

Ob dagegen entsprechenderweise in ginn-i (< ginn-a) „gegangen", „gereist", die Umwandlung von a in i auf eine Assimilationswirkung des i der Wurzel zurückgeführt werden darf, ist sehr zweifelhaft, da sich diese Umwandlung auch sonst findet (s. § 16).

§ 19 d. Vokalangleichung ist zweifellos in den meisten Fällen auch bei den zweisilbigen Wortwurzeln anzunehmen, welche in beiden Silben den gleichen Vokal aufweisen. Siehe dazu in Kap. IV (§ 89).

§ 20 e. Kurze unbetonte Endvokale können in bestimmten Fällen abfallen.

So werden die Postpositionen -ra, -šù, -da und -ta nach vokalisch auslautenden Wörter z. T. regelmässig, z. T. nur dann und wann, zu -r oder (-r), -š, (-d) und (-t) (§ 356, 360, 363); ebenso wird -gimi (< gimin) zu -gim, ES -dim (§ 354). Für den Abfall der Endvokale gewisser Nominal- und Verbalwurzeln vgl. z. B. eššadu und eššade (s. § 16) neben eššad, Gudea, Zyl. B 15_1, 2 R 27 Nr. 2 Kol. 2_{10}; tuku und tuk „nehmen", ḫulu, ḫuli, und hul „zerstören", NFT S. 201; bánda und bàn(d) „10 Sila"; gìr (girì) und ES meri „Fuss"; gír (giri) und Es meri „Dolch"; kū̆ und kua „Fisch", Chic. Voc. $_{108.109}$; iš (Chic. Voc. $_{79}$) und iši (S^b 2_{55}) „Berg"; kirrud (S^b 3_{55}) und kirruda (Chic. Voc. $_{98}$) „Loch", „Schlucht"; beachte auch die Glosse nitaḫu zu UŠ = e-mi-du neben den kürzeren Lautwerten nitaḫ und nita für UŠ.

Allerdings muss es vorläufig in den meisten Fällen zweifelhaft bleiben, inwieweit der kurze Vokal hinter sonst ein- oder zweisilbigen Wurzeln ursprünglich ist; s. dazu § 89.

§ 21 f. Kurze unbetonte Vokale im Innern eines Wortes oder Wortkomplexes werden bisweilen elidiert.

Vgl. gigri (< gĭr-gĭri) „untertauchen", „untergehen"; didli (< dil-dili), Pluralelement, Vok. Ass. 523 Kol. 2_{39}; nitlam, geschr. ni-it-lam, (RA XI S. $144ff_{19}$), statt und neben nitalam (< nita-dam) „Gemahlin"; giš-šukra (< giš-šu-kara) „Zimmermann", VA 244

---

[1]) Ist hier vielleicht als Wurzel badw anzunehmen?

[2]) Oder Kompositum zi-DU?

(ZA IX S. 159) Kol. 1_{18}; gidru, ES mudra, neben gišdaru und muduru „Szepter“; ašte (< ašita) „Verlangen“; šemmešla (< šem(e)-sal(a)), akkadisch šimeššalû, NVB 1_{162}; Tidnu (S^b 2_{15}) und Tidanum (Gudea, Statue B 6_{13}) „Tidnu“ („Westland“); lù-gaba-šu-gar-nu-t(u)ku (Glosse: lu-ki-min(= ga-ba-šu-gar) -nu-ut-ku; so vielleicht statt -nu-tú-ku) „unwiederstehlich“, KBo 1 Nr. 30_4. Vielleicht auch kal(a)g-a, geschr. kal-ga, „stark“ und zal(a)g-a, geschr. zál-ga „glänzend“, falls nicht kala-ga und zala-ga zu lesen ist; beachte dazu die Schreibung des Verbalstammes als kal(a)-g..., BE VI 2 Nr. $48_{30.31}$, und kal-la-g..., BE VI 2 Nr. $28_{25.26}$; UPUM VII 1 Nr. 16_{22}; 102 Kol. $5_{8.9}$. — Lugal-(a)ni „sein Herr“, Gudea, Zyl. B 2_{11} (§ 214); mu-pad-a-^{d}Enlil-(a)k-e „der von ^{d}Enlil mit Namen Gerufene“, Eannatum, Feldstein A 1_6, B 1_{11} (§ 351).

g. Verlust des anlautenden Vokals zeigt sich in ^{d}Ninni(k) § 22
< Inanna(k) < Nin-ann-a(k) „Ištar“.

h. Anfügung eines kurzen Vokals (a, i oder u) an eine § 23
Wurzel kann vielleicht in manchen der in § 89 genannten zwei- oder dreisilbigen, auf kurzen Vokal endigenden Wurzeln vorliegen, die auch ohne diesen Vokal, also als konsonantisch auslautende ein- oder zweisilbige Wurzeln vorkommen, soweit diese letzteren die ursprünglicheren sind.

i. Einfügung eines kurzen Vokals dagegen liegt vielleicht § 24
vor bei manchen der konsonantisch endigenden zweisilbigen Wurzeln mit gleichen Vokalen, falls die betreffenden Wurzeln ursprünglich einsilbig waren, d. h. ohne den zweiten Vokal auf Doppelkonsonant endigten. Siehe § 89.

k. Zusammenstossende gleichartige Vokale werden kontra- § 25
hiert. Als Ersatz für den geschwundenen zweiten Vokal tritt bei entsprechenden Akzentverhältnissen Zirkumflexbetonung ein.

Vgl. en (= ẽn < ewen) und ES un (= ũn) < umun (= uwun) „Herr“; sũn < sumun „alt“; dũ < dumu „Kind“; nĩn < nimin (= ni-min) „vierzig“; gĩn (geschr. gi-in), gĩ(n) < geme(n) (= gewen) (?) „Magd“; beachte auch den Lautwert te < teme(n), akkad. temennu.

l. Von ungleichartigen zusammenstossenden Vokalen werden § 26
a + e zu ã, u + e zu ũ kontrahiert.

Vgl. KA-nummamãa (< KA-nu-mà-mà-e-a) „dass er nicht klagen wird“, BE VI 2 Nr. 45_{17}, 64_{18}; KA-nummamãne-a (< KA-nu-mà-mà-ene-a) „dass sie nicht klagen werden“, BE VI 2 Nr. 32_{23}; inbãne (< i-n-ba-ene) „sie werden teilen“, ITT III $2781_{21,22}$; mãdu(g), geschr. ma-a-dũ (<mu-’-a-e-dug) „du hast mir be-

fohlen", Gudea, Zyl. A 2_{13}; unădu(g), geschr. ù-na-a-dṻ (< ù-i-na-e-dug) „sprich zu ihm", ITT II 260_2, 3418_2, HGT 65 Kol. 1_{10}; dagegen unkontrahiert sá-ba-e-dṻ(g) „du hast erreicht", HGT 150 Kol. $4_{4(5)}$ (Nippur, etwa Isin-Dynastie); (geschr.) ù-um-ta-e-zi(g) (<ù-i-b-ta-e-zig) „reisse heraus", CT 17, 9 ff_{82}. — Ì-zu-(e)nden „wir wissen", 2 R 16 Kol. 5_{41}; muna(n)dūš (<mu-na-n-du-eš) „sie erbauten ihm", Rim-Sin, Kanephore A 2_2, B 2_2; dagegen unkontrahiert: mu-e-zu „du hast erfahren", „du weisst", 4 R 28 Nr. 1 Rs. $_{10}$.

§27 m. Schwund eines kurzen unbetonten i vor unmittelbar folgendem a findet sich wohl in den Zusammensetzungen von -ani „sein", „ihr" und -bi „sein", „dieser" mit -a „in" und -ak „von" (Genetivelement); beachte dazu auch die Zusammenziehung der Kollektivendung -ḫi-a in -ḫā, wo allerdings nach der Glosse ḫa-a und der aus deren Schreibung hervorgehenden Zirkumflexbetonung zu schliessen eine Angleichung an die Kontraktion von a + a, bez a + e vorliegt.

Vgl. nam-lù-gāl-uru-n(i)-a(k) (geschr. -uru-na) „die Bevölkerung seiner Stadt", Entemena, Kegel 6_9; uru-nam-enn-ak-an(i)-a „in seiner Herrschaftsstadt", LIH $62_{35.36}$; û(d)-b(i-)a (geschr. û-ba) „an diesem Tage", „damals", LIH 98. 99_{16}; àba-gû(d)-ḫi-a (Glosse ab-ba-gû-ḫa-a) „Rinder", RMANB 103_{11} (SAI 6656), ū-si̇̈-ḫi-a (Glosse us-su?-ḫa-a) „Schafe", RMANB 103_{11} (SAI 7770).

§28 n. Kürzung eines durch Kontraktion entstandenen langen Vokals unter gleichzeitiger Schärfung des folgenden Konsonanten findet sich in ninnû (Glossen ni-in-nu-ú, CT 11, 24 ff. Kol. 3_{35}; nin-nu-ú, CT 12, 1 ff. Kol. 4_{15}; ni-nu-ú, Vok. Ass. 523 Kol. 3_5) < nīn-u < nimin-u „fünfzig" (= 40 + 10). Vgl. ferner aldunnaš < aldūn-a-š < al-du-en-a-š „wenn du dahinziehst", 4 R 17 $Vs._{45}$, imenna (geschr. ì-me-en-na) <ì-me-en-a „der ich bin", LIH 98, 99_{23}, usw. (§ 469; siehe daselbst aber auch die Anmerkung).

§29 o. Irrtümliche Dehnung (z. T. infolge irrtümlicher Betonung) des kurzen Vokals eines Bildungselementes findet sich bisweilen in nachsumerischer Zeit.

Vgl. dingir-āni (geschr. dingir-ra-a-ni) <dingirrani „sein Gott" (§ 215); kugēde (geschr. kù-gi-e-de) <kúgide „rein zu machen" (§ 726); i-n-pad-ēmeš (geschr. in-pá-de-e-me-eš) < inpádĕmeš < i-n-pad-eš „sie haben geschworen" (§ 458).

§30 p. Zerlegung eines langen, mit Zirkumflexbetonung gesprochenen Vokals in zwei Vokale (Zerdehnung) findet sich bisweilen in spätnachsumerischer Zeit.

Vgl. (geschr.) in-pá-de-e-me-eš und in-pá-da-e-me-eš „sie haben geschworen“ (§ 458), ba-an-bad-da-eṣ̌ „sie entfernten sich“ (§ 459), enna ba-(n-)ra-n-ta-zig-aenn-a-š „bis du dich aus ihm entfernt hast“ (§ 464), kug-aed-e (neben kug-ēd-e) (§ 727) usw.

2. Die Konsonanten.

a. Die Konsonanten des Sumerischen sind b, p, d, t, g, k, z (wie französisches z), s, š, ḫ (wie deutsches ch in ach), r, l, m (bez. w), n und (wahrscheinlich) ng (wie deutsches ng in Zange). Ob auch i und a gelegentlich als Konsonanten j und w (bez. als Halbvokale i̯ und u̯) aufzufassen sind, lässt sich bis jetzt noch nicht entscheiden. § 31

Die Existenz von ng darf daraus gefolgert werden, dass manchen auf n auslautenden Stämmen beim Antreten von a usw. in der Schrift bald na, bald ga oder gá angefügt wird. § 32

Vgl. z. B. guškinn-a(k), geschr. guškin-na „von Gold“, Datum des 11. Jahres Samsuilunas (BE VI 2 Nr. 49), dagegen gušking-a(k), geschr. guškin-ga, Datum Abiešu's (BE VI 2 Nr. 73 u. ö.), Daten des 6. und 7. Jahrs Ammiditanas, des 9. und 11. Jahrs Ammizadugas; kin-kinn-ameš, geschr. kin-kin-na-me-eš, „sie suchen“, CT 16, 19 ff.$_{104}$, dagegen siba-u-kin-king-a(d)-lù-gallu(-k) (geschr. kin-kin-gá) „der Hirte, welcher Nahrung sucht für die Menschen“, CT 16, 12 ff. Kol. 1_{43}. Vgl. auch ḫun(g) „sich beruhigen“, beim Antritt von a geschrieben ḫun-gá.

Die Aussprache ng darf vielleicht auch für n angenommen werden in den zahlreichen Fällen der Nasalierung von Wortstämmen mit g oder k im Inlaut; Vgl. z. B. dingir (gesprochen ding.gir) „Gott“.

Zu der Möglichkeit der ursprünglichen Existenz aspirierter t-Laute oder des gelegentlichen Auftretens dieser Laute als Zwischenstufen zwischen t und s, bez. d und z, s. § 69, 70 und 84. § 33

Ueber die Abgrenzung der Aussprache von m als m oder w lässt sich vorläufig noch nichts Bestimmtes sagen. § 34

Zu dem Charakter von š, bez. eines bestimmten š, als liquider Laut s. § 83. § 35

Bisweilen werden von den Akkadern sumerische Zeichenlautwerte mit den akkadischen emphatischen Lauten ṭ und q wiedergegeben. Es muss aber vorläufig wenigstens als recht zweifelhaft erscheinen, ob man daraus auch nur die gelegentliche Existenz dieser Laute im Sumerischen folgern darf. § 36

b. Die Unterscheidung zwischen b und p, d und t, g und k ist oft unvollkommen oder zum mindesten in der Schrift § 37 nicht immer reinlich vollzogen; vgl. z. B. udug und utug „Dämon", „Geist"; die öfter sich findende Vermengung von -da „mit" und -ta „in", „aus"; die Schreibung des Genetivelementes -ak mit k und g (in ...a-ka, ...a-ge) usw. Allerdings lässt sich bis jetzt noch nicht feststellen, wieviel hierbei vielleicht dem Wandel des Schriftsystems im Laufe der Zeiten zuzuschreiben ist.

§ 38 Auch zwischen s und š finden häufig Schwankungen statt. Vgl. z. B. suḫuš und suḫus „Grund", uš und ús (= uš) „auflegen", ^{d}Siraš, NVB$_{159}$, und ^{d}Siris, CT 24, 10$_{24}$; šū und sú „besprengen", šú und sú „dahinfahren", „dahinschweben", šeqa (Text mu-qa), CT 14, 1 Kol. 2$_{5}$, und siqqa, S^{b} Kol. 1$_{50}$, šeg und sīg „Schrecken", šā(g), S^{b} 1 Kol. 3$_{22}$ und sà(g), bez. sig, Yale Voc. 189.190, „gut, günstig sein"; für šul „Mann", „Held", S^{b} 5$_{50}$ (= CT 11, 14 ff.), gibt sogar das Duplikat Bab. Misc. Tafel 10 sul, und ebenso für šaḫ „Schwein", 5$_{32}$, saḫ, für šubur, 5$_{53}$, subur. Beachte auch, dass der Schülertext HGT 111 Kol. 3$_{18}$ für das gewöhnliche išib („Priester") den Lautwert i-zi-ib (Var. e-zi-ib) gibt.

§ 39 c. Konsonantenschwund.

α. D, t, g und k und in geringerem Grade auch m (= w), n, r und l sind verlierbare Konsonanten; sie fallen im Wortauslaut, bez. vor konsonantisch anlautenden Bildungselementen, vor denen sie im Silbenauslaut stehen, ab, bleiben aber erhalten vor vokalisch anlautenden Bildungselementen, da sie alsdann im Silbenanlaut stehen.

Vgl. mamu(d) „Traum", z. B. in mamu(d)-mu (geschr. ma-mu-mu) „mein Traum", Gudea, Zyl. A 3$_{25}$; mamu(d)-zu (geschr. ma-mu-zu) „dein Traum", ebenda 5$_{12}$; mamu(d)-gimi (geschr. ma-mú-gimi) „wie ein Traum", 4 R 24 Nr. 1$_{47}$; ^{d}Mamu(d) (geschr. ^{d}Ma-mú) „die Traumgöttin", CT 24, 31$_{84}$; CT 25, 26 Vs.$_{19}$; „der Traumgott", 4 R 59 Nr. 2$_{24b}$; 5 R 70$_{9-15}$; ū(d) „Tag"; nin-ani(-d) „mit ihrer Herrin", Gudea, Statue B 7$_{34}$; lugal-ani(-d) „mit seinem Herrn", ebenda 7$_{33}$; tū-tū-(i)d-ani(-d) „bei ihrem Eintreten", HGT 23$_{18}$; aru(d), ES eri(d) (geschr. e-ri) „Sklave", z. B. ES (geschr.) e-ri-zu „dein Knecht", 4 R 10 Rs.$_{35}$; 24 Nr. 3$_{10}$; aru(d)-zu „dein Knecht", CT 16, 1 ff.$_{262.296}$; kur-Meluḫḫa(-t) „aus dem Lande Meluḫḫa", Gudea, Statue B 6$_{36}$; šà(g) „Herz", z. B. (geschr.) šà-zu „dein Herz", 4 R 11 Vs.$_{13}$; ì-zi(g) (geschr. ì-zi) „er ist aufgestanden", HGT 150 Kol. 1$_{7}$; ^{d}Enlill-a(k) „des Enlil", Gudea, Statue D 1$_{3}$: kur-kurr-a(k) „der Länder", Gudea, Statue C 2$_{2}$; Entemena, Kegel 1$_{2}$.

I-n-sì(m) „er hat gegeben", ASK 1 Kol. 1$_{17}$; mu(-n)-dū „er baute", Šulgi, Backstein B_7; bara-(i-)n-gí-gí-(i)d-e(n) „du wirst nicht umkehren", „du wirst nicht wieder", CT 16, 12ff. Kol. 5_{23}; (geschr.) si-ma-ra-ab-sá-e(n) (< si-mu-e-ra-b-sá-en) „ich werde zu dir hin senden", Gudea, Zyl. A 11_{23}; ES ú(n) (< ūn < umun) „Herr"; lugal-ani(-r) „seinem Herrn", Gudea, Streitkolben A 1_4, C_8; i-nna-ni-n-tū(r) sie hat ihm eingebracht", BE VI 2 Nr. 40_6; anšu-dū(r) „Eselhengst", Gudea, Zyl. A 6_{12} neben anšu-dur (geschr. ansu-dū-ùr), 6_{18}; ama(r)-gí (geschr. ama-gí) „Freiheit", Urukagina, Kegel A 7_3, BC 12_{21}, neben amar-gi (geschr. ama-ar-gí), BE VI 2 Nr. 8_5, amar-igi (geschr. ama-ar-igi), ITT III 5279_{42}; namti(l) (geschr. nam-ti) „Leben", Gudea, Statue H 3_5; nam-ti-mu-šù „für mein Leben", Rim-Sin, Tonnagel A_{32}; Warad-Sin, Zyl. A 1_5.

Dagegen šà(g)-mamud-ak-a (geschr. -ma-mu-da-ka) „inmitten meines Traumes", Gudea, Zyl. A 4_{14}; dingir-mamud-ake (geschr. -ma-mú-da-ke) „der Gott des Traums", CT 24, 20 ff. Kol. 4_{110} (vgl. auch SBH 31 Vs.$_{21}$, 4 R 22 Nr. 2_5); ud-a (geschr. ù-da) „an einem Tage", „wenn", Eannatum, Geierstele Vs. 17_7, 19_1, Rs. 3_9; arud-e (geschr. aru-de) „der Sklave" (mit Subjekts-e), Gudea, Statue B 7_{32}; arud-ani (geschr. aru-da-ni) Šu-Sin, Türstein B_{14}; Ara(d)-^{d}Nanna, Türst A u. B 2_{12}; šag-ani (geschr. šà-ga-ni) „sein Herz", Gudea, Zyl. A 1_{22}; ì-zig-en (geschr. ì-zi-gi-en) „ich bin aufgestanden", HGT 150 Kol. 1_8; šà(g)-uru-n(i)-ak-a (geschr. -uru-na-ka) „inmitten seiner Stadt", Entemena, Kegel 6_{28}; lugal-kur-kurr-ak-e „der Herr der Länder", Lugalzaggisi, Vasen 1_{37}; i-n-sim-uš (geschr. in-sì-mu-uš < i-n-sim-eš) „sie haben gegeben", ASK 1 Kol. 1_{18}; ba-dimm-en-a (geschr. ba-dím-me-na) „in welcher ich geschaffen worden bin", Warad-Sin, Steintafel Rs. $_{20}$; i-ni-n-tur-a (geschr. i-ni-in-tū-ra) „welcher hineingebracht hat", Datum des 7. Jahres Ammiditana's (BE VI 2 Nr. 102); nam-til-ani-šù geschr. nam-ti-la-ni-šù) „für sein Leben", Gudea, Streitkolben B_8, C_{10}, A 3_5.

M und n schwinden in der sumerischen Periode bis in die § 40
Zeit Gudeas und Šulgis im Wortlaut nach u und i (bez. e), nicht nach a; seit Amar-Sin von Ur dagegen und vereinzelt bei Gudea erscheint m auch nach i.

Vgl. zu m: Lù-Umma^{ki}(-k)-ḫe(-m) (< ḫe-ime), lù-kurr-a(k)-ḫe(-m) „sei es ein Ummäer oder sei es ein Fremdländer", Entemena, Kegel $6_{17,18}$; kišibb-a(k) „....." mu-bi(-m) „des Siegels Name ist: .....", Šulgi, Siegel A_{9-12}; alam-e ù-kù(g)-nu(-m) (< nu-i-me), za-gin nu-(i-n)ga-m (geschr. nu-ga-ám; < nu-i-nga-me) „diese Statue ist nicht (von) Edelmetall und ist auch nicht (von) Lasurstein", Gudea, Statue

B $7_{49,50}$; aba-me-a-nu(-m) (< nu-i-me), aba-me-a-ì(-m) (< i-me) „wer immer sie war oder nicht war", Gudea, Zyl. A 4_{23}; ZAG-SAL egir-bi(-m) „(das und das) ist das Ende des ....", Gudea, Zyl. B 24_{17}.

Dagegen ù(d)-b(i)-a Dudu sangu-^{d}Ningirsuk-ak-am „damals war Dudu der Priester des Nirgirsu", Entemena, Gefäss aus Silber$_{21,22}$; á-ni-šù ^{d}Ní-gid-am (geschr. ^{d}Ní-gĭ-dam) „an dessen Seite der Zû war", Gudea, Zyl. A 4_{17}; nu-(i-n)ga-m „ist auch nicht", Gudea, Statue B 7_{50} (s. oben); gurr-ud-am (geschr. gur(u)-da-ām; s. § 60,61), Eannatum, Geierstele Vs. 22_{6}, (geschr.) gur-ra-da-ām, ebenda Rs.$_{6}$. mu-n-ḫalam (geschr. -ḫa-lam), Eannatum, Backstein A 6_{9}. — ZAG-SAL-muru(b)-bi-m (geschr. mu-ru-bi-im) „(das und das) ist die Mitte des ....", Gudea, Zyl. A 30_{16}; alam-b(i)-a(k) „...." mu-bi-m (geschr. mu-bi-im) „dieser Statue Name ist: . ..". AMAR-Sin, Backstein D 1_{10-12}.

Zu n: ama-nu-tuku-me(n), ama-mu ze-me(n) „für mich, der ich mutterlos bin, bist du meine Mutter", Gudea, Zyl. A 3_{6}; uru-šù ì-gin-e(n), izkim-mu he-(i-)šā(g) „wenn ich zur Stadt gehe, möge mein Vorzeichen gut sein", ebenda $_{18}$; beachte auch den Lautwert dü für dun bei Gudea in anšu-dü-ur (= anšu-dur) „Eselhengst", Zyl. A 6_{18}, und anšu-dü(r) 6_{12}; in späterer Zeit: nũ(n) < numun (= nuwun) „Same", Vok. Ass. 523 Kol. $2_{17,18}$; ES ú(n) < ũn < umun (= uwun) „Herr".

§ 41 β. Schwund von auslautendem š findet sich nur in bestimmten Fällen. Vgl.

(*a*) giš, ES mu „Mann"; giš, ES mu „Holz", „Baum", „Gerät"; gišdaru, gidru, ES muduru, mudra „Szepter".

(*b*) su und suš (beides geschr. KU) „wohnen", Yale Voc.$_{119.120}$.

(*c*) In der Sprache der Inschriften der ältesten sumerischen Periode schwindet auch das š der Pluralelemente -eš und -meš (< -me-(e)š). Beachte z. B., dass in der Liste DPr 138 hinter eine einzelne Person die Notiz ba-*ú*(g) (= ba-TIL) „er ist gestorben" (Kol. 1_{8}, $2_{4.9}$, $3_{5.14}$. $4_{5.14}$, 6_{6}), dagegen hinter eine Mehrzahl von Personen die Notiz ba-*ú*g-e(š) (geschr. ba--*ú*gi) „sie sind gestorben" (Kol. 2_{2}, $3_{3.12}$, 4_{12}, 6_{4}) gesetzt ist. Statt -meš wird in sumerischer und z. T. auch in älterer nachsumerischer Zeit (in Nippur bis in die Zeit Samsuilunas) -me geschrieben und zweifellos in alter Zeit auch so gesprochen, wenn auch die späte Sprache die unverkürzte Form meš wieder bevorzugt und deshalb dem Zeichen ME den Lautwert méš[1] zuteilt, z. T. das Pluralelement direkt -me-eš schreibt.

(*d*) Zum etwaigen Schwund der Postposition -š (< -šù) nach Vokalen s. § 360.

---

[1]) Vgl. K 4148 (CT 11,38; Br. 10371, AL 3. Aufl. S. 65ff)$_{13}$: [me]-eš = ME = ma'idutum.

γ. Schwund von auslautendem b (offenbar nach Erweichung zu w) ist bis jetzt nur nachweisbar in muru(b)-dingirr-ene-k-a (gesch. mu-ru-) „inmitten der Götter“, Gudea, Zyl. A 26_{17}; muru (Glosse mu-ru) = qablum, S^b (CT 11, 14 ff.; Bab. Misc. Tafel 10) Kol 2_{22}; CT 12,12 f. Kol. $4_{29.30}$. Dagegen murub(geschr. mu-ru-ub)-dingir-gal-gal-ene(-k)-ta „unter den grossen Göttern“, Rim-Sin, Kanephore A 2_{12}; murub (Glosse mu-ru-ub) = qablu, Br. 6708; ES šab (geschr. šà-ab) „Herz“ für šà(g) im Hauptdialekt; ES mugib (geschr. mu-gī-ib) für nu-gī(g), usw. § 42

δ. M, bez. w, zwischen zwei gleichen Vokalen, jedoch nur innerhalb einer Wortwurzel, neigt zum Schwund. § 43

Vgl. dũ < dumu, duwu „Kind“; ẽn (< ewen), ES ũn < umun, uwun „Herr“; sũn < sumun, suwun „alt“; ũš < umuš, uwuš „Weisung“; gẽ < geme, gewe „Magd“; kãš < kamaš = lasâmu; nĩn < nimin (= ni-min) „vierzig“; nĩn < nimin (< nigin) „umschliessen“. Zu der nach Ausfall von m, w erfolgenden Kontraktion der Vokale s. § 25.

ε. Ebenso schwindet bisweilen auch b zwischen zwei Vokalen, offenbar nach Abschwächung zu w. § 44

Vgl. sad, sád (sàd) < (sabad, sábad) sàbad = qablum, Chic. Voc. $_{250-252}$; $^{d\,giš}$Gibil-ga-mes, akk. Gilgameš, Γιλγαμος; beachte auch kirrud(a), wohl < ki-buru-da „Grube“, „Loch“.

ζ. Schwund von anlautendem b (p) oder w (?) ist nicht sicher zu erweisen. § 45

Vgl. peš (= weš ?) = eš, eše „drei“, bez. šušlušu „drei machen“; bi nnd e = qibû „sprechen“. Liegen hier vielleicht ursprüngliche Kausativformen -b-eš und -b-e vor?

η. Schwund von anlautendem ḫ findet sich bisweilen.[1] § 46

Vgl. ḫú, ḫá = ú, ā (sämtlich geschr. ú) „zehn“; beachte auch die Lautwerte ḫumuḫ, HGT 111 Kol. 2_{12} = umuḫ, HGT 112 Kol. 2_8 (beides Schülertexte); ḫur = ūr; ḫùl (KIB) = ullu, ḫa = ā (KA-KA-siga), Chic. Voc.$_{197.195}$; $_{106.107}$.

ϑ. Schwund von anlautendem n. § 47

Vgl. ninda, akkad. ittû (< inda), S^b Kol. 3_{63}, und inda, HGT 127_4 (Schülertext); ^{d}Innana(k), ^{d}Innina(k), ^{d}Inninni(k) ^{d}Ennin(k), ^{d}Ninni(k) usw. „Ištar“ < Nin-ann-a(k) „Herrin des Himmels“, CT 12, 10 f. Kol. $3_{25\,ff}$, usw.

d. Einschub eines Konsonanten. § 48

α. Nasalierung, d. h. Einfügung eines n (ng), bez. eines m,

---

[1]) Soweit das ḫ nicht selbst sekundär ist.

findet sich öfters im Wortinnern vor g (k) und b, seltener vor d und m.

Vgl. dingir und Es dimmer (< dinmer) „Gott“ neben digir und dimer; ḫengal und ḫe-gál „Überfluss“; kankal < ki-kal „Ödstätte“; ingar < é-gàr „Wand“; nimgir < nigir, ES libir „Vogt“; umbara und ubara „Schutz“, „Schutzfreiheit“; bànda und bad „Stütze“. Beachte auch ᵈLamga(r?) und nagar „Zimmermann“.

§ 49 β. Einführung eines Zischlautes findet sich nur vereinzelt in kislaḫ < ki-làḫ „Ödstätte“ und guškin(g), guškinn (< kù(g)-gín(g)) „Gold“.

§ 50 γ. Einfügung eines unorganischen k findet sich öfters nach auf a auslautenden Postpositionen (-da, -bida, seltener -ta, -ra und -šubb-a), wenn an diese das hervorhebende Element -am (bisweilen auch ein anderes vokalisch anlautendes Bildungselement) antritt. Das k dient offenbar zur Vermeidung des Hiatus.

Vgl. lù-ne-da-k-am = itti annîmma „mit diesem (Menschen)“, HGT 152 Kol. 5_{11}; lù-e-meš-da-k-am „mit diesen“, $ebenda_{6}$; lù-e-bida-k-am „zusammen mit diesem“, $ebenda_{4}$, neben lù-e-bida-am, $ebenda_{8}$; beachte auch meda-k-am = matima, ebenda Kol. 10_{13}, zu meda = mati, $ebenda_{12}$; meda-meda-k-am = mati matima, $ebenda_{16}$; ...nig-mussa-ᵈBau(k) é-libir-a ù(d)-bi-ta-k-am „das und das waren früher im alten Tempel die Brautgeschenke der Bau“, Gudea, Statue G 4_{11-20}; geme-ù(d)-bi-ta-k-ene „die früheren Frauen“, Ovale Platte 3_{20}, neben geme-ud-a-ene (geschr. geme-ù-da-e-ne „die heutigen (künftigen?) Frauen“, ebenda 3_{23}. — Zu menze(n)-r(a)-k-am „euch“ s. besonders in § 184. — Enene-šubb-a-k-am = ez[ibšunuma], HGT 152 Kol. 7_{46}, neben enene-šubb-a = ezi[bšunu], $ebenda_{48}$.

Beachte auch die Bemerkungen zu dem k von min-kamma-k-a in § 319 und von name-k-a(m) in § 265f.

§ 51 e. Konsonantenschärfung.

α. Schärfung des auslautenden Wurzelkonsonanten nach kurzem Wurzelvokal findet sich häufig beim Antritt vokalisch anlautender Bildungselemente.

Vgl. kur-kurr-e (geschr. kur-kur-ri) sag-e-(n-)da-b-sīg „die Länder insgesamt erhoben sich (?) gegen ihn“, Eannatum, Feldstein A $4_{23.24}$; lugal-kur-kurr-a(k) (geschr. -kur-kur-ra) „Herr aller Länder“, Entemena, Kegel 1_{2}; abba-dingir-dingirr-ene(k) (geschr. dingir-dingir-rí-ne) „der Vater aller Götter“, ebenda 1_{3}; dumu-Ann-a(k)-ra (geschr. -An-na-ra) „der Tochter An's“, Ur-Bau, Statue 4_{5}, Steintafel 2_{7}.

§ 52 Allerdings lässt sich bis jetzt noch nicht mit Sicherheit entscheiden, ob in diesen Fällen, wenigstens in älterer Zeit, stets auch wirklich Schärfung beabsichtigt ist oder ob nicht vielmehr, wenigstens in manchen Fällen, das die Wurzel wiedergebende Zeichen mit einem um den Endkonsonanten gekürzten Lautwert anzusetzen, also beispielsweise a^{n}-na statt àn-na zu lesen ist. Beachte dazu vor allem die gebrochenen Schreibungen in den alten ES-Texten NFT S. 198ff., z. B. nin(bez. ni^{n})-na-na-ge = nin-an-ak-e „Herrin des Himmels", AO 4327 Rs. Kol. 2_3; du-ru-du-ru-ni = duru(n)-durun-e von durun „wohnen", AO 4329 Rs. 2_3; ku-úr-ku-ri = kur-kur-e, ebenda, usw.; ferner auch die Schreibungen nin-a-ni(-r) „seiner Herrin", Gudea, Vase B_3, C_2 u. o., lugal-a-ni(-r) „seinem Herrn", Gudea, Streitkolben A 1_4 u. o., in denen allerdings vielleicht eine andere Betonung vorliegt oder ursprünglich vorlag (lugaláni(r) < lugalánira). Andererseits ist aber zu beachten, dass in älterer Zeit Konsonantenschärfung auch im Akkadischen in der Schrift unbezeichnet gelassen wird[1] und deshalb wohl auch im Sumerischen lediglich in der Schrift nicht erscheint. Genauere Untersuchungen über diese Frage stehen noch aus.

In nachsumerischer Zeit dagegen wird die Schärfung erwiesen durch Schreibungen wie bí-íb-gu-ul-là „welcher grossgemacht hat", LIH 98.99_{54} und Datum des 1. Jahres Ammizadugas (BE VI 2 Nr. 117), woneben sich aber auch bí-íb-gu-la Datum des 1. Jahres Ammizadugas (BE VI 1 Nr. 203; s. VI 2, S. 106) findet; ì-lí = i-mi-in-na-bi „zwei ì", S^a (CT 11, 1ff.) Kol. 1_{21}.

β. Schärfung des auslautenden Konsonanten einer Wurzel § 53 usw. mit langem (kontrahierten) Vokal nach vorangegangener Kürzung dieses Vokals liegt vor in ninnû (Glossen ni-in-nu-ú, CT 11, 24ff. Kol. 3_{36}; nin-nu-ú, CT 12, 1ff. Kol. 4_{15}, ni-nu-ú, Vok. Ass. 523 Kol. 3_5) < nĩn-ú (< nimin-ú) „fünfzig"; vgl. auch (geschr.) al-du-un-na-aš (< al-du-en-a-š) „wenn du gehst", usw. (§ 469).

γ. Schärfung von im Silbenanlaut stehenden Konsonanten § 54 verbaler Bildungselemente nach kurzem Vokal findet sich häufig in spätsumerischer und nachsumerischer Zeit.

Vgl. die Bemerkungen zu den Präfixen immi- (geschr. im-mi-) und imma- (geschr. im-ma-) (für altes e-me-, bez. ì-mi-, und e-ma-) zur Zeit der späteren Fürsten von Lagaš (§ 594.613), die Bemerkungen zur Schärfung des n der Infixe na-, -ne- und -ni- (§ 501) und des n der Endung -en vor dem nominalisierenden -a (§ 464.469), usw.

---

[1]) S. meine Bemerkungen in OLZ 1922 Sp. 510f.

§ 55 f. Vorwärtsangleichung (im passiven Sinne) an den unmittelbar folgenden Konsonanten.

α. Angleichung eines n.

Vgl. ^{d}Ellil, ^{d}Illil < ^{d}En-lil „Enlil"; ukkin < unkin „Versammlung"; dimmer (<dinmer) „Gott"; kikkin (< kín-kín, reduplizierter Stamm), Zeichenname und Lautwert von KÍN; möglicherweise auch in KA-nummamãa (< KA-nu-i-n-mà-mà-e-a) „dass er nicht klagen wird", CT IV, 20 a_{14}, 16 a_{19} u. o. Beachte hierzu auch die Angleichung von n in akkadischen, dem Sumerischen entnommenen Lehnwörtern; vgl. ambar > akk. apparu „Röhricht"; šaman-lá, šagan-lá > akk. samallû „Kaufmannsknecht"; ḫenbur > akk. ḫabburu; banšur > akk. paššuru „Tisch"; nu-banda > akk. labuttû „Aufseher"; engar > akk. ikkaru „Bauer"; Zimbir^{ki} > akk. Sippar, „Sippar"; Anšan^{ki} und Aššan^{ki} „Anšan".

§ 56 β. Andere Konsonanten gleichen sich nur gelegentlich an; z. B.

b an m in Umma^{ki} (< Ubma^{ki} ?), akk. Ubme^{ki}, HGT 34 Kol. 2_{60}, „Umma";

d an l in mulla und malla, CT 11, 43 Rm 600, < mudla und madla < mudul und madal, CT 11, 43 Rm 600;

r an š (oder lediglich Schwund von r?) in kuš (< kušš < kurš?) = kuruš, kurušša(?), Chic. $Voc._{174.176}$.

r an b in babbar < bàr-bàr (reduplizierter Stamm) „glänzend", „weiss".

d an š in šeššid (< sedšid), Name eines Vogels.

§ 57 g. Rückwärtsangleichung an den unmittelbar vorausgehenden Konsonanten.

α. r an l in den Inschriften Entemenas und Urukaginas von Lagaš, sowie Enšakušanna's von Uruk, beim Antritt der Postposition -ra an ^{d}Enlil; also ^{d}Enlil-la „dem Enlil", Entemena, Alabastertafel Rs. 1_4; Türstein F_{21}; Urukagina, Steintafel 3_7; Enšakušanna, Vase B_1 und HT S. 151 f., vorletzte Zeile. Man beachte, dass -la in diesem Falle mit dem Zeichen la, nicht lá geschrieben wird.

§ 58 β. Angleichung von b an vorangehendes m vielleicht in gišimmar „Dattelpalme" < gišnimbar, Yale Voc. $_{196.197}$; doch ist es wahrscheinlicher, dass hier umgekehrt mb durch Auflösung von mm entstanden ist; vielleicht auch in ^{d}lamma „Schutzgeist", falls dieses aus *^{d}lamba erklärt werden darf.

§ 59 h. Auflösung eines Doppelkonsonanten in Nasal + Konsonant scheint dagegen vorzuliegen in nimgir (< nig-gìr) „Blitz".

§ 60 i. Sonstiger Lautwandel.

α. Übergang von auslautendem m in n.

Vgl. gašam (geschr. gā-šum = NUN-ME-šum) und gášan, NVB 1_{197}, „Weiser"; gúm und gún (aber ebenso auch gúd und guz, sämtlich geschr. LUM), akk. qaṣâṣu, ḫutenzû, karâbu, NVB $1_{27.41.43.45}$; erim (Glosse e-rim, e-ri-im), S^b (= CT 11,14ff.) Kol. 5_{28}, neben eren (Glosse e-ri-en), Vok. Ass. 523 Kol. 3_{58}, „Mann", „Krieger". Die Wiedergabe des hervorhebenden und identifizierenden Elementes -am „ist (es, der...)" mit -AN in alter Zeit (Eannatum bis Urukagina) dagegen beruht darauf, dass dieses Zeichen damals auch den Lautwert -ām (später -a-an = -ám) hat; vgl. kūš-5-ām „5 Ellen", Eannatum, Geierstele Vs. 5_9; ġur-ud-am (geschr. gur(u)-da-ām) „er wendet sich ab", ebenda Vs. 22_6, Rs. 2_6; 1-ām „ein", Urukagina, Kegel BC 11_3; 5-ām „fünf", Ovale Platte 1_{21}; i-uš-uš-ām, Urukagina, Kegel BC 7_{11}; i-tuku-ām, ebenda 7_4; e-(n-)da-ak-am (geschr. e-da-â-ka-ām) „er ist es, der an ihm (eine Sünde) begangen hat", Tontafel Rs. 3_3; beachte dazu geš-iminn-am (geschr. geš.imin-nam) „420", Kegel BC 6_{18}; GAR-banšurr-ak-am (geschr. banšur-ra-kam) „ist das Brot des Tisches", 10_{19}; sangu- ᵈNingirsuk-ak-am (geschr. ᵈNin-gír-su-ka-kam) „ist der Priester Ningirsus", Entemena, Silbergefäss $_{22}$.

β. Übergang von n in m. § 61

(*a*) Im Wortauslaut:

Vgl. zin-zim (geschr. zi-in-zi-im), akk. nuṭṭupu, in al-zi-in-zi-im und nu-zi-in-zi-im, HGT 142 Kol. 3_{13-15} (Schülertext), neben zin-zin (geschr. zi-in-zi-in), RA X S. 81 Kol. 3_{21}. Beachte auch den Gebrauch der Zeichen -an und -a-an als -ām und -ám.

(*b*) Im Wortanlaut: § 62

Vgl. nu-gī(g) = ES mu-gib (geschr. mu-gī-ib) „Hirodule", vielleicht unter dem Einfluss des unmittelbar folgenden u und des auslautenden b (partielle Assimilation).

(*c*) Im inneren Silbenauslaut vor unmittelbar folgendem b (partielle Assimilation) und bisweilen vor g. § 63

Vgl. tukum-bi (< tukun-bi) „wenn"; u-šem-bi (< u-šem-bi, bez. u-šenn-a-bi) „sein reines Brot", 5 R 52 Nr. 2 Rs.$_{14}$; ferner die Nasalierung mit m statt n vor b, z. B. in umbara neben ubara „Schutz"; ambar „Röhricht"; Zimbir[ki] „Sippar"; namba-, und nambi- (< nanba-, nanbi- < nabba-, nabbi- < na-ba-, na-bi-) = na- „möge nicht" und Präfix ba-. bez. bi- (§ 672).

Vor g: nimgir (< nigir), ES libir, „Vogt"; lumgi (< nimgi) < ningi, akk. si[...], NVB $1_{157.158}$; ᵈLamga(r) „der Gott Lamga" (< namgar) < nagar, akk. namgaru „Zimmermann". Hier liegt wohl Dissimilierung gegen des n im Wortanlaut vor.

§64 γ. N vor Vokal mit darauffolgendem Lippenlaut (b und m) wird unter dem Einfluss des letzteren gewöhnlich zu l.

So wird z. B. nu „nicht" seit der Gudeaperiode vor dem Präfix ba- zu la- (la-ba-), vor dem Präfix bí- zu li- (li-bí-); vgl. sá-la-ba-e-du̿(g) < sá-nu-ba-e-du̿(g) „du hast nicht erreicht", HGT 150 Kol. 3_5; li-bí-n-tuku (< nu-bí-n-tuku) „er hat nicht (genommen)", HGT 65 Kol. 4_9 (s. § 634.) Vgl. ferner nu-banda (> lubanda), akk. labuttû, lubuttû „Aufseher", „Vorgesetzter"; nimgir (< nigir), ES libir (Glosse li-bi-ir), „Vogt"; kalam (Glosse ka-lam), kalama und kalamma (geschr. kalam-ma) neben älterem kanam(a) (Glosse ka-nam, CT 12,27, BM 93042 Vs.$_9$) und ES kanag (geschr. ka-nag, CT 12,38 Kol. 2_6), kanagga (geschr. ka-nag-gá), „Land"; lumgi (< numgi < nimgi) und ningi, akk. si[...], NVB $1_{157.158}$; in einem bestimmten Dialekt (dem von Uruk ?): Illab^{ki}, 2 R 50 Kol. 4_{12}, und (mit Wiederangleichung an die ältere Form) auch Illak, 5 R 41 Nr. 1 Kol. 3_{15}, < Unug^{ki} „Uruk" (im Akkadischen ist also das n, bez. l zu r geworden); Elam, geschr. mit dem Zeichen enim, akk. Elamtu, „Elam". Vgl. auch den Lautwert lum < (älterem ?) núm (so noch in da-núm „stark", Šar-gali-šarri, Türstein A 1_4 u. ö), und beachte ferner die Häufigkeit der sumerischen Wortstämme mit l vor Lippenlaut, z.B. lipiš „Herz", limmu, lammu, làm „vier", šešlam. akk. kibrâtu „die (vier) Gegenden (?)", ^{d}Lumḫa, CT 25,48$_{11}$, elum „Herr", „Angesehener", alimma „Herr", melam „Majestät", lim und līb (beides IGI), alam „Statue", galam „kunstvoll", šilam „Kuh", und schliesslich auch nitlam (< nita-dam) „Freier", wo d unter den gleichen Bedingungen wie sonst n zu l geworden ist (§ 72).

§65 δ. Übergang von n in l im Wortauslaut findet sich dagegen nur zweimal, in beiden Fällen an einer zweisilbigen u-vokaligen Wurzel (mit innerem d).

Vgl. šudun (geschr. šú-dùn, Glosse šu-du-un, Yale Voc.$_{808}$; S^b Kol. 1_{46}) und šudul (geschr. šú-dūl, Glosse šu-dul, Yale Voc $_{145}$; vgl. auch den an erster Stelle angeführten Lautwort šu-dul, CT 11, 39 K 4151 Rs. Kol. $1_{28.30}$, für šú-dùn) „Joch"; udun (Glosse u-du-un, S^b Kol. 2_{29}, HGT 110_7), udu(n) (Glosse u-du, Phil. CBS 15309_5) und udul (Glosse u-du-ul, Phil. CBS 15417 Kol. 2_8 und ein weiteres Fragment$_5$; Schülertexte !) „Ofen".

§65a ε. Für sonstigen Wechsel zwischen n und l beachte z. B. den Lautwert li des Zeichens ni und šennur > akk. šallurum.

[1]) Ein Nippurfragment im Universitätsmuseum in Philadelphia (von mir mit e signiert), welches eine Fortsetzung zu HGT 123 und CBS Nr. 12709 B Kol. 1 bildet, gibt in Kol. $1_{5.6}$ als Lautwerte von NIM ni-im und e-la-am.

ζ. Übergang von r in l vor Vokal und auf diesen folgendem §66
Lippenlaut liegt vor in dem einem bestimmten Dialekt angehörenden
Stadtnamen Ilib (geschr. i-lib) < Uri(m)^{ki} (< ùru-unu(g)^{ki}) „Ur", 5 R
41 Nr. 1 Kol. 3_{11}. Beachte dazu auch die Lautworte rib, lab und
$^{(d)}$lamma des Zeichens KAL.

η. Übergang von b in m (bez. w; „Erweichung") zeigt sich §67
im inneren Silbenauslaut häufig seit Ur-Bau im Verbum bei den
Infixen -b-ta-, -b-da- und b-ši und dem kausativen -b-, wenn das b
unmittelbar auf das Präfix i-, bez. nu(-i)-, ḫe(-i)- usw. folgt. Dagegen
wird in Telloh, soweit sich bis jetzt feststellen lässt, in den mit
ḫe- zusammengesetzten Formen stets he-(i-)b- gebildet.

Vgl. i-m-ta-b-è-è(-e)-a, Gudea, Statue B 8_7, < i-b-ta-b-è-è(-e)-a,
Statue C 4_6 „wer daraus entfernen wird"; i-m-da-ḫúl (< i-b-da-ḫúl)
„er hat sich darüber gefreut", Gudea, Zyl. A 19_9; i-m-ši(-n)-gí
(< i-b-ši-n-gí) „er brachte (sie) dahinein zurück", Ur-Bau, Statue 3_2;
nu-(i-)m-ši-l-tŭ-tŭ (< nu-i-b-ši-tŭ-tŭ) „er fiel nicht in (Schlaf)", Gudea,
Zyl. A 17_8; bar-šù ḫe-(i-)m-ta-gub „er möge zur Seite treten",
4 R 7 Kol. 3_{44}; ⟨igi-⟩? ḫe-(i-)m-ši-lá(-en) = ana... qulamma „mögest
du darauf achten", 4 R 17 Vs.$_{53}$; si-i-m-sá-sá-e (< si-i-b-sá-sá-e),
Gudea, Zyl. A 1_{14}; si-i-m-sá 16_{30}; û(d) i-m-zal A 18_8; B 5_{19}.

ϑ. Verhärtung eines auslautenden m zu b dagegen liegt
vor in dem dialektischen Ilib = Uri(m)^{ki} „Ur", 5 R 41 Nr. 1 Kol. 3_{11}. §68

ι. Wechsel zwischen t und s scheint vorzuliegen in tuš
und suš (beide = KU) „wohnen", Yale Voc.$_{120 \cdot 121}$, welche wohl nur §69
verschiedene Aussprachen des gleichen Stammes darstellen; ebenso
vielleicht auch in ti und sĭ „sich befinden", „(wo) sein"; vgl. me-a
a-n-ti, HGT 152 Kol. 9_{17}, und me-a a-n-sĭ, ebenda$_{15}$, = ališu „wo
ist er?". Vgl. auch šà(g)-túr und šà(g)-tùr, akk. šassuru, Br. 8010
und Yale Voc.$_{127}$.

κ. Wechsel zwischen d(?) und z (s) in gúd und guz (beides §70
geschr. LUM) = qaṣâṣu, ḫutenzû, karâbu, NVB $1_{27.30.45}$; damit
vielleicht auch zu vergleichen zadim, akk. sasinu (neben za-
dimmu) „Steinbearbeiter", S^b Kol. 3_{29} (Vgl. auch § 84).

Ob aus § 69 und 70 auf eine frühere Existenz von ṯ und
ḏ im Sumerischen geschlossen werden darf, bez. ob diese Laute
nur eine Mittelstufe in der Entwicklung von t, d zu s, z gebildet
haben, lässt sich noch nicht entscheiden.

λ. Wechsel zwischen ḫ und l liegt vor in ḫum und lum = §71
unnubu, NVB $1_{16 \cdot 47}$, šîbu $1_{5 \cdot 47}$, šibbû, šebû $1_{6 \cdot 48}$, šêḫu, šîḫu
$1_{22 \cdot 48}$, lummu $1_{19 \cdot 50}$.

μ. Unregelmässiger Lautwandel von d in l, veranlasst durch §72 das Bestreben, zwei t-Laute zu dissimilieren, liegt vor in nitalam (Glosse ni-ta-lam, CT 19, 40 k 4645_7) und nitlam (geschr. ni-it-la-am, RA XI S. 144_{19} Var.) < nita-dam (Glosse ni-ta-dam, CT 19, 40 K 4647_8) „Freier";[1] zu der Wahl gerade des l siehe §. 64. Ist hiernach und nach § 73 vielleicht anzunehmen, dass der Übergang von d in l über n erfolgte?

§73 ν. Unregelmässiger Lautwandel von d in n zeigt sich in gĕ-un-a (geschr. gĕ-ù-na, HGT 152 Kol. 11_{27}; gĕ-û-na, CT 17, 25_8) < und neben gĕ-ud-a (geschr. gĕ-û-da, HGT 152 Kol. 11_{28} = muši u urri; meda und mena = mati „wann", HGT 152 Kol. 10_{12-26}.

§74 ξ. Unregelmässiger Übergang von d in g liegt wohl vor in ummega neben ummeda „die Geschwängerte", „die Schwangere". Vgl. dazu aber auch die Entsprechungen von g und d in den Dialekten.

§75 k. Die hauptsächlichsten Konsonantenentsprechungen zwischen Hauptdialekt und Eme-SAL sind:

α. G im Wortanlaut = m in Eme-SAL.

Vgl. gál = ES mal (geschr. ma-al) „(gesetzt) sein"; gál = ES mal „öffnen", z. B. in igi-gál = ibi-mal (geschr. i-bí-ma-al); gar = ES mar „setzen"; gá (aber auch mà in Nippur und sonst) = ES ma, mà „setzen"; garza = ES marza (geschr. mar-za) „Festsetzung", „Tempelpfründe"; galga (Chic. Voc.$_{243}$; CT 12,34 Kol. 1_{13}) = ES malga (geschr. ma-al-ga, CT 12,34 Kol. 1_{14}) „Rat", „Einsicht"; gìr(i) = ES meri (geschr. me-ri) „Fuss"; gír(i) = ES meri (geschr. me-ri) „Dolch"; Girsu(ki) = ES Mersi (geschr. Me-ir-si) „Girsu"; giš = ES mu(š) „Holz", „Baum", „Gerät"; giš, geš = ES muš (geschr. mu-uš) in geštu = muštu „Ohr", geš-tuk(u) = muš-tuk(u) „hören"; gú(n), gun (auch gu-un geschrieben) = ES mun (geschr. mu-un) „Tracht", „Last", „Talent"; vielleicht auch nach dem Lautwert mi zu schliessen gĭ, gĕ = ES mi „Nacht". Beachte besonders auch gá „Haus" (Chic. Voc.$_{218}$, und so auch in gá-nun, akk. ganûnu, usw.) = ES mà (auch Hauptdialekt, Chic. Voc.$_{217}$) und mu (vgl. CT 12,8 Kol. 1_{17}: mu = bîtum eme-SAL) = bā (Glosse ba-a, Chic. Voc.$_{219}$; welcher Dialekt? Vielleicht Kiš nach der Schreibung dZA-MÀ-MÀ für Ilbaba?).

§76 β. Oft auch g im inneren Silbenanlaut = m in ES; doch handelt es sich hier meistens (oder stets?) um Komposita, sodass also das g des zweiten Bestandteiles ursprünglich im Wortanlaut stand und demgemäss nach § 75 behandelt wurde.

---

[1]) Vgl. dazu im Indogermanischen δάκρυ und lacrima.

Vgl. é-gàr, ingar = ES é-màr (NVB 1_{83}: ma!-ar = SIG =„ (= šá é-màr igaru) em[e!-SAL!]), amar (geschr. á-mar (= lânu, 5 R 11 Kol. 2_{50}; 12 Nr. 1, letzte Kol.$_1$) „Wand" „Gestalt" usw.; dagal = ES damal (geschr. da-ma-al) „weit sein"; digir, dingir (aber dimir in Nippur, HGT 102 Kol. 6_{51}; 129_4) = ES dimmer (< dinmer) „Gott"; sigar (geschr. si-gar) = ES simar (geschr. si-mar) „Riegel". Vgl. ferner šagan (geschr. šú-gan Glosse šá-gan), S[b] Kol. 6_{31}, in Nippur saman (ebenso geschrieben; Glosse sa-ma-an), HGT 123_4, und beachte auch šagan-lá, saman-lá, akk. šamallû „Kaufmannsknecht".

γ. Die umgekehrte Entsprechung, nämlich m, bez. mm = ES g, bez. gg und ng, findet sich dagegen nur im einzelnen Fällen. § 77

Vgl. kalam, älter kanam, und kalama, kala(m)ma = ES kanag, kanagga „Land"; (geschr.) im-ma-da-te = ES in-ga-da-te „er ist an (ihn) herangekommen", 5 R 12 Nr. 1 Rs.$_{10}$.

Dagegen liegt im allgemeinen nur eine andere Schreibung der mit m anlautenden ES-Formen vor in ES mèn[1] = me-en „ich (bin)", „du (bist)", 5 R 12 Nr. 1 Rs.$_{5.6}$; ES mà = „mir", ebenda$_7$; EṢ (geschr.) mà-an!-ze-em (< mu-'-a-n-zem) = mu-an-sì(m) (< ma-'-a-n-sim), ebenda $_8$. Beachte aber § 182.

δ. In vielen Wortstämmen entspricht indessen dem g des Hauptdialektes auch g im ES.

Vgl. gin, gen „fest sein"; gi „zurückkehren", „umwenden"; gul „gross sein", gal „gross"; „zerstören"; gaba „Brust"; gub „treten", gubu „links" nsw. § 78

ε. G im Auslaut und Inlaut oft = ES b. § 79

Vgl. dû(g) = ES zeb (geschr. ze-ib) „gut (sein)"; dug-a = zebb-a (geschr. ze-ib-ba) „gut"; dû(g) = ES zeb (geschr. ze-ib) „Knie"; šà(g) = ES šab (geschr. šà-ab) „Herz", „Inneres"; nugi(g) (geschr. nu-gī, nu-gī-g..) = ES mugib (geschr. mu-gī-ib, mu-gī-b..) „Hierodule"; síg, siga (NVB 1_{78}) = ES šeb (geschr. še-ib), šeba (NVB 1_{81} = li-bit-t[um eme-SAL!]) „Backstein"; sīg(g) = ES zeb(b) (gesch. ze-ib-b..) „quetschen"; igi = ES ibi (geschr. i-bí) „Auge"; dugud-a = ES zebbid-a (geschr. ze-ib-bi-da) „schwer", „geehrt"; aga (geschr. a-ga) = ES aba (geschr. a-ba) „Zukunft", „hinter"; nimgir = ES libir (neben ligir) „Vogt"; vgl. dazu auch ES lagar und ES labar (geschr. la-bar) = sukkallu, kalû, ardu; zugud und zubud (beides kuagunû); Illag und Illab „Uruk"; Subir[ki], Ḫubur[ki]

---

1) Vgl. die Glosse me-en zu DU (sonst = gin) in Z. 3 eines Nippurtextes des Universitätsmuseums in Philadelphia (Paralleltext zu UPUM XII 1 Nr. 2).

und Sugir^{ki}, Sagir^{ki} „Subartu".

§79a ζ. G im Anlaut (= ES m) = b in einem bestimmten Dialekt(?). S. § 75, letztes Beispiel.

§ 80 η. G in Anlaut (und Inlaut) = ES d nur bisweilen.

Vgl. gimi(n) (Glosse -qi-me) = ES -dem (geschr. di-em, SBH 67 Rs.$_{7.9}$), aber auch ES -gin (geschr. -gí-in, VS II Nr. 2 Kol. 4$_{28}$, zu vergleichen mit CT 15,11 Vs.$_{6}$); agar (geschr. a-gár) = ES adar (geschr. a-da-ar, 5 R 11 Kol. 2$_{28}$) „Flur".

§ 81 ϑ. Die umgekehrte Entsprechung d (bez. t) = g, k in einem anderen Dialekt findet sich in û(d), ú(d) (S^{b} Kol. 2$_{8}$), utu (= Hauptdialekt und ES) = û(g), ûg (CT 12,6 Kol. 1$_{23}$), ug (CT 12,8 Kol. 2$_{16}$) und uku (CT 12,26 K 7689$_{13}$) (welcher Dialekt? Vgl. OBI 129 Vs.$_{4.13}$).

§ 82 ι. Ḫ = ES g im Anlaut nur in ḫalam = ES gillem „vernichten". Beachte dazu aber auch die Lautwerte ḫum und gum des Zeichens LUM.

§ 83 κ. N = ES š,

Vgl. nir = šer (geschr. šer, Glosse še-ir, eme-SAL, ASK S. 185 (K 4225$_{9}$) „Herr"; nir-gál = šer-mal (geschr. še-ir-ma-al) „Herr"; a-nir = a-šer (geschr. a-še-ir) „Seufzen"; nimur = šemur (geschr. še-mur), akk. tumru. Dieses š ist offenbar ein liquider, dem l und r nahestehender Laut (man beachte, dass die angeführten Beispiele bei gleichem Anlaut mit n beide auch auf r auslauten). Vergleiche dazu auch den Übergang von š in l vor t-Lauten im Akkadischen und ferner das Nebeneinanderbestehen der demselben Zeichen zukommenden Lautwerte: nad, lad und šad; rid und šid; lì(m) und ši; nā und ša; deš und dili.

§ 84 λ. D = ES z im Anlaut, Inlaut und Auslaut.

Vgl. dû(g) = ES zeb (geschr. ze-ib) „Knie"; dug-a (geschr. dû-ga) = ES zebba (geschr. ze-ib-ba) „gut"; dugud-a = ES zebbida) „schwer"; udu = ES ize (Glosse i-ze, eme-SAL, Yale Voc.$_{164}$) und eze (geschr. e-ze, 4 R 11$_{42}$) „Schaf"; úr—dun-dun = ES úr—ze(n)-ze(n) „hinsinken" (napalsuḫu); gùd und guz (beides LUM) = qaṣâṣu, ḫutenzû, karâbu (NVB 1$_{43.45}$).

Ob hierbei d und z auf ursprüngliches ḏ (= weiches englisches th) zurückzuführen, oder ob ein solches ḏ nur als Mittelstufe für den Übergang von d in z anzunehmen ist, lässt sich noch nicht entscheiden.

§ 85 μ. S = ES z.

Vgl. sì(m), sum = zem (geschr. ze-em) „geben"; saḫ, šaḫ = ES zeḫ (geschr. ze-iḫ) „Schwein"; mu-sir = ES mezer (geschr.

me-zė-ir), meze(r) (geschr. me-ze), akk. urrušu; sigg-a = ES zebb-a (geschr. ze-ib-ba) „drücken", „pressen", „quetschen".

ν. S = ES š nur in sig, siga = šeb (geschr. še-ib), šeba „Backstein". §86

ξ. z = Es š nur in zi = ši „Atem", „Seele". §87

IV. Die Wortwurzeln.

1. Die sumerischen Wortwurzeln sind zum grössten Teil einsilbig. Derartige einsilbige Wurzeln bestehen entweder aus Konsonant, Vokal und Konsonant oder aus Konsonant und Vokal oder aus Vokal und Konsonant oder auch nur aus einem Vokal; vgl. kur „Berg", ḫul „zerstören", kúr „ändern", mu „Name", lú „reichlich sein", -da „mit", ár „Herrlichkeit", ir „gehen", transitiv: „bringen", é „Haus" a „Wasser", usw. Daneben findet sich aber auch eine sehr beträchtliche Anzahl von zweisilbigen Wurzeln, bestehend aus Konsonant, Vokal, Konsonant (bez. Doppelkonsonant), Vokal und Konsonant oder aus Vokal, Konsonant und Vokal, usw.; vgl. ḫuluḫ „zittern", zalag „glänzen", sikil „rein sein", „glänzend sein", kalag und kallag „stark sein", ḫalam, ES gillem „zerstören", dubul „zerschmettern", dirig „mehr sein", dugud, ES zebbid „schwer sein", dagal, ES damal „weit sein", buluḫ „eilen", bulug „spalten", „Bezirk", „Grenze"; nagar „Zimmermann", digir, dingir, dimir, ES dimmer „Gott", gibil „neu" ḫibis „Tanz", „Spiel", samag „Hunger", saḫar „Staub", sumun „alt (sein), libir „alt", umun „Herr", ES gašan „Herrin", šibir „Stecken", suḫuš „Grund", šilam „Kuh", udun „Ofen", utul „Herde", utug „Dämon", ellag „glänzend", arad, arud, ES erid „Sklave", amaš „Hürde", uru „Stadt", usw. §88

2. Gegenwärtig lässt sich jedoch nur in seltenen Fällen feststellen, ob die Wortwurzeln, so wie sie uns in den Texten entgegentreten, ursprünglich sind. Im Grossen und Ganzen erwecken sie den Eindruck, dass sie ausserordentlich stark abgeschliffen sind. Dadurch erklärt sich zu einem grossen Teil auch das Vorhandensein einer beträchtlichen Anzahl von jetzt gleichlautenden Wurzeln; vgl. z. B. lù „Mensch", lù „Schaf", lú „reichlich sein"; gal „gross", gál „gesetzt sein", „vorhanden sein", gál „öffnen", usw. Nicht selten aber treten uns auch Wurzeln auf verschiedener Entwicklungsstufe entgegen; vgl. z. B. ḫú, ḫá = ú, á „zehn"; ẽn (< ewen), ES umun (< uwun), ũn, ũ(n) „Herr"; sãd und sabad = qablum, usw. Viele konsonantisch auslautende §89

Substantiva und Verbalwurzeln erscheinen bisweilen auch mit einem flüchtigen Endvokal, ohne dass sich feststellen lässt, ob oder in welchen Fällen dieser Vokal zur Wurzel gehört oder ein Bildungselement oder vielleicht auch nur eine sekundäre lautliche Erweiterung darstellt; vgl. gìr, ES meri (geschr me-ri) „Fuss"; gír, ES meri (geschr. me-ri) „Dolch"; iš und iši „Berg", sig, siga, ES šeb (geschr. še-ib) und šeba „Backstein", „Bau"; eš und eše „drei", tuk und tuku „nehmen", „haben", sìg und siki „Wolle", usw. Besonders zu beachten aber ist die Tatsache, dass die ganz überwiegende Mehrzahl der zweisilbigen Wurzeln in ihren beiden Silben den gleichen Vokal zeigen und auch die dialektische Änderung der Vokale fast stets beide Vokale in gleicher Weise trifft, was mit Sicherheit darauf hindeutet, dass mindestens in vielen Fällen die Wurzelvokale sekundär angeglichen sind; vgl. uru und eri „Stadt", ar̦ad, urud und erid „Sklave"; ḫalam und ES gillem „zerstören". Ohne weiteres nachweisbar ist diese Vokalangleichng bei verschiedenen zweisilbigen Wurzeln, deren Schreibung noch zeigt, dass sie durch Zusammensetzung zweier einsilbiger Wurzeln entstanden sind; vgl. z. B. kankal < ki-kal „Ödstätte"; ES amar (geschr. á-mar), im Hauptdialekt ingar < é-gar „Wand(ung)". Die zweisilbigen Wurzeln mögen öfters wohl auch einsilbig ausgesprochen worden sein, also kalag „stark" beispielsweise als kalg; beachte dazu die nebeneinander vorkommenden Schreibung kal-la-g... und kal(a)-g.., und insbesondere kuš (< kurš) < kuruš., akk. marû, Chic. $Voc._{174.175}$.

§ 90 3. Wie das oben erwähnte kankal und amar mögen auch noch manche andere substantivische zweisilbige Wurzeln ursprünglich Zusammensetzungen darstellen. Ob auch die eine oder andere Varbalwurzel durch Zusammensetzung einer einfacheren Wurzel mit einem anderen Element, entstanden ist, wie beispielsweise nigin „umhergehen", „darumgehen" vielleicht aus gin „gehen" und dem Infix ni, ist unsicher. Entstehung einer Verbalwurzel aus substantivischem Objekt und kürzerer Verbalwurzel ist in älterer Zeit nicht nachweisbar. In nachsumerischen Texten, bez. nachsumerischen Abschriften jedoch kommen in beschränkter Anzahl derartige Fälle vor; vgl. z. B. mu-n-še-DU (statt še-mu-n-DU), ASK 14 $Rs._9$; šu-mi-ni-b-šu-dú (statt šu-mi-ni-b-dú), HGT 1 Kol. 1_{11}; si-mi-ni-n-si-sá (statt si-mi-ni-n-sá), $ebenda_{10}$; si-mu-ni-b-si-sá-e, 4 R 19 Nr. 2_9; si-ba-ni-b-si-sá-e 4 R 17 $Vs._{45}$ usw. Das zuletzt genannte si—si-sá mag sogar ursprünglich nur eine lautliche (oder graphische) Variante zu dem in den alten Texten sich findenden si—sá-sá (= si—sï-sï) dargestellt haben. — In ù-mu-nni(-e)-dū̄(g) = qibišumma „sprich zu ihm", ù-mu-nni(-e)-dū̄(g)-tab, Var. ù-mu-nni(-e)-dū̄(g)-daḫ = šunnišumma „sprich zum zweiten Mal (zweimal) zu ihm" und ù-mu-nni(-e)-dū̄(g)-pes = šullišumma „sprich zum dritten Mal (dreimal) zu ihm", 2 R 39 Nr. 2 Kol. $1_{8\text{-}10}$, Rm 345 (Meissner, Suppl. Tafel 22) Vs.$_{18\text{-}20}$, könnten, falls hier nicht etwa einfach eine Verschmelzung von zwei Varianten vorliegt, dū̄(g)-tab, dū̄(g)-daḫ und dū̄(g)-peš aus zwei Verbalwurzeln gebildete Doppelwurzeln darstellen. Ob derartige Bildungen auch im alten Sumerisch möglich waren, lässt sich vorläufig noch nicht feststellen.

4. Nur wenig auch lässt sich darüber sagen, wie viele von § 91
den jetzt völlig sumerisiert erscheinenden Wortwurzeln etwa aus fremden Sprachen, insbesondere aus dem Semitischen herzuleiten sind. Von verbalen Wurzeln könnten z. B. ḫalam, ES gillem „zugrunde gehen" vielleicht von ḫalâqu, silim „wohlbehalten sein" von šalâmu, das reduplizierte su-sulun (geschr. sú-sú-lu-un), akk. ruṣṣunu, Brüss. Vok. 4_{10}, von sullunu, ebenda 4_{9}, herzuleiten sein. Auch bei ḫaza (geschr. ḫa-za), šu—ḫaza und šu-ḫa-za—gar „ergreifen", „fassen", „halten", „erwählen" liesse sich vielleicht (falls wirklich die betreffenden Zeichen ḫa-za auszusprechen sind) an eine Entlehnung von aḫâzum denken. — Die Entlehnung von Substantiven aus dem Semitischen dagegen steht ausser Frage; diese Substantiva sind z. T. ohne, z. T. auch mit Kasusendung, u. z. entweder mit der Nominativ- oder der Akkusativendung und entweder mit oder ohne Mimation in das Sumerische übergegangen. Vgl. nakid „Hirte", „Züchter" von nâqidum; galga, ES malga (geschr. ma-al-ga), „Rat", „Bescheid" von milkum; damḫara (Entemena, Kegel 1_{26}) „Kampf" von tamḫarum; damgar „Kaufmann" vom Stamm mkr; zabalam „Tribut" von zabâlum; lium (geschr. li-um, Gudea, Zyl. A 5_{8}, 6_{4}; ^{giš}li-ü-um, K 4338 a (AL[3] 86—90) Kol. 1_{2}; 3 R 64_{32b}) „Tafel" von liûm. Beachte auch die semitische Form vieler Völker-, Länder-, Berg- und Ortsnamen, wie z. B. Gutium, Sutium; Amanum, Gudea, Statue B 5_{28}, Umanum, ebenda 6_{5}, Tidanum, 6_{13}, Ḫaḫum, 6_{34}, usw. Auch jedes andere semitische Substantiv konnte, wofern es sich um einen Terminus technicus handelte, in das Sumerische übernommen werden; vgl. z. B. bu-úḫ-ru-um-Nibru^{ki}-k-a „in der Ratsversammlung von Nippur", BE VI 1 Nr. $10_{14.16}$ (akk. puḫrum), wozu auch der sumerische Lautwert puḫrum des Zeichens KIB, Chic. Voc.$_{204}$, zu beachten ist; ferner die Baumnamen ^{giš}zabalum, Gudea, Statue B 5_{55} = ^{giš}zabalam,

CT 17, 38_{39}, und [giš]tulubum, Gudea, Statue B 5_{57}. Nach den Vokabularen sind ferner als sumerische Lautwerte gebraucht worden karam (von akk. karmu „Ödland", Chic Voc $_{247}$; iqlu und iqqil (beachte hierbei die Verdoppelung des q!) „Feld", „Acker", ebenda$_{279f.}$; irṣitu „Erde", ebenda$_{96}$; gagar (= qaqqaru) „Erdboden"; laḫrum „Mutterschaf", Yale Voc $_{93}$ ([d]Laḫar CT 25, 19f. Kol. 4_{4}), usw.

§ 92 5. Sehr häufig ist die Reduplikation der Wurzel.

a. Sie dient dazu die Pluralität (und häufig auch gleichzeitig die Idee der Gesamtheit) von Gegenständen, eine mehrfache Ausübung der Handlung oder eine Steigerung der Wurzelbedeutung auszudrücken; vgl. z. B. kur-kur „die Länder", „alle Länder" zu kur „Land"; a-b-duru(n)-durun-eš „sie wohnen", ITT I 1100_{15}, neben a-b-duru(n) „er wohnt", ebenda$_{6}$. Siehe hierzu besonders noch beim Substantiv § 142ff., 148ff., und beim Verbum § 443ff.

§ 93 b. Die Verbalwurzel, welche den ersten Bestandteil einer Reduplikation bildet, zeigt oft ein Streben nach Kürzung, von welcher aber nur das Ende der Wurzel betroffen wird. Bei einsilbigen Wurzeln kann der Natur der Sache nach nur der auslautende Konsonant schwinden; dies geschieht im allgemeinen ständig, wenn der auslautende Konsonant ein stets verlierbarer ist; der nicht verlierbare Konsonant bleibt z. T. (oder in der Regel) erhalten. Vgl. zi-zig (geschr. zi-zi-g..) < zi(g)-zig; lă-làḫ (Glosse la-la-aḫ, UPUM XII 1 Nr. 2 Vs.$_{17}$) < làḫ-làḫ; bā̆-bar (geschr. ba-bar, bàr-bàr) < bàr-bàr (daneben auch babbar mit Assimilierung das r); dâ-dàg < dàg-dàg (Brüss. Vok. 3_{16}); ga-gál < (bez. neben) gál-gál, ebenda 3_{38}; sì-sig (geschr. sì-sì-g..) < sig-sig; tu-tul (geschr. tu-tu-l.., Šurpu VII_{33}) < tul-tul; tu-tur (geschr. tū-tū-r.., tŭ-tŭ-r..) < tur-tur; sì-sim (geschr. sì-sì-m..) < sim-sim; beachte auch das Substantiv gigir „Wagen", welches seiner Bildung nach wohl ein Verbalnomen der reduplizierten Wurzel gir-gir darstellt. Dagegen mit Erhaltung des auslautenden Konsonanten: zal-zal (geschr. za-al-za-al, NFT S. 227, AO 4331 Rs. Kol. 1_{5}); šár-šár(a) (Glosse šá-ar-šá-ra, Brüss. Vok. 3_{18}); gìr-gìr (Glosse gi-ir-gi-ir, Brüss. Vok. 3_{39}); zin-zin (geschr. zi-in-zi-in, Brüss. Vok. 3_{21}) und zin-zim (geschr. zi-in-zi-im, HGT 142 Kol. $3_{13\text{-}15}$); zir-zir (geschr. zi-ir-zi-ir, CT 16, 9ff. Kol. 5_{1}).

§ 94 Auch bei den zweisilbigen Verbalwurzeln fällt im allgemeinen nur der letzte Konsonant ab; vgl. duru-durun (geschr. du-ru-du-ru-n.., NFT S. 228 AO 4329 Rs. Kol. 2_{3}. In einigen Fällen indessen wird von der ersten (zweisilbigen) Wurzel nur die aus Konsonant und Vokal bestehende erste Silbe gesetzt. Vgl. ga-galam (geschr.

ga-ga-la-am, RA XI S. 144 ff.$_{38(=19)}$) als Variante zu ga(lam)-galam, ebenda; su-sulun (geschr. sú-sú-lu-un) statt sulun-sulun, Brüss. Vok. 4_{10}.

c. Elision des Vokals der zweiten Wurzel einer Reduplika- § 95
tion, welche dann stets mit einem angefügten kurzen Vokal erscheint, liegt vor in gigri (Glosse gi-ig-ri, Ass. 2559 Kol. 1_{39}) < gi-giri < gĭr-gĭr(i); didli < di-dili < dil-dili (Vok. Ass. 523 Kol. 2_{39}); šu-šr(i) (geschr. šu-uš-ri, CT 17, 34 ff.$_{62}$) und šušr(u) (geschr. šu-uš-ru, CT 19, 17 ff. Kol. $2_{48.49}$) neben šu-šur(u) < šur-šur(u).

Hieraus geht natürlich hervor, dass die erste Wurzel den Akzent hatte.

d. Sekundäre Verdoppelung des anlautenden Konsonanten § 96
der zweiten Wurzel liegt vor in kukki < gĕ-gĕ und kukki < kū-kū; wohl auch in duddu(g) (Glosse du-uṭ-ṭu, 2 R 32 Nr. 3 Vs.$_{18}$) < dū̄-dū̄(g).

Auch hieraus ergibt sich die Betonung der ersten Wurzel.

e. Sekundäre Differenzierung des Vokals der ersten, bez. § 97
auch der zweiten einsilbigen und vokalisch endigenden Wurzel liegt vor in den beiden eben angeführten reduplizierten Stämmen kukki. Sie erklärt sich offenbar daraus, dass die reduplizierte Wurzel von der Sprache bereits wieder als eine einfache Wurzel mit leichtem Vokalnachschlag behandelt worden ist.

V. Die Kettenbildung.

1. Seinem agglutinierenden Charakter gemäss drückt das § 98
Sumerische die grammatische Zusammengehörigkeit der einzelnen Wörter oder Satzelemente im allgemeinen nur dadurch aus, dass sie dieselben zu Wortketten aneinander reiht. Diese Aneinanderreihung ist jedoch keineswegs eine willkürliche, sondern findet nach der folgenden Ordnung statt:

		beschreibendes Adjektiv		besitzanzeigendes Fürwort
a) Substantiv	+ b)	beschreibender Genetiv	+ c)	besitzanzeigender Genetiv +
		beschreib. Relativsatz		besitzanzeig. Relativsatz

hinweisendes Fürwort			
d) fragendes Fürwort	+ e) Pluralelement	+ f) Verhältniswort	+
verallgemeinerndes Fürwort			

g) Verbalbegriff.

Vgl. lugal-kalaga „der mächtige König“ (= Subst. + Adj.),

Ibi-Sin, Siegel A_2; udug-šaga-zu „dein guter Dämon" (= Subst. + Adj. + Posspr.), Gudea, Zyl. A 3_{20}; á-zida-mu-šù „zu meiner rechten Seite" (= Subst. + Adj. + Posspr. + Verhw.), CT 16, 1 ff.$_{264}$; dumu-mu-méš „Söhne von mir" (= Subst. + Posspr. + Pluralel.), BE VI 2 Nr. 48_{22}; lù-e-meš-a „auf diese Menschen" (= Subst. + hinw. Fürw. + Pluralel. + Verhw.), HGT 152 Kol. 5_{27}; lù-e-meš-ra-imea „zu diesen Menschen (war es, dass ....)" (= Subst. + hinw. Fürw. + Pluralel. + Verhw. + Verbbegr.), HGT 152 Kol. 5_{30}; Nibru[ki]-ta-ginna „von Nippur gekommen" (= Subst. + Verhw. + verb. Adj.), RTC 376_{12}; lugal-mu(-r) unādu(g) „sprich zu meinem Herrn" (= Subst. + Posspr. + Verhw. + Verb.), ITT I $1170_{3.4}$; mu-namlugall-a(k)-mu „mein Name der Königswürde", d. i „mein königlicher Name" (= Subst. + beschr. Gen. + Posspr.), LIH 98.99_{63}; dumu-uru-n(i)-ak-ene(-r) gù-munadē „zu den Kindern seiner Stadt spricht (sprach) er" (= Subst. + poss. Gen. + Pluralel. + Verhw. + Verb.), RA IX S. 112ff. Kol. $2_{23.24}$; X S. 99 Vs.$_9$; [d] Utu,-namlugall-ani-bibgull-a,-š „für Šamas, der sein Königtum gross gemacht hat" (= Subst. + beschr. Relativs. + Verhw.), Datum Samsuditana's, BE VI 2 S. 106; ([d] Nin-ḫursagga,-)ama,-i-n-dímm-enn-a,-mu!,-š „für (Ninḫursagga,) meine Mutter, die mich geschaffen hat" (= Subst. + beschr. Relativs. + Posspr. + Verhw.), LIH $98.99_{44.45}$; lù-name „jeder (vor der Negation: irgend ein) Mensch" (= Subst. + verallgem. Fürw.), CT 17, 19 ff.$_{27.29}$; ibila-ni-ana-me-a-bi „jeglicher (vor der Negation: irgend ein) Erbe von ihr" (= Subst. + besitzanz. Fürw. + verallgem. Fürw.), BE VI 2 Nr. 45_{15}; ES šab-ani-name „sein ganzes Herz (= alles, was sein Herz begehrt)" (= Subst. + besitzanz. Fürw. + verallgem. Fürw.), 4 R 20 Nr. 1 Vs.$_6$.

§ 99 2. Die Rangfolge der einzelnen Wörter in dem obigen Schema ist eine durchaus logische, insofern als an die Spitze der Kette das konkreteste aller Wortarten, das Substantiv, und dann ihm zunächst immer diejenige Wortart gesetzt wird, welche dem Substantivum an Konkretheit am nächsten kommt; so bildet z. B. das beschreibende Adjektiv „grün" einen in sich erheblich konkreteren Begriff als das Possessivpronomen „mein", und dieses letztere wiederum einen in sich wesentlicheren Begriff als die Verhältniswörter „zu", „für" usw. Die grössere oder geringere Konkretheit der Wortarten bewirkt aber zugleich auch eine grössere oder geringerer Fähigkeit, sich mit dem Substantivum zu einer in sich wieder einheitlichen oder verhältnismässig einheitlichen Idee zusammenzuschliessen; so ergibt z. B. die Verbindung „das grosse Haus" einen schärfer umrissenen Begriff als beispielsweise „mein Haus", „zum Hause" usw., wie ja tatsächlich im Sumerischen die Verbindung é-gal „das grosse Haus", „das Grosshaus" den Begriff „Palast" und ähnlich lù-gal, wörtlich „der grosse Mensch", „der Grossmensch", den Begriff „Herr", „König", sukkal-maḫ „der erhabene Sukkallu" den Begriff „Grosswesir" usw. wiedergibt. — Zu der logischen Verbindung zwischen Substantiv, Verhältniswort und Verbalbegriff s. § 366, zur Stellung des Pluralelementes § 136.

Die logische Ordnung der Wortklassen, wie sie das Sumeri- § 100 sche aufweist, ist dieser Sprache keineswegs allein eigentümlich, sondern findet sich mehr oder weniger auch in anderen Sprachen, soweit es sich da um die natürliche Wortfolge handelt. So beispielsweise im Deutschen und Englischen, wie folgende Sätze veranschaulichen mögen: „(1) er ging hin (2) zu (3) des Gottes (4) erhabenem (5) Hause" und „(1) he went (2) to (3) the god's (4) sublime (5) house" = sum. (5)é-(4)maḫ-(3)dingirr-a(k)-(2)šù (1)ì-gin. Wohl aber besteht, wie die angeführten Sätze ohne weiteres zeigen, ein sehr wesentlicher Unterschied zwischen der sumerischen und der deutschen, bez. englischen Wortfolge darin, dass das Sumerische die Wortkette mit dem konkreten Substantiv beginnt und stufenweise zu den minder konkreten Wortbegriffen herabsteigt, das Deutsche und Englische dagegen von den minder konkreten Begriffen allmählich zu dem konkretesten Begriff, dem am Ende der Wortkette stehenden Substantiv, aufsteigen.[1]

Bemerkenswert ist die erstaunliche Konsequenz, welche sich § 101 in dem oben dargestellten Wortfolgeprinzip kundtut. Man beachte z. B. dass der beschreibende Genitiv, der beschreibende Relativsatz und das beschreibende Adjektiv wegen ihrer logischen Gleichwertigkeit auch hinsichtlich ihrer Stellung in der Kette in ganz der gleichen Weise behandelt werden, und andererseits auch der besitzanzeigende Genetiv, der besitzanzeigende Relativsatz und das besitzanzeigende Fürwort im Modifikationsschema den gleichen Rang einnehmen. Siehe später hierzu noch Näheres bei den einzelnen Wortklassen.

3. Die Kette kann je nach den Bedürfnissen des Satzgedankens § 102

[1]) Vergleiche zu dieser Umkehrung der Reihenfolge auch die im folgenden gelegentlich gegebenen Hinweise auf andere Fälle, in denen das Sumerische eine Wort- oder Satzfolge anwendet, die der deutschen direkt entgegengesetzt ist (s. z. B. § 127).

bei jeder im Schema genannten Wortgruppe abgebrochen werden, findet aber, abgesehen von der Genitivkette, naturgemäss ihren logischen Abschluss stets nur in dem Verbalbegriff, auch wenn sie von diesem durch eine andere Kette getrennt ist; vgl. z. B. Ḫammurabi-...(-e) ... ᵈNinni-ki-agga-ni-r Ḫallab,-uru-nam-nin-ak-an(i),-a É-zi-kalamma(-k),-é-ki-agga-ni mu-na-ni-n-dū „Hammurabi erbaute seiner geliebten Ninni in Ḫallab, ihrer Herrschaftsstadt, É-zi-kalamma, ihr geliebtes Haus", LIH $61_{34\text{-}40}$, wo die vollständigen Ketten Ḫammurabi-....-e munanindu, ᵈNinni-...-r munanindu, Ḫallab-....-a munanindu und E-zi-kalamma munanindu sind. Aus der Tatsache, dass der Verbalbegriff den Abschluss der verschiedenen Ketten eines Satzes bildet, erklärt sich auch ohne weiteres die Stellung des Verbums am Ende des Satzes.

§ 103 4. Die Stelle des Substantivs kann in der Kette naturgemäss auch von einem substantivischen Pronomen eingenommen werden; vgl. mà-ra „zu mir", ene-da „mit ihm", menzen-da-numea „ohne euch", wörtlich „indem es nicht ist mit euch" (= subst. Pron. + Verhw. + Verbalbegriff), HGT 152 Kol 7_{35}.

§ 104 Aus solchen pronominalen Ketten bestehen in der Hauptsache auch die finiten Verbalformen. Vgl. z. B. mu-e-dím „du machtest", welches hinter dem verbalen Präfix die Kette e-dím „du machend" (= subst. Pron. + Verbalbegriff, bez. verbales Adjektiv) bietet; i-ṇna-n-dím „er machte für ihn" mit den beiden Ketten n-a-dím „für ihn machend" und n-dím „er machend"; i-b-ta-n-è „er hat aus ihm hervorgehen lassen" mit den Ketten b-ta-è „aus ihm hervorgehen lassend" und n-è er „hervorgehen lassend"; mu-n-a-n-i-n-tū(r) „er hat für ihn in dasselbe hineingebracht" mit den Ketten n-a-tū(r) „für ihn hineinbringend", n-i-tū(r) „in dasselbe hineinbringend" und n-tū(r) „er hineinbringend".

§ 105 5. Der Natur der Sache nach zeigen die Ketten häufig ein weit komplizierteres Bild als es im obigen einfachen Schema dargestellt ist. Zunächst kann das Substantiv oder ein Komplex, der aus Substantiv und einem oder mehreren, bez. allen der im Schema unter b – e aufgeführten Kettengliedern besteht, durch eine substantivische Apposition, die auch ihrerseits wieder eine Kette bilden kann, erweitert werden; vgl. z. B. ᵈNinḫursagga,- ama-i-n-dímm-enn-a-mu,-š „für Ninḫursagga, meine Mutter, die mich geschaffen hat" (= Subst. + Apposition [= Subst. + Relativs. + bes. Fürw.] + Verhw.), LIH 98 . $99_{44.45}$. Sodann können statt nur eines Substantivs oder Adjektivs deren auch zwei oder mehr einander gleichgeordnet stehen; vgl. dingir-an-ki-k-ene „die Götter von Himmel und Erde", wo die Kette an-ki-k „von Himmel und Erde" zu den beiden Substantiven an und ki gebildet ist (= [Subst. + Subst.] + Verhw.). Auch der Genetiv bildet für sich wieder eine Kette, die sämtliche unter a—f aufgeführten Kettenglieder enthalten kann; zu diesem Kettencharakter der Genetive und zu der aus diesem infolge der strikten Durchführung des Schemas sich ergebenden konzentrischen Einschachtelung der Genetive bei einer doppelten Genetivverbindung s. § 367 f. Zu einer eigentümlichen Verknüpfung zweier Ketten führt schliesslich auch der Doppelcharakter des Verbaladjektivs als beschreibendes Adjektiv und als Verbalbegriff, infolge dessen es zur gleichen Zeit die Stellung des im Schema unter b, als auch die Stellung des unter g angeführten Kettengliedes einnimmt; vgl. z. B. sukkal-Nibru^{ki}-ta-ginn-a „der von Nippur gekommene Sukkallu, RTC $376_{11.12}$, wo einerseits sukkal+Nibru^{ki}-ta-ginn-a eine aus Substantiv und Adjektiv bestehende, und andererseits Nibru^{ki}-ta-ginn-a eine aus Substantiv, Verhältniswort und Verbalbegriff bestehende Kette darstellt.

VI. Die Satzteile.

1. Die einzelnen nicht verbalen Satzteile stellen, wir im § 106
vorigen Kapitel gezeigt ist, Ketten dar, deren jede logisch in dem das Satzprädikat bildenden Verbalbegriff ihre Fortsetzung und ihr Ende findet. Als Abschluss aller die einzelnen Satzteile bildenden Ketten aber fasst das Satzverbum diese letzteren in sich zusammen und begründet oder betont damit den logischen Zusammenhang der Satzteile.

2. Die natürliche, in gewöhnlicher, affektloser Sprechweise § 107
übliche Reihenfolge der Satzteile ist im vollen transitiven Satz, soweit sich aus dem bis jetzt vorliegenden Material urteilen lässt: Subjekt — entfernteres Objekt — sonstige dimensionale Bestimmungen — näheres Objekt — verbales Prädikat. Vgl. z. B. ū(d) ^{d}Ningirsu(k),-ursag-kalaga-^{d}Ninlill-ak,-e ^{d}Ningišzida(k),-dumu-^{d}Ninazu(-k),-ki-ág-dingir-ene(-k),-ra uru-a ki-úr mu-na-ni-(n)-gar-a, gang-a gan-ī(d) mu-na-ni(-n)-gar-a, Gudea,-isag-Lagašu^{ki}(-k),-lugal-ani(,-r) É-ninnu-^{d}Nigi(d)ḫu-bàr-bàrr-a-ni, é-PA,-é-ub-imin-ani mu-na(-n)-dū-a(,-e) ^{d}Ningišzida(k),-dingirr-ani(,-r) é-Girsu^{ki}-k-ani mu-na(-n)-dū „Als Ningirsu, der starke Held des Enlil, dem Ningišzida, dem Sohne des Ninazu, dem Liebling der Götter, in der Stadt den Grund und Boden übergeben, draussen die Felder

und Kanäle ihm übergeben hatte, da hat Gudea, der Fürst von Lagaš, der Gerechte, der seinen Gott liebt, der dem Ningirsu, seinem Herrn, sein E-ninnu, darinnen der Nigi erstrahlt, und sein E-PA, das Siebenzonenhaus, erbaute, dem Ningišzida, seinem Gotte, sein Haus in Girsu erbaut", Gudea, Statue I 1_1-3_{10}.[1]

§ 108 3. Man beachte, dass in der natürlichen Reihenfolge das nähere oder Akkusativobjekt seinen Platz unmittelbar vor dem Verbum hat, womit auch durchaus harmoniert, dass es allein von allen Satzteilen des transitiven Satzes direkt, d. h. nicht durch Vermittelung eines dimensionalen Elementes, vom Verbum abhängig ist. Das Subjekt dagegen, welches durch das (wenigstens in historischer Zeit) dimensionalen Charakter tragende Element -e kenntlich gemacht wird, steht mit den übrigen dimensionalen Bestimmungen vor dem Akkusativobjekt, u. z. an der Spitze der dimensionalen Bestimmungen, ein Umstand, der sich ohne weiteres daraus erklärt, dass das Subjekt den Ausgang der im Satz beschriebenen Handlung darstellt.

§ 109 4. Soll ein bestimmter Satzteil besonders hervorgehoben oder der Anschluss an etwas früher Gesagtes hergestellt werden oder bildet schliesslich ein Satzteil die Voraussetzung für die nähere Bestimmung eines anderen Satzteiles,[2] so kann, mit Ausnahme des durch das Verbum (usw.) dargestellten Prädikats, jeder der betreffenden Satzteile auch eine andere, der erwähnten Absicht entsprechende Stellung einnehmen. Vgl. ^{d}Nindub, -lugal-en,-lugal-ani(,-r) Gudea,-isag-Lagašu^{ki}-k,-e é-Girsu^{ki}-k-ani mu-na(-n)-dū „dem Nindub, dem König und Herrn, seinem Herrn, hat Gudea, der Fürst von Lagaš, sein Haus in Girsu erbaut", Gudea, Tonnagel A; 1 sag-geme,- . . . . . -pad-a-m (geschr. -pá-da-ām) Zanini,- . . . . - ^{d}Ningirsuk-a(k),-šù Dimtur,-dam-sangu-^{d}Ningirsuk-ak,-e e-(n-)šù(-n)-sâ; 10-gìn-kù(g)-luḫḫ-a,- *2/5-gur*-še,-nig-sam-ani Zanini(-e) šu-ba(-n)-ti „1 Sklavin, ... gerufen, [3] hat von Zanini, dem . . . . des Ningirsu, Dimtur, die Gemahlin des Priesters des Ningirsu, gekauft. 10 Sekel lauteren Silbers und 2/5 Gur Getreide hat Zanini als Kaufpreis für sie erhalten", RTC 16 Kol. 1_1-2_7 (ähnlich auch sonst im Schema der Rechtsurkunden).

---

1) Die Reihenfolge der Satzteile weicht nur einmal, nämlich in der Voranstellung der Zeitbestimmung û(d)—a, mit welcher der Verfasser der Inschrift einen passenden Anfang gewinnen will, von der natürlichen ab.

2) Das ist z. B. der Fall, wenn der folgende Satzteil mit Possessivpronomen versehen ist, das sich auf den vorangehenden Satzteil bezieht; vgl. z. B. im Deutschen den Ausdruck „eine Zahl in ihre Faktoren zerlegen".

3) Oder gehört das Verbalnomen mit zum Namen der Sklavin?

5. Die Verbalform dagegen steht aus dem in § 106 genannten Grunde stets am Ende des Satzes.[1] Lediglich der Imperativ und die Wunschform werden gelegentlich einer dimensionellen Ergänzung vorangestellt. Vgl. è-ba-ra ki-badd-u-šù, ginn-a aria-šù „geh hinaus an einen fernen Ort! gehe weg nach einer Ruinenstätte!" CT 16, 27 ff.$_{92.94}$; û(d)-bal-an(i)-a(k) nig-nu-kurr-u ḫe-a û(d)-dari-šù „die Tage seiner Dynastie seien unveränderlich in ewige Zeiten", Sin-idinnam, Tonnagel A $2_{16\text{-}18}$; ähnlich Tonnagel $B_{23.24}$. § 110

6. Vorwegnahme eines nicht verbalen Satzteiles kann sogar über einen oder mehrere andere, dem Satz, welchem der betreffende Satzteil angehört, gleichgeordnete Sätze hinweg erfolgen. § 111

Vgl. ^{d}Ningirsu(k),-lugal-ani(,-r) Gudea,-isag-Lagašu^{ki}-k,-e ḫur-sag-Ur.in.gí.rí.az-a-abba(k)-igi-nim-k-a nà-šir-gal-e mu(-n)-bal, i-m-ta(-n)-è, GAG+GIŠ-ur-sag-eše-šù mu-na(-n)-dím, nam-til-ani-šù a-mu-na(-n)-ru „Gudea, der Fürst von Lagaš, hat im Gebirge U. am oberen Meer einen Marmorstein ausgegraben, ihn von dort hergeholt und ihn dem Ningirsu, seinem Herrn, zu einem Streitkolben, (der) einen Löwen mit drei Köpfen (darstellt), verarbeitet und für sein Leben geweiht", Gudea, Streitkolben A. Der vorangestellte Dativ ^{d}Ningirsu(k),-lugal-ani(,-r) gehört, wie daraus ersichtlich ist, dass das Dativinfix -na- nur in mu-na(-n)-dím und a-mu-na(-n)-ru gesetzt ist, nur zu diesen beiden Verben; die diesen vorangehenden, mit den Verben mu(-n)-bal und i-m-ta(-n)-è endenden Sätze bilden daher in dem ganzen Satzgefüge gewissermassen nur eine Parenthese.

7. Gewöhnlich wird in der älteren sumerischen Periode, aber auch später noch bisweilen, ein vorweggenommener Satzteil noch einmal in kürzerer Form an der ihm eigentlich zukommenden Stelle gesetzt. § 112

Vgl. z. B. ^{d}Enlil,-lugal-kur-kur-(a)k,-e Lugal-ki-gub-ni-DÚ-DÚ(-ed)-ra[2] û(d) ^{d}Enlill-e gù-zi(d)-e-na(-n)-dé-a(,-a), nam-en nam-lugal-da e-na-(n-)da(-n)-tabb-a,-a, Lugal-ki-gub-ni-DÚ-DÚ-(-e)d-e[1] .... a-mu-na(-n)-ru „Als Enlil, der Herr der Länder, zu LugalkigubniDU-DU das unverbrüchliche Wort gesprochen und ihm zur Königswürde auch die Enu-Würde hinzugefügt hat, hat ihm LugalkigubniDU-DU .... geweiht", LugalkigubniDU-DU, Vase A;

[1]) Ganz zweifellos ist das Akkadische, das durch die Stellung des Verbs am Ende des Satzes sehr von den übrigen semitischen Sprachen abweicht, in diesem Punkte durch das Sumerische beeinflusst.

[2]) Oder -DÚ-DÚ(n)-ra, -DÚ-DÚn-e?

^{d}Enlil,-lugal-kur-kurr-a(k) Lugal-zaggisi,-lugal-Unug^{ki}-a(k),-..., -agrig-maḫ-dingirr-ene(-k),-ra û(d) ^{d}Enlil,-lugal-kur-kurr-ak,-e Lugal-zaggisi(-r) nam-lugal-kalamma(-k) e-na(-n)-sim-a,-a, û(d)-b(i-)a ... „als Enlil, der Herr der Länder, dem Lugal-zaggisi, dem König von Uruk, dem Grossabarakku der Götter, die Königsherrschaft über das Land verliehen hatte, damals ..... ", Lugalzaggisi, Vasen, Kol. 1_1-2_3; ^{d}Ningirsu(k),-ursag-^{d}Enlill(-ak),-ra Entemena(k),-isag-Lagašu^{ki}(-k),-DUMU-KA-^{d}Ur-Nina,-lugal-Lagašu^{ki}-k-,ak,-e ^{d}Ningirsu(k)-ra éš-DÛ.RU mu-na(-n)dū „dem Nirgirsu, dem Helden Enlils, hat Entemena, der Fürst von Lagaš, der Nachkomme des Ur-Nina, des Königs von Lagaš, das Eš-DÛ.RU erbaut", Entemena, Alabastertafel Vs. 1_1-3_1. In dieser Vorwegnahme und Wiederaufnahme eines Satzteiles tut sich noch die volksmässige Redeweise kund, die noch nicht an eine straffe Gliederung des Satzes gewöhnt ist.

§ 113 8. In gewisser Beziehung verwandt mit der eben besprochenen Erscheinung ist die häufig sich findende Wiederaufnahme eines durch einen Relativsatz besimmten Nomens durch das gleiche, aber mit dem zurückweisenden Demonstrativum -bi „selbiger" versehene Nomen.

§ 114 Vgl. z. B. û(d) ^{d}Enlil,-lugal-kur-kurr-ak,-e Lugal-zaggisi(-r) nam-lugal-kalamma(-k) e-na(-n)-sim-a,-a, û(d)-b(i-)a a-abba(k)-sigg-a-ta ^{id}Idigna ^{id}Buranun-bi a-abba(k)-igi-nimm-a-šù gìr-bi si-e-na(-n)-sá „Zu der Zeit, da Enlil, der Herr der Länder, dem Lugalzaggisi das Königtum über das Land gegeben, zu jener Zeit lenkte er ihm den Fuss [1] vom unteren Meer den Tigris und den Eufrat entlang zum oberen Meer", Lugalzaggisi, Vasen 1_{36}-2_{11}.

9. Besonders aber zu beachten ist, dass das Sumerische die einzelnen Satzteile innerhalb der finiten Verbalform durch pronominale Elemente oder pronominale Ketten wiederaufzunehmen bemüht ist; so nimmt es z. B. das Subjekt (der 3. Person) durch die Subjektselemente -n- „er" und -b- „sie" (im Präteritum) wieder auf, den Dativ Singularis durch -n-a- „ihm", „ihr", den Dativ Pluralis durch -ne- „ihnen", den Lokativ durch -n-i- „darin", die mit -ta, -da und -šù gebildeten Bestimmungen durch die Infixe -n-ta, -n-da-, -n-ši- und -b-ta-, -b-da-, -b-ši-, usw.

Vgl. ^{d}Ninni(k),-nin-ani,-r Ḫammurabi,-lugal-ubd-a(k)-limmu-b(i)-ak,-e Ḫallaba^{ki},-uru-nam-nin-ak-an(i),-a é-ki-ág-ani mu-na-ni-n-dū „der Ninni, seiner Herrin, hat Hammurabi, der König der vier Weltgegenden, in Ḫallab, ihrer Herrschaftsstadt, ihr geliebtes Haus erbaut", LIH Nr. 61; hier bezieht sich -na- „ihr" auf

---

1) Oder „er machte ihm gerade seinen Weg".

^{d}Ninni-...-r(a), -ni- „darin“ auf Ḫallaba^{ki}-...-a, und -n- „er“ auf Hammurabi-...-e zurück. Ferner: lù É-anna(k)-ta i-b-ta-b-è-è(-e)-a „wer (die Statue) aus Eanna entfernen wird“, Gudea, Statue C $4_{5.6}$; hier wird É-anna-ta durch -b-ta- „aus ihm“ wieder aufgenommen; Zanini-...-šù e-(n-)-šù(-n)-sâ „sie hat von Zanini gekauft“, RTC 16 Kol. 1_{8}-2_{2}; hier bezieht sich -n-šù- auf Zanini-...-šù zurück. Auch diese Gepflogenheit entstammt der Rede im Affekt; sie hat sich für das Sumerische als ein gutes Mittel erwiesen, die grammatische Beziehung der einzelnen Satzteile zu einander zu verdeutlichen, und ist besonders da von grossem Nutzen, wo diese Beziehung durch den Schwund der Postpositionen -e, -ra, -ta und -da (s. § 354, 363) verwischt zu werden droht, wie z. B. in û(d) ... Lugalzaggisi(-r) ... e-na(-n)-sim-a,-a „als er dem Lugalzaggisi ... gegeben hatte“, Lugalzaggisi, Vasen $1_{36ff.}$.

VII. Das Substantivum.

1. Die Bildung der Substantiva.

Ihrer Bildung nach lassen sich die Substantiva in folgende Klassen einteilen: § 115

a. Wurzelsubstantiva.

Vgl. a „Wasser“; é „Haus“; á „Arm“; šu „Hand“; ka „Mund“; ki „Erde“; an „Himmel“; giš, ES mu(š) „Baum“, „Holz“; igi, ES ibi „Auge“; ẽn (< ewen), ES umun, ũn, ũ „Herr“; ara(d), aru(d), uru(d), ES eri(d) „Sklave“; ama „Mutter“ ;dumu, dũ „Kind“; û(d), dial. auch uk „Tag“, „Licht“, „Lichtdämon“, utu, dial. uku „Sonne“; mu „Name“; nam „Schicksal“, „Bestimmung“; nig „Sache“, usw. Die Frage indessen, ob ein jetzt den Eindruck eines Wurzelsubstantivs machendes, d. h. keine Zusammensetzung erkennen lassendes Substantiv auch tatsächlich ein primäres Wurzelsubstantiv ist, lässt sich natürlich nicht beantworten. Die ausserordentlich weitgehende Abschleifung der Wurzeln im Sumerischen (s. § 80) lässt vermuten, dass jetzt manches Substantiv als Wurzelsubstantiv erscheint, welches ursprünglich durch Zusammensetzung oder mit Hilfe von bestimmten Bildungselementen gebildet worden ist.

b. Substantiva, die von der verbalen Wurzel durch Anfügung § 116 des nominalisierenden Bildungselementes -a gebildet sind (Verbalnomina auf -a = Nomina actionis; § 682.699ff.).

Vgl. zig-a (geschr. zi-ga) „das Aufstehen“, „der Heereszug“ und konkret „das Heer“; dug-a (geschr. dũ-ga) „das Sagen“, „der

Befehl"; tur-a „das Eingehen (des Dämons)", „Besessenheit", „Krankheit"; te-a „Annäherung"; ḫal-a (geschr. ḫa-la) „Teil", „Anteil" (2 R 39 Nr. 4_{15}; ḫal-a-ba(-a), geschr. ḫa-la-ba „zugeteilter Erbanteil", BE VI 2 Nr. $43_{6.14.21}$ u. o.), verkürzt auch ḫal (CT 12, 4 Kol. 1_{13}), von ḫal „teilen", „zuteilen" (ebenda$_{12}$).

§ 117 c. Substantiva, die aus dem substantivisch gefassten Nomen agentis des Verbums (= Verbalwurzel) und vorangehender Objektsergänzung bestehen.

Vgl. di-kŭ „Richter", wörtlich „der Rechtssachen Entscheidende"; dub-sar „der Tafelschreiber"; kù(g)-dím „der Edelmetallbearbeiter"; za-dím „der Edelsteinbearbeiter"; bur-gul „der Steingravierer"; KA-gar, KA-gál „der Kläger".

§ 118 d. Substantiva, die aus einem einfachen Substantiv mit einer Modifikation bestehen. Besonders hervorzuheben sind:

α. Zusammensetzungen von lù „Mensch", „Mann" oder geme „Weib" mit Adjektiv, Verbaladjektiv oder Genetiv zur Bildung von männlichen und weiblichen Personenbezeichnungen.

Vgl. lugal (d. i., auch der Schreibung nach, lù-gal) „der Herr", „der König", wörtlich „der Grosse"; lù-ḫul-gál „der Böse", „der Feind"; lù-si-sá „der Gerechte"; lù-kúr „der Fremde", „Feind"; lù-tur-a „der Besessene", „der Kranke"; lù-dumu-nu-tuku „der Kinderlose"; lù-gaba-šu-gar-nu-tuku „der Unwiderstehliche", wörtlich „der einen Zurücktreiber nicht habende Mensch"; lù-nig-gin-a(k) „der Rechtschaffene", wörtlich „der Mann des Rechts"; lù-nig-nu-garr-a(-k) „der Nichtswürdige", wörtlich „der Mensch von nicht zu Tuendem"; geme-šag-a „die Gnädige".

§ 119 β. Zusammensetzungen von nig „Sache" mit Adjektiv oder Verbaladjektiv zur Bildung von Neutren und Abstrakten.

Vgl. nig-gi(n) und nig-gin-a (geschr. nig-gi-na) „rechte (genauer: feststehende, festgesetzte) Sache", d. i. „Recht"; nig-si-sá „Gerechtigkeit", „Billigkeit"; nig-ḫull-a „Böses"; nig-gal-gal „Grosses"; nig-nu-garr-a „Nichtswürdiges", „Nichtsnutzigkeit", wörtlich „eine Sache, die nicht gemacht wird", „etwas, das nicht zu tun ist".

§ 120 γ. Zusammensetzungen von ki „Ort" mit der Verbalwurzel, bez. mit dem abstrakten Verbalnomen, zur Bildung von Ortssubstantiven.

Vgl. ki-tuš „Wohnstätte", „Wohnung" von tuš „wohnen"; ki-gub und ki-gubb-a „Standort" von gub „stehen"; ki-di-kŭ „Gerichtsstätte" von di—kŭ „Rechtsangelegenheiten entscheiden"; ki-kal, kankal „Ödstätte" von kal „(ein Haus) niederreissen, zerstören"; ki-è „Ausgang" von è „herausgehen" (BE VI 2 Nr. 43_8); ki-garr-a, ES ki-marr-a „Siedlung", „Wohnstätte" von gar „setzen"; ki-ná „Lager", „Ruhestätte" von ná „sich lagern". Zur Bildung dieser Zusammensetzungen s. noch § 715.

δ. Zusammensetzungen von nam „Wesen", „Bestimmung" mit Substantiven, Adjektiven und Verbalwurzeln zur Bildung von Abstrakten. Statt der Zusammensetzung mit dem einfachen, nur aus dem Stamm bestehenden Substantiv findet sich öfter als Nebenbildung auch nam mit durch -a erweitertem Substantiv. Obwohl diese Bildung nur in späten Texten belegbar ist, mag sie vielleicht doch ursprünglicherer sein, insofern als sie vielleicht auf eine Zusammensetzung von nam mit dem Genetiv des betreffenden Substantivs (aber in historischer Zeit schon mit Vernachlässigung des k des Genetivelements) zurückgeht. § 121

Vgl. nam-lugal, bisweilen nam-lugall-a (geschr. nam-lugal-la) „Königtum" von lugal „König"; nam-en, bisweilen nam-enn-a „Herrschaft", „Enuschaft" von en „Herr", „Enu"; nam-dam „Ehe", genauer „Gattenschaft" von dam „Gatte", „Gattin"; nam-dumu „Kindschaft" von dumu „Kind"; nam-ibila „das Erbe Sein" von ibila „Erbe"; nam-gal „Grösse" von gal „gross"; nam-maḫ „Erhabenheit" von maḫ „erhaben"; nam-ti(l) „Leben" von ti(l) „leben".

ε. Von Zusammensetzungen anderer Substantiva mit Adjektiv, Genetiv eines Substantivums oder Verbalwurzel merke z. B.: § 122

É-gal „Palast", wörtlich „Grosshaus"; é-dubb-a(k) „Archiv", wörtlich „Tafelhaus"; kù(g)-dam-tuku „Morgengabe" von kù(g) „Geld" und dam—tuk „ein Weib nehmen"; kù(g)-dam-tag „Entlassungsgeld" von dam—tag „ein Weib entlassen"; uru-nam-nin-ak-an(i)-a „in ihrer Herrschaftsstadt", „in ihrer Residenzstadt", LIH 61_{37}.

e. Substantiva, welche eigentlich finite Verbalformen oder sonstige Aussagen von verbaler Bedeutung darstellen; in der Regel sind es kurze formelhafte Phrasen, die sich auf eine bestimmte Person oder Sache beziehen oder von einer Person bei bestimmter Gelegenheit gesprochen werden und die dann als Appellativum für diese Person oder Sache selbst gebraucht werden. § 123

Vgl. ga-n-tuš (geschr. ga-an-tuš) „Hausmieter", akkad. aššâbu „Wohner", wörtlich „lass mich (es be)wohnen", weil der Mieter dieses Wort zu dem Besitzer des zu vermietenden Hauses sagte, 2 R 16 Kol. 2_{39}; dazu das Abstraktum nam-gantuš-a (Bildung wie nam-lugall-a) „Hausmieterschaft", „Miete", 2 R 14f. Kol. 4_{5-7}; ga-n-tū(r) „der Eintreter", akkad. errêbu, wörtlich „lass mich eintreten", nämlich als Dienstknecht, Familienmitglied usw.; dazu das Abstraktum nam-gantur-a = errêbûtu, 2 R $9_{17\text{-}19a}$[1]; šu-gannabDU (geschr. šu-gá-an-na-ab-DU; < šu-ga-i-na-b-DU) = namḫartu, mandattu, tamgurtu „Geschenk", wörtlich „ich will es ihm bringen", ASK 2 Kol. $2_{28\text{-}30}$; ù-na-a-a-du̅(g) (< ù-i-na-e-dug) „Brief", wörtlich „sprich zu ihm", nach der bekannten Einleitungsformel der sumerischen Briefe; vgl. ù-na-a-du̅(g)-sukkal-maḫ(-k) „(auf Grund des) Brief(es) des Grosswesirs", RTC 382_3, und beachte dazu auch im Akkadischen das Lehnwort unnedukku „Brief"; mu-n-tùm und mu(-n)-tùm „Einlieferung", „Einbringung", wörtlich „er hat gebracht", nach der in den Wirtschaftstexten üblichen Notiz: X-e mu(-n)-tùm „X brachte es", mit welcher die Eingänge registriert wurden; vgl. mu(-n)-tùm-ebura-k-a „bei der Einbringung der Feldfrucht", BE VI 2 Nr. 15_9, 16_8, 22_9; nanam (geschr. na-nam) „Bestimmung", „Zustimmung", „Wille", wörtlich „(so) ist es"; vgl. nanam-zid-a-zu „deine feststehende Bestimmung", RA IX S. 144_{15}.

2. Das Geschlecht.

§ 124 a. Das grammatische Geschlecht ist dem Sumerischen völlig unbekannt. Aber auch das natürliche Geschlecht wird nur teilweise, nämlich nur dann, wenn der Geschlechtsunterschied im Vordergrund der Bedeutung steht, besonders bezeichnet, u. z. in der Regel in der Art, dass ein eigenes Wort für jedes Geschlecht gebraucht wird.

Vgl. dingir „Gott", „Göttin", „Gottheit"; dam „Gemahl", „Gemahlin"; dumu „Kind", „Sohn", „Tochter"; ibila „Erbe", „Erbin"; dub-sar „Schreiber", „Schreiberin", di-kŭ „Richter", „Richterin"; paḫar „Töpfer", „Töpferin". — Dagegen lù „Mensch", „Mann" und geme „Weib", guruš „Mann", „Jüngling" und kisikil „Frau", „Mädchen", ara(d), aru(d), uru(d), ES eri(d) „Sklave" und géme „Sklavin", adda, abba, ă(d), ã „Vater" und ama, éme, umme „Mutter"; šeš „Bruder" und SAL+KU „Schwester"; áma „Büffelochs" und šilam „Büffelkuh", gû(d) „Stier" und áb „Kuh".

§ 125 b. Soll das Geschlecht bei den Substantiven kommuner Bedeutung ausdrücklich bezeichnet werden, so muss dies durch den Zusatz von NITA „Mann", „Männchen", „männlich", und SAL „Weib", „Weibchen", „weiblich" geschehen.

Vgl. z. B. [^{d}ŠUL-PA-è] | šu dambi NITA „^{d}ŠUL-PA-è = dito, ihr Gemahl, männlich", CT 24,12 Kol. 1_{42}; ^{d}Damgalnunna | ^{d}Damkina, dam-bi SAL „Damgalnunna = Damkina, seine Gemahlin, weiblich", CT 24,12 Kol. 2_{53}. Man beachte, dass NITA und SAL sich hier

[1]) Lies dort: [nam-] ga-an!-tu-ra = ir!-ri-bu-tú, usw.

nicht mit dam zu einem Kompositum dam-NITA und dam-SAL vereinigen. Komposita wie DUMU-NITA „Sohn" und DUMU-SAL „Tochter" dürften in der Hauptsache wohl nur graphisch aufzufassen sein, d. h. als Ideogramme der besonderen sumerischen Wörter für „Sohn" und „Tochter", obwohl an sich ja in gewissen Fällen auch eine Lesung als „männliches Kind" möglich sein oder sogar durch den Zusammenhang gefordert werden könnte. Vgl. auch ANŠU+NITA „Eselhengst" mit der Aussprache dur (CT 12,31 BM 38177_8) und ANŠU+SAL „Eselin" mit der Aussprache eme (ebenda$_7$), die indessen zum Unterschied von „Pferdehengst" und „Pferdestute" usw. öfters zweifellos auch als anšu-dur „Eselhengst" und anšu-eme[1] „Eselstute" gelesen wurde. Beachte dazu die verschiedenen Schreibungen anšu-NITA = (anšu-)dūr, bez. (anšu-) dú̄(r), Gudea, Zyl. A 5_{10}; (anšu-)dú̄(r), 6_{12}; (anšu-) dú̄-úr, 6_{18}, Zyl. B 9_{16}; (anšu-)dú̄-úr, 4 R 18* Nr. 6 (Sm 1708) Rs.$_1$, und nur dú̄-úr, Gudea Zyl. A 7_{20}, wie andererseits auch die Schreibung 1 ^{SAL}éme (= ama „Mutter")-anšu ... „1 ... Eselin", RTC 19 Kol. 1_1.

§ 126 Zu dingir, ES dimmer „Gott" wenn es im Sinne von „Schutzgott" gebraucht ist, wird, wo die beiden Geschlechter ausdrücklich unterschieden werden sollen, als Femininum ama-^{d}Ninni, ama-^{d}Nin „Göttin", wörtlich „Ištar-Mutter", akkadisch Ištar und Ištartum, gebraucht (hauptsächlich wohl deswegen, weil, wie der Schutzgott als Vater, so die Schutzgöttin als Mutter des Menschen galt). Vgl. z. B. dimmer-ama-^{d}Ninni-bi „sein Gott und seine Göttin", ASK 14 Vs.$_{13}$; dingir-ani und ama-^{d}Ninn(i)-ani, 4 R 7 Kol. $1_{11f.}$, wie auch die Vokabularangabe dimmer (Glosse dim-me-ir!) = ilu!, ama-^{d}Ninni = ^{d}Ištar, 2 R 39 Nr. $2_{3.4}$. Bei Gudea wird für „Göttin" im gleichen Sinne dingir-ama „die Göttin-Mutter" gebraucht; vgl. dingir-zu en-^{d}Ningišzida(k)-...-ám, dingir-ama-zu ^{d}Ninsunna-...-ám „dein Schutzgott ist der Herr Ningišzida, deine Schutzgöttin Ninsunna", Gudea, Zyl. B $23_{10.11}$. Beachte auch das bereits angeführte ^{SAL}éme(bez. ama)-anšu „Eselin".

§ 127 c. Kollektiva oder Plurale, welche beide Geschlechter umschliessen sollen, werden, wenn dafür nicht besondere Wörter bestehen, durch Aneinanderreihung des weiblichen und männlichen Wortes gebildet. Handelt es sich nicht bloss um ein beide Geschlechter umfassendes Paar, so wird meistens auch noch die Plural- oder Kollektivendung angefügt.

Vgl. ama-a(ii)a „Vater und Mutter", „die Eltern", z. B. 21-

---

[1]) Eme allein bedeutet lediglich „Muttertier" = ama, éme.

en,-ama-a(ii)a-Ann-ak-ene „21 Herrengötter, Väter und Mütter Anu's“, CT 24, 1 Kol. 1_{22}; sag-geme-ara(d) „Gesinde“, wörtlich „Sklaven: Mägde und Knechte“, CT 19, $15_{8.3}$; àba-gû(d)-ḫi-a (Glosse ab-ba-gû-ḫa-a) „Rinder“ wörtlich „Kühe und Stiere“, RMANB 103_{11} (SAI 6656); siba-àba-gû(d)-ḫi![1] -a „der Rinderhirt“, 5 R 12_{38a}; ū-si''-ḫi-a (= GANAM-UDU-ḫi-a; (Glosse us-su?-ḫa-a) „Schafe“, RMANB 103_{11} (SAI 7770).

Man beachte, dass in diesen Zusammensetzungen das Femininum an erster, das Maskulinum an zweiter Stelle steht, da anders als im Deutschen in der sumerischen Diktion, welche vom weniger Wichtigen zum Wichtigen übergeht, der Platz am Ende (von zweien) der bevorzugte ist.

3. Determination.

§ 128 a. Der determinierte und der indeterminierte Zustand des Substantivs wird im allgemeinen nicht unterschieden.

Vgl. ᵈMullill-e an m(u-'-)a-n-zem „Enlil hat mir den Himmel gegeben“, SK 199 Kol. 3_{11}; an-ki-a „im Himmel und auf der Erde“, 4 R 9 Vs.$_1$; CT 16, 42ff.$_{92}$; ù é-ta ba-ra-ĕ-(e)d-e „und auch aus dem Hause wird er ausscheiden“, 5 R 25 Kol. 3_{33}; mu-aša(g)-PA.LUGAL-sá-nu-(i-)b-dug-a-š „weil das Feld dem PA.LUGAL nicht gleichkam“ (beide sind vorher erwähnt), BE VI 2 Nr. 37_{11}. — Dagegen é nu-(i-)dū, uru nu-(i-)dím „ein Haus war (noch) nicht gebaut, eine Stadt (noch) nicht angelegt“, CT 13, 35 Vs.$_4$; kur-Meluḫḫa(-t) giš-esi i-m-ta(-n)-è „aus dem Gebirge Meluḫḫa holte er Ešû-Bäume“, Gudea, Statue B $6_{26.27}$; ama-nu-tuku-me-(e)(n) „ich bin einer, der eine Mutter nicht hat“, „ich habe keine Mutter“, Gudea, Zyl. A 3_6.

§ 129 b. Im Plural kann indessen der unbestimmte und der bestimmte Zustand in manchen Fällen zum Ausdruck gebracht werden durch die Verwendung des nicht determinierenden Pluralelementes -meš und des determinierenden Pluralelementes -ene (§ 139, 135).

Vgl. ibila-Dudu-k-ene dug-a-nene-a ba-ni(-n)-gin-eš „die Erben des Dudu bestätigten (von sich aus) ihre Aussage“, ITT III $5279_{28.29}$; dagegen Kudamu,-Ur-ᵈNina,-dumu-Nabaša(-k)-me(š) „Kudamu und Ur-Nina, (welche) Söhne des Nabaša (sind), TT 144 Kol. 1_{4-6}.

§ 130 c. Noch nicht mit Sicherheit zu entscheiden ist, ob nicht auch dem Subjektselement -e, welches aus dem Demonstrativpronomen -e entstanden ist, determinierende Kraft zukommt.

---

[1]) So doch wohl statt des -še?-ri?-a zu lesen.

d. Eine Determination liegt dem Sinne nach auch stets § 131
vor in der Verbindung von Substantiv und Zahlwort nach Art von ubd-a(k) limmu-bi „die vier Weltgegenden“, wörtlich „die Vierzahl der Weltgegenden“ (mit vorangestelltem Genetiv; s. § 161, 307 f.); „vier Weltgegenden“ dagegen würde durch ub(d)-limmu wiederzugeben sein.

4. Der Numerus.

a. Jedes Substantiv kann im Sumerischen ohne weiteres § 132
auch in kollektiver oder pluralischer Bedeutung gebraucht werden. Das ist besonders der Fall und zur Regel geworden bei Substantiven, welche Sachen, Tiere oder abstrakte Begriffe bezeichnen. Indessen auch beim Personensubstantiv ist der kollektive Gebrauch des Singulars zur Bezeichnung von Völkern, Berufsklassen usw., also da, wo es sich um einen generellen Plural handelt, durchaus gebräuchlich; die Verwendung des Singulars zum Ausdruck des eigentlichen Plurals, d. h. zur Bezeichnung einer bestimmten Mehrheit von Personen, ist dagegen in der Regel auf die gehobene Sprache der Dichtung usw. beschränkt.

Vgl. tukul-(a)ni a-abba-k-a ì(-n)-laḫ „seine Waffen (akk. kaggîsu = kakkêšu) wusch er im Meer“, HGT 34 Kol. 1_{48-60}; šu-zu laḫḫ-i, šu-zu zál(g)-zal(a)g-a „wasche deine Hände, reinige deine Hände“, 4 R 13 Nr. 2_1; siba-udu-síg-ak-ene bar-udu-babbar-(a)k-a kù(g) bi(-n)-garr-eš „die Hirten der Wollschafe entrichteten für die weissen Schafe eine Geldabgabe“, Urukagina, Kegel BC 2_8; IŠ.DÙ.KÍD-bi ki-5-a i(m)mi(-n)-dub „ihre Leichen(?)hügel schüttete er an fünf Stellen auf“, Entemena, Kegel 3_{25-27}; ù(d) mada-Zabšali ù mada-mada-lù-Su^{ki}-k-a(k) mu-n-ḫul-a „als er das Land Zabšali und alle Länder der Suleute verwüstet hatte“, HGT 68 Kol. 1_{5-8}; ibb-a-bi-ta, súrr-a-bi-ta dimmer-ann-ake ann-a ba-n-ĕ-d-e, dimmer-ki-ke ki-a ba-n-BÚRn-eš „wenn er zürnt, wenn er ergrimmt, da steigen die Götter des Himmels in den Himmel hinauf, die Götter der Erde gehen in die Erde hinein“, 2 R 28 Nr. 2 Vs.$_{15-21}$.

Stets üblich ist der unbestimmte Singular anstatt des unbe- § 133
stimmten Plurals in negativen Sätzen.

Vgl. é nu-(i-)dū, uru nu-(i-)dím „Häuser waren noch nicht gebaut, Städte noch nicht angelegt“, CT 13, 35 Vs.$_4$; dimmer-šeš-zu-ta gaba-ri nu-(i-)tuk-an „unter den Göttern, deinen Brüdern, hast du keine Rivalen“, 4 R 9_{11b}.

Im Singular statt im Plural steht das Substantiv auch stets § 134
bei Zahlen; vgl ki-5-a „an fünf Stellen“, Entemena, Kegel 3_{26}; En-me-nunn-ak-e 611-mu ì(-n)-â „Enmenunna regierte 611 Jahre“,

HGT Nr. 2 Kol. 1_{20-21}; ŠU.NIGIN 13-lugal mu-bi 396-mu i-b-â „zusammen 13 Könige regierten 395 Jahre", ebenda Kol. 11_{12-14}. Zur Erklärung s. § 302.

§ 135 b. Naturgemäss ist es jedoch in vielen Fällen erforderlich oder wünschenswert, den Plural des Substantivs ausdrücklich zu bezeichnen. Es sind folgende Pluralbildungen zu unterscheiden:

α. Der Plural auf -ene.

(*a*) Dieser Plural wird nur von solchen Substantiven gebildet, welche Personen oder als Personen vorgestellte sonstige Lebewesen bezeichnen. Das Pluralelement -ene ist zweifellos eine Pluralbildung zu dem demonstrativen Pronomen -e „dieser", „er", von welchem es allem Anschein nach durch Reduplizierung unter Einschub eines sekundären(?) n gebildet ist. Infolge seiner Entstehung aus dem hinweisenden Pronomen hat das Pluralelement -e determinierende Kraft.

Vgl. dingir-ene „die Götter", z. B. in ^{d}Nintu(r),-ama-dingirr-ene-k,-e „Nintu, die Mutter der Götter", Gudea, Statue A $3_{3.5}$, und An-lugal-dingirr-ene-k,-e „An, der König der Götter", ebenda 10_{12}.

§ 136 (*b*) Ist das Substantiv, von welchem der Plural gebildet werden soll, durch ein Adjektiv, einen Genetiv oder ein Pronomen modifiziert, so wird -ene gemäss dem Kettenbildungsschema nicht dem Substantiv, sondern dem ganzen aus Substantiv und seiner Modifikation, bez. seinen Modifikationen bestehenden Wortkomplex angefügt. Mit anderen Worten, der Plural wird in diesem Fall nicht von dem Substantiv selbst, sondern von dem eben genannten Komplex gebildet.

Vgl. dingir-gal-gal-ene „die grossen Götter", LIH 62_{19}, 61_{22}; dingir-gal-gal-Lagašu^{ki}-k-ene(-r) „den grossen Göttern von Lagaš", Gudea, Statue I 3_{4}; ibila-Dudu-k-ene „die Erben des Dudu", ITT III $5279_{28.43}$; ara(d)-mu-(e)ne „meine Sklaven", ITT III 1119_{7}; geme-ubita-k-ene „die Frauen von damals (ehemals)", Ovale Platte 3_{20}; siba-udu-siki-k-ak-ene „die Hirten der Wollschafe", Urukagina, Kegel BC 3_{18},

§ 137 (*c*) Soll von mehreren kopulativ verbundenen Substantiven der Plural gebildet werden, so ist es, wie es scheint, gestattet, das Pluralelement nur einmal hinter dem ganzen Komplex anzufügen. Indessen wird das Pluralelement auch nach jedem einzelnen Wort gesetzt.

Vgl. lù-ŠÙ.BU,-gala-maḫ,-abrig,-babbir,-ugula-ugula-(e)ne barsila-gaba-k-ak-a kù(g) bi(-n)-garr-eš „die Barû, Oberkalû, Abarakku, die Brauer und alle Sekretäre hatten für die ....-Schafe Geld zu erlegen", Urukagina, Kegel BC 4_{2-8}; 21-en,-ama-a(ii)a-Ann-ak-ene „21 Herrschergötter, Väter und Mütter Anu's", CT 24,1 Kol. 1_{22}. — Dagegen: ....-(e)ne, ugula-ugula-(e)ne, gal(a)-ene, engar-ene, lù-babru-k-ene „die ..., alle Sekretäre, die Kalû, die Bauern und die Brauer", Ovale Platte 1_{12-16}.

(*d*) Tritt -ene an ein Wort an, das auf einen Vokal endigt, so wird das anlautende e des Pluralelementes von jenem Vokal aufgesogen; dafür wird dieser gedehnt und mit Schleifton gesprochen. § 138

Vgl. ibilãne (< ibila-ene) „die Erben", z. B. in KA-ibilãne-k-a (geschr. KA-ì-bí-la-ne-ka) „durch die Aussage der Erben", ITT III 5279_{30}; ugula-ugula-(e)ne „alle Sekretäre", Urukagina, Kegel BC 4_{6}; sangu-sangu-(e)ne „alle Priester", ebenda 5_{5}; ama-dumu-dumu-(e)ne(-k) „die Mutter aller Kinder", Gudea, Statue A 1_{3}; ara(d)-mu-(e)ne „meine Sklaven", ITT I 1119_{7}; Allamu,-sukkal, ..., Abum-ilum,-isag,-Sabum[ki]-ta-ginn-e-(e)ne (geschr. -gin-ne-ne; < ginn-a-(e)ne) „Allamu, der Sukkallu, und Abum-ilum, der Išakku, die von Sabum gekommen sind", ITT II $868_{3.7f.}$.

β. Der Plural auf -meš, geschr. -me-eš und -méš, in der Sprache der älteren Inschriften auch -me (< meš) infolge Verschleifung des -š (§ 41). § 139

(*a*) Dieses Pluralelement ist identisch mit der enklitischen Verbal-, bez. Pronominalform -meš (<(i-)me-eš) „sie sind", „welche sind", „sie". Daraus erklärt es sich auch, dass der Plural auf -meš sich nur in identifizierender Bedeutung findet, also entweder als Apposition, wo ...-me-(e)š die Bedeutung „welche das oder das sind" hat, oder als Prädikat mit der Bedeutung „sie sind das und das". Aus seiner Grundbedeutung ergibt sich auch, dass -meš nur die Idee der Pluralität, nicht wie -ene auch die Determination ausdrückt; davon wird natürlich nicht berührt, dass -meš auch nach determinierten Ausdrücken gebraucht wird, wie beispielsweise nach einem durch ein Demonstrativpronomen bestimmten Substantiv; denn da hier die Determination durch das Pronomen ausgedrückt wird, ist zur Bildung des Plurals lediglich ein die Pluralidee selbst bezeichnendes Element nötig.[1] — Wie -ene hat auch das Pluralelement -meš seinen Platz hinter Substantiv, Adjektiv, Genetiv und Pronomen.

Vgl. [d]Zazaru, [d]IM-PA-è, [d]Úr-É-nun-ta-è-a, [d]Ḫegirnunna, [d]Ḫešaga, [d]Gurmu, [d]Zarmu, dumu-maš-imin-[d]Bau(-k)-me(š), band-a-en-[d]Ningirsuk-a(k)-me(š) „Zararu, IM-PA-è usw., (welche) die sieben Zwillings-

[1]) Im akkadischen Schriftsystem ist -me(š), -me-eš zum allgemeinen Ideogramm für den Plural geworden.

kinder der Bau (sind), die von dem Herrn Ningirsu Gezeugten", Gudea, Zyl. B 11_{5-12}; Gú-TAR-lá ...., Lugal-nam-băr ...., dumu-Nibru^{ki}(-k)-me(š), Lagašu^{ki}-a a-b-durun-eš „Gu-TAR-la und Lugal-nambar, Nippuräer, die in Lagaš wohnen", ITT I $1100_{1.7.13-14}$; Kudamu, Ur-^{d}Nina, dumu-Nabaša(-k)-me(š); Dada, dumu-Ur-^{d}Bau(-k) „Kudamu und Ur^{d}Nina, Söhne des Nabaša; Dada, Sohn des Ur-Bau", TT 144 Kol. $1_{4-6.9f.}$; 2-sila-GAR: Ur-šù; *240-sila*, guruš 2-sila-ta: siba-Ur-šù(-k)-me(š); bàn.min: dubsar-me(š) „12 sila Brot: Ur-šù; 240 sila, der Mann zu 2 sila: die Hirten des Ur-šù; 20 sila: die Schreiber (sind es, die es empfangen haben)", TT 208_{1-4}. — Lù-ne-meš-ra „diesen Menschen", „diesen", HGT 152 Kol. 5_{21}; lù-ne-meš-da „mit diesen Menschen", „mit diesen", ebenda_{13}; ḫur-meš „sie", HGT 152 Kol. 6_{8}.

§ 140 (*b*) Zu der gelegentlichen Stellung von -meš hinter der Postposition -da wie beispielsweise in lù-ne-da-meš „mit diesen", HGT 152 Kol. 5_{9}, s. § 381.

§ 141 γ. Mittels -ḫi-a, zusammengezogen -ḫã (ebenfalls geschr. -ḫi-a = -ḫà-a, Glosse ḫa-a, RMANB 103_{11} (s. § 27 und 127), oder geschr. -ḫá (= ú), Glosse ḫa-a, CT 12,1 Kol. 1_{38} = ma'idûtum) wird von Substantiven, die Tiere und Sachen bezeichnen, ein Plural gebildet, der anzeigt, dass diese in verschiedenen Arten oder in Mengen vorhanden sind. Er findet sich deshalb besonders häufig in Summierungen von Gegenständen und Tieren der gleichen Gattung, aber verschiedener Art.[1] Seinem eigentlichen Charakter nach ist -ḫi-a ein Adjektiv, bez. ein intransitives Verbaladjektivum, dem etwa die Bedeutung „in mannichfacher Art vorhanden seiend", „diverse" usw. zukommt; im Grunde genommen wird hier also der Plural durch einen mit einem Adjektiv modifizierten kollektiven Singular ausgedrückt. Seinem adjektivischen Charakter entsprechend nimmt -ḫi-a in der Modifikationskette auch die Stelle des Adjektivums, nicht die der Pluralelemente -ene und -meš ein.

Vgl ŠU-NIGIN 23-gû(d)(oder ḫár)-ḫi-a „in Summa 23 Stück Rindvieh", CT 3, 12 b_{11}, und ŠU-NIGIN 1691-udu(oder lu, si̇)-ḫi-a „in Summa 1691 Schafe", CT 9,23 Rs._{36}, nachdem in beiden Fällen Rinder, bez. Schafe verschiedenen Geschlechts und Alters, wie auch von verschiedener Verwendung aufgezählt worden sind; ŠU-NIGIN 90-tü-ḫi-a „in Summa 90 Gewandstücke", OBI 11 Rs._{4}, nachdem vorher eine Reihe verschiedenartiger Gewänder aufge-

---

[1]) Auch im akkadischen Schriftsystem wird ḫi-a bisweilen als Ideogramm für die Pluralidee bei Sachen und Tieren, die in Mengen vorkommen, verwendet.

zählt sind; àba-gû(d)-ḫi-a = utullâti „Rindvieh", SAI 6655, 6656, und ū-sĭ-ḫi-a „Schafe", SAI 7770. Beachte auch (geschr.) mu ka-ī-da-ḫi-a (richtig gelesen?) ba-ḫul, Datum Rim-Sins, 16. Jahr (PSBA 1910 S. 277), das sonst [mu uru[ki] ?] ka-ī-da ù uru[ki] Na-za-ru-um[ki] ba-an-dib lautet (CDSA S. 7); igi-ḫà-a (geschr. -ú-a), akk. înân „die Augen", CT 12, 1 Kol. 1_{38}.

δ. (a) Ein Plural mit der Nebenidee „alle" wird gebildet durch Doppeltsetzung des Substantivs. § 142

Vgl. é-mu,-É-ninnu,-me-bi-me-gal-gal,-me-me-a-dirig-a „mein Haus, das É-ninnu, dessen Bestimmungen grosse Bestimmungen und grösser als alle (andern) Bestimmungen sind", Gudea, Zyl. A $9_{11.12}$; nam-til-a,-[d]Nanna-gim-ī(d)-id-a-mú-mú-(e)d-a „Leben, das sich wie der Mondgott alle Monate (akk. wa-ḫišam „monatlich") erneuert", LIH 98.99$_{89.90}$; û(d) mada-Zabšali[ki] ù mada-mada-lù-Su[ki]-k-a(k) mu-n-ḫul-a „als er das Land Zabšali und auch alle Länder der Su-Leute verwüstet hatte", HGT 68 Kol $1_{5\text{-}8}$; lugal-kur-kurr-a(k) „Herr aller Länder", Etemena, Kegel 1_2 u. ö.; nin-kur-kurr-a(k) „Herrin der Länder insgesamt", Gudea, Statue A 1_3; ká-ká-bi-ta giš-IG-eri[n ....] „in allen diesen Toren (welche vorher einzeln aufgeführt sind) setzte ich Türen aus Zedernholz ein", HGT 75 Kol. 3_{22} (Lugal-anni-mundu); KA-KA-ni lù nu-ù-kur-e (< nu-i-kur-e) „von allen seinen Bestimmungen wird niemand eine ändern", Gudea, Statue B $8_{36.37}$, neben lù KA-ni i-b-kur-u-a „wer eine Bestimmung von ihm ändern wird", ebenda 8_{42}; û(d)-ud-e (geschr. û-ù-de) „alle Tage", „jeden Tag", Gudea, Zyl. A 8_2, gĭ-gĭ(-e) „alle Nächte", „jede Nacht", ebenda 8_3, neben ud-e (geschr. û-de) „am Tage", 12_1 und gĭ-e „in der Nacht", 12_2; dù-dù (bez. dù(d)-dù(d)) „alle Trümmerhaufen (?)", ebenda 8_4.

(b) Die Verdoppelung des Substantivums ist indessen auch zur Bezeichnung des einfachen Plurals ohne die Nebenbedeutung „alle" gebräuchlich geworden. § 143

Vgl. z. B. gú-ī(d)-Idigna-šù-gáll-a-gú-gú-Girsu[ki]-k-a(k) „das nach dem Tigris zu gelegene Randgebiet der Randgebiete von Girsu", Entemena, Kegel 4_7; kisurra-gú-gú-Girsu-k-a(k) „das Grenzgebiet der Randgebiete von Girsu, Eannatum, Kleine Säule $2_{7\text{-}8}$; ud-a sû-sû-n(i)-a nig-érim ba-mà-mà(-e), giš-gag sû-sû-n(i)a ⟨...⟩-(n-)šù-gaz „wenn er mit seinen Zähnen Bosheit verrichtet(?), so soll ein Nagel (bez. so sollen Nägel) in seine Zähne geschlagen werden", RTC 16 Kol. $6_{1.2}$. Besonders häufig wird diese Bildung des einfachen Plurals durch Verdoppelung in nachsumerischer Zeit in der zweiten Hälfte des ersten Reiches von Babylon.

Vgl. Jadiḫ-abum ù Mutiḫuršana, lugal-lugall-a a-n-da-kúr-uš-a „Jadiḫ-abum und Mutiḫuršana, die Könige,[1] welche gegen ihn feindlich gewesen waren“, Datum des 28. Jahres Samsuilunas, UPUM VIII 1 Nr. $91_{27.28}$; nimgir-nimgir-a-gušking-a(k)-kù(g)-babbarr-ake „Blitze von Gold und Silber“, Datum Abiešu's c+1 (BE VI 2 S. 81); alam-alam-ani ù ^{d}lamma(-^{d}lamma-a) „Statuen von sich und Schutzdämonen“, Datum des 23. Jahres Ammiditanas (BE VI 2 S. 91); ^{d}lamma-lamma-a(ni) „seine Schutzdämonen“, Datum des 29. Jahres (ebenda S. 93). Aus späteren Texten vgl. tur-a-^{giš}gen-gen-a(k) (geschr. ^{giš}gi-en-gi-na) = muruṣ binâti, ASK 11_{57}; ub-ub-ta = ina ṭupqâti, CT 16,27 ff. $_{88.84}$; 16,24 Kol. 4_{23}; da-da-ta = ina šaḫâti, CT 16,24 ff. Kol. 4_{25}; aus Vokabularien: ka-ka „Münder“, „Mündungen“, akk. pâtum und pânu, CT 12,36 Kol. 1_{11}; 12,38 Kol. 1_{11}; ^{giš}tir-tir, akk. kîšâtum „Wälder“, 5 R 26 Nr. 2 Kol. $4_{11.12}$; ti-ti, akk. ṣi-la-ni, CT 17,25 f. $_{32.33}$; ti-ti-má, akk. igarât elippi, AL^{3} 86-90 Kol. 6_{29}; giš-ba-bal-bal = sup:n pilaqqâti, ebenda Kol. 1_{50}; di-lul-lull-a, akk. dên zarrâti, Ass. 46045 Kol. $1_{24.25}$ (Del. SG S. 173).[2]

§ 144 (*c*) Bei Substantiven, welche Personen bezeichnen, wird ausserdem noch die Pluralendung -ene angefügt.

Vgl. ^{d}Enlil,-abba-dingir-dingirr-ene-k-e „Enlil, der Vater der Götter insgesamt“, Entemena, Kegel Kol. $1_{1.3}$; ^{d}Ninḫursag,-ama-dumu-dumu-(e)ne(-k) „Ninḫursag, die Mutter aller Kinder“, Gudea, Statue A $1_{1\text{-}3}$; ^{giš}gibilga-en-en-ene(-k) „Vater der Herrschergötter insgesamt“, SK 199 Kol. 1_2; sangu-sangu-(e)ne „sämtliche Priester“, Urukagina, Kegel BC 4_{21}, 5_1, 9_2; ugula-ugula-(e)ne „alle Sekretäre“ ebenda 4_6.

§ 145 (*d*) Soll der Plural durch Verdoppelung eines substantivisch gebrauchten Verbalnomens auf -a gebildet werden, so wird nicht das ganze Nomen doppelt gesetzt, sondern nur die Wurzel redupliziert. Hier berührt sich also die substantivische Pluralbildung mit der die Pluralität der Handlung ausdrückenden verbalen Reduplikation.

---

1) Ist lugal-lugall-a hier vielleicht als Dual beabsichtigt? — Zu der Anfügung von a an das zweite Substantiv in diesem und den folgenden Beispielen siehe § 147.

2) Auch im Akkadischen Schriftsystem wird das Doppelideogramm zur Bezeichnung des Plurals angewendet. Besonders üblich war es zur Zeit der Dynastie von Akkad; vgl. ISAG-ISAG-su „seine Fürsten“, HGT 34 Kol. 17_8; URU^{ki}-URU^{ki}-su „seine Städte“, Kol. 17_{29}: BÁD-BÁD-su-un „ihre Mauern“, Kol. 23_{36}; NÂ-NÀ-su-nu-mi „ihre Steine“, Kol. $26_{28.29}$; 5700 GURUŠ-GURUŠ „5700 Männer“, Kol. $17_{19.20}$ ($21_{21.22}$) usw.

Vgl. dū̄(g)-dug-a-ᵈNanna-ᵈUtu(-k)-ta „auf die Befehle Sins und des Šamaš“, RA IX S. 122 Kol. 1_{16} (Kudurmabuk); dū(g)-dug-a-ᵈUtu-ᵈAmarutu(k)-bida(-k)-ta auf die Befehle des Šamaš und des Marduk“, Datum des 33. Jahres Samsuilunas (LC 146); dagegen im Singular: dug-a-zid-a-ᵈAmarutuk-a(k)-ta „auf den feststehenden Befehl Marduks“, Datum des 1. Jahres Samsuilunas (BE VI 2 S. 68).

(e) Besonders zu beachten sind die Fälle, wo der Plural § 146 von einem Substantiv gebildet werden soll, welches durch ein Verbalnomen auf -a in der Bedeutung eines passiven oder intransitiven Verbaladjektivs (§ 710ff.), bez. durch das neben dem intransitiven Verbaladjektiv LAL-a einhergehende intransitive Verbaladjektiv LAL (§ 687) modifiziert wird. Auch hier wird nur die Wurzel des Verbaladjektivs redupliziert, das Beziehungssubstantiv des letzteren selbst dagegen nicht als Plural kenntlich gemacht, auf jeden Fall aber nicht redupliziert.[1] — Das zu derartigen Pluralbildungen gehörende Prädikat steht in älterer Sprache wohl stets in Singular, in nachsumerischer Zeit dagegen auch im Plural.

Vgl. lugal,-nig-AG-AG-bi(= nig-(š)â-(š)â(-a)-bi ?)-su-ᵈUtu-ᵈAmarutu(-k)-ra-ba-dug-a,-me-(e)n „ich, der König, dessen Werke (akk. ipšâtušu) Šamas und Marduk wohlgefallen“, LIH 58 $(57)_{26\text{-}27}$; nig-AG-AGd-a-bi, akk. ipšêtusunu „ihre Werke“, „ihre Taten“, 5 R 50f. Kol. 3_{29}; ... lugal,-nig-AG.AGd-a-ani-su-ᵈEnlil-ᵈNinlil-bi-ba-dug-a-eš „....König, dessen Werke Enlil und Ninlil wohlgefallen, 4 R 12 Vs.$_{15}$ (dagegen singularisch: nig-AG-a-mu nu-(i-)di, akk epišti ul ša qabê „mein Tun ist unaussprechlich“, 4 R 27 Nr. 3_{11})[2]; nig-ḫal-ḫall-a, akk. zîzâtum „Anteile“, RA XI S. $144_{49.50}$; dingir-gal-gal-ene „die grossen Götter“ (bez. „alle grossen Götter“), 4 R 19 Nr. $2_{5.21}$; 5 R 50 Kol. 1_9; dingir-gal-gal-Lagašᵏⁱ-k-ene „die grossen Götter von Lagaš (insgesamt)“, Gudea, Statue I 3_4; ES dimmer-gal-gal ninnu-nene „die 50 grossen Götter“, SBH 50 Rs.$_{22}$; 6-bád-gal-gal-bi, Var. -gal-gall-a-bi „diese 6 grossen Kastelle“, LIH 98.99_{61}; AŠ.ME-gal-gall-a-ⁿᵃdušia-ke, -šunirra-l-maḫ-eš-a „grosse Sonnenscheiben von Dušûstein, erhabene Embleme“, Datum des 13. Jahres Ammiditanas (BE VI 2 S. 88); nig-gal-gall-a, akk. narbû „Grösse“, wörtlich „grosse Dinge“, RA XI S. $144_{73.77}$. — Da-

---

[1]) In der Datenformel des 17. Jahres Samsuilunas (s. unter den Beispielen) wird der Plural des Substantivs mittels -di(!)-dili gebildet, welches indessen selbst eine Adjektivbildung der oben beschriebenen Art ist (§ 149).

[2]) Auch nig-dím-dímm-a ist vielleicht ein Plural; vgl. bád-Unugᵏⁱ-a(k), -nig-dím-dímm-a-libirr-a-ᵈGilgameš-ke „die Mauer(n?) von Uruk, das alte Werk (oder: die alten Werke?) des Gilgameš“, An-ám, Steintafel $B_{5\text{-}7}$.

gegen bad-dil-dili-gal-gall-a (und -gal-gal) „die grossen Festungen", Datum des 17. Jahres Samsuiditanas (BE VI 2 S. 74f.).

§ 147 Das durch die Wiederholung der Wurzel der Verbalnomina auf -a entstehende Reduplikationsbild x-x-a wird in nachsumerischer Zeit seit Samsuiluna z. T. auch auf die reduplizierten Substantiva übertragen.

Vgl. lugal-lugall-a a-n-da-kúr-uš-a, „die Könige, die von ihm abgefallen waren", Datum des 28. Jahres Samsuilunas, und andere in § 143 angeführte Beispiele.

§ 148 *(f)* Die Pluralbildung durch Doppeltsetzung des Nomens stellt sich als Abkürzung einer früher üblichen vielmaligen Nennung des Gegenstandes dar, mittels welcher der Sprechende dem Zuhörer die Idee der Pluralität dieses Gegenstandes suggerieren wollte. Der genauere Vorgang bei dieser Ideenübertragung ist ungefähr so vorzustellen, dass der Sprecher, wenn er dem ihm Zuhörenden beispielsweise die Idee einer Mehrheit von Bergen übermitteln wollte, so tat, als wenn vor ihm eine Reihe von Bergen stünde und er jenem diese imaginären Berge aufzähle, indem er unter ständig wiederholtem Hindeuten jeden einzelnen von ihnen als Berg bezeichnete, also beim Hindeuten „Berg, Berg, Berg, Berg" usw. sagte. Die Idee „alle" hat sich natürlich mit der durch diese plastische Ausdrucksweise zunächst suggerierten Idee der Pluralität erst sekundär verbunden; sie wurde zuerst wohl durch eine besonders oft wiederholte Nennung ausgedrückt, durch welche die Idee einer erschöpfenden Aufzählung angedeutet werden sollte.

§ 149 ε. Der Plural, der durch Anfügung von -dil-dili, synkopiert didli (Vok. Ass. 523 Kol. 2_{39}), bez. -dil-dil-a, wörtlich „einer, einer" gebildet wird.

Dieser Plural beruht auf dem gleichen Bildungsprinzip wie der durch Reduplikation des Nomens gebildete, insofern als auch hier der Sprecher eine geistig geschaute Mehrheit aufzählt, diesmal jedoch nach vorangegangener allgemeiner Benennung des Gegenstandes (z. B. als „Berg") mit den Worten „einer, einer, einer" usw.[1] Die Reduplizierung des Zahlwortes „eins" dient also als Ersatz für die Reduplikation des Nomens selbst. Bis jetzt ist die Pluralbildung mittels dil-dili usw. erst seit der Zeit Samsuilunas belegt, und zwar, wie es scheint, nur in schlichter Pluralbedeutung. Ob in älterer Zeit sich mit ihr ebenfalls die Nebenbedeutung „alle"

---

[1]) Auch hier ist im Laufe der Zeit die vielmalige Wiederholung auf die einmalige eingeschränkt worden.

(oder ähnlich) verbunden hat, lässt sich vorläufig noch nicht sagen. Seine Stellung in der Modifikationskette hat dil-dili unmittelbar hinter dem Substantivum vor dem Adjektiv, Genetiv usw. (im ältesten bis jetzt bekannten Beispiel allerdings hinter der Stoffapposition). Zur Zeit Samsuilunas ist nur die Form -dil-dili (bez. -didli) gebräuchlich; erst unter seinen Nachfolgern tritt uns auch die nach Art der reduplizierten Verbalnomina gebildete Form dil-dil-a entgegen.[1]

Vgl. alam-sub-subb-i(d)-ᵈlamma-guškin-di(l)-d(i)li-bita „eine bittende Statue und Schutzdämonen von Gold", Datum des 6. Jahres Samsuilunas (BE VI 2 S. 70); ḫur-sag-ī(d)-dil-dili-bi, „Berge und Flüsse", 8. Jahr Samsuilunas (LC 124; BE VI 2 S 72), akk. šadî ù nârâtim (BE VI 2 Nr. 81); kišib-dil-dili-nam-gala „die Urkunden über das Kalûamt, BE VI 2 Nr. $42_{3.11}$ (13. Jahr); bád-dil-dili-gal-gal-Emutbal(-ak)-ba-gull-uš-a „die grossen Festungen von Emutbal, die zerstört worden waren", Datum des 17. Jahres (BE VI 2 S. 74); nigin-bád-dil-dili-mada-Warumm-ake „sämtliche befestigten Orte des Landes Warum", VA 5951 Kol $2_{2f..20f.}$ (23. oder 24. J.); kur-dil-dil-a „Berge", 15. J. Ammiditanas, BE VI 2 S 89; ᵈlamma-dil-dil-a „Schutzdämonen", 7. J. Ammizadugas (ebenda S. 100); ᵘʳᵘᵈᵘki-lugal-gub,-ì-maḫ-,-ḫursag-ī(d)-dil-dil-a-l-me-(e)š-a,-bi „einen (ihren? seinen?) erhabenen Königsstand, auf welchem Berge und Flüsse (dargestellt) sind", 13. J. Ammizaduga's (S. 103); AŠ.ME-dil-dil-a-nà-dušia-ke, akk. šamšâtim ša dušîm „Sonnenscheiben aus Dušûstein", Datum a Samsuilitanas (S. 106). Aus Vokabularien: igi-dil-dili, akk. înân „die Augen", AL³ 84 ff. Kol 4_{17}.

e. Einen Dual kennt das Sumerische nicht. Die Zweiheit § 150
gilt, wo sie nicht besonders betont werden soll, als Plural.

Vgl. Mar-irṣitim,-šeš-gal -ù- Mutum-ilum,-šeš-ani, -ibila-ᵈIM-rabi-k-ene „Mar-irṣitim, der Älteste, und Mutum-ilum, sein Bruder, die Erben des ᵈIM-rabi", BE VI 2 Nr. 10_{1-3}; Kudamu,-Ur-ᵈNina,-dumu-Nabaša(-k)-me(š) „Kudamu und Ur-Nina, die Söhne des Nabaša", TT 144, Kol. 1_{4-6}; Gú-TAR-lá,-Lugal-nam-bär, - dumu-Nibruᵏⁱ(-k-)me(š) „G. und L., die Nippuräer", ITT I $1100_{1.7.13}$; šu-zu laḫ-e „wasche deine Hände", 4 R 13 Nr. 2_1; igi-dil-dili, akk. înân „die (beiden) Augen", AL³ 84 ff. Kol. 4_{17}; igi-ḫá-a, akk înân „die Augen", CT 12,1 Kol. 1_{38}. Soll dagegen die Zweiheit betont werden, so muss sie mittels des Zahlwortes ausgedrückt werden.

---

[1]) Beachte dazu die nur wenig früher einsetzende Bevorzugung der Form x-x-a beim reduplizierten Substantiv (§ 147).

5. Das Kasusverhältnis.

§ 151 a. Ohne jedes den Kasus bezeichnende besondere Element werden ausgedrückt:

α. Der Vokativ.

Vgl. ibila-ᵈEnlill-a(k), ursag, m(u-'-)a(-e)-d(üg), šu-zi(d) mara(-')-gar (< mu-e-ra-'-gar) „o Sohn des Enlil, o Held, du hast mir befohlen, und ich habe es dir getreulich ausgeführt", Gudea, Zyl. B $2_{19.20}$; ᵈNingirsu(k), é-zu mu-(e-)ra(-')-dū „o Ningirsu, dein Haus habe ich dir erbaut", $ebenda_{21}$; dumu-mu, ana nu-ì(-e)-zu „mein Sohn, was wüsstest du nicht?" CT 17, $25f._{58}$.

§ 152 β. Das Subjekt und ebenso das Prädikatsnomen einer mittels -ám „ist", „war" usw. ausgedrückten Identifikation.

Vgl. û(d)-b(i-)a Entemena(k) isag-Lagašu^ki^-k-am „damals war Entemena Fürst von Lagaš", RTC 16 Kol. 6_{3-5}; û(d)-b(i-)a Dudu sangu-ᵈNingirsuk-ak-am „damals war Dudu der Priester des Ningirsu", Entemena, Gefäss aus $Silber_{21.22}$; ᵈEnlil an-ki-šù lugal-ám, aš-ni lugal-ám „Enlil ist Herr über Himmel und Erde; er allein ist Herr", HGT 66 Kol. 1_{1-3}; e-kisurra(-k)-ᵈNingirsuk-a(k), e-kisurra(-k)-ᵈNina(-k) mà-k-am „der Grenzgraben das Ningirsu und der Grenzgraben der Nina gehört mir", Entemena, Kegel 4_{24-28}.

§ 153 γ. Das Subjekt eines intransitiven oder passiven Verbums.

Vgl. utu ki-šarr-a m(u-'-)a-(n-)ta-è „die Sonne ging mir am Erdkreis (Horizont) auf", Gudea, Zyl. A 4_{22}; mu é-ᵈNingirsuk-a(k) ba-dū „Jahr (danach benannt), dass das Haus des Ningirsu gebaut wurde", RTC 212, Datum; mu ī(d)-ᵈNingirsu(k)-ušumgal ba-ball-a „Jahr (danach benannt), dass der Kanal Ningirsu-ušumgal gegraben wurde", RTC 201, Datum.

§ 154 δ. Das Akkusativobjekt des transitiven Verbums.

Vgl. Ur-ᵈEngur-k-e É-kur i-n-dū „Ur-Engur hat E-kur erbaut", HGT 7 $Vs._{1}$; ᵈGilgames-e GUG-burra-ᵈEnlill-a(k) i-n-dū „Gilgameš hat das GUG-burra des Enlil gebaut", HGT 6 $Vs._{3.4}$; ES ᵈMullil-e an m(u-'-)a-n-zem „Enlil hat mir den Himmel gegeben", SK 199 Kol. 3_{11}; û(d) ᵈEnlil,-lugal-kur-kurr-ak,-e kur-kur né-n(i)-a e-ni(-n)-sig-a,-a „als Enlil, der Herr der Länder, alle Fremdländer in seine Gewalt gegeben hatte", [1] Lugalzaggisi, Vasen 1_{36-45}.

§ 155 b. Alle übrigen Kasusverhältnisse werden mit Hilfe von Verhältniswörtern (Postpositionen) ausgedrückt, und zwar:

α. Das Subjekt eines transitiven Verbums mittelst des Subjektselementes -e; ebenso in spätsumerischer und nachsumeri-

---

¹) Oder gìr-n(i)-a usw. „zu seinen Füssen gelegt hatte".

scher Zeit z. T. auch das handelnde Subjekt des appositionell gebrauchten, seiner ursprünglichen Bedeutung nach aktiven Verbalsubstantivs auf -a, bei dessen Wiedergabe mit dem Partizipium Passivi es im Deutschen durch das mit „von (beim Passivum)" verbundene Substantiv wiederzugeben ist (§ 717).

Vgl. Il-e nam-isag-Umma^{ki}-a(k) šu-e(m)ma-n-ti „Il eignete sich das Fürstentum über Umma an", Entemena, Kegel 3_{34}; ES ^{d}Mullil-e an m(u-'-)a-n-zem „Enlil hat mir den Himmel gegeben", SK 199 Kol. 3_{11}; Gudea,-isag-Lagašu^{ki}-k,-e é-Girsu^{ki}-k-ani mu-na(-n)-dū „Gudea, der Fürst von Lagaš, erbaute ihm sein Haus in Girsu", Gudea, Tonnagel A_{4-8}.

^{d}AMAR-^{d}Sin,-^{d}Enlill-e-Nibru^{ki}-a-mu-pad-a „AMAR-Sin, der von Enlil in Nippur mit Namen Genannte", AMAR-Sin von Ur, Backstein C_{1-4}; ka-kù(g)-^{d}Enkik-e-narig-a-ám = pû ellu ša ^{d}Ea ullilšunûti(sic?) „der reine Mund, den Enki rein gemacht hat", ASK 9 Vs.$_{8.9}$. Weitere Beispiele s. in § 717.

Seinem Ursprung nach ist das Subjekts-e zweifellos identisch § 156 mit dem Demonstrativpronomen -e „dieser", „der", sodass beispielsweise lugal-e i-n-dū „der König hat gebaut" ursprünglich „der König, der hat gebaut" bedeutete, wobei e „der" zur Wiederaufnahme des in emphatischer Rede absolut vorangestellten Subjektes diente. In der für uns historischen Zeit der Sprache allerdings ist nicht nur der ursprünglich emphatische Charakter dieser Ausdrucksweise bereits vergessen, sondern auch die Erinnerung an den pronominalen Charakter des -e gänzlich erloschen und dieses letztere schon durchaus zu einer blossen Postposition geworden. Lediglich darin mag sich sein pronominaler Ursprung noch bemerklich machen, dass dem Subjekts-e, wie es scheint, determinierende Kraft innewohnt; sicher zu erweisen ist das allerdings bis jetzt noch nicht.

β. Der Genetiv durch -ak (-k, usw.) § 157

Vgl. ^{d}Enlil,-lugal-kur-kurr-ak,-e „Enlil, der Herr aller Länder", Lugalzaggisi, Vasen $1_{36.37}$; ^{d}Enlil,-abba-dingir-dingir-ene-k,-e „Enlil, der Vater aller Götter", Entemena, Kegel 1_{1-3}.

γ. Der Dativ durch -ra (-r, usw.) § 158

Vgl. ^{d}Ningirsu(k)-ra Girsu^{ki} ki-bi(-e) mu-na-(-n)-gi, bád-uru-kug-a(k) mu-na-(-n)-dū „dem Ningirsu stellte er Girsu wieder her und erbaute er die Mauer der heiligen Stadt", Eannatum, Feldstein B 3_{3-7}; ^{d}Nina(-r) Nina^{ki} mu-na(-n)-dū „der Nina baute er Nina", ebenda$_{8-10}$.

δ. Der Lokativ durch -a. § 159

Vgl. Nibru^{ki}-a „in Nippur", AMAR-Sin, Backstein B_2, C_3; û(d)-b(i)-a „zu jener Zeit", Entemena, Gefäss aus Silber$_{21}$.

§ 160 c. Über die lautlichen Veränderungen der Kasuselemente, über die Stellung derselben in der Wortkette und vor allem auch über die Stellung der Genetivelemente in einer mehrfachen Genetivverbindung wird in § 344 ff. und 366 ff. in Zusammenhang mit den übrigen Postpositionen gehandelt werden.

Zum Verfall der Genetivkonstruktion in nachsumerischer Zeit s. § 372 ff.

§ 161 d. Der Genetiv kann seinem Regens vorangestellt werden, muss alsdann aber durch ein entsprechendes, dem nachstehenden Regens angefügtes Possessivpronomen (= Genetivpronomen) wieder aufgenommen werden; es handelt sich hierbei ebenfalls um eine emphatische Ausdrucksweise. Zu beachten ist, dass der vorangestellte Genetiv in der sumerischen Periode stets das Genetivelement haben muss, also auch der Form nach als Genetiv kenntlich gemacht wird. Über die Umwandlung dieses vorangestellten Genetivs in einen Kasus absolutus in nachsumerischer Zeit s. § 377.

Vgl. Lugalzaggisi,-isag-Umma^{ki}-k,-a(k) dingir-ani,-^{d}Nidabak,-e „Lugalzaggisi's, des Išakkus von Umma, Göttin Nidaba" (wörtlich „des Lugalzaggisi seine Göttin"[1], Urukagina, Tontafel 3_{11}-4_1[2]; bur-b(i)-a(k) „lugal-mu nam-ti(l)-mu ḫe(-n)-sirr-e" mu-bi(-m) „dieser Steinschale Name ist: mein Herr möge mein Leben verlängern", Ur-Ninsun, Schüssel$_{10-13}$; alam-b(i)-a(k) „nin-mu(-e) gù-m(u-'-)a(-n)-dé, û-*ka-ga*?-ba[3] ì(-')-dū", mu-bi(-m) „dieser Statue Name ist: Meine Herrin sprach zu mir, und ich habe .... gebaut", Gudea, Weibliche Statuette 2_{7-10}; nig-maš-gĭ-k-e-m(u-'-)a-b-rá-a-m(u)-a(k) šà(g)-bi nu-(i-')-zu „die Bedeutung dessen, was das Gesicht der Nacht mir gebracht hat, weiss ich nicht", Gudea, Zyl. A $1_{27.28}$.

§ 162 Der vorangestellte Genetiv ist bisweilen von seinem Regens durch ein Wort getrennt.

Vgl. Gudea,-isag-Lagašu^{ki}-k,-a(k) lù KA-ni i-b-kúr-a-a „wer die Worte Gudeas, des Fürsten von Lagaš ändert", Gudea Statue B S_{39-42}; ^{d}Enlill-a(k) lú-šag-an(i)-ak-aš „als Mann des Herzens Enlils", Gudea, Zyl. A 17_{11}.

---

1) Also ähnlich wie die ursprünglich ebenfalls emphatische Ausdrucksweise der deutschen Volkssprache in „dem Kaufmann sein Sohn" für „der Sohn des Kaufmanns", usw.

2) Oder gehört der vorangestellte Genetiv zu gú-n(i-)a „auf seinen(?) Hals"?

3) Vgl. Statue E 9_3: û-sag-gaba.

VIII. Das Adjektivum.

1. Ihrer Bildung nach lassen sich die Adjektiva in folgende § 163
Klassen einteilen:

a. Einfache wurzelhafte Adjektiva, in der Regel übereinstimmend mit der Wurzel eines intransitiven Verbums.

Vgl. kù(g) „glänzend", „rein", „heilig" zu kù(g) „glänzend sein"; sikil „rein" („rein sein"); tur „klein" („klein sein"); maḫ „erhaben" („erhaben sein"); gal „gross"; nun „gross"; zi(d) „gerade", „fest", „getreulich"; dû(g) „gut" („gut sein")

b. Adjektiva, die durch Anfügung von -a an die Verbal- § 164
wurzel gebildet, also mit dem abstrakten Verbalnomen, bez. dem intransitiven oder passiven Partizipium, identisch sind.

Vgl. gul-a „gross" von gul „gross sein"; kug-a „glänzend", „rein", „heilig" von kù(g) „glänzend sein"; sikill-a „rein" von sikil „rein sein"; kalag-a „stark" von kalag „fest sein"; dug-a, ES zebb-a, „gut" von dû(g), ES zeb „gut sein"; dagall-a, ES damall-a „weit" von dagal, damal „weit sein"; sukud-a „hoch" von sukud „hoch sein"; zid-a „recht"; tur-a „besessen", „krank", wörtlich „in welchen (ein Dämon) hineingegangen ist", von tū(r) „hineingehen". Auch mit Negation nu-kú-a „ungeniessbar", wörtlich „ein Nichtessen", von kú „essen"; nu-gí a „aus welchem man nicht zurückkehren kann" von gí „umkehren"; nu-garr-a „was nicht zu tun ist", „untunlich", „nichtswürdig", von gar „setzen", „tun".

Wie die angeführten Beispiele zeigen, sind die Bildungen a und b nicht scharf geschieden (Vgl. dazu auch § 687. 712. 715).

c. Negierte Adjektiva der unter a und b erwähnten Art § 165
werden auch von dem mit dem Futurelement -ed- erweiterten Verbalstamm gebildet. Vgl.

α. nu-till-i(d) „unaufhörlich"; nu-kamm-e(d) „unaufhörlich".

β. nu-gí-gí-(i)d-a „unwiderruflich", „unanfechtbar"; nu-till-id-a und nu-kamm-ed-a „unbeendbar", „unaufhörlich".

d. Zusammengesetzte Adjektiva, bestehend aus aktivem, § 166
intransitivem oder passivem Verbaladjektiv und einer diesem vorangehenden Ergänzung, wie z. B. einem näheren Objekt, einer dimensionalen Bestimmung, usw.; diese Adjektiva stellen häufig die unter a—c genannten Verbaladjektiva von den sogenannten zusammengesetzten Verben dar.

Vgl. muš-nu-tumm-u(d) „unaufhörlich", von muš—tum „aufhören"; giš-tuku „gehorsam", „willfährig" von giš—tuk „hören",

„gehorchen"; dumu-nu-tuku „kinderlos"; gaba-ri-nu-tuku „unvergleichlich", wörtlich „einen Gleichkommenden nicht habend"; gaba-šu-gar-nu-tuku „unwiderstehlich", wörtlich „einen Zurückhaltenden nicht habend"; sag-an-šù-íll-a „hochragend", wörtlich „dem das Haupt zum Himmel erhoben ist", ḫul-gál „böse"; ḫul-dím „böse", wörtlich „Böses tuend".

§ 167 e. Zu der besonderen Klasse der Zahladjektiva auf -kamma(k) (Ordinalia) siehe beim Zahlwort (§ 318 ff.).

§ 168 f. Andere Adjektivbildungen kennt das Sumerische nicht. Insbesondere bildet es auch kein adjektivisches Gentilicium. Als Ersatz für unsere zahlreichen von Substantiven mittels der Ableitungssilben gebildeten Adjektiva tritt im Sumerischen meistens ein genetivischer, bisweilen, wie es scheint, auch ein adverbieller Ausdruck ein.

Vgl. é-Girsu^{ki}-k-ani „sein Girsuer Haus", wörtlich „sein Haus von Girsu", Gudea, Tonnagel A_7; dumu-Nibru^{ki}(-k)-meš „Nippuräer", wörtlich „Kinder von Nippur", ITT I 1100_{18}; lù-Umma^{ki}-a(k) „der Ummäer", wörtlich „der Mann von Umma", Eannatum, Geierstele Vs. 17_3; mu-nam-lugall-a(k)-mu „mein königlicher Name", wörtlich „mein Name des Königtums", LIH $98.99_{53.54}$; lù-nig-gin-a(-k) „ein rechtschaffener Mann", wörtlich „ein Mann der Rechtlichkeit", HGT 144 Kol. 1_{10}; lù-nig-nu-garr-a(-k) „ein nichtswürdiger Mensch", wörtlich „ein Mensch von nicht zu Tuendem", HGT 143 Kol. $1_{5.6}$. — Geme-ud-a-ene „die künftigen (?) Frauen" mit dem appositionell gebrauchten Adverbium ud-a (geschr. û-da) „künftig", wörtlich „eines Tages", Ovale Platte 3_{23}; geme-û(d)-bi-ta-k-ene „die früheren Frauen" mit û(d)-bi-ta „ehemals", wörtlich „zu (seit) jener Zeit".[1]

§ 169 2. Seine Stellung in der Wortkette hat das Adjektivum stets hinter dem Substantiv, und zwar (zusammen mit dem bedeutungsverwandten beschreibenden Genetiv und beschreibenden Relativsatz) an erster Stelle hinter dem Substantiv (s. das Schema der Kettenbildung in § 98).

Vgl. lugal-kal(a)g-a „der mächtige König", Ibi-Sin, Siegel A_2, B_2; LIH 58_2; ḫursag-gal-gim „wie ein grosses Gebirge", LIH 58_{12};

[1]) Liegt in geme-ud-a-ene nicht etwa ein Versehen für geme-ud-a-k-ene vor (beachte das auffällige Zusammenstossen von a und e ohne Kontraktion), dann dürfte auch in geme-ubita-k-ene des k nach § 50 auf sekundärer Einschiebung beruhen. Andererseits aber würde ubita-k (mit Genetiv-k) = „von ehemals" grammatisch wohl das Richtigere sein und ist deshalb vielleicht auch als das Ursprünglichere anzunehmen.

dingir-gal-gal-ene „die grossen Götter", LIH 61_{22}; mu-maḫ-a „mit einem erhabenen Namen", LIH 98. 99_{10}; igi-gál-gal-mu-ta „in meiner grossen Klugheit", LIH 98. 99_{41}; a(ii)a-gul-a-mu „mein Grossvater", ebenda$_{63}$.

3. Manche Adjektiva werden auch substantivisch gebraucht; vgl. z. B. nun „gross" und nun „der Grosse", „der Fürst". Doch bevorzugt das Sumerische in der Regel in diesem Fall Zusammensetzungen mit lù usw. (s. § 118). Im substantivischen Gebrauch kann das Adjektiv natürlich auch an der Spitze einer Kette stehen und vor allem auch einem zu ihm der Form nach in appositionellem Verhältnis stehenden anderen Substantiv vorangehen. § 170

Vgl. kù(g),-dNinnik,-e sukkal-ani,-dNinšubur,-ra gù-mu-na-dé-e „die Heilige, Ištar, spricht zu ihrem Wesir Ninšubur", HGT 25 Kol. 1_{30}.

4. Ausser als appositionelle Modifikation des Substantivs dient das Adjektiv auch als Prädikatsnomen einer Identifikation. § 171

Vgl. ann-a aba maḫ-ám(!)? zae ušu-zu maḫ-me-(e)n(!) „Wer ist im Himmel erhaben? Du allein bist erhaben", 4 R 9 Vs_{53}; dNina-mu, dug-a-zu zid-am (oder zid-a-m) „o meine Nina, dein Wort ist fest", Gudea, Zyl. A 4_{10}.

Dagegen kennt das Sumerische den prädikativen Gebrauch des Adjektivums bei transitiven Verben der Bedeutung „zu etwas machen" usw. nicht. Wendungen wie „gross machen", „klein machen", usw. werden vielmehr mit der Kausativform der Verbalstämme „gross sein", klein sein", usw. ausgedrückt; vgl. mu-nam-lugall-a(k)-mu bí-b-gull-a „welcher meinen königlichen Namen gross gemacht hat", LIH 98. 99_{53}; Uri(m)ki dagal-ed-e „Ur weit zu machen", „Ur zu erweitern", Warad-Sin, Backstein B 1_{10}. Ähnlich wird auch anstelle des Adjektivs mit identifizierendem -ám häufig die Permansivform des finiten Verbums gebraucht; vgl. ì-šā(g) „ist gut", „ist günstig" in dem Personennamen Namm-ani-ì-šā(g) „sein Schicksal ist gut", BE VI 2 Nr. 10_{43}; ud-a udu e-babbar „wenn das Schaf weiss ist (war)", Ovale Platte 1_{19}; Í(nim)-dNanna(-k)-ì-gen „das Wort Nanna's ist fest", Personenname, CT 4,14b_{6}.

5. Zur Reduplizierung des Adjektivs und deren pluralischer Bedeutung s. § 144. § 172

6. Die Steigerung des Adjektivs. § 173

a. Das Komparativverhältnis wird mittels der adverbiellen Ausdrücke diri—šù, diri—a „mehr als" (§ 383) bezeichnet. Bis jetzt sind die genannten Wendungen allerdings nur in Verbindung mit einer Verbalform belegt; vgl. diri-ù(d)-bi-ta-šù é-šu-sig-a-bi mu-n-dagal „sein (nämlich des Tempels) .... machte sie grösser als (es) früher (war)", Rim-Sin, Steintafel B Rs.$_{11}$; diri-ù(d)-bi-da-k-a é-šu-sig-a-bi ù-mu(-')-dagal „sein (= des Tempels) .... machte ich grösser als (es) früher (war)", MT 31_{37-39} (Rim-Sin). Doch darf als sicher gelten, dass auch der Komparativ des Adjektivs auf die gleiche Weise ausgedrückt wurde, sodass also beispielsweise „du bist mächtiger als der König" lautete: diri-lugall-a[1] kal(a)g-a-me-(e)n. Beachte hierzu auch die Parallelität der Konstruktion von diri(g) „grösser sein", „mehr sein" und dirig-a „grösser", mehr", welche beide schon an sich komparative Bedeutung haben, z. B in lù-ne-r a-n-diri(g) = eli annîm rabi „er ist grösser als dieser", HGT 152 Kol. 5_{32}; mende-r a-n-dirig-eš = elini watru „sie sind mehr als wir", HGT 152 Kol. 8_{18}, und andererseits é-mu,-É-ninnu,-me-bi-m-gal-gal,-me-me-a-diri-g-a „mein Haus E-ninnu, dessen Bestimmungen grosse Bestimmungen und grösser als alle (anderen) Bestimmungen sind", Gudea, Zyl. A $9_{11.12}$

§ 174 b. Wenig Sicheres ist bis jetzt über die Art und Weise zu sagen, wie im Sumerischen der Elativ des Adjektivs („sehr gut", „sehr stark" usw.) und der Superlativ („der beste", „der stärkste") ausgedrückt wurde. In vielen Fällen begnügt sich der Sumerier mit dem einfachen Adjektiv, wo wir den Superlativ oder Komparativ setzen; vgl z. B. šeš-gal „der älteste Bruder" (bez. „der älteste Sohn" als Vorzugserbe), wörtlich „der grosse Bruder", BE VI 2 Nr. 33_6, 10_1; ebenso auch beim Adverbium; vgl. ki-tuš-šà)g)-dug-a-n(i)-a gal-e-š ḫe-(i)mmi(-')-tuš „in ihrer (ihr) angenehmen Wohnung liess ich sie auf das Grossartigste wohnen", Warad-Sin, Steintafel Rs.$_{3.4}$ Superlativische (und komparativische) Bedeutung wird besonders dem (substantivierten) Adjektiv zugekommen sein, wenn es mit einem Genetiv oder Possessivpronomen verbunden war; vgl. dazu die Adverbien auf -bi(-e), z. B. maḫ-bi(-e) „auf das Glänzendste", „auf das Grossartigste", wörtlich „(auf) sein Glänzendstes" (§ 394 f.) Manche Adjektiva haben auch an sich schon eine elativische oder superlativische Bedeutung; vgl. z. B. dirig-a „überragend"; gal „gross" „Ober-" (stärker als gul-a „gross"), z. B. in dubsar-gal „Oberschreiber"; maḫ „erhaben" (stärker als gal) in sukkal-maḫ „Grossvesier"; ullia „sehr fern", „fernster", z. B. in ù(d)-ullia-ta „seit fernster Zeit", „seit ältester Zeit", Warad-Sin, Steintafel Vs.$_{15}$, HGT 101

[1]) Nach diri-lù-ne-a „mehr als dieser", HGT 152 Kol. 5_{34}, gebildet.

Kol. 2_{10}, und û(d)-ullia-š „bis in fernste Zeit“, Sin-idinnam, Tonnagel 2_5.

7. Zur Bildung des Adverbiums vom Adjektiv s. § 388f. § 175

IX. Die Fürwörter.

1. Das persönliche Fürwort.

A. Die selbständige einfache Form. § 176

a. Übersicht.

		Nominativ und Akkusativ.	
mae	„ich“	menden, mende, mede, meden	
zae	„du“	menzen	„ihr“ [„wir“
ene	„er“, „sie“	enene	„sie“
		Genetiv.	
ma(-k)	„meiner“	mendan-a(k)	„unser“
za(-k)	„deiner“	menzan-a(k)	„euer“
ene(-k)	„seiner“, „ihrer“	enene(-k)	„ihrer“
		Dativ.	
ma-ra, ma-r	„mir“	menden-ra, mende-r	„uns“
za-ra	„dir“	menzen-ra, za-ra-nzen	„euch“
ene-r, ene-ra	„ihm“, „ihr“	enene-ra, enene-r	„ihnen“
		Lokativ.	
ma-a	„auf mir“	mende-a	„auf uns“
za-a	„auf dir“	menzan-a, za-a-nzen	„auf euch“
ene-a	„auf ihm“	enene-a	„auf ihnen“.

b. Bildung und Besonderheiten. § 177

α. Die 1. und 2. Person Singularis.

(a) Ob die Nominative der 1. und 2. Person Singularis mae und zae die ursprünglichen Formen der Stämme des Pronomens der 1. und 2. Person Singularis darstellen oder ob sie sich aus den Stämmen mâ und zâ, bez. mã (= mâa) und zã (= zâa), durch Zerdehnung von â und Differenzierung des nachklingenden a in e entwickelt haben, ist vorläufig noch nicht ganz sicher zu entscheiden; doch dürfte die zuletzt angedeutete Erklärung die richtige sein. Durchaus unwahrscheinlich ist dagegen die Annahme, dass mae und zae durch Zusammensetzung der Stämme ma und za mit dem Subjekts-e entstanden seien, da dieses -e seiner ursprünglichen Bedeutung nach ein Pronomen der 3. Person ist. Beachte zudem, dass sich die Formen mae und zae bisweilen auch vor

Postpositionen finden, wo es sich naturgemäss nur um den Stamm handeln kann; vgl. z. B. zae-ra (geschr. za-e-ra) „zu dir" (Variante zu za-ra), 4 R 29 Nr. $1_{50.51a}$; zae-da „mit dir", RA XI S. $144_{43(=22)}$; Rm 2, 213 Vs. (AS XXXII); zae-da-nu-me-(e)n „ohne dich", KBo 1 Nr. 41 Kol. 1_{8}; mae(bez. gae)-da-nu-me-(e)n „ohne dich" (s. unten § 182); zae(-k)-men (= zã(-k)-men „ich bin dein" (§ 181); ferner das noch unklare me-a-ta-mae-k-am (geschr. mà-e-kam) = ianûa[ ], 2 R 42 Nr. 3_{14} (neben me-a-ta-za-a-kam ianukk[a], ebenda$_{12}$). Dass die Vokale der beiden Pronominalstämme lang waren und allem Anschein nach auch Schleifton trugen, zeigen neben den eben erwähnten Nebenformen mae und zae auch die Schreibungen mà-a-ar „mir", Warad-Sin, Tonnagel 2_{7}; mà-a-ra, HGT 25 Kol. $1_{53.54}$, $2_{17.18.26}$; mà-a-kam „ist mein", HGT 157 Kol. 1_{1-20}; 158_{1-9}; mà-a-ke-eš „um meinetwillen" in den Personennamen Mà-a-ke-eš-ḫe-(i-)ti(l) „möge er um meinetwillen leben", Mà-a-ke-eš-ḫe-(i-)šã(g) „möge es (?) um meinetwillen gut sein", Mà-a-ke-eš-ḫa-m(u-'-)a-ti(l) „möge er mir um meinetwillen leben", HGT 154 Kol. 5_{8-10}; za-a-šù „zu dir", HGT 25 Kol. 1_{45}; za-a-kam „ist dein", CT 16, 19 ff.$_{366}$, usw. Für die Schreibung ohne Andeutung der Vokallänge vgl. mà-ra „mir", Gudea, Zyl. A 3_{18}; Warad-Sin, Kanephore 1_{16}; za-ra „dir", Gudea, Zyl. A 5_{18}; 7_{5}.

§ 178 *(b)* Für den Nominativ mae (geschr. mà-e) „ich" bieten die Tellohinschriften die kontrahierte (bez. ursprünglichere) Form mã (geschr. mà), das Eme-SAL neben mae auch die kontrahierte Form mẽ (geschr. me-e und me).

Vgl. für mae im Hauptdialekt nig-mae-i(-')-zu-a-mu zae i-nga-e-zu „was ich weiss, weisst auch du", CT 17,25 ff.$_{62}$. Dagegen in Telloh: mamu(d)-zu mà ga-mu-(e-)ra(-')-búr-búr „deinen Traum will ich dir deuten", Gudea, Zyl. A 5_{12}; mà,-^{d}Ningirsu(k) . . . „ich, Ningirsu . . .", ebenda 9_{20}; en-^{d}Ningirsu(k), mà ana mu-ù-da(-')-zu (< mu-e-da-'-zu) „o Herr Ningirsu, was weiss ich bei dir (= von(?) dir)?",[1] ebenda $9_{3.4}$. Zu mẽ in Eme-SAL vgl. gašan-mèn me nu-(i-)me-(e)n (geschr. nu-mèn) „bin ich nicht die Herrin?" ASK 21_{16}; gašan-ann-a(k)-mèn mẽ (geschr. me-e) nu-(i-)me-(e)n „bin ich nicht die Himmelsherrin?", ebenda$_{18}$; (geschr.) me-e al-di-di-di-in (< al-di-di-(e)d-en) = anâku adâl, SBH 27_{1}.

§ 179 Zu der Unwahrscheinlichkeit einer Form mu „ich" statt mae vor -me-(e)n in der vermeintlichen zusammengesetzten Form mu-me-(e)n < mae-me-(e)n?) „ich", ich bin" s. § 200.

§ 180 *(c)* Im Tellohdialekt ist die einfache Nominativform der 2.

[1]) Oder mu-(’-)da-zu „was kann ich wissen?"

Person Singularis bis jetzt nicht belegt; die mit -men zusammengesetzte Form lautet in Telloh zẽ-me-(e)n (s. unten), doch ist zweifelhaft, ob man danach die einfache Form als zẽ und nicht nach der 1. Person mã als zã annehmen muss; beachte auch die Gleichung za | atta „du“, HGT 97 Kol. 8_4, wo es allerdings wieder zweifelhaft bleibt, ob hier die Nominativform oder der Wortstamm beabsichtigt ist. In Eme-SAL-Texten lautet die 2. Singularis zae; vgl. ann-a zae maḫ-me-(e)n „im Himmel bist du erhaben“, 4 R 20 Nr. 3_{17}; beachte aber auch die Variante (geschr.) a-ba zi-gi-en te-ba, CT 15 $Vs._{21}$, zu a-ba za-e-gim te-ba, $ebenda_{22-24}$, aus der sich die Nebenform zẽ zu ergeben scheint.

(d) Von Genetiven zu mae und zae ist alleinstehend bis jetzt nur zã(-k) „von dir“ zu belegen, u. z. als vorausgestellter Genetiv in zã(-k) (geschr. za!-a) ar-gal-gal-zu „deine grossen Ruhmestaten“, LIH 60 Kol. 2_{17}; vgl. auch weiter unten zã-ke. § 181

Häufiger finden sich ma-k und za-k in Verbindung mit -am „ist“ (-men „ich bin“ usw.) zur prädikativen Bezeichnung des Besitzverhältnisses (also beispielweise mã-k-am „es ist mein“, „es gehört mir“; mã(-k)-me-(e)n „du bist mein“, „du gehörst mir“, usw.).

Vgl. Unug^{ki}-a É-ann-a(k) mã-k-am (geschr. mà-a-kam) „in Uruk gehört mir E-anna“, HGT 157 Kol. 1_1; Il-. . . -e „e-kisurra(-k)-^dNirgirsuk-a(k) mã-k-am (geschr. mà-kam)“ i(m)mi(-n)-dū̃(g) „darauf sagte Il: der Grenzgraben des Nigirsu gehört mir“, Entemena, Kegel 4_{17-29}; „Antasurra mà-k-am kisurra-mu(-m)“ bí(-n)-dū̃g) „er sagte darauf: Das Antasurra ist mein! Mein Gebiet ist es“,[1] Ovale Platte Kol. 4_{7-9}; lugal-mu ^dEnkike, šag-a-zíll-zíll-e-bi zã-k-am (geschr. za-a-kam) „o mein Herr Enki, Gunst erzeigen und Gnade erweisen ist dein“, CT 16,19 $ff._{366}$ (vgl. $17,19_{96}$) statt zã-k-am auch nur Genetiv zã-ke (nach später Bildungsweise für zâ(-k)) in an-ki-bida zã-ke (geschr. za-a-ge), tú-nam-til-a(k) zã-k-e „Himmel und Erde sind dein; die Beschwörung des Lebens ist dein“, 4 R 29 Nr. 1_{31-35}. — ^dNanna-zae(-k)-me-(e)n[2], akk. ^dSin-kû-anâku „o Sin, ich bin dein“, HGT 154 Kol. 1_{10}.

(e) Das Boghazköivokabular KBo 1 Nr. 41 lässt das Pronomen der 1. Singularis mit g statt m anlauten; vgl. gae-da-nu(i-) § 182

[1]) Vielleicht ist ma-k-am hier nur der mittels -am besonders hervorgehobene und vorangestellte Genetiv, der später durch -mu (in kisurra-mu) wieder aufgenommen wird, sodass also zu übersetzen ist „das Antasurra ist m e i n Gebiet“.

[2]) Hatte die sehr beschädigte (!) Vorlage des Schreibers vielleicht za-a statt za-e mit dem a, das zur Bezeichnung des Hiatus von einem kleinen wagrechten Keil durchquert wird?

me-(e)n (geschr. gá-e-da-nu-me-en) „ohne mich" mit der Umschreibung ga-e-da-nu-mi-in, Kol. 1_7. Die Schreibung mit gá, bez. mà (Zeichen gunû, Br. 3170) findet sich auch in mà-e a-na mu-me-en „was bin ich?", RA IX S. 122 Kol. 2_{15} (Kurdurmabuk), hier aber wohl nur als Schreibversehen. Inwieweit die Ansetzung des Anlautes mit g auf der Boghazköitafel auf richtiger Überlieferung beruht, d. h. einen Rückhalt an einer bestimmten Mundart hat, lässt sich bis jetzt noch nicht nachprüfen.

§ 183 β. Die 1. und 2. Person Pluralis.

(a) Die Formen menden und menzen haben als ersten Bestandteil die verbale Wurzel me „sein". Wie die enklitischen Formen, denen sie in ihrer Bildung völlig entsprechen, sind sie also ursprünglich Kurzformen von i-me-(e)nden „wir sind" und i-me-(e)nzen „ihr seid"; vgl. dazu § 193 ff.

§ 184 *(b)* In Telloh werden die bis jetzt noch nicht belegbaren Pronomina der 1. nnd 2. Pluralis wahrscheinlich mit Verschleifung von n mede und meze gelautet haben. Auch im gewöhnlichen (späteren) Hauptdialekt sind neben menden auch mede und mende gebräuchlich; vgl. ù-me-de-me-de = ni-nu ni-nu-ù, HGT 152 Kol. 7_{13}; me-en-de ù me-en-ze-en „wir und ihr", ebenda 7_{16}; me-de-me-en-ze-en „wir und ihr", 7_{17}; im Lokativ: mende-a $8_{4\,(12)}$; im Dativ: mende-ra $8_{6.17}$ und mende-r $8_{5.10.18}$; in der letzten Form ist mende als vokalisch, also nicht auf -n, bez. (-n), auslautend behandelt (§ 356). Das Pronomen der zweiten Person lautet dagegen stets menzen, HGT 152 Kol. $7_{2.5.8.11.14}$ usw., im Dativ menzen-ra, ebenda 8_{20}. Nur in me-en-ze-ir-kam „euch" (hervorgehoben), ebenda 8_{14}, findet sich die gekürzte Form menze-r, die jedoch aus älterem menzen-ra entstanden ist, wie das zur Vermeidung des Hiatus vor dem hervorhebenden -am eingeschobene k beweist (s. § 50); also ursprünglich menzen-ra-k-am (> menze(n)-r(a)-k-am).

§ 185 *(c)* Das zweite (unbetonte) e von menden und menzen unterliegt der Tendenz der Vokalangleichung, indem es vor den mit a anlautenden Bildungselementen (z. B. -am „ist", zweifellos aber auch vor dem Lokativ -a und dem Genetivelement -ak) zu a wird. Vgl. mendan-am (geschr. me-en-da-nam) „wir", HGT 152 Kol. 6_{11}; menzan-am (geschr. me-en-za-nam) „ihr", 6_{13}; siehe auch die entsprechenden Erscheinungen bei den enklitischen Formen -menden und -menzen (§ 197) und bei den verbalen Personalendungen -enden und -enzen (§ 477) Vor konsonantisch anlautenden Bildungselementen findet dagegen keine Vokalangleichung statt; vgl.

menzen-ra „euch“, 8_{20}; menzen-nanna „ohne euch“, 7_{39}. Das vokalisch auslautende mede bleibt natürlich stets unverändert; vgl. mende-a „auf uns“, 8_{4}.

(*d*) Besonders beachtenswert sind die Dativ- und Lokativ- § 186 formen za-ra-nzen „euch“ und za-a-nzen (geschr. za-a-an-ze-en) „auf euch“, HGT $8_{7.8}$; sie sind von den Singularen zã-ra „dir“ und zã-a „auf dich“ nach Art einer Verbalform mit der verbalen Pluralendung der 2. Person -nzen gebildet und stellen somit eine genaue Parallele dar zur Bildung des Plurals des Imperativs lá-a-nzen „wäget“ von dem Singular lá-a „wäge“.[1] In zusammenhängenden Phrasen sind diese Dativformen noch nicht belegt; es lässt sich deshalb auch noch nicht sagen, ob sie vielleicht nur in bestimmten Fällen gebraucht werden.

Die verbale Natur der Formen za-ra-nzen und za-a-nzen, § 187 bez. ihres Auslautes -nzen, kommt auch darin zum Ausdruck, dass bei Anfügung des hervorhebenden ì-me-a, bez. des persönlich konstruierten ì-me-(e)nzan-a, der Auslaut -nzen weggelassen, bez. mit imenzan-a zusammengelegt wird; vgl. zã-r(?)-ì-me-(e)nzan-a (geschr. za-.[..]-ì-me-en-za-na) „euch“, HGT 152 Kol. 8_{13}, statt zaranzen-imea oder zaranzen-imenzan-a.

γ. Die 3. Person Singularis und Pluralis. § 188

(*a*) Das singularische Pronomen ene „er“, „sie“ ist allem Anschein nach von dem in historischer Zeit nur noch enklitisch, früher aber zweifellos auch selbständig gebrauchten Demonstrativpronomen -e „dieser“ abgeleitet und stellt wohl eine Reduplikation des letzteren (mit eingeschobenem n) dar; hiernach dürfte also ene ursprünglich ein verstärktes Demonstrativpronomen gewesen sein.

Der Plural enene (geschr. e-ne-ne, HGT 152 Kol. $6_{4.15.31.40.41}$ u. ö.) „sie“ ist vom Singular ene vermutlich durch Anfügung der Pluralendung -ene gebildet, also aus ene + ene zusammengezogen. Zu betonen ist demnach (nach § 138) enẽne.

Zum Dativ, Lokativ usw. vgl. ene-ra „ihm“, „zu ihm“, „zu ihr“, CT 17, 19_{56}; CT 15, $20_{28.29}$; ene-r, CT 15, $20_{14.15}$, 5 R 50f. Kol. $3_{31.33}$; enene-ra „ihnen“, HGT 152 Kol. $8_{9(16)}$; enene-r, ebenda Kol. $8_{21(15)}$; der Lokativ enene-a liegt beispielsweise vor in enene-a-šubb-a „ausser (?) ihnen“, HGT 152 Kol. 7_{43} (s. § 340).

(*b*) Als Pronomen der 3. Person, und zwar im Singular § 189

---

[1]) Vgl. hierzu auch im Italienischen die Bildung des Plurals eglino „sie“ zu egli „er“ (ursprünglich „ihm“) nach dem Muster von ama „er liebt“, Pl. amano „sie lieben“.

lediglich für das Femininum und das Neutrum, wird auch das schwache Demonstrativum ḫur (bez. ūr), ES ur, gebraucht.

Vgl. ḫur | ši-i „sie“, HGT 152 Kol. 12_{38}; (geschr.) ḫur-ḫe-na-nam = šî lu kiâm, ebenda 12_{19} (s. auch 4 R $13_{42.43b}$; 23 Nr. 2 Rs.$_{4.5}$); ES aga-me ur ḫe-(i-)mea-eše = šî lu litni „sie (= Ištar) sei unsere Leitkuh“, RA XI S. $144_{2;\,(=12)}$; ḫurr-ám und ḫur-gim = kiâm „so“, „wie es“, „wie das“, HGT 152 Kol. $12_{7.8}$; ḫurr-akeš „deswegen“, ebenda Kol 12_{15}; ḫur-nu-(i-)me-a = ezub kiâm, ebenda 12_{29}, usw. (Kol. $12_{7\text{-}38}$).

§ 190 Pluralbildungen von ḫur sind ḫur-me-(e)š = šunu „sie“, HGT 152 Kol. $6_{8.18}$, und ḫur-bi = šunu „sie“, ebenda Kol. $6_{9.19.25.34.43}$; letzteres bezeichnet den Plural ohne Unterschied der Geschlechter; vgl. ù-enene-ḫur-bi = šu-nu šu-nu-ù, Kol. 7_{15}; ebenso wohl auch ḫur-meš. In beiden Pluralbildungen hat ḫur allein kollektivisch-neutrische Bedeutung; denn ḫur-bi bedeutet wörtlich „ihre Es“, im Sinne von „ihre Persönlichkeiten“, „ihre Ich’s“, während in ḫur-me-eš ḫur das Prädikatsnomen „es“ zu dem in -me-(e)š (< i-me-(e)š) enthaltenen Verbum me „sein“ darstellt, ḫur-me-(e)š also wörtlich „sie sind es“, „sie, die es sind“, „sie, die das sind“, bedeutet. Beachte dazu, dass in den mit i-me-a usw. gebildeten Hervorhebungsformen -me-(e)š mit i-me-(e)š-ám zusammengelegt wird; vgl. z. B. ḫur-ì-me-(e)š-ám (statt ḫur-me-(e)š ì-me-ám), akk. šunuma „sie sind es, die ....“, HGT 152 Kol. 6_{24}, als Hervorhebungsform zu ḫur-me-(e)š (wie ḫur-bi ì-me-ám = šunuma, ebenda 6_{25}, zu ḫur-bi); ḫur-a-nga-me-(e)š (statt ḫur-me-(e)š a-nga-m(e)) = šunuma, 6_{42}, als Hervorhebungsform zu ḫur-me-(e)š (wie ḫur-bi a-nga-m(e) = šunuma, 6_{43}, zu ḫur-bi); ḫur-nanamm-eš (statt ḫur-me-(e)š-nanam) = šunuma, 6_{33}, als Hervorhebungsform zu ḫur-me-(e)š (wie ḫur-bi-nanam = šunuma, 6_{34}, zu hur-bi).

§ 191 c. Zu der persönlichen Konstruktion der identifizierenden, bez. hervorhebenden verbalen Ausdrücke nach dem obliquen Kasus der Pronomina, wie z. B. in zae-da-nu-(i-)me-(e)n, „ohne dich“, KBo 1 Nr. 41 Kol. 1_8 (statt zã-da-nu-(i-)me-a), mende-r-ì-me-(e)ndan-a „uns“ (hervorhebend), HGT 152 Kol. $8_{10.11}$ (statt mende-r-ì-me-a) siehe bei den Verhältniswörtern in § 380.

B. Die enklitische Form.

§ 192 a. Übersicht.

Singular.			Plural.		
1.	-men	„ich (bin)“	1.	-menden	„wir (sind)“
2.	-men	„du (bist)“	2.	-menzen	„ihr (seid)“
3.	-am	„er (ist)“	3.	-meš	„sie (sind)“

b. Erklärung und Bedeutung der Formen. § 193

α. Diese Enklitika sind Kurzformen des Permansivthemas des Verbums me „sein“, also aus i-me-(e)n „ich bin“, „du bist“, i-me-(e)nden „wir sind“ usw. entstanden. Sie sind darum nicht eigentlich Pronomina, wie sie ja auch in erster Linie dazu dienen, selbständige Sätze im Sinne einer Identifikation zu bilden; vgl. z. B. ann-a aba maḫ-ám(!)? zae ušu-zu maḫ-me-(e)n(!) „Wer ist im Himmel erhaben? Du allein bist erhaben“, 4 R 9 Vs.$_{53}$; ES ũ(d) ann-a ki-a ì-mal, zae lugal-me-(e)n „so lange Himmel und Erde bestehen, bist du Herr“, SBH 22 Vs$_{22}$; ES an mã-k-am, ki mã-k-am, mẽ (geschr. me-e) ur-sag-mén „der Himmel ist mein, die Erde ist mein; ich bin die Heldin“, SK 199 Kol. 3_{28} ^{d}Nanna, zae(-k)-me-(e)n „o Nanna, ich bin dein“, Personenname, HGT 154 Kol. 1_{10}; ũ(d)-b(i-)a Entemena(k) isag-Lagašu^{ki}-k-am „damals war Entemena Fürst von Lagaš“, RTÇ 16 Kol 6_{3-5}; ũ(d)-dú-dú-me-(e)š, dingir-ḫul-a-me-(e)š, enenene nig-gĩ(g)-â-a-me-(e)š „stürmende Dämonen sind sie, böse Götter sind sie; selbige, Unheilbewirkende sind sie“, CT 17,19_{1-6}.

Dass diese enklitischen Verbalformen die Bedeutung von § 194 persönlichen Fürwörtern erhalten, verdanken sie dem Umstand, dass das Sumerische eine Vorliebe für das beiordnende Satzgefüge hat und deswegen beispielsweise den Satz „ich, der ich König bin, befehle dir“, bez. „ich, der König (oder: ich als König), befehle dir“, durch die beiden Hauptsätze lugal-me-(e)n, maradugen „ich bin König; ich befehle dir“ ausdrückt, wobei dem Sinne nach der sumerische Satz lugal-men „ich bin König“ dem deutschen pronominalen Ausdruck „ich, der König“, und somit die Verbalform (i-)me-(e)n „ich bin“ dem deutschen Pronomen „ich“ entspricht.

Vgl. Ḫammurabi,-lugal-Kadingirra^{ki}(-k),-lugal,-nig-AG-AG-bi-su-^{d}Utu-^{d}Marduk(-a(k))-ra-ba-dug-a,-me-(e)n bád-Zimbir(a)^{ki}(-k) ḫursag-gal-gim sag-bi ḫe-(i)mmi(-')-íl, ...; Ḫammurabi,-lugal,-nig-AG-AG-bi-su-^{d}Utu-Marduk(-a(k))-ra-ba-dug-a,-me-(e)n Zimbir^{ki}-Kadingirra^{ki}-bidage ki-tuš-neḫa ḫe-(i)mmi(-')-tuš; Ḫammurabi,-šeg-a-^{d}Utu(-k),-ki-ág-^{d}Marduk(-a(k)),-me-(e)n ũ(d)-ullia-ta - lugal-lugal-ene-r - bara-(i-)n-dimm-a ^{d}Utu,-lugal-m(u,-)a gal-bi ḫu-mu-na(-')-dũ „Ich, Hammurabi, der König von Babylon, der König, dessen Werke dem Šamaš und dem Marduk wohlgefällig sind, habe die Mauern von Sippar wie ein Gebirge aufgerichtet (usw.). Ich, Hammurabi, der König, dessen Werke Šamaš und Marduk wohlgefällig sind, habe dadurch Sippar und auch Babylon in ruhiger Wohnung wohnen lassen. Was seit den ältesten Zeiten keiner unter den Königen je getan, das habe ich, Hammurabi, der Günstling des Šamaš, der Liebling des Marduk, dem Šamaš, meinem Herrn, auf das Grossartigste erbaut," LIH 58 (gekürzt); es würde natürlich völlig sinnlos sein und den gedanklichen Zusammenhang stören, wenn man an den drei betreffenden Stellen übersetzen wollte, „ich bin Hammurabi, der König" usw. Beachte besonders auch wegen der Einfügung der mit -men gebildeten Phrase in den übergeordneten Satz: dNinšubur,-lugal-mu,-ra dRim-dSin,-lugal-Kengi(r)-ki-Uri(-k)-me-(e)n É-me-KIL-ba-sag-íl nam-ti(l)-mu-šù mu-na(-')-dū „dem Ninšubur, meinem Herrn, habe ich, Rim-Sin, der König von Sumer und Akkad, E-me-KIL-ba-sag-il für mein Leben erbaut", Rim-Sin, Tonnagel $A_{1\text{-}33}$ (gekürzt). dInnana,-nin-mu,-ra ... nam-ti-Lirišgamlum,-DUMU.SAL-mu ù nam-ti(l)-mu-šù géme-ní-tuku-ni-me-(e)n a-mu-na(-')-ru „der Ištar, meiner Herrin, habe ich, ihre ehrfurchtsvolle Magd, das und das für das Leben meiner Tochter Lirišgamlum und für mein eigenes Leben geweiht", R-S-Š-$b_{1\text{-}42}$.

§ 195 β. Zu den Formen der 1. und 2. Pluralis beachte die dimensionalen Ausdrücke šubb-a-menzen, emphatisch šubb-a-menzan-ám „ausser euch", „euer ungeachtet" (oder ähnlich), wörtlich „ihr seid solche, auf welche ge.... t ist", HGT 152 Kol. $7_{42.45}$, und subb-a-mendan-am „ausser uns", $ebenda_{44}$,[1] neben mende-a-šubb-a „ausser uns", wörtlich „unser (= Lokativ) ungeachtet", „von uns abgesehen" (oder ähnlich), 7_{41}, und enene-a-šubb-a „ausser euch", 7_{46}. Zu dem Gebrauch von menden und menzen als selbständige Pronomina s. § 183.

§ 195a γ. In dem Enklitikon der 3. Singularis -am, bez. -a-m (< i-me „er ist"), ist im Unterschied zu den übrigen Personen das Präfix i- der ursprünglichen Verbalform, allerdings in Umlautung zu a-, erhalten geblieben. Das erklärt sich offenbar daraus, dass durch den bei der 3. Singularis des Themas i-me eintretenden Schwund des auslautenden Wurzelvokals e der Präfixvokal i in die letzte Silbe gerückt ist (vgl. lugal-i-m, lugal-a-m) und deshalb nicht wie in lugal-(i-)me-(e)n und lugal-(i-)me-(e)š durch Synkope schwinden kann. Zu dem Wandel des Präfixvokals i- in a- beachte den ganz entsprechenden Vorgang beim Imperativ (z. B. LAL-i-b > LAL-a-b, § 674). In nachsumerischer Zeit wird bisweilen in Analogie zu -am auch im Plural -ameš statt -meš gebildet.

Vgl. isag-lù-geštu-dagal-(a)k-am geštu i-mà-mà(-e) „er, der Fürst, der Kluge, aber merkt auf", (wörtlich „der Fürst ist ein Mann des weiten Ohrs, er setzt das Ohr", Gudea, Zyl. A 1_{12};

---

1) Zu der persönlichen Konstruktion s. § 379.

^{d}LUGAL ennu(ng)-uru-kug-ak-am en-^{d}Ningirsu(k)-ra me-ni-da mu-na-(n-)da-dib-e „ihn, den LUGAL, den Hüter der heiligen Stadt, ... dem Herrn Nirgirsu .....", Gudea, Zyl. B $12_{24.25}$: ^{d}Zazaru, ..., -dumu-maš-imin-^{d}Bau(-k)-méš, -band-a-en-^{d}Nirgirsuk-a(k)-méš ..... en-^{d}Nirgirsu(k)-ra mu-na-(n-)da-šug-eš „sie, die Zazaru usw., die sieben Zwillingskinder der Bau, die vom Herrn Nirgirsu Gezeugten, ... dem Herrn Nirgirsu .....", Gudea, Zyl. B 11_{4-14}. Zu -ameš vgl das letzte in § 193 angeführte Beispiel.

Die pronominale Bedeutung tritt bei den Enklitika der 3. Person stark gegenüber der identifizierenden „ist", „sind" zurück. Zu dem Gebrauch von -am als hervorhebendes Element ist vorläufig auf das für den 2. Teil der Grammatik reservierte Kapitel über die Partikeln zu verweisen. Zu der Verwendung von -me-(e)š als nominales Pluralelement s. § 139. §195b

c. Lautliche Veränderungen. § 196

α. In den Tellohinschriften wie überhaupt in den Inschriften der sumerischen Periode wird -me-(e)n „ich (bin)", „(du bist)" mit Verschleifung des n zu -me(n) (geschr. -me).

Vgl. ama-nu-tuku-me(n) ama-mu ze-me(n) „ich bin ein eine Mutter nicht Habender; du bist meine Mutter", bez. „mir, dem keine Mutter Habenden, bist du Mutter", Gudea, Zyl A 3_{6}; ^{d}Nina-mu, ensi-dingir-ene(-k)-me(n), nin-kur-kurr-a(k)-me(n), šà(g)-mamud-ak-a lù-1-àm ... m(u-'-)a-n-dū̄(g) „o meine Nina, du Deuterin der Götter, du Herrin aller Länder, im Traume befahl mir ein Mann ...", Gudea, Zyl. A 4_{10-20}.

β. Durch Verschleifung des auslautenden š wird, sicher wenigstens in ältester sumerischer Zeit, auch -meš „sie (sind)" zu -me und deswegen noch in später sumerischer Zeit -meš als -méš (mit dem Zeichen me) geschrieben. Vgl. § 41 und 139 und das in § 195a angeführte Beispiel Gudea, Zyl. B 11_{4-14}. §196a

γ. Die bei den selbständigen Formen menden und menzen sich findende, in § 185 beschriebene Vokalangleichung findet in gleicher Weise auch bei den enklitischen Formen statt; vgl. šubb-a-mendan-am (<šubb-a-menden-am, HGT 162 Kol. 7_{45}; šub-a-menzan-am (< šubb-a-menzen-am), ebenda$_{46}$. § 197

δ. Das a von -am bleibt auch beim Antritt des letzteren an vokalisch auslautende Wörter erhalten, bez. wird vielleicht nur mit auslautendem a zu mit Schleifton gesprochenem langen a zusammengezogen. Nach den Possessivpronomina -mu, -zu, -ani und -bi dagegen gibt -am sein a auf, lautet dann also nur -m.[1] §197a

[1]) Aller Wahrscheinlichkeit nach ist aber der eigentliche Vorgang

In der älteren sumerischen Zeit schwindet auch dieses -m regelmässig, wogegen es in jüngerer sumerischer Zeit (seit der Gudeaperiode) z. T. erhalten bleibt, um schliesslich in nachsumerischer Zeit prinzipiell gesetzt zu werden (§ 40). Zu dem gelegentlichen Einschub von k vor -am nach -da, -ta, -ra, name usw. s. § 50, 265 f. und 319. Zur Schreibung mit -ám und ām s. § 60.

Vgl. mende-ám „wir" (hervorhebend), HGT 152 Kol 6_{10}; enene-ám „sie", ebenda $_{15}$; isag kù-zu-ám ..... „er aber, der Fürst, der Weise, ... ", Gudea, Zyl. B 1_{12}; ḫur-šù-ám „deswegen", LIH 98. 99_{84}.

Dagegen ní-melam-nam-lugall-a(k)-mu-m (Var. nur -mu) zag-an-ki-ke ḫe-(i)n-dul „meine furchtbare königliche Majestät, fürwahr, hat die Grenzen von Himmel und Erde bedeckt", LIH 98. $99_{80\text{-}83}$; mà-k-am kisurra-mu(-m) „mein Gebiet ist es", Ovale Platte 4_8; kišib-b(i)-a(k) „....." mu-bi(-m) „dieses Siegels Name ist: .....", Šulgi, Siegel A $_{9\text{-}12}$; alam-b(i)-a(k) „......" mu-bi-m (geschr. mu-bi-im) „dieser Statue Name ist: ....", Amar-Sin, Backstein D $1_{10\text{-}12}$.

C. Die verstärkte Form.

§ 198 a. Übersicht.

Singular.		Plural.	
1. mae-men	„ich"	1. mede-nden, mede-nde	„wir"
2. zae-men	„du"	2. zae-men-zen	„ihr"
3.	„er", „sie"	3. enenene	„sie".

§ 199 b. Bildung und Bedeutung der Formen.

α. Die verstärkten persönlichen Fürwörter der 1. und 2. Pers. Sing. sind durch Zusammensetzung der selbständigen Pronomina mae „ich" und zae „du" mit den enklitischen Verbal- und Pronominalformen -men „ich bin", „du bist" gebildet und stellen wie die letzteren eigentlich verbale Ausdrücke dar, welche nicht nur als selbständige verbale Aussage, sondern auch in pronominaler Funktion gebraucht werden; wegen der ausdrücklichen Setzung des Subjektes mae, bez. zae haben sie stets emphatische Bedeutung, bedeuten also entweder „ich bin", „du bist" oder „ich bin es, der....", „du bist es, der....", „ich", „du".

Vgl. für die verbale Anwendung: ama-nu-tuku-men ama-mu

---

wohl der, dass die Possessivpronomina -mu, -zu, -ani und -bi wie vor der Postposition -a und dem Genetivelement -ak, so auch vor -am ihr u und i aufgeben, das a von -am alsdann aber unter dem Einfluss der nicht mit -am verbundenen Formen wieder von den Vokalen der Pronomina verdrängt werden; s. § 217.

zē-men „mir, dem Mutterlosen, bist du Mutter", Gudea, Zyl. A 3_6; a-mu zē-men „du bist mein Vater", ebenda$_7$; urudu-niggi-dû(g)-dû(g)-bi zae-men „du bist des Kupfers und des Bleis ......", 4 R 14 Nr. 2 (K 44) Rs $_{16}$. — Für die pronominale Anwendung vgl. dNerigal,-lugal-mu, zae-men ba-e-â (geschr. ba-e-a-â); mae ana mu-m-(e)n „o Nergal, mein Herr, du hast ....; ich aber, was bin ich?", RA IX S. 122 Kol. 2_{13-15} (Kudurmabuk); anšu-dû(r) á-zid-a-lugal-z(u)-ak-e ki-mara(-n)-ḫar-ḫar-a-šù zē-men É-ninnu ....-gim ki-i-m-ši-ḫar-e(n) „dass aber der Eselhengst zur (?) Rechten deines Herrn dir die Erde(?) ge....t hat, (so bedeutet das, dass) du für(?) das Eninnu wie ein .... die Erde(?) ....en wirst", Gudea, Zyl. $A_{12.13}$.

Eine Nebenform mu-men zu mae-men, welche man in dem letzten Wort des eben aus der Kudurmabukinschrift, RA XI S. 122, angeführten Beispiels mae ana mumen „ich aber, was bin ich?" hat erblicken wollen (unter der Annahme, dass die Vokale ae von maemen zunächst zu ẽ zusammengezogen worden seien und dieses letztere sich unter der Einwirkung des vorangehenden und des nachfolgenden m in u verwandelt habe), besteht nicht. Es handelt sich hier vielmehr um die vom Thema mu-LAL gebildete volle Verbalform mu-me-(e)n „ich bin", u. z. ist die volle Verbalform (statt -me-(e)n) eingetreten, weil sie durch das Fragewort ana, welches stets unmittelbar vor dem Verbum steht (§ 236), von dem Subjekt mae, an welches sich sonst -men anlehnen würde, getrennt ist. § 200

Im Tellohdialekt erscheint die 2. Singularis in der Form zē-me(n); s. die in § 199 angeführten Beispiele und vgl. auch § 180. § 201

β. Die 2. Pers. Plur. zae-me-(e)nzen „ihr", HGT 152 Kol. $6_{2.3.30}$, mit hervorhebendem -am zaemenzan-am, ebenda$_{14}$, ist von dem Singular zae-me-(e)n nach verbaler Art (wie i-me-(e)nzen „ihr seid" von i-me-(e)n „du bist") durch Anfügung des permansivischen Pluralauslautes -(e)nzen (§ 447) gebildet. § 202

γ. Die 1. Pers. Plur. mede-nden „wir", HGT 152 Kol. 6_{28}, mit hervorhebendem -am medendan-am, ebenda Kol. 6_{12}, ist ebenfalls mit dem verbalen Pluralauslaut, also mit -nde(n) (§ 447) gebildet, das jedoch nicht, wie der Pluralauslaut der 2. Person, an den Singular, also an mae-men, sondern an die Pluralform mede angefügt ist; wörtlich also: „wir sind die wir, welche ....". § 203

δ. Das Pronomen der 3. Person Singularis ist bis jetzt noch nicht belegt. — Das Pronomen der 3. Pluralis enenene, HGT 152 Kol. 6_5, CT 16, 12ff. Kol. $_{12.28.42}$ u. ö, dagegen ist allem Anschein nach eine Zusammensetzung der einfachen Pluralform enene mit § 204 dem nominalen Pluralelement -ene und das so entstehende enene + ene zu enenēne kontrahiert, dieses also mit Schleifton auf der vorletzten Silbe zu sprechen (§ 138).

§ 205 c. Eine Verbindung mit Postpositionen gehen die erweiterten Pronomina, offenbar infolge ihrer verbalen Auslaute, nicht ein.

2. Das besitzanzeigende Fürwort.

§ 206 a. Übersicht.

Sg. 1.	-mu	„mein"	Pl. 1.	-me	„unser"
2.	-zu	„dein"	2.	-zunene, -zuenene	„euer"
3.	-(a)ni	„sein", „ihr"	3.	-(a)nene	„ihr"

3. -bi sächlich „sein", kollektivisch-pluralisch „ihr"; pluralisch auch -bīne, -bēne, -binēne, bez. -biene, -bienene.

Vgl. mamu(d)-mu „mein Traum", Gudea, Zyl. A 1_{29}; mamu(d)-zu „dein Traum", ebenda 5_{12}; lugal-ani(-r) „seinem Herrn", Gudea, Streitkolben A 1_4, B 1_4 u. o.; ki-me-šù „zu uns" wörtlich „zu unserem Ort = „zu dem Ort, wo wir sind", HGT 152 Kol. 8_{22}; bar-me-ta = ištu warki-ni, ebenda Kol. 9_7; ki-me-ta „von uns", ASK 2 Kol. 2_{65}; ki-zunene-ta „von euch", ebenda $_{67}$; á-zunene „euere Hände", 4 R 21 Nr. 1 Vs.$_3$; ugu-zuenene „auf euch", ASK 4 Kol. 2_2; nin-anene-r „ihrer Herrin", Rim Sin, Kanephore A 1_5, B 1_5; šà(g)-bi-ta „aus seiner Mitte", „daraus", „davon", CT 5,17 Kol. 1_{16}; suḫ-ám-bi = aḫulapšu, HGT 152 Kol 9_9; suḫ-ám-bine (geschr. -bi-ne) = aḫulapšunu, ebenda $_{10}$; ama-bine „ihre Mutter", BA X S. 84 (K 3585) Vs.$_1$; imin-biene, bez. -bēne (geschr. -bi-e-ne) „ihre Siebenzahl", CT 16, 19 ff. $_{27.130.142}$ u. o.; gun-binene „ihre Abgabe", 2 R 38 Nr. 1 Kol. 4_{11}; ugu-bienene „auf sie" ASK 4 Kol. 2_1.

§ 207 b. Zur Bildung und Form der Possessivpronomina:

α. Die Urformen der Possessivpronomina stellten zweifellos selbständige persönliche Fürwörter in Genetivfunktion dar. Ihre ursprüngliche Gestalt und ihre Entwicklung zu den jetzigen Formen ist indessen gegenwärtig noch nicht erschliessbar Auf der Hand liegt die Berührung von -mu und -zu mit mae und zae in ihrem anlautenden Konsonanten und ebenso von -(a)ni „sein" mit dem Subjektselement -n- der 3. Person des Präteritums (und dem n des Demonstrativums -ne „dieser"?), wie auch die Berührung des sächlich singularischen und kollektivisch-pluralichen -bi „sein", „ihr" mit dem sächlich singularischen oder kollektiv-pluralischen Subjektselement -b- der 3. Person des Präteritums und dem Demonstrativum -bi „dieser"; -me „unser" schliesslich ist identisch mit dem präteritalen Subjektsinfix -me- (= nînu) und dem me der

Infixe -me-a- „auf uns“, -me-da- „mit uns“ usw. (s. § 453. 488. 494). Beachte auch den in § 212 und 214 besprochenen Schwund der Vokale von -mu, -zu, -ani und -bi, wodurch als charakteristische Elemente der Pronomina (ähnlich wie bei den verbalen Infixen) nur die Konsonanten m, z, n und b übrig bleiben.

β. Aus dem Charakter der Possessiva als ursprünglich per- § 208
sönlicher Fürwörter erklärt sich ohne weiteres die Bildung des Pronomens der 3. Pluralis -anene; es ist aus -ani „er“ und dem Pluralelement -ene zusammengesetzt, deren Vereinigung den Begriff „sie“ ergibt.

γ. Offenbar in Nachahmung von -an(i-)ene wird die Form § 209
-bīne (< -bi-ene) durch Anfügung von -ene an -bi gebildet, obwohl dem -bi allein bereits kollektiv-pluralische Bedeutung eignet oder eignen kann. Soweit sich bis jetzt erkennen lässt, kommt diese erweiterte Form in der älteren Sprache nicht vor.

Die häufige Nebenform -binene „ihr“ dagegen hat sich aus § 209a
-bine durch eine weitere, diesmal rein mechanische Angleichung an -anene entwickelt, indem der Auslaut -ne von -bine zu -nene wie in -anene ergänzt wurde. — In gleicher Weise mag auch -zunene „euer“ aus einem älteren -zune < -zu-ene entstanden sein.

Die nur in späten unzuverlässigen Texten belegten Formen § 210
-zuenene „euer“ und -bienene „ihr“ schliesslich sind wahrscheinlich auf eine irrtümliche Zerlegung von -zunene und -binene in -zu „dein“, bez. -bi „sein“, und enene „sie“ zurückzuführen.

In (geschr.) á-zu-šù-ne-ne „als eueren Lohn“, KBo 1 Nr. 42 § 210a
Kol. 1_{26}, und á-bi-šù-ne-ne „als ihren Lohn“, ebenda_{27}, liegen natürlich Falschbildungen statt á-zu-ne-ne-šù und á-bi-ne-ne-šù vor; der hethische Schreiber hat offenbar geglaubt, den Plural zu á-zu-šù und á-bi-šù durch Anfügung eines Pluralelementes -(e)nene bilden zu können.

δ. Für die 1. Person Pluralis bietet der grammatisch nicht § 211
zuverlässige Text ASK 4 -men statt -me in ugu-men (geschr. ú-gù-me-en) „gegen uns“, Kol. 1_{48} (neben ugu-mu „gegen mich“, Kol 1_{47}; ugu-zu „gegen dich“, 1_{50}); solange diese Form nicht anderweitig bestätigt wird, muss sie als eine zweifelhafte Bildung angesehen werden. Das Gleiche gilt auch von á-mu-me-en = a-na i-ti-ni „als unseren Lohn“ KBo 1 Nr. 42 Kol. 1_{28}.[1] Zum vokalischen

[1]) Wahrscheinlich bot der Text ursprünglich á-me-šù, in welches das mu aus dem in der folgenden Zeile stehenden á-mu(-k)-bi-šù „als seinen jährlichen Lohn“ eingedrungen ist.

Auslaut von -me „unser" vgl. ...-gána-aša(g)-gána-da Ududu,-gudu(k)-^{d}Ninlill-a(k),-šeš-adda(-k)-me,-e ^{d}Iškur-rabi,-adda-me(,-r) i-⟨na-⟩n-sì(m) „so und so viel Acker Feld und Ackerland (?) hat Ududu, der Pašišu der Ninlil, unser Oheim, dem Iškur-rabi, unserem Vater, gegeben", BE VI 2 Nr 10_{6-9}.

§ 212 c. Von lautlichen Veränderungen der Possessivpronomina infolge ihrer Verbindung mit anderen Wörtern innerhalb einer Kette sind zu merken:

α. Wenn -ani und -anene an ein vokalisch endigendes Wort antreten, so geben sie ihr anlautendes a auf, lauten dann also nur -ni und -nene.

Vgl. mu-ni „sein Name", Gudea, Zyl. A 7_{23}; ama-ni „seine Mutter", ebenda 5_{11}; guza-ni „seinen Thron", ebenda 23_{28}; ki-ni-ta „von ihm", wörtlich „von seiner Stelle" („von mit ihm"), ASK 2 Kol. 2_{62}; é-nene „ihr Haus", Gudea, Statue I 3_{6}; dumu-nene-r „ihren Kindern", CT 16,19 ff.$_{64}$; ki-nene-ta „von ihnen", ASK 2 Kol. 2_{62}.

§ 213 Nicht oft in älterer Zeit und nur, wie es scheint, bei bestimmten Wörtern, häufiger dagegen in späten Texten findet sich indessen auch nach vokalisch auslautenden Wörtern -ani und -anene.

Vgl. é-ani (geschr. é-a-ni) „sein Haus", Gudea, Zyl. A 4_{20}; gišḫar-é-an(i)-a(k) „den Grundriss seines Hauses", ebenda 7_{6}. — Adda-ani (geschr. ad-da-a-ni) „seinen Vater", 2 R 8 f. (K 245) Kol. 3_{30}; ama-ani (geschr. ama-a-ni) „seine Mutter", ebenda; dumu-ani (Variante: dumu-ni) „sein Kind", CT 17, 38_{24}; nam-dumu-ani „seine Kindschaft", 2 R 8 f. (K 245) Kol. 3_{62}; ibila-anene „ein Erbe von ihnen", BE VI 2 Nr. 12_{22} (aber im gleichen Text ama-nene ihre Mutter).

§ 214 β. Nach konsonantisch auslautenden Wörtern schwindet das kurze und unbetonte -a von -ani und -anene nicht selten durch Synkope.

Vgl. é-lugal-(a)n(i)-a(k) „das Haus seines Herrn", Gudea, Zyl. A 24_{8}; dam-(a)na-ra (< dam-ani-ra) „seinem Weibe", 5 R 24 f. Kol. 4_{9}; sag-nene „ihr Haupt", 4 R 19 Nr. 2_{11}.

§ 215 γ. In späten Texten wird dagegen öfters missbräuchlich das kurze und unbetonte a von -ani gedehnt und mit Schleifton gesprochen.

Vgl. (geschr.) dingir-ra-a-ni „sein Gott", CT 17, 9 ff.$_{70}$; sag-gá-a-ni-šù „auf seinen Kopf", CT 16, 12 ff. Kol. 6_{11} (dagegen sag-gá-ni „seinen Kopf" in derselben Zeile); šà-ga-a-ni „sein Herz", CT 2, 3_{15}; 2, 26_{10} u. ö. (Kontrakte der Hammurabizeit).

Die erste Veranlassung zu dieser Dehnung ist wahrscheinlich der Umstand gewesen, dass bei Antritt einer Postposition an ein mit -ani modifiziertes Substantiv, wie z. B. in sag-áni-šù „auf sein Haupt“, der Wortton auf das a von -ani fiel.

δ. Verdoppelung, bez. Schärfung des n von -ni nach voka- § 216
lisch auslautendem Wort, dessen auslautender Vokal betont ist, findet sich bisweilen in späten nachsumerischen Texten.

Vgl. ^{d}Utu ă(d)-gi-ní-te-nn(i)-a(k)-men (geschr. -ní-te-enna-) „o Šamaš, ein Berater seiner selbst bist du“, K 4872 (= 5 R 50 f.) + K 5135 + K 4986 (ŠRT XVII a und b)$_{19}$; alam-nam-nir-gáll-a-nni (geschr. -gál-la-an-ni; < alam-nam-nir-gáll-a(k-a)ni) „sein Herrschaftsstandbild“, Datum des 9. Jahres Ammizadugas (BE VI 2 S. 101; LC 164) neben (geschr.) alam-nam-nir-gál-la-ni, VA 5955 (BE VI 2 S. 101) und (geschr.) alam-nam-nir-gál-la-a-ni, Datum des 9. Jahres Ammizadugas (BE VI 2 S. 101); ^{d}Enlil-nam-enn-a-nni bí-b-gul-a „Enlil, der seine Enuschaft gross gemacht hat“, Datum des 1. Jahres Ammizadugas (BE VI 2 S. 98).

ε. -mu, -zu, -ani und -bi geben ihr auslautendes u, bez. i § 217
auf vor den ihnen angefügten vokalisch beginnenden Postpositionen -a „in“, -a(k) „von“ (= Genetivelement) und -ageš „wegen“, behaupten es aber vor -am ist“, welches seinerseits sein anlautendes a verliert. Da -am sonst nach Vokalen sein a behauptet, darf es indessen als sicher gelten, dass ursprünglich die genannten Pronomina auch vor -am ihren Vokal zugunsten des a von -am aufgegeben haben und dieses a erst sekundärerweise zu u und i geworden ist (§ 197a).

Vgl. á-zid-a-lugal-m(u)-ak-e (geschr. -mà-ge) „an der rechten Seite meines Herrn“, Gudea, Zyl. A Kol. 5_{10}; á-zid-a-lugal-z(u)-ak-e (geschr. -ză-ge) „an der rechten Seite deines Herrn“, ebenda 6_{12}; ES kuš-m(u-)a = ina zumria „in meinem Leibe“, 4 R 21 Nr. 2 Vs.$_{17}$; šu-m(u-)a „in meiner Hand“, ebenda$_{15}$; é-lugal-(a)n(i)-a(k) (geschr. -na) „das Haus seines Herrn“, Gudea, Zyl. A 24_{8}; uru-nam-nin-ak-an(i)-a (geschr. -a-ka-na) „in ihrer Herrschaftsstadt“, LIH 61_{37}; šà(g)-uru-n(i)-ak-a „in der Mitte seiner Stadt“, Entemena, Kegel 6_{28}; ní-b(i-)a (geschr. -ba) „durch ihre (eigene, nämlich der Frucht) Kraft“, „von selbst“, 4 R 9 Vs.$_{22}$; SBH 6 Rs.$_{13.15}$; šà(g)-b(i-)a „in seinem Innern“, „darin“, UPUM VIII 1 Nr. 12_{9}; Gudea, Statue B 5_{18}; G_{10}; D 2_{9} u. ö.; nam-til-ani-šù ù mada-n(i)-ak-e-da-š „für sein Leben und auch um seines Landes willen“, OBI $63_{11.12}$.

Dagegen alam-b(i-)a(k) .... mu-bi-m „dieser Statue Name ist: ....“, Amar-Sin, Backstein D 1_{10-12}; bur-b(i-)a(k) .... mu-bi(-m) „dieser Steinschüssel Name ist: ....“, Ur-Ninsun, Steinschüssel$_{10-13}$; utun (oder tun)-lù-erim-mu-m (geschr. -mu-um) bí-n-â-a „der meine

Feinde niederschlägt", LIH $98.99_{59.60}$; ní-melam-nam-lugall-a(k)-mu-m „die Furcht vor meiner königlichen Majestät", LIH $98.99_{80.81}$; mà-k-am kisurra-mu(-m) (mit Schwund des m; § 40. 197a) „mein Gebiet ist es", Ovale Platte 4_8.

§ 218 Indessen erhält sich doch auch bisweilen das u und i der genannten Pronomina vor -a „in".

Vgl bar-mu-a sub-ḫe-(im)mi-sâ-(n)za(n) „möget ihr für mich bitten", Gudea, Zyl. B 2_6; é-maḫ-ni-a mu-na-ni(-n)-tū(r) „in ihr erhabenes Haus brachte er ihn (den Thron) hinein", Gudea, Statue A 2_5; šà(g)-bi-a „darinnen", Lù-Utu, $Tonnagel_{11}$; Warad-Sin, VA 5950 Kol. 1_{23}.

§ 219 ζ. Ungewöhnlicher Wegfall des i von -bi vor einem mit a anlautendem Wort, das nicht Bildungselement ist, noch auch zur gleichen Wortkette gehört, liegt vor in Samsuditana,-lugal-e, ᵈUtu-ᵈIškur-bi(-e) sag-b(i)-an-šù-i-b-ta-n-íl-eš-a „Samsuditana, der König, dessen Haupt Šamaš und Adad zum Himmel erhoben haben", Datum Samsuditanas i (BE VI 2 S. 108). Die Zusammenziehung erklärt sich aus der fast ständigen Nachbarschaft von sag-bi und an-šù in der Phrase sag-bi an-šù—íl.[1]

§ 220 η. In späten nachsumerischen Texten wird das i von -(a)ni gelegentlich der Vokalassimilation unterworfen, indem es vor der Postposition -ra zu a umgelautet wird.

Vgl. adda-na-ra (< adda-ni-ra) „zu seinem Vater", 5 R 25 Kol. 3_{23}; ama-na-ra „zu seiner Mutter", $ebenda_{29}$; dumu-na-ra „zu seinem Kinde", $ebenda_{41}$; dam-(a)na-ra „zu seinem Weibe", ebenda Kol. 4_9.

§ 221 d. Seine Stellung in der Wortkette hat das Possessivpronomen hinter dem beschreibenden Adjektiv, Relativsatz und Genetiv

Vgl. émaḫ-ni-a „in ihr erhabenes Haus", Gudea, Statue A 2_5, uru-nam-nin-ak-an(i)-a „in ihrer Herrschaftsstadt", LIH 61_{37}; é-Girsuᵏⁱ-k-ani „ihr Haus in Girsu", Gudea, Tonnagel A_7; uru-badimm-en-a-m(u-)a „in meiner Stadt, in welcher ich geschaffen worden bin", Warad-Sin, Steintafel Rs_{20}; nig-maš-gĭ-k-e m(u-'-)a-b-rá-a-m(u-)a(k) šà(g)-bi nu(-i-')-zu „die Bedeutung dessen, was (wörtlich: meiner Sache, die) das Nachtgesicht mir gezeigt (wörtlich: gebracht) hat, kenne ich nicht", Gudea, Zyl. A $1_{27.28}$.

---

[1]) Umgekehrt ist in ugu-bi-an-dé-e für ugu-ba-n-dé „er ist verloren gegangen", 5 R 25 Kol. 4_{17}, das mediale Präfix ba-, bez. die Silbe ban-, in vermeintliches -bi und a-, bez. an-, aufgelöst.

e. Über die syntaktische Verwendung des Possessivpronomens zur Bezeichnung des Subjekts beim Verbalnomen auf -a (Infinitiv und passives oder intransitives Verbaladjektiv), sowie beim Relativsatz siehe § 699, 712 und 278. § 222

3. Das hinweisende Fürwort.

a. Demonstrativa, die auf unmittelbar Gegenwärtiges hinweisen: § 223

α. -e „dieser (hier)", akkadisch annû, altakkadisch auch sû; nur adjektivisch.

Vgl. lù im-sarr-a-e a-b-....-e-a(-k) ᵈUtu(-e) suḫuš-ani ḫe-(i-)bad-u „wer diese Schrifttafel[1] (auf welcher die Inschrift steht) zerstört, dessen Grund möge Šamaš herausreissen", HGT 34 Kol. 3_{40-45} (Šarrukin); lù mu-sarr-a-e a-b-ḫalam-e-a(-k) Ann-e mu-ni ḫe(-i)-ḫalam-e „wer diese Namensschrift (d. h. die gerade geschriebene oder gelesene Inschrift) vernichtet, dessen Namen möge Anu vernichten", ebenda Kol. 5_{45-49} (Šarrukin); lù im-sarr-a-e a-b-halamm-e-a(-k) ᵈEnlil-ᵈUtu-bi(-e) suḫuš-ani ḫe(-i)-pad-une „wer diese Tafel vernichtet, dessen Grund mögen Enlil und Šamaš herausreissen", RA VIII S. 139 Kol. 4_{4-9} (Rimuš); alam-na-e mu-n-tu(d) „diese Steinstatue (auf welcher sich die Inschrift befindet) fertigte er an", Gudea, Statue I $5_{1.2}$; alam-e ù-kù(g)-nu(-m) zagín-nu-(i-n)ga-ám, nà-esi-ám .... lù na-(im)mi-gul-e „diese Statue, die weder von Edelmetall noch von Lasurstein, sondern aus Ušûstein ist, möge niemand zerstören", Gudea, Zyl. B 7_{49-57}; é-e(k) lugal-bi „dieses Hauses Herr", Gudea, Zyl. A 1_{10}.

Die Zusammensetzung lù-e „dieser Mensch" dient zur Wiedergabe von substantivischem „dieser". § 224

Vgl. lù-e-bida = gadum annîm „zusammen mit diesem", HGT 152 Kol. $5_{1.3.4}$; lù-e-ra „diesem", akkadisch (akkusativisch) anniam, ebenda 5_{27}.

Als Pluralelement tritt an das durch -e modifizierte Substantiv -meš, nicht -ene an, u. z. deswegen, weil das Nomen bereits durch -e determiniert wird. § 225

Vgl. lù-e-meš-ra „diesen", HGT 152 Kol. 5_{30}; lù-e-meš-a „auf diese", ebenda 5_{27}; lù-e-meš-da-kam „mit diesen" (hervorhebend), 5_6; lù-e-bida-meš „zusammen mit diesen" $5_{2.5}$. Zur Stellung des -meš nach der Postposition in dem letzten Beispiel s. § 379.

Tritt -e an ein vokalisch auslautendes Wort, so wird es § 226

[1]) Akkadisch DUB (= ṭuppam) sù-a.

nicht mit dessen auslautendem Vokal kontrahiert; es unterscheidet sich hierin, offenbar wegen seiner stärkeren Betonung, von dem Subjekts -e (§ 344).

Vgl. im-sarr-a-e „diese beschriebene Tafel", mu-sarr-a-e „diese Namensschrift" und lù-e „dieser Mensch" in den in § 224 angeführten Beispielen.

§ 227 β. -ne (geschr. ne-e und ne) „dieser", akkad. annû, scheint eine Zusammensetzung von n „er" (Pronominalinfix, ursprünglich wohl ein Demonstrativum „dieser") und -e „dieser" zu sein. In alten Texten (vielleicht abgesehen von der allerdings überarbeiteten Lugal-anni-mundu-Inschrift) ist es nicht zu belegen. Zur Aussprache ist $^{ni\text{-}e}$ne | an-nu-u, 5 R 31 Nr. 1 Vs. 9, zu beachten.

Zum substantivischen Gebrauch vgl. ^{d}Utu nē-ta (geschr. ne-e-ta) šu-[....]-sírr-a-ám = ^{d}Šamaš ina annîti qatsu lissuḫ, CT 16, 19ff.$_{354}$; lù-bi isag-kur-^{giš}erinn-a(k)-Elam^{ki},-kur-É-ann-a(k)-bi(-k) ḫe-a, ne(?)-da(?) AMAR+ŠE-AMAR+ŠE-é-e-ke nu-b-TAR-d-a.... „(oder) wenn dieser Mensch ein Fürst des Zedernlandes, des Landes Elam oder des Landes Eanna sein sollte, (so gib,) dass auch dieser (?) die Opfer dieses Tempels nicht abschneidet", HGT 75 Kol. $4_{27\text{-}31}$.

Zum adjektivischen Gebrauch vgl. ^{d}Utu, uda-nē (geschr. -ne-e) lugal-e,-dumu-dingirr-an(i)-a(k) ú-me-ni-sikil „o Šamaš, am heutigen Tage mache rein diesen (oder: den?) König, das Kind seines Gottes", 4 R 28 Nr. 1 Rs.$_{8}$; inim-inimm-a-nē sag-an(i)-a ḫe-(i-)b-ta-n-zi(g)-zi(g)-(e)ne „diese Worte (die der Beschwörer gerade spricht) mögen sie (die Krankheiten) von seinem Haupte vertreiben", CT 16, 35 Kol. 2_{42}; bád-nē „^{d}Enlil-e Samsuiluna-ra uku,-lù-gú-mu-n-da-b-dū-uš-a mu-na-n-gam" mu-bi-m „dieser Mauer Name ist: Enlil hat vor Samsuiluna die Völker und (?) Menschen, die ihm trotzten, gebeugt", Samsuiluna VA 5951 Kol. $3_{28\text{-}34}$; (geschr.) û(d)-SAR-ne-e = azkaru annû, 4 R 25 Kol. $3_{13.15}$.

§ 228 Für die Zusammensetzung lù-ne „dieser Mensch" = substantivisch „dieser" vergleiche lù-ne-ra, lù-ne-r „diesem", akkad. ana annîm, eli annîm, anniam, HGT 152 Kol. $5_{17.19.25.29.31\text{-}33}$; lù-ne-a „auf diesen", akk. ana annîm, anniam, ebenda $_{19\,24}$; diri-lù-ne-a „mehr als dieser" ebenda$_{4}$; lù-ne-da „mit diesem", ebenda$_{7.11\text{-}13}$; ki-lù-ne-ta „von diesem", ebenda$_{8.14}$; lù-ne-šù „zu diesem" usw., ebenda$_{20.22.36.38}$.

§ 229 Zur Pluralbildung dient (wie nach -e, § 225) das Pluralelement -meš.

Vgl. lù-ne-meš-ra „diesen", akk. annûtim, HGT 152 Kol. $5_{21.30.35}$; lù-ne-meš-šù „zu diesen", ebenda $_{23.37.39}$; lù-ne-meš-da und lù-ne-da-meš „mit diesen“, ebenda $_{9.10.15}$ (s. zum letzten Beispiel § 381).

b. Auf etwas räumlich oder zeitlich Entfernteres und auf etwas in der Rede vorher Erwähntes weisen hin: § 230

α. -bi „dieser“, „jener“ „derselbe“, „selbiger“, (identifizierendes Demonstrativum), akkadisch šû, šuati.

Vgl. û(d) ᵈEnlil,-lugal-kur-kurr-ak,-e Lugalzaggisi(-r) nam-lugal-kalamm-a(k) e-na(-n)-sim-a-a, û(d)-b(i-)a a-abba(-k)-sig-a-ta .... a-abba(-k)-igi-nimm-a-šù gìr-bi si-e-na(-n)-sá „zu der Zeit, da Enlil, der Herr der Länder, dem Lugalzaggisi das Königtum über das Land verliehen hatte, zu jener (bez. zu derselben) Zeit lenkte er ihm seinen Fuss (bez. machte er ihm recht seinen Weg) vom unteren Meer bis zum oberen Meer“, Lugalzaggisi, Vasen, Kol. 1_{36}-2_{11}; lù-dingir-mu-gim ᵈNingirsuk-e dingirr-ani UKU-MÀ gù-ù-mu-na-ni(-n)-dé-a, lu-bi kuli-mu ḫe-ám mu-mu ḫe(-i)-pad-e „der Mensch, dem Ningirsu seinen Gott wie meinen Gott im Lande (?) proklamieren wird, selbiger Mensch sei mein Freund und nenne (auch) meinen Namen“, Gudea, Statue I 3_{11}-4_{7}; û(d)-b(i-)a Dudu sangu-ᵈNingirsuk-ak-am „zu jener Zeit (bez. zu selbiger Zeit, nämlich als das Weihgeschenk gestiftet wurde) war Dudu der Priester des Ningirsu“, Entemena, Silbergefäss$_{20-22}$; Mesilim,-lugal-Kiši^{ki}-k,-e šù-GÁNA bi(-n)-ra, ki-b(i-)a na bí(-n)-dū „Mesilim, der König von Kiš, warf die Messschnur und errichtete an selbigem Ort eine Stele“, Entemena, Kegel 1_{8-12}; alam-b(i)-a(k) „ᵈAMAR-ᵈSin ki-ág-Urimm^{ki}-a(k)“ mu-bi-m; alam-b(i)-a(k) lù ki-gubb-a-bi i-b-da-b-kurr-e-a „jener Statue Name ist: ᵈAMAR-Sin, der Liebling von Ur; wer selbiger Statue Standort ändern wird, usw.“, AMAR-Sin, Backstein D 1_{10} - 2_{2}; in dem ersten alam-ba ist -bi „jene“ gebraucht, weil sich die Inschrift nicht auf der Statue selbst, sondern auf den Backsteinen befindet, mit welchen der Sockel der Statue und das Heiligtum erbaut waren (vgl. 2_{1-4}); e-bi ī(d)-idigna-ta ī(d)-nun)-šù e(-n)-â(g) „jenen Bewässerungskanal (in dessen Nähe die Originalinschrift sich befand) legte er vom Tigris zum grossen Kanal an“, Entemena, Kegel 5_{9-11}; ki-bi-ta = ištu ašri šuatum, KARI 119 Rs.$_{12}$. Beachte besonders auch û(d)-bi-ta und û(d)-bi-da „ehemals“, „vor alters“, wörtlich „in (aus) jener Zeit“, als Adjektivum ubita(-k) „ehemalig“, „alt“; vgl. ī(d)-tur ... al-mu-na(-n)-dū [1], mu-û(d)-bi-ta-bi é-(n-)šù(-n)-gar „den kleinen Kanal grub er (?), und seinen alten Namen legte er ihm bei“, Urukagina, Kegel BC 12_{30-35}; geme-ubita-k-ene „die Frauen von ehemals“, Ovale Platte 3_{21}; .... nig-mussa-ᵈBau(-k) - é-labir-û(d)-bi-ta-k-am „die und die Gegenstände waren früher im Alten

[1]) Oder al-mu-na(-n)-dū(n)?

Tempel die Vermählungsgeschenke der Bau" (es folgen darauf die von Gudea für den neuen Tempel neu hinzugefügten), Gudea, Statue E 6_{2-4}; diri-ù(d)-bi-ta-šù „mehr als früher", Rim-Sin, Steintafel B $Rs._{11}$.

§ 231 Für lù-bi „dieser", „selbiger" vgl. die bereits in § 230 angeführte Stelle Gudea, Statue I 3_1-4_7.

§ 232 Als Plural eines mit -bi modifizierten Substantivs ist bis jetzt nur (geschr.) lù-bi-ne = šunu „sie", HGT 152 Kol. $_7$, und lù-bi-ne-ám = šunuma, $ebenda_{17}$, zu belegen. Hiernach scheint an die mit -bi modifizierten Substantiva das Pluralelement -ene angefügt zu werden.

§ 233 Hinsichtlich der lautlichen Veränderungen von -bi bei Zusammensetzung mit anderen Wörtern innerhalb einer Kette gelten die gleichen Regeln wie für das Possessivpronomen -bi (§ 217 f.).

Vgl. ù(d)-b(i-)a „zu jener Zeit", Entemena, $Silbergefäss_{20}$; Backstein A 8_8; RTC 16 Kol. 6_1; Lugalzaggisi, Vasen 2_3; LIH 98.99_{16}; bur-b(i)-a(k) „dieses Steingefässes", Ur-dNinsun, $Steinschüssel_{10}$; alam-b(i)-a(k) „dieser Statue", Amar-Sin, Backstein D 1_{13}. — Dagegen auch ù(d)-bi-a „zu jener Zeit", Urukagina, Kegel BC. 3_4; CT 16, 19 $ff._{52.70.85}$ u. ö.; ki-bi-a „dort", „allda", RA X S. 144 $ff._{61}$.

§ 234 β. ḫur, bez. ūr, ES ur, femininisch „diese (dort)", „jene", „sie", akkadisch šî, neutrisch „dies", „das", „es", und davon die Pluralbildungen ḫur-me-eš und ḫur-bi, akkadisch šunu „jene" „sie". Siehe dazu bereits bei den persönlichen Fürwörtern (§ 189) und beachte vor allem ḫurr-ám und ḫur-gim „so", wörtlich „als das", „wie das".

4. Das fragende Fürwort.

§ 235 a. Das substantivische Fragepronomen.

α. Übersicht.

Aba (geschr. a-ba) „wer?" (auf Personen bezüglich); ana (geschr. a-na) „was?" (auf Sachen bezüglich). Die gleichen Pronomina sind auch in ES gebräuchlich, doch findet sich neben ana auch ta und te „was?". Nach der neben ana-me-a-bi stehenden ES-Form ata-me-a-bi des verallgemeinernden Pronomens zu schliessen ist ta vielleicht aus ata, also einer Parallelform zu ana verkürzt, doch könnte umgekehrt ata geradesogut auch eine Angleichung an ana darstellen.

Zu aba vgl. ann-a aba maḫ-ám(!)? zae ušu-zu maḫ-men(!); ki-a aba maḫ-ám (!)? zae ušu-zu maḫ-men(!) „Wer ist im Himmel erhaben? Du allein bist erhaben! Wer ist auf Erden erhaben? Du allein bist erhaben!" 4 R 9 Vs.$_{53.55}$; aba-men zae-men? mae nu.GIŠ.SAR .... „Wer bist denn du?" „Ich bin ein Gärtner ....", Phil. UM Tafel B (nach eigener Abschrift; veröffentlicht von Langdon UPUM X 1) Kol. $4_{31\,(=40)}$; Aba-^{d}Enlil-gim „wer .... wie Enlil?", Personenname, BE VI 2 Nr. 5_{23}; $42_{9.14}$. — Zum Lokativ aba-a vgl. [zae] aba-a [GÌR-bí]-gubb-en = atta mannam tu-ga-a „wen solltest du ....?" LIH 60 Kol. $1_{14.15}$.

Zu ana „was?", gewöhnlich mit hervorhebendem -ám ana-ám (geschr. a-na-ám) „was ist es, das?...", „was denn?", vgl. ana-ám nẽ; ana-ám nẽ (geschr. ne-e) „was ist denn das?" Phil. UM, Tafel B (UPUM X 1) Kol. $5_{12\,(=18)}$; mae ^{d}Ninḫursagga mu-e-ši-tumm-un, ana-ám nig-ba-mu? „wenn ich Ninḫursag zu dir bringe, was soll mein Lohn sein?" ebenda Kol. $5_{36.37\,(=41)}$; dumu-mu, ana-ám n(u-i-)e-zu? ana-ám ma-(e-)ra-b-daḫḫ-e(n)? „mein Sohn, was wüsstest du nicht, und was könnte ich dir (zu deinem Wissen) noch hinzufügen?" CT 4, 8a Rs.$_{27}$; ana-ám ì-zu-(e)nden-eše? „was wissen wir?" 2 R 16 Kol. $5_{36.37;\,40.42}$; „mae ana bí(-')-tuk?" e-na(-n)-dū̃(g) „was habe ich (für eine Sünde)? sagte er zu ihm", NFT S. 214 Kol. 2. — Mit Postposition -šù: ana-š „weshalb?"; vgl. ana-š (geschr. a-na-áš) = ammêni, ZA IX S. 159ff. (VA 244) Kol. 1_{39}; ES ana-š nu-mu-n-e$^{sic?}$-ši-b-šeg-en = ana ammînu la tamagarînu „warum bist du nicht gut zu uns (mir)?" SBH 69 Vs$_{16}$.

Zu ta und te (ebenfalls meistens mit hervorhebendem -ám) vgl. ES a(ii)a-mu ta-ám (i-)e-ra-ndū̃(g), ta-ám (i-)e-ra-n-daḫ „was hat mein Vater dir befohlen, und was hat er dir weiter aufgetragen?" HGT 25 Kol. $1_{16\text{-}51}$; $2_{17\text{-}52}$; ES uš-gar-ní-te-n(i)-a(k)-men, sá-gar-me te-ám „du bist dein eigener Berater (wörtlich: ein Berater seiner selbst); was ist (soll da) unser Rat?" RA XI S. 144_{11}; ES a(ii)a-mu mã-ra ta-ám inim ba-n-kúr, dug-a-zid-a-ni mã-ra ta-ám šu-i-ni-b-bal „warum hat mein Vater mir das Wort gebrochen, und warum hat er sich mir gegenüber über sein festbleibendes Wort hinweggesetzt?" HGT 25 Kol. $1_{22\text{-}57}$; áma al-ná, te nu-m-zi-zi(-e) „der Stier ist gelagert, warum steht er nicht auf?" SBH 29 Vs.$_{19}$ (Rs.$_{16}$). — Mit Postposition -šù: ta-š (geschr. ta-aš) „warum"; vgl. ta-š ba-(n-)da-gurr-e(n) „warum wendetest du dich weg von ihr (der Stadt)?" SK 5 Kol. 2_{41}.

β. Das Fragepronomen, bez. der Satzteil, welcher das Fragepronomen enthält, steht stets unmittelbar vor dem zu ihm gehörigen Verbum, nicht wie im Deutschen am Anfang des Fragesatzes; zum Verbum ist jedoch in diesem Falle auch die ständige § 236

Objektsergänzung der sogenannten zusammengesetzten Verben, wie z. B. šu in šu—ti „nehmen", zu rechnen.

Vgl. unter den bereits oben angeführten Beispielen [zae] aba-a [GIR-bí]-gubb-en „wen solltest du ..... en?" LIH 60 Kol. $1_{14.15}$; ann-a aba maḫ-ám(!) „wer ist im Himmel erhaben?" 4 R 9 Vs $_{53-55}$; mae ana bí(-')-tuk?" „was habe ich?" NFT S. 214 Kol. 2; a(ii)a-mu mã-ra ta-ám inim-ba-n-kúr, dug-a-zid-a-ni mãra ta-ám šu-i-ni-b-bal „warum hat mein Vater mir das Wort gebrochen, und warum hat er sich mir gegenüber über sein festbleibendes Wort hinweggesetzt?" HGT 25 Kol. $1_{22.57}$.

§ 237 In späten Texten wird der fragende Satzteil bisweilen sogar auch hinter die ständige Objektsergänzung der zusammengesetzten Verben unmittelbar vor die eigentliche Verbalform gesetzt. Das Fragewort wird hier also hinsichtlich seiner Stellung ähnlich wie die verbalen Partikeln ḫe-, nu- usw. behandelt.

Vgl. ní-melam-An-gim-dugud-a-mu-de sag aba mu-n-má-má(-e) "wer kann meiner schrecklichen Majestät, die gewaltig wie die Anu's ist, entgegentreten?" 2 R 19 Nr. 2 Rs. (Vs.)$_{9.10}$.

§ 238 γ. Wegen seiner ständigen Stellung vor der Verbalform wird das Fragewort in späten nachsumerischen Texten nach Analogie der oben genannten Partikeln öfters sogar mit der Verbalform verschmolzen.

Vgl. anãrabdaḫe(n) (geschr. a-na-ra-ab-daḫ-e, CT 17,25$_{60}$ Var.; -daḫ-a, ebenda $_{58.60}$; a-na-a-ra-ab-daḫ-[e], CT 17,38 Vs.$_{26.27}$) „was könnte ich dir noch hinzufügen" < ana i-e-ra-b-daḫ-en; aba-(i-)zi-zi(-e), aba-(i-)zi-zi(-e) (geschr. a-ba-zi-zi)[1] = mannu inassaḫ, mannu ušatba „wer wird (sie) herausreissen, wer wird (sie) entfernen?" CT 17, 19ff.$_{122}$; elum, úru-zu(-e) ta-(i-e-)ra-b-dū̃(g), ta-š ba-(n-)da-gurr-e(n) „O Herr, was hat dir deine Stadt getan? Warum hast du dich von ihr hinweg gewendet?"[2] SK 5 Kol. 2_{41} (—3_3).

§ 239 δ. Als substantivische Pronomina, bez. als pronominale Substantiva können ana und ta (zweifellos aber auch aba) mit dem Possessivpronomen (und offenbar auch mit dem vorangestellten und durch ein Possessivpronomen wieder aufgenommenen Genetiv) verbunden werden. Das Possessivpronomen (bez. der Genetiv) bezeichnet in einem solchen Falle die Zugehörigkeit des Gegenstandes oder der Person, nach welchen gefragt wird, zu dem

[1]) So wohl richtiger mit 4 R 3f. nach der akkadischen Übersetzung statt des von CT gebotenen a-ba-zi-zi, a-ba-zi-gi-eš zu lesen.

[2]) Dem Zusammenhang nach: „Was hat sie dir getan, dass du dich von ihr hinweggewendet hast?"

Gegenstand oder der Person, die durch das Possessivum oder den Genetiv bezeichnet werden.

Vgl. šeš-mu, ana-zu a(<i-e)-ra-gī(g)?" „sag-mu m(u-'-)a-gī(g)" „O mein Bruder, was von dir (wörtlich: dein Was) tut dir weh?" „Mein Kopf tut mir weh!" Phil. UM Tafel B (UPUM X 1) Kol. $6_{31\,(25-41)}$; ES ᵈSin. - sá-mar-mar, mulu(-e) ta-zu mu-n-zu „o Sin, Berater, was weiss der Mensch von dir?" CT 15, 11_1; a-gal-gall-a, -ebur-su-su, mulu ta-zu mu-n-zu „Grosswasser, das die Feldfrucht ertränkt, was weiss ein Mensch von dir?" (akkadisch: kat-tuk man-nu i-lam-mad „wer weiss das dich Betreffende?"), SBH 21 $Vs._{41f.}$; ZA X S. 276 (K 69) $Vs._{1.2.}$[1]

b. Ein adjektivisches Fragepronomen der Bedeutung „welcher" oder „was für ein" usw. lässt sich bis jetzt noch nicht nachweisen. Ob man aus ki-me-a „wo?", HGT 152 Kol. 10_{11}, 9_{29}, ki-me-šu „wohin?", ebenda 10_{10}, usw. auf ein adjektivisch gebrauchtes Fragewort -me schliessen darf, ist, da me sonst als selbständiges Fragewort von lokativer Bedeutung erscheint, recht zweifelhaft (s. § 242.245). Möglicherweise wurden Ausdrücke wie beispielsweise „welcher König?" durch das substantivische Fragepronomen und den (vorangestellten und am Fragewort durch ein Possessivpronomen wiederaufgenommenen) Genetiv (bez. auch einen anderen Kasus) des Plurals umschrieben, also beispielsweise lugal-ene(-k) aba-bi „welcher der Könige?" oder lugal-ene-a(?) aba „wer unter den Königen?" gebildet. Die Begriffe „was für einer?" und „was für eines?" dagegen dürften durch Umschreibungen wie aba-gim-ì-me-a, ana-gim-ì-me-a „welcher wie wer ist", „welches wie was ist" oder ähnlich ausgedrückt worden sein. § 240

c. Ein besonderer (adverbieller?) Fragestamm me tritt uns in folgenden Orts- und Zeitadverbien entgegen: § 241

α. me (ohne ein sichtbares Kasuselement) „wo?"

Vgl. me = ali, ekiam, ianu und iau, CT 11, 38, K $4148_{11.12}$ (die Glosse ist wohl als [me-]e zu ergänzen); me mu-ba = [ali....], me mu-n-túm = a-l[i......], me i-m-DU = a-li [.....], **2** R 42 Nr. **3** $Vs._{1-3}$. Wenn dieses me nicht etwa eine Kürzung aus dem gleich anzuführenden me-a (bez. me-e) darstellt, würde me also ein ursprüngliches Frageadverbium von lokativer Bedeutung, anderenfalls aber ein sonst nicht mehr gebräuchliches substantivisches Fragewort neutrischer Bedeutung darstellen.

β. me-a „wo?" (aus me und Postposition -a „in", „auf"). § 242

[1]) Lies auch an der letzten Stelle mu-lu ta!-zu mu-un-zu.

Vgl. me-a = ali, HGT 152 Kol. $9_{13.14}$; = ia'nu, 5 R 40 Nr. 1 Kol. 1; = ianu, 2 R 42 Nr. 2 Vs $_6$; me-a-men „wo bin ich?", „wo bist du?", 5 R 40 Nr. 1 Kol. $1_{6.7;14.15}$; me-a zae-men „wo bist du?" 2 R 42 Nr. 2 Vs. $_7$; me-a ene „wo ist er?" ebenda $_8$; me-a-e[1] = ali atta, ebenda $_5$. — In Verbindung mit Verbalformen, denen es stets unmittelbar vorangeht: me-a ba-ni-b-ná „wo hat er es (für sich) hingelegt?", ebenda $_4$; me-a ba-ni-b-sì(g) „wo hat er es (für sich) hingesetzt?" ebenda $_5$; me-a ì-ti-(e)n „wo bin ich?" HGT 152 Kol. 9_{23}; me-a ì-ti-(e)š „wo befinden sie sich?" ebenda Kol. 9_{21}; me-a a-n-ti-(e)n „wo befinde ich mich?" Kol. 9_{22}; „wo bist du?", Kol. 9_{24}; me-a a-n-ti „wo ist er?" Kol. 9_{17}; 5 R 40 Nr. 1 Kol. 1_{16}; me-a a-n-ti-(e)nden „wo sind wir?" HGT 152 Kol. 9_{25}; me-a a-n-ti-(e)nzen „wo seid ihr?" Kol. 9_{26}; me-a a-n-ti-(e)š „wo sind sie?" Kol. 9_{20}; me-a a-n-sĭ, 5 R 40 Nr. 1 Kol. 1_{17}, HGT 152 Kol. $_{15.27}$, me-a a-n-še, Kol. $9_{16.28}$, me-a a-n-bi, Kol. 9_{18}, „wo ist er?"; me-a a-n-sĭ-(e)š „wo sind sie?" Kol. 9_{19}; 5 R 40 Nr. 1 Kol. 1_{18}[2]; me-a e-ti ene (ohne Übersetzung) = ?, ebenda$_4$; me-a-i(-e)-zu = a-li ti-di, ebenda$_{20}$. — In zusammenhängendem Text: „má-ann-a(k) me-a sá-ba-n-dū̄(g)?" „kara-babbarr-a sá-ba-n-dū̄(g)" „Wo ist das Himmelschiff (jetzt) angelangt?" „Am strahlenden Kai ist es angelangt", HGT 25 Kol. $4_{63.64}$; ähnlich $1_{5f.40f.}$ $2_{5f.40f.}$ $3_{44f.}$; „^{d}Gibil, me-a bi-utud-a-meš, me-a bi-DÌMg-a-meš?"[3] „imin-bi ḫursag-gig-a ba-utud-a-meš, imin-bi ḫursag-babbarr-a ba-DÌM-a-meš" „O Feuergott, wo wurden sie geboren und wo sind sie aufgewachsen?" „Auf dem schwarzen Berg wurden sie geboren, auf dem weissen Berg wurden sie aufgezogen", CT 16, 42ff.$_{82-87}$.

Mit pleonastisch vorgesetztem ki „Ort": ki-me-a „wo?", wörtlich „an dem Ort wo?", akkadisch direktiv übersetzt als a-na a-i-im, HGT 152 Kol. 10_{11}; ki-me-a a-n-[ti?] „wo ist er?", akkadisch a-i-ki-a-am šu-u, ebenda Kol. 9_{29}. Die Auffassung des me als adjektivisches Pronomen (also ki-me = „welcher Ort") ist unwahrscheinlich, da me in dieser Bedeutung sonst nicht zu belegen ist (s. § 240).

---

1) Wohl = me-a-(i-)e-..., d. h. eine Zusammensetzung von me-a mit einer Verbalform der 2. Person Singularis; vgl. (geschr.) me-da-e-tùm, § 246.

2) Wurden diese Formen vielleicht auch als éin Wort gesprochen, also beispielsweise als meănti, meănsi, usw.?

3) Oder beabsichtigte der Schreiber me-a-bi utud-a-meš, me-a-bi DÌMg-a-meš, wobei me-a mit dem Possessivpronomen -bi „ihr" verbunden ist? Wörtlich dann „ihr wo?" d. h. „sie als wo befindlich?"

Dialektisch findet sich statt me-a auch ma-a, jedoch nur mit § 243
dem verbalen Präfix i- zu (geschr.) ma-a-a- verschmolzen.

Vgl. ES (geschr.) ma-a-a-d[i-di-in] = aiiš all[ak] „wohin soll ich gehen?" SBH Rs.$_{3.4}$; ma-a-a-di-di-in, SBH 2 Rs.$_{5}$; 3 Rs$_{6}$; 7 Rs.$_{5}$; ES uku-zu ma-a-a-ni-làḫ-eš (= mâ-a - anilaḫes? < me-a i-ni-làḫ-eš) = nišûka êkâ iššallà „wohin ist dein Volk in die Gefangenschaft geführt worden (gegangen)?" SBH 57 Vs.$_{35}$.

γ. me-a-ta (aus me-a und Postposition -ta) „wo?" Man § 244
beachte, dass das Adverbium me-a hier bereits als Substantivum aufgefasst wird. Statt der Bedeutung „wo?" sollte man eher die Bedeutung „von wo?" erwarten.

Vgl. me-a-ta = ianum, 2 R 42 Nr. 3 Vs$_{10}$; me-a-ta-ám = ianumma, ebenda$_{11}$; me-a-ta-mae-k-am (geschr. -ma-e-kam) = ianûa,[1] ebenda$_{14}$; me-a-ta-zã-k-am (geschr. -za-a-kam) = ianukka, ebenda$_{12}$; me-a-ta-ene-k-am = ianuššu, ebenda$_{13}$. — Mit Postposition -ta: me-a-ta-ta = ištu ianu, ebenda$_{15}$; hier ist also auch me-a-ta schon als Substantiv behandelt.

δ. me-šù = aiš, êš „wohin?" (oder ähnlich). § 245

Vgl. me-šù a(-')-tùm = e-iš ubbal anâku; me-šù (i-)e-tùm = a-iš tubbal; me-šù a-n-tùm = a-iš ubbal (3. Pers.), HGT 152 Kol. 10$_{4.6.8}$.[2]

Mit pleonastisch vorgesetztem ki: „Ort": ki-me-šù „wohin?" (akk. a-na a-i-im), HGT 152 Kol. 10$_{10}$; vgl. ki-me-a, § 240.

ε. me-da (Zusammensetzung unsicher)[3]. § 246

1) = ai, ê „wo?" Vgl. me-da a(-')-tùm = a-i ubbal (1. Pers.); me-da (i-)e-tùm = a-i tubbal; me-da a-n-tùm = a-i ubbal (3. Pers.), HGT 152 Kol. 10$_{5.7.9}$[4].

2) = mati „wann?" Vgl. me-da = mati, HGT 152 Kol. 10$_{12}$; mit Postposition: meda-š „bis wann?", ebenda$_{14}$; meda-ta „seit wann?", ebenda$_{15}$; meda-ta meda-šù „von wann bis wann?", ebenda$_{17}$.

ζ. me-na (offenbar nur Nebenform von me-da). § 247

---

[1]) Bedeutung vielleicht „während ich wo war?" oder ähnlich.

[2]) Eine restlose Erklärung der Verbalformen in den angeführten Beispielen, bez. ihre Einfügung in das Verbalsystem ist noch nicht möglich; der Form nach scheinen es Präteritalbildungen zu sein; beachte aber die akkadische Übersetzung mit dem Präsens. Sollte das darauf hindeuten, dass im Sumerischen nach Fragewörtern das Präteritum in präsentischer Bedeutung stehen konnte, oder liegt nur eine irrtümliche Übersetzung vor?

[3]) Vielleicht nur Nebenform zu me-a?

[4]) Siehe die vorletzte Anmerkung.

1) = aikiam „wo?“ Vgl. (geschr.) me-na a-an-sĭ = a-i-ki-a-am šu-u „wo ist er?“, HGT 152 Kol. 9_{30}.

2) = mati „wann?“ Vgl. me-na = mati, HGT 152 Kol. 10_{19}; mena-šù „bis wann?“ $ebenda_{21.25}$; mena-ta mena-šù „von wann bis wann?“ $ebenda_{24}$. In zusammenhängendem Text: An-gul-a(-e) „me-na, ḫung-a“ ḫu-mu-(e-)ra-bb-i(-e) „der grosse An möge zu dir sagen „bis wann?“ und „sei besänftigt““, 4 R 18 Nr. 2 $Vs._{12ff.}$; ES me-na mu-n-zi-zi = matima ....., SBH 55 $Vs._{14ff.}$ me-na-šù, kur-gal-[d]Mullil? šà(g)-zu ḫe-n-ḫung-a(n?) „Bis wann, o grosser Berg Enlil? Mögest du(?) doch dein Herz besänftigen!“ [1]

§ 248 η. (Geschr.) me-en-na „bis wann?“, „wann endlich?“, nur in späten (ES-)Texten. Die Bildung ist unklar; wahrscheinlich ist me-en-na identisch mit dem eben besprochenen me-na (für me-na-šù) und die Verdoppelung des n wohl aus einer Beeinflussung durch enna—šù „bis“ zu erklären.

Vgl. ES me-en-na, dimmer-i(-')-zu,-nu-n-zu „bis wann, o Gott, den ich kenne oder nicht kenne?“ 4 R 10 $Rs._{25ff.}$; ES me-en-na gašan-mà(-k) ibi-zu-niginn-a-ke „wann endlich, o meine Herrin, wirst du dein Antlitz wenden?“, wörtlich „das Bis-zu-wann des dein, meiner Herrin, Auge Wendens?“, ASK 14 $Rs._{7}$. Beachte die eigentümliche Konstruktion des substantivisch gefassten Frageadverbiums mit dem Genetiv.

§ 249 ϑ. enna-me-šù „bis wann?“.

Vgl. enna-me-šù = adi mati, HGT 152 Kol. 10_{27}.

§ 250 d. Ein weiterer F r a g e s t a m m LI (zu sprechen li oder èn?) liegt vor in LI-šù „bis wann?“

Vgl. LI-šù, = adi mati, HGT 152 Kol. 10_{29}; ES LI-šù, gašanmu .... = adi matim, belti. ..., 4 R 19 Nr. 3 $Rs._{12}$; mulu-ná-a LI-šù ba-nná-**a** (< ba-ná-e) = šá ṣal-lum **a**-di ma-ti (Var. adi mati) za-lil „der da liegt, wie lange wird er liegen?“ 4 R 23 Nr. 1_{26-31}.[2]

§ 251 Im Falle, dass LI die Aussprache èn hatte, dürfte mit ihm wohl auch ES in = ekiam identisch sein; vgl. ES in ga-na(-')-tuš = e-ki-a-am lu(Var. li)-šab(?)-šú, SBH 25 $Vs._{1}$.

5. Ausdruck des unbestimmten Fürwortes.

§ 252 a. Das a d j e k t i v i s c h e unbestimmte Fürwort „ein“ (= unbestimmter Artikel) wird nach § 126 in der Regel nicht

1) Oder „möge dein Herz sich besänftigen!“

2) In BA X S. 121 (Sm 1294)$_{8.9}$ [.....] LI mu-ni-íb-DU = [be-el-]ti mi-nam i-ri-id-di-a-am lässt sich noch nicht ersehen, ob LI dem minam entspricht oder ob das Verbum LI—DU vorliegt.

bezeichnet. Dem entsprechend wird auch das negative „kein" lediglich durch die dem Verbum vorangestellte Negation ausgedrückt.

Vgl. bád-Zimbira^{ki}(-k) ḫursag-gal-gim sag-bi ḫe-(im)mi(-')-íl „die Mauer von Sippar richtete ich auf wie ein grosses Gebirge", LIH 58_{10-14}; kur-Magan^{ki}-ta nà-esi i-m-ta(-n)-è, alam-na-ni-šù mu(-n)-tu(d) „aus dem Lande Magan holte er einen Ušûstein und schuf ihn zu seiner Steinbildsäule um", Gudea, Statue A 2_6-3_3.

É nu(i)-dū, uru nu(-i)-dím „kein Haus war gebaut, keine Stadt geschaffen", CT 13, 16_4; ama-nu-tuku-me(-en) „ich habe keine Mutter", Gudea, Zyl. A 3_6; lù-gaba-šu-gar-nu-tuku „unwiderstehlich", wörtlich „der keinen Widerstehenden hat", KBo 1 Nr. 30 $Vs._4$; é-giš-ḫar-dím-dímm-a isag-aš-e ^{d}Ningirsu(k)-ra nu-(i-)na(-n)-dū „ein Haus mit Skulpturen hatte dem Ningirsu kein einziger Fürst erbaut", Gudea, Statue B 6_{77}-7_3.

b. Aus Obigem ergibt sich ohne weiteres, dass die sub- § 253
stantivischen unbestimmten Pronomina „jemand" und „etwas" lediglich durch die Substantiva lù, ES mulu „ein Mensch" und nig, ES ág „eine Sache" (welche nach § 118f., 224, 228 und 231 Adjektiva und Pronomina substantivieren und die negierten substantivischen Pronomina „niemand", „keiner", „nichts" durch lù und nig (ES mulu und ág) und die (stets beim Verbum stehende) Negation ausgedrückt werden.

Vgl. lù-ḫarr-a(-k) é lù-k-a nu(-i)-tû(r) „ein Gläubiger trat nicht in jemandes Haus ein", bez. „in niemandes Haus trat ein Gläubiger ein", Gudea, Statue B 5_{10}; mà,-^{d}Ningirsu(k)-.... (,-k) da.BAD-a-mu(-t) lù la-ba-(n-)ta-è(-e) „aus meinem, Ningirsu's, da.BAD.a entkommt niemand", Gudea, Zyl. A 9_{20-26}; ama(-e) dumu-ni(-e) nig nu-(im)mani(-n)-ra „die Mutter warf(?) nichts auf ihr Kind", Gudea, Statue B 5_{12}; alam-e nig-á-zig-ak-a lù na-(im)mi-gul-e „diese Statue möge niemand aus Bosheit zerstören", Gudea, Statue B 7_{49-57}; ES zae maḫ-men, mulu nu-mu-(e-)da-sá „erhaben bist du, niemand kann mit dir wetteifern", SBH 53_{76}.

c. Nur gelegentlich wird unser unbetontes „ein" durch das § 254
Zahlwort diš (dili, gê oder aš(?)) „einer", bez. durch diš-ám (dili-ám, gê-ám oder aš(?)-ám) „einer seiend" ausgedrückt, u. z. nur dann, wenn es von Wichtigkeit ist, festzustellen, dass es sich nur um eine Person oder Sache, nicht um mehrere handelt.

Vgl. šà(g)-mamud-ak-a lù-DIŠ-ám .... é-ani dū-(e)d-a m(u-'-)a-n-dū̄(g) „im Traum befahl mir ein Mann sein Haus zu bauen", Gudea, Zyl. A 4_{14-20}; geme-DIŠ-ám .... „ein Weib (sodann) ......", ebenda 4_{23}.

§ 255 d. Das die Unbestimmtheit betonende „irgend ein" scheint, zum wenigsten im Sinne von „ein unbekannter", durch aba-me-a-nu(-m), aba-me-a-ì(-m) „wer immer er ist, wer immer er nicht ist" (s. zur Bildung § 260)[1] (und ähnliche Wendungen) ausgedrückt zu werden.

Vgl. geme-DIŠ-ám aba-me-a-nu(-m), aba-me-a-ì(-m) .... „irgend ein (mir unbekanntes) Weib (sodann) ....", Gudea, Zyl. A.4_{23}.

§ 256 e. Das unbestimmte „man" kann ausgedrückt werden durch lūne (< lù-ene) „die Menschen", zweifellos aber auch durch den generell-kollektivisch gebrauchten Singular lù „der Mensch".

Vgl. lūne (geschr. lù-ù-ne) = šunu „sie", „man", HGT 152 Kol. 6_6; lūne-ám, ebenda_{16}, lūne-i-me-a, ebenda_{22}, und lūne-nanam, ebenda_{32}, = šunuma; in zusammenhängenden Texten findet sich noch kein Beleg.

§ 257 Daneben kann „man" (wenn mit Verbum verbunden) natürlich auch durch die 3. Person Pluralis des aktiven Verbums und schliesslich auch mittels des Passivums ausgedrückt werden.

Vgl. é nu-(i-)dū „ein Haus war noch nicht gebaut worden" = „man hatte noch kein Haus gebaut", CT 13, 35ff. Vs_4

6. Das verallgemeinernde Fürwort.

§ 258 a. Die unselbständigen, d. h. einen Nebensatz einleitenden verallgemeinernden Pronomina, bez. Pronominalbegriffe.

α. „Wer auch immer" und „was auch immer" werden wie im Deutschen durch die Fragewörter, also durch aba „wer (auch immer)" und ana „was (auch immer)" ausgedrückt; bezieht sich der mit ana eingeleitete Satz oder Verbalausdruck auf eine Sache, so wird er in der Regel an das Substantiv nig angelehnt; also nig-ana..... „eine Sache (oder Sachen), was auch immer sie .....", „etwas, was auch immer es .....".

§ 259 Der nach aba und ana stehende Verbalbegriff wird entweder durch die finite Behauptungsform (auch die Relativform ?), bez. durch die mittels -ám gebildete Identifikation, oder aber durch das auf -a gebildete Verbalnomen (passives oder intransitives Partizipium) ausgedrückt.

Vgl. ES AMAR+ŠE-AMAR+ŠE-binene,-ág-ibi-nu-mu-n-barr-a,-nig-ana-eme-ì-bal-bal-e „ihre Opfergaben, Dinge, die (vorher) ein Auge nicht gesehen, was immer eine Zunge nur nennen kann", 4 R 29 Nr. 1_{23}; nig-zi-gál, - ubd-a(k)-limmu-b(i-)a - nig-ana-bi - ì-gáll-a „die Lebewesen, soviel es ihrer (wörtlich: was immer von ihnen es)

[1]) Beachte die vom Deutschen abweichende Reihenfolge.

in den vier Weltgegenden gibt", 4 R 29 Nr. 1 Vs.$_{43.45}$; aba-á[m[1] lugal nu-(i-)m(e), aba-ám[1] lugal ì-m(e)][2] Igigi,-lugal, Imi,-lugal, Nanum,-lugal, Ilulu,-lugal, limmu-bi 3-mu ì(-n)-â[3] „wer immer nun König oder nicht König war (akkad. mannum šarrum, mannum la šarrum, HGT 3 Kol. $8_{7.8}$), Igigi, der König, Imi, der König, Nanum, der König, und Ilulu, der König, diese vier regierten 3 Jahre", Scheil'sche Königsliste, EDSA, Pl. 1 Rs.$_{3-5}$.

Dagegen mit Verbalnomen: nig-zi-gál, - nig-ana-mu-sá-a,- kalamm-a-gáll-a-ba,[4] die Lebewesen, soviel ihrer (wörtlich: was immer von ihnen) mit Namen genannt werden und im Lande vorhanden sind", 4 R 29 Nr. 1 Vs.$_{43}$; dingir-nun-gal-ene,-an-ki-šarr-a-ana-gáll[-a-bi] „die Igigi, soviel ihrer in der Gesamtheit von Himmel und Erde existieren", 4 R 29 Nr. 1 Vs.$_{47}$; zu ana-me-a-bi „soviel ihrer sind", d. h. „alle" (wörtlich „ihr was immer Seiendes") siehe § 262.

§ 260 Pleonastischer Gebrauch von Verbalnomen und finiter Verbalform zu gleicher Zeit (beide Male von me „sein") liegt vor in geme-1-ám, aba-me-a-nu(-m) (< nu-me „ist nicht"), aba-me-a-ì(-m) (< ì-me „ist") „ein Weib, wer immer sie war oder nicht war", Gudea, Zyl. A 4_{23}.

§ 261 β. Besonders zu beachten ist die Verwendung des Neutrums ana „was immer" zur Bildung des pluralischen Ausdruckes ana-bi „soviele als", wörtlich „was immer von ihnen", „soviel ihrer", welches nicht nur von Sachen, sondern auch von Personen gebraucht wird. Es liegt hier dieselbe Pluralbildung vor wie in ḫur-bi „sie" (wörtlich „ihr Es"), limmu-bi „die Sieben" (wörtlich „ihre Siebenzahl"), usw.

Vgl. dazu in den oben ausführlicher angeführten Beispielen: nig,-ana-bi-ì-gáll-a „soviel es ihrer gibt", 4 R 29 Nr. 1 Vs.$_{45}$; ana-gáll-a-bi „soviel existieren" (wörtlich „ihr was immer Vorhandenes"), ebenda$_{47}$; nig,-ana-mu-sá-a,- . . . .-gáll-a-ba (lies -bi!) „soviel ihrer mit Namen genannt werden und . . . . vorhanden sind," ebenda$_{43}$.

§ 262 Auch ana-me-a-bi, ES ata-me-a-bi und ta-me-a-bi, wörtlich „sein (koll.) was immer Seiendes", „ihr was immer Seiendes" kann in der sumerischen Periode, aus welcher es nicht belegt ist, nur die kollektivische und pluralische Bedeutung „soviel es ist", „alles", „ganz" und „soviel ihrer es sind", „alle", „sämtliche"

---

1) Oder vielleicht (geschr.) a-ba-a-ne-ne(?) „wer von ihnen"?
2) Oder ähnlich zu ergänzen.
3) HGT 3 Kol. 8_{13} besser i-b-â.
4) Man sollte -bi erwarten.

gehabt haben; so auch noch in nachsumerischer Zeit z. B. in Isin[ki],-uru[ki]-nam-lugall-a(k) ù adam-di(l)-dili-bi, - ana-me-a-bi „Isin, die königliche Stadt, und alle ihre Völker", Datum des 31. Jahres Rim-Sin's (CDSA S. 9); beachte auch ana-me-[a-bi] (geschr. a-na-a-me-[a-bi]) = ES ata-me-a-bi = akk. [m]í-[m]a-[š]u ba-šu-ú „was immer davon vorhanden ist", 5 R 11 Kol. 1_{42}.

In nachsumerischer Zeit wird ana-mea-bi dagegen auch in der singularischen Bedeutung „jeder", „jeglicher" und negiert in der Bedeutung „kein einziger", „irgendeiner nicht" gebraucht.

Vgl. û(d)-kùr-šù Aḫušunu ù ibila-ani-ana-me-a-bi nam-guda-...-bi-šù KA-nu-(i)m-mà-mà(-e)-a mu-lugal-bi i-n-pá(d) „dass in Zukunft Aḫušunu oder irgend ein Erbe von ihm auf dieses Pašiš-amt Anspruch nicht erheben wird, hat er beim Namen des Königs geschworen", BE VI 2 Nr. 7_{14-17} (Rim-Sin); Imgur-[d]Ninurta, [d]Ninurta-abi, [d]Ninurta-gamil, Kunutum,-ama-(a)nene ù ibila-anene-ana-me-a-bi é-bi-šù KA-nu(-i)-mà-mà(-e)-a „dass I-N., N-a., N-g, K., ihre Mutter, und irgend ein Erbe von ihnen wegen dieses Hauses nicht klagen wird", BE VI 2 Nr. 12_{20-24}.

§ 263 γ. Auch in seiner Funktion als verallgemeinerndes Pronomen wird das Fragewort unmittelbar vor die zu ihm gehörige Verbalform gestellt; adverbielle Bestimmungen des Verbums gehen also dem verallgemeinernden Pronomen voraus.

Vgl. nig-zi-gál, ubd-a(k)-limmu-b(i-)a nig-ana-bi l-gall-a „die Lebewesen, soviel es ihrer in den vier Weltgegenden gibt", 4 R 29 Nr. 1 Vs.$_{43-45}$; dingir-nun-gal-ene, - an-ki-šarr-a - ana-gáll[-a-bi] „die Igigi, soviel es ihrer in der gesamten Welt gibt", 4 R 29 Nr. 1 Vs.$_{47}$.

§ 264 b. Das **selbständige** (d. h. nicht einen Nebensatz einleitende) Pronomen.

α. „Jeder", pluralisch „alle", kann wiedergegeben werden durch zusammengesetzte Ausdrücke, die nach der in § 250f. dargelegten Weise aus dem unselbständigen verallgemeinernden Pronomen und einer verbalen Ergänzung bestehen, welch letztere stets von einem Verbum der Bedeutung „sein", „vorhanden sein" usw. gebildet ist.

Vgl. die bereits oben behandelten kollektivisch-pluralischen Bildungen (nig-)ana-gall-a-bi und (nig-)ana-bi l-gáll-a „was immer von ihnen vorhanden ist", „sämtliche"; (nig-)ana-mu-sá-a-bi „was immer von ihnen mit Namen benannt ist", und ana-me-a-bi „was immer von ihnen (oder davon) ist". Zu der pluralischen Bedeutung der mit -bi gebildeten Ausdrücke und zu der irrtümlichen

Verwendung von ana-mea-bi als Singular in nachsumerischer Zeit, s. § 261. 262.

β. Auch das schon durch eine längere Entwicklung gegan- § 265
gene selbständig verallgemeinernde name, vor -a und -am name-k mit sekundärem k, nach nig öfters verkürzt zu nam, in ES auch na-me-a und ata-me-a, in den nachsumerischen südbabylonischen Urkunden aus Larsam und Kutalla nach û(d) „Zeit" (offenbar infolge von Vokalangleichung an das u von û(d) und gleichzeitig unter dem Einfluss des m von me(-a)) auch nu-me-a (und seltener nume), bez. vor a- (und -ám) nu-me-a-k (und nume-k), „jeder", „jeglicher", lässt noch deutlich seine Zusammensetzung aus dem neutrischen fragenden, bezw. unselbständig verallgemeinernden Pronomen ana, dialektisch ata, und dem Verbalnomen (bez. einer finiten Verbalform) von me „sein" erkennen.

Name wird nur singularisch, u. z. in adjektivischer, seltener § 266
in persönlich substantivischer Bedeutung gebraucht. In neutrisch substantivischer Bedeutung wird es stets an das Substantiv nig, ES ág, „Sache" angelehnt, in der Regel auch in persönlich-substantivischer Bedeutung an lù. Meistens findet es sich in Verbindung mit der bei der Verbalform stehenden Negation in der Bedeutung „kein (einziger)", „irgend einer nicht" (< „jeder nicht").[1] Zur positiven Bedeutung „jeglicher", „jeder", „all" siehe vor allem bei nig-nam „alles".

(a) Zum adjektivischen Gebrauch vgl.: nig û(d)-ullia-ta lugal-igi-r[á-mu-](e)ne-[r(?)] lugal-na[me-r] ^{d}Utu(-e) bara-mu-n-ši-n-šeg-a-a „was seit den ältesten Zeiten Šamaš keinem Könige unter den Königen, meinen Vorgängern, gestattet hatte", HGT 101 Kol. 2 $_{10-16}$; ES ibi-š-rá šab-sud⟨-a-ni⟩ dimmer-name(-e) nu-mu-n-pad-a ene „Erster, dessen weitgründiges Herz kein Gott durchschaut (hat)", 4 R 9 Vs.$_{36}$; ES a(ii)a-dimmer-ene-k-e, ĭ(nim)-zu (Var. en-zu) an-ki-a(k) temen-bi(-m), dimmer-name nu-(i-)še „Vater der Götter, dein Wort ist der Grund von Himmel und Erde; kein Gott vermag es zu ....en", RA XI S. 144$_{9}$; ES ene šab-ani-name mu-n-BU.I „bis er ihn sein ganzes Herz (d. i. alles, was sein Herz wünscht; akk. mala libbuš) hat schauen (= finden) lassen", 4 R 20 Nr. 1 Vs.$_{5}$; û(d)-name „jeden Tag", alle Zeit", „stets", VA 244 (ZA X S. 159) Kol. 1$_{31}$; û(d)-name-k-am = matima „stets", ebenda 1$_{32}$; û(d)-kúr-šù û(d)-name-šù „in Zukunft, in alle Zeit", CT 19, 19 ff. Kol. 4$_{13}$; 5 R 24 f. Kol. 3$_{22}$[2]; û(d)-kúr-šù û(d)-nu-me-a-k-a „in Zukunft, in

[1]) Vgl. im Hebräischen die entsprechende Bedeutung von kol mit Negation.

[2]) Beachte in û(d)-kúr-šù û(d)-name-šù = ana matima, ana arkât ûmê die umgekehrte Reihenfolge!

aller Zeit", Str. W. 19_{19}; 22_{14} u. o.; — (geschr.) û(d)-nu-me-a-kam, Str. W. 39_{14}; — û(d)-nu-me-a-ak-kam, VS XIII 75_{12} (Larsam); — û(d)-nu-me-a-ak, VS XIII 78_{11}; 82_{12} u. o. (Larsam); BE VI 2 Nr. 83_{12} (vielleicht Larsam?); — û(d)-nu-me-ak, VS XIII 85_9; — û(d)-nu-me-kam, VS XIII 65_9; Str. W. 8_{11}.

Zum persönlich-substantivischen Gebrauch vgl. lugal zig-a-ni amaru, name sag-nu-(i-)sim-u „der König, dessen Aufstehen eine Sturmflut, der niemand entrinnt", BE XXIX 1 Nr. 1 Kol. 4_{15}; dug-a-mu name nu-kurr-ud-am „mein Wort wird niemand ändern", (oder dug-a-mu-name nu-kurr-ud-a-m „irgend ein Wort von mir wird nicht geändert werden"?), HGT 74 Kol. 5_{1-3}; ES zae enem-zu, ann-a, - mu-n-sud-a, ki-a,-mu-n-šú(r)-šú(r) ág-name-nu-mu-n-pad-a ene „dein Wort, im Himmel, dem fernen, und auf der Erde, der dahingestreckten, ist es etwas, das niemand erschaut (hat)", 4 R 9 Rs.,.

Zu lù-name nu-... „niemand", „durchaus niemand" vgl. sag-gī(g), IM.DUGUD-dugud-am-gim ara-bi lù-name(-e) nu-(i-n)-zu „der Kopfschmerz, dessen Weg wie den des starken Sturmwindes niemand kennt", CT 17, 19_{27}.

Zu nig-name und nig-nam (von letzterem der Genetiv nig-namm-a(k)), ES ág-na-me-a und ata-na-me-a, „alles" vgl. nig-name = ES ág(!)-namea = mimma bašû „alles", 5 R 11 Kol. 1_{41}; nig-name = ES ág-ata-me-a(!) = me-ma šum-šu „alles", ebenda$_{43.44}$[1]; umun-nig-namm-ak-e „der Herr von allem", SK 11, letzte Kol.$_{10}$; dub-sar-nig-namm-ak-e „der Schreiber von allem" 4 R 14 Nr. 3_3; ḪU.DŪ-nig-namm-ak-e „der .... von allem", 4 R 13 Nr. 1 Rs.$_{34}$; nig-nam-mu-sá-a = mima šá šuma nabû „alles, was mit Namen genannt ist", 4 R 28 Nr. 1_7; nig-namm-a-ús.BU[2] = murteddû mima šumšu, CT 16, 12 ff. Kol. 4_{40}.

Zu nig-name nu- .... „nichts", „durchaus nichts"; vgl. nig-name ugu-n(i-)a nu-(i-n-)tuk „er hat nichts gegen ihn", d. h „er hat keinerlei Forderung an ihn", BE VI 2 Nr. 14_{10} (Zeit Hammurabi's); nig-name ugu-an(i)-a li-bí-n-tuk „er hat keinerlei Forderung an ihn", HGT 65 Kol. $4_{8.9}$ (Isindynastie); nig-namm-a nu-n-tág-tág[-...] = šá mima šumsu la izzibu, CT 16, 24 Kol. $1_{46.47}$. — In dem unzuverlässigen Text 4 R 10 scheint Vs.$_{58}$ und Rs.$_1$ nig-nam na-.... für das Maskulinum gebraucht zu sein.

---

[1]) Die beiden Zeilen gehören natürlich zusammen; lies, wie oben angegeben, ág-a-ta-me-a statt des vom Text gebotenen ág-a-ta-me-GAR, und beachte die Glosse (!) ni-i[g] zu nig.

[2]) Vielleicht ús-sir(i) (< ús-e-ri) zu lesen? Vgl. ús-e—ri = ridû I_2, SBH 19 Vs.$_3$.

γ. Seine Stellung in der Wortkette hat das adjektivisch gebrauchte selbständige verallgemeinernde Pronomen hinter den beschreibenden und den besitzanzeigenden Modifikationen. § 267

Vgl. šab-ani-name „sein ganzes Herz", „alles, was er wünscht", 4 R 20 Nr. 1 Vs.$_{6}$; ù ibila-ani-ana-me-a-bi „und jeder Erbe von ihm", BE VI 2 Nr 7_{15}; ù ibila-anene-ana-me-a-bi „und jeder Erbe von ihnen", BE VI 2 Nr. 12_{22}.

7. Die Relativbeziehung.

a. Ein besonderes Relativpronomen kennt das Sumerische nicht; die Relativbeziehung wird vielmehr durch Anfügung des postpositiven Elementes -a an die Verbalform des relativisch zu verstehenden Satzes kenntlich gemacht, indem beispielsweise zu é i-n-dū „er hat das Haus gebaut" der Relativsatz é i-n-dū-a „welcher das Haus gebaut hat" gebildet wird. Die eigentliche Funktion dieses -a besteht jedoch nur darin, die finite Verbalform zu nominalisieren, sie also gewissermassen zu einem substantivischen oder adjektivischen Verbalnomen zu machen, und als solches wird dann der Relativsatz wie jede andere substantivische oder adjektivische Modifikation dem Substantiv, auf das er sich bezieht, ohne Verbindungselement (Relativpronomen) rein appositionell angefügt. § 268

Vgl lù,-É-ninnu-^{d}Ningirsuk-a(k)-i-n-dū-a „der Mann, welcher das É-ninnu des Ningirsu gebaut hat", Gudea, Statue A, Überschrift; ^{d}Enlil,-nam-enn-ani bí-b-gul(l)-a „Enlil, der (ihm) seine Herrschaft gross gemacht hat", Datum des 1. Jahres Ammizadugas (BE VI 2 S. 97f.)

b. Die Kasusbeziehung, in welcher das Beziehungswort zum Verbum des Relativsatzes steht, muss sich dabei ganz aus dem Zusammenhang, bez. aus den pronominalen Elementen des Verbums des Relativsatzes (den Infixen usw.) ergeben. § 269

Vgl. lù,-É-ninnu-^{d}Ningirsuk-a(k)-i-n-dū-a, „der Mann, welcher das É-ninnu das Ningirsu erbaut hat", Gudea, Statue A, Überschrift$_{4-6}$, Statue C 2_{8-10}und Statue G 1_{8-10}, wo das Beziehungswort Subjekt des Relativsatzes ist und dem Subjektselement -n- des Verbums i-n-dū entspricht; mu,-^{d}Innanak-e-e-ni(-n)-sá-a,-ni „sein Name, welchen Ištar über ihn gerufen hat", Eannatum, Geierstele Vs. $5_{24.25}$, wo das Beziehungswort das Akkusativobjekt des Relativsatzes darstellt; ^{d}Ningirsu(k)-ra LAGAB-kù(g)-luḫḫ-a-. . . ., ^{d}Ningirsuk-e a-b-ta-kú(-e)-a, mu-na(-n)-dím „dem Ningirsu verfertigte er ein . . . . Gefäss aus reinem Silber, aus welchem Nirgirsu isst",

Entemena, Gefäss aus Silber $_{14\text{-}16}$, wo unserem „aus welchem" das Infix -b-ta- „aus ihm" in der Verbalform entspricht; lù,-igimu-(n-)ši-barr-a,-(zu)ne(-r) „dem Menschen, auf welchen (= -n-ši-) ihr hingeschaut habt", Gudea, Zyl. B 2_3.

Vgl. auch die entsprechende Erscheinung beim appositionell gebrauchten Verbalnomen auf -a (§ 716).

§ 270 Besonders zu beachten ist, dass die relativische Lokativbeziehung (Lokativ des Ortes und der Zeit auf die Frage wo?, bez. wann?) stets völlig unbezeichnet bleibt, d. h. auch nicht durch ein Infix im Verbum kenntlich gemacht wird.

Vgl. ki- dNingirsuk-e kur-kurr-a igi-mi-ni(-n)-gáll-a „der Ort, wo (= von wo) Ningirsu auf alle Länder schaut", Gudea, Zyl. A 8_6; éš-Larsamm^{ki}-ak-a, uru,-ba-dímm-en-a,-m(u-)a „im Hause von Larsam, in der (wörtlich: meiner) Stadt, darinnen ich geschaffen bin", Warad-Sin, Steintafel Rs. $_{19}$; û(d),-dEnlil,-lugal-kur-kurr-ak,-e Lugalzaggisi(-r) namlugal-kalamm-a(k) e-na(-n)-sim-a,-a „zu der Zeit, da Enlil, der Herr aller Länder, dem Lugalzaggisi das Königtum über das Land gegeben hatte", Lugalzaggisi, Vasen $1_{36\text{-}41}$.

§ 271 c. Wenngleich sich die Relativbestimmung unmittelbar an ihr logisches Beziehungswort anschliessen kann, so zieht es der Sumerier, wo es angängig ist, doch in der Regel vor, den Relativsatz an ein besonderes Substantiv anzulehnen, welches die Gattung des logischen Beziehungswortes bezeichnet und diesem als Apposition beigefügt wird. Solche dem Relativsatz als grammatisches Beziehungssubstantiv vorangestellte Gattungswörter sind lù „Mensch", „Mann" und geme „Weib" bei Personen, nig „Sache" bei Dingen und Abstrakten, ki „Ort" bei Örtlichkeiten, é „Haus" bei Gebäuden, uru „Stadt" bei Ortschaften, lugal „König" usw.

Vgl. Gudea,-isag-Lagašu^{ki}(-k),-lù,-É-ninnu-dNingirsuk-a(k)-i-n-dū-a „Gudea, der Fürst von Lagaš, (der Mann,) der das E-ninnu des Ningirsu erbaut hat", Gudea, Statue A, Überschrift; Šugalam,-ki,-dNingirsuk-e kur-kurr-a igi-mi-ni-gáll-a,-šù „in das Šugalam, (den Ort,) von wo Ningirsu auf alle Länder schaut", Gudea, Zyl. A $8_{6.7}$; Samsuiluna,-lugal,-KA-dubd-a(k)-limmu-b(i)-ake ur-a bí-n-sig-a, lugal,-nigin-lù-gú-mu-(n-)da-b-dū-uš-a giš-gaz-šù bí-n-â-a „Samsuiluna, der König, der die vier Weltgegenden (sich) gehorsam gemacht hat, der König, der die Gesamtheit seiner Wiedersacher zerschmettert hat", Samsuiluna, Tonzylinder VA 5951 Kol. $1_{1\text{-}14}$.

§ 272 Vor allem werden lù, nig, ki usw. als Stützen des substantivischen Relativsatzes angewendet, wobei die genannten Substantiva den Relativsatz in der gleichen Weise substantivieren, bez. dessen substantivischen Charakter betonen, wie sie es beim Adjektivum (§ 118f. 170) und beim Pronomen (§ 224, 266 usw.) tun.

Vgl. lù mu-sarr-a-e [a-b-ḫ]alam-e-a(-k) Ann-e mu-ni ḫe(-i)-ḫalam-e „wer diese Inschrift vernichtet, dessen Namen möge Anu vernichten", HGT 34 Kol. 5_{45-49}; alam.... lù É-ninnu-ta i-m-ta-b-è-è(-e)-a „wer die Statue .... aus E-ninnu entfernt, (den möge ....)", Gudea, Statue B 7_{60}-8_{6}; nig ù(d)-ullia-ta lugal-name-r ᵈUtu(-e) bara-mu-n-ši-n-šeg-a „was seit den ältesten Zeiten Šamaš keinem Könige gestattet hatte", HGT 101 Kol. 2_{10-16}.

Dagegen findet sich der substantivische Relativsatz ohne ein- § 273
leitendes neutrisches Substantiv in Ḫammurabi-....-men, ù(d)-ullia-ta lugal lugal-ene-r bara-(i-)n-dímm-a, ᵈUtu,-lugal-m(u)-a[1] gal-bi ḫu-mu-na(-')-dū „was seit den ältesten Zeit keiner der Könige ihm gebaut hatte, ich, Hammurabi, erbaute es dem Šamaš in grossartiger Weise", LIH 48_{33-40}; ob hier nig vielleicht nur versehentlich weggelassen ist, lässt sich bis jetzt noch nicht entscheiden. Beachte dazu auch weiter unten die Bemerkung zu dem vorangestellten Relativsatz.

Nur vereinzelt wird in wenig zuverlässigen ES-Texten der § 274
späten nachsumerischen Zeit, offenbar infolge einer Beeinflussung durch das akkadische Relativum ša, das Substantiv mulu geradezu als Relativpronomen behandelt und sogar auf Feminina bezogen.

Vgl. ama,-gana-niginn-ak-e, mulu ši-damalla ki-tuš-maḫ bí-n-ri(-a), a(ii)a-šà(g)-lá-sú ..., mulu nam-til-a-gú(n)-kanagga(-k) šu-sù mu-n-dibb-a „Mutterleib,[2] Erzeuger des Alls, der auf dem weiten ....[3] eine glänzende Wohnung aufgeschlagen hat, barmherziger Vater, der das Leben der Gesamtheit des Landes in der Hand hält (wörtlich: in die Hand genommen hat)", 4 R 9 $Vs._{24.26}$; gašan-gul-a, mulu me-bi diriga, arazu ga-nna-b-dū̄(g), mulu ugu-mu zebb-a mu-n-â „die grosse Herrin, deren Verfügungen gewaltig sind, ein Gebet will ich zu ihr sprechen, die an mir Gutes getan hat",[4] ASK 15 $Vs._{13}$; dimmer mulu[5] nu-zu-ta(?) „der Gott, den ich nicht kenne", 4 R 10 $Vs._{3}$, und ama-ᵈNinni(k) mulu[5] nu-zu-ta(?) „die Göttin, die ich nicht kenne", $ebenda_{10}$.

---

[1]) Statt zu erwartenden lugal-mu-r(a).

[2]) Akkadisch ri-i-mu; vielleicht ursprünglich áma „Wildstier"?

[3]) Akkadischer Text: mit den Lebewesen = ši-malla-da

[4]) Der akkadische Text abweichend und wohl richtiger: „dass sie tun möge, was ihr gut scheint" (bez. „was für mich gut ist"; i-'i-ia! statt i-li-šá).

[5]) = lù.

§ 275 d. Je nach seinem Charakter als beschreibende oder besitzanzeigende Modifikation steht im Modifikationsschema der Relativsatz entweder dem beschreibenden Adjektivum oder dem besitzanzeigenden Fürwort gleich und nimmt auch deren Stellung in der Wortkette ein. Er geht also dem Verhältniswort und, wenn er beschreibenden Charakter hat, auch dem Possessivpronomen voraus, folgt dagegen dem Adjektiv, wenn er besitzanzeigender Natur ist.

Vgl. (ausser den bereits in § 98 angeführten Beispielen): alam-lù-é-^{d}Bau(-k)- mu-n-dū-a-k-am „es ist die Statue des Mannes, der das Haus der Bau erbaute", Gudea, Statue E Kol. 9_{6-8}; Šugalam,-ki-^{d}Ningirsuk-e kur-kurr-a igi-mi-ni(-n)-gáll-a,-šù „in das Šugalam, den Ort, von wo Ningirsu auf alle Länder blickt", Gudea, Zyl. A 8_{6-7}; Samsuiluna,-lugal-la-la(k)-ni-ì-me-(e)nn-a,-ra namsiba-bi â-(e)d-e m(u-'-)a-n-sì(m) „mir, Samsuiluna, der ich sein ihm Freude bereitender König [1] bin, hat er die Hirtenschaft über sie auszuüben verliehen", LIH 98.99_{21-26}; mu-^{d}Innanak-e-e-ni(-n)-sà-a-ni „sein Name, den Ištar ihm gegeben hatte", Eannatum, Geierstele Vs. $5_{24.25}$.

§ 276 Dagegen entgegen der Regel 6-bád-gal-gall-a-bi,-Sumulail,-pagibilga-5-kamma-mu(,-e) mi-ni-n-dū-a „diese 6 grossen Kastelle, welche Sumulail, mein fünfter Vorfahre erbaut hatte", LIH 98.99_{61-65} (Samsuiluna). Es lässt sich bis jetzt noch nicht sagen, ob diese Stellung des Relativsatzes nach dem Demonstrativum auch in der alten Sprache möglich war; in der Regel wird wohl in Fällen, wo es wünschenswert war, das Demonstrativpronomen vor die relativische Phrase zu setzen, der Relativsatz durch einen parenthetischen Hauptsatz ersetzt worden sein.

§ 277 Voranstellung des Relativsatzes vor das Beziehungswort findet sich nur in poetischer oder gehobener Sprache, und zwar auch da lediglich in der Form einer emphatischen Vorwegnahme des Relativsatzes, der dann noch einmal an seiner richtigen Stelle gesetzt wird.

Vgl. m(u-'-)a-dū-(e)n-a, m(u-'-)a-dū-(e)n-a, isag,-é-mu-m(u-'-)a-dū-(e)n-a, Gudea, é-mu-dū-(e)d-a(-k) izkim-bi ga-(i-e-)ra-b-sì(m) „der du mir bauen wirst, der du mir bauen wirst, Fürst, der du mir mein Haus bauen wirst, o Gudea, das Vorzeichen für die Erbauung meines Hauses will ich dir geben", Gudea, Zyl. A 9_{7-9}.[2]

§ 278 e. Das durch einen Relativsatz modifizierte Substantiv erhält

[1]) Wörtlich „sein König der Lust".

[2]) Vgl. die ähnliche Satzfigur in den Hymnen usw., z. B. SBH Nr. $4_{1ff.}$.

öfters noch eine weitere Modifikation durch ein Possessivpronomen, welches eine bereits aus dem Relativsatz ersichtliche Beziehung, u. z. in der Regel die Subjektsbeziehung, in pleonastischer Weise noch einmal in der Form des Besitzverhältnisses ausdrückt.

Vgl. nig-mae-i(-')-zu-a-mu zae i-nga-e-zu „was ich weiss, weisst auch du" (wörtlich „mein was-ich-weiss weisst auch du"), CT 17, 25 ff.$_{62}$; 4 R 22 Rs.$_{7}$; nig-maš-gi-k-e-m(u-'-)a-b-rá-a-m(u)-a(k) šà(g)-bi nu-(i-'-)zu „die Bedeutung dessen, was das Nachtgesicht mir gezeigt hat, kenne ich nicht", (wörtlich „mein was-das-Nachtgesicht-mir-gebracht-hat..."), Gudea, Zyl. A $1_{27.28}$; mu-^{d}Innanak-e-e-ni(-n)-sà-a-ni „der (wörtlich: sein) Name, den Ištar auf ihn gerufen hat", Eannatum, Geierstele Vs. $5_{24.25}$; uru-ba-dimm-en-a-m(u)-a „in der (wörtlich: meiner) Stadt, in der ich geschaffen worden bin", Warad-Sin, Steintafel Rs.$_{20}$; ES é-mu-n(i)-tur-enn-a-mu „das (wörtlich: mein) Haus, in welches ich eintrete", ASK 21 Rs.$_{35}$; Es mulu-a-n-da-mar-enn-a-mu „der (mein) Mensch, mit welchem ich gehe", ebenda$_{36}$.

Diese Erscheinung erklärt sich aus der Verwandtschaft des Relativsatzes mit dem Verbalnomen auf -a, bei welchem die Subjektsbeziehung durch das Possessivpronomen ausgedrückt wird (§ 699.712).

f. Der Gebrauch des Relativsatzes ist ein verhältnismässig § 279
sehr beschränkter. Im allgemeinen wird der Konstruktion mit dem Relativsatz die mit dem Verbalnomen (§ 685 ff. 709 ff.) vorgezogen und der Relativsatz nur da angewendet, wo entweder die Konstruktion mit dem Verbalnomen infolge umfangreicher Satzergänzungen unmöglich oder zu schwerfällig werden würde, oder wo es wesentlich ist, die Zeit der Handlung genauer zu bestimmen.

Vgl. zum Gebrauch des Verbalnomens Ur-^{d}Bau,-geštu-sim-a-^{d}Enkik-ak,-e „Ur-Bau, welchem Enki Verstand verliehen hat", Ur-Bau, Statue 1_{12}; ki-gìr-ginn-a-mu „der Ort, da ich wandle", CT 16, 1 ff.$_{276}$; é-DUMU-NITA-nu-tuku „die Familie, die keinen Sohn hat(te)", Gudea, Statue B 7_{44}.

Dagegen mit Relativsatz: ū(d), - ^{d}Enlil-lugal-kur-kurr-ak-e - Lugalzaggisi(-r) - nam-lugal-kalamm-a(k) - e-na(-n)-sim-a, - a „zu der Zeit, da Enlil, der Herr der Länder, dem Lugalzaggisi das Königtum über das Land gegeben hatte", Lugalzaggisi, Vasen 1_{36-41}; alam-Gudea-...(-k) lù É-ninnu-ta i-m-ta-b-è-è(-e)-a, mu-sarr-a-bi šu-i-b-ta-b-ùr-u-a „der Mensch, der die Statue Gudeas aus dem E-ninnu entfernen wird, ihre Inschrift auslöschen wird, usw." Gudea, Statue B 7_{60}-8_{9}.

§ 280 g. Die mit -me-(e)n „ich bin“, du bist“, -am „er ist“ usw. gebildeten Identifikationen werden, wenn sie in relativischem Sinne gebraucht sind, nicht mit dem Relativ-a versehen.

Vgl. Ḫammurabi - šeg-a-^{d}Utu(-k)-men, ḫu-mu-na(-’)-dū „ich, Hammurabi, der ich der Günstling des Šamaš bin, habe es ihm, fürwahr erbaut“, LIH 58_{33-40}; Meskingašer,-en-ám,-lugal-ám, 325 mu ì(-n)-â „Meskingašer, welcher Enu und König war, regierte 325 Jahre“, HGT 2 Kol. 2_{5-6}.

8. Das Reflexivverhältnis.

§ 281 a. Wenn die Reflexividee **nicht besonders betont** werden soll, so wird sie

α. beim Verbum durch die Verbalform zum Ausdruck gebracht, u. z. die akkusativische Reflexidee gewöhnlich durch das intransitive Permansivthema (§ 604), die dativisch-reflexive usw. durch die Verbalpräfixe ba- und imma- (§ 598 ff. 614).

Vgl. z B. al-gub (ì-gub) „er ist getreten“, „er steht“ = „er hat sich gestellt“, RA XI S. 43 (AO $5403)_{14}$, zu i-n-gub „er hat gestellt“; šu-ba-n-ti „er hat für sich genommen“, „er hat für sich empfangen“, akk. ilteqi und imtaḫar, ASK 2 Kol. $2_{36.37}$, zu šu-bí-n-ti „er hat genommen (empfangen)“, akk. ilqi und imḫur, ebenda $_{33-34}$.

§ 282 β. Beim Possessivpronomen dagegen wird die Reflexividee überhaupt nicht bezeichnet.

Vgl. giš-tukul-(a)ni a-abba-k-a ì(-n)-laḫ „seine Waffen wusch er im Meer“, HGT 34 Kol. 1_{57-60}; šu-zu laḫḫ-i „wasche deine Hände “, 4 R 13 Nr. 2_1.

§ 283 b. Das **die Identität betonende** „er selbst“, „sich selbst“ usw. drückt das Sumerische in der Regel durch ní-ni und ní-te-ni (akk. ramânšu) „seine Selbstheit“, wörtlich „seine Kraft“, ní-te-mu „meine Selbstheit“ (akk. ramâni) usw. aus.

Vgl. dimmu nu-mu-n-dib, ní-mu nu-muš-tuku-mèn „Warnung erhielt ich nicht und ich selbst achtete nicht darauf“, 4 R 19 Nr. 3_{15}; ..... ní-zu-šù ^{geštu}geštu-zu = ... ana ramânika uzunka, 2 R 19 Nr. 1 Rs. $_{25-27}$. Merke besonders:

Ní-bi-a, ní-b(i)-a, ní-te-n(i-)a, ní-te-ani-ta „von selbst“, „für sich selbst“, „selbst“, wörtlich „in seiner Selbstheit“; vgl. z. B.: 6-bád-gal-gal(la)-bi nam-sumun-b(i-)a ní-te-anene-a ì-šub-šubb-uš-ám „diese 6 grossen Kastelle waren durch ihr Alter von selbst zerfallen“, LIH 98. 99_{61-63}; ní-te-ù-ani-ta[1] i-n-kúr ù^{2} i-n-dū „er hat es

---

[1]) Wenn das ù nicht Versehen ist, dürfte es wohl zur Bezeichnung

selbst eingerissen und es auch (wieder) aufgebaut", 2 R 15 Kol. 4_{31}; izzi-ribana ní-mu-ta ì-dū-e „eine Grenzwand soll er (für sich) selbst bauen",[3] BE VI 2 Nr. 14_{12-13}; ES girim,-ní-b(i-)a-mu-n-dímm-a „Frucht, die durch sich selbst geschaffen",[4] 4 R 9_{22}; [lù] .... guškin-ruš[-a ......-e-]a kin,-ní-te-n(i-)a-â-a,-šu-gibil-bi-dū-a,-n(i-)a ab[-.....-e-a] „wer das Feingold davon (nämlich von dem Wagen) abnimmt und es an einem von ihm selbst geschaffenen, neugefertigten Werke verwendet", 4 R 12 $Rs._{2.4}$.

Ní-te-n(i)-a(k), ní-te-an(i)-a(k) „seiner selbst", wörtlich „seiner Selbstheit", als Ausdruck für „sein eigener"; vgl. šà(g)-ní-te-n(i)-ak-e inimm-ám mi-ni-[b-....] „(ohne Hilfe von Mutter und Vater) in seinem eigenen Herzen ersann er den Plan", CT $15{,}41_{13}$.

Handelt es sich um ein materielles Besitzverhältnis, so kann § 284
„sein eigener" auch durch šu-n(i)-a(k) „seiner Hand" wiedergegeben werden; vgl. $2^5/_6$-sar-é-...., Innašaga,-dam-Dudu,-dumu-Titi-k,-ak,-e kù(g)-šu-n(i)-a(k)-ta i-n-sâ „$2^5/_6$ sar .... Haus hatte Innašaga, die Ehefrau des Dudu, des Sohnes des Titi, mit ihrem eigenen Geld gekauft", RA X S. 93 (= ITT III $5279)_{1-5}$.

9. Das reziproke Verhältnis.

a. Das reziproke Verhältnis wird bei Personen bezeichnet § 285
durch lù-lù (<lù-e lù) „einer den andern", „einander", wörtlich „der (eine) Mensch den (anderen) Menschen", dativisch lù-lù-ra, lù-lù-r, lù-lù(-r) (gewöhnlich geschrieben lù-lù-ù-ra[5]), „einer dem andern", usw. Ohne Zweifel konnte aber, wenn beide Personen in gleicher Weise einer bestimmten Gattung angehörten, lù auch durch das betreffende Gattungsappellativ ersetzt werden, also beispielsweise geme-geme „ein Weib das andere", isag-e isag-ra „der eine Fürst dem andern", und dem entsprechend auch neutrisch nig-nig „ein Ding das andere", „eins das andere" gebildet werden.

Vgl. z. B. (aus nachsumerischer Zeit) ů(d)-kúr-šù ů(d)-numea-

---

(bez. auch zur Überbrückung) des Hiatus eingeschoben sein (also vielleicht = nitewanita?).

[2]) Nach der akkadischen Übersetzung dürfte ù zu streichen sein.

[3]) Lies also ní-ni-ta statt des irrtümlichen ní-mu-ta „für mich selbst", „ich selbst"; da indessen wohl direkte, an den anderen Kontrahenten gerichtete Rede beabsichtigt ist, wäre besser noch ní-zu-ta ì-dū-en „du wirst selbst bauen" zu erwarten.

[4]) Wahrscheinlich in ní-b(i-)a ba-dímm-a (oder mu-dímm-a) zu emendieren; oder ist die Phrase aktiv zu fassen als ní-bi mu-n-dimm-a „der sich selbst erzeugt hat"?

[5]) Es wurde also das zweite lù betont.

k-am šeš šeš-ra KA-nu-(i-)mà-mà(-e) „in alle Zukunft wird ein Bruder gegen den Bruder nicht klagen", Str. W. 25_{48} (in einer Erbteilungsurkunde).[1]

b. Das Prädikat kann sowohl im Plural als auch im Singular stehen, wobei allerdings zu beachten ist, dass bis jetzt nur Beispiele aus nachsumerischen Texten bekannt sind

Vgl. û(d)-kúr-šù lù-lũ-ra (geschr. lù-lù-ù-ra) KA-nu(-i)-m-mà-mà-(e)ne-a mu-lugal-bi i-n-pad-eš „dass sie in Zukunft gegen einander nicht klagen werden, haben sie beim Namen des Königs geschworen", BE VI 2 Nr. 32_{22-24}; û(d)-kúr-šù lù-lũ-ra (geschr lù-lù-ù-ra) KA-nu(-i)-m-mà-mà(-e)-a, mu-lugal-bi i-n-pá(d) „dass in Zukunft einer gegen den andern nicht klagen wird, hat er beim Namen des Königs beschworen", BE VI 2 Nr. 39_{17-19}.

§ 286 c. Beachtenswert ist die Ergänzung des reziproken Verhältnisses bei verschiedenen Objekten durch die Formel x-e y-gimin-ám.

Vgl. z. B. x-gán-aša(g), aša(g)-M(-k), ki-bi-garr-a-bi-šù y-sar-é, é-N(-k), é-e aša(g)-gimin-ám lù-lù-ra i-n-gar „x Acker Feld, Feld des M, und y Sar Haus, Haus des N, dieses Haus gleich dem Feld, haben sie mit einander getauscht", BE VI 2 Nr. 29_8; die gleiche Formel auch in anderen Tauschurkunden.

X. Das Zahlwort.

1. Die Grundzahlen.

§ 287 a. Übersicht.

1	diš, deš, dili; aš (aša, ušu); ge	20	niš, neš (< ni*-aš)
2	min, man, mena	30	ušu
3	eš	40	nimin, nĩn (< ni*-min)
4	limmu (lammu)	50	ninû, ninnû (< nimin-u)
5	ia	60	geš, giš, ES muš
6	ãš (< ia-aš)	600	geš-u, ES muš-u
7	imin, umun (< ia-min)	3600	šar
8	ussu	36000	šar-u
9	ilimmu (< ia-limmu)	216000	šar-geš (oder šar-gal?)
10	u, a, ḫu, ḫa	2160000	[šar-geš-u (šar-gal-u?)]

§ 288 b. Zur Schreibweise.

α. Geschrieben wurden diese Zahlen in älterer Zeit auf folgende Weise:

(a) die Einer mit senkrechtstehenden (d. h. die Sehne oder

[1]) Oder bietet das Original lù-lù-ra statt šeš-šeš-ra?

den Durchmesser horizontal nach oben habenden) kleinen halbkreisförmigen Eindrücken, die mit der Seite eines dünnen runden Stylusendes hervorgebracht wurden.

(b) die Zehner mit kleinen kreisrunden Löchern, die durch senkrechtes Eindrücken eines dünnen Stylusendes hervorgebracht wurden.

(c) die Sechziger mit senkrechtstehenden (d. h. den Durchmesser nach oben habenden) grossen halbkreisförmigen Eindrücken, die durch seitlichen Eindruck eines dicken runden Stylusendes hervorgebracht wurden.

(d) die Sechshunderter durch eine Kombination von *(c)* und *(b)*: 60 mit unten angefügter 10.

(e) die Saren (3600) durch grosse kreisförmige Eindrücke eines dicken runden Stylusendes.

(f) die Zehner der Saren durch eine Kombination von *(e)* und *(b)*: 3600 mit hineingesetzter 10.

(g) die Sechziger der Saren durch (*f*) (3600), durchquert von zwei x-artig sich kreuzenden Doppellinien.

In späterer Entwickelung werden (*a*) und (*c*) zu wagrechten § 289
(= später senkrechten) Keilen,[1] (*b*) zum Winkelhaken, (*e*) zu einem auf der Spitze stehenden Viereck;[2] vgl. dazu ROEÇ 485—491 und LAKF 820—828. In späterer nachsumerischer Zeit (beim Schulrechnen gelegentlich vielleicht auch schon in der sumerischen Periode) wurden schliesslich alle Potenzen von 60 (also 1, 60, 3600, 218000 usw.) mit dem senkrechten Keil und die Potenzzehner mit dem Winkelhaken geschrieben. Die Potenzen unter-

[1]) Diese Entwicklung ist abnorm und wahrscheinlich auf die andersartige Gestalt des späteren Stylus, bez. auf die abweichende Handhabung des betreffenden Stylus zurückzuführen. Die bei normaler Entwicklung zu erwartenden senkrechten (= später liegenden) Zeichen haben sich nur vor bestimmten Massen, z. B. dem gur und dem ikû erhalten. Im alten Systen dienten die liegenden Einerzeichen zur Schreibung der nächstkleineren Unterabteilungen bestimmter Masse, wie z. B. zur Schreibung des Fünftelgurs und des ubu (= ½ ikû); das halbe ubu wurde mit dem auf dem Kopf stehenden Einerzeichen bezeichnet. Hinsichtlich der Bezeichnung der über das ikû hinausgehenden Flächenmasse s. ROEC 508ff. und LAKF 856ff. Als Zwischenstufe zwischen den senkrechten und liegenden Einerzeichen findet sich zeitweise auch der bei stehender Schrift vorwärts geneigte Keil. Beachte auch die spätere Verteilung der Lautwerte aš und dili auf das später liegende, der Lautwerte diš und gì auf das stehende Einerzeichen, sowie des Lautwertes i auf das liegende, iá neben í auf das stehende Zeichen für 5.

[2]) Der Form nach fällt dann also das Sarzeichen mit dem Zeichen für ḫi zusammen.

schieden sich alsdann voneinunder genau wie in unserem Zahlensystem nur durch ihre Stellung.

§ 290 β. Die Anordnung der Zahlen in dem geschriebenen System ist so, dass immer die grössere Zahl der kleineren vorangeht. Wo es nötig ist, wird der Platz der fehlenden Potenz (bez. der Potenzeiner und Potenzzehner) freigelassen. Ein besonderes Zeichen für die Null war nicht gebräuchlich.

Infolge dieser Anordnung der Einzelzahlen wie auch infolge des strikt durchgeführten Aufbaus des Systems nach Potenzen (§ 295) gestattet das geschriebene sumerische Zahlensystem genau die gleichen Rechenmethoden anzuwenden wie unser heutiges geschriebenes Zahlensystem.

§ 291 c. Parallele Zahlausdrücke sind nur für „eins" sicher bezeugt; vgl. z. B. Vok. Ass. 523 Kol. $1_{50\text{-}53}$, $3_{31\text{-}34}$ und 3_{66}, wo aš, ge, diš (bez. deš) und dili als Äquivalente des akkadischen išten aufgeführt werden. Wie sich jedoch diese Zahlformen ihrer Bedeutung, bez. ihrem Gebrauche nach zu einander verhalten, lässt sich noch nicht sicher feststellen. Dili ist vermutlich aus diši entstanden und nur lautlich von diš verschieden. Als reines Zahlwort ohne jede Nebenbedeutung scheint diš gebraucht worden zu sein; vgl. z. B. šar-gal-diš „1 Grosssar" (§ 300); bur-diš (Glosse bur-di-iš) „1 Buru", Vok. Ass. 523 Kol. 2_{69}; geme-diš-ám „ein Weib", Gudea, Zyl. A 3_{23}; beachte ferner auch die ursprüngliche Bedeutung „einer, einer" des Pluralelementes didli (< dildili) (§ 149). Aš(a) (Nebenform ušu) dagegen dürfte mehr die Bedeutung „einzig", „allein" haben; vgl. z. B. isag-aš-e... nu-... „kein einziger Fürst....", Gudea, Statue B 7_1; mu-aš-a „in einem einzigen Jahr", Gudea, Zyl. A 23_1, und beachte besonders die Verbindung aš(-a)-ni(-d) „er allein" (wörtlich „in seinem ein Einziger Sein"), ušu-zu(-d) „du allein" usw. (§ 309).

§ 292 d. Lautliche Besonderheiten der Zahlen.

α. In ú, ā, ḫú, ḫá „zehn", min und man „zwei", limmu und lammu (letzteres z. B. in dem Zeichennamen tab-lammu-bi-igi-gubbû „die vier einander gegenüberstehenden tab", 5 R 19 Nr. $3_{18.19}$) „vier", imin und umun „sieben", aša und ušu „einer" beachte den Wechsel der Vokale (§ 15), in imin und umun, aša und ušu, sowie in ussu „acht" auch das Prinzip der Vokalausgleichung (§ 19. 89), in nīn (< nimin, niwin) den Ausfall des m (w) zwischen zwei Vokalen und die Kontraktion der letzteren (§ 43. 25), in ninnû (< nīn-u) „fünfzig" die Kürzung des betonten langen Vokals und die Verdoppelung des folgenden Konsonanten (§ 28. 53), in minn-a-bi „die zwei“ (wörtlich „ihre Zweiheit“, „ihr Zweisein“), ešš-a-bi „die drei“, offenbar aber auch in limmu (< limm-a) „vier“ und ussu (< uss-a) „acht“ (§ 294) die Schärfung des auslautenden Wurzelkonsonanten vor einem Bildungselement (§ 51) und schliesslich in ú und ā neben ḫú und ḫá „zehn“ den Schwund des anlautenden ḫ (§ 46). Zu der vermutlichen Entstehung von dili < diš(i) „einer“ mit Übergang eines liquiden š in l s. bereits § 291 und vgl dazu auch § 83. Zu eš „drei“ neben peš (beš, weš) = šušlušu s. § 45.

β. Limmu „vier“ gibt in späterer Zeit, wenn ihm das Gene- § 293
tivelement -ak folgt, sein auslautendes u zu Gunsten des a von -ak auf; vgl. nig-úr-limm(u)-a(k) „die Vierfüssler“, wörtlich „das von vier Beinen“, 5 R 50 Kol. 1_{15}; Kol 2_{52}; CT 25 f. $_{44}$; esir-ka-limm(u)-a(k) „Strassenkreuz“, wörtlich „Strasse von 4 Mündern“, CT 19, 27 (K 2061. K 5452) Kol 2_7. Beachte jedoch auch § 294, nach welchem neben limmu (= limm-u) auch eine kürzere Form lim(m) bestand.

γ. Noch nicht mit völliger Sicherheit zu beurteilen ist die § 294
Erweiterung der Kardinalzahlen durch einen Vokal (in der Regel a), die sich vor allem in der Verbindung des Zahlwortes mit einem Possessivpronomen findet, wo das Zahlwort die Bedeutung eines Zahlabstraktums hat (§ 307 ff.).

Vgl. ennun-ešš-a-bi-ta (geschr. -eš-šá-bi-ta; Var. ennunn-a(k) eš-ám-bi-ta[1]) „in den drei Nachtwachen“, wörtlich „in der Dreiheit der Nachtwachen“, CT 16, 42 ff.$_{70}$; (geschr.) tukul-min-na-bi „die 2 tukul“, Yale Voc.$_{135}$; (geschr.) la-al-min-na-bi „die 2 lal“, ebenda$_{209}$; bar-te-en-min-na-bi „die 2 bar-tenû“, ebenda$_{296}$, und oft in den Zeichennamen; mu ká-gal-a(k) (Var. ká-gal) min-a-bi Mašgan-šabra^{ki} (Var. šà(g)-Mašgan-šabra^{ki}) mu-n-dū-a „Jahr (benannt danach), dass (Rim-Sin) die zwei grossen Tore in Mašgan-šabra erbaute“, Datum des 8 Jahres Rim-Sins (CDSA S. 26). Beachte auch die Form ušu (= uš-u < uš-a) in uš-u-zu(-d) „du allein“, wörtlich „in deinem ein einziger Sein“, 4 R 9 Vs.$_{53}$, wonach auch beispielsweise AŠ-ni „er allein“, HGT 66 Kol. 1_{1-3}, als (geschr.) aša-ni (< aš-a-ni-d) mit dem Lautwert aša für AŠ (vgl. die Glosse aš-a, HGT 111 Kol. 4_{23}) anzusetzen ist.

Vermutlich handelt es sich bei diesen erweiterten Formen um eine Bildung nach Art des abstrakten Verbalnomens auf -a (§ 693 ff.), indem z. B. ešš-a (= eš-a) „Dreiheit“, bez. „das Dreisein“,

[1]) Das m ist offenbar durch Auflösung von bb, das durch die Betonung des vorangehenden Vokals veranlasst worden ist, entstanden.

als die abstrakte Nominalbildung zu einem Verbum eš „dreisein“ gedacht ist, wogegen die Form eš möglicherweise als intransitives Nomen agentis „ein Dreiseiendes“ gefühlt wurde. Vgl. dazu auch das Nebeneinanderbestehen der Bildungen LAL und LAL-a beim intransitiven Partizipium (§ 687 und 712).

Für die Bildung LAL-a ausserhalb der Verbindung mit dem Possessivpronomen beachte die Umwandlung von -dil-dil(i), synkopiert -didli (= Pluralelement, wörtlich „einer, einer“, § 149) in -dil-dil-a unter den Nachfolgern Samsuilunas. Auch dili (< diši) neben diš „einer“ dürfte hiernach vielleicht selbst schon die Bildung LAL-a (dil-i < dil-a) darstellen,[1] und ebenso mag auch limmu „vier“ (< limm-a mit Übergang von a in u nach einer auf einen Lippenlaut endigenden Wurzel; § 723) als eine solche Bildung zu einem kürzeren lim(m) und lam(m) anzusprechen sein; vgl. zu dem letzteren z. B. šešlam, akk. kibrâtu „die (vier) Weltgegenden“, wörtlich wohl „die vier Brüder“, 2 R 47 Vs. Kol. 2_{27}. Ob auch ussu „acht“ vielleicht in uss-u (< uss-a) zu zerlegen ist, wobei us(s) möglicherweise eine Umbildung aus i-eš (= 5+3) darstellt, muss vorläufig noch dahingestellt bleiben. Für min „zwei“ findet sich auch ausserhalb der Zusammensetzung mit -bi die Form min-a in giš-u-min-a (geschr. -me-na, Glosse) „2 giš-u“, Vok. Ass. 523 Kol. 4_{14}; ebenso für imin imin-e in (geschr.) û(d)-imin-ne-èš (bez. -šù) „sieben Tage lang“, Gudea, Zyl. B 17_{19}. Stets in Gebrauch war nach den Glossen der Vokabulare in historischer Zeit die Bildung LAL-a bei dem Wort für „fünf“ i-a, zu dessen kürzerer Form i die Zusammensetzungen i-min „sieben“ (< 5+2) und i-limmu „neun“ (= 5+4), wie auch der Lautwert i des Zeichens i (ursprünglich die Zahl 5), und ferner der Lautwert í des Zeichens iá (ebenfalls die Zahl 5) in der akkadischen Schreibung von Igigi als ^{d}í-gî-gî zu vergleichen sind.[2]

§ 295 e. Das System der gesprochenen Zahlen.

α. Das sumerische Zahlensystem baut sich nicht wie das unsrige in Potenzen von 10, sondern in Potenzen von 60 auf; vgl. 60^0 (= 1) = diš, 60^1 (= 60) = geš, 60^2 (= 3600) = šár, 60^3 (= 216000) = šár-geš (= šar-gal?), 60^4 (= 12960000) = ?. Was die ursprüngliche Bedeutung der Potenzbenennungen anlangt,

---

1) Siehe jedoch auch § 23 und 89.

2) Eine Abstraktbildung eš-e von eš „drei“ liegt vielleicht auch vor in dem Namen des Flächenmasses eše (= akk. ebel, Vok. Ass. 523 Kol. $2_{1.2}$), welches den dritten Teil des bur beträgt; natürlich könnte hier eš-e „Dreiung“ nur den Sinn „Dritteiung“, „Drittel“ haben.

so bedeutet šár „Kreis" und geš vielleicht „Holz", „Stab" oder dergleichen; beide Potenzen sind demnach wahrscheinlich benannt nach den Zeichen, mit denen sie in der Schrift bezeichnet wurden (§ 28).

β. Innerhalb der 60 bilden jedoch die Zehner wieder Unter- § 296
abteilungen, und innerhalb der 10 muss ursprünglich eine solche auch die 5 (die Hand mit den fünf Fingern) gebildet haben, wie sich darin zeigt, dass 6, 7 und 9 (und vielleicht auch 8) durch Addition der kleineren Einer zu 5 gebildet werden (ia-aš = 5+1, ia-min = 5+2, ia-limmu = 5+4). Auch ninnû „50" ist durch Addition von 40 (= nimin, kontrahiert nīn) und 10 (u) entstanden, während in nimin 40 eine Multiplikation von 20 (= ni) und 2 (= min) vorliegt.

γ. Die Mehrheiten der Potenz géš „60" werden zunächst § 297
mit den Zahlen 2—10, welche géš als Modifikation nachgesetzt werden, (also bis zu geš-u „600") gezählt.

Vgl. die Glossen giš-limmu (= irbit šušî) „240", giš-ia (= ḫanšat šušî) „300", giš-āš „360", giš-umun „420", giš-ussu „480", giš-ilimmu „540", giš-ú „600", Vok. Ass. 523 Kol.$_{2.4.6.8.10.12.13}$; ES muš(geschr. mu-uš)-iá-bi „die 300", SBH 50 Rs.$_{24}$; ES muš(geschr. mu-uš)-ú-bi „die 600", ebenda$_{25}$.

δ. Geš-ú „600" dagegen wird nach Vok Ass. 523 Kol. 4_{14-17} § 298
wieder als eine Einheit betrachtet und die Mehrheiten davon durch Nachsetzung der Einer 2—5 gebildet.

Vgl. die Glossen: geš-ú-mena = šina nîr „1200", giš-ú-eš „1800", giš-ú-limmu „2400", giš-ú-iá „3000". Dazu stimmt einmal, dass auch im Akkadischen 600 (nêr, nîr) eine Einheit ist, und ferner, dass die Mehrheiten von geš-ú in der Schrift durch Wiederholung des Zeichens geš-ú bezeichnet werden.

ε. Die Saren werden nach CT 12, 24 Kol. 2 mit den nach- § 299
gesetzten Zahlen 1—60 gezählt.

Vgl. die Glossen: šar-ú „10 Saren", „36 000", šar-nis „72 000", šar-ušu „108 000", šar-nimin „144 000", šar-ninû „180 000", šar-geš „216 000", CT 12,24 Kol. 2_{1-6}. Ob sie von da an noch weiter gezählt wurden, ist aus den Keilschrifttexten nicht ersichtlich, beachte aber die Zahl 120 Saren, die Eusebius im Chronicon nach Berosus für die Regierungszeit der vorsintflutlichen Herrscher gibt. In der Regel wird man wohl aber, wenn das šar-gal mit dem šar-geš identisch ist, nach šargal weitergezählt haben.

ζ. Die Potenzeinheiten géš „1 Schock" und šár „1 Sar" § 300
werden wahrscheinlich gelegentlich auch mit dem Zahlwort diš

„eins“ zu geš-diš „1 Schock“ und šar-diš „1 Sar“ verbunden worden sein.[1] Blosses šár wird erwiesen durch 1 šár-ám „(3600:) 1 = 3600“, BE XX 1 Nr. 24 Kol. 6_1. Häufiger dürfte dagegen vielleicht šar-gal, offenbar weil es infolge seiner Zusammensetzung mit dem Adjektiv seinen Substantivcharakter besser bewahrt, mit dem Zahlwort 1 verbunden worden sein; vgl. die Glosse šar-gal-diš „1 Grosssar“, CT 12, 24 Kol. 2_7.

§ 301 η. Über die Art und Weise der additiven Verbindung von Zahlen verschiedener Grade, wie beispielsweise der Einer mit den Zehnern, Sechszigern usw. lässt sich bis jetzt noch nichts Genaues sagen; vor allem auch nichts über die Frage, ob entsprechend der Anordnung der Zahlen in dem geschriebenen Zahlensystem auch in der gesprochenen Sprache stets die grössere Zahl vor der kleineren, oder umgekehrt die kleinere Zahl stets oder vielleicht auch nur teilweise vor der grösseren steht. Man beachte aber, dass im erstgenannten Fall es nicht möglich wäre zu unterscheiden, ob die Zahlen additiv oder multiplikativ zu verbinden sind; vgl. z. B. geš-u, welches multiplikativ „600“ (= 60 × 10; s. § 297) bedeutet, additiv aufgefasst aber „70“ (= 60 + 10) bedeuten würde.[2]

§ 302 f. Der Numerus beim Zahlwort.

Der gezählte Gegenstand steht nicht nur bei den Wörtern für „eins“, sondern auch bei den übrigen Zahlwörtern im Singular (§ 134). Die Pluralidee wird also bei den Zahlen nicht besonders ausgedrückt, offensichtlich deswegen, weil sie bereits in den über eins hinausgehenden Zahlbegriffen enthalten ist. Beispiele siehe in den folgenden Paragraphen.

§ 303 g. Stellung der Zahl.

α. Unter gewöhnlichen Umständen steht die Kardinalzahl als adjektivische oder genauer als substantivisch-appositionelle Modifikation dem Substantivum nach.

Vgl. šà(g)-lù-šar-ta šu-ni ba-(n-)ta(-n)-díb „aus 3600 Menschen griff ihn seine Hand heraus“, Entemena, Stalagmitgefäss 1_{10}; sà(g)-

---

[1]) Vgl. auch die Bezeichnung des Flächenmasses „1 bur“ als bur-diš (Glosse bur-di-iš, Vok. Ass. 523 Kol. 2_{69}) und bur(u) (Glosse bu-ru), CT 12, 1 ff. Kol. 2_{37}.

[2]) Statt durch eine verschiedene Stellung mag vielleicht, wenigstens bei kleineren Zahlen, die allein für das multiplikative Verhältnis in Betracht kamen, das additive Verhältnis durch eine Postposition (etwa -šù „zu—hinzu“) ausgedrückt worden sein, wie andererseits natürlich auch das multiplikative Verhältnis, wenn es nötig war, mittels ara „Mal“ oder dgl. hätte verdeutlicht werden können.

lù-šar-ta šu-ni e(m)ma-(n-)ta(-n)-díb „aus 36000 Menschen griff ihn seine Hand heraus", Urukagina, Kegel BC $8_{5.6}$; sà(g)-lù-šar-geš-ta šu-ni ba(-n)-ta-n-díb „aus 216 000 Menschen griff ihn seine Hand heraus", Gudea, Statue B $3_{10.11}$; na-in in-é-e-URUDUb-a-bi „seine sieben im Tempel aufgestellten Stelen", Gudea, Zyl. A Kol. 29_1; dumu-maš-imin-ᵈBau(-k)-me(š) „die sieben Zwillingskinder der Bau", Gudea, Zyl. B Kol. 11_{11}; û(d)-imin-ám še la-ba-ḫar „sieben Tage lang wurde kein Getreide als Zins gegeben",[1] Gudea, Statue B 7_{30}; ríg,-ur-sag-ēš,-šù mu-na(-n)-dím „zu einem Streitkolben, einem Löwen mit drei Köpfen, verarbeitete er ihn", Gudea, Streitkolben A $3_{3.4}$; mu alam-11-kù(g)-babbar ù alam-1-guškin é-ᵈUtu(-k)-šù i-ni(-n)-tur-e „Jahr (benannt danach), dass (Sin-ikišam, der König) elf silberne Statuen und 1 goldene Statue in den Tempel des Šamaš gebracht hat", Datum Sinikišams, CDSA S. 20.[2]

β. In Listen und in listenmässigen Aufzählungen, z. B. in Wirtschaftstexten, Geschäfts- und Rechtsurkunden usw., hat sich dagegen die Gepflogenheit entwickelt, die Zahl vor das Substantiv zu setzen, wodurch sie fast stets auch an den Anfang der Zeile zu stehen kommt. Es ist das natürlich Geschäftsstil und darin begründet, dass die an den Anfang der Zeilen gesetzten Zahlen besser übersehen und summiert werden können.[3] § 304

Vgl. ¹48-ùz, ²26-SAL.ÁŠ.GÀR, ³11-maš-gal, ⁴29-más-NITA usw. „48 Mutterziegen, 26 junge Ziegen, 11 ......, 29 Böckchen" usw., UDT 77_{1-4}; 1-gû(d)-še, 1-udu-zal, 3-udu-še, 6-udu-nita, 2-sil „1 Mastochse, 1 ... Schaf, 3 Mastschafe, 6 Schafböcke, 2 Lämmer", Gudea, Statue G 3_{8-12}. Vgl. auch in nachsumerischer Zeit mu 11-alam-kù(g)-babbar ù 1-alam-guškin é-ᵈUtu(k)-šù i-ni-n-tur-a „Jahr (benannt danach), dass er 11 silberne Statuen und eine goldene Statue in den Tempel das Šameš brachte", Datum Sinidinnams, CDSA S. 20 (neben alam-11 -kù(g)-babbar ù alam-1-guškin).

Bei Massen und Gewichten hat sich die Voranstellung der Zahl so eingebürgert, dass sie auch in der gewöhnlichen Sprache üblich geworden ist. So finden sich z. B. für das Sila, Gur, Karû, das Talent und die Mine bis jetzt nur Beispiele mit vorangestellter Zahl; vgl. šar-nimin-gūr-gal „144 Grosskarû", Entemena, § 305

---

¹) Oder „wurde kein Getreide gemahlen".

²) Zur Variante siehe unten.

³) Aus dem gleichen Grunde setzt auch der heutige Geschäftsmann in Rechnungen, in der Buchführung usw. die zu addierenden Zahlen stets an die Enden der Zeilen und in der Regel auch die Geldbezeichnung usw. vor die Zahl; vgl. ℳ 30.50, $ 7.50, £ 15 usw.

Kegel 2_{25}; 1-gur-ām „1 Kor", ebenda 2_{21}; 70-še-gur „70 Kor Getreide", Ur-Nina, dreieckige Platte 3_{9}; 60-gun giš-ma-nu „60 Lasten (Talente) Eruholz", Gudea, Statue G 6_{12}; 24-mana-sìg „24 Minen Wolle", TT 288_{2}. Bei einzelnen Massen dagegen lässt sich noch die Umstellung der Zahl geschichtlich verfolgen; so ist beispielsweise bei kūš „Elle", šu-bad „Spanne" und gìn „Sekel" in älterer sumerischer Zeit noch die Nachsetzung der Zahl üblich; vgl. kūš-5-ām „5 Ellen", Eannatum, Geierstele 5_{9}; kūš-5, šubad-1 „5 Ellen und 1 Spanne", ebenda 5_{12}; kù(g)-gìn-5-ām „5 Sekel Silber", Ovale Platte 1_{21}; kù(g)-gìn-1-ām „1 Sekel Silber", ebenda 2_{19}; erst unter den späteren Fürsten von Lagaš wird sie vorangestellt; vgl. 10-kūš-ám „10 Ellen", Ur-Bau, Statue 3_{4}; 30-kūš-ám „30 Ellen", ebenda 3_{6}; gis-erin gid-bi 60-kūš „Zedern, deren Länge 60 Ellen", Gudea, Statue B 5_{30}. Bei einigen Massen, bez. Massbegriffen, hat sich jedoch die Nachsetzung der Zahl stets gehalten; vgl. z. B. ban(d)-min „2 Bat", „2 Sutu", Yale Voc.$_{274}$; ban(d)-eš „3 Bat", ebenda$_{275}$; bur-min „2 Bur", CT 12, 1ff. Kol. 3_{24}; bur-eš „3 Buru", ebenda Kol. $4_{3.4}$, usw.

§ 306 γ. Inwieweit die Zahl gelegentlich auch aus anderen Gründen vorangestellt wurde, lässt sich noch nicht immer mit Sicherheit bestimmen. So mag beispielsweise Voranstellung der Zahl üblich gewesen sein, wenn die Zahl besonders hervorgehoben werden sollte. In 7-ká-bi „seine 7 Tore" (oder „diese 7 Tore"), HGT 75 Kol. 2_{30}, und 7-giš-ig-giš-er[in-bi?] „seine 7 Zederntüren", ebenda Kol. 3_{5}, ist die Zahl vielleicht deswegen vorangestellt, damit sofort zu erkennen ist, dass das Pronomen mit dem gezählten Substantiv und nicht mit der Zahl verbunden werden, also nicht etwa ká(-k) imin-bi „die sieben Tore" (§ 307) gelesen werden soll.

§ 307 h. Als Substantiv (in der Bedeutung „Dreiheit", „Vierzahl" u. dgl.) kann die Kardinalzahl, bez. das nach § 294 von ihr durch Anfügung von -a gebildete Abstraktum (z. B. ešš-a „Dreizahl") mit dem pluralischen Genetiv und dem pluralischen Possessivpronomen (also beispielsweise zu ešš-a-bi „ihre Dreiheit") verbunden werden; u. z. deutet diese Verbindung an, dass die gezählten Personen oder Gegenstände eine bestimmte zusammengehörige Anzahl bilden; die Verbindung hat deshalb auch stets determinierende Kraft. Vgl. z B. das häufige imin-anene, imin-bi, iminbine, imin-binene „ihre Siebenzahl", „die Sieben", nämlich die bekannten sieben bösen Dämonen, ASK 9 Vs.$_{10}$, CT 16, 19 ff.$_{27.142}$ (u. o.).

Der mit dem Zahlbegriff verbundene Genetiv steht, da er § 308 logisch den Hauptbegriff darstellt, stets voran, muss aber nach § 161 durch das Possessivpronomen wieder aufgenommen werden.

Vgl. ^{d}ubd-a(k) limmu-bi „die vier Weltgegenden", wörtlich „der Weltgegenden Vierzahl", z. B. in lugal-^{d}ubd-a(k)-limmu-b(i-)a(k) „König der vier Weltgegenden", Šu-Sin, Gewicht$_{5}$; Siegel A 1_{4} (u. o.); ES dimmer-gal-gal ninnû-nene, dimmer-nam-tarr-a(k) imin-(a)nene, (dingir-)a-nunn-a(k)-ann-a(k) muš-iá-bi, (dingir-)a-nunn-a(k)-ki-a(k) muš-ú-bi „die 50 grossen Götter, die 7 Götter, durch die das Schicksal bestimmt wird, die 300 Anunnaki des Himmels und die 600 Anunnaki der Erde", SBH 50 Rs.$_{22-25}$.

Die entsprechende Verbindung des Zahlwortes aš „eins" § 309 „Einzahl", bez. des Abstraktums aš-a mit dem Possessivpronomen, also beispielsweise aš-ni (aš-a-ni) „seine Einzahl", „seine Einheit", dient zum Ausdruck des Begriffes „er allein, „sie allein" usw. Sichere Beispiele für den selbständigen Gebrauch dieser Verbindung als Subjekt oder Objekt, bez. auch als substantivische Apposition, lassen sich jedoch wenigstens bis jetzt nicht nachweisen; wie in dem allerdings späten aša-na (< aš-a-ni-a) und aga-ba (< aga-bi-a) „in seinem ein einziger Sein" = „er allein" werden wohl auch in aša-ni, aša-zu usw. postpositionelle Verbindungen vorliegen, also beispielsweise das erstere als aš-a-ni(-d) (< aš-a-ni-da) „in seinem ein einziger Sein", akk. edišśišu, aufzufassen sein.

Vgl. ^{d}Enlil aš(-a)-ni(-d) dingirr-am „Enlil allein ist Gott", HGT 66 Kol. 1_{1-3}; ES umun-an-ki-a-aš(-a)-ni(-d)-maḫ-ám „der Herr, der im Himmel und auf der Erde allein erhaben ist", 4 R 9 Vs.$_{1}$; mae aš(-a)-mu(-d) „ich allein", Br. 17; ES zae ušu-zu (< aš-a-zu-da) maḫ-men (!) „du allein bist erhaben", 4 R 9 Vs.$_{53}$; aga-zu(-d) nam-en-bi â-a-b „du allein herrsche über sie", RA XI S. $144_{36(=18)}$; šam-... - edinn-a - aš(-a)-n(i-)a - mă-a „das ... - Kraut, das in der Steppe allein wächst", 4 R 3 Kol. 1_{32}; aga-b(i-)a „er allein", 5 R 30_{28cf} (Vokabular).

2. Das Distributivverhältnis.

a. Das Distributivverhältnis bei der Kardinalzahl wird durch § 310 postpositives -ta (später gewöhnlich mit hervorhebendem -ám, also durch -ta-ám) ausgedrückt. Dieses -ta (bez. -ta-ám) wird aber nicht etwa der Zahl als solcher, sondern dem ganzen unter das Distributivverhältnis fallenden Komplex angefügt. Sein genauerer Charakter (= Postposition -ta oder mit dem dialektischen Fragewort ta „was?“ zusammenhängend?) ist noch nicht festzustellen.

Vgl. 6-ḫar-kù(g)-babbar 7-gìn-ta; 7-ḫar-kù(g)-babbar 10-gìn-ta, 1-ḫar-kù(g)-babbar 7-gìn, 1-ḫar-kù(g)-babbar 5-gìn „6 Silberringe von je 7 Sekel“; 7 Silberringe von je 10 Sekel; 1 Silberring von 5 Sekel“, CT 32, $25_{1.8.11.14}$ (Dynastie von Ur); 7-.... 30-mana-ta; 1-.... 18-mana „7 .... von je 30 Minen; 1 .... von 18 Minen“, CT 7, $21a_{1-3}$ (Amar-Sin); X ù Y-ke Z-adda-nene-ra id-a $^{1}/_{5}$*gur*-še-ta-ám $^{1}/_{3}$-sila- ià-giš-ta-ám, mu-a-ám 3-mana-siki-ta-ám šeba ià-ba ù siki-ba i-nna-b-kallag-ene „X und Y werden ihrem Vater Z eine Getreide-, Öl- und Wollrente von je $^{1}/_{5}$ Kor Getreide und $^{1}/_{3}$ Sila Öl im Monat und von je 3 Minen Wolle im Jahr zahlen“, UPUM 1 Nr. 16_{18-22}; á-bi ū(d)-1-kam bàn(d)-še-ta-ám a-n-ágg-a „als Lohn (Miete) für ihn wird er pro Tag 10 Sila Korn zahlen“, 5 R 25 Kol. 4_{20-22}; á-bi ida-šù $^{1}/_{5}$*gur*-bàn(d)-min-še-ta-ám al-ág-e „als Miete für ihn wird er für den Monat je 80 Sila Korn zahlen“, BE VI 2 Nr. 5_{8-10} (Samsuiluna); bal-nam-lugall-ak-ani(-d) 3-še-gur-ta 12-mana-siki-ta ... kù(g)-babbar-1-gìn-e ḫe-(i-)b-da-sâ „während meiner königlichen Regierung sollen je 3 Kor Getreide, je 12 Minen Wolle usw. für einen Sekel Silber gekauft werden“, Singašid, Tonnagel_{15-20}.

§ 311 b. Ein Akkadismus dagegen ist die Bezeichnung des Distributivverhältnisses durch Doppeltsetzung des betreffenden Wortkomplexes.

Vgl. $2^{2}/_{5}$-še-gur, 3-mana-siki, 3-sila-ià.giš á-mu-a(k)-šù, $2^{2}/_{5}$-še-gur, 3-sila-ià-giš, 3-mana-siki á-mu-a(k)-šù X ù Y Z,-adda-nene,-ra i-nna-b-kallag-ene „$2\,^{2}/_{5}$ Kor Getreide, 3 Sila Öl und 3 Minen Wolle pro Jahr werden X und Y ihrem Vater Z liefern“, BE VI 2 Nr. 28_{19-25} (Samsuiluna).

3. Das multiplikative Zahladverbium.

§ 312 a. Die Zahladverbien „einmal“, „zweimal“ usw. werden ganz analog dem Deutschen mittels des Substantivums ara (geschr. a-rá)[1] „Mal“, wörtlich „Gang“, und der Kardinalzahl, also beispielsweise als ara-1 „ein Mal“, einmal“, ara-min „zweimal“ usw. gebildet.

Vgl. ara-imin-ám kuš-lù-bi-ke u-me-ni-šéš „siebenmal salbe den Körper dieses Menschen“, 4 R 26 Nr. 7_{19}.

§ 313 Beachte besonders die Verbindung ara-diš ara-min „ein paar Mal“, „einige Male“, wörtlich „einmal (und) zweimal“, z. B. in ara-diš ara-min i-n-ši-n-zu, la-ba-n-ši-gin „ein paar Mal hat er ihn gewarnt; er aber hat nicht nachgegeben“, 2 R 14f. Kol. 4_{29}.

---

[1]) Oder a-du?

Wie das deutsche „einmal" usw. wird auch ara-diš, ara-min usw. beim Rechnen zum Ausdruck der Multiplikation verwendet. Vgl. z. B. BE 1 Nr. $5_{1\,ff.}$: § 314

ara-1	18	„1 × 18 = 18"
ara-2	36	„2 × 18 = 36"
ara-3	54	„3 × 18 = 54" usw.

Die ursprüngliche, ungekürzte Formel lautete natürlich 18 ara-1 18-ám „einmal acht ist acht".[1] In zusammenhängendem Text: imin-ameš, imin-ameš; imin-ara-minn-ameš „sieben und sieben, zweimal sieben sind sie", CT 16, 12 Kol. 5_{36}; KA-KEŠ-imin-ara-min-ám u-me-ni-kéš „mit zweimal sieben Banden binde sie", CT 17, 19ff.$_{77\text{-}232}$.

b. Auch die Quadrierung wurde (wie im Deutschen) gewöhnlich mit der einfachen Multiplikationsformel ausgedrückt. Vgl. z. B. § 315

1 ara-1	1	„1^2 = 1"
2 ara-2	4	„2^2 = 4"
3 ara-3	9	„3^2 = 9"

usw., 4 R^2 37 Kol. $1_{1ff.}$;[2] in zusammenhängendem Text: imin ara-imin gû(d)-še udu-še sizkur-.... igi-^{d}Nintur-a(k)-šù ..... „siebenmal sieben gemästete Rinder und Schafe brachte ich als Opfergabe vor Nintu", HGT 75 Kol. 3_{27}.

Daneben aber war im Schulrechnen auch die Formel x-e y i-b-DI (geschr. íb-DI), die offenbar gleichzeitig auch als Formel für die Operation des Quadratwurzelziehens benutzt wurde, in Gebrauch: Vgl. § 316

1-e 1 i-b-DI	„1^2 = 1"
4-e 2 i-b-DI	„2^2 = 4"
9-e 3 i-b-DI	„3^2 = 9"

usw., 4 R^2 37 Kol. $2_{1ff.}$; 900-e 30 i-b-DI; 961-e 31 i-b-DI; 1024-e 32 i-b-DI „30^2 = 900; 31^2 = 961; 32^2 = 1024" usw., BE XX 1 Nr. $28_{1ff.}$.

c. Die Kubierung wurde mittelst der Formel x-e y ba-DI-e bezeichnet. Vgl. § 317

1-e 1 ba-DI-e	„1^3 = 1"
8-e 2 ba-DI-e	„2^3 = 8"
27-e 3 ba-DI-e	„3^3 = 27"

[1]) Beachte gegenüber dem Deutschen die umgekehrte Stellung der Faktoren.

[2]) Man würde allerdings, da Kol. 2 und 3 die Quadrierung und Kubierung behandeln, erwarten, dass in Kol. 1 die einfache Multiplikationsreihe gegeben würde.

usw., 4 R^2 37 Kol. $3_{1ff.}$. Die genaue Erklärung dieser Formel wie auch der Formel für die Quadrierung steht noch aus. Die Kubierungsformel dürfte wohl verkürzt sein.

4. Die Ordnungszahlen.

§ 318 a. Von der Grundzahl wird die Ordnungszahl gebildet durch Anfügung von -kam, -kamma, -kammak.

§ 319 α. Analyse.

Das Element -kam setzt sich wahrscheinlich aus dem Genetivelement -k und dem identifizierenden Element -(a)m „er ist", „welcher ist", zusammen, sodass beispielsweise û(d)-min-kam „der zweite Tag" ursprünglich „der Tag (welcher) der Zwei (ist)", „der Tag der Zwei" bedeutete. In der hier vorliegenden Gentilizialbedeutung des Genetivs (s. § 168) entspricht dieser, bezw. die Verbindung -k-am, vollständig dem -in-dschi, durch dessen Anfügung an die Grundzahl das Türkische die Ordinalzahl bildet (vgl. z. B. bir-in-dschi „der erste", ursprünglich „der der Eins"), und in gewissem Sinne auch der Gentilizialendung -î der hebräischen Ordinalia. In min-kamma liegt vermutlich eine Angleichung des scheinbaren Adjektivs min-kam an die Form des intransitiven Verbaladjektivs LAL-a vor, während min-kamm-ak oder min-kamm-a-k vielleicht eine neue Gentilizialbildung von dem Ordinale min-kam oder min-kamm-a darstellt, ähnlich wie im Äthiopischen šâlesâwî „dritter" von (und neben) šâles „der dritte". Möglich ist natürlich aber auch, dass das zweite k von min-kammak- lediglich zur Vermeidung eines Hiatus beim Antritt vokalisch anlautender Bildungselemente an min-kamm-a dient, ähnlich wie nach -da „mit" (§ 50). In nachsumerischen Texten wird die Form -kammak nicht mehr gebraucht.

§ 320 β. Beispiele.

Zu kam: 1-udu Enlitarzi(-k?) ki-gú-k-a ba-šā(g), û(d)-1-kam; 1-sila Enlitarzi(-k?) ki-a-NAK-a ba-šā(g), 1-udu Dudu-sangu(-k?) é-ki-sila-k-a ba-šā(g), ûd-2-kam usw. „1 Schaf für Enlitarzi wurde im .... geschlachtet: 1. Tag (des Festes der ·au); 1 Lämmchen für Enlitarzi wurde an der Tränkstelle geschlachtet; 1 Schaf für den Priester Dudu wurde im E-kisila geschlachtet: 2. Tag" usw., RTC 46 Kol. 1_1—2_6; ähnlich û(d)-1-kam, û(d)-min-kam bis û(d)-imin-kam in RTC 47 Kol. 1_1—8_8, (aus der Zeit Lugalandas).

Zu -kammak-: û(d)-10-kammak-a (geschr. û(d)-10-kam-ma-ka) „am zehnten Tage", NFT S. 213 Kol 2_2 (Urukagina); û(d)-iminkammak-a „am siebenten Tag", Gudea, Zyl. A 23_4; û(d)-5-kammak-a „am fünften Tage", RA IX S. 99 Z. 17 (Utu-ḫegal); min-kammak-a „zum zweiten Mal" oder „zweitens", RTC 19 Kol. 3_1 (Lugalanda); NFT S. 214 Kol. 3_9 (Urukagina).

Zu -kamma oder -kamma(k): pagibilga-5-kamma-mu „mein fünfter Vorfahre", LIH 98.99_{55} (Samsuiluna); šà(g)-itu-min-kamma-ta „innerhalb des zweiten Monats", $ebenda_{59}$; ká-1-kamma(-a) tū(r)-tū(r)-(e)d-a-ni(-d) „als sie in das erste Tor eintrat", HGT 23 $Rs._8$; ká-min-kamma(-a) tū(r)-tū(r)-(e)d-a-ni(-d), ebenda $Rs._{13}$; dumu-min-kamma-ni (oder -min-kamm-ani) „sein zweiter Sohn", RTC 76 Kol. 2_4 (vor der Dynastie von Akkad), usw.

γ. Merke besonders die Verbindungen von ara (geschr. a-rá) § 321 „Gang" mit der Ordinalzahl in der Bedeutung „das so und so vielte Mal"; in der Regel wird aber ara weggelassen und die blosse Ordinalzahl in der angegebenen Bedeutung gebraucht.

Vgl. ara-min-kam Ibmal ba-šub „ein zweites Mal verfiel das Ibmal", HGT 6_2; ará-ēš-kam „ein drittes Mal", $ebenda_8$; ara-iá-kam „ein fünftes Mal", HGT 7_5; bei Gudea ohne ara: min-kamma „ein zweites Mal", Gudea, Zyl. A 6_8 8_2, und min-kam, ebenda 5_2.

„Zum so und so vielten Male" wird in älterer Zeit durch § 322 ...-kammak- und Lokativ-a, später durch ...-kamma, bez. ara-...-kamma, und -šù ausgedrückt.

Vgl. min-kammak-a „zum zweiten Mal", RTC 19 Kol. 3_1 (Lugal-anda); NFT S. 214 Kol. 3_9 (Urukagina); min-kamma(k?)-šù, „zum zweiten Mal", Gudea, Zyl. A Kol. 9_5; HGT 20 $Rs._{40}$; 25 Kol. 1_{36}; limmu-kamma-šù „zum vierten Mal", ebenda Kol. 2_{37}; āš-kamma-š (also -kamma vokalisch auslautend) „zum sechsten Mal", ebenda 3_{40}; ara-min-kamma-šù „zum zweiten Mal", 4 R 7 Kol. 1_{21}.

b. Am Anfang von Aufzählungen wird statt diš-kamma § 323 „erster" auch 1-ám (= DIŠ-ám) und ušu-ám „einer (von ihnen)", „der eine" gebraucht.

Vgl. imin-ká-bi ....: 1-ám ká-maḫ ...., min-kamma ká- ...., ēš-kamma ká-..., usw. „seine 7 Tore ....: das erste, das „Erhabene Tor", ...; das zweite, das Tor....; das dritte, das Tor ....", usw. (bis zum siebenten Tor), HGT 75 Kol. $2_{30ff.}$; 7 giš-ig-giš-erin ....: 1-ám ...., min-kamma .... „sieben Türen aus Zedernholz ....: die erste ....; die zweite ....", usw. (bis zur siebenten Tür), ebenda Kol. $3_{5ff.}$; imin-bi-ta ušu-ám im-gal[lu ...], min-kamma...., ēš-kamma...., usw. „unter den Sieben ist der eine ein Südsturm, der zweite ein ...., der dritte ein ..." usw., CT 16, $19_{12ff.}$.

c. „Erster" im Sinne von „oberster" usw. wird nicht § 324

mit einem Zahlwort, sondern mit Hilfe von Adjektiven wie maḫ, gal usw. ausgedrückt. Vgl. z. B. sukkal-maḫ „Premierminister", „Grosswesir".

§ 325 d. Bei selbständigem Gebrauch des Ordinales, d. h wenn das Vorhergehende oder Folgende, zum mindesten aber das Folgende nicht genannt wird, kann „zweiter" auch durch das intransitive Verbaladjektiv ús-a, bez. úss-a (geschr. ús-sa) „der folgende", und „der (bez. das) dritte" durch ...-úss-a ...-úss-a-bi, (= úss-a(-k) úss-abi) „vom folgenden der (bez. das) folgende" ausgedrückt werden.[1]

Vgl. die Datenformeln für die drei auf einander folgenden Jahre: mu Kimaš^{ki} ba-ḫul „Jahr: Kimaš ist zerstört worden", 56. Jahr Šulgis;[2] mu-úss-a Kimaš^{ki} ba-ḫul „Zweites Jahr: Kimaš wurde zerstört", 57. Jahr; mu-úss-a Kimaš^{ki} ba-ḫul, mu-úss-a-bi „Drittes Jahr: Kimaš ist zerstört worden" (wörtlich „das zweite Jahr: Kimaš ist zerstört worden, dessen zweites Jahr"), 58. Jahr (SAK S. 263, mit Anm. r)[3]; das gleiche Schema wird angewendet auch für das 49.-51. Jahr Šulgis (ebenda S. 231) und das 12.-18. Jahr Šu-Sin's (ebenda S. 234). Aus nachsumerischer Zeit vgl. mu é-maḫ-^{d}Nanna(-k) ba-dū „Jahr: das erhabene Haus des Nanna wurde gebaut" (= 5. Jahr Sumuabu's); mu-úss-a é-maḫ-^{d}Nanna(-k) ba-dū „Zweites Jahr: ...." (= 6. Jahr Sumuabu's); mu-uss-a uss-a-bi é-maḫ-^{d}Nanna(-k) ba-dū „Drittes Jahr: ...." (= 7. Jahr Sumuabu's), LIH 101 Kol. 1_{5-7}; ebenso beim 3.-5. Jahr Sumulails, ebenda Kol. 1_{18-21}, und dessen 13.-15. Jahr, ebenda Kol. 1_{28-30}, wie auch beim 18.-30 Jahr Samsuilunas, Datenliste, VS XII 105 Rs.$_{7-9}$.[4]

---

[1]) Bei Beziehung auf eine Person natürlich auch úss-a(-k) úss-a-ni.

[2]) Nach der Zählung in SAK des 44. Jahr.

[3]) Beachte auch die umständlicheren, aber logisch richtigeren Formeln mu-úss-a mu Simurum^{ki} Lulubum^{ki}, ara-9(geschr. 10 lá 1)-kamma-š ba-ḫul „das auf das Jahr: „Simurum und Lulubum wurden zum neunten Mal zerstört" folgende Jahr", CT 5, 29 ff. Kol. 12_{29-32} (CT 1, 48 Kol. 4), und mu ^{d}Šulgi(r)-....,-lugal-^{d}ubd-a(k)-limmu-b(i)-ak,-e Kimaš^{ki} .... mu(-n)-ḫul, mu-úss-a-bi (geschr. mu-ús-sa-a-bi) „das auf das Jahr „Šulgi, der König der vier Weltgegenden, zerstörte Kimaš" folgende Jahr" CT 5, 25 f. Kol. 8_{6-15}.

[4]) In nachsumerischer Zeit waren sich viele Schreiber der eigentlichen Bedeutung und der grammatischen Konstruktion von úss-a úss-a-bi nicht mehr recht bewusst (oder sie erlaubten sich abweichende Neubildungen); so wird z. B. in Datenliste LIH 101 Kol. 4_{24}: mu-úss-a-úss-a á-á[gg-a], falls hier nicht lediglich versehentliche Auslassung von -bi vorliegt, ein reduplziertes Adjektiv úss-a-úss-a „dritter" gebildet; beachte ferner in der Formel der Urkunde BE VI 2 Nr. 86: mu Samsuiluna-lugal-e úss-a úss-a-bi

e. Eine Ordinalbildung für sämtliche Zahlen mittels der Formel ki-x-úss-a „an Platz soundso viel folgender", also beispielsweise als ki-5-úss-a „an Platz 5 folgender", „an fünfter Stelle folgender", „fünfter", tritt uns in den nach der Einnahme von Isin benannten Daten Rim-Sins von Larsam entgegen. § 326

Vgl. mu-ki-3-úss-a Isin^ki ba-díbb-a „drittes Jahr nach der Eroberung von Isin", UPUM VIII 1 Nr. 57; mu-ki-8-úss-a Isin^ki ba-díbb-a „achtes Jahr" usw., ebenda Nr. 56; mu-ki-29-úss-a Isin^ki ba-n-díb, Str. W. 19.[1]

Häufig wird auch úss-a weggelassen und beispielsweise nur ki-ēš „dritter" „an dritter Stelle (stehender)" gebildet. Die ursprünglich adverbielle Bestimmung ki-... „an soundsovielter Stelle" ist hier also zum Adjektiv geworden; beachte dazu den ganz entsprechenden Vorgang in dem akkadischen ašar-êdu „erster". § 327

Vgl. mu-ki-10 Isin^ki ba-n-díbb-a „zehntes Jahr nach der Eroberung von Isin", UPUM VIII 1 Nr. 43; mu-ki-5 Isin ba-díbb-a, UPUM VIII 1 Nr. 78; mu-ki-min ^giš tukul-maḫ-An-^d Enlil-^d Enkig-a(k)-ta, VS XIII Nr. 66.

Ki-min, ki-3, ki-4 usw. werden auch als Wiederholungswörter, bez. als Wiederholungszeichen gebraucht. Auch hier liegt wohl eine Kürzung aus ki-min-úss-a usw. „an zweiter Stelle folgendes", „noch einmal folgend" (oder dgl.) vor.[2] § 328

á-ágg-a-^d Enlill-a(k) die ungewöhnliche Stellung von úss-a úss-a-bi. Besonders auffällig aber ist, dass die Datenliste der Dynastie von Larsam (CDSA S. 52ff.) sogar dem blossen úss-a-bi die Bedeutung „dritter" im Gegensatz zu úss-a „zweiter" zuschreibt; vgl. mu ugnim-Kiši^ki(-k) [^giš tukul ba(-n)-sīg] „Jahr: das Heer von Kiš wurde geschlagen" (= 11. Jahr Sumuilu's); mu-úss-a ugnim-Kiši^ki usw. (= 12. Jahr Sumuilus); mu-úss-a-bi ugnim-Kiši^ki usw. „Drittes Jahr: das Heer von Kiš wurde geschlagen" (= 13. Jahr Sumuilu's) Kol. 1~56-58~; das gleiche Schema auch 1~53-55~ (8.-10. Jahr), 1~59-61~ (14.-16. Jahr; es folgt noch mu-4-kamma, mu-5 kamma), 1~64-66~ (19—21. Jahr), 1~68-70~ (23.—25. Jahr Sumuilus), 4~8-25~ (31.—33. Jahr Rim-Sin's). Ob auch die Originalurkunden der Larsamzeit in Larsam die irrtümliche Formel mu-úss-a-bi verwendeten oder ob diese lediglich eine Eigentümlichkeit der im 39. Jahre Hammurabis geschriebenen Datenliste war, lässt sich noch nicht mit Sicherheit feststellen; die bisher aufgetauchten 5 Formeln des dritten nach der Einnahme von Isin benannten Jahres, von denen zwei aus Larsam und 3 aus Nippur stammen, verwenden die in § 326ff. beschriebenen Formeln.

1) Mit irrtümlicher Umstellung: mu-úss-a-ki-min, UPUM VIII 1 Nr. 71; mu-úss-a-ki-18, Str. W. 7. 8; 4 R 36 Nr. 11.

2) Später wird ki-min, ki-eš usw. als Wiederholungszeichen in min, eš usw. verkürzt und diese Zahlen schliesslich alle durch min „zwei" ersetzt.

Vgl. z. B. CT 29, 44_{13-14}:

dŠUL	ŠU (= dŠUL)
dŠUL-AN	ki-min
dUH-AN	ki-ēš
dKUR	ki-limmu

§ 329 f. In den Daten Rim-Sins findet sich in den Urkunden aus Kutalla und Larsam (nicht aber in denen aus Nippur) bei der Zählung der Jahre schliesslich auch die Kombination úss-a,-x-kam, in den Urkunden aus Larsam auch úss-a,-x-kamma „das folgende, xte".

Vgl. mu-úss-a-6-kam Isinnaki ba-n-díb (Hülle i-n-díbb-a) „Sechtes Jahr (nach) der Eroberung von Isin", Str. W. 9 (10); mu-úss-a-7-kam gištukul-maḫ- dAn- dEnlil- dEnkig-a(k)l-ta usw., VS XIII 75 (Larsam); mu-úss-a-3-kamma gištukul-maḫ(- . . . . .) usw., ebenda 72[1].

5. Die Bruchzahlen.

§ 330 a. Die Bruchzahlen sind gewöhnlich nach dem Schema igi-x-gál, bez. (bis jetzt nur in späteren Texten) igi-x-gáll-a (geschr. -gál-la) „ein Xtel", also beispielsweise als igi-5-gál(l-a) „ein Fünftel" gebildet. Allem Anschein nach sind igi-gál und igi-gáll-a Verbalnomina von igi—gál, wörtlich „das Auge setzen" = „hinsehen", „unterscheiden", „teilen"; [2] igi-5-gál(l-a) mag demnach wörtlich „eine Fünf-Teilung" (= konkret „ein Fünftel") bedeuten.

§ 331 Die nach dem Schema igi-x-gál gebildeten Bruchzahlen sind Substantiva und werden deshalb mit dem Genetiv des zu Teilenden verbunden; in den bis jetzt sich findenden Beispielen ist dieser Genetiv stets vorangestellt und dementsprechend durch das Possessivpronomen nach igi-x-gál wieder aufgenommen.

Vgl. nig-gun-a(geschr. -gú-na-)é-e(k) igi-limmu-gál-bi „der vierte Teil des Hausgerätes", BE VI 2 Nr. 26 Kol. 3_{24}; šuria-šuku-GAR-gul-a(-k) igi-limmu-gál-bi „ein Viertel von der Hälfte der grossen Brotverpflegung", ebenda Kol. 3_{12}; ähnlich auch ebenda Kol. $3_{13\,u.\,14}$.

§ 332 Die Formel y(-k) igi-x-gál-bi „ein Xtel von y" wird auch zum Ausdruck der Division beim Rechnen verwendet. Vgl. z. B.

šár[3] igi-1-gál-bi šár-ám	„3600 : 1 = 3600"
(šár) igi-2-gál-bi 1800-ám	„3600 : 2 = 1800"
(šár) igi-3-gál-bi 1200-ám	„3600 : 3 = 1200"
(šár) igi-4-gál-bi 900-ám	„3600 : 4 = 900" usw.,

[1]) Eine Vermengung der Formeln liegt vor in mu-úss-a-ki-4-kamma, VS XIII 68; ähnlich 78 und 81; mu-úss-a-bi ki-3-kam, ebenda 71.

[2]) Vgl. dazu auch die Ableitung des lateinischen dividere von videre „sehen".

[3]) In sumerischer Zeit würde šárr-a(k) (mit Genetivelement) stehen.

wörtlich „$^1/_1$ von 3600 ist 3600; $^1/_2$ von 3600 ist 1800“, usw., BE XX 1 Nr. 22 Vs. Kol. 1 + Nr. 24 Rs. Kol. 6 + Nr. 25. So auch häufig in Berechnungen der Wirtschaftstexte; vgl. z. B. 93 + $^3/_5$ + $^1/_{30}$ gur $4^2/_6$ sila 6 gìn, igi-15-gál-bi 6 + $^1/_5$ + $^1/_{30}$ gur $2^5/_6$ sila 7 gìn „93 Kor 194 sila 26 gin (d. i. 93 $^{11666}/_{18000}$ Kor) geteilt durch 15 = 6 Kor 72 sila 57 gin (d. i. 6 $^{4377}/_{18000}$ Kor[1])“, TT 102 Rs $_{10-13}$; ähnlich ebenda Rs.$_{4-7}$ (igi-4-gál-bi).

Igi-3-gál, igi-4-gál und igi-6-gál werden prägnant für $^1/_3$, $^1/_4$, § 333
$^1/_5$ und $^1/_6$ Sekel (also ohne Zufügung von gìn) gebraucht.

Vgl. 6 gìn igi-6-gál $4^1/_2$ še kù(g) „6 Sekel, $^1/_6$ (Sekel) und $4^1/_2$ Gran Silber“, TT 97 Kol. 2_5; igi-4-gál kù(g) „$^1/_4$ (Sekel) Silber“, TT 97 Kol. 3_{11}; ... mana lá 1 gìn igi-3-gál kù(g) „... Minen weniger 1 Sekel und $^1/_3$ (Sekel)“, ebenda Kol. 1_7.

b. Igi-1-gál „ein Eintel“ (z. B. BE XX 1 Nr. 22 Vs. 1; s. § 332) § 334
kommt natürlich nur im Schulrechnen vor.

Auch der Ausdruck igi-2-gál „ein Zweitel“ (= „ein halb“) § 335
findet sich nur in Rechentexten. Das in der gewöhnlichen Sprache gebräuchliche Wort für „Halfte“ ist šu-ri-a; vgl. ausser dem in § 331 angeführten Beispiel BE VI 2 Nr. 26 Kol. 3_{12} noch: šu-ri-a-še ù sulum ... igi-4-gál-bi „der vierte Teil von der Hälfte des Korns und der Datteln ...“, BE VI 2 Nr. 26 Kol. 3_{13}; šuku-GAR-gul-a šu-ri-a-bi „die Hälfte der grossen Brotverpflegung“, ebenda Kol. 1_{10}; še ù sulum ... šu-ri-a-bi „die Hälfte des Korns und der Datteln“, ebenda Kol. $1_{11.12}$; nig-gun-a-é-a-gall-a šu-ri-a-bi „die Hälfte des im Hause vorhandenen Geräts“, BE VI 2 Nr. 43_{20}. Auch hier ist die Voranstellung des von šuria abhängigen Genetivs, wie die angeführten Beispiele zeigen, üblich. Dass in den Beispielen BE VI 2 Nr. 26 Kol. $3_{12 u. 14}$ šuria dem Genetiv voransteht, liegt daran, dass es selbst wieder mit igi-4-gál-bi verbunden wird.

c. Besondere Namen sind für Bruchzahlen, deren Nummer § 336
6 ist, üblich; sie sind:

šuš	„$^1/_6$“	šanabi	„$^4/_6$“
šuššana, šušana	„$^2/_6$“	kingusila, kingusilla	
bă	„$^3/_6$“	kingusili, gigusilla	„$^5/_6$“

Šuš „$^1/_6$“ ist bis jetzt nur aus CT 12,1 Kol. 2_8: šu-uš = šuš = šuššu, bekannt;[2] in sumerischen Texten wird dagegen stets

1) Die genaue Rechnung ergibt als Resultat 6 $^{4377,7333\cdots}/_{18000}$ Kor; der Schreiber läßt also (der Sitte gemäss) den Bruchteil des gin, bez. den bei der Rechnung durch 15 nicht mehr teilbaren Rest der gin — es handelt sich um Getreide — unberücksichtigt.

2) In der Bedeutung „$^1/_3$ (Sekel)“, bez. „kleine Mine“, akk

igi-6-gál gebraucht. Zu den übrigen Bruchzahlen vgl. S^b Nr. 1 Kol. $1_{51.53.55}$; Vok. Ass. 3024 Kol. $6_{30.32.36}$; Vok. Ass. 523 Kol. $2_{11.78}$ $3_{4.6}$; CT 12, 1 Kol. 2_{44} $3_{12\ 19}$, Yale Voc.$_{244}$ und HGT 144 Kol. 6_9.[1]

§ 337 Den Massen und Gewichten (z. B. mana „Mine", gìn „Sekel", še „Korn", „Gran", sila „$^1/_{30}$ Kor", SAR „Beet" (Flächenmass) usw.) stehen diese Bruchzahlen stets voran, gegebenen Falls unmittelbar hinter den ganzen Zahlen. Als Bruchteile des Sekels werden in der älteren Zeit auch šušana, bă, šanabi und kingusila ohne beigefügtes gìn gebraucht.

§ 338 Vgl. $51^1/_2$ mana 5 gìn urudu „$51^1/_2$ Minen 5 Sekel Kupfer", TT 122 Kol. 6_3; $^1/_3$ kù(g)-luḫḫ-a „$^1/_3$ (Sekel) reines Silber", RTC 14 Kol. 1_1 (vor der Dynastie von Akkad); $^5/_6$ mana $1^5/_6$ gìn „$^5/_6$ Minen $1^5/_6$ Sekel", TT 122 Kol. 6_6 (Dynastie von Ur); $1^1/_2$ mana lá $1^1/_2$ še „$1^1/_2$ Mine weniger $1^1/_2$ Gran", ebenda Kol. 7_7; $6^1/_2$ gìn kù(g)-babbar „$6^1/_2$ Sekel Silber", BE VI 2 Nr. 64_{14}; 6 gìn igi-6-gál $4^1/_2$ še kù(g) „6 Sekel, $^1/_6$ Sekel, $4^1/_2$ Gran Silber", TT 97 Kol. 3_{11}; 674 $^1/_5$ bàn $4^2/_3$ sila gur „674 Kor $74^2/_3$ sila", TT 98 Kol. $6_{9.10}$; 1068 $4^2/_3$ sila 2 gìn gur, ebenda $_{17\text{-}19}$; $^1/_3$ SAR 6 gìn édū-a „$^1/_3$ SAR 6 gìn gebautes Haus", BE VI 2 Nr. 35_1.

d. Eine Bezeichnung für $^1/_{60}$ ist wahrscheinlich gìn, welches den sechszigsten Teil der Mine (= Sekel), des sila und des SAR bezeichnet[2]

XI. Die Verhältniswörter und sonstigen Verhältnisbezeichnungen. (Aequivalente von Präpositionen und Konjunktionen).

1. Die Postpositionen.

§ 339 a. Übersicht.

Die Wörter oder lautlichen Elemente, welche unseren Präpositionen entsprechen, d. h. ein dimensionales Verhältnis (im

---

man-saḫru, hatte $^1/_3$ nach Yale Voc.$_{309}$ und CT 35, 8 Kol. 4_{57} einen besonderen, nur noch in Spuren erhaltenen Wert; einen weiteren in der Bedeutung šizû, Yale Voc.$_{308}$, CT 35, 8 Kol. 4_{56}.

[1]) S^b Nr. 1 Kol. 1_{51} (šu-uš-ša-na); Vok. Ass. 3024 Kol. 6_{30} (šu-ša-na); Vok. Ass. 523 Kol. 2_{11} und CT 12, 1 Kol. 2_{36} (20(?) = šu-šá-na); Vok. Ass. 523 Kol. 2_{78} und CT 12, 1 Kol. 2_{44} (30(?) = ba-a); Yale Voc.$_{244}$ (+)HGT 114 Kol. b_9 ([ba-a], ba-a); S^b Nr. 1 Kol. 1_{53}, Vok. Ass. 3024 Kol. 6_{32} (šá-na-bi); CT 12, 1ff. Kol. 3_{12}, Vok. Ass. 523 Kol. 3_4 (40 (?) = šá-na-bi); S^b Nr. 1 Kol. 1_{55} (kin-gu-si-li, Var. -la); Vok. Ass. 3024 Kol. 6_{36} (gi-gu-sil-la); Vok. Ass. 523 Kol. 3_6 (50(?) = kin-gu-si-la), CT 12, 1ff. Kol. 3_{19} (50(?) = kin-gu-sil-la).

[2]) Sind vielleicht gìn „$^1/_{60}$" und geš, giš „60" Ableitungen von einer gemeinsamen Wurzel gi „60"? Vgl. aber § 295.

weitesten Sinne) ausdrücken, werden wegen ihrer Stellung hinter dem Substantiv usw. (§ 366) gewöhnlich als Postpositionen bezeichnet. Die bis jetzt bekannten dieser dimensionalen Elemente sind die folgenden:

-a „in“, „an“, „auf“ (auf die Frage „wo?“)
-e „an“, „an—heran“, „auf“ usw. (auf die Frage „wohin?“)
-ta „aus“, „seit“
-da „mit“, „auch“
-sù „zu“, „nach“, „bis“, „für“, „als“, „wegen“.
-ra „zu“, „für“; Dativelement.
-ak Genetivelement.
-e Subjektselement.
-gimi(n) (< gimin), -gim (< gimi(n)), -gimin-, ES -gin, -gen und -dim, -dem „gleich“, „wie“
-akeš „wegen“, „um — willen“
-akanam „wegen“
-bi „zusammen mit“, „und“
-bida „zusammen mit“, „und“
-da-numea „ohne“
-da-nammea, -da-namme „ohne“
-a-šubb-a „ausser“ (oder ähnlich).

b. Bildung und Bedeutung.

§ 340 α. Von den aufgeführten Postpositionen sind nur die ersten sieben und vielleicht auch -bi primäre dimensionale Elemente, wenigstens soweit wir gegenwärtig urteilen können.

§ 341 β. Dagegen sind -da-numea und -da-namme(a) ohne weiteres als Verbindungen von -da „mit“ und einer negierten Verbalform von me „sein“ zu erkennen; -a-šubba besteht aus dem Verbaladjektiv šubb-a des Verbums šub und dem davon abhängigen Lokativ-a; -bida ist offenbar eine Zusammensetzung von -bi und da „mit“; -akeš und -akanam enthalten als ihren ersten Bestandteil offenbar das Genetivelement -ak, -ageš als letzten Bestandteil die Postposition -šù; -gimin ist vermutlich aus gi „eins“ und min „zwei“ zusammengesetzt, bedeutet also ursprünglich etwa „eins ist (wie) das andere“; das Subjektselement -e ist allem Anschein nach pronominalen Ursprungs und ursprünglich identisch mit -e „dieser“, „der“, „er“; dieses pronominale e liegt vielleicht auch vor in dem zweiten Bestandteil von -ak-e-š, welches demnach ursprünglich wohl „wegen des von“ = „wegen der Sache von“ (ähnlich wie hebräisches al-dib̲rat̲, lateinisches causā usw.)

bedeutete.[1] Zu dem zusammengesetzten Charakter von -ak-e-š beachte vor allem auch, dass zwischen -ak-e und -š(ù) noch -da „auch“ eingefügt, also -ak-e-da-š „auch wegen“ gebildet werden kann. Vgl. nà-DAG-gazz-a-zagin ... nam-til-ani-šù ù mada-n(i)-ak-e-da-š (geschr. ma-da-na-ki-e-da-aš) a-mu-na(-n)-ru „einen Block Lapislazuli hat er ihm für sein Leben und auch wegen seines Landes geweiht“, OBI 63_{9-14}.[2]

§ 342 γ. Die Postposition -e „an—heran“ und das Subjektselement -e stimmen ihrer Form nach mit einander überein, sind aber ihrer ganz verschiedenen Bedeutung wegen von einander zu trennen und zweifellos auch verschiedenen Ursprungs. Inwieweit das erstere -e vielleicht mit dem Lokativ -a identisch (oder später zusammengeworfen) ist, lässt sich gegenwärtig noch nicht feststellen.

Zu -e „an“, „an—heran“ vgl. z. B. é-e imma-DU, KA-šu-imma (-n)-gál „er ging zum Tempel und warf sich nieder“, Gudea, Zyl. A $18_{8.9}$; ušub-e imma-DU „er trat an die Backsteinform heran“, ebenda_{24}; é-ᵈGatumdu-k-e izi ba(-n)-sì(g) „an das Haus der Gatumdu hat er Feuer angelegt“, Urukagina, Tontafel Vs. 3_{13}; ebenso é-ᵈLugal-uru-k-ak-e izi ba(-n)-sì(g), ebenda Rs. $1_{2.3}$, Íb-É-anna-ᵈNinik-ak-e izi ba(-n)-sì(g), ebenda Vs. 4_{6}, und demgemäss auch narua-bi(-e) izi ba-n-sì(g) „an jene (oder seine) Stele legte er Feuer an“, Entemena, Kegel 2_{36}; û(d) ... gìr-Martu(-k) mada-ni-e bí-n-gí-a „als er den Fuss des Amoriters in sein Land zurückgewendet hatte“, CT 32, 6 $(103\ 354)_{20-26}$; MI_{20-26}, und dementsprechend auch narua-Mesilimm-a(k) ki-bi(-e) bí(-n)-gí „die Stele Mesilims brachte er an ihren Ort zurück“, Entemena, Kegel 2_{6-8} (vgl. dazu mu Samsuiluna,-lugal bád-Isinnᵏⁱ-a(k)-ba-gull-a ki-bi-šù bí-n-gí-a ... „Jahr (‚benannt danach), dass Samsuiluna, der König, welcher die zerstörte Mauer von Isin wiederhergestellt hat, ...“, Datum des 15. Jahres Samsuilunas, BE VI 2 Nr. 46 u. S. 74); é-lù-gul-a-k-e é-šub-lugal-(a)k-a(k) a-b-úss-a „das Haus eines königlichen Hörigen, das (= wenn es) an das Haus eines Grossen anstösst“, Urukagina, Kegel BC 11_{32-34}; é-kur-gal-gim-ann-i-úss-a „das Haus,

---

[1]) Oder ist das e von -ak-eš- vielleicht identisch mit dem nominalisierenden Element -a, das vor š(ù) zu e geworden ist, wie beispielsweise auch in dem Adverbium dug-e-š (< dug-a-šù) „gut“? Beachte dazu auch -ak-a-nam „wegen“.

[2]) Dass hier das e etwa noch in seiner ursprünglichen Bedeutung „das“ beabsichtigt ist, also zu übersetzen wäre „für mein Leben und für das (nämlich das Leben) meines Landes“, ist, da eine derartiger Gebrauch von e in historischer Zeit nicht auch anderweitig zu belegen ist, vorläufig wenigstens recht zweifelhaft.

das wie ein grosser Berg an den Himmel anstösst", Gudea. Zyl. B 24_9; é-kur-gal-ám-ann-i-i-m-ús, ebenda 1_6; tukum-bi lù(-k) é-e-úss-a-ni kizlaḫ-lù(-k) al-tág „wenn neben dem Hause eines Mannes (wörtlich: wenn (als) das Hausanstossende eines Mannes) das unbebaute Grundstück eines (anderen) Mannes liegen gelassen ist", ZSSR XLI S. 187ff. BC Kol. 1_{22}-2_4; siehe ferner zu e bei ús: Gudea, Zyl. A 17_{18}; $25_{7.8}$; 26_{26}; B 21_{20}, und beachte auch den Gebrauch der direktiven Präfixe bi-, immi-, imma- und mi-ni-nach -e.

Zum Subjektselement -e siehe § 156; zum Genetivelement § 343
-ak § 157 usw. Die Darstellung der Bedeutung und des Gebrauches der übrigen Postpositionen muss der lexikalischen Behandlung vorbehalten bleiben.

c. L a u t l i c h e V e r ä n d e r u n g e n der Postpositionen. § 344

α. Das Subjektselement -e, bez. -i, und -e, -i „an".

(*a*) Nach Wörtern, die auf einen Vokal auslauten, geht -e in diesem auf; der auslautende Vokal wird dafür gedehnt und, wenn betont, mit Schleifton gesprochen.

Vgl. isag-ra ama-ni,-^{d}Nina(-e) mu-na-ni-b-gí-gí „dem Fürsten antwortet seine Mutter Nina", Gudea, Zyl. A 5_{11}; lugal-mu(-e) mã-ra m(u-'-)a-n-dū̃(g), ^{d}Enkik-e mã-ra m(u-'-)a-n-daḫ „mein Herr hat mir befohlen, Enki hat mir aufgetragen", HGT 25 Kol. $1_{53.54}$; nin-mu, a(ii)a-zu(-e) zã-šù mu-e-ši-n-gí-(e)nn-ám „o meine Herrin, dein Vater hat mich zu dir geschickt", ebenda Kol. 1_{45}; ugula-ni(e) „ga-(e-)šù('-)-sâ" ù-na(-n)-dū̃(g), „wenn sein Beamter (Offizier, usw.) zu ihm sagt: Ich will es von dir kaufen", Urukagina, Kegel BC $11_{23.24}$.

Zur Dehnung (und Zirkumflexbetonung) beachte: tukum-bi ... adda-a (bez. addã, geschr. ad-da-a < adda-e) geme ù dumu-nene(-k) amargi-bi i-n-gar „wenn der Vater die Sklavin und ihr Kind freilässt", ZSSR XLI S. 187ff. D Kol. $_{14\text{-}22}$; Tinini,-aru(d), Imtidam,-dam-(a)ni ù DUMU.NITA-DUMU.SAL-ni $^1/_2$-mana-kù(g)-babbar-ám Anaḫani,-nubanda-a (< nubanda-e) Aba-NE-gim-šù i-n-ši(-n)-sâ-a „der Sklave Tinini, seine Frau Imtidam und seine Söhne und Töchter, welche der Laputtû Anaḫani für $^1/_2$ Mine Silber von Aba-NE-gim gekauft hat", RTC $290_{2\text{-}8}$; Ama-dingir ... ki-Atu-ta Ludaga-a (< Ludaga-e) i-n-sâ-a „die Ama-dingir, welche Ludaga von Atu gekauft hat", RTC $291_{2\text{-}8}$; (zu vergleichen mit ki-Ludaga-ta, ebenda$_{11}$); Anedanumea, -lù-ni,-Malga-Suda(-d)-mu-(n-)da-ginn-a-a (= -ã, < mu-n-da-gin-a,-e) mu(-n)-tùm „ihr Dienstmann Anedanumea, der mit Malga und Suda gereist war, hatte sie gebracht", RTC 19 Kol. $3_{3\text{-}7}$ (Lugalanda); amã (geschr. ama-a < ama-e) dumu-da nu-

(im)ma-(n-)da(-n)-dé, dumũ (geschr. dumu-ù < dumu-e) ama-ni-ra gù-dũ-a nu-(im)ma(-n)-dũ̄(g) „die Mutter schalt nicht mit dem Kinde, das Kind sagte (?) nicht zu seiner Mutter .....", Gudea, Zyl. A 13_{3-5}; Gudea-r KA-gar-bi lù-ù (< lù-e) nu-(im)ma-ni(-n)-gar „vor Gudea brachte der Mensch nicht seine Klage", Gudea, Zyl. A 13_{11}; ũ(d) é-[d]Ningirsuk-a(k) mu(-n)-dũ-a, [d]Ningirsu(k),-lugal-ni,-e a-abba(-k)-igi-nim-ta a-abba(k)-sig-a-šù gìr-bi IG-mu-na(-n)-KĪD „nachdem er das Haus des Ningirsu gebaut hatte, öffnete ihm Ningirsu, sein Herr, die Wege vom unteren bis zum oberen Meer", Gudea, Statue B 5_{24}; Ududu,-šeš-adda(-k)-me,-e [d]Iškur-rabi,-adda-me(,-r!) i(-na!)-n-sì(m) „Ududu, unser Oheim, hat dem Iškur-rabi, unserem Vater, (das und das) verkauft", HGT $10_{8.9}$ (Zeit Hammurabi's); ......,-ibila-Ududu-k-ene,-e ..... i-nne-n-sim-uš „....., die Söhne des Ududu, haben ihnen ..... gegeben", $ebenda_{30ff.}$.

§ 345 (*b*) Noch nicht sicher nachzuweisen ist, ob -e ähnlich wie das e der Verbalendungen (§ 470) nach u-haltigen Wurzeln, die auf gewisse (in der Regel dem u nahestehende) Konsonanten endigen, zu u werden konnte. Vgl. aber ũ(d)-bi-a lù-má-làḫ-k-e má e(-n)-dìb, udu udul-e e(-n)-dìb, ... eššad-u (geschr. ešša(d)-du) e(-n)-dìb „damals nahm der Schiffermeister ein Schiff, der Oberhirte ein Schaf, der Fischermeister ein ....", Urukagina, Kegel BC 3_{5-15},[1] und vergl. damit eššad-e, Gudea, Zyl. B 12_5.

§ 346 (*c*) In nachsumerischer Zeit, u. z. in den Rechtsurkunden aus der Zeit der Dynastien von Isin, Larsam und Babylon, wird in Nippur nach Personennamen, seltener auch sonst, als Subjektselement statt -e auch -ke gebraucht, welches eigentlich den Subjektskasus einer Genetivverbindung (...-k,-e) darstellt. Diese missbräuchliche Verwendung des Genetivelementes erklärt sich wohl daraus, dass die Namen in den Urkunden gewöhnlich mit dem Zusatz „Sohn des X" erscheinen, das -e also in den Urkunden bei Namen sehr häufig mit dem Genetivelement verbunden ist; s. dazu die Bemerkungen über den Verfall der Genetivkonstruktion in § 372 ff.

Vgl. $1^2/_3$-gìn-kù(g)-babbar Šalurtum-ke Ḫupatum-ra i-nna-n-lá „$1^2/_3$ Sekel Silber hat Šalurtum dem Ḫupatum gezahlt", BE VI 2 Nr. 4_{7-11}; tukum-bi Awirtum-ke Šalurtum,-ama-ani(,-r) „......" ba-na-n-dũ̄(g) „wenn Awirtum zu ihrer Mutter Šalurtum sagt: ......", $ebenda_{16-18}$; Ištar-rabiat-ge Dušubtum,-nin-ani,-ra 10-gìn-kù(g)-babbar i-nna-ni-n-tũ(r) „Ištar-rabiat hat ihrer Herrin Dušubtum 10 Sekel

---

[1]) Der Fall ist nicht sicher, weil hier auch der vokalisch auslautende Stamm eššadu angenommen werden kann; vgl. 5 R 23_{5a}.

Silber eingebracht“, BE VI 2 Nr. $8_{9\text{-}12}$; ^{d}Sin-išmeani-ke Mar-irṣitim-ra nu-mu-na-bb-i(-e) „Sin-išmeani wird nicht zu Mar-irṣitim sagen“, BE 2 Nr. $14_{16\text{-}18}$; Ḫabanatum ù ^{d}Damu-m[ans]i,-dumu-ni,-ke šu-ba-n-ti-eš „Ḫabanatum und sein Sohn Damu-mansi haben (das und das) erhalten“, BE VI 2 Nr. $16_{5\text{-}7}$; vgl. ferner ebenda $40_{4\text{-}12}$, 40_{7}, 48_{5}, 29_{7}.

β. -a „in“ verschmilzt nach einem Wort, das auf a auslautet, § 347
mit diesem a, welches dafür gedehnt und, wenn betont, mit Zirkumflex gesprochen wird; bei Pleneschreibung des Vokals lässt sich naturgemäss nicht sicher entscheiden; ob die kontrahierte oder nicht kontrahierte Form beabsichtigt ist.

Vgl. Adaba^{ki}(-a) É-sarr-a mã-k-am „in Adab gehört mir das E-sarr-a“, HGT 157 Kol. 1_{7}; Kullaba^{ki}(-a) É-igi-dŭ-a mã-k-am „in Kullab gehört mir E-igi-dua“, ebenda$_{11}$. Zur Längung vgl. û(d),-^{d}Ningirsuk-e Gudea siba-zi(d)-šù kalamm-a ba-ni(-n)-pad-a,-a, šà(g)-lù-šar-geš-ta šu-ni ba-(n-)ta-n-díbb-a,-a „zu der Zeit, als Ningirsu den Gudea aus 216000 Menschen sich herausgegriffen und als ständigen Hirten im Lande proklamiert hatte“, Gudea, Statue B $3_{3\text{-}11}$.

Mit anderen Vokalen als a findet dagegen keine Zusammen- § 348
ziehung statt. Vgl. ^{d}Enlill-e-Nibru^{ki}-a-mu-pád-a „der in Nippur von Enlil mit Namen Genannte“, Amar-Sin, Türstein $B_{5\text{-}7}$; Agade^{ki}-a É-ul-maš mã-k-am „in Akkad gehört mir E-ulmaš“, HGT 157 Kol. 1_{9}; Upi^{ki}-a „in Upi“, ebenda$_{8}$; ki-a „auf der Erde“, Gudea, Zyl. A 28_{16}; CT 17, 19ff.$_{147}$; igi-zal(a)g-anene-a „mit ihren strahlenden Augen“, LIH$_{86}$.

Zum Wegfall von u und i in -mu, -zu, -ani und -bi vor -a s. § 217.233.

γ. (a) Das Genetivelement -ak und das mit ihm zusammen- § 349
gesetzte -ageš (und -akanam) „wegen“ geben nach einem vokalisch auslautendem Wort ihr anlautendes a auf; dagegen behauptet sich ihr a nach den Fürwörtern -mu, -zu, -ani, -bi und verdrängt die auslautenden Vokale u und i derselben (s. § 217.233).

Vgl. Eannatu(m),-mu-dû(g)-sâ-a-^{d}Nina-k,-e „Eannatum, der mit gutem Namen Genannte der Nina“, Eannatum, Feldstein E $4_{5\text{-}12}$; Mesilim,-lugal-Kisi^{ki}-k,e „Mesilim, der König von Kiš“, Entemena, Kegel $1_{8.9}$; Uš,-isag-Umma^{ki}-k,-e „Uš, der Fürst von Umma“, ebenda $1_{13\text{-}15}$; mã-k-am „es ist mein“, HGT 157 Kol. $1_{\text{1ff.}}$; Entemena, Kegel 4_{28}; mã-keš „meinetwegen“, HGT 154 Kol. $5_{8\text{-}18}$.

Dagegen: á-zid-a-lugal-m(u-)ak-e „zur rechten Hand meines Herrn“, Gudea, Zyl. A Kol. 5_{10}; á-zid-a-lugal-z(u-)ak-e „zur linken Hand deines Herrn“, ebenda 6_{12}; šà(g)-uru-n(i)-ak-a „im Innern seiner Stadt", Entemena, Kegel 6_{28}; ašbal-b(i)-akes „wegen dieses Fluches", R-S-Š-b.$_{48}$.

§ 350 (*b*) Das k des Genetivelementes schwindet als verlierbarer Konsonant im Silbenauslaut, bleibt dagegen erhalten, wenn dem Genetivelement noch eine vokalisch anlautende Postposition oder das identifizierende oder hervorhebende Element -am folgt.

Vgl. lugal-Urim^{ki}-a(k) (geschr. lugal-Urí^{ki}-ma) „der König von Ur", Ur-Engur, Backstein A_2; isag-Lagašu^{ki}(-k) „der Fürst von Lagaš, Enannatum II, Türstein$_{4.5}$; šà(g)-pad-a-^{d}Nina(-k) „der Herzenserwählte der Nina", ebenda$_{6.7}$; isag-gal-^{d}Ningirsuk-a(-k) „der Grossfürst des Ningirsu", ebenda$_{8.9}$.

Dagegen: dumu-Entemena(k)-isag-Lagašu^{ki}-k-ak-e „der Sohn des Entemena, des Fürsten von Lagaš", Enannatum II, Türstein$_{10-12}$; lugal-Urim^{ki}-ak-e (geschr. lugal-Urí^{ki}-ma-ke) „der König von Ur", Ur-Engur, Backstein B_3; û(d)-b(i-)a Dudu sangu-^{d}Ningirsuk-ak-am (geschr. ^{d}Ningir-su-ka-kam) „damals war Dudu Priester des Ningirsu", Entemena, Gefäss aus Silber$_{21}$; šà(g)-uru-n(i)-ak-a „im Innern seiner Stadt", Entemena, Kegel 6_{28}.

Zu den durch den Schwund des Vokals wie des Konsonanten von -ak verursachten Formverschiedenheiten des Genetivelementes siehe die Übersicht über die Genetivformen in § 369.

§ 351 (*c*) Das in unbetonter offener Silbe stehende a des Genetivelementes kann durch Synkope schwinden.

Vgl. mu-pad-a-^{d}Enlil-(a)k-e „der mit Namen Genannte des Enlil", Eannatum, Backstein A $1_{5.6}$; á-sim-a-^{d}Enlil-(a)k-e „der mit Kraft Begabte des Enlil", Eannatum, Backstein B $1_{4.5}$; mu-pad-a-^{d}Ningirsuk-(a)k-e (geschr. -^{d}Nin-gir-su-ke) „der mit Namen Genannte des Ningirsu", ebenda $1_{8.9}$; ga-zi(d)-kú-a-^{d}Ninḫursag-(a)k-e „der mit heiliger Milch Ernäherte der Ninḫursag", ebenda 1_2.

§ 352 Selbst das nach Abfall des k vor konsonantisch anlautender Postposition stehende a wird bisweilen der Synkope unterworfen.

Vgl ursag-^{d}Enlil-ra (< -^{d}Enlil-a(k)-ra) „dem obersten Krieger des Enlil", Eannatum, Kleine Säule 1_3; Enannatum, Mörser$_2$; Entemena, Alabastertafel 1_2.

§ 353 δ. Das verlierbare n von -gimi(n) „wie" fällt im Auslaut ab, erhält sich aber vor dem hervorhebenden Element -ám; also -gimin-am (geschr. -gimi-nam).

Vgl. ḫursag-gal-gimi, bez. -gim, „wie ein grosses Gebirge", LIH 58_{12}; gû(d)-gim(i) ḫe-(i-)gaz „wie ein Stier möge er erschlagen werden", Gudea, Statue B 9_6; a-gimi und Variante (geschr.)e-qi-me, d. i. e-gimi „wie Wasser", ASK 7 Vs.$_4$.

Dagegen ḫur-gimin-am (geschr. ḫur-gimi-nam) = kiamma „also", HGT Kol. 12_{49}, zu ḫur-gimi = kiam „also", $ebenda_{8}$; é-e aša̍(g)[1]-gimin-am „das (bez. dieses) Haus wie das Feld", BE VI 2 Nr. 59_{8}; ES mae-gimin-am „wie ich", RA XI S. 144_{91}; XII S. $74f._{55}$.

Auch das nach Schwund des n im Auslaut stehende kurze i fällt gewöhnlich ab, wie sich daraus ergibt, dass die Zeichenlisten, z. B. HGT 117_{12}, für das Zeichen GIM nur den Lautwert gim, nicht auch gimi geben. Ebenso ist das i auch in der dialektischen Form -dem, -dim, geschr. -di-em abgefallen; vgl. neru(m)-dem (bez. érim-dem), gesch. ne-ru-di-em „wie ein Feind", SBH 67 $Rs._{7}$, und ḫul-dem (geschr. ḫul-di-em) „wie ein Böser", $ebenda_{9}$ (später Text, bez. späte Kopie). Zu dem Übergang des anlautenden g in d s. § 80. § 354

Unklar bleibt, ob die ES-Form -gin, -gen aus der gekürzten Form -gim durch Übergang von auslautendem m in n (§ 60) entstanden oder, was vielleicht wahrscheinlicher ist, aus -gimin, bez. -gi'in, zu -gīn kontrahiert ist (§ 43. 25). Auch über das Verhältnis des eben erwähnten dialektischen -dim, -dem zu -gin, -gen lässt sich noch nichts Sicheres sagen; gehören die beiden Wortformen vielleicht zwei verschiedenen Dialekten, bez. zwei Unterarten des Eme-SAL an? § 355

Vgl. ES (geschr.) kur-zí-GIM-peš-peš-e, še-GIM KIN-a su-ub-bu „der die Berge (Länder) wie Mehl ausbreitet (?), sie wie Getreidekörner .... t", CT 15, 11 $Vs._{6}$, und die Variante kur-zi-gi-in-peš-peš-e, še-gi-in .... su!-ub!-bu-u!, SK 2 Kol. 3_{28} (beides altbabylonische Texte); ferner ES (geschr.) a-ba za-e-GIM te-b(i-)a „wer ist wie du in seinem Ansturm?", CT 15,15 $Vs._{22-24}$ (altbabylonischer Text), und die Variante a-ba zi-gi-en te-b(i-)a, $ebenda_{21}$.

ε. -ra „zu", Dativelement.

(a) Wenn -ra an ein vokalisch auslautendes Wort antritt, wirft es in der sumerischen Periode sein auslautendes a regelmässig ab. Bis in die ältere Zeit Šulgis schwindet auch das nach Abfall des a im Auslaut stehende r als verlierbarer Konsonant, sodass also in älterer Zeit nach vokalisch auslautendem Wort die ganze Postpositon ra verschwindet und der Dativ somit scheinbar durch den Status absolutus des Nomens oder Nominalkomplexes ausgedrückt wird. Dagegen wird in der späteren Zeit Šulgi's und in den folgenden Perioden das Dativ-r gewöhnlich als unverlierbarer Konsonant behandelt. In nachsumerischer Zeit, u. z. § 356

[1]) Text unrichtig a-ša̍-ga-gimi-nam.

je später, desto häufiger, wird oft auch nach vokalisch auslautenden Wörtern die volle Postposition -ra gesetzt. Nach konsonantisch auslautenden Wörtern, und dazu rechnen auch alle die, die nur infolge Schwundes eines verlierbaren Konsonanten vokalisch auslauten, wie beispielsweise die auf -a(k) oder (-k) auslautenden Genetive, bleibt -ra stets erhalten.

Vgl. in sumerischer Zeit: An-ra „dem Anu", Gudea, Zyl. B 19_{19}; ^{d}Enlil-ra „dem Enlil", ebenda$_{19.20}$; ^{d}Ningirsu(k)-ra „dem Ningirsu", Eannatum, Feldstein A Kol. 1_1, 3_4; ama-dingir-ene(-k)-ra „die Mutter der Götter", Ur-Bau, Statue 3_8.

Lugal-ani(-r) .... mu-na(-n)-dū „seinem Herrn hat er .... erbaut", Ur-Bau, Türstein$_{2\text{-}9}$; Ur-^{d}Engur, Türstein A; Šulgi, Tonnagel$_4$; nin-ani(-r) .... mu-na(-n)-dū „seiner Herrin hat er .... erbaut", Gudea, Backstein $C_{3\text{-}9}$; Ur-Engur, Steintafel$_2$; Šulgi, Türstein$_2$; ^{d}Nina(-r) mu-na-gin „er ging zu Nina", Gudea, Zyl. A 4_7.

Ama-ni-r .... a-mu-na(-n)-ru „seiner Mutter hat er als Weihgeschenk dargebracht", Šulgi, Perle 1_2-2_8; dingir-ani-r .... mu-na-n-dū „seinem Gotte hat er erbaut", Šu-Sin, Türstein $C_{9\text{-}16}$.

In nachsumerischer Zeit: lugal-mu-r (geschr. lugal-mu-ùr) „meinem Herrn", Rim-Sin, Steintafel A Rs.$_7$; lugal-mu-ra „meinem Herrn", Tonnagel A_8; lugal-ani-r „seinem Herrn", Rim-Sin, Tonnagel B_6; nin-anene-r „ihrer Herrin", Rim-Sin, Kanephore A 1_5; lù-lù(-r) (geschr. lù-lù-ù) „einer dem andern", UPUM VIII 1 Nr. 6_{19} Pur-Sin von Isin), BE VI 2 Nr. 11_{21} (Samsuiluna); lù-lù-ù-ra, BE VI 2 Nr. $59_{9.10}$; ama-na-ra „zu seiner Mutter", 5 R 25 Kol. 3_{29}.

§ 357 Der gänzliche Schwund von -ra in sumerischer Zeit ist jedoch nur dann möglich, wenn der Dativ von einer finiten Verbalform abhängig und durch ein Dativinfix der Verbalform als Dativ kenntlich gemacht ist. Ist der Dativ dagegen abhängig von einem Infinitiv oder Partizipium, so bleibt, da diese sich nicht mit einem Infix verbinden können, -r (oder ra) auch in der älteren Sprache erhalten.

Vgl. é-KAŠ+GAR-geštin-sila-gal-gal-lugal-bi-ra-tùmm-a „das é-KAŠ+GAR, in welches für seinen Herrn man ..... brachte", Ovale Platte $5_{2.3}$. ^{giš}erin-bàr-bàrr-a-lugal-bi-r-URUDU-a „die liâru-Zedern, die man seinem Herrn .....", Gudea, Zyl. A 14_{15}; edin-lugal-bi-r-DU,-Gú-edinn-ak,-a „im Guedinna, dem Feld, das man seinem Herrn .....", Gudea, Zyl. B $11_{18.19}$; lù-lù-si-sá-ra-nig-érim-â-gim „gleich einem Menschen, der dem Gerechten Böses tut", Gudea, Statue B 9_{24}.

§ 358 (*b*) In der Form -ri mit Übergang von a in i erscheint das

Dativelement in ^{d}Nanna,-dingir-sagdug-ani,-ri „dem Nanna, seinem Gott, der ihn erzeugt", LC 112 (Datum des 2 Jahres Samsuilunas); die Parallelen der Formel (Str. W. 48; HGT 96) bieten dagegen das gewöhnliche -ra. Es liegt hier wohl nur eine flüchtige Schreibung vor, die aber ihren Grund in der Flüchtigkeit des a von -ra haben mag.[1] — Zur Umwandlung von -ra in ri als Bestandteil eines verbalen Infixes s. § 508.

(*c*) Assimilation des r von -ra an vorausgehendes l findet § 359
sich in der älteren Sprache (bis Urukagina) in ^{d}Enlilla (geschr. ^{d}En-líl-la < Enlil-ra) „dem Enlil", Entemena, Alabastertafel Rs. 1_4, Türstein F_{21}; Urukagina, Steintafel 3_7; Enšakušanna, Vase B_1 und HT S. 151f., vorletzte Zeile. Man beachte, dass -la in diesem Falle stets mit dem Zeichen -la, nicht wie in dem Genetiv ^{d}En-líl-lá (= ^{d}Enlill-a(k)) mit -lá geschrieben wird.

ζ. -šù „zu", „für", „als" usw. § 360

(*a*) In später summerischer Zeit bisweilen, dagegen häufiger in nachsumerischer Zeit verliert -šù nach vokalisch auslautenden Wörtern seinen Vokal, wird also in den betreffenden Fällen zu -š. Ob und inwieweit auch das nun im Auslaut stehende š schwinden kann, lässt sich gegenwärtig noch nicht feststellen.

Vgl. lugal-ani, AMAR+ŠE.AMAR+ŠE.rá-zu-ni Gudea-š (geschr. Gù-dé-a-áš) en-^{d}Ningirsuk-e šu-ba-(n-)ši(-n)-ti „sein König aber, der Herr Ningirsu, nahm von Gudea seine Bitte an", Gudea, Zyl. A $2_{21.22}$; ähnlich $4_{1.2}$; 1-àb Abba-kalla-š (geschr. -kal-la-aš) Ur-Ninmarki(-e) i-n-ši-n-sâ „1 Kuh hat von Abba-kalla Ur-Ninmarki gekauft", ITT II 963 Rs.$_{10.11}$ (AMAR-Sin); beachte auch die Redensart gú-ki-š—gá-gá (bez. -má-má) (geschr. gú-giš—gá-gá) in zi(d).DU-e šu-si-sá-(e)d-a, neru(m)(bez. érim)-DU-e gú-ki-š-gá-gá-(e)d-a „den Gerechte recht zu leiten, den Bösen aber zu Boden zu beugen",[2] Gudea, Zyl. B $6_{11.12}$.

Ninḫursagga,-ama-i-n-dím-enn-a-mul,-š (geschr. -en-na⟨mu⟩-uš), „für Ninḫursagga, meine Mutter, die mich geschaffen hat", LIH 98. $99_{44.45}$ (Samsuiluna); ^{d}Lugal-GIŠ.A.TU.GAB+LIS,-mu-nam-lugall-a(k)-mu-m-bí-b-gull-a,-š (geschr. -la-aš) „für L., der meinen königlichen Namen gross gemacht hat", ebenda$_{52\text{-}54}$; ^{d}Nerigal,-utun-lù-érim-mu-m-bí-n-â-a,-š „für Nergal, der meine Feinde niedergeschlagen hat", ebenda$_{58-60}$; ^{d}Utu,-en-an-ta-gall-a,-š „für Šamaš, den hohen Herrn",

[1]) Vgl. dazu die ähnliche Umwandlung das Auslautes ra in ri in (geschr.) i-ni-in-tū-ri (< i-ni-n-tur-a) „dass er hineingebracht hat", Datum Warad-Sins, CDSA S. 22.

[2]) Vgl. gú-ki-šù—mà-mà = qadâdu šá ameli, CT 12, 46f. Kol. 2_{12}.

Datum Samsuditanas a (BE VI 2 S. 106)$_{26}$; ^{d}Utu-...,-nam-lugal-ani-bí-b-gull-a,-š „für Šamaš, der sein Königtum gross gemacht hat", ebenda$_{9.10}$; sage-š (geschr. sag-e-eš) ḫe-(i-)nna-PA+KAB+DUg-e „möge er ihm als Geschenk geben", Kudurmabuk, Tonnagel (RA IX S. 122)$_{19.20}$; sage-š ḫa-m(u-'-)a-b-PA+KAB+DUg-i „er möge mir schenken", Warad-Sin, Steintafel Rs.$_{18}$; siehe auch die Adverbien dug-e-š, zid-e-s usw. (§ 388ff.).

Dagegen alam-na-šù mu(-n)-tu(d) „zu einer Steinstatue schuf er ihn", Gudea, Statue D 4$_{17}$, E 8$_{19f.}$ u. ö.; mu-šù mu-na(-n)-sà „als Name rief er über sie", Gudea, Statue D 5$_{8}$, E 9$_{4}$; stets auch nam-til-ani-šù „für sein Leben", Gudea, Vase A$_{6}$ u. o.; sage-šù „als Geschenk", LIH 98. 99$_{99}$; duri-šù „auf ewig", ebenda 93; ^{d}Nanna-dingir-sag.DU-mu-šù „dem Nanna, dem Gott, der mich erzeugt", ebenda$_{50}$.

§ 361 (*b*) Zur Umwandlung von -šù in -ši in den verbalen Infixen, wie beispielsweise in -n-ši- „zu ihm", s. § 511.

§ 362 (*c*) Eine ungewöhnliche Verschmelzung von -šù, bez. von -š mit dem folgenden verbalen Präfix i- zu -ši- findet sich in ^{d}Ninni-...,-sag-naml-lugall-an(i)-ak-e an-š(ù)-i-ni-b-íll-a,-š (geschr. an-ši-in-ib-íl-la-aš) „für Ninni, welche sein Königtum zum Himmel erhöht hat", Datum des 29. Jahres Ammiditana's (BE VI 2 S. 94).

§ 363 *η*. -da „mit" und -ta „aus", mit hervorhebendem -am neben -da-ám und -ta-ám bisweilen auch -da-k-am (§ 50).

(*a*) Auch diese beiden Postpositionen werfen nach vokalisch auslautenden Wörtern häufig ihren Vokal ab, worauf auch die nun im Auslaut stehenden verlierbaren Konsonanten d und t schwinden müssen. Wie bei -ra ist auch hier, abgesehen von bestimmten oft gebrauchten Wendungen oder Konstruktionen, der gänzliche Schwund der Postposition nur statthaft, wenn die dimensionale Beziehung durch ein Infix der finiten Verbalform kenntlich gemacht ist.

Vgl. kur-Meluḫḫa(-t) giš-esi i-m-ta(-n)-è „aus dem Lande Meluḫḫa holte er Ušû-Hölzer", Gudea, Statue B 6$_{26.27}$ (dagegen Basalla,-ḫursag-Martu(-k)-ta „aus Basalla, dem Gebirge von Martu", ebenda 6$_{6}$); kur-bi(-t) i-m-ta(-n)-ĕ „aus ihren Bergen holte er", ebenda 5$_{36}$; lù .... LI-DU-KA.kešd-u-mu(-t) mu-mu ù-(i-n)-ta(-n)-gar, mu-ni ba-mà-mà(-e) „wer aus meiner Liedersammlung(?) meinen Namen entfernt und seinen Namen dafür einsetzt", ebenda 8$_{(12) 21.22}$; daBAD-a-mu(-t) lù la-ba-(n-)ta-è „aus meinem daBADa ist niemand entkommen (bez. entkommt niemand)", Gudea, Zyl. A 9$_{26}$; siga-ušubb-a-mu-ni(-n)-garr-a-ni(-d) ^{d}Utu i-m-da-ḫúl „über seinen Backstein, den er in die Form gelegt, freute sich Šamaš", Gudea, Zyl. A 19_{8-9}; ᵈNingirsuk-e é-Unug^{ki}-ak-a dug-a-Urukaginak-a(k) ᵈBau(-d) mu-(n-)da(-n)-dū̄(g) mu-bi(-m) „ihr Name ist: Ningirsu hat im Tempel von Uruk das für Urukagina Gute bei Bau gesprochen", Urukagina, Olive A; û(d)-imin-ám ... géme nin-ani(-d) mu-(n-)da-sá-ám, arad-e lugal-(a)ni(-d) zag-mu-(n-)da(-n)-rá-ám „sieben Tage lang war die Magd mit ihrer Herrin gleich, war der Sklave mit seinem Herrn gleich", Gudea, Statue B 7_{30-33}; Anedanumea,-Malga-Suda(-d) mu-(n-)da-ginn-a,-a (< -a,-e) „Anedanumea, welcher mit Malga und Suda gereist war", RTC 19 Kol. 3_{3-7} (Lugalanda); Malga(-d) e-(n-)da-gin „mit Malga ist er gereist", ebenda Kol. $6_{4.5}$.

Dagegen ohne Wiederaufnahme des -da oft nach dem Infinitiv, z. B. in ká-gal-3-kamma(-a) tū(r)-tū)-(e)d-a-ni(-d) „als sie in das dritte grosse Tor eintrat, da ...", HGT 23 Rs.$_{18}$.

(*b*) In späterer nachsumerischer Zeit erscheint -da nach § 364
Infinitiven, die mit den Possessivpronomina -mu und -zu verbunden sind, in der Regel als -de. Für das Verhalten von -da nach Infinitiven mit -(a)ni usw. fehlen noch Belege; wahrscheinlich bewahrte aber -da in diesem Falle sein a um das Kontrastes gegen das i von -(a)ni willen.

Vgl. ḫuluḫḫ-a-mu-de (< ḫuluḫḫ-a-mu-da) „bei meinem Erzitternlassen", „wenn ich erzittern lasse", CT 16, 1 ff.$_{187}$; gù-de(-a)-mu-de „wenn ich schreie", ebenda$_{191}$; ES tu-tu-(e)d-a-mu-de „wenn ich eintrete", SK 199, Kol. $3_{25.26}$; tur-a-zu-de „wenn du eintrittst", 5 R 50 f. Kol. $3_{18(=20)}$; è-(e)d-a-zu-de „wenn du heraustrittst", ebenda Kol. $4_{26(=28)}$; teg-ad-a-zu-de „wenn du dich nahst", ebenda Kol. $3_{52(=54)}$.

(*c*) Zur gelegentlichen Umwandlung von -da in -di (oder- ti) § 365
und von -ta in -te als Bestandteile von Verbalinfixen s. § 509, 510.

d. Die Stellung der Postposition in der Wortkette. § 366

α. Im Modifikationsschema (§ 98) hat die Postposition ihren Platz hinter der bis zum Pluralelement reichenden engeren substantivischen Kette, geht aber dem Verbalbegriff voraus. Ihren logischen Grund hat diese Stellung der Postposition darin, dass die dimensionale Beziehung eine viel äusserlichere Modifikation des Substantivums darstellt als das Adjektiv, der Genetiv, das Pronomen oder das Pluralelement, dagegen andererseits die Beziehung zwischen Verb und Substantiv ausdrückt; diese vermittelnde Tätigkeit bezeichnet die Sprache dadurch, dass sie die Postposition zwischen Substantiv und Verb setzt.

Vgl. nam-til-ani-šù „für sein Leben", Gudea, Vase A_6 u. o.;

dingir-dingirr-ene-k „aller Götter“ in abba-dingir-dingirr-ene-k-e „der Vater aller Götter“, Entemena, Kegel 1_3; ki-bi-šù bí-n-gí „er stellte sie wieder her“, wörtlich „er brachte sie an ihren Ort zurück“, Datum des 15. Jahres Samsuilunas (BE VI 2 S. 74).

§ 367 β. Besonders zu beachten ist das durch den Doppelcharakter des Genetivs als nominale Modifikation und dimensionale Kette veranlasste unmittelbare Zusammentreffen von zwei und mehr Postpositionen. Denn wird der aus Substantiv und Genetiv bestehende Komplex durch eine Postposition modifiziert, so muss diese Postposition, da sie nach dem Modifikationsschema hinter dem Genetiv antritt, unmittelbar auf die Genetivposition folgen, wie andererseits auch am Anfang der Kette das den Genetiv regierende Substantiv und das genetivische Substantiv selbst unmittelbar aneinander stossen.

Vgl. šà(g)-uru-n(i)-ak-a = (šag-[uru-ni-ak])-a „im Innern seiner Stadt“, Entemena, Kegel 6_{28}, wo die Postpositionen -ak und -a und ebenso auch die Substantiva šà(g) und uru-ni unmittelbar neben einander stehen; abba-dingir-dingirr-ene-k-e „der Vater aller Götter“ (mit Subjekts-e), ebenda 1_3.

§ 368 Aus dem gleichen Grunde müssen auch bei einer doppelten Genetivverbindung die beiden Genetivpostpositionen unmittelbar auf einander folgen, wie z. B. in é-dumu-lugall-ak-a(k) (geschr. é-dumu-lugal-la-ka) = é-⟨(dumu-[lugal-ak])-ak⟩ „das Haus des Sohnes des Königs“. Wird ein solcher Komplex noch mit einer Postposition verbunden, also beispielsweise é-dumu-lugall-ak-ak-a (geschr. é-dumu-lugal-la-ka-ka) „in dem Hause des Sohnes des Königs“ gebildet, so ergibt sich die beachtenswerte Tatsache, dass in diesem Wortkomplex am Anfang die drei Substantiva und am Schluss die drei Postpositionen zusammenstehen, u. z. in einer derartigen Anordnung, dass das erste Substantiv und die letzte Postposition, das mittlere Substantiv und die mittlere Postposition, das letzte Substantiv und die erste Postposition zusammengehören, die zusammengehörigen Paare also konzentrisch ineinander geschachtelt sind. Vgl.

é-[dumu-(lugall-ak)-ak]-a.
1 2 3 3 2 1

§ 369 γ. Da sowohl der Vokal als auch der Konsonant des Genetivelementes schwinden kann (§ 349 f.), liegt es auf der Hand, dass bei dem oben beschriebenen Aneinanderstossen der dimensionalen Elemente die postpositionellen Auslaute der Ketten mit genetivischen Modifikationen in sehr verschiedener Form erscheinen müssen. Da ferner auch die Silbenabgrenzung in Sprache und

Schrift durchaus nicht immer mit den etymologischen Grenzen der dimensionalen Auslaute übereinstimmt, so sei im Folgenden eine Übersicht über die möglichen Genetivverbindungen und die dabei üblichen Schreibungen der postpositionellen Auslaute gegeben.

A. Die einfache Genetivverbindung.

1. Absolut oder mit konsonantisch anlautender Postposition (Beispiel: -ta „aus").

a. Nach konsonantisch auslautendem Wort: -a(k), geschr. ...a:
é-lugall-a(k), geschr. é-lugal-la „das Haus des Königs".
é-lugall-a-(k)-ta, geschr. é-lugal-la-ta „aus dem Hause des Königs".

b. Nach vokalisch auslautendem Wort: (-k), geschr. —:
é-sangu(-k), geschr. é-sangu „das Haus des Priesters".
é-sangu(-k)-ta, geschr. é-sangu-ta „aus dem Hause des Priesters".

2. Mit vokalisch anlautender Postposition (Beispiele -a und -e) oder mit identifizierendem Element -am.

a. Nach konsonantisch auslautendem Wort: -ak-a, geschr. ...a-ka; -ak-e, geschr. ...a-ke; -ak-am, geschr. ...a-kam:
é-lugall-ak-a, geschr. é-lugal-la-ka „im Hause des Königs".
dam-lugall-ak-e, geschr. dam-lugal-la-ke „die Gemahlin des Königs".
é-lugall-ak-am, geschr. é-lugal-la-kam „es ist das Haus des Königs".

b. Nach vokalisch auslautendem Wort: -k-a, geschr. -ka; -k-e, geschr. -ke; -k-am, geschr. -kam:
é-sangu-k-a, geschr. é-sangu-ka „im Hause des Priesters".
dam-sangu-k-e, geschr. dam-sangu-ke „die Gemahlin des Priesters".
é-sangu-k-am, geschr. é-sangu-kam „es ist das Haus des Priesters".

B. Die doppelte Genetivverbindung.

1. Absolut oder mit konsonantisch anlautender Postposition (Beispiel: -ta).

a. Nach konsonantisch auslautendem Wort: -ak-a(k), geschr. ...a-ka:
é-dam-lugall-ak-a(k), geschr. é-dam-lugal-la-ka „das Haus der Gemahlin des Königs".
é-dam-lugall-ak-a(k)-ta, geschr. é-dam-lugal-la-ka-ta „aus dem Hause der Gemahlin des Königs".

b. Nach vokalisch auslautendem Wort: -k-a(k), geschr. -ka:
é-dam-sangu-k-a(k), geschr. é-dam-sangu-ka „das Haus der Gemahlin des Priesters".
é-dam-sangu-k-a(k)-ta, geschr. é-dam-sangu-ka-ta „aus dem Hause der Gemahlin des Priesters".

2. Mit vokalisch auslautender Postposition (Beispiele: -a, -e) oder mit -am „ist", usw.

a. Nach konsonantisch auslautendem Wort: -ak-ak-a, geschr. ...a-ka-ka; -ak-ak-e, geschr. ...a-ka-ke; -ak-ak-am, geschr. ...a-ka-kam:

é-dam-lugall-ak-ak-a, geschr. é-dam-lugal-la-ka-ka „in dem Hause der Gemahlin des Königs".

aru(d)-dam-lugall-ak-ak-e, geschr. aru-dam-lugal-la-ka-ke „der Sklave der Gemahlin des Königs" (mit Subjekts-e).

é-dam-lugall-ak-ak-am, geschr. é-dam-lugal-la-ka-kam „es ist das Haus des Königs".

b. Nach vokalisch auslautendem Wort: -k-ak-a, geschr. -ka-ka; -k-ak-e, geschr. -ka-ke; -k-ak-am, geschr. -ka-kam:

é-dam-sangu-k-ak-a, geschr. é-dam-sangu-ka-ka „in dem Hause der Gemahlin des Priesters".

aru(d)-dam-sangu-k-ak-e, geschr. aru-dam-sangu-ka-ke „der Sklave der Gemahlin des Priesters".

é-dam-sangu-k-ak-am, geschr. é-dam-sangu-ka-kam „es ist das Haus der Gemahlin des Priesters".

§ 370 In den nicht sehr häufigen Fällen einer dreifachen Genetivverbindung, bez. auch bei zwei Genetiven, deren letzter von einem auf k oder g auslautendem Wort gebildet ist, wird, um die Häufung der Genetivelemente zu vermeiden, eines von diesen vernachlässigt.

Vgl. Dìm-tur,-dam-sangu-^{d}Nirgirsuk-ak-e, bez. -^{d}Nin-Girsu-k-ak-e, statt -^{d}Ningirsuk-ak-ak-e, bez. -^{d}Nin-Girsu-k-ak-ak-e „Dimtur, die Frau des Priesters des Nirgirsu (= des Herrn von Girsu)", RTC 16 Kol. 1_5-2_1.

§ 371 δ. Die oben dargestellten, auf der konsequenten Durchführung des Modifikatiionsschemas beruhenden Regeln der Genetivkonstruktion mussten, wie ohne weiteres ersichtlich ist, grosse Anforderungen an das grammatische Denken des Sumeriers stellen und werden deshalb auch nur von den grammatisch Gebildeten in Sprache und Schrift vollkommen beherrscht worden sein. Das gewöhnliche Volk dagegen mag öfters einmal ein Genetivelement zu wenig gesetzt haben, wobei allerdings auch zu beachten ist, dass dies durchaus nicht immer eine fehlerhafte Konstruktion darzustellen braucht, sondern auch auf einer Zusammenziehung der Genetivelemente infolge von Synkope des a eines Genetivelementes (§ 21, 349) beruhen kann. Man beachte dazu, dass Abweichungen von der üblichen Genetivkonstruktion (Fehlen eines Genetivelementes) sich auch öfters in den Inschriften (der sumerischen Periode) finden; vgl. z. B. mu-pad-a-^{d}Ningirsuk-e „der mit Namen Genannte des Ningirsu", Eannatum, Backstein B $1_{8.9}$, statt des eigentlich zu erwartenden -ᵈNingirsuk-ak-e. Dieses letztere ist vermutlich in der Volkssprache zunächst zu ᵈNingirsukke und schliesslich durch Zusammenziehung der beiden k zu zu ᵈNingirsûke geworden.

ε. In nachsumerischer Zeit ist die genauere Kenntnis des § 372
Mechanismus der Genetivkonstruktion, ja überhaupt die Kenntnis, dass die Grundform des Genetivelementes -ak ist, allmählich verloren gegangen. Die Ursache dafür mag z. T. bereits in dem anzunehmenden Verfall der sumerischen Volkssprache in der letzten Periode der sumerischen Zeit liegen, in der Hauptsache aber wird sie wohl darin zu suchen sein, dass die sumerische Genetivkonstruktion den späteren akkadischen Schreibern zu fremdartig war und sie sie deshalb allmählich, zweifellos auch unter Beeinflussung durch die akkadische Genetivkonstruktion, vereinfachten.

Die Eigentümlichkeiten der Genetivkonstruktion in nach- § 373
sumerischer Zeit lassen sich in folgender Weise zusammenfassen:

(*a*) Für das im Auslaut stehende Genetivelement -a(k), bez. -(k), tritt jetzt häufig als einfache Genetivendung -ake, bez. -ke ein, also das Genetivelement vermehrt um das in diesem Falle natürlich bedeutungslose Subjektselement -e.

Vgl. kara-silimm-ak-e ḫu-mu-ni(-')-uš „einen Sicherheitskai habe ich an ihm angelegt", LIH $58_{19.20}$ (statt kara-silimm-a(k)); lugal-e, mada-Idamaraz-k-e ... gú-ki-š-bí-n-gar-garr-a „der König, der das Land der Idamaraz zu Boden schlug", Samsuiluna, Zyl. VA 5951 Kol. 1_{32-37}.

(*b*) Vor konsonantisch anlautenden Postpositionen, beson- § 374
ders vor -ta, dagegen wird statt (-k) und -a(k) jetzt häufig -ka uud -aka, also eigentlich das doppelte Genetivelement -(a)k-a(k), bez. -ak-a(k) gesetzt; auch diese Zusammensetzung wird jetzt als einfache Genetivendung angesehen.

Vgl. á-ágg-a-An-ᵈEnlil-ka-ta „im Auftrage Anu's und Enlil's", Samsuiluna, Zyl. VA 5951 Kol. $1_{8.10}$; gú-ī(d) Dur .... - ka-ta „am Ufer des Flusses Turnat", ebenda Kol. 3_4.

Bisweilen erscheint dieses -aka oder -ka auch im freien Auslaut; vgl. nam-ti(l)-mu-šù ù nam-ti(l)-Kudurmabuk,-a(ii)a-ugu-m(u)-aka „für mein Leben und das Leben Kudurmabuks, meines Vaters, der mich erzeugt hat", Warad-Sin, Zyl. A 1_{5-8} (neben -ugu-m(u)-ake, Steintafel, Vs.$_{17-20}$, und dem richtigen -ugu-m(u)-a(k)-šù, Kanephore 1_{6-9}).

(*c*) Dagegen wird nach Personennamen das Genetivelement § 375 im freien Auslaut oder vor konsonantisch anlautender Postposition so gut wie stets vernachlässigt.

Vgl. ki-Ellumûšu-dumu-Ṣili-dŠamaš-ta „von Ellumûšu, dem Sohne des Ṣilli-Šamaš", BE VI 2 Nr. 36_8; nam-gudu ù é ḫal-a-ba-dEllumûšu-dumu-Ṣilli-dŠamaš „das Pašišamt und das Haus, der Erbteil des Ellumûšu, des Sohnes des Ṣilli-Šamaš", $ebenda_{6.7}$; Kudurmabuk-...,-dumu Simtišilḫak „Kudurmabuk, der Sohn des Simtišilḫak", Warad-Sin, Backstein A_{3-5}; RA IX S. 122 Kol. 1_{7-9}.

Zu der ähnlichen Vernachlässigung des Genetivelementes bei den komplizierteren dimensionalen Ausdrücken s. § 386.

§ 376 (*d*) Bei einer doppelten Genetivverbindung wird das Genetivelement nur einmal (oder nach *(c)* auch überhaupt nicht) gesetzt. Auch da, wo der Form nach das doppelte Genetivelement -(a)ka (< ak-ak) steht, ist nach *(b)* doch nur ein Genetivelement beabsichtigt; auf jeden Fall sind doppelte Genetivverbindungen mit deutlich erkennbarem doppelten Genetivelement, wie z. B. auf -akake und -akaka auslautende, nicht mehr belegbar.

Vgl. nigin-bád-di(l)-dili-mada-Warumm-ake, „sämtliche umwallten Orte des Landes des Warumvolkes", Samsuiluna, Zyl. VA 5951 Kol. $2_{2.4}$ (vgl. dazu die einfache Verbindung mada-Idamaraz-ke „das Land des Idamarazvolkes", ebenda $1_{32.33}$); é-dAmurrum-malik,-dumu-Erišsummatum „das Haus des Amurrum-malik, des Sohnes des Erišsummatum", BE VI 2 Nr. $33_{2.3}$; nam-ti(l)-dRim-Sin,-lugal-Larsammki-a(k),-lugal-Kengi(r)-ki-Uriki-ka-šù [1]) „für das Leben Rim-Sin's, des Königs von Larsam, des Königs von Sumer und Akkad", Rim-Sin, Tonnagel B_{7-11}.

§ 377 (*e*) Bei Voranstellung des Genetivs wird das Genetivelement in der Regel vernachlässigt; statt des Genetivs wird also gewissermassen ein Kasus absolutus vorangestellt.

Vgl. kur-kur kilib-a-bi nam-siba-bi â-(e)d-e „die Hirtenschaft über die Gesamtheit der Länder auszuüben", LIH $98.99_{24.25}$; nigin-kur-kurr-ake suḫuš-bi mi-ni(-')-gen „den Grund der Gesamtheit der Länder festigte ich dadurch", $ebenda_{74.75}$. Dagegen noch mit Genetivelement (und dem bedeutungslosen Subjektselement, § 373) kuš-bi-ake ḫullu-bi „das Übel seines Körpers", 4 R 7 Kol. 1_{37}.

§ 378 (*f*) Daneben finden sich aber auch, besonders in festgeprägten Wendungen, noch die alten korrekten Konstruktionen; es handelt sich da indessen allem Anschein nach um eine einfache Übernahme. Naturgemäss zeigen auch die Texte der älteren nachsumerischen Periode bedeutend geringere Abweichungen von

---

[1]) Stimmt der Form nach mit der alten Konstruktion überein.

der Genetivkonstruktion der sumerischen Zeit als die jüngeren Texte.

e. Persönliche Konstruktion der Postposition. § 379

Eine bemerkenswerte Erscheinung ist es, dass in gewissen Fällen Postpositionen oder genauer aus persönlichem Fürwort und Postposition bestehende Ketten persönlich konstruiert werden können.

α Verhältnismässig einfach liegt der Fall bei šubb-a-menden „ohne uns", „ausser uns" (u ähnlich) und šubb-a-menzen „ohne euch", ausser euch", HGT 152 Kol. $7_{42.44.45}$, neben mende-a-šubb-a „ohne uns", „ausser uns", enene-a-šubb-a „ohne sie", „ausser ihnen", $ebenda_{41.43.46}$, da šubb-a seiner eigentlichen Natur nach ein abstraktes Verbalnomen auf -a ist, welches in šubb-a-menden im Sinne eines Partizipium passivi (§ 710 ff) genommen und deshalb persönlich konstruiert ist, (also wörtlich: „wir sind solche, auf welche ge.....t wird"[1]), wogegen es in mende-a-šubb-a in seiner ursprünglichen Infinitivbedeutung (§ 693 ff.) gebraucht wird (also wörtlich: „auf uns ein ....en").

β. In dem persönlich konstruierten mende-r-ì-me-(e)ndan-a § 380 „wobei wir es sind, denen ....", bez. „wir sind es, denen ....", „uns" (hervorhebend), wörtlich „wir sind uns, dass ....", HGT 152 $Kol._{10.11}$, statt des unpersönlich konstruierten mende-r-ìme-a „es ist uns, dass ...." (französisch: c'est à nous que ....") dagegen ist die aus Pronomen und Postposition bestehende Kette mende-r als ein nominaler Ausdruck „wir, denen (es oder etwas geschieht)", bez. „solche, denen (es oder etwas geschieht)" gebraucht. Die gleiche persönlich attrahierende Konstruktion, jedoch mit Verwendung der singularischen Kette za-ra „dir" (statt des pluralischen „euch"), liegt vor in za-ra!-i-me-(e)nzan-a „ihr seid es, denen ...", „euch" (hervorhebend), HGT 152 Kol. 8_{13}. Vgl. ferner auch die singularischen Bildungen mae(bez. gae)-da-nu-(i-) me-(e)n „ohne mich", KBo 1 Nr. 41 Kol. 1_{7}, statt mae-da-nu-(i-) me-a, also wörtlich „ich bin nicht ein mit mir" statt „es ist nicht mit mir, dass...."; zae-da-numen „ohne dich", $ebenda_{8}$, statt zae-da-numea.[2]

γ. Ganz ähnlich liegt der Fall auch bei den Pluralbildungen § 381 lù-ne-da-meš „mit diesen (Menschen)", HGT 152 Kol. 5_{9}, statt und

[1]) Zur Nichtbezeichnung der Lokativbeziehung s. § 716.

[2]) Ene-da-numen „ohne ihn", $ebenda_{9}$, ist natürlich nur ein Versehen für ene-da-numea und auf eine rein mechanische Wiederholung des vorangehenden -numen zurückzuführen.

neben lù-ne-meš-da, ebenda$_{10}$, bei lù-e-bida-meš „zusammen mit diesen", Kol. $5_{2(5)}$, neben lù-e-meš-bida-kam, Kol. 5_6, sowie auch bei za-ra-nzen „euch", „zu euch", Kol. $6_{7.19}$, und za-a-nzen „auf euch", Kol. 6_8; denn wörtlich bedeutet lù-e-da-meš „sie sind ein dieser, mit dem (es ist)", und za-ra-nzen und za-a-nzen „ihr seid (jeder) ein du, dem (das und das geschieht)", bez. „ein du, auf welchem (das und das ist)".

§ 382 δ. In nam-da-me-(e)ndan-a (< na-i-da-me-enden-a) „ohne uns", HGT 152 Kol. $7_{21.26}$, neben mede-da-na-(i-)mme(-a), in nam-da-me-(e)nzan-a „ohne euch", ebenda$_{32}$, in nam-da-me-(e)š-a „ohne sie", ebenda$_{24}$, neben enene-da-na-(i-)mme-a, ebenda$_{28}$, und enene-da-namme, ebenda$_{23}$, sind die persönlich gefasste Postposition -da und das Verbum me „sein" zu einem Verbalstamm da-me „einer sein, mit dem etwas ist" verbunden und davon regelrechte Verbalformen (negierte Prekative mit -a) gebildet.

§ 383 f. Zusammengesetzte dimensionale Ausdrücke.

α. Durch Verbindung der Postpositionen mit Substantiven von dimensionaler, zeitlicher oder abstrakter Bedeutung vermag das Sumerische auch kompliziertere dimensionale Verhältnisse auszudrücken. Die wichtigsten dieser Verbindungen sind:

ša(g)—a „inmitten von" (von šà(g) „Herz", „Inneres").
šà(g)—šù, ES šab—šù „in—hinein".
šà(g)—ta „aus—heraus"; „mitten aus".
muru(b)—a (Gudea), murub—ta (Rim-Sin) „inmitten von", „zwischen", „unter" (von muru(b) = qablum, biritum).
igi—a, igi—šù, ES ibi—šù „vor", „angesichts" (von igi „Antlitz").
egir—šù und ES aga—šù „hinter—her".
egir—a, egir—ta[1] „nach", „nach dem Ableben jemandes".
ki—a „anstelle von" (von ki „Ort").
ki—ta „von", „aus jemandes Besitz".
ugu—šù „auf", „über", „gegen".
ribanna—šù „zwischen" (von ribanna „Grenze", „Scheide").
enna—šù „bis".
û(d)—ta „seit" (von û(d) „Tag", „Zeit").
û(d)—a „zur Zeit von".
gaba-ri—šù „(als Äquivalent) für" (von gaba-ri „das Gegenüberliegende", „Äquivalent").
diri(g)—šù, diri(g)—a „über—hinaus", „mehr als".
mu—šù „wegen" (von mu „Name").
nam—šù „wegen".

[1]) *Egir*—ta, RTC 290_9; III 5279_{18}; 6520_6; 6555_5.

bar—a „wegen“.[1]

β. Das logische Beziehungswort dieser zusammengesetzten Ausdrücke steht im Genetiv hinter dem dimensionalen Substantiv, sodass demnach der ganze Ausdruck eine aus Substantiv, Genetiv und Verhältniswort bestehende Kette darstellt. § 384

Vgl. šà(g)-uru-n(i)-ak-a „inmitten seiner Stadt“, Entemena, Kegel 6_{28}; šá(g)-mamud-ak-a „(mitten) im Traume“, Gudea, Zyl. A 4_{12}; šà(g)-lù-šar.u(-k)-ta „mitten aus 10 Saren (= 36000) heraus“, Urukagina, Kegel BC 8_{5}; vgl. auch Entemena, Stalagmitgefäss Kol. 1; Gudea, Statue B 3_{10}; muru(b)-dingirr-ene-k-a „inmitten der Götter“, Gudea, Zyl. A 26_{17}; murub-dingir-gal-gal-ene(-k)-ta „inmitten der grossen Götter“, Rim-Sin, Kanephore A 2_{12}; igi-Šugalamm-ak-a „vor dem Šugalam“, Gudea, Zyl. A 23_{25}; igi-erim-n(i)-a(k)-šù „vor seinen Kriegern“, Datum des 31. Jahres Hammurabis (BE VI 2 S. 63); egir-dam-an(i)-ak-a „nach dem Tode ihres Mannes“, BE VI 2 Nr. 23_{21}; gaba-ri-nam-NU.AB(-k)-šù „(als Äquivalent) für das Priesteramt“, BE VI 2 Nr. 43_{16}, usw.; bar-e-b(i)-ak-a „wegen jenes Grabens“, Entemena, Kegel 4_{16}; bar-še-b(i)-ak-a „wegen jenes Getreides“, Ovale Platte 4_{3}.

γ. Bei pronominalem logischen Beziehungswort tritt an die Stelle des Genetivs das Possessivpronomen. § 385

Vgl. igi-ni-šù „vor ihm (essen sie)“, HGT 34 Kol. 5_{43}; ki-me-ta „von uns“, ASK 2 Kol. 2_{65}; ki-zu-ta „von dir“, ebenda$_{66}$; nam-bi-šù „deswegen“, Rim-Sin, Kanephore A 2_{5}; šà(g)-b(i)-a „darin“, Urukagina, Kegel A 2_{9}; Gudea, Backstein G_{10}; šà(g)-bi-ta „davon“, TT 15 Kol. 3_{19}; Kol. 4_{12}.

δ. In nachsumerischer Zeit wird das Genetivelement häufig vernachlässigt (§ 375). § 386

Vgl. É-sag-íl,-igi-^{d}Marutu(k)-šù (statt igi-^{d}Marutuk-a(k)-šù) „in Esagil vor Marduk“, Datum des 6. Jahres Samsuiluna's (BE VI 2 S. 70); igi-Awilia,-bur-gul,-šù, igi-Ibni-^{d}Enlil,-dub-sar,-šù „vor Awilia, dem Steingraveur; vor Ibni-Enlil, dem Schreiber“, BE VI 2 Nr. $43_{35.36}$.

ε. In nachsumerischen Texten wird öfters die Postposition vernachlässigt, und zwar in älterer Zeit in der Regel nur -a, später zum Teil auch -ta und -šù; so wird z. B. ugu- statt ugu—a, šà(g)- statt šà(g)—a, igi- statt igi—šù, ki- statt ki—ta usw. gebildet. Diese Vernachlässigung ist offenbar auf eine Beeinflus- § 387

[1]) Noch nicht mit Sicherheit nachzuweisen sind u. a. die Äquivalente für „unter“ (= au dessous de), „unter—hervor“ „jenseits“, „diesseits“, „durch“ (= à travers).

sung durch das Akkadische zurückzuführen, insofern als das sumerische dimensionale Substantiv mit der entsprechenden akkadischen Präposition gleichgesetzt wurde.[1]

Vgl. ugu-uku-dagal-bi „über seine weite Bevölkerung", Datum des 31. Jahres Rim-Sin's (CDSA S. 52 Kol. 4_{12}); šà(g)-Urim^{ki}-a(k) „in Ur", Datum des 9. Jahres Rim-Sin's (CDSA S. 52 Kol. 3_6); šà(g)-É-^{d}Ninmarki(-k) „in E-Ninmarki", ebenda$_6$ (u. S. 27); šà(g)-Maškan-šabra^{ki}(-k) „in Maškan-šabra", Datum des 8. Jahres Rim-Sin's (CDSA S. 52 Kol. 3_3 u. S. 26).

§ 388 g. Ausdruck des Adverbiums mittels der Postposition.

α. Aus Substantivum und Postposition gebildete Ketten dienen auch zum Ausdruck unserer Averbien. Ein besonderes Adverbialelement besitzt das Sumerische nicht.

Vgl. z. B. muš-gim „schlangenartig", wörtlich „wie eine Schlange" in giš-ig-a muš-gim mu-n-sur-sur-ene „schlangenartig schlüpfen sie durch die Tür", CT 16, 12 Kol. 1_{32}; nig-á-zig-ak-a „gewalttätig", „frevlerisch", wörtlich „durch Gewalttat", „in Frevel", z. B. in alam-e ... nig-á-zig-ak-a lù na-(i)mmi-gul-e „diese Statue möge niemand frevlerisch zerstören", Gudea, Statue B 7_{49-57}; igi-šù „voran", wörtlich „zum (im) Angesicht", z. B. in udug-šag-a-zu igi-šù ḫa-m(u-'-)a-gin „dein guter Dämon möge mir vorangehen", Gudea, Zyl. A 3_{20}; gìr-a „hinterher", wörtlich „auf dem Fusse", „auf der Ferse", z. B. in ^{d}lama-šag-a-zu gìr-a ḫa-mu-('-)da-gin „dein guter Schutzgeist möge hinter mir hergehen", ebenda$_{21}$; û(d)-b(i-)a „damals", wörtlich „zu jener Zeit", Lugalzaggisi, Vasen 2_8; û(d)-kúr-šù „künftighin", wörtlich „in eine andere Zeit", 2 R 10 Kol. 3_6; û(d)-name-šù „immer", wörtlich „für alle Zeit", 2 R 48 Kol. 1_{13}; LUL-a-š (geschr. LUL-aš] = ma'adiš, danniš „sehr", 2 R 47 Rs. Kol. 2_9.

§ 389 β. Insbesondere ist zu merken die Verwendung der Postposition -šù zur Bildung des Adverbs der Adjektiva. Das Adjektivum, an welches -šù antritt, ist als Regens der postpositionellen Kette natürlich in substantivischem, u. z. in neutrisch-substantivischem Sinne gebraucht; statt des einfachen Adjektivs steht deshalb bisweilen auch nig und Adjektiv (§ 147).

Vgl. á-zi(g)-šù und nig-á-zi(g)-šù „frevlerisch", „auf frevelhafte Weise", wörtlich „auf Frevlerisches", z. B. in lù-Umma^{ki}-a(k) e-kisurra(-k)-^{d}Ningirsuk-ak-a, e-kirsurra(-k)-^{d}Nina-k-a á-zi(g)-šù aša(g)-gana túm-(u)d-e a-n-ta-bal-ed-a „der Ummäer, der, um frevlerisch

---

1) Beachte auch den gleichen Vorgang im Akkadischen; z. B. libbi statt ina libbi, ašar statt ina ašar usw.

Felder und Äcker an sich zu reissen, den Grenzgraben des Ningirsu oder den Grenzgraben der Nina überschreitet", Entemena, Kegel $6_{9\text{-}16}$, und nig-á-zi(g)-šù nu(i-n-)â „frevelhaft handelte er nicht", NFT S. 214 Kol. 2_6; nam-innimm-a-diri-diri(g)-šù e(-n)-â „bestimmungs- und vertragswidrig handelte er" (von nam-inimm-a-diri-diri(g) „Bestimmung und Vertrag übertretend"), Entemena, Kegel 1_6.

Beim Antritt von -šù (-š) an das auf a auslautende Adjektiv, bez. Verbalnomen, wird das kurze und unbetonte auslautende a des Adjektivs zu e. § 390

Vgl. zid-e-šù (geschr. zi-de-šù), bez. zid-e-š (geschr. zi-de-èš) „getreulich" von zid-a, z. B. in é-lugal-n(i)-a(k) zid-e-šù mu(-n)-dū „das Haus seines Herrn erbaute er getreulich", Gudea, Zyl. A 24_8; in späterer Zeit stets mit Abfall des u von šù, also mit Auslaut -e-š: zid-e-š (geschr. zi-de-eš) „fest", „getreulich", BE XXIX 1 Nr. 1 Kol. 4_{37} (Bur-Sin von Isin); Warad-Sin, Zyl. VA 5950 Kol. 1_{28}; OBI 68 Kol. 1_{27} (Kassitenzeit); 4 R 12 Rs.$_{11}$; SK 192 Kol. 2_{49}, 1_{47}, 2_{35}; dug-e-š (geschr. dû-gi-eš) „schön", „gut" von dug-a „gut", 4 R 13 Nr. 1_{13b}; kug-e-š „glänzend" von kug-a, 4 R 25_{50b}; BÚR(n)-e-š „demütig(?)" von BÚRn-a, 4 R 17 Vs.$_{38}$; ḫúll-e-š „freudig" 4 R 17 Vs.$_{13}$; ull-e-š „jauchzend", ebenda$_{16}$; aš-e-š, geschr. aš-e-eš „in einundderselben Weise", „in gleicher Weise", 2 R 40 Nr. 4 Vs.$_{1.3}$; gall-e-š (geschr. gal-li-eš) „in grossartiger Weise", BE XXIX 1 Nr. 1 Kol. 1_1 (Bur-Sin von Isin); Warad-Sin, Steintafel Rs.$_4$.

Wie das letzte Beispiel zeigt, wird der Auslaut -eš schliesslich auch an konsonantisch auslautende Adjektiva angefügt; man beachte aber, dass die meisten der betreffenden Adjektiva sowohl mit auslautendem a als auch ohne dieses vorkommen (§ 712.687). § 391

In sumerischer Zeit wird das mit -šù gebildete Adverbium nur bei einfachen Verben gebraucht; bei den zahlreichen Verben mit ständiger Objektsergänzung wie igi—bar „schauen" usw. dagegen wird statt des Adverbs das Adjektivum als adjektische Modifikation zu dem ständigen Objekt gesetzt. § 392

Vgl. ᵈEnlil-e ᵈNingirsu(k)-ra igi-zi(d) mu-n-ši(n)-bar „Enlil schaute fest (d. i. wohlgefällig) auf Ningirsu", wörtlich etwa „Enlil richtete einen festen Blick (Auge) auf Ningirsu", Gudea, Zyl. A 1_3; šu-zi ga-mu-(e-)ra-b-gar „ich will es dir getreulich ausführen", Gudea, Zyl. A 2_{13}; mū-zi(d) ba-ni-n-dū̄(g) „sie hat getreulich dafür gesorgt", Gudea, Zyl. B 13_8; A-ḫuš,-é-igi-zi-barr-a mu-na(-n)-dū „das Aḫuš, das wohlgefällig angeblickte Haus, erbaute er ihm", Entemena, Türstein $F_{11\text{-}13}$.

§ 393 Auch in nachsumerischer Zeit findet sich diese Konstruktion noch häufig; vgl me-gišḫar- ... -ani ... PA-gal-mu-na-n-è „seine parṣê und seine uṣurâti schuf er ihm in grossartiger Weise" Sinidinnam, Tonnagel $B_{14\text{-}17}$; igi-ḫuš ba-n-ši-b-íll-a „auf welchen er grimmig hingeblickt hat", 5 R 50 Kol. 1_{71}. Dagegen wird in spätnachsumerischer Zeit in einem solchen Fall das Adverb auf -eš gesetzt; vgl. ES mí zid-e-š ḫu-mu-(e-)ri-n-è(-e) „er möge getreulich für dich sorgen", RA XI S 144_{90}; a-šappar-a-mū-zid-e-š-dug-a „Wasser, das im Apsû sorgsam bereitet worden ist", ASK 9 $Rs._{6}$.

§ 394 γ. Das substantivische Adjektiv der adverbiellen Kette wird häufig mit dem Possessivpronomen -bi „sein" verbunden, welches sich offenbar auf die durch das Verbum ausgedrückte Handlung (bez. auch dessen Subjekt) bezieht und wohl ausdrücken soll, dass die Handlung in dem vollen für sie in Betracht kommenden Umfang der durch das Adjektiv bezeichneten Eigenschaft vollzogen wird. Das mit -bi verbundene Adjektiv, und damit auch der von diesem gebildete adverbielle Ausdruck, hat demgemäss allem Anschein nach superlativische Bedeutung (§ 174).

Vgl. gibil-bi-šù-ám, gibil-bi-š-ám (geschr. gibil-bi-eš-ám) „schliesslich", „zuletzt", wörtlich „auf sein Neuestes", in gibil-bi-š-ám lù-lū(-r) ba-ene-gin „schliesslich einigten sie sich miteinander" (nachdem die eine Partei vorher an den König appelliert hatte), BE VI 2 Nr. $10_{20.21}$; gibil-bi-šù-ám Ibkuša-adda .... Eaturam .... ù Eataiiar- .... - ra ḫal-a i-nne-n-ba „zuletzt hat Ibkuša dem Eaturam und dem Eataiiar die Erbteile gegeben", BE VI 2 Nr. $28_{7\text{-}10}$.

§ 395 Derartige, aus substantiviertem Adjektiv, Possessivpronomen -bi und einer Postposition bestehende Ketten liegen wohl auch vor in den Adverbien auf -bi, falls für diese ein ursprünglicherer Auslaut -bi(-e), -bi(-d), -bi(-t) oder vielleicht auch -bi-š(?) angenommen werden darf.[1]

Vgl. gal-bi „auf das Grossartigste", z. B. in: bád-gal-Bád-URUDU.NAGAR^ki^ .... gal-bi immi-n-dū „die grosse Festung Dur-Gurgurri baute er .... auf das Grossartigste", Sinidinnam, Tonnagel A $2_{8\text{-}11}$, und û(d)-ullia-ta lugal lugal-ene-r bara-(i-)n-dímm-a, ᵈUtu-lugal-m(u)-a gal-bi ḫu-mu-na(-')-dū „was seit ältester Zeit keiner der Könige gebaut, das habe ich dem Šamaš in grossartigster Weise gebaut", LIH $58_{36\text{-}40}$; gī(g)-bi tur-a ba-ná „in schlimmster Weise liegt er krank darnieder, 4 R 17 $Vs._{51}$; TUR-TUR-bi = rabbiš, SBH 2 Vs $_{18.19}$;

[1]) Möglich wäre indessen, dass diese Bildungen, wenigstens zum Teil, auch als Akkusative, d. h. als inneres Objekt, gedacht sind.

gal-gal-bi = rabîš, ebenda$_{20}$; maḫ-bi = ma'adiš, 2 R 47 Kol 5$_{10}$; ḫull-u-bi = limniš CT 16, 19$_{48}$. Auf das Subjekt bezieht sich das Possessivpronomen deutlich in ann-a ann-i-bine (geschr. an-ni-bi-ne, Var. -bi-e-ne < ann-a-bine[1]) imma-n-bu-eš (Var. (geschr.) -bu-i-eš) = ana šamê šaqîš išdudûma, wo ann-i-bine (mit Plural des Possessivums) allem Anschein nach „so hoch sie nur können" bedeutet.[2]

2. Das kopulative Verhältnis (Begriffe „und", „auch", „oder").

a. Das kopulative Verhältnis, das im Deutschen durch „und" § 396
ausgedrückt wird, wird im Sumerischen, wenn der Begriff „und" nicht betont werden soll, nicht besonders bezeichnet; die betreffenden einzelnen Worte, Ketten bildenden Satzteile oder Sätze werden vielmehr asyndetisch aneinander gereiht.[3]

α. Beispiele.

(1) An-ki-a „im Himmel und auf Erden", Gudea, Zyl. B 13$_{5}$; gĕ-ud-a = muši ù urri „des Tags und des Nachts", HGT 152 Kol. 11$_{28}$; guškin-kù(g)-babbar „Gold und Silber", ASK 9 Rs.$_{18}$; urudu-nagga „Kupfer und Blei", ebenda$_{16}$; ama-aiia-Ann-ak-ene „die Väter und Mütter An's", CT 25, 1$_{22}$; nam-géme-aru(d) „Knecht und Magdschaft", „Gesinde", AJSL XXVIII S. 242 (Sm 61)$_{10.13}$; ES dingir-nun-gal-dingir-a-nunn-ak-ene „die Igigi und die Anunnaki", BA X S. 100 (K 3259) Rs.$_{9}$.

(2) An-e, ^{d}Enlil-e, ^{d}Ninḫursagk-e, ..., ^{d}Dumu-zi(d)-abzu(-k),-nin-Ki-nu-nir^{ki}-k,-e, dingir-mu,-^{d}Ningišzidak,-e nam-tarr-ani ḫe-(n-)*da-b*-kúr-(u)ne „Anu, Enlil, Ninḫursag, ..., Dumu-zi-abzu, die Herrin von Kinunir, und mein Gott Ningišzida mögen gleichzeitig damit sein Schicksal ändern", Gudea, Statue B 8$_{44}$-9$_{5}$; šà(g)-b(i)-a ^{d}Zazari(-r), ^{d}IM-PA-è(-r) ^{d}Urnuntaea(-r) é mu-ne-ni(-n)-dū „darinnen erbaute er Zazari, IM-PA-è und Urnuntaea ein Haus", Urukagina, Kegel A 2$_{9-13}$.

---

[1]) Oder ist hier etwa ann-i-bi-de (< ann-a-bi-da) beabsichtigt?

[2]) Noch zweifelhaft bleibt, ob in ur-a-sig-a-bi = mitḫâriš „einheitlich", gleichmässig", „zu gleichen Teilen" ur-a-sig-a (nach dem Akkadischen) als Adjektivum oder als substantivisches Verbalnomen aufgefasst wurde, also wie in den in § 703 ff. besprochenen Infinitivkonstruktionen gebraucht ist. Vgl. z. B. é,-GIŠ-SAR,-aša(g),-a-n-ĕ-(i)d-e-a ur-a-sig-a-bi ì-ba-ene „Haus, Garten und Feld, soviel sich anfinden wird, werden sie zu gleichen Teilen teilen", BE VI 2 Nr. 43$_{23.24}$, ur-a-sig-a-bi i-n-ba-eš „(das und das) haben sie zu gleichen Teilen geteilt", BE VI 2 Nr. 23$_{25}$; ur-a-sig-a-bi ì-ba-ene „sie werden zu gleichen Teilen teilen", BE VI 2 Nr. 48$_{12}$.

[3]) Vom sprachpsychologischen Standpunkt aus gesehen ist die Zusammengehörigkeit der einzelnen Worte usw. durch die Nebeneinandersetzung ausgedrückt.

(3) É-ninnu-....-(a)ni mu-na(-n)-dū, ki-bi mu-na(-n)-gí „sein E-ninnu hat er ihm gebaut und es ihm wiederhergestellt", Gudea, Backstein F $2_{2\text{-}4}$; é-... -ni mu-na(-n)-dū, šá(g)-b(i)-a aga-erin,-ki-di-kŭ-ani mu-na-ni(-n)-dū „sein Haus hat er ihm gebaut und ihm darin die Zedernhalle(?), seinen Richtplatz, gebaut", Gudea, Backstein $G_{8\text{-}12}$; ū̂(d) ^{d}Ningirsuk-e Gudea siba-zi(d)-šù kalamm-a ba-ni(-n)-pád-a,-a, šà(g)-lù-216000(-k)-ta šu-ni ba-(n-)ta-n-dibb-a,-a „als Ningirsus Hand den Gudea aus 216000 Menschen herausgegriffen und er ihn als ständigen Hirten im Lande proklamiert hatte",[1] Gudea, Statue B $3_{6\text{-}11}$.

§ 397 β. Man beachte hierbei, dass in dem Fall, dass mehrere kopulativ zu verbindende Substantiva durch ein Bildungselement wie das Subjekts-e, das Lokativ-a usw. modifiziert werden sollen, eine unmittelbare Aneinanderreihung der Substantiva und darauffolgende gemeinsame Modifizierung durch das betreffende Bildungselement in der Regel nur dann stattfindet, wenn die Substantiva eng zusammengehören, bez. ein eng zusammengehöriges oder gewohnheitsmässig zusammengenanntes Paar darstellen, wie beispielsweise ama-aiia „Vater und Mutter", gĕ-ū̂(d) „Tag und Nacht" usw.; s. oben die Beispiele unter *(1)*. Handelt es sich nicht um eng zusammengehörige Substantiva, so zieht es der Sumerier vor, jedes derselben für sich mit der betreffenden grammatischen Ergänzung zu versehen; vgl. z. B. An-e, ^{d}Enlil-e, ^{d}Ninḫursagk-e usw. in den oben unter *(2)* angeführten Beispielen.

§ 398 Dagegen wird naturgemäss nach einem Substantiv, das durch mehrere dem Sinne nach kopulativ verbundene substantivische Appositionen modifiziert ist, in der gewöhnlichen Sprache das Subjekts-e usw. nur einmal hinter dem ganzen aus dem Substantiv und seinen Appositionen bestehenden Komplex angefügt; vgl. z. B. Ur-^{d}Engur,-nita-kal(a)g-a,-en-Unug^{ki}-a(k),-lugal-Urim^{ki}-a(k), -lugal-Kengi-ki-Uri-k,-e É-temen-ní-gùr mu-na(-n)-dū „Ur-Engur, der starke Recke, der Enu von Uruk, der König von Sumer und Akkad, hat ihm das E-temen-ní-gur gebaut", Ur-Engur, Backstein C. In lebendigerer, affektvoller Sprache indessen wird das grammatische Element oft auch jeder einzelnen Opposition nachgesetzt; vgl. z. B. Eannatum,-isag-Lagašu^{ki}-k-e, mu-pad-a-^{d}Enlil-k-e, a-sim-a-^{d}Ningirsuk-ak-e, šà(g)-pad-a-^{d}Ninak-e, gazi(d)-kú-a-^{d}Ninḫursagk-ak-e usw. „Eannatum, der Fürst von Lagaš, der von Enlil mit Namen Genannte, der von Ningirsu mit Kraft Beliehene, der Herzenserwählte der Nina, der von Ninḫursag mit heiliger Milch

1) Beachte die umgekehrte Reihenfolge!

Ernährte", Eannatum, Feldsein A 1_2-2_7. Ähnlich wird öfter auch bei koordinierten Relativsätzen das zum Beziehungswort gehörige postpositive Element nach jedem einzelnen Relativsatz wiederholt; vgl. das oben unter (3) angeführte Beispiel û(d)ᵈNingirsuk-e .... ba-ni(-n)-pad-a,-a, šà(g)- .... ba-(n-)ta-n-díbb-a,-a, Gudea, Statue B 3_{6-11}; ferner Lugalzaggisi, Vasen 1_{36}-2_2, usw.

b. Bei Substantiven wird „und", wenn es im empha- § 399 tischen Sinne von „und auch", „sowohl — als auch" gebraucht ist, mit Hilfe der Postpositionen -bi, -bida und seltener -da „mit", „zusammen mit" ausgedrückt, u. z. werden diese Postpositionen dem letzten der zu verbindenden Substantiva (ursprünglich wohl nur dem letzten von zwei Substantiven) angehängt.

α. Beispiele.

Zu -bi: ᵈEnlil-...-e ᵈNingirsu(k)-ᵈŠara-bi(-r) ki-e-ne(-n)-sur „Enlil bestimmte dem Ningirsu und dem Šara die Grenze", Entemena, Kegel 1_{1-7}; mede-menzen-bi „wir und ihr", HGT 152 Kol. 7_{17}; mende-enene-bi „wir und sie", ebenda$_{18}$; dug-a-An-ᵈEnlil-bi(-k)-ta „auf den Befehl Ans und Enlils", Datum des 38. Jahres Hammurabis, HGT 95; Idigna-Buranun-bi „sowohl den Eufrat als den Tigris (hinauf)", Lugalzaggisi, Vasen $2_{6.7}$. Zu -bi bei mehr als zwei Gliedern siehe unten bei „oder" (§ 417).

Zu -bida: Idigna-Buranun-bida „Tigris und Eufrat", Gudea, Zyl. B 17_{13}; An-ᵈEnlil,-lugal-an-ki-bida-k,-e [1] „An und Enlil, die Könige von Himmel und Erde", LIH $98.99_{1.2}$.

Zu -da: ḫur-bi mende-da „sie und wir", HGT 152 Kol. 7_{19}.

β. In nachsumerischer Zeit wird anstatt -bida irrtümlicher- § 400 weise auch -bidake, d. i. -bida + Genetivelement -k + Subjektselement -e, gebraucht, da man sich nicht mehr klar über die Bedeutung und das Wesen der beiden zuletzt genannten Elemente war (§ 372).

Vgl. Zimbirᵏⁱ-Ká-dingirr-a(k)ᵏⁱ-bidake ki-tuš-neḫa ḫe-(i)mmi(-')-tuš „Sippar und Babylon liess ich in ruhiger Wohnung wohnen", LIH 58_{27-32}; mu Samsuiluna,-lugal-e KA-ᵈEnlill-a(k)-ta Kisurraᵏⁱ-Sabumᵏⁱ-bidake KA-sill-a-š bí-n-tur-a „Jahr (benannt danach), dass Samsuiluna, der König, auf den Befehl Enlils Kisurra und Sabum unterwarf", Datum des 13. Jahres Samsuiluna's (BE VI 2 S. 73).[2]

---

[1]) Zu erwarten wäre lugal-an-ki-bida-k-ene(-e); akkadisch: šar-ru (= šarrû) ša šamê û irsitim.

[2]) Es würde allerdings gut zum Sinne beider Stellen passen, wenn man „die Einwohner von Sippar und Babylon" und „die Einwohner von Kisurra und Sabum" übersetzen dürfte. Doch findet sich bis jetzt noch

§ 401 γ. In nachsumerischen Texten (aus der Zeit der ersten Dynastie von Babylon) findet sich für „und“ bei Substantiven, die Personen bezeichnen, auch ene-bida (geschr. e-ne-bi-da und e-ne-bi-ta), bez. ene-bidak- (und ene-bidake), welches wie -bida dem letzten Glied der kopulativen Kette (richtiger wohl nur dem letzten von zwei Gliedern) nachgesetzt wird und eigentlich „zusammen mit ihm (ihr)“, nämlich mit der zuerst genannten Person, bedeutet.

Vgl. Samsuiluna,-lugal-e, ^{d}Utu-^{d}Marutu(k)-ene-bidak-e![1] nig-dím-dímm-a-bi al-i-nna-n-gù-uš-ám̃ „Samsuiluna, der König, welchem Šamaš und Marduk ihre (seine?) .... ge....t haben“, Datum des 6. Jahres Samsuilunas (Str. W. 54 u. 62); mu Ammizaduga,-lugal-e alam-ani šu-silimm-a a-b-DI-DI-ene-a ^{d}Ilbaba-^{d}Ninni-ene-bida (neben: mu-Ammizaduga-lugal-e alam-ani šu-silimm-a a-b-DI-DI-ne-a-š(?) ^{d}Il-baba-^{d}Ninni-bida-š) É-mete-ursag-šù i-nne-n-tur-a, Datum des 15. Jahres Ammizadugas (BE VI 2 S. 104); An,-^{d}Ninni-^{d}Nanâ-ene-bita und An ^{d}Ninni ù ^{d}Nanâ ene-bida (Var. ene-bita) neben An, ^{d}Ninni ù ^{d}Nanâ, Datenformeln des 34. Jahres Hammurabis (BE VI 2 S. 64). Beachte in der Variante die pleonastische Setzung von ù neben ene-bida.

§ 402 δ. Auch „auch“ bei einem einzelnen Nomen (Substantivum oder Pronomen) wird vielleicht durch -da ausgedrückt; vgl. das allerdings zweifelhafte ne-da „auch dieser“, HGT 75 Kol. 4_{29} (Anfang).

§ 403 c. Beim Verbum wird der Begriff „auch“, „ebenfalls“, „in gleicher Weise“ usw. mit Hilfe des Infixes -nga-, in älterer Sprache -(n)ga- (mit Präfix i-: i-nga- (geschr. in-ga- und in-gá-) und a-nga- (geschr. an-ga-), in älterer Sprache e-(n)ga- (geschr. e-ga-)) ausgedrückt.

α. Beispiele.

Nig-mae-ì(-')-zu-a-mu zae i-nga-e-zu[2] „was ich weiss, weisst du auch“, CT 17,25 ff.$_{62}$; uru-mu ..., éš-Nibru^{ki}-mu ..., kibi-a nam-nin-zu ḫe-(i-)nga-è „in meiner Stadt ..., in meinem Hause Nippur ..., allda soll auch deine Herrinnenschaft bestehen (d. h. auch du sollst dort Herrin sein)“, RA XII S. 74 ff.$_{43\ (=22)}$; alam-e ù-kù(g)-nu(-m) (< nu-i-me), za-gín nu-(i-n)ga-m (geschr. nu-ga-ám; < nu-i-nga-me) „diese Statue ist nicht (von) Edelmetall und auch nicht (von) Lasurstein“, Gudea, Statue B $7_{49.50}$; a i-n-lú-lú-e(n), kua

keine sichere Parallele dafür, dass das Genetivelement allein Gentilizia bilden kann. Beachte auch, dass der akkadische Text LIH $57_{31.32}$ nur Sippar^{ki} ù Babili^{ki} bietet.

[1]) Variante ene-bitak-e.

[2]) Zur pleonastischen Beifügung von ù in den Parallelstellen s. § 409.

i-n-dib-dibb-e(n); sa i-nga-nú-e(n), ^{mušen}bir [1] i-nga-ur-urr-e(n) „du störst das Wasser auf und fängst die Fische; du legst auch das Netz und bringst auch die Vögel in Leid“,[2] SBH $I_{20.22}$.

Beachte auch die Gleichsetzung von unga-, anga-,[3] inga- und enga-, und zwar als Präfix und Suffix (= an-ta, ki-ta), mit ù šu-u „und auch er“, „er auch“ (wobei ù dem nga, šû dem Präfix i-, bez. u-, a-, e-, entspricht), JRAS XVII S. 65 (Bertinsche Tafel) Kol. 1_{37-40}.

β. In den Inschriften Šarrukins von Akkad wird das Infix -(n)ga- geradezu in der Bedeutung der Kopula „und“ zur Verknüpfung von zwei oder mehr Sätzen gebraucht. § 404

Vgl. Lugalzaggisi,-...,-da ^{giš}tukul e-(n-)da(-n)-sīg, e-(n)ga-n-díb „er kämpfte mit Lugalzaggisi und nahm ihn gefangen“, HGT 34 Kol. 1_{22-28}; lù-Urim^{ki}-a(k)-da ^{giš}tukul e(n-)da(-n)-sīg, TUN-KÁR e-ni(-n)-sì(g), uru-ni e-(n)ga(-n)-ḫul, bád-bi e-(n)ga(n)-... „mit dem Uräer kämpfte er; er besiegte ihn und eroberte seine Stadt und zerstörte die Mauer derselben“, ebenda Kol. 1_{37-47}; uru-Unu(g)^{ki} e(-n)-ḫul, bád-bi e-(n)ga(-n)-... „die Stadt Ur verwüstete er und ihre Mauer zerstörte er“, ebenda Kol. 1_{13-15}; lù-im-sarr-a-e-a-b-...-e-a(-k) ^{d}Utu(-e) suḫus-ani ḫe-(i-)bad-u, numun-ani ḫe-(i-n)ga-ri(g)-rig-e „wer diese Inschrifttafel zerstören wird, dessen Grund möge Šamaš herausreissen und dessen Samen möge er hinwegraffen“, ebenda Kol. 5_{40-47}.

In den akkadischen Parallelinschriften entspricht dem -(n)ga- stets ù „und“. Vgl. z. B. URU^{ki} Uruk^{ki} SAG-GIŠ-RA (= inâr) ù dûr-su Ì-GUL-GUL, HGT 34 Kol. 2_{12-17}, zu dem oben zitierten Beispiel Kol. 1_{13-15}.

γ. Über den Ursprung und die Zusammensetzung von -nga- ist Sicheres noch nicht zu sagen; doch ist es wahrscheinlich, dass das n auch hier pronominaler Natur ist und -n-ga- demnach eine aus Pronomen und Postposition bestehende Kette der Art von -n-da-, -n-ši- usw. bildet. Ob -n-ga- vielleicht nur eine Nebenform von -n-da- „mit demselben“ ist, muss dahingestellt bleiben. § 405

d. Zum Teil allein, zum Teil zusammen mit -nga- wird auch igi (oder ist ši zu lesen?) als ein Ausdruck für „auch“, „gleichfalls“ gebraucht. § 406

---

1) Lautwert wohl buru nach Vok. Ass. 523 Kol. 4_{48}: NAM = (Glosse) buru = iṣṣuru.

2) Die beiden Verben „fangen“ und „in Leid bringen“ sind im Text offenbar mit einander vertauscht worden.

3) Die Tafel bietet versehentlich a-ga; oder soll das die der älteren Sprache angehörige Form a(n)ga- sein?

Vgl. a(ii)a-sag-gig-a(k), ná-a-zu-de uku igi mu!-e-da-ná; šul-^{d}Utu, zi-zi-(e)d-a-zu-de uku igi mu-e-da-zi-zi „O Vater der Schwarzköpfigen, wenn du zur Ruhe gehst, gehen mit dir auch die Menschen zur Ruhe; o Held Šamaš, wenn du aufstehst, stehen mit dir auch die Menschen auf“, MST Nr. 4_{8-10}; [^{d}Mur ....-a-n(i)]-a an mu-n-da-ur-ur, ^{d}Mur surr-a-n(i)-a ki igi i-nga-tü(k)-túk[1] „wenn Adad .....t, erzittert der Himmel vor ihm, und wenn Adad grollt, bewegt sich auch die Erde“, 4 R 28 Nr. $2_{9.11}$; ES nugibi mẽ-mèn; .... ibi-mé-k-a gubb-a-mu-de mar-uru-šu-šu-íll-a mẽ igi i-nga-me-(e)n (geschr. in-ga-mèn); muru(b)-mé-k-a gubb-a-mu-de .... mẽ igi i-nga-mèn; egir-mé-k-a [....-a]-mu-[de] ....-ḫul-bi-zig-a mẽ igi i-nga-mèn „eine Ištaritum bin ich; wenn ich aber vor dem Schlachtgetümmel stehe, bin ich auch ein Flutdämon, dessen Kraft gewaltig ist; wenn ich in der Mitte des Schlachtgetümmels stehe, bin ich auch ....; wenn ich hinter dem Schlachtgetümmel ...., bin ich auch Überwältigung, die zum Unheil sich erhoben hat“, SBH 56 Vs.$_{3,20-31}$; beachte, dass am Anfang der zuletzt genannten Stelle, der Bedeutung von igi und -nga- entsprechend, nur mẽ-mèn, nicht mẽ igi i-nga-me-(e)n steht.

§ 407 Über die Entstehung des igi lässt sich bis jetzt noch nichts Sicheres sagen; ist es vielleicht aus ingam, angam entstanden?

§ 408 e. Oft schon in spätsumerischer Zeit und sehr häufig in nachsumerischen Texten wird auch das akkadische ù „und“, „und auch“ als Kopula verwendet und wie im Akkadischen vor das letzte der zu verbindenden Glieder gesetzt.

α. Beispiele:

^{d}Bau,-dumu-Ann-a(k),-ra nam-ti(l)-Ur-^{d}Bau,-isag-Lagašu^{ki}-k-a(k),-šù(!)[2] Ur-^{d}Enlil,-DA-BI-DU-DU(,-e) ù nam-ti(l)-dam-dumu-n(i)-a(k)-šù a-mu-na(-n)-ru „der Bau, der Tochter An's, hat für das Leben Ur-Bau's, des Fürsten von Lagaš, und für das Leben seiner Frau und seiner Kinder Ur-Enlil, der ...., (diese Vase) geweiht“, Ur-Bau, Vase; ^{d}Ningirsu,-....., -lugal-ani(,-r) nam-ti(l)-Nammaḫni,-isag-Laga-šu^{ki}-k,-a(k)-šù Nin-ḪE-UL,-dumu-Ur-^{d}Bau,-isag-Lagašu^{ki}-k,-a(k),-dam-(a)ni(,-e) ù nam-til-ani-šù[3] a-mu-na(-n)-ru „dem Ningirsu, seinem

[1]) Ist hier vielleicht nga erst nachträglich an die Stelle von ursprünglichem -n-da- getreten? Dann würde i-n-da-tü(k)-túk „sie bewegt sich vor ihm (oder durch ihn)“ dem mu-n-da-ur-ur „er erzittert vor ihm“ vollkommen parallel sein.

[2]) Der Text bietet versehentlich -k-ak-e.

[3]) Man beachte die Zerreissung der kopulativen Kette durch das Satzsubjekt!

Herrn, hat für des Leben Nammaḫnis, des Fürsten von Lagaš, und für ihr eigenes Leben Nin-ḪE-UL, die Tochter des Ur-Bau, des Fürsten von Lagaš, seine Gemahlin, (diese Schüssel) geweiht", Nammaḫni, Schüssel; ....-k-ak,-e nam-til-Gudea,-isag-Lagašu[ki](-k),-damm-an(i)-a(k)-šù ù nam-til-ani-šù a-mu-na(-n)-ru „der N hat X, die Tochter des Y, für das Leben Gudea's, des Fürsten von Lagaš, ihres Gemahls, und für ihr eigenes Leben (diese Statuette) geweiht", Gudea, Weibliche Statuette B; gû(d)-ùru-gubb-a é-[d]Ningisuk-a(k), é-šabra(-k), é-ba...., É-babbar ù é-[d]Pagibilsag(-ak) „Bestand an Pflügochsen (von dem) Tempel des Ningirsu, dem E-šabra, E-ba..., E-babbar und (dem) Tempel des Pagibilsag", TT 26 Kol. 14_{16-20} (50. Jahr Šulgi's); .... ki-Mansi(m)-ta U[r]-Gunirra ù Ur-NÍGIN-GAR(-e) šu-ba-(-n)-ti „(das und das) hat Urgunirra und Ur-NÍGIN-GAR von Mansi empfangen", TT 258_{1-6} (55. Jahr Šulgi's); Ḫarši, Ḫumurti ù Kimaš „Ḫarši, Ḫumurti und Kimaš", Datum des 58. Jahres Šulgi's, TT 48; Idin-Ištar, Narubtum,-ama-ni ù ibila-nene-ana-me-a-bi „Idin-Ištar, seine Mutter Narubtum und jeder ihrer Erben", BE VI 2 Nr. $64_{16.17}$; nam-ti(l)-mu-šù ù nam-ti(l)-Kudurmabuk,-a(ii)a-ugu-m(u)-ak-e „für mein Leben und das Leben Kudurmabuk's, des Vaters, der mich gezeugt hat", Warad-Sin, Tonnagel Kol. 2_{8-11}; lugallu-bi KA-SIL-zu ḫe-(i-)n-sill-a ù mae,-lù-tù-tù,-aru(d)-zu KA-SIL-zu ga-(i-'-)sil[1] „dieser Mensch möge dann deinen Preis preisen, und auch ich, der Beschwörer, dein Knecht, will deinen Preis preisen", CT 1ff.$_{294-296}$.

β. Bisweilen wird ù sogar pleonastisch neben -bida (bez. ene-bida) und -nga- gebraucht. § 409

Vgl. An, [d]Ninni ù [d]Nanâ ene-bida (Var. -bita), Datum des 34. Jahres Hammurabis (BE VI 1 Nr. $61_{7.8}$; BAP 82) neben An [d]Ninni [d]Nanâ ene-bita (Str. W. 35); nig-mae-ì(-')-zu-a-mu ù zae i-nga-e-zu „was ich weiss, weisst auch du", 4 R 7 Kol. 1_{30}, neben dem richtigeren nig-mae-ì(-')-zu-a-mu zae i-nga-e-zu, 4 R 22 Rs.$_{7}$.

γ. Zu unterscheiden von diesem dem Akkadischen entlehnten ù „und" „(und) auch" ist das ù, welches dem ersten von zwei der Bedeutung nach miteinander identischen Pronomina vorangesetzt und im Akkadischen durch Dehnung und Betonung der Endsilbe des zweiten Pronomens wiedergegeben wird. Die Bedeutung dieses ù wie auch der akkadischen Dehnung ist noch unbekannt; möglicherweise drückt es nur Emphase aus, sodass es etwa „ja", „eben" o. drgl. bedeutet (z. B. „ja wir", „eben wir"). § 410

---

[1]) Text unrichtig ga-sil-lá.

Vgl. ù-mede-mede[1] = nînu nînû (geschr. -nu-ù); ù-menzen-menzen = attunu attunû (geschr. -nu-ù); ù-enene-ḫurbi = šunu šunû (geschr. -nu-ù), HGT 152 Kol $7_{13\text{-}15}$.

§ 411 δ. Noch nicht sicher festzustellen ist gegenwärtig auch die Bedeutung das vorangestellten ù in alam-e ù-kù(g)-nu(-m) (<-nu-i-me) za-gín-nu-(i-n)ga-m; ù-urudu-nu-(-m), ù-anna(k)-nu(-m), zabar-nu(-m) kingá lù nu ba-mà-mà, Gudea, Statue B $7_{49\text{-}53}$, und in ù-geme-nu-(i-)me-(e)š, ù-nita-nu-(i-)me-(e)š, CT 16,9 ff. Kol. 5_{37}. In beiden Fällen würde eine Bedeutung „sowohl — als auch" für ù—,ù—, bez. negiert „weder—noch" für ù—nu-, ù—nu-, sehr gut in den Zusammenhang passen: „diese Statue ist weder von Edelmetall noch auch von Blei usw. (gefertigt)", und „weder männlich noch weiblich sind sie". Doch würde auch eine beteuernde Bedeutung des ù, also etwa „fürwahr" oder dergl., passen.

§ 412 ε. Beachte schliesslich auch, dass in späten Texten die mit ù- und ú gebildeten Aufforderungsformen (§ 653 ff.) mit wenigen Ausnahmen akkadisch durch den Imperativ oder den Prekativ mit -ma „und" wiedergegeben werden.

Vgl. z. B. die folgenden Reihen von Verbalformen: (2 ×) ú-me-ni-dul = kuttimma; ú-me-ni-ḪAR = eṣirma; ú-me-ni-gid = usuḫma; (2 ×) šu-ú-me-ti = liqêma; (2 ×) ú-me-ni-keš = rukusma; ḫe-(i)mma-ra-n-zi-zi = linnasiḫ; na-(i-)n-gí-gí = ai itûr, CT 17,19 ff.$_{34\text{-}50}$; šu-ú-me-ti = liqêma; ú-me-ni-SAR(?) = liṭmema; ú-me-ni-tab = lêṣip (sic?); ú-me-ni-šer = kuṣurma, ú-me-ni-sì = idima; (4 ×) ú-me-ni-keš = rukusma; ú-me-ni-NIGIN-e = limêma, ú-me-ni-sì = idima; (2 ×) ḫa-ba-ĕ-(e)d-e = lêtella und lîrid, CT 17,19 ff.$_{74\text{-}90}$.

§ 413 Gelegentlich findet sich in späteren, nicht zuverlässigen Texten dieses mit -ma wiedergegebene u- sogar bei Verben in assertiver Bedeutung.

Vgl. ᵈEnki lù-bi igi-ù-bí-n-dŭ, GAR sag-an(i)-a mu-ni-n-gar, GAR kuš-n(i)-a mu-ni-n-te, *subi*-nam-til-ake mu-na-n-*sub* = ᵈEa awilu šuatim îmurma akâlu ina qaqqadišu iškun, akâlu ana zumrisa uṭaḫḫi, ikribi balâṭu ikarrabšu „Enki schaute auf diesen Menschen und Speise legte er auf sein Haupt, Speise brachte er an seinen Körper, einen Segen des Lebens sprach (akk. spricht) er über ihn", CT 17, 33 Vs.$_{9\text{-}14}$.[2]

---

[1]) Unter dem ù ist in kleinerer Schrift ein Zeichen geschrieben; welche Bedeutung dieses hat, lässt sich noch nicht ersehen.

[2]) Wahrscheinlich ist das ù aus einer Verderbnis des Textes zu erklären. Ist der Text vielleicht zusammengezogen?

Inwieweit die Wiedergabe der sumerischen u-Formen mit akkadischen -ma-Formen einen Anhaltspunkt an der Bedeutung der verbalen Partikel u- hat, oder ob sie vielleicht nur auf einer irrigen Gleichsetzung dieser Partikel mit dem akkadischen ù beruht, ist noch nicht sicher zu entscheiden; s. § 653 ff. § 414

f. Ein nur in nachsumerischen Texten zu bemerkender Akkadismus ist ferner die in Rechtsurkunden der Isindynastie und der ersten Dynastie von Babylon sich findende Verknüpfung von Sätzen mittels der Partikel -ma „und", „darauf", welche wie im Akkadischen dem Verbum des vorangehenden Satzes angehängt wird. § 415

Vgl. Bur-Mama igi-ni i-nna(-n)-gar-ma „géme zã-šù nu-(e-)ra(-')-sì(m); DUMU.SAL-mà-šù [1] i-nna(-')-ba" i-nna-n-dū(g)-ma .... „Bur-Mama setzte sein Angesicht auf ihn hin [2] und sagte zu ihm: „die Magd habe ich dir nicht verkauft; meiner Tochter habe ich sie geschenkt", worauf .....",[3] UPUM VIII 1 Nr. 88_{1-7} (Übungstext aus Nippur, wohl Isinzeit); Awirtum-ke KARA-LIL al-dū-dū-ma Šalurtum,-ama-ni GAR a-nni-b-kú-a (< i-ni-b-kú-e) „Awirtum wird Hure werden und damit ihre Mutter ernähren (wörtlich: wird sie dadurch Brot essen lassen)", BE VI 2 Nr. 4_{12-15} (Rim-Sin); igi-ne-ne i-n-garr-eš-ma „....." bí-n-bí-eš „sie setzten ihr Angesicht und sagten: .....", BE VI 2 Nr. 10_{5-10} (Hammurabi, Nippur); ĭ(nim)-ĭ(nim)m-a igi-bí-n-dŭ-eš-ma .... bí-n-bí-eš „sie betrachteten die Sache [4] und erklärten: ....", ebenda_{17-19}

g. In dem merkwürdigen Sumerisch der Bilinguis des Šamaš-šum-ukin schliesslich wird auch das identifizierende und hervorhebende -am als Satzkopula und zwar in der Bedeutung „und", „und darauf" gebraucht. Zu dieser missbräuchlichen Verwendung ist der Verfasser der Inschrift dadurch verführt worden, dass das sumerische -am Äquivalent der akkadischen hervorhebenden Partikel -ma ist und er deswegen glaubte, ihm auch die Bedeutung von akkadischem -ma „und", „und darauf" beilegen zu dürfen. § 416

Vgl. ibi-mu-n-ši-n-bar(-eš)-ám-men .... ḫu-mu-n-sà-a-bi ḫe-ám ... zag-bi ḫul ḫe-n-mà-mà lugal-dingir-ene(-k) ᵈAsari-ke = ippalsuinnima .... lû imbuinnima .... ittia ḫadiš lû i'ira šar ilâni ᵈAsari, „sie blickten auf mich, und fürwahr, sie beriefen mich, und Asari,

---

[1]) Für DUMU-SAL-mu-šù.

[2]) Der Ausdruck entspricht etwa unserem „er wendete sich an ihn", „er ging ihn an" u. dergl.; inwieweit er vielleicht auch ein besonderer gerichtlicher Terminus technicus war, lässt sich noch nicht sicher feststellen.

[3]) Rest weggebrochen.

[4]) Oder pluralisch „die Streitsachen".

der König der Götter, fürwahr, zog freudig mit mir", 5 R 62 Nr. 2_{41-45}, nig-AG-AGd-a-mu .... igi-barr-eš-ám .... dū̄(g)-dū̄(g)-nene šag-a-mu = ipsêtia .... ⟨nap⟩lisâma .... atmâ dumqêa „meine Werke schaut an und .... befehlet Gutes für mich", ebenda_{62-65}.

§ 417 h. Eine besondere Kopula der Bedeutung „oder" besitzt das Sumerische nicht.

α. „Oder", durch welches das Andere nicht ausgeschlossen werden soll, wird, genau wie der Begriff „und", durch einfache Nebeneinanderstellung der zu verbindenden Begriffe oder aber auch durch dieselben kopulativen Elemente ausgedrückt, die für „und" gebraucht werden. Der Sumerier unterscheidet also in der Regel nicht zwischen „und" und „oder"; ob das kopulative Verhältnis additiv oder distinktiv zu verstehen ist, d. h. die Idee „und" oder „oder" ausgedrückt werden soll, ergibt sich ihm aus dem Zusammenhang. So ist es z. B. ohne weiteres klar, dass in all den Fällen, wo das durch den Wunschsatz ausgedrückte eine Wahl freistellende einräumende Satzverhältnis (§ 427) vorliegt, die kopulative Idee unserem „oder" entsprechen muss; der Natur der Sache nach liegt auch in einem negierten Wunschsatz kein logisches Bedürfnis nach einer Scheidung zwischen den Begriffen „und" und „oder" vor.

Vgl. lù-Umma[ki](-k) ḫe-(i-m), lù-kurr-a(k) ḫe(-i-m) „mag es nun ein Ummäer oder ein Fremdländer sein", wörtlich „mag es ein Ummäer sein, mag es ein Fremdländer sein", Entemena, Kegel 6_{17-18}; gala ḫe(-i-m), lù-bappir ḫe(-i-m), agrig he(-i-m), ugula he(-i-m) „sei es nun ein kalû, ein Brauer, ein abarakku oder ein aklu", Urukagina, Kegel A $4b_{1-4}$; aba-me-a-nu(-i-m), aba-me-a-ì(-m) „wer immer sie war oder nicht war", Gudea, Zyl. A 4_{23}.

Lù-bi isag-kur-[giš]erinn-a(k),-Elam[ki], - . . . . , - Sutium, - kur-É-ann-a(k)-bi(-k) ḫe-a „oder sollte dieser Mensch ein Fürst des Zedernlandes, des Landes Elam, ... , des Suvolkes oder des Landes E-anna sein", HGT 75 Kol. $3_{27.28}$; û(d)-kúr-šù Beltani ù ibila-ana-me-a-bi(-e) .... KA-nu(-i)-mmà-mà-(-e)-a mu-lugal-bi i-n-pá(d) „dass in Zukunft Beltani oder irgend ein Erbe von ihr Klage nicht erheben wird, hat sie beim Namen des Königs geschworen", BE VI 2 Nr. 45_{14-18}.

§ 418 β. Das ein Anderes ausdrücklich ausschliessende „oder", bez. „entweder—oder", „sonst", dagegen muss der Sumerier, genau so wie der Akkader, durch eine Wendung wie „wenn nicht (mit Wiederholung, z. T. nur dem Sinne nach, des Vorhergegangenen), dann ..." wiedergeben, also etwa durch Ausdrücke, die mittels na-, -na, -namme, -nammea, -da-namme u. ä. (= akkadisch ela,[1] šumman la usw.) gebildet sind.

Vgl. ES .... šu-gid-ba-nna-b; zae-na(-i-m) dimmer-si-sá-nu-tuku-àm „du, o Ištar .... reiche ihm die Hand, sonst hat er ja keinen Gott, der ihn leitet", wörtlich „wenn nicht dich (d. i. ausser dir), hat er nicht" usw.,[2] ASK 14 $Vs._{15}$, $Rs._{1}$. Vgl. auch das akkadische pitâ bâbkama lûruba anâku; šumma la tapatta bâbu, lâ irruba anâku, amaḫḫaṣ daltum „öffne mir dein Tor, damit ich eintrete, oder ich zerschlage die Tür", „entweder du öffnest das Tor oder ich zerschlage die Tür" u. ä., 4 R 31 $Vs._{15ff.}$.

3. Das konjunktionale Satzverhältnis.

Die konjunktionalen unterordnenden Satzverhältnisse des § 419 Deutschen werden im Sumerischen z. T. durch gleichgeordnete Sätze (Hauptsätze), z. T. mittels des vom Verbum des übergeordneten Satzes direkt oder durch Vermittelung einer Postposition abhängigen substantivierten Satzes, z. T. schliesslich mittels des Verbalnomens auf -a und einer Postposition ausgedrückt.

A. Beiordnende Satzverhältnisse.

a. Das bedingende Satzverhältnis. § 420

Die beiden Hälften eines Bedingungsgefüges, nämlich der bedingende Vordersatz und der von diesem bedingte Nachsatz, stellen stets zwei formell selbständige Äusserungen dar, deren logische Zusammengehörigkeit lediglich durch ihre Nebeneinanderstellung, bez. auch durch einen bestimmten Tonfall ausgedrückt wird. Der logischen Gedankenentwicklung entsprechend muss hierbei der Vordersatz stets dem Nachsatz vorangehen. Die Scheidung zwischen Bedingungssatz und Temporalsatz ist der Natur der Sache nach nicht immer scharf.

Hinsichtlich der Einleitung des Vordersatzes sind folgende § 421 Arten des Bedingungssatzes zu unterscheiden:

α. Der Bedingungssatz ohne ein einleitendes Element.

Vgl. rig-b(i)-a(k) „lugal-mu ba-zig-e(n) (geschr. ba-zi-gi), ḫe-m(u-'-)a-(n-)da-zi-zi(-en)" mu-bi(-m) „dieser Waffe Name ist: „O mein Herr, wenn du dich erhebst, so mögest du dich (gleichzeitig) da-

[1]) Ela hat nichts mit eli „auf", „über hinaus" zu tun (AH S. 63a; ASK S. 194 Nr. 175), sondern entspricht hebräischem 'im-lô, arabischem 'illâ, wie sich ja auch aus seinem Synonym šumman la ergibt.

[2]) Akkadisch taṣabati qâtsu, ela kâti ilim muštêširu ul iši. Iši wird (auch als Permansiv) nie in der Bedeutung „vorhanden sein" (AH S. 310b; ASK S. 194 Nr. 175) gebraucht, sondern nur in der Bedeutung „haben"; „vorhanden sein" ist stets „bašû".

mit auch für mich erheben", Nammaḫni, Streitkolben A$_{11-14}$; uru-šù ì-gin-e(n), izkim-mu ḫe-(i)-šā(g) „wenn ich zur Stadt gehe, möge mein Vorzeichen gut sein", Gudea, Zyl. A 3$_{18}$.

Lù-šag-a-zu-šù nig-ḫul ba-e-â, lù-ḫul-zu(-šù) ta-(i-)n-â-en (geschr. ta-an-â-en) „Wenn du dem, der gut zu dir ist, Böses antust (angetan hast), was wirst du dem, der böse gegen dich ist, antun?",[1] SELGT, K 2024 Kol. 2$_{17-19}$.

Man beachte, dass in den beiden ersten Fällen der Nachsatz ein Wunschsatz, im letzten Beispiel ein Fragesatz ist. Der Vordersatz steht in allen Beispielen im Präteritum (intransitives Permansivthema), hat aber futurische, bez. zeitlos präsentische Bedeutung.

§ 422 β. Der mit ûd-a (geschr. û-da) „wenn", „dann, wenn", wörtlich „eines Tages (wird er das und das tun; alsdann ....)", eingeleitete Bedingungssatz.

Vgl. û(d)-a dū̄(g)-b(i-)a šu-ì-bal-e, sa-šušgal .... Umma^{ki}-a an-ta ḫe-(i-)šuš „wenn er, der Ummäer, diese Bestimmung übertritt, dann möge das Šušgalnetz (des Enlil, bez. des Šamaš) vom Himmel auf Umma herabfallen", Eannatum, Geierstele Vs. 17$_{3ff.}$, Rs. 3$_{9ff.}$; ud-a mu-bal-e „wenn er (den Bewässerungsgraben) überschreitet, (möge das Šušgalnetz usw.)", ebenda Vs. 19$_{1ff.}$, 21$_{4ff.}$, šub-lugal(-ak)-ra anšu-šag-a ù-(i-)na-tu(d), ugula-ni „ga-(i-e-)šù(-')-sâ" ù-(i-)na(-n)-dū̄(g), ud-a mu-(n-)šù-sâ-šâ(-e) „kù(g)-šà(g)-m(u-)a-šag-a lá-ma" ù-(i-)na(-n)-dū̄(g), ud-a nu-(i-n-)šù-sâ-sâ(-e),[2] ugula(-e) lipiš-bi na-(i-)na-tagg-e „Wird einem königlichen Fronmann ein guter Esel geboren und sein Vorgesetzter sagt zu ihm: „Ich will ihn von dir kaufen", falls er ihn dann von ihm kauft (d. h. wenn er mit ihm handelseinig geworden ist), jener aber zu ihm spricht: „Zahle mir Geld, wie es mir gefällt!":[3] wenn er (dann) nicht von ihm kauft, soll der Vorgesetzte ihn nicht drangsalieren", Urukagina, Kegel BC 11$_{20-31}$; ud-a irpag a-n-â-en, dingir-zu nig-zu(-m); ud-a irpag nu-a-n-â-en (geschr. nu-an-â-en), dingir-zu nig-nu-zu(-m) „Wenn du (danach) trachtest (oder ähnlich), ist dein Gott dein (?) (d. h. wohl: du wirst Erfolg haben); wenn du nicht (danach) trachtest, ist dein

---

[1]) Im Akkadischen relativisch wiedergegeben: ša an[a damqika limutta] têpu[šu, ana limnika] mîna [teppeš], „der du ... getan hast, ...".

[2]) Beachte dazu die Variante û(d)-nu-(i-n)-šù-sâ-sâ-a-a (< -sâ-sâ-e-a) auf Kegel C mit û(d)—a „wenn" „zu der Zeit, da" und Relativsatz (§ 383. 270) statt ûd-a ..... und Hauptsatz.

[3]) Vielleicht als Nachsatz zu übersetzen: „dann möge er zu ihm sprechen (dürfen): zahle mir" usw.

Gott nicht dein(?)",[1] SELGT K 2024 Kol. 2_{5-8}; ud-a á-tuku-ní-te-dingirr-a(k) (igi-)mu-ni-n-lá(-en), dingir ár-(ì!-)â-en, lugal-ra ba-nna-b-bi (-en), „Wenn du Gewinn (Nutzen aus) der Gottesfurcht erschaust (= hast), dann erhebst du Gott und segnest den König", SELGT K 2024 Kol. 3_{24-26}.

Ud-a udu e-babbar, siki-bi égall-a ba-túm(-u?) „wenn ein Schaf weiss war (ist?), wurde (wird?) seine Wolle in den Palast gebracht", Ovale Platte Kol. $1_{19.20}$.

Der mit ud-a eingeleitete Vordersatz steht bei präsentischer oder futurischer Bedeutung im Präsens-Futur (oder Permansiv); ob bei präteritaler Bedeutung auch im Präteritum, lässt sich bis jetzt noch nicht entscheiden.

γ. Der mit tukum-bi „wenn", „gesetzt den Fall, dass", § 423
wörtlich etwa „sein Fall (ist folgender)", eingeleitete Bedingungssatz, der besonders in Gesetzen, Verträgen und Omina angewendet wird.

Vgl. tukum-bi lù GIŠ-SAR-lù-k-a giš i-n-sì(g), $^1/_2$-mana-kù(g)-babbar ì-lá-e „Wenn jemand in dem Garten eines Mannes einen Baum abhaut, so soll er $^1/_2$ Mine Silber zahlen", ZSSR XLI S. 187ff. C Kol. 1_{17-21}; tukum-bi lù(-e) lũ(-r) (geschr. lù-ù) GIŠ-SAR giš gubb-ud-e kiz-laḫ i-nna-n-sì(m), kiz-laḫ-bi GIŠ-SAR giš-gubb-ud-e nu-(i-)ni-n-til, lù-GIŠ-SAR-(giš-)i-n-gubb-a(-e?) šà(g)-ḫala-b(i)-an(i)-ak-a kizlaḫ-bara-al-tág[2] i-nna-b-sim-u „Wenn ein Mensch einem Menschen ein Grundstück übergibt, damit er es als Baumgarten anpflanzt, und (dieser Mensch) die Bepflanzung selbigen Grundstücks nicht beendigt, so soll der Mann, der den Garten gepflanzt hat, ihm in seinem Anteil ein Stück, das nicht unbepflanzt gelassen ist, geben",[3] ebenda$_{1-11}$; tukum-bi lũ (geschr. lù-ù < lù-e) dam i-n-tuk, dumu i-n-ši-n-tu(d), dumu-bi i-n-ti ù géme lugal-ani-r dumu i-n-ši-n-tud, adda(-e) geme ù dumu-nene(-k) amarge-bi i-n-gar, dumu-geme-k-e dumu-lugal-an(i)-a(k)-ra é nu-(i-)n-da-ba-e „Wenn jemand ein Weib nimmt und sie ihm ein Kind gebiert und dieses Kind am Leben bleibt, und andererseits auch die Sklavin ihrem Herrn ein Kind

[1]) Ist der Sinn (nach der akkadischen Übersetzung) wirklich „ist nicht dein", so ist die Stellung des nu vor statt hinter zu sehr auffällig und wohl Versehen. Dem Schreiber schwebte wohl nig-zu „ein etwas Wissender" und nig-nu-zu „ein nichts Wissender vor".

[2]) Die Lesung, bez. gegenseitige Ergänzung der Zeile aus den beiden Duplikaten ist nicht sicher.

[3]) Die Übersetzung des Nachsatzes ist nicht sicher; ist vielleicht nach KH Kol. 16_{27-33} zu übersetzen: „so wird er (bez. man) das liegengelassene Stück dem, der den Garten gepflanzt hat, in seinem Anteil geben".

gebiert und der Vater die Sklavin und ihr Kind frei lässt, so wird das Kind der Sklavin nicht das Haus mit dem Kind ihres Herrn teilen", ebenda D Kol. $1_{14\text{-}25}$; tukum-bi šà(g)-kišib-Ur-^{d}Enlil-ak-a 10-še-gur nu-(i-)b-sar, še-bi Ur-^{d}Damu-k-e i-b-su-su(-e)-a mu-lugal-bi i(-n)-pá(d) „dass Ur-Damu, (auch) wenn auf der Urkunde des Ur-Enlil nicht 10 Kor Getreide geschrieben sind, selbiges Getreide zahlen wird, hat er beim Namen des Königs geschworen", BE III 1 Nr. 7_9 (Šulgi); itu-šu-numun ù(d)-7-zall-a-a sim-ud-a mu-lugal i-n-pá(d); tukum-bi nu-(i-)na-n-sì(m), i-b-tapp-e-a mu-lugal i-n-pá(d) „beim Namen des Königs hat er geschworen, (das Geld) am 7. Tag des Monats Tammuz zu zahlen, und (gleichfalls) beim Namen des Königs hat er geschworen, dass, wenn er es ihm nicht (zur ausgemachten Zeit) gibt, er das Doppelte zahlen wird", BE III 1 Nr. $13_{5\text{-}11}$ (Šulgi); ù tukum-bi Šalurtum-ge Awirtum-....-ra „DUMU-SAL-mu nu-(i-)me-(e)n", ba-na-n-dū̄(g), 10-gìn-kù(g)-babbar ì-lá-e „und wenn Šalurtum zu Awirtum sagt: „Meine Tochter nicht bist du", wird sie ebenfalls 10 Sekel Silber zahlen", BE VI 2 Nr. $4_{20\text{-}24}$ (Rim-Sin); tukum-bi ama(-e) dumu-na-ra „dumu-mu nu-(i-)me-(e)n" ba-nna-n-dū̄(g), é-nig-gun-a-ta ba-ra-ĕ-(e)d-e „wenn die Mutter zu ihrem Kinde sagt: „Du bist nicht mein Kind", so soll sie des Hauses und des beweglichen Besitzes verlustig gehen", 5 R 25 Kol. $3_{40\text{-}45}$.

Das Tempus des Vordersatzes ist (wie in der Regel auch bei den mit šumma eingeleiteten akkadischen Bedingungssätzen) des Präteritum, welches (im Sinne eines auf die Gegenwart bezogenen oder zeitlosen Perfektums oder eines Futurum exaktum) die Vorzeitigkeit vor der Handlung des Nachsatzes ausdrückt.

§ 424 δ. Bedingungssätze, die mit zag-garr-a (geschr. zag-gar-ra) eingeleitet sind, welches CT 12.26f. Kol. 4_{38} neben ud-a und tukum-bi als Äquivalent von akkadischem šumma „wenn" genannt wird, sind in zusammenhängendem Text noch nicht belegt. Vermutlich bedeutet zaggarra „gesetzt *den Fall*" (o. ä.).

§ 425 ε. Auch für Bedingungssätze, die mit iginzu eingeleitet sind, welches nach ZA IX S. 159ff. (VA 244) Kol. 2_8 dem akkadischen šumma „wenn" entspricht und der Eme-suḫ-a-Mundart angehören soll, sind noch keine Beispiele zu erbringen. Seiner ursprünglichen Zusammensetzung nach scheint iginzu einen selbständigen Satz darzustellen; etwa igi-i-n-zu „das Auge hat es bemerkt" = „im Augenblick, wo ...", „sobald als"?

§ 426 ζ. Der mit der verbalen Partikel ù- (§ 653ff.) gebildete Bedingungssatz.

Vgl. lù(-e) dam ù-(i-n)tág, kù(g)-gìn-5-ām isag-e ba-túm-u,

kù(g)-gìn-1-ām sukkal-maḫ-e ba-túm-u usw. „wenn jemand ein Weib entlässt (entliess), so nimmt (nahm) der Fürst 5 Sekel, der Grosswesir 1 Sekel" usw., Ovale Platte $2_{15\text{-}21}$; dumu-ùku-k-e ḪAR-SAG+ḪA-na ù-mu(-n)-â, kua-bi lù(-e) ba-(n-)da-b-karr-e „wenn ein Geringer einen Fischteich(?) angelegt(?) hat(te), so darf (durfte) der Patrizier die Fische darin mit (d. i. gleich) ihm herausnehmen", ebenda $2_{10\text{-}13}$; dumu-ùku-k-e ḪAR-SAG+ḪA-na ù(-i-n)-â, kua-bi lù(-e) nu-ba-(n-)da-b-karr-e „wenn ein Geringer einen Fischteich anlegt, so darf der Patrizier die Fische darin nicht gleich ihm herausnehmen", ebenda $3_{6\text{-}9}$. Siehe auch das in § 422 angeführte Beispiel Urukagina, Kegel BC $11_{20\text{-}31}$.

Ob die bedingende Bedeutung der u-Form auf einer ursprünglichen Bedeutung „wenn" der Partikel u- beruht oder sich erst sekundär aus der Opativbedeutung der u-Form (§ 653 ff.) entwickelt hat, ist noch nicht festzustellen, doch dürfte das erstere das Wahrscheinlichere sein und die Opativbedeutung sich wohl aus der Bedeutung „o wenn doch" entwickelt haben. Ob man alsdann auch einen Zusammenhang von u- mit û(d) „Tag" annehmen darf (vgl. dazu ud-a „wenn"), mag dahingestellt bleiben. Das mit u- verbundene Präteritum (s. § 653 ff.) drückt die wirkliche Vorzeitigkeit, bez. die logische Priorität vor der Handlung des Nachsatzes aus.

b. Die eine Auswahl freistellende Einräumung. § 427

Die Einräumung, die eine Auswahl aus mehreren Möglichkeiten gestattet (deutsch: „mag .... oder mag ...."; „möge .... (oder) möge ...."), wird mit der mittels ḫe- gebildeten selbständigen Wunschform ausgedrückt. Wie bei den Bedingungssätzen ist auch hier das Verhältnis zum Nachsatz der Form nach ein koordinierendes, wie ja diese Art der Einräumung dem Sinne nach auch tatsächlich eine Bedingung (oder genauer ein temporales Verhältnis) darstellt (vgl. „ich werde das und das tun, sowohl wenn ...., als auch wenn ...."). Die Wunschsätze, welche die zur Wahl stellende Einräumung bilden, werden asyndetisch aneinander gereiht, der Begriff „oder" also nicht besonders ausgedrückt; s. dazu § 417.

Vgl. lù-Umma^{ki}-a(k) e-kisurra-^{d}Ningirsuk-ak-a ... a-n-ta-bal-ed-a, lù-Umma^{ki}(-k) ḫe(-i-m), lù-kurr-a(k) ḫe(-i-m), ^{d}Enlill-e ḫe-(i-n-)ḫalamm-e „den Ummäer, der den Grenzgraben des Ningirsu ... überschreitet, mag es nun ein Mann von Umma oder ein Fremdländer sein, möge Enlil vernichten", Entemena, Kegel $6_{9\text{-}20}$; gala ḫe(-i-m), lù-bappir ḫe(-i-m), agrig ḫe(-i-m), ugula ḫe(-i-m) „sei es nun ein kalû, ein pappiru, ein abarakku oder ein aklu", Urukagina,

Kegel A $4c_{1\text{-}4}$; lù-bi lugal ḫe-a, isag ḫe-a, nam-lugallu-ana-mu-sá(-a)-b(i)-a(k) ḫe-a „sei nun selbiger Mensch ein König, Fürst oder (sonst einer) der Menschen, so viel ihrer mit Namen genannt sind“, 4 R 12 Rs._{29}; ala-ḫul-ka-nu(-n)-tuku-a ḫe-(i-)me-(e)n, ala-ḫul-ME-GIM-nu-(i-n-)tuku-a ḫe-(i-)me-(e)n, ala-ḫul-giš(t)-nu-(i-n-)tuku-a ḫe-(i-)me-(e)n, usw. „seist du ein Alû, der keinen Mund hat, oder seist du ein Alû, der keine Glieder hat, oder seist du ein Alû, der kein Gehör hat“, usw, CT 16, $27_{8\text{-}14}$; ene ḫe-(i-)tuku(-en), lugale ḫe-(i-)tuku(-en), GÌR-NITA ní-teg-a „Magst du einen Enu oder einen König haben, (immer) fürchte den Statthalter“, SELGT K 2024 Kol. $3_{22.23}$. Mit Weglassung des ersten Gliedes: lù-bi isag-kur-giš-erinn-a(k),-Elam^{ki},-Marḫaši^{ki},-. . .,-Sutium,-kur-É-ann-a(k)-bi(-k) ḫe-a „oder sollte selbiger Mensch ein Fürst des Zedernlandes, von Elam, Marḫaši, des Su-Volkes oder des Landes Eanna sein“, HGT 75 Kol. $4_{27.28}$.

Zu dem anders gearteten gegensätzlich-einräumenden Satzverhältnis s. § 439.

§ 428 c. Auch das durch „ehe“, „bevor“ augedrückte Satzverhältnis wird durch Beiordnung ausgedrückt und zwar mit Hilfe der negierten indikativischen Verbalform, wenn es sich um den Bericht einer Tatsache handelt, bez. wenn der logische Obersatz indikativisch ist; mit der negierten Wunschform dagegen, wenn der Obersatz final ist.

Vgl. .... ^{mušen}bír-zig-a nu-(i-)mme = ina šêri lâm iṣṣurê zabari „am Morgen, ehe die Vögel aufgestanden sind“, wörtlich „das Aufstehen der Vögel ist noch nicht, (da .....)“, Delitzsch, AH S. 378^{b}, GSG § 192b.[1]

Dagegen á-gú-zig-a-ta, ^{d}Utu na-(i-)m-ta-è, ki-gubb-a-ani-ta ú-me-ni-gid = ina šêri lam ^{d}Šamaš aṣê ina manzâzišu usuḫ-ma „am Morgen, ehe Šamaš herausgetreten ist (d. i. vor Sonnenaufgang), reisse ihn hinweg von seinem Standort“, wörtlich „nicht möge Šamaš herausgetreten sein, (da) reisse ihn heraus“, CT 17, $19_{38\text{-}40}$; ḫe-(i-)na-b-sim-u(n), û(d) na-bí-b-zal-e(n) „mögest du (es) ihm geben, ehe ein neuer Tag darüber aufgegangen ist“, „gib es ihm noch am selben Tage“, wörtlich „mögest du ihm geben und mögest du einen Tag nicht über ihm aufstrahlen lassen“, ITT II $3418_{5.6}$.

Wie aus den Beispielen ersichtlich ist, können Unter- und Obersatz ihre Stellung wechseln, und zwar deswegen, weil das Nichtsein des Einen und das Geschehen oder Nichtgeschehen des Anderen gleichzeitig sind.

---

[1]) Von Delitzsch ohne den Obersatz zitiert.

B. Der abhängige Satz.

a. Der als Objekt vom Verbum direkt abhängige nominalisierte Satz.

α. Der sumerische abhängige Satz, welcher dem deutschen dass-Satz (Inhaltssatz) entspricht, wird durch Anfügung von -a an die Verbalform des selbständigen Satzes gebildet, wie beispielsweise i-b-tabb-e-a „dass er verdoppeln wird", BE III 1 Nr. 13_9, von i-b-tabb-e „er wird verdoppeln"; durch die Anfügung dieses -a wird der selbständige Satz substantiviert und gewissermassen zu einem finiten Verbalnomen gemacht, wie ja auch der deutsche dass-Satz eigentlich ein mit dem Artikel das versehener, also als Substantiv behandelter Satz ist. Zu der Identität dieses nominalisierenden Elementes -a mit dem Bildungselement -a, durch dessen Anfügung an die Verbalwurzel das abstrakte Verbalnomen (Nomen actionis) gebildet wird, siehe § 693. Nach Bildung und Grundbedeutung ist der Inhaltssatz auch völlig identisch mit dem Relativsatz (§ 268); ihre Differenzierung beruht lediglich auf einer verschiedenen Verwendung, indem der als Inhaltssatz fungierende Nominalsatz als selbständiges Substantiv das Objekt (oder Subjekt) eines Verbums, bez. das Regens einer postpositionellen Kette bildet, der als Relativsatz fungierende Nominalsatz dagegen als substantivisch-appositionelle (bez. adjektivische) Modifikation einem Substantivum beigefügt wird, eine Gebrauchsdifferenzierung, die ihre genaue Parallele an der Verwendung des Verbalnomens auf -a als selbständiger Infinitiv oder als appositionelles Partizipium hat (§ 694). § 429

β. Als Objekt eines Verbums des Sagens, Wissens usw. hat der Inhaltssatz seine Stellung gemäss § 107 ff. vor dem Verb des übergeordneten Satzes. § 430

Vgl. tukum-bi nu-(i-)na-n-sì(m), i-b-tapp-e-a, mu-lugal i-n-(pá(d) „er hat beim Namen des Königs geschworen, dass, wenn er ihm (die 1 Mine und 10 Sekel Silber zur festgesetzten Zeit) nicht zahlt, er den doppelten Betrag zahlen wird", BE III 1 Nr. 13_{8-11} (Šu-Sin von Ur); tukum-bi šà(g)-kišib-Ur-[d]Enlill-ak-a 10-še-gur nu(i-)b-sar, še-bi Ur-[d]Damu-k-e i-b-su-su(-e)-a, mu-lugal-bi i(-n)-pá(d) „dass Ur-Damu, (auch) wenn auf der Urkunde des Ur-Enlil nicht 10 Kor Getreide geschrieben sind, (trotzdem) selbiges Getreide zahlen wird, hat er beim Namen des Königs geschworen", BE III 1 Nr. 7_{1-10}; û(d)-kúr-šù lù-lù(-r) KA-nu-(i-)mà-mà(-e)-a, mu-lugal-bi i-n-pá(d) „dass in Zukunft einer gegen den andern nicht klagen wird, hat er (= jeder von ihnen) beim Namen des Königs geschworen", BE VI 2 Nr. 12_{21-23} (Hammurabi); é kù(g)-šu-n(i)-a(k)-ta i-n-sâ-a, nig-gă(r)-Dudu(-k) la-ba-(n-)ši(-n)-lá-a, Innašaga nam-niru-ám „Innašaga beschwor, dass sie das Haus mit ihrem eigenen Geld gekauft und (vom) Besitz des Dudu nicht(s dafür) in Zahlung gegeben habe", ITT III 5279_{11-14}; dū(g)-ama-nene(-k) nu-(i-)b-kúr-une-a mu-lugal-bi i-n-pád-eš „sie schwuren beim Namen des Königs, dass sie die Bestimmung ihrer Mutter nicht abändern werden", ITT III 5279_{44-46}; lù-Dubrumm-ak-e ^{d}Utuḫegal bar lugal-^{d}Enlill-e-á-sim-a ì-me-a ì(-n)-zu-a-keš Tirigan-ra šu nu-(i)-ni(-n)-ba „der Mann von Dubrum (= die Dubräer) aber, weil er wusste, dass Utuḫegal der König war, dem von Enlil die Macht (Vollmacht, bez. der Auftrag) gegeben worden war, leistete dem Tirigan keinen Beistand", RA IX S. 112 Kol. 4_{15-20}.

§ 431 γ. Bildet der Inhaltssatz das logische Objekt eines Substantivs des Sagens, Befehlens usw., so tritt er zu diesem in das Genetivverhältnis (Genetivus objectivus); als logisches Objekt geht der genetivische Inhaltssatz jedoch stets seinem Beziehungssubstantiv voran, muss demnach auch stets durch das dem letzteren angefügte Possessivpronomen -bi „sein" wiederaufgenommen werden (§ 161).

Vgl. Innašaga(-r) aru(d) Dudu(-e) i-nna(-n)-ba-a(-k) igi-di-kŭ-(e)ne-šù X, Y, Z nam-lù-inimm-a(k)-bi-šù i-m-ta-è-eš „als Zeugen (wörtlich: zur Zeugenschaft) dafür, dass Dudu den Sklaven der Innašaga geschenkt hat, erschienen X, Y und Z vor den Richtern", ITT III 5279_{21-27}; nusig, numasu lù-á-tuku(-e)(....) nu-mà-mà(-e)-a(-k) ^{d}Ningirsu(k)-da Urukaginak-e inim-bi KA-e-(n-)da-n-keš(d) „Urukagina schloss mit Ningirsu den Vertrag, dass ein Mächtiger einer Witwe oder einer Weise keine Gewalt antun dürfe", Urukagina, Kegel BC 12_{23-28}.

§ 432 δ. Statt des Inhaltssatzes kann natürlich auch die direkte Rede stehen.

Vgl. Íl-... nig-érim-dū-dūg-e „é-kisurra-^{d}Ningirsuk-a(k) ... mà-k-am" i(m)mi-n-dū(g) „Il, der Böses Ersinnende, sagte darauf: Der Grenzgraben des Ningirsu gehört mir!", Entemena, Kegel 4_{19-29}; tukum-bi Awirtum-ke Šalurtum,-ama-ani(,-r) „ama-mu nu-(i-)me-en" ba-na-n-dū(g), „wenn Awirtum zu Šalurtum, ihrer Mutter, sagt: Du bist nicht meine Mutter!", BE VI 2 Nr. 4_{16-18}.

Beachte, dass auch die direkte Rede als Objekt ihren Platz vor dem Verbum hat, u. z., wie das Objekt in der natürlichen Reihenfolge der Satzteile, unmittelbar vor dem Verbum hinter dem Subjekt und den sonstigen dimensionalen Bestimmungen des Verbums.

ε. Vermutlich konnte auch der Fragesatz, u. z. sowohl der einfache („Hat er es getan?"), wie der durch ein besonderes Fragewort eingeleitete („Wer hat es getan?", „Was hat er getan?" usw.) mittels -a substantiviert und dadurch zum abhängigen Fragesatz gemacht werden; Belege dafür sind jedoch noch nicht vorhanden. Direkte Frage statt des abhängigen Fragesatzes (allerdings auch in direkter Rede) liegt vor in še-nimm-a si-ì-sá-sá-ed-e? ana(-a?)-ám ì-zu-(e)nden(-eše?)? še-sig-a si-ì-sá-sá-ed-e(!)? ana(-a?)-ám ì-zu-(e)nden-eše? „Wird das an hochliegender Stelle angebaute Getreide gedeihen? wie können wir das wissen (erfahren)? Oder wird das an tiefer Stelle angebaute Getreide gedeihen? wie können wir das wissen?" = „Wie können wir wissen, ob das an hoch oder tief liegender Stelle angebaute Getreide gedeihen wird?", 2 R 16 Kol.$_{34-41}$. § 433

ζ. Auch für den vom Wunschsatz gebildeten, als Objekt von einem Verbum abhängigen Inhaltssatz (im Deutschen beispielsweise: „er sagte ihm, dass er kommen möge") lässt sich bis jetzt kein Beispiel beibringen; doch ist seine Existenz im Sumerischen ohne weiteres aus den in § 438 f. behandelten aus substantiviertem Wunschsatz und Postposition bestehenden Verbindungen zu erschliessen. § 434

b. Der nominalisierte indikativische Satz mit dimensionaler Modifikation. § 435

α. Die wichtigsten Verbindungen des indikativischen Inhaltssatzes mit einer Postposition oder einem erweiterten postpositionalen Ausdruck sind folgende:

A. -a-ta „seit", „nachdem"
-a-šù, -a-š „während", „wenn" (zeitlich),
-a-da (-a-ta?) „weil"
-a-gim „entsprechend dem, dass", „wie", „weil"

B. ù(d)-...-a-a, nachsumerisch auch ù(d)—a-ta „als"
egir-...-a-ta „nachdem"
enna-...-a-šù „bis", „solange als"
mu-...-a-šù „weil"
bar-...-a-k-a „weil"
bar-...-a-k-e-š „weil".

Bei den unter *A* genannten Verbindungen handelt es sich um eine aus Substantiv (= Inhaltssatz) und Postposition bestehende Modifikationsreihe. Von den unter *B* genannten bildet zum wenigsten das alte bar—a-k-a ganz deutlich eine aus Substantiv + Genetiv + Postposition bestehende Kette von der Art der in § 383ff. behandelten dimensionalen Verbindungen, und auch bei den übrigen, bez. den meisten derselben, dürfte in der alten Sprache der Inhaltssatz als Genetiv von dem dimensionalen Substantiv abhängig gewesen sein; durch Vernachlässigung des Genetivelementes ist indessen, wenigstens in nachsumerischer Zeit, der genetivische Inhaltssatz scheinbar durch den Relativsatz ersetzt worden, wie z. B. aus der Verkürzung von -šù zu -š in mu—a-š (< mu—a(-k)-šù), die in älterer Zeit nur nach vokalisch auslautendem Wort möglich wäre, hervorgeht. Dagegen ist û(d)-...-a „an dem Tage, da...", „als", wie das in alter Sprache so häufige û(d)-...-a,-a (nicht û(d)-...-a-k-a) zeigt, und demgemäss auch û(d)-...-ta „seit", „seitdem usw., wohl von jeher mit dem Relativsatz verbunden gewesen.

Wie aus der Übersicht zu ersehen ist, handelt es sich bei den Verbindungen des indikativischen Inhaltssatzes mit einer Postposition durchweg um ein zeitliches oder begründendes Verhältnis.

§ 436 β. Beispiele.

Agade[ki]**(-e)** **nam**-lugal šu-ba-b-ti-a-ta „nachdem Akkad das Königtum an sich genommen hatte", bez. „seitdem Akkad (usw.)", Stele, Revue Sémitique 1897 S. 166ff. (SAK S. 170) Kol. $4_{12\text{-}14}$; zae aldunn-a-š (< al-du-(e)n-a-š) sag-gig-a si-ba-ni-b-si-sá-e(n) „während du dahin wandelst, regierst du die Schwarzköpfigen", 4 R 17 Vs.$_{45}$; Eannatum-ra [d]Innanak-e ki-a-nna(-n)-ágg-a-da nam-isag-Lagašu[ki](-k)-ta nam-lugal-Kiši[ki](-k) mu-na-(n-)ta(-n)-sì(m) „dem Eannatum hat Inanna, weil sie ihn liebgewonnen hatte, zum Fürstentum von Lagaš[1] auch das Königtum von Kiš gegeben", Eannatum, Feldstein A Kol. 5_{20}-6_5; nà-šam, kurr-a ba-n-zig-aenn-a[-gim], šu-?-mu-šù mu-e-dibb-a[enn-a-gim] nam-ug-a(-k)-mu mu-n-kud-a-[gim] (< mu-e-kud-a-gim), en-[d]Ninurta-men ki-tuš-maḫ-m(u)-a i-m-ḫuluḫḫ-aenn-a-g[im] „o Šammustein, weil du auf dem Berge aufgestanden bist, weil du, um mich gefangen zu nehmen, mich gepackt hast, weil du meinen Todesbann gesprochen hast und weil du mich, den Herrn Ninurta, in meinem erhabenen Wohnsitz gestört hast", KARI 14 Kol. $2_{3\text{-}9}$.

Û(d) [d]Enlil-e Lugalzaggisi(-r) nam-lugal-kalamma(-k) e-na(-n)-sim-a-a, ... kur-kur né-n(i-)a e-ni(-n)-sig-a-a „als Enlil dem Lugalzaggisi das Königtum über das Land (Babylonien) verliehen und alle Fremdländer in seine Gewalt[2] gegeben hatte", Lugalzaggisi,

[1]) Wörtlich „vom Fürstentum über Lagaš aus".

[2]) Oder vielleicht besser „unter seine Füsse", „ihm zu Füssen" (bez. vielleicht auch „hinter ihm") = gìr(i)-n(i-)a?

Vasen, Kol. $1_{36ff.}$; û(d) ^{d}Ningirsuk-e Gudea siba-zi(d)-šù kalamm-a ba-ni(-n)-pad-a-a „als Nirgirsu den Gudea zum ständigen Hirten im Lande proklamiert hatte", Gudea, Statue B_{6-9}; û(d) ^{d}Ningirsu(k)-lugal-ani(-r) é-ki-ág-(a)ni É-ninnu mu-na(-n)-dū-a(-a),[1] ^{d}Bau-nin-ani(-r) é-ki-ág-ni É-sil-sir-sir mu-na(-n)-dū-a(-a)[1] „als er seinem Herrn Ningirsu sein geliebtes Haus, das É-ninnu, und seiner Herrin Bau ihr geliebtes Haus, das E-sil-sir-sir, erbaut hatte", Gudea, Statue E 6_{8-17}; û(d)-^{d}Utu(-e) Kengi(r)-ki-Úri^{ki}(-k) nam-en-bi â-(e)d-e mu-na-n-sim-a-ta, (šù-)zír-bi šu-ni-šù bí-n-si-a[2] „als Šamaš ihm die Herrschaft über Sumer und Akkad auszuüben verliehen und ihr Leitseil in seine Hand gelegt hatte", LIH 62_{22-30} (Hammurabi); lù-Umma^{ki}-(k)-e egir-Lagašu^{ki}-ba(-n)ḫul-a-ta nam-dag ^{d}Ningirsu(k)-da e-(n-)da(-n)-â-ām „der Ummäer hat, nachdem (bez. dadurch, dass) er Lagaš zerstört hat, sich bei Ningirsu versündigt", Urukagina, Tontafel Rs. 2_{10}-3_{3}; egir-Sinabušu-ba-TIL-a-ta „nachdem Sin-abušu gestorben war", BE VI 2 Nr. 42_{8} (Samsuiluna); enna-ba-ra-n-ta-ri-enn-a-š, enna-ba-ra-n-ta-zig-aenn-a-š „bis du aus ihm entwichen bist, bis du aus ihm entflohen bist", CT 16, 34_{220}; mu-Lù-gigunn-a(k),-šeš-Kuli-gudu(-k),[3]-ba-TIL,-ibila-nu(-i-n)-tuku-a-šù aru(d) Kuli,-gudu(g),-ra[4] ba-na-gin „weil nun Lù-gigunna, der Bruder des Kuli, des Pašišu, gestorben war, wurde der Sklave dem Pašišu Kuli zugesprochen", ITT III 6439_{13-16} (Šu-Sin von Ur); mu-Innašaga(-e)-i-n-sâ-a-šù kišib-é-sâ-a-bi ki-Innašaga-ta ba-n-sar „weil Innašaga (das Haus) gekauft hatte (und nicht er), liess er die Kaufurkunde von Innašaga auf sich überschreiben(?)", ITT III 5279_{8-10} (Šu-Sin); mu aša(g) nam-gudu(k)-é-^{d}Kusu sá-nu-(i-)b-dug-a-š 5-gìn-kù(g)-babbar i-nna-n-búr „weil das Feld dem Pašišuamt am Tempel des Kusu nicht gleichkam, hat er ihm noch 5 Sekel Silber zum Ausgleich bezahlt", BE VI 2 Nr. 39_{13-16}; ähnlich Nr. 37_{11-15};[5] bar še-bi nu-(i-n-)da-su(d)-sud-a-k-a „weil dieses Getreide nicht geliefert wurde, (kämpfte Eanna-

---

[1]) Nach vokalisch auslautenden Verbalwurzeln wird immer nur ein a für Relativ-a + Postposition -a geschrieben.

[2]) Beachte, dass der akkadische Schreiber die Postposition -ta (wie das akkadische inu (= in ûmi) nur einmal setzen zu dürfen glaubte und die Postposition (wie inu im Akkadischen) mit dem ersten Satz verbunden hat; ebenso LIH $61_{25.33}$.

[3]) Man sollte -gudug-a(k) erwarten; vgl. die folgende Anmerkung.

[4]) Aus dem -ra geht hervor, dass Kuli-gudu(g)-ra zu lesen ist; vgl. gudu-gi-ne (= gudug-ene(-r)) „den Pašišu", Urukagina, Kegel BC 3_{14}; der Lautwert gudug entspricht offenbar dem Lautwert šutug (< kutug), CT 12, 24_{36}; 12,50 (Rm $340)_{5}$.

[5]) In 2 R 14f. Kol. $4_{45.46}$ ist die Postposition -š wohl nur versehentlich ausgelassen (mu—a statt mu—a-š).

tum mit Urlumma)", Entemena, Kegel Kol. 2_{27}(-3_{10}); lù-Dubrumm-ak-e ^{d}Utu-ḫegal bar lugal-^{d}Enlill-e-á-sim-a ì-me-a ì(-n)-zu-a-k-e-š, Tirigan-ra šu nu-(i-)ni(-n)-ba „der Mann von Dubrum (= die Dubräer) aber, weil er gemerkt hatte, dass Utuḫegal der König war, dem von Enlil Macht verliehen worden war, gewährte dem Tirigan keinen Beistand", RA IX S. 112 Kol. 4_{15-20}.

§ 437 γ. Wie hinter dem Relativsatz (§ 278) wird in gewissen Fällen auch hinter dem mittels -a nominalisierten Satz (vor der Postposition) das die Subjektsidee ausdrückende Possessivpronomen angefügt.

Vgl. ^{d}Utu, kur-gal-ta u-m-ta-è-(e)n-a-zu-šù (< i-b-ta-è-en-a-zu-šù) „o Šamaš, wenn du aus dem grossen Berg hervortrittst, (treten die Götter zu dir um zu richten)", 5 R 50 Kol. $1_{1(3.5)}$.

Siehe zu dieser Erscheinung beim Relativsatz (§ 278) und Verbalnomen (§ 699. 712).

§ 438 c. Der substantivierte Wunschsatz mit postpositionalem Element.

α. Das finale Satzverhältnis wird ausgedrückt durch die Postposition -šù „zu", „für", „auf" und den mittels -a substantivierten Wunschsatz, also in genauer Übereinstimmung mit dem deutschen „auf dass er .... möge". Die finale Phrase stellt somit ebenfalls eine aus Substantiv (= substantivierter Wunschsatz) und Postposition bestehende Kette dar und bildet als solche eine dimensionale Bestimmung zum Verb des Obersatzes; sie muss deshalb diesem auch stets vorangehen.

Vgl. ^{d}Nintinuga(-r) Ninennu(-e?) ga-(i-')til-a-šù a-mu-na(-')-ru „der Nintinuga habe ich, Ninennu (dieses) geweiht, auf dass ich leben möge", Vase aus Nippur C (SAK S. 158); ^{d}Ninlil-ra Uru-na.BÁD.bi,-sangu-^{d}Enlil(-ak) ḫe-(i-)til-a-šù Ur-šag-a,-dub-sar-maḫ-é-^{d}Enlil-(a)k-ak,-e ga-(i-')-til-a-šù nam-ti(l)-Ama-...-zi(-k)-šù nam-ti(l)-dam-dumu-(a)n(i)-a(k)-šù a-mu-na(-')-ru „der Ninlil habe ich, Uršaga, der Oberschreiber des Hauses Enlils, auf dass Uru-na.BÁD.bi, der Oberpriester Enlils, und auch ich leben möge, wie auch für das Leben des Ama-...-zi und für das Leben von dessen Frau und Kindern (dieses) geweiht", Vase H (ebenda); beachte hierbei die gesonderte Stellung der beiden finalen Bestimmungen (ähnlich auch Nammaḫni, Schüssel, § 408); ... na[m-ti(l)]-dam-dumu-n[a-šù] a-mu(-n?)-ru. Abaranna,-dam-ni ḫe-(i-)ti[l-a-šù] .... „... hat (?) ... für .... und für das Leben von dessen Frau und Kindern geweiht". (Nachtrag:) „Auf dass Abaranna, seine Gemahlin, leben möge, ...", Vase B (ebenda); ^{d}Ninlil(-ra!)

ᵈEnlill-a(k),-dumu-Tuda-k,-e ga-(i-'-)til-a-šù nam-ti(l)-dam-dumu-n(i)-a(k)-šù a-mu-na(-')-ru ;„der Ninlil habe ich, Enlilla, der Sohn des Tuda, auf dass ich lebe, wie auch für das Leben seiner (sic!) Frau und seiner (sic!) Kinder (diese Vase) geweiht", Vase G (ebenda).[1]

β. Das einräumende Satzverhältnis, welches den Nachsatz in Gegensatz zum Vordersatz stellt (deutsch: „obwohl", „trotzdem dass" usw.), wird durch eine aus substantiviertem Wunschsatz, Genetivelement -ak und Postposition -a „in" bestehende Kombination, also mittels ḫe-....-a-k-a, geschr. ḫe-...-a-ka), bez. auch, wenn nicht an der betreffenden Stelle ein Versehen vorliegt, nur durch den substantivierten Wunschsatz (und das Genetivelement oder eine andere Postposition?), ausgedrückt. § 439

Vgl. bar-še-b(i)-ak-a lù ḫe-(n-)ši-gí-gí(-e)-a-k-a, „še-mu ḫa-mu(-'-a)-tum-u(n) (geschr. ḫa-mu-túmu < ḫa-mu-'-a-tum-en)" ḫe-(i-)na-bi(-e)-a-k-a, Ur-Lumma-k-e .... „Antasurra mà-k-am ki-surr-a-mu(-m)" bí(-n)-dū̃(g) „Obwohl er (Entemena) nun (um die Sache auf gütlichem Wege beizulegen) wegen dieses Getreides Leute zu ihm schickte und ihm sagen liess: „Mein Getreide mögest du mir schicken", so antwortete Ur-Lumma (doch nur): „Das Antasurra ist mein Gebiet (und deswegen brauche ich dir kein Zinsgetreide zu schicken)" ", Ovale Platte, Kol. $4b_{1-8}$; Entemena(k),-isag-Lagašu^{ki}-k,-e bar-e-b(i)-ak-a Íl-šù lù ḫe-(n-)šù-gí-gí(-e)-a(-k ?), Íl,-isag-Umma^{ki}(-k),-aša(g)-gana-kar-kar,-nig-niru(m)-dū̃(g)-dug,-e „é-kisurra(-k)-ᵈNingirsuk-a(k) .... mã-k-am" i(m)mi(-n)-dū̃(g) „Obwohl nun Entemena, der Fürst von Lagaš, wegen dieses Grabens Leute zu Il schickte (um die Sache auf gütlichem Wege beizulegen), antwortete Il, der Fürst von Umma, der Felder- und Äckerräuber, der Böses Sinnende, (doch nur): „Der Grenzgraben des Ningirsu gehört mir!" ", Entemena, Kegel 4_{13-29}.

C. Verbalnomen und Postposition.

Zum Ausdruck konjunktionaler Verhältnisse mittels des abstrakten Verbalnomens auf -a, bez. mittels dieses Verbalnomens und einer Postposition, s. beim Verbum (§ 701 ff.). Im allgemeinen zieht das Sumerische entsprechend seiner grossen Vorliebe für das Verbalnomen (§ 279) die Konstruktion mit diesem, woimmer es angängig ist, der Konstruktion mit einer finiten Verbalform vor. § 440

[1]) Möglicherweise ist für das Satzprädikat die 3. Person beabsichtigt; dann wäre anzunehmen, dass ga-til-a-šù im Sinne von „damit er selbst lebe" gebraucht ist, sei es, dass nur eine Unebenheit der Konstruktion vorliegt oder von der ga-Form auch die 3. Person gebildet werden konnte (s. § 663 ff.).

XII. Das Verbum.

§ 441 Die Verbalform setzt sich aus der Verbalwurzel und den Bildungselementen zusammen. Wie in anderen Sprachen wird auch im Sumerischen durch die Verbalwurzel eine Tätigkeit oder ein Zustand nur dem allgemeinen Begriff nach bezeichnet; die näheren Umstände dagegen, unter denen die betreffende Handlung oder der betreffende Zustand gedacht wird, also beispielsweise das Genus verbi, die Zeitlage, die Person usw., werden durch die Bildungselemente, bez. auch durch die Art ihrer Verbindung mit der Verbalwurzel ausgedrückt.

Vgl. lá = Wurzel oder allgemeine Idee „zahlen"; lá-a „das Zahlen"; i-lá „es ist gezahlt"; i-lá-e „er zahlt", „er wird zahlen"; i-n-lá „er hat gezahlt"; i-na-lá-e „er wird ihm zahlen"; ḫe-(i-)lá-e „er möge zahlen"; ba-lá „er ist gezahlt worden"; zig „aufstehen"; -b-zig „aufstehen lassen", usw.

Über die Verbindung der Bildungselemente mit der Verbalwurzel nach den Prinzipien der Kettenbildung s. § 104.

A. Die Verbalwurzel.

§ 442 1 Zur Struktur und Reduplikationsfähigkeit der Verbalwurzel, wie auch zu den lautlichen Umwandlungen derselben ist zu vergleichen, was in § 88 ff. über die Wortwurzeln im allgemeinen gesagt ist.

§ 443 2. Im einzelnen ist lediglich zur Bedeutung der Reduplizierung der Verbalwurzel noch Folgendes zu bemerken:

a. Die Verbalformen mit reduplizierter Wurzel werden im Akkadischen ganz überwiegend mittels der Themen ukaššad und uktaššad (II_1 und II_2) oder der Themen iktanašad und ittanakšad (I_3) und (IV_3) wiedergegeben, woraus sich ohne weiteres ergibt, dass die Wurzelreduplikation in der sumerischen Verbalform dieselben oder ähnliche Bedeutungsnüanzen bewirkt wie in der akkadischen Verbalform die Verdoppelung des mittleren Radikals und Verlegung des Tones im Thema ukaššad usw., bez. die Einfügung des Elementes -tan-, (-t(a)-n(a)-) in iktanašad usw.; d. h. die Wurzelverdoppelung drückt eine Steigerung der an der Verbalwurzel haftenden Idee aus, sei es nun in numerischer, quantitativer oder qualitativer Bedeutung.

Vgl. z. B. die folgenden Entsprechungen sumerischer und akkadischer Verbalformen: i-n-dub-dub = ušappik, utabbik, usarriq, urammik, ASK 1 Kol. 2_{49-52}, neben i-n-dub = išpuk, itbuk, isruq, irmuk, $ebenda_{45-48}$; i-n-keš(d)-keš(d) = urakkis, i-n-šer-šer = ukaṣṣir, ebenda$_{35.36}$, neben i-n-keš(d) = irkus, i-n-šer = ikṣur, ebenda$_{33.34}$; ì-šub-šubb-uš-ám = uptazzizû, LIH 98.99$_{68}$ und 97$_{65}$; al-ḫúl-ḫúl-ene = ûtebbidû, HGT 142 Kol. 4$_{4 (15)}$; al-gă(r)-gar = nuppuḫ, ebenda$_{9 (ff.)}$; al-zin-zimm-en = nuṭṭupâku, ebenda$_{15}$; mu(-'-i)-ti-ti = urišše anni, ebenda Kol. 4$_{12 (ff.)}$; zál(g)-zal(a)g-a-b = ubbib, HGT 136 Kol. 2$_{13}$; bàr-bàrr-a-b = puṣṣi, ebenda$_{12}$; al-ḫul-ḫul = qullul, ebenda Kol. 4$_{10}$; ba-PI-PI = urtappiš, ASK 10 Rs.$_{17}$; ba-e-dir(g) dir(g) = tûtattir, 4 R 11 Rs.$_{39}$; i-n-tû(k)-túk-ene, Var. i-n-tutk-ene (geschr. in-tu-ut-ki-e-ne), = unaššû, CT 17,27 f.$_{17}$; ba-n-bir-birr-eš = usappiḫu, CT 17, 15 Kol. 1$_{14}$; ba-bir-birr-eš = ussappiḫu, CT 17,31$_{27}$.[1]

Mu-ni-b-ur-urr-e = imtanaššar, 4 R 11 Vs.$_{45}$; mu-n-sū(g)-sug-eš = ittanallaku, CT 16,12 ff. Kol. 5$_{16}$; mu-n-gír-gírr-e = ittanabriq, CT 17, 19$_{8}$; kin-kinn-ameš = išteni'û šunu, CT 16, 19 ff.$_{104}$; mu-n-kin-kin-ám! = aštani'êma, 4 R 10 Vs.$_{58}$; i-n-bal-bal-e = ittanablakkat, CT 17, 19 ff.$_{19}$; i-n-bal-bal-ene = ittanablakkatû, CT 16, 12 f. Kol. 1$_{26}$; bal-bal-e(d)-meš = ittanablakkatu(m), ebenda Kol. 4$_{16}$; gù-íli-a i-m-ta-n-dé-dé-e = šaqîš ištanassi, SBH 33 Vs.$_{23}$ (50 a Rs.$_{21}$), neben dem häufigen gù-mu-na-dé-e = ana ... išessi (išassi), z. B. 4 R 7 Kol. 1$_{17}$; mi-ni-n-íl-íl = ittanašši, ASK 10 Rs.$_{21}$; na-mba-nigin-nigin-e(n) = la tassanaḫur, CT 16, 39$_{31}$; šà(g)-a-n-si-si = ištenibbi, ZK II S. 81$_{26}$ (= 5 R 31 Nr. 4 Vs.$_{6}$); mu-n-ši-b-gĭ-gig-a = ittenikkila, CT 17, 34 ff.$_{80}$.[2]

b. Eine umfassende, auf die einzelnen Bedeutungsabschattungen eingehende Untersuchung der Wurzelreduplikation, die sich vor allem auf Verbalformen der sumerischen Periode erstrecken müsste, steht, wie übrigens auch eine ähnliche Untersuchung der oben genannten akkadischen Bildungen, bisher noch aus. Beachte vorläufig: § 444

α. Wie die Reduplizierung des Substantivs das mehrfache Vorhandensein des von dem letzteren bezeichneten Gegenstandes ausdrückt, so bezeichnet die Reduplizierung der Verbalwurzel den mehrfachen Vollzug der durch das Verbum bezeichneten Handlung; u. z. sind hierbei folgende Fälle der pluralischen Handlung zu unterscheiden:

(*a*) Dieselbe Handlung wird von mehreren Subjekten ausgeübt. § 445

---

[1]) S. ferner Br. 373, 2400, 2965, 3769, 4461, 5314, 5587, 10694, 10698, 10839; SAI 1363, 1365 f., 1716, 1890, 2205, 3030, 3360, 3628, 3832, 5039, 5548, 5550, 5557, 5606, 5688, 6160, 6497, 7830, 9827, usw.

[2]) S. ferner: Br. 711, 3363, 9214, 10835, 11893; SAI 638, 1718, 1895, 2886, 3834, 4525, 4869, 8345.

Vgl. 1 Gusilla,-dumu-Sag.a.DU(-k) Dingir-mu-da[1] a-n-da-ti; Dù-lugal-ü-a^{ki}-a a-b-duru(n); 1 Lugal-nam-dag,-dumu-Urte(-k) Inimma, -nu-banda(,-d) a-n-da-ti, Bára-sig-a^{ki}-a a-b-duru(n); dumu-Nibru^{ki}(-k)-me(š) Lagašu^{ki}-a a-b-duru(n)-durun-eš, ḫa-mu-(e-)ra-sim-une[2] „den Gusilla, den Sohn des Sag-ADU, der in Dù-lugal-u-a stationiert ist und sich bei Dingirmu befindet; den Lugal-namdag, den Sohn des Urte, der in Barasiga stationiert ist und sich bei dem Laputtû Inimma befindet, sowie die Nippuräer, die in Lagaš wohnen, möge man (wörtlich: mögen sie) dir geben", ITT I 1100 (also bei singularischem Subjekt a-b-durun mit einfacher Wurzel, dagegen bei pluralischem Subjekt a-b-duru(n)-durun-eš mit reduplizierter Wurzel); 1 KIL...., -mà-laḫ ...., 1 Lugal-ida, mà-laḫ ...., É-A-ḫal-NI^{ki}-k-a ì-duru(n)-durun-eš „KIL...., der Schiffer ...., und Lugal-ida, der Schiffer ...., wohnen in É-AḫalNI", ITT I 1436; ähnlich ì-duru-durun-eš, ITT I 1463 Vs$_9$; Rs.$_4$; i-b-duru-durun-eš, ITT I 1363;[3] zid-a-gub-u-n(i)-a ug ì-nú-nú „zu seiner Rechten und Linken lagen Löwen (bez. je ein Löwe)", Gudea, Zyl. A 4_{19}; lù-....,-zid-a-gub-u-n(i)-a ug ì-nú(ḫu)-nú(ḫu)-a „der Mann, zu dessen rechter und linker Seite Löwen gelagert waren", ebenda 5_{13-16}; vielleicht auch in é-m(u)-a(k) ... mu-bi-e an-zag-ta kur-kurr-e gú-imma-si-si(-e) „meines Hauses wegen werden sämtliche Länder von den Grenzen des Himmels her zusammenkommen",[4] Gudea, Zyl. A 9_{17-18}.

§ 446 (*b*) Dieselbe Handlung wird von demselben Subjekt an mehreren Objekten, bez. einem pluralischen Objekt, ausgeübt. In diesem Falle scheint die Wiederholung der Verbalwurzel z. T. auch die Idee der Allheit, u. z. auf das pluralische Objekt bezüglich, auszudrücken.

Vgl. aus nachsumerischer Zeit: Samsuiluna ...., bád-di(l)-d(i)li-mada-Warumm-ake mu-n-gul-gul-a, bí-n-dū-dū-a „Samsuiluna, welcher alle Festungen des Landes Warum, die er zerstört hatte, wiederaufgebaut hat", Samsuiluna, Zyl. VA 5950 Kol. 1_1, 2_{20-23}, neben Dûr-Sammiluna-a^{sic} bí-n-dū „Dûr-Samsuiluna erbaute er", ebenda 3_{5-6}, und bád-bi bí-n-dū „seine Mauer erbaute er" ebenda 3_{11}.

§ 446a (*c*) Dieselbe Handlung wird von demselben Subjekt mehr-

---

1) Vielleicht Dingir-mu-da(-d) „bei Dingirmuda"?

2) Im Original ḫa-mu-ra-ne-sì-mu, welches wohl nur Verschreibung für ḫa-mu-ra-sì-mu-ne ist; s. jedoch § 493.

3) Es bedarf allerdings noch einer genaueren Untersuchung, ob sich die angeführten Fälle nicht etwa mit den unter *(b)* angeführten decken, also i-b-duru(n)-durun-eš vielleicht „sie haben (= man hat) sie stationiert" bedeutet.

4) Hier liegt vielleicht die Präsensreduplikation vor.

fach wiederholt. Auch hier verbindet sich wohl bisweilen mit der Reduplizierung die Idee der Allheit, u. z. auf die Handlung selbst bezüglich in der Bedeutung „immer wieder", in einem fort".

Vgl. nam-til-a,-^{d}Nanna-gim-ĩ(d)-ĩd-a-mú-mú-(e)d-a (akk. ša ... warḫišam ûteddišu) „Leben, das sich wie der Mondgott alle Monate immer wieder erneuert", LIH 98 $99_{89.90}$ (oder Fall γ?); 6-bád-gal-gall-a-bi ... nam-sũn-b(i)-a ní-te-a-nene-a ì-šub-šubb-uš-ám „diese sechs grossen Festungen, welche durch ihr Alter von selbst immer mehr verfallen waren" (akk. uptassisu), ebenda_{61-63}. Beachte hierzu auch die Wiedergabe der Reduplizierung durch die akkadischen Themen I_3 und IV_8 (§ 413), welche die Idee „fortwährend", „immerwieder" usw. ausdrücken.

β. Für die sich mit der pluralischen leicht verbindende Intensivbedeutung lässt sich aus alten Texten, wenigstens bis jetzt, kein sicheres Beispiel erbringen. §446b

γ. Eine hinsichtlich der Bedeutung, wie auch hinsichtlich der Form eigentümliche Reduplikation findet sich bei gewissen Verben mit verlierbarem Endkonsonanten, wie beispielsweise zig „sich erheben" und tur „eintreten", als charakteristisch für ihr Präsens-Futur, indem sie dieses nicht nach dem gewöhnlichen Schema als i-zig-en und i-tur-en, bez. i-zig-ed-en und i-tur-ed-en, also von den einfachen Stämmen zig und tur, sondern als i-zi-zi-(e)n und i-tu-tu-(e)n, bez. i-zi-zi-(e)d-en und i-tu-tu-(e)d-en, also von dem reduplizierten, aber den verlierbaren Endkonsonanten vollständig aufgebenden und somit vokalisch auslautenden Wurzeln zi-zi und tu-tu bilden. §446c

Vgl. lugal-mu ba-zig-e(n),[1] ḫe-m(u-'-)a-n-da-zi-zi(-en)[2] „O mein Herr, wenn du dich erhebst, so mögest du dich gleichzeitig für mich erheben", Nammaḫni, Streitkolben $A_{12.13}$; šul-^{d}Utu, zi-zi-(e)d-a-zu-de uku igi mu-e-da-zi-zi(-e) „o Held Šamaš, wenn du (des Morgens vom Nachtlager) aufstehst, stehen auch die Menschen mit dir auf", MST Nr. 4_{10}; ḫul-gal imin-bi ḫe-(i-)b-ta-n-zi-zi(-e), kuš-bi(-t) ḫe-(i-)b-ta(-n)-sarr-i-(e)š „die sieben Bösen möge er aus ihm vertreiben und sie aus seinem Leibe verjagen",[3] CT 16, 42ff._{160}; sag-gĩ(g) .... ḫe-(i)mma-ra-n-zi-zi „der Kopfschmerz möge vertrieben werden", CT 17, 19ff._{47}; aba-(i-n-)zi-zi(-e), aba-(i-n-)zi-zi(-e)[1]; .... ^{d}Asa-lù-dû- ... -e .... ḫe-(i-)b-ta-n-zi-zi(-e) „Wer wird sie verjagen? wer wird sie verjagen? Asa-lu-du möge sie verja-

[1]) Präteritum des Intransitivums (s. § 421).

[2]) Präsens-Futur.

[3]) Oder ḫe-(i-)b-ta-sarr-eš „sie mögen vertrieben werden"?

gen!", 4 R 4_{20b} = CT 17, 12ff.$_{162\text{-}166}$; tŭ-tŭ-(e)d-a-ni(-d?) „(bei?) sein(em) Eintreten", Gudea, Zyl. B 5_4; tū-tū-(e)d-a-ni(-d) „bei ihrem Eintreten", HGT 23 Rs.$_{18.19}$; tū-tū-(e)d-a-mu-de „bei meinem Eintreten", SK 199 Kol. $3_{25.26}$; nam-ba-tu-tu-(e)ne „nicht mögen sie eintreten", CT 16, 12ff. Kol. $3_{52.55}$; CT 16, 19ff $_{325.285.220.222}$; 4 R 16, Nr. 1_{43a}; ḫu-mu-ni-b-tu-tu(-e) „er möge eintreten lassen", 4 R 12_{44}. — Wie es scheint, gehören hierher auch die präsentischen und futurischen Formen, die von dem Stamm gá-gá, bez. mà-mà (in ES auch ma-ma geschrieben) „setzen", „legen" gebildet sind, welcher allem Anschein nach den (oder einen) Präsens-Futurstamm zu gar, bez. mar, bildet, wenngleich daneben auch von der einfachen Wurzel gebildete Präsensformen vorkommen. Vgl. z. B. KA-nu-(i-)mmà-mà(-e)-a „dass er nicht Klage einlegen wird", BE VI 2 Nr. 12_{23} u. o.; beachte vor allem auch, dass in Ana ittišu, Tafel I (= ASK Nr 1) Kol. $2_{9\text{-}32}$, neben dem Präteritum i-n-gar „er setzte" und dem Präsens i-n-garr-e „er setzt" nur das Präsens i-n-gá-gá(-e) „er setzt" und nicht, wie sonst überall üblich, auch die Präteritalform angeführt wird.

§446d Noch zu untersuchen dagegen bleibt, wie viele der ursprünglich schon vokalisch auslautenden reduplizierten Wurzeln, wie z. B. gí-gí in nu(-i)-gí-gí-(e)d-e „er wird nicht umkehren", BE VI 2 Nr. 43_{25}, und mu-na-ni-b-gí-gí(-e) „sie antwortet ihm", wörtlich „sie lässt das Wort zu ihm zurückkehren", HGT 25 Kol. 1_{50}, als Präsensstämme der beschriebenen Art anzusprechen sind. Dafür, dass auch bei den vokalisch auslautenden Wurzeln Präsensreduplikation üblich, ja sogar vorzugsweise üblich war, dürfte der Umstand sprechen, dass die Reduplikation der konsonantisch auslautenden Wurzeln nach dem Muster der vokalisch auslautenden gebildet ist.

§446e Die Erklärung für die Präsensreduplikation liegt offenbar darin, dass eine gegenwärtige Handlung das Gemüt unmittelbarer und deshalb intensiver affiziert als die vergangene Handlung. Man beachte, dass auch im Griechischen die Reduplikation sich nur im präsentischen und perfektischen Thema findet, welch letzteres die Vergangenheit von der unmittelbaren Gegenwart aus gesehen darstellt, nicht aber auch in dem zeitlosen Aorist und im Futurum.[1]

[1]) Sollte nicht auch im Akkadischen die an sich anormale, der Akzentuierung des Intensivthemas (ukaššad) entsprechende Betonung der Präsensformen und die sich hieraus ergebende weitere Angleichung an jenes Thema durch Verdoppelung des mittleren Radikals eine von der sumerischen Präsensreduplikation nicht ganz unabhängige Parallelerscheinung darstellen?

δ. Ob und in welchem Umfang die Wurzelreduplikation ähnlich wie der semitische Intensivstamm sekundärerweise (vielleicht nur in dem vom Akkadischen beeinflussten Sumerisch) auch für die Transitiv- und Kausatividee charakteristisch werden konnte, ist noch zu untersuchen. § 446f

B. Die verbalen Bildungselemente.

I. Die Behauptungsform.

1. Die Subjektselemente.

a. Übersicht. § 447

Aktives Präteritum.

Sg.	1.	-'-	„ich"	Pl.	1.	-me-	„wir"
	2.	-e-	„du"		2.	-ene-	„ihr"
	3.	-n-	„er (sie, es)"		3.	-n-...-eš	„sie"
Ko.	3.	-b-	„es", „sie" (pluralisch)				

Aktives und intransitives Präsens-Futur.

Sg.	1.	-en	„ich"	Pl.	1.	-enden	„wir"
	2.	-en	„du"		2.	-enzen	„ihr"
	3.	-e	„er (sie, es)"		3.	-ene	„sie"

Intransitives Präteritum (Permansivum).

Sg.	1.	-en	„ich"	Pl.	1.	-enden	„wir"
	2.	-en	„du"		2.	-enzen	„ihr"
	3.	—	„er (sie, es)"		3.	-eš	„sie"

b. Allgemeine Bemerkungen. § 448

Wie die Übersicht zeigt, verwendet das sumerische Verbum drei verschiedene Reihen von Personalelementen, von denen die affigierenden Reihen des Permansivs und des Präsens-Futurs sich hinsichtlich der Form der Elemente wie der Stellung zur Verbalwurzel sehr nahe berühren, die des aktiven Präteritums dagegen eine Gruppe für sich bildet, da sie nicht nur sehr abweichende Formen der einzelnen Elemente aufweist, sondern diese letzteren auch der Wurzel präfigiert, nicht wie jene affigiert.

Das Permansiv und das Präsens-Futur ihrerseits jedoch § 449 unterscheiden sich schon auf den ersten Blick wieder deutlich von einander in ihren dritten Personen, u. z. dadurch, dass ersteres im Singular, indem es die Person der Form nach völlig unbezeichnet lässt, überhaupt keine Endung anfügt und demgemäss auch im Plural nur das reine Pluralelement -eš setzt, das Präsens-Futur dagegen im Singular das die 3. Person bezeichnende, ursprünglich demonstrative Element -e „der", „er" anfügt und in Übereinstimmung damit den Plural durch Anfügung von -ene bildet, welches durch Reduplikation des singularischen -e (unter Einschub eines sekundären n zur Überbrückung des Hiatus) entstanden ist. Ihrem Ursprung nach sind also die präsentischen Subjektselemente -e und -ene identisch mit dem nominalen Subjektselement -e (§ 156) und dem nominalen Pluralelement -ene (§ 135); vgl. dazu auch die Bildung des semitischen (spez. arabischen) indikativischen Präsens mittels der ursprünglich ebenfalls pronominalen Nominativendungen des Substantivums -u und -ûna (< -ûn).

§ 450 Der Unterschied in den dritten Personen deutet indessen darauf hin, dass wahrscheinlich auch die Bildungselemente der ersten und zweiten Personen des Permansivs und des Präsens-Futurs nur scheinbar völlig mit einander übereinstimmen, indem vielleicht das e der Präsens-Futurendungen -en, -enden und -enzen gleich dem e der Endungen der 3. Person ein vom System (wenigstens auf einer bestimmten Stufe der Sprache) gefordertes Element darstellt, dagegen das e der Permansivendungen -en, -enden und -enzen wegen des Fehlens des -e in der 3. Singularis auf einer sekundären Einschiebung zur Vermeidung einer Konsonantenhäufung beruht (wie z. B. in i-zig-(e)nzen „ihr seid aufgebrochen" <i-zig-nzen). Das e der Präsens-Futurendung dürfte dann natürlich auch als ein besonderes Präsens-Futurelement von den ihm folgenden eigentlichen Personalelementen zu scheiden sein, welch letztere damit in beiden Reihen übereinstimmend

Sg. 1.	-n	Pl.	-nden
2.	-n		-nzen
3.	—		Pluralelement

lauten würden. Diese Verwendung des e der 3. Person als Tempuselement auch in der 1. und 2. Person beruht natürlich auf einer sekundären Entwicklung; sie findet ihre Parallele im Arabischen an dem Gebrauch des -u der 3. Person Singularis als Tempus-, bez. Moduselement, auch der 1. und 2. Singularis. Die Auslaute -nden und -nzen dürften sich schliesslich dem Sprachgefühl des Sumeriers wohl als -n-den und -n-zen dargestellt haben, d. h. als singularisches Pronominalelement -n „ich" + Pluralelement der 1. Person -de(n), bez. -n „du" + Pluralelement der 2. Person -zen, also ganz in Übereinstimmung mit der Bildung der 3. Pluralis als — „er" + Pluralelement der 3. Person -eš (bez. Reduplikation). In letzter Linie würden sich also die Schemen des Präsens und des Permansivs darstellen als

Präsens.		Permansiv.	
i-lal-e-n	i-lal-e-n-den	i-lal-(e)n	i-lal-(e)n-den
i-lal-e-n	i-lal-e-n-zen	i-lal-(e)n	i-lal-(e)n-zen
i-lal-e	i-lal-ene	i-lal	i-lal-eš[1]

Die bereits hervorgehobene verschiedene Form und verschiedene Stellung der Personalelemente im aktiven Präteritum einerseits und im Präsens und Permansiv andererseits dient — natürlich sekundärerweise — als wichtiges Mittel zur Tempus- und Genusverbiunterscheidung; vgl. z. B. i-e-lá „du hast dargewogen" mit der Reihenfolge: verbales Präfix + Subjektselement + Verbalwurzel, neben i-lá-en „du bist dargewogen" mit der Reihenfolge: verbales Präfix + Subjektselement + Verbalwurzel. Man beachte dazu, dass auch im Semitischen die verschiedene Form und Anordnung der Personalelemente das wichtigste Mittel zur Tempusunterscheidung ist; vgl. z. B. (spez. im Aramäischen) qattil-t-î „du, o Frau, hast gemordet" und t-qattil-î „du, o Frau, mordest". Auch das im vorigen Paragraphen aus dem System erschlossene Präsens-Futurelement ist nach dem daselbst Ausgeführten lediglich eine Abstraktion aus dem Personalelement der 3. Singularis; ursprünglich liegt in i-lá-e „er wägt dar" lediglich die Kombination verbales Präfix + Wurzel + Personalelement vor.[2] § 451

c. Einzelbemerkungen zur Bildung der Personalelemente. § 452

α. Über die Natur des Personalelementes der 1. Person Singularis des aktiven Präteritums ist bis jetzt noch keine völlige Klarheit zu gewinnen. Die Schrift bezeichnet es nirgends mit einem ihm zukommenden besonderen Laut, und es wäre deshalb denkbar, dass die 1. Pers. Sing. des Präteritums ähnlich wie die 3. Singularis des Permansivthemas auf die Setzung eines Personalelements überhaupt verzichtete. Wahrscheinlicher aber ist, dass ein ursprüngliches Pronomen der 1. Person allmählich ganz geschwunden ist, bez. sich nur noch als Hiatus oder in der Dehnung

---

[1]) Es handelt sich bei diesem Schema natürlich nur um das von der Sprache zu einer bestimmten Zeit ausgebildete System; zu bestimmen, wie die historische Entwickelung gewesen ist, bietet sich gegenwärtig noch keinerlei Möglichkeit.

[2]) Beachte, dass in der Frage, ob das Präsens oder das Präteritum durch Affigierung, bez. Präfigierung des Personalelementes bezeichnet werden soll, das Sumerische und das Semitische entgegengesetzte Entscheidungen getroffen haben. Dass das Akkadische im Gegensatz zu den übrigen semitischen Sprachen die Form iaqtul zum Präteritum gemacht hat, dürfte demnach zu einem grossen Teil auf eine Beeinflussung durch das Sumerische zurückzuführen sein.

des vorangehenden Vokals dokumentiert. Beachte zu dieser Dehnung (und allem Anschein nach auch Zirkumflexbetonung) z. B. die Schreibung sá-la-ba-a-dū̄(g), d. i. sá-la-bădu(g) „ich habe nicht erreicht", HGT 150 Kol. 3_2, dessen eigentliche Verbalform bădu(g) sich aus dem Präfix ba-, dem Personalelement der 1. Pers. Sing. und der Verbalwurzel dū̄(g) zusammensetzt. Als Formen ohne Andeutung der Vokallänge seien angeführt: mu-na(-')-dū „ich erbaute ihm", Warad-Sin, Tonnagel 2_{14}; ḫe-(i)mmi(-')-tuš (geschr. ḫe-im-mi-tuš) „fürwahr, ich habe darin wohnen lassen", LIH 58_{32}; nu-mu(-')-zu „ich weiss nicht", wörtlich „ich habe nicht gelernt", Gudea, Zyl. A 4_{21}.

§ 453 β. Das Subjektselement der 1. Person Pluralis des Präteritums ist bis jetzt in Verbalformen noch nicht, das der 2. Pluralis wenigstens nicht zweifelfrei belegbar; über ihre Form lässt sich bis jetzt nur Folgendes erheben:

(*a*) Nach der Gleichsetzung der Bertinschen Tafel: me = nînu[....] und wegen der sonstigen Übereinstimmung des präteritalen Subjektselementes mit dem pronominalen Element der Infixe auch nach den Gleichsetzungen me-a, me-šù, meda, me-ta (durch an-ta muru-ta als Präfix und Infix bezeichnet) = niâti, niâšim usw., Kol. $3_{8.15-12}$, wird man wohl annehmen dürfen, dass das präteritale Subjektselement der 1. Pers. Plur. -me- lautet, also beispielsweise „wir haben gemacht" sumerisch ì-me-dim heisst.

Dieses -me- ist natürlich identisch mit dem Possessivpronomen -me „unser" und wie dieses (s. § 207) und alle übrigen Subjektsinfixe ohne Zweifel ursprünglich einmal ein selbständiges persönliches Fürwort gewesen, als welches es auch noch gelegentlich in Verbindung mit der Postposition -da, bez. -danu(-i-m(e)), vorkommt; s. dazu § 488. Vgl. daselbst auch zu der Frage, ob me etwa auch als Präfix an der Spitze einer Verbalform stehen konnte.

§ 454 (*b*) Ob dagegen aus den Gleichsetzungen der Bertinschen Tafel e-ne = ku-n[u-ti] und e-ne-a = ku-nu-š[u] (?), Kol. $3_{33.34}$, die unmittelbar nach e „du", e-šù „zu dir", e-da „mit dir" usw. aufgeführt werden, gefolgert werden darf, dass das Subjektsinfix der 2. Pluralis -ene- (< e „du" + e „du" mit Einschub eines sekundären n ?) lautet, erscheint nicht in gleichem Masse sicher, da die Tafel als akkadisches Äquivalent für ene nur einen obliquen Kasus (kunûti oder kunûši), nicht aber auch den Nominativ attunu gibt. Beachte aber, dass ene als Subjektselement, allerdings in falscher Anwendung für die 3. Person, vielleicht in gibil-bi-š-ám lù lù(-r) (geschr. lù-lù-ù) ba-ene-gin „schliesslich einigten sie sich miteinander“, BE VI 2 Nr. $10_{20\text{-}22}$, vorliegt.

γ. (*a*) Für das Pluralelement der 3. Pluralis des Präteritums § 455
und des Permansivs -eš bieten die Texte der alten Zeit (geschr.) ...e-šù, welches indessen zweifellos in der späteren sumerischen Zeit, vielleicht aber auch von jeher als eš gesprochen wurde und demnach in der Transkription als ...e-èš wiederzugeben ist; vgl. (geschr.) ab-duru-duru-ni-èš „sie sind stationiert“, ITT I 1100_{15}; ì-duru-duru-ni-èš „sie wohnen“, ITT I 1436_8, 1463 $Vs._9$ $Rs._4$; kù(g) bí(-n)-garr-eš (geschr. bí-gar-ri-èš) „sie entrichteten Geld dafür“, Urukagina, Kegel BC $4_{1.8}$; nam-šag-a,-mu(-'-a)-tarr-eš-a (geschr. mu-tar-ri-èš-a) šu-na-mu-(')da-ni-bal-ene „das gute Schicksal, das sie mir bestimmt haben, mögen sie an mir nicht ändern“, Lugal-zaggisi, Vasen $3_{32\text{-}34}$. Zur Aussprache des -šù als -èš in alter Zeit beachte vor allem die Pluralform ba-ug-e(š), geschr. ba-ű-gi „sie sind gestorben“, DPr 138 (= RA VII S. 138ff.) Kol. 2_2, $3_{3.12}$, 4_{12}, 6_4, wo der Abfall des š (s. § 41 (*c*)) beweist, dass dieses im Auslaut gestanden hat.

(*b*) In der nachsumerischen Periode wird gegen das Ende § 456
der Dynastie von Larsam und um die Mitte der ersten Dynastie von Babylon in den Urkundenschemen der meisten Schreiberschulen Babyloniens die Endung -eš missbräuchlich durch -meš (geschr. -me-eš) ersetzt, also dem gleichlautenden nominalen Pluralelement angeglichen.

So bieten z. B. in Südbabylonien die Urkunden aus Kutalla bis in die Zeit Rim-Sins hinein nur -eš, seit dem 14. Jahre Rim-Sins dagegen und während der Zeit Hammurabis und Samsuilunas so gut wie ausschliesslich -meš. Vgl. i-n-pad-eš (geschr. in-pá-de-eš) „sie haben angerufen (geschworen)“, Str. W. $1_{29.30}$ (Nur-Adad); 101_{16} (Rim-Sin, 7. Jahr); $5(6)_{17}$ (geschr. in-pád-eš) und 16_{17} (?) (R-S, 12. J.); $9(10)_{21}$ (R-S, 36. J.). Dagegen i-n-pá(d)-meš (geschr. in-pá-me-eš), 88_{11} (R-S, 14. J.); 21_{12} (R-S, 20. J.); 25_{51} u. o. (Hammurabi); 28_{17} u. o. (Samsuiluna); i-nna-n-lá-meš „sie haben ihm bezahlt“, 22_{13} (R.-S); 28_{13} (H-r); 62_{15} (S-i); šu-ba-n-ti-meš „sie haben empfangen“, VS XIII, 72_7; 73_9; 84_9 (Senkereh, R-S).

Ungefähr um die gleiche Zeit, bez. schon einige Jahrzehnte früher, tritt die Endung -meš, bez. auch -e-meš, auch in Nordbabylonien auf. Vgl. šu-ba-n-ti-meš „sie haben empfangen“ VS VIII 117_6 (Sippar, H.-r.); BE VI 1 Nr. 87_{10} (Sippar, Ammiditana); besonders aber beachte, dass in Nordbabylonien für i-n-pad-eš (geschr. in-pá-de-eš), das bis ins Thronbesteigungsjahr Zabiums ganz ausschliesslich gebraucht wurde, von da ab auch i-n-pad-emeš (geschr. i-n-pá-de-me-eš) eintritt, das seit Hammurabi in den nordbabylonischen Schulen (Sippar, Babylon, Dilbat) allgemein üblich wird. Vgl. in-pá-de-me-eš, BE VI 1 Nr. 6_{16} (Sippar, Bunutaḫunila); 1_{15} (Sippar, Ilumaila); 3_{24}; 5_{19} (hier in-pád-eš); CT 8, 47 b_{16} (Sippar, Immerum); CT 4, 50 a_{18} (Sippar, Immerum und Sumulail); PSBA 29, Pl. III (Dilbat, Sumulail); VS VIII, 19_{17} (Sippar, Apil-Sin); BE VI 1 Nr. 18_{16}, 19_{19} (Sippar, Sinmuballiṭ); dagegen in-pá-de-me-eš, BE VI 1 Nr. 9_{21} (Sippar, Sumulail und Zabium); 13_{28} (Sippar, Zabium); CT 8, 25 a_{37} und BAP 91_8 (Sippar, S-m); AFD 25 Rs.$_9$ (Dilbat, S-m); CT 2, 14_8; 28_{17}; CT 8, 37 d_{17} (Sippar, H-r); VS VII 5 $(6)_{23}$ (Dilbat, H-r), usw.

§ 457 (*c*) Das e, welches in i-n-pad-e-meš von den nordbabylonischen Schreibern zwischen der Verbalwurzel und der Endung -meš eingeschoben wird, ist sehr auffällig, besonders auch deswegen, weil um die gleiche Zeit die Schreiberschulen z. T. beginnen, die 3. Pluralis des Präsens-Futurs statt auf -ene auf -e-meš zu bilden. Vermutlich erklärt sich der Einschub des e aus der Absicht, dadurch dem Schwinden des verlierbaren Konsonanten d in i-n-pad-meš, der durch die Einfügung des m in den innern Silbenauslaut zu stehen kam, vorzubeugen. Möglich wurde diese Einfügung nur dadurch, dass in den Kontraktschemen nie das Präsens-Futur von pá(d) „schwören" gebraucht wurde und somit keine Kollision mit der Präsens-Futurform i-n-pad-e-meš entstehen konnte.

§ 458 (*d*) Anfänglich war das eingeschobene e der nachsumerischen Präteritalform inpademeš selbstverständlich kurz und unbetont, bez. überhaupt nur ein Vokalanstoss. Dass es indessen mit der Zeit von den Urkundenschreibern betont und lang, bez. sogar mit Schleifton gesprochen wurde, ergibt sich aus der Schreibung in-pá-de-e-me-eš, CT 6, 29_{23} (Babylon, Ammiditana). Noch einen Schritt weiter ist die Entwicklung gegangen in inpadáemeš (geschr. in-pá-da-e-me-eš) „sie haben geschworen", LC 237_{20} (Tirqa,[1] Išarlim),[2] in welchem das mit Schleifton gesprochene e schon wieder in die Vokale ae zerlegt ist.

§ 459 Ein ähnlicher Vorgang hat sich vollzogen in der späten Form ba-n-badd-aeš (geschr. ba-an-bad-da-eš) „sie entfernten sich", CT 16, 42ff.$_{68}$, wofür die Varianten das richtigere ba-n-badd-uš bieten. Beachte zu der Zerdehnung von -es in -aeš auch die ent-

---

[1]) D. i. Sirqi in der Nähe des Zusammenflusses von Baliḫ und Eufrat.

[2]) Etwa frühe Kassitenzeit.

sprechenden Vorgänge bei dem Präsensauslaut -en (§ 464) und dem Futurelement -ed (§ 727).

(*e*) Die Urkunden von Nippur (BE VI 2), dessen Schule sich § 460
die Pflege des Sumerischen besonders angelegen sein liess, und die Urkunden anderer in der Nähe von Nippur gelegener Orte (vgl. z. B. LC 81_{18}) haben dagegen stets die richtige Endung -eš bewahrt, und ebenso haben sich auch die Königsinschriften der Hammurabi- und Kassitenzeit von dem irrtümlichen Gebrauch der Endung -meš freigehalten.

δ. Ungefähr zur gleichen Zeit, in welcher für die 3. Pluralis § 461
des Präteritums die Endung -meš anstelle von -eš üblich wird, tritt in den Urkunden der Schreiberschulen, welche dieses -meš gebrauchen, für die 3. Pluralis des Präsens-Futurs statt und neben -ene auch die Endung -e-meš auf.

Vgl. ì-lá-e-meš „sie werden zahlen", VS VIII 33_{10} (S-m), 86_{14} (H-r), LC 82_{10} (Sippar, H-r), statt ì-lá-ene; ì-ág-e-meš „sie werden darmessen", LC 150 (Sippar, A-d), BE VI 1 Nr. 86_{11} (A-d), statt ì-ág-ene; ù(d)-kùr-šù nu-mu-n-da-BAL(?)[1]-e-meš „in Zukunft werden sie nicht ....en", Str. W. 35_{26}, 34_{16}, $46a_{11}$ (H-r); nu-mu-n-da-BÚRU[1]-meš, 29_{16}, 39_{19}, 47_{19}; nu-mu-n-da-BÚR[1]-e-eš, 12_{14}; ba-ni-b-gí-gí(-e)-meš, 39_{18}, und i-nna-b-gi-gi(-e)-meš, 12_{15} „sie werden dafür (bez. für ihn) verantwortlich sein"; nu-(i-)b-bi(-e)-meš „sie werden nicht sagen", VS 13, 94_{17} (Senkereh, R-S).

Die gleiche Bildung tritt uns auch in dem Verbalsystem § 462
einer spätnachsumerischen Schreiberschule auf der für Urkundenschreiber aufgestellten Tafel ASK 4* entgegen.

Vgl. i-na-n-lá-e-meš „sie werden ihm darwägen", Kol. 1_{26}; ì-agga-e-meš „sie werden darmessen", Kol. 1_{29}. Beachte in der letzteren Form auch die Zerdehnung des Präsens-Futurvokels **e**.

In diesem System der nachsumerischen Schreiberschulen § 463
sind die 3. Pluralis des Präteritums und des Präsens-Futurs in gleicher Weise durch Anfügung des Pluralelementes -meš an die betreffenden Singularformen gebildet, also nach dem Schema:

Präteritum:	Sg.	i-n-lá	Pl.	i-n-lá-meš
Präs.-Fut.:		i-n-lá-e		i-n-lá-e-meš.

d. L a u t l i c h e V e r ä n d e r u n g e n, die durch die Verbindung § 464
der Subjektselemente mit der Verbalwurzel und anderen Bildungselementen veranlasst werden.

---

[1]) Die Kopien bieten z. T. BAL („ändern", „abtrünnig werden" usw; vgl. auch bal = târu „umkehren", „auf eine Sache zurückkommen"?), z. T. BÚR, BÚRU (vgl. dű = dabâbu?).

α. Treten an eine auf -en auslautende Verbalform das nominalisierende -a und eine Postposition an, wodurch der Ton auf das e von -en fällt, so wird in nachsumerischer Zeit das n von -en geschärft (vgl. den analogen, in § 469 und 518 behandelten Vorgang); in spätnachsumerischer Zeit wird in einem solchen Fall das kurze e von -en auch gedehnt und mit Schleifton gesprochen und schliesslich nach Abfall des Vokals der Postposition bisweilen in die Vokale ae zerlegt (§ 30).

Vgl. enna-ba-(n-)ra-n-ta-zig-aenn-a-š (geschr. -zi-ga-en-na-aš) „bis du aus ihm entwichen bist", CT 16, 12ff., Kol. 2_{56}.

§ 465 β. Das -e- der 2. Singuluris des Präteritums geht in der sumerischen Periode (Inschriften aus Telloh) stets in dem Vokal des unmittelbar vorangehenden Bildungselementes auf. Dieser wird dafür gelängt und erhält, wo es die Akzentverhältnisse erlauben, Schleifton. In nachsumerischer Zeit dagegen finden sich häufig auch die unkontrahierten Formen, so fast stets nach auf a auslautendem Bildungselement und häufig auch nach mu-.

Vgl. mādu(g), geschr. ma-a-dū̄(g) (< mu-'-a-e-dug) „du hast mir befohlen", Gudea, Zyl. A 2_{13}; gù-bāde, geschr. g-ùba-a-dé (< gù-ba-e-dé) „du hast gesprochen", ebenda 8_{20}; zag-mu mū-uš (< mu-e-uš) „du hast mein ..... ge.... t", ebenda 3_{11}; ù-(i-)na-a-dū̄(g) (< u-i-na-e-dug) „sprich zu ihm", ITT II 2751_{3}, 3418_{2}, 3756_{3} u. o. (3. Dynastie von Ur); HGT 65 Kol. 1_{10}; (geschr.) ù-na-dū̄ „sprich zu ihm, ITT I 1119_{4}, 1170_{4} (Zeit der Dynastie von Akkad); bí(-e)-bu(r)-bur(u) = tunassiḫ „du hast herausgerissen", BA V S. 632_{20}.

Dagegen unkontrahiert: sá-ba-e-dū̄(g) „du hast erreicht", HGT 150 Kol. 3_{4}, sá-la-ba-e-dū̄(g) „du hast nicht erreicht", ebenda 3_{3}; zae-men ba-e-â (geschr. ba-e-a-â) „du hast geschaffen", RA IX S. 122 Kol. 2_{14} (Kudurmabuk); ba-e-dir-dir(ig) = tuttattir „du hast reichlich gemacht (für dich, von dir aus)", 4 R 11 Rs.$_{39}$; ba-e-de(l)-til (< ti(l)-til) = tagdamar „du hast vollendet", ebenda$_{41}$; ba-e-sil-sil = tušalliṭ „du hast herausgerissen", BA V S. 632_{18}; zae i-nga-e-zu „auch du weisst", CT 17, 25ff.$_{62}$ u. ö.

Nach mu: mu-e-BÚRn-a-gim „weil du eingetreten bist", SBMGN XIII_{15}; mu-e-zu = tîdi „du weisst", „du kannst", wörtlich „du hast gelernt", 4 R 28 Nr. 1 Rs.$_{10}$.

§ 466 γ. (*a*) Treten -en, -e, -enden, -enzen, -ene und -eš an eine vokalisch auslautende Verbalwurzel an, so geht das anlautende e dieser Endungen in dem Endvokal der Wurzel auf, der dafür gedehnt, und wo es die Akzentverhältnisse gestatten, mit Schleifton gesprochen wird.

Vgl. inzūš (geschr. in-zu-uš; < i-n-zu-eš) „sie haben gelernt“, „sie wissen“, ASK 1 Kol. 1_{42}; izūnden (geschr. ì-zu-un-de-en; < i-zu-enden) „wir werden wissen (erfahren)“, 2 R 16 Kol. 4 (= Rs. Kol. 1)$_{37.41}$; mu-na(-n)-dū-uš) „sie haben ihm gebaut“, Rim-Sin, Kanephore A 2_2, B 2_2; šu-a i-b-ta-n-dú-uš-a (< -dú-eš-a) „welche vollkommen gemacht worden waren“, Datum a Samsuditanas (BE VI 2 S. 106); ba-na-n-gù-uš „sie haben zu ihm gesprochen“ (= „(wenn) sie zu ihm sprechen“), BE VI 2 Nr. 48_{19}; ḫa-ba-ra-du-un (= -dūn, < -du-en) „mögest du hinausgehen“, CT 16, 24ff. Kol. 4_{34}; m(u-’-)a-dū-(e)n-a (geschr. ma-dū-na) „der du mir bauen wirst“, Gudea, Zyl. A 9_7; ḫe-(i-)tuku(-n) (< ḫe-i-tuku-en) „du mögest haben (nehmen)“, SELGT K 2024 Kol. $3_{22\text{-}23}$. — U-m-ta-è-(e)n-a-zu-šù (geschr. um-ta-è-na-zu-šù) „wenn du hervortrittst aus ihm“, 5 R 50 Kol. $1_{1.3.5}$; vielleicht auch in i-nga-me-(e)nden „wir sind es, die“, HGT 152 Kol. 6_{35}; i-nga-me-(e)nzen „ihr seid es, die“, ebenda$_{37}$; i-nga-me-(e)š-ám „sie sind es, die“, ebenda$_{39}$; (s. aber § 450). — Inbāne (geschr. in-ba-a-ne; < i-n-ba-ene) „sie werden teilen“, ITT II $2781_{21\,22}$ (Telloh, Dynastie von Ur); [ki-tuš nam-b]a-b-mà-mà(-e)n (geschr. -mà-mà-an) „eine Wohnung mache dir nicht darin“, SELGT K 5443 Vs_9; KA-nu(-i)-mmà-mà(-e)-a „dass sie (er) nicht klagen wird“, BE VI 2 Nr. 8_{18}; 11_{22} u. o.; KA-nu(-i)-mà-mà(-e-a), ebenda Nr. 10_{36}; KA-nu-(i-)mmà-mà-(e)ne-a „dass sie nicht klagen werden“, ebenda Nr. 32_{23}. Beachte besonders auch die Schreibung KA-nu(-i)-mà-mà-a-a in der ihrem Schema nach nicht der Schule von Nippur zuzurechnenden Nippurtafel BE VI 2 Nr. 18_{13}.[1]

(*b*) In bestimmten Fällen finden sich auch in sumerischer Zeit unkontrahierte Formen. Vgl. z. B. ^{d}Ningirsu(k), é-zu ma-(e-)ra-dū-e(n) „o Ningirsu, dein Haus will ich dir bauen“, Gudea, Zyl. A 8_{18}, neben dem oben angeführten m(u-’-)a-dū-(e)na „der du mir bauen wirst“, ebenda 9_7; „der Grund für die Erhaltung des e in diesem Fall liegt wohl darin, dass nach Abfall des n das e im Auslaut steht und bei einer Kontraktion wenigstens in der Schrift eine Verwechselung mit (geschr.) ma-ra-dū (< mu-e-ra-’-dū) eintreten könnte. Sehr zweifelhaft ist auch, ob das e der Endung -eš jemals mit dem Vokal einer auf a auslautenden Wurzel kontrahiert wurde; Beispiele dafür sind wenigstens noch nicht beizubringen. § 467

(c) In nachsumerischer Zeit erhält sich das e stets nach den auf a, häufig auch nach den auf u auslautenden nicht reduplizierten Wurzeln. Dagegen findet fast stets nach reduplizierten Wurzeln (so besonders bei Präsensreduplikation) und allem § 467a

---

1) Oder ist hier -mama(j)ja < -mà-mà-e-a beabsichtigt?

Anschein nach wohl auch stets nach auf e oder i auslautenden Wurzeln Kontraktion statt.

Vgl. ì-ba-ene „sie werden teilen", LC 233_{14} (Lagaš, Rim-Sin); BE VI 2 Nr. 43_{24} (Nippur, S-i); i-nna-n-ba-e „er wird ihnen zuteilen", ASK 1 Kol. $1_{38(ff.)}$; i-n-ba-eš „sie haben geteilt", BE VI 2 Nr. 44_{15}; 22_{23} (Nippur, S-i), usw.; ì-dū-e „er wird bauen" (bez. ì-dū-e(n) „du wirst bauen"), BE VI 2 Nr. 14_{13}, usw.

Dagegen KA-nu(-i)-mà-mà(-e)ne-a „dass sie nicht klagen werden", s. § 466; beachte aber auch ù(d)-kúr-šù lù(-e) lù-ra KA-nu(-i)-mà-mà-i-a (geschr. -mà-mà-ia, < -mà-mà-e-a) „dass in Zukunft einer gegen den andern nicht klagen wird", CT 2, 14_{15} (H-r), CT 4, $17c_{15}$ (S-i), wo indessen das i, bez. j, vielleicht nur zur Vermeidung des Hiatus eingefügt ist.[1]

§ 468 (*d*) Dass nach i-n-lá-eš „sie haben gezahlt", ASK 1 Kol. 2_2, ì-lá-e „er wird zahlen", BE VI 2 Nr. 40_{16}, ASK 1 Kol. 2_3, usw., das e erhalten bleibt, hat seinen besonderen Grund darin, dass nach der Angabe von S^b (CT 11, 14 ff.) Kol. 3_{10} die Verbalwurzel ursprünglich lal lautete und auch noch ì-lal-e usw. gelesen und gesprochen werden konnte.

§ 469 (*e*) Tritt an eine kontrahierte Form der 1. und 2. Singularis des Präsens-Futurs oder des Permansivs das Relativ-a an, so wird in nachsumerischer Zeit der Kontraktionsvokal in der Regel verkürzt und dafür das n der Endung -en geschärft.

Vgl. aldunnaš (geschr. al-du-un-na-aš; < aldūn-a-š < al-du-en-a-š) „wenn du dahin gehst", 4 R 17 $Vs._{45}$; enna-barantarenna-š (geschr. ba-ra-an-ta-ri-en-na-aš, CT 16, 9ff. Kol. 5_{56}, ba-ra-an-ta-ri-in-na-aš, CT 16, 12ff. Kol. 2_{56}, < ba-ra-n-ta-ri-en-a-š) „bis du aus ihm entwichen bist"; imenna (geschr. ì-me-en-na; < imēn-a < ì-me-en-a) „der ich bin", LIH 98. 99_{23}.[2]

§ 470 δ. (*a*) Das (erste) e der Endungen -eš, -e, -ene (und vermutlich auch das der Endungen -en, -enden und -enzen) wandelt sich oft in u nach u-vokaligen Wurzeln, die auf b, m, l und r, also auf Konsonanten, die dem u nahestehen, auslauten.[3]

Vgl. al-gubb-uš (geschr. al-gub-bu-uš) „sie sind getreten", ASK 2 Kol. 2_{21}; ḫe-(i-)n-gub-gubb-u, RA XII S. 74_{15}; i-b-ta-n-gubb-u

---

1) Vgl. auch das letzte Beispiel in § 466 und Anm. 1.

2) Allerdings handelt es sich in allen drei Fällen um das Permansivthema, in welchem das e von -en vielleicht nicht ursprünglich ist (s. § 448) und deshalb wohl nach vokalisch auslautenden Wurzeln überhaupt nicht stand.

3) Siehe dazu den gleichen Wandel des e von -ed (§ 723).

„er wird einsetzen“, UPUM VIII 1 Nr. 101 Kol. 3_{14}; bí-b-gubb-u-a „welcher aufstellen wird“, R-S-Š-b.$_{45}$; ì-šubb-uš „sie waren zerfallen“, LIH 98. 99_{69}; aba ba-(n-)ra-šubb-u „wer entflieht?“, ASK 21 Vs.$_{69}$; bal-b-tùmm-u (geschr. bal-ab-tùm-mu) = itabbal „er wird empfangen“, 4 R 8f. Nr. 2 Kol. 3_{57}; ba-n-túmm-u „er wird erhalten (für sich nehmen)“, UPUM VIII 1 Nr. 21_{21}; lù(-e) ba-(n-)ta-tùmm-u „der Patrizier pflegte (die besten Schafe) für sich herauszunehmen“, Ovale Platte 1_4; šu-n(i)-a ḫe-(i-)n-da-b-tùm-tùmm-u „sie möge mit ihrer Hand nehmen“, RA XI S. 144_{21} (= 11); na-(i-e-)ra-kúrr-u (geschr. -kúr-ru) „nicht möge er dir ändern“, SK 199 Kol. 3_6; ḫe-(i-n-)*da-b*-kúr-une (geschr. ḫe-URUDU-kúr(u)-ne) „sie mögen gleichzeitig damit ändern“, Gudea, Statue B 9_5; lù KA-ni i-b-kúr-u-a (geschr. íb-kúr(u)-a) „wer seine Bestimmung ändern wird“, R-S-Š-b_{44}; a-n-da-kúr-uš-a „die feindlich gegen ihn (bez. von ihm abgefallen) waren“, UPUM VIII 1 Nr. 91_{28} (Samsuiluna); šu-i-b-ta-b-ùr-u-a (geschr. -ūru-a) „(wer) auf (wörtlich: von) ihr (nämlich der Statue) auslöschen wird“, Statue B 8_9; šu-bí-b-ùr-u-a (geschr. -ūru-a) „(wer) auf ihr auslöschen wird“, R-S-Š-b_{46}; i-n-úr-úr-ū-a „welcher beschläft“, CT 16, 27_{18} Var.; ba-gull-uš-a (geschr. ba-gul-lu-uš-a) „welche zerstört worden waren“, BE VI 2 Nr. 47_{25} (Datum d. 17. Jahres Samsuilunas); i-n-gul-ū-a „welcher Vernichtung bewirkt“, CT 16, 27_4; a-b-dul-ū-a „welcher bedeckt“, CT 16, 27_{38}.

(*b*) Auch nach einigen Wurzeln mit i- oder a-Vokal, die auf § 471
die genannten Konsonanten auslauten, findet die Umwandlung von e in u statt.

Vgl. nu-(i-)na-sim-u „er gibt ihm nicht“, Ovale Platte 2_7; ḫe-(i-)na-b-sim-u(n) (geschr.: he-na-ab-sì-mu) „du mögest ihm geben“, ITT II 3418; i-n-sim-uš (geschr. in-sì-mu-uš) „sie haben gegeben“, i-n-sim-u „er gibt“, i-n-sim-une „sie geben“, usw., ASK 1 Kol.$_{17-28.16}$; dubbin-al-tarr-une (geschr. al-tar-ru-ne) „sie werden ihm ein Mal einschneiden“, BE VI 2 Nr. 57_{21}; 48_{16}. Beachte indess, dass die Wurzel sim „geben“ auch in der Form sum bezeugt ist.

(*c*) Umwandlung des e der Endungen -en usw. in u nach § 472
u-vokaliger, auf d auslautender Wurzel findet statt bei Antritt jener Endungen an sud „lang sein“, „fern sein“.

Vgl. ᵈAMAR-ᵈSin-k-e nam-ti(l) i-b-sud-u (geschr. -sú-du), AMAR-Sin, Steintafel A; ᵈAMAR-ᵈSin û(d) i-m-da-b-sud-u (geschr. GID-d[u]), AMAR-Sin, Backstein $E_{25.26}$.

(*d*) Umwandlung des e in u nach mit b anlautender und auf § 473
d auslautender Wurzel findet statt beim Antritt der Endungen an bad = nisû „entfernen“ und dem etymologisch damit wohl iden-

tischen bȧd (= PAD), bez. (geschr.) bá-d.., = nasâḫu „austilgen".

Vgl. ba-n-badd-uš (geschr. ba-an-bad-du-uš) neben Var. ba-n-badd-aeš (s. § 459) = issû „sie entwichen", CT 16, 42ff.$_{68}$; ḫe-(i-n-)bȧdd-une (geschr. ḫe-bȧd-du-ne) = li-zu-ḫa „sie mögen herausreissen", RA VIII S. 139 (AO 5477)$_{20}$ (Rimuš); ḫe-(i-n)-bad-u (geschr. ḫe-bá-du) = li-zu-uḫ „er möge austilgen", HGT 34 Kol. 3_{45} (4_{42}) (Šarrukin).

§ 474 (e) Ob bei manchen dieser Verben vielleicht Auslaut auf w, also beispielsweise statt bad oder badd ein ursprünglicherer Stamm badw anzunehmen ist, lässt sich gegenwärtig noch nicht entscheiden.

§ 475 (f) Neben -u findet sich nach den genannten Wurzeln indessen öfter auch -e, jedoch nie nach den auf m = (w) auslautenden Wurzeln.

Vgl. nu-ù-kúr-e (< nu-i-kúr-e) „nicht wird er ändern", Gudea, Statue B 8_{37}, Zyl. B 23_{17}; i-b-da-b-kurr-e-a (geschr. -kúr-re-a) „welcher ändern wird", AMAR-Sin, Backstein D 2_2; ḫa-m(u-'-)a-gubb-i (geschr. ḫa-ma-gub-bi) „er möge zu mir treten", SK 199 Kol. 3_2; ḫa-m(u-'-)a-gubb-en (geschr. ḫa-ma-gub-bi-en), HGT 74 Kol. 3_7; [GÌR-bí]-gubb-en (geschr. -gub-bi-en) = tu-ga-a, LIH 60 Kol. 1_{10}; na-(i)mmi-gul-e „nicht möge er zerstören", Gudea, Statue B 7_{57}; nam-ti(l) ḫa-(i-e-)ra-b-sud-e (geschr. -sú-de) „sie möge dir das Leben langmachen", SK 199 Kol. 2_{47}.

§ 476 ε. In nachsumerischen Texten geht öfters, u. z. nur selten in älterer, häufiger dagegen in später Zeit, die Endung -e der 3. Singularis des Präsens-Futur wie auch das aus -en entstandene -e der 1. und 2. Singularis (§ 479.484ff.) in a über.

Vgl. GAR a-nni-b-kú-a (< -kú- e) „sie wird sie damit ernähren", BE VI 2 Nr. 4_{15} (Rim-Sin); lag-bi a-n-ri-rig-a (geschr. an-ri-ri-ga; < i-n-ri(g)-rig-e) = kirbanšu ilaqqat, 4 R 14f. (= ASK 6) Kol. 1_{10}; giš-gag nu-(i-)b-dū-a (< nu-i-b-dū-e) „einen Pflock soll er nicht befestigen", 2 R 14ff. Kol. 4_{37}; a-n-agg-a (geschr. an-ág-gá; < i-n-ág-e) „er wird darmessen", 5 R 25 Kol. 4_{22}; ḫe-(i-)n-zál-zal(a)g-a(n) (geschr. -zál-zál-ga; < -zál(g)-zalag-en) „mögest du strahlend machen",[1] 4 R 14 Nr. 2 Rs.$_{24.28}$; ḫe-(i-)n-kug-a(n) (geschr. kù-ga) „du mögest rein machen", ebenda$_{26}$.

§ 477 ζ. Das unbetonte kurze e der letzten Silbe von -enden „wir" und -enzen „ihr" wird durch Vokalangleichung zu a in folgenden Fällen:

(a) Stets, wenn auf -enden und -enzen ein mit a anlautendes

---

[1]) Akkad. intransitiv „sie mögen strahlend sein" = ḫe-(i-)zál-zál(g).

Bildungselement, wie beispielsweise das Relativ-a, folgt (Vorwärtsangleichung).

Vgl. nam-da-me-(e)ndan-a „wenn wir nicht dabei sind", „ohne uns", HGT 152 Kol. 7_{26}; nam-da-menzan-a „ohne euch", ebenda_{28}; mende-r-ì-me-(e)ndan-a „uns", HGT 152 Kol. $8_{10.11}$ (s. § 380); zã-ra-ì-me-(e)nzan-a „euch", ebenda_{13}; i-nga-me-(e)ndan-am „(auch) wir (sind es, die)", ebenda Kol. 6_{36}; i-nga-me-(e)nzan-am „(auch) ihr (seid es, die ...)", ebenda_{38}.

(*b*) In Telloh (Gudea) auch nach einer auf a auslautenden Verbalwurzel, durch deren Vokal das erste e von -e(n)de(n) und -e(n)ze(n) aufgesogen worden ist (Rückwärtsangleichung). § 478

Vgl. sub-ḫe-(im)mi-sà-(en)za(n) (< -sà-enzen) „möget ihr bitten", Gudea, Zyl. B 2_6.

η. Zur Zerdehnung des betonten e von -en zu ae in Verbindungen wie -en-a-šù usw. in späten nachsumerischen Texten s. bereits in § 469. Zerlegung des e von unbetontem -en in ae mit Einschub eines m zwischen die beiden Vokale findet sich in der späten nachsumerischen Form na-mbi-b-ḫuluḫḫ-amen (< ḫuluḫḫ-aen < -ḫuluḫḫ-en) „nicht mögest du stören", 2 R 19 Nr. 1 Vs $9_{(10)}$. Zu der ähnlichen Zerlegung des e von unbetontem, später betontem -eš s. bereits in § 459 (458). § 478a

ϑ. (*a*) In der sumerischen Periode werden das n der Präsensendung -en „ich", „du", die beiden n von -enden „wir" und -enzen „ihr", sowie das infigierte -n- „er" und das n von -n-...-eš „sie" als verlierbare Konsonanten im Wort- und Silbenauslaut verschliffen. Die Personalelemente weisen daher in jener Zeit (bei Berücksichtigung von § 465) in der Regel die folgenden sehr abgeschliffenen Formen auf: § 479

Präteritum.				Präsens-Futur.				Permansivum.			
Sg. 1.	—	Pl. 1.	....	Sg. 1.	-e	Pl. 1.	-ede	Sg. 1.	-e	Pl. 1.	-ede
2.	—	2.	....	2.	-e	2.	-eze	2.	-e	2.	-eze
3.	—	3.	-eš	3.	-e	3.	-ene	3.	—	3.	-eš

Dagegen bleibt das auslautende n nach der allgemeinen Regel für die verlierbaren Konsonanten erhalten, wenn ihm noch ein vokalisch anlautendes Bildungselement, wie z. B. das Relativ-a, folgt.

Vgl. mu(-n)-dū „er hat gebaut", Entemena, Türstein $F_{20.26.30}$; mu-na(-n)-dū „er erbaute ihm", $\text{ebenda}_{13.33.37}$; Gudea, Tonnagel A_8; B_9 u. o.; e(-n)-ḫul „er zerstörte", HGT 34 Kol. $1_{49.56}$ (Nippur, Šarrukin); e-(n)ga(-n)-díb „und er nahm ihn gefangen", ebenda Kol. 1_{28}; ^{d}Ningirsu(k), é-zu maradue(n) (< mu-e-ra-dū-en) „o Ningirsu, dein Haus will ich dir bauen", Gudea, Zyl. A 8_{18}; ḫe-(i-)na-b-sim-u(n), û(d) na-bí-b-zal-e(n) „gib ihm und lass den (neuen) Tag nicht darüber anbrechen", ITT II 3418; sub-ḫe-(i)mmi-sà-(en)za(n) (<-sà-enzen) „möget ihr flehen", Gudea, Zyl. B 2_6.

Dagegen madūn-a (< mu-'-a-dū-en-a) „der du mir bauen wirst", Gudea, Zyl. A $9_{7.8}$; û(d) temen-mu m(u-'-)a-sig-en-a (geschr. ma-si-gi-na) „an dem Tage, da du mir meinen temennu legen wirst", Gudea, Zyl. A 11_{17}.

§ 480 (*b*) Als Ersatz für den Ausfall des stets im Silbenauslaut stehenden Subjektselementes -n- der dritten Personen des Präteritums wird der vorangehende, bis dahin positionslange Vokal gedehnt und bei Gudea in einigen Fällen auch in der Schrift als lang bezeichnet.

Vgl. (geschr.) gù-ma-ra-a-dé (< gù-mu-e-ra-n-dé) „er hat dir verkündet" (bez. „er hat dir gerufen"), Gudea, Zyl. A 6_2; é-GAR-kú-bi GAR ba-n-taḫ; KIN-SAR-udu-KU-bi udu (geschr.) im-ma-a-taḫ (= immâtaḫ < imma-n-taḫ), Gudea, Zyl. B $1_{16.17}$. Danach ist also auch beispielsweise (geschr.) mu-na-dū „er hat ihm gebaut" als munâdu zu lesen.

§ 481 (*c*) Während in den Inschriften aus der Zeit vor der Gutäerherrschaft das Subjekts-n der 3. Personen des Präteritums (in der Schrift wenigstens) nie erscheint, findet es sich dagegen in der späteren sumerischen Periode bisweilen in den Inschriften der Zeit Gudeas und sehr häufig in den Texten aus der Zeit gegen das Ende der 3. Dynastie von Ur.[1]

Vgl. m(u-'-)a-n-dū̄(g) „er hat mir befohlen", Gudea, Zyl. A 4_{20}; marandu(g) (< mu-e-ra-n-dug) „er hat dir befohlen", ebenda 5_{18}; û(d) .... šu-ni(-e) ba-(n-)ta-n-díbb-a-a „als seine Hand ihn herausgegriffen hatte", Gudea, Statue B $3_{6\text{-}11}$, neben û(d) .... šu-ni(-e) ba-(n-)ta(n-)-díbb-a-a, Entemena, Stalagmitgefäss 1 $b_{1\text{-}31}$, und û(d) .... šu-ni(-e) e(m)ma-(n-)ta(-n)-díbb-a-a, Urukagina, Kegel BC 7_{29}-8_6; ba-n-taḫ „er hat hinzugefügt", Gudea, Zyl. B 1_{16}; Gudea-...-e ba-n-taḫḫ-a-ám „(das und das) sind die ...., welche Gudea hinzugefügt hat", Gudea, Statue G $6_{15\text{-}19}$; E $7_{17\text{-}21}$; û(d) .... ba-n-pád-a-a „als sie ihn proklamiert hatte", Gudea, Statue E $1_{18\text{-}20}$; i-n-dū-a „der erbaut hat", Gudea, Statue A, Überschrift$_6$; B 1_7; 8_5; Streitkolben C_9; Ur-Ningirsu, Backstein B 2_4; Ur-Engur, Backstein A_4 (Ur), G_5 (Nippur); Tonnagel B 1_9; mu-nna-ni-n-tū(r) „er hat ihm hineingeführt", AMAR-Sin, Steintafel B Rs.$_{10}$; mu-na-n-dū „er erbaute ihm", ŠU-Sin, Türstein B_{16}; i-n-sâ „sie haut gekauft",

[1]) Es lässt sich hierbei natürlich nicht immer entscheiden, ob nicht in manchen Fällen das Kausativ-n (§ 521 ff.) vorliegt.

ITT III 5279$_5$ (Šu-Sin), i-n-sâ-a „dass sie gekauft hatte", ebenda$_{8.11}$; i-n-gid „er hat ....", ebenda$_7$; ba-n-sar$_{10}$; ba-n-gin-a$_{31}$; i-n-gar „sie machte"$_{42}$; i-n-pad-eš „sie riefen an"$_{46}$.

Auch das im Auslaut schwindende n des Auslauts -en „ich", „du" wird in Texten aus der späteren Zeit der Dynastie von Ur bisweilen wieder gesetzt. § 482

Vgl. „mu-lugal, 10-gìn-kùg-babbar-ám sì(m)-m(u-'-)a-b, di bara-(i-e)da-bb-i-(e)n (geschr. ba-ra-a-da-ab-bi-in)" [1] i-nna-n-dù(g) „sie sagte zu ihm: Beim Namen des Königs! Gib mir 10 Sekel Silber, dann werde ich nicht mit dir prozessieren", RTC 289$_{6-8}$ (58. Jahr Šulgi's); Šeš-kall-a,-dumu-Ur-^{d}Lama-k-ak,-e „aru(d)-Ur-^{d}iš-^{d}Bau-k-a(k) nu-(i-)me-(e)n (geschr. nu-ù-me-èn[2])" bi-n-dū(g) „Šeškalla, der Sohn des Ur-Lama, behauptete: Ich bin nicht der Sklave des Ur-iš-Bau", ITT II 744$_{2-4}$.

Dagegen „géme-zu nu-(i-)me(-en) (geschr. nu-me)" i-nna-n-dū(g) „sie sagte zu ihm: Ich bin nicht deine Sklavin", ITT II 925$_9$ (5. Jahr Amar-Sin's); „mu-lugal bara-m(u-'-a)-ka-ka(-en) tū-su-mu sag-zu-šù bara-(i-)mà-mà(-en)" bí-n-dug-a „dass sie zu ihm gesagt habe: Beim Namen des Königs, wenn du mir ......, werde ich mein .... nicht auf (zu) dein(em) .... legen (machen)", ITT 931$_{6-7}$.

(*d*) In nachsumerischer Zeit wird in Nippur und in den Inschriften der Könige von Babylon das -n- des Präteritums wie das n der Präsens-Futurendungen prinzipiell gesetzt und nur in den älteren südbabylonischen Inschriften aus der Zeit der Dynastie von Larsam usw. noch öfters weggelassen. Vgl. die Zusammenstellung in GT S. 104ff. § 483

(*e*) In spätnachsumerischen Texten finden sich die Formen mit n und ohne n wahllos neben einander. Die Endung -en erscheint meistens als -e(n), dagegen wird das Subjekts-n des Präteritums gewöhnlich gesetzt und dringt sogar in die 1. und 2. Person Singularis ein. Viele der späten Abschreiber haben sichtlich kaum noch eine richtige Vorstellung von der Form und Bedeutung der einzelnen Personalelemente gehabt. § 484

(*f*) Die auffällige Tatsache, dass das n der Personalelemente in den altsumerischen Inschriften nicht vorhanden ist und erst gegen Ende der sumerischen Periode erscheint, um schliesslich in den Schulen der älteren nachsumerischen Periode in der Schrift prinzipiell bezeichnet zu werden, dürfte sich am leichtesten durch die Annahme erklären, dass auch in der älteren Zeit das auslau- § 485

---

[1]) Beachte die Schreibung mit -in!

[2]) Beachte die Schreibung mit dem Zeichen èn (= li)!

tende n noch nicht ganz geschwunden, sondern durch eine nasale Aussprache der betreffenden Vokale noch hörbar war, allerdings nur in einem solchen Grade, dass man es in der Schrift nicht bezeichnen zu müssen glaubte.[1] Das hatte, solange die Sprache als Umgangssprache gesprochen wurde, selbstverständlich keinerlei Bedenken. Erst mit dem Schwinden der sumerischen Sprache, als diese zum blossen Lehrgegenstand der Schulen wurde und in der Hauptsache aus schriftlichen Dokumenten studiert werden musste, wird man das Bedürfnis gefühlt haben, das durch das grammatische System geforderte n auch in der Schrift deutlich auszudrücken.

2. Die dimensionalen Infixe.

§ 486 a. Allgemeines.

Bezeichnen die bisher behandelten Personalelemente das Subjekt der Verbalform, bez. dienen sie dazu das Satzsubjekt innerhalb der Verbalform wieder aufzunehmen, so werden in die letztere auch Elemente eingefügt, welche dimensionale Satzteile (z. B. das Dativobjekt, den Umstand des Ortes usw.) darstellen, bez. diese innerhalb der Verbalform wieder aufnehmen.

Gleich den selbständigen Satzteilen, denen sie entsprechen, bilden sie Ketten, die auf ein dimensionales Element (Postposition) endigen, deren Subjekt indessen stets pronominaler Natur ist. Die pronominalen, das Subjekt dieser Ketten bildenden Elemente sind der Form nach identisch mit den pronominalen Subjektselementen des Präteritums.

Ihren Platz haben die genannten dimensionalen Ketten zwischen den eigentlichen verbalen Präfixen (§ 532) einerseits und dem Subjektselement, dem Kausativelement und der Verbalwurzel andererseits; sie werden deshalb kurz als Infixe bezeichnet werden.[2]

§ 487 b. Die Bildung der Infixe im Einzelnen.

α. **Die mit -da, -ta und -šù gebildeten Infixe.**

(*a*) Aus fertigen Verbalformen sind die folgenden Formen belegbar:

-'-da- „mit mir"
-e-da- „mit dir"
-n-da- „mit ihm", „mit ihr"; pl. „mit ihnen"
-b-da- „mit ihm" (sächlich), koll. „mit ihnen"

---

1) Beachte dazu, dass beispielweise auch der semitische Name Bin-gali-šarri in RTC 94_2 als Bi$_n$-ga-lí-šár-rí geschrieben ist.

2) Man beachte, dass mit der Bezeichnung „Infix" hiernach natürlich nicht ein Element gemeint ist, das der Wurzel inkorporiert wird.

-'-ta- „aus mir“
-e-ta- „aus dir“
-n-ta- „aus ihm“, „aus ihr“; „aus ihnen“
-b-ta- „aus ihm“, „aus ihnen“
-'-šù- „zu mir“
-e-šù- „zu dir“
-n-šù- „zu ihm“, „zu ihr“; „zu ihnen“
-b-šù- „zu ihm“; „zu ihnen“.

Vgl. igi-...-mu-('-)ši-n-bar „er schaute auf mich“, Warad-Sin, Tonnagel 2_4; igi-zal(a)ga-nene-a ḫu-mu-('-)ši-n-bar-eš „fürwahr, sie schauten leuchtenden Blickes auf mich“, LIH 98. 99_{86-88}; á-ḫu-mu-('-)da-n-ág „er hat mich beauftragt“, wörtlich „er hat den Auftrag (die Vollmacht usw.) mit mir sein lassen (oder ähnlich)“, LIH 98. 99_{33}; Uri(m)^{ki} dagal-ed-a ^{d}Nanna,-lugal-mu(,-e) mu-('-)ši-n-še(g) „Ur zu erweitern hat Sin, mein Herr, mir erlaubt“, Warad-Sin, Backstein B 1_{10}-2_4.

Siba-kalamm-a(k), ... ná-a-zu-de uku igi mu-e-da-ná(-e); šul-^{d}Utu, zi-zi-(e)d-a-zu-de uku igi mu-e-da-zi-zi(-e) „o Hirt des Landes, wenn du zur Ruhe gehst, gehen auch die Menschen mit dir zur Ruhe; o Held Šamas, wenn du aufstehst, stehen auch die Menschen mit dir auf“, MST Nr. 4_{8-10}; ^{d}Enki(k) ḫu-mu-e-da-ḫúll-a (< -ḫull-e) „Enki möge sich an dir freuen“, 5 R 50f. Kol. 3_{22}; me-šù ga-ba-e-da(-')-gin „wohin soll ich mit dir gehen?“, CT 15, $21_{8.9}$; a(ii)a-zu igi-ḫull-a mu-e-ši-n-bar „dein Vater hat freudige Blicke auf dich gerichtet“, CT 15, 17_{16}.

E-(n-)šù(-n)-sâ „sie hat von ihm gekauft“, RTC 16 Kol. 2_2; i-n-ši-n-sâ „er hat von ihm gekauft“, BE VI 2 Nr. 33_7 u. o.; igi-ḫúll-anene-a i-n-ši-n-barr-eš „sie schauten freudigen Auges auf ihn“, LIH 98. $99_{5.6}$; lugal-lugal(la)-a-n-da-kúr-uš-a „die Könige, welche feindlich gegen ihn (bez. von ihm abgefallen) waren“, Datum des 28. Jahres Samsuilunas (UPUM VIII 1 Nr. 91_{28}); lù-a-n-da-gur-eš-a „diejenigen, die sich von ihm abgewendet hatten“, Samsuiluna, Zyl. VA 5951 Kol. 1_{19}; bád-di(l)-dili .... gú-a-n-da-n-barr-eš-a „die befestigten Orte, welche gegen ihn Widerstand leisteten“, ebenda Kol. 2_{2-4}.

Lù-E-ann-a(k)-ta-i-b-ta-b-è-è(-e)-a „wer (die Statue) aus Eanna entfernen wird“, Gudea, Statue C $4_{5.6}$; bal-nam-lugall-ak-ani(-d?) 3-še-gur-ta 12-mana-siki-ta .... kù(g)-babbar-1-gìn-e ḫe-(i-)b-da-sâ „während meiner königlichen Regierung sollen je 3 Kor Getreide, je 12 Minen Wolle usw. für einen Sekel Silber gekauft werden“, Sin-gašid, Tonnagel $_{15-20}$.

§ 488 (*b*) Aus Kol. 3_{16-18} der Bertinschen Tafel: me-šù = ana niâšim, an-ta muru-ta; me-da, me-ta (ähnlich wie nach me-šù zu ergänzen) „me-šù = zu uns, Präfix und Infix" usw., ist zu schliessen, dass die entsprechenden Infixe der 1. Pluralis

-me-da- „mit uns"
-me-ta- „aus uns"
-me-šù- „zu uns"

lauteten, also allem Anschein nach durch Zusammensetzung der Postposition mit dem Personalelement -me- „wir" gebildet sind, welches, wie schon in § 453 angedeutet, ursprünglich mit dem Possessivpronomen -me „unser" identisch ist. Allerdings muss vorläufig, solange nicht fertige, mit einem Infix der 1. Pluralis gebildete Formen belegt sind, noch damit gerechnet werden, dass vielleicht in dem Personalelement me auch ein Verbalpräfix enthalten, me also vielleicht in mu + '-e- o. dgl. zu zerlegen ist; beachte dazu, dass auf der Bertinschen Tafel me-da usw. auch als Präfixe bezeichnet werden, was sich aber vielleicht nur auf den selbständigen Gebrauch von me „wir" z. B. in (geschr.) me-da-nu = ina baluni „ohne uns", HGT 152 Kol. 7_{34}, bezieht.

§ 489 Für die 2. Pluralis gibt die Bertinsche Tafel Kol. 3_{34} als Dativ-, bez. Lokativinfix ene-a (geschr. e-ne-a) (= kunušu(?)). Daraus darf man wohl auch auf die Formen

-ene-da- „mit euch"
-ene-ta- „aus euch"
-ene-šù- „zu euch"

schliessen, obwohl es auffällig ist, dass diese Formen auf der Tafel nicht ausdrücklich angeführt werden.

§ 490 (*c*) Der Plural der 3. Person scheint bei den mit -da, -ta und -ši zusammengesetzten Infixen in der Regel nicht besonders kenntlich gemacht worden zu sein, lautete also wie der Singular -n-da-, -n-ta-, -n-ši-. Immerhin wäre es vielleicht möglich, dass das pluralisch gebrauchte -n- ursprünglich ein jetzt nicht mehr sichtbares Pluralmoment enthielt; s. dazu § 492 a.

Vgl. Nin-mu-igi-mu, - geme, - geme-Anana-damgar(a-k) Ur-zi-kumm-ak-e Zumzum-a ᵈUtu-melam-a ù Igi-a-z[i ?],-dam-Anana(-k),-šù i-n-sâ[-a] „Nin-mu-igi-mu, die Sklavin, die Sklavin des Tamkars Anana, welche Ur-zikumma von Zumzum, Utu-melam und Igi-a-zi, der Frau des Anana, gekauft hat", ITT II 963 Vs.$_{2-9}$; Ḫuru(-e) am-argi(-nene) i-n-garr-a(-k) lù-ĭ(nim)m-a(k)-bi ga-mu(-')-rá bí-n-e-(e)š (geschr. bí-in-eš); lù-bi nu-mu-(n-)da-rá, nam-aru(d)-šù dumu-

Ḫuru(-k)-ra ba-na-gin-eš „einen Zeugen dafür, dass Ḫuru sie freigelassen habe, erklärten sie, würden sie bringen (wörtlich: ich werde bringen); da sie selbigen Zeugen nicht bringen konnten, wurden sie dem Sohne des Ḫuru als Sklaven zugesprochen", ITT II 3547_{11-18}.[1]

Dagegen wird für -n-ši- in nachsumerischer Zeit öfters -ne-ši- §490a gesetzt, also der Dativ -ne- „ihnen", „zu ihnen", „für sie" usw. und das jetzt nur ein versteinertes Infix darstellende -(n-)ši- „zu ihm" (bez. „zu ihnen"), was zusammen den Begriff „ihnen zu....", ihnen auf...." ergibt.

Vgl. mu .... giš-guza-bara(-k)-guškinn-a(k) mina-bi ᵈMarduk-ᵈṢarpanitum-bidake i-nne-ši-n-dímm-a „Jahr (danach benannt), dass Samsuiluna, der König, die beiden goldenen Throne des Göttergemachs für Marduk und Ṣarpanitum hat anfertigen lassen", Datum des 19. Jahres Samsuilunas (BEVI 2 Nr. 49); šu-nam-til-ake i-nne-ši-n-garr-a „der ihnen das Leben geschenkt hat", wörtlich: „der die Hand des Lebens auf sie gelegt (= ihnen aufgelegt) (bez. über sie gehalten) hat", Samsuiluna, Zyl. VA 5921 Kol. $2_{18.19}$;[2] nam-enna-kiš-ann-ake mu-nne-ši-n-ḫal-ḫalla „die Herrschaft über die Gesamtheit des Himmels teilte er ihnen zu", CT 16, 19_{62}.

β. Die Dativinfixe. § 491

(*a*) Übersicht.

-'-a-	„mir"	-me-a-	„uns"
-e-ra-	„dir"	-ene-, -enne-, -ene-a-	„euch"
-n-a-	„ihm"	-ne-	„ihnen"

(*b*) Belege. §491a

M(u-'-)a-n-sì(m) „er hat mir gegeben", LIH 98. 99_{26}; 5 R 12 Nr. 1 $Rs._9$; = ES m(u-'-)a-n-zem (geschr. ma-an-ze-em), SK 199 Kol. $3_{8ff.}$; (geschr. mà-an!-ze-em), 5 R 12 Nr. 1 $Rs._9$; m(u-'-)a-n-dū̆(g) „er hat mir befohlen", Gudea, Zyl. A 4_{20}. — (Geschr.) [ma]-ra-an-sì (< mu-e-ra-n-sim) „er hat dir gegeben", LIH 60 Kol. 1_{13}; (geschr.) ma-ra-an-dū̆ (< mu-e-ra-n-dug) „er hat dir befohlen", Gudea, Zyl.

---

[1]) Beachte, dass sich ganz ähnlich bisweilen auch der Dativus Singularis statt des Dativus Pluralis findet, allerdings nur nach zwei (und mehreren?) singularischen Dativen, nicht nach einem pluralischen Dativ. Vgl. nam-ti(l)-Entemenak-a(k)-šù û(d)-ull-a-šù ᵈNingirsu(k)-ra ᵈNina(-r) ḫe-(i-)na-(n-)ši-gub "für das Leben Entemenas (zu bitten) möge er (der Schutzgott Entemenas) ewig vor Ningirsu und Nina stehen", Entemena, Kegel 6_{2-8} (HRETA $1_{195-200}$).

[2]) Vgl. dazu ugu-uku-dagal-bi šu-nam-til-a(k) i-n-garr-a „der über (auf) seine (d. i. Isins) weite Völkerschaft (Einwohnerschaft) die Hand des Lebens gehalten (gelegt) hat", Datum des 31.-33. Jahres Rim-Sins (CDSA S. 52ff. Kol. $4_{12.18.24}$.

A 5_{18}. Zur ursprünglichen (d. h. noch ihren vollen Bestand aufweisenden) Form -e-ra- beachte e-šù, e-da, e-ta, e-ra = ana kâšu „dir", Bertinsche Tafel Kol. 3_{27-30}. — I-nna-n-si(m) „er hat ihm gegeben", ASK 1 Kol. 1_{21}; BE VI 2 Nr. 39_{7-13}; mu-na-(-n)-dū „er erbaute ihm", Gudea, Steintafel B $Rs._2$ u. o. — I-nne-n-sim-uš „sie haben ihnen gegeben", BE VI 2 Nr. 10_{33}; mu-ne-n-dū „er erbaute ihnen", Singašid, $Tonnagel_{14}$.

§ 491b Die Formen -me-a-, -ene-a und -ene- dagegen sind bis jetzt nur der Bertinschen Tafel zu entnehmen. Vgl. me-a = niâti, an-ta muru(b)-ta „me-a = uns (im Akkadischen Akkusativ); Präfix und Infix", Kol. 3_{15}, und me-a, Kol. 3_{19}, hinter me-šù = ana niâšim „uns" (dativisch) aufgeführt; ene (geschr. e-ne) = ku-n[u-...] „euch", Kol. 3_{33}; ene-a (geschr. e-ne-a) = kunu-... „euch", $ebenda_{34}$ (hinter e-šú = ana kâši usw. aufgeführt). Mit -ene ist offenbar identisch das Infix -enne-, welches in ba-enne-n-dul „sie hat euch überwältigt", BE XXIX 1 Nr. 6 Kol. 5_{12} usw., als Lokativinfix erscheint (s. § 494).

§ 492 (*c*) Bemerkungen.

Die sonst den Dativ bezeichnende Postposition -ra tritt uns als Infixpostposition, wenigstens soweit wir aus uns vorliegenden Formen sicher feststellen können, nur in dem Dativinfix der 2. Pers. Sing. -e-ra- „dir" entgegen.[1] — In -'-a „mir", -n-a- „ihm", -me-a- „uns" und -ene-a- „euch" dagegen erscheint das sonst den Lokativ bezeichnende -a als dativische Infixpostposition. — In -ne- „ihnen" und -ene- „euch" schliesslich dürfte als postpositives Element die Postposition -e, -i „an", „an — heran" (§ 342) anzunehmen sein, die als Infixpostposition sonst Lokativbedeutung hat (§ 494 ff.); also -ene- wohl = -ene-e.

§ 492a Schwierig ist die Bestimmung des Personalelementes von -ne- „ihnen". Vorausgesetzt, dass es sich nicht um eine abgeschliffene Form handelt, könnte man daran denken, dass wie -n-da, „mit ihnen" usw. auch -ne- von dem singularischen Personalelement -n- „er" ohne ein besonderes Pluralelement gebildet ist, also sich in die Kette -n-e- „an ihn", „an sie" zerlegt, und man müsste dann weiter annehmen, dass der aus-

[1]) Beachte aber mà̱(= Zeichen gagunû)-ra = ana niâšim „uns", Bertinsche Tafel Kol. 3_{24}, welches mit mà̱ = ana niâšim und mà̱-da = ittini hinter me-da = ittini und mu = ia-ú-um ki-ta angeführt wird. Hier handelt es sich aber wohl um den Dativ des selbsständigen Pronomens der 1. Pers. Sing. — Das Infix -n-ra- „ihm(?)" in gar-mu-n-ra-b „setze ihm" in dem späten Text 4 R 17 $Vs._{55}$ ist verdächtig, da die betreffende Zeile textlich nicht in Ordnung ist. Zu -(n)ra- in der Bedeutung „weg" s. § 497.

schliessliche Gebrauch von -n-a- für den Singular und von -n-e- für den Plural auf einer verschiedenen Gebrauchseinschränkung der beiden ursprünglich in gleicher Weise singularisch und pluralisch gebrauchten Infixe beruht. Allerdings würde dann wieder schwer zu erklären sein, wie -ne- (< -n-e-) „ihnen", „auf sie" von dem singularischen Lokativinfix -ni- (< -n-i-) „auf ihn" usw. zu unterscheiden ist. Deshalb hat es vielleicht mehr Wahrscheinlichkeit für sich, dass in -ne- ein dem singularischen -n- „er" beigefügtes Pluralelement oder ein anderer den Plural bildender Faktor (etwa Reduplizierung des Personalelementes n(i)?) jetzt nicht mehr sichtbar ist.

Ein mit dem Lokativ-a gebildetes, also den Infixen -'-a- „mir", -n-a- „ihm" usw. analoges Dativinfix der 3. Pluralis -ne-a- „ihnen" liegt allem Anschein nach vor in .... še-giš-ià 135-gur-ám [....]DU ù Ur-^{d}lamma(-r) ḫe-(i-)ne-a-b-sim-u(n) (geschr. ḫe-ne-ab-sì-mu), „...., 135 Kor Sesam, mögest du dem ....DU und dem Urlamma geben", ITT II 2751$_{3ff.}$; beachte dazu auch die Gleichsetzungen der Bertinschen Tafel: (geschr.) un-ne-a, an-ne-a, in-ne-a und en-ne-a = šunûti „sie" (im Akkadischen also akkusativisch statt dativisch wiedergegeben), Kol 4$_{9-13}$, sämtlich Formen, welche aus dem Präfix i- und dem Dativinfix -ne-a- zusamengesetzt sind. In diesem letzteren stellt -ne- deutlich das Personalelement der 3. Pluralis vor im Unterschied von dem singularischen -n- „er"; vgl dazu auch die Bemerkungen zu -ne-ši- „auf sie", „für sie" (§ 490 i) und das Verhältnis von -ene-a- „euch" zu dem gleichbedeutenden -ene- (§ 491 b). § 492b

Sehr zweifelhaft ist, ob aus der Form ḫa-mu-ra-ne-sì-mu, ITT I 1100$_{16}$, ein Dativinfix -e-ra-ne „euch" erhoben werden darf, das vom Singular -e-ra- „dir" durch Anfügung gewissermassen eines Pluralelementes -ne gebildet wäre ähnlich wie -e-ne- „ihr" von -e- „du"; vermutlich ist die Form doch wohl aus ḫa-mu-ra-sì-mu-ne „man möge dir geben" verschrieben. Da die Tafel die Adresse des Briefes nicht gibt, lässt sich darüber vorläufig nicht entscheiden. § 493

γ. Lokativinfixe. § 494

(*a*) Übersicht.

(-'-i)-, -(')-a-	„auf mich"	-me-a-	„auf uns"
-e(-i)-	„auf dich"	-ene(-i)-, -enne(-i)-, ene-a-	„auf euch"
-n-i-	„auf ihn"	-ne-	„auf sie"

(*b*) Belege. § 494a

Sag-tumm-a mu(-'-i)-n-gar (oder mu(-'-a)-n-gar) = magirtam

iqbiam „er sagte mir .... “, HGT 142 Kol. 3_{20}, neben sag-tumm-a i-ni-n-gar = magirtam aqbišum (bez. auch iqbišum), ebenda$_{22}$; mu(-’-i)-ti-ti(-e) = ureššeanni und nu-mu(-’-i)-ti-ti(-e) = ula urešše-anni, HGT 142 Kol. $4_{12.13}$, neben a-nni-b-ti-ti(-e) = ureššešu, nu-(i-)nni-b-ti-ti(-e) = ula uressešu, ḫe-(i-)ni-b-ti-ti(-e) = liressišu, ebenda$_{14-16}$; m(u-’-)a-te-te(-en) = turtaššanni, VA 244 (ZA IX S. 159ff.) Kol. 1_{24}; ES sá-inga-mu(-’-i)-b-dū̆(g) (mit Infix der 1. Person), CT 15, 24_{13}, neben sá-ù-ga-ni-b-dū̆(g) = ikšudaššimma, SBH 71 Rs.$_{21}$.

Ḫe(-i-e-i-)-te-te(-e) = lilraššika, VA 244 (ZA IX S. 159ff.) Kol. 1_{26}; ga(-i-e-i-’)-te-te = luraššika, ebenda$_{27}$.

ᵈNinni(k),-ki-agg-ani,-r Ḫallaba^{ki},-uru-nam-nin-ak-an(i),-a É-zi-kalamm-a(k) ... mu-na-ni-n-dū „seiner geliebten Ištar erbaute er E-zi-kalamma in Ḫallab, ihrer Herrschaftsstadt“, LIH 61_{34-40} (das Infix -ni- „in ihr“ nimmt den Lokativ „in Ḫallab“ wieder auf); aga-guškin sagg-an(i)-a mi-ni-n-gen „ein Diadem von Gold setzte ich auf ihr Haupt“, HGT 76 Kol. 7_{12-14}; lá-a ... gú-n(i-)a e-ni-gar „das Minus (der Fehlbetrag?) ist auf seinen Nacken gelegt (d. h. ihm zu Lasten gerechnet, auf sein Schuldkonto gesetzt) worden“, RTC 62 (DPr 249; Nik. 99; 279; 296).

Ní-melam-mu ba-enne-n-dul (geschr. ba-e-en-ne-en-dul) „meine furchtbare Majestät hat euch überwältigt“, wörtlich „hat auf euch gedeckt“, BE XXIX 1 Nr. 6 Kol. 5_{12} + KARI 14 Kol.$_{46.47}$.

Lá-a ... gú-nene-a e-ne-gar „das Minus .... ist auf ihre Nacken gelegt worden“, RTC 42, STHSM I 46 (DPr 278, 280-282, 422; Nik. 175; 261) (beachte, dass -ni- den Singular gú-n(i-)a, -ne- den Plural gú-nene-a wieder aufnimmt)[1]; i-nni-n-ḫun(g) = îguršu „er hat ihn gemietet“, ASK 1 Kol. 1_{43}; i-nne-n-ḫun(g) = îguršunûti „er hat sie gemietet“, ebenda$_{44}$.

§ 495 (*c*) Bemerkungen.

Das postpositive Element, mit welchem die lokativischen Infixe gebildet sind, ist die Postposition -e, -i „an“ usw. (§ 242). Unverändert erhalten hat sich dieselbe, wie es scheint, nur in -n-i- „an ihm“, „auf ihm“ usw.. In allen andern Fällen dagegen ist -e, -i mit dem vorangehenden Vokal verschmolzen; vgl. z. B. mū- < mu-’-i- „auf mich“ (mit Präfix mu-); -ene(-i)- „auf euch“. Zu -ne- „auf sie“, welches ebenfalls das Lokativ -i enthält, vgl. die Bemerkungen zu dem Dativinfix -ne-, mit welchem es identisch ist, in § 492 b.

---

1) Oder ist zu übersetzen: „es ist ihnen auf ihre Nacken gelegt worden“?

Zu der eben erwähnten Identität des Lokativ- und Dativ- § 496
infixes der 3. Pluralis beachte, dass auch das singularische -ni- gelegentlich statt -na- als Dativinfix gebraucht worden zu sein scheint; vgl. z. B. Lù-ka-si,-aru(d)-Nabaša(g)k-a(k),-ra Azi,-dumu-Nabašag-a(k,-e!) KA-i-nni(-n)-gágar^ar, [1] „aru(d)-mu(-m)" bí-n-dū̆(g) „gegen Lukasi, den Sklaven des Nabaša, klagte Azi, der Sohn des Nabaša, und erklärte in Betreff seiner: Er ist mein Sklave!", ITT III 6439₂₋₅ [2] Beachte ferner, dass auch die Dativinfixe -n-a- „ihm", -'-a- „mir", -me-'-a- „uns" usw. eigentlich Lokative sind. Aus dem Umstand, dass auf der Bertinschen Tafel kein auf -i endigendes Lokativinfix der 1. Pluralis aufgeführt ist, dürfte wohl zu schliessen sein, dass das dort angeführte -me-a- auch noch in historischer Zeit in seiner ursprünglichen Lokativbedeutung „auf uns" usw. gebraucht wurde.

δ. Infixe spezieller Bedeutung.

(*a*) Als eine dimensionale Kette -(n'-)ra- dürfte wohl auch § 497
das Infix -ra- „weg", „fort", „heraus" usw. zu betrachten sein, welches sich mit Verben, die eine Trennung bezeichnen, verbindet. Ob allerdings dieses -(n-)ra- entsprechend der sonstigen Bedeutung von -ra ursprünglich direktiv als „hin(aus) zu ihm (d. h. zu dem, wohin das Betreffende gebracht wird)" verstanden wurde, oder ob in -(n-)ra- etwa noch ein sonst veralteter disjunktiver Gebrauch von -ra (= „weg von" bei Verben der Trennung) erhalten ist, lässt sich noch nicht entscheiden.

Vgl. é-ta ba-(n-)ra-è „er ist aus dem Hause (= aus der Familie) ausgetreten (ausgeschieden)", 2 R 11 Kol. 1_6; é-ingar-ta ba-(n-)ra-ĕ-(e)d-e „er wird aus Haus und Wand ausscheiden (d. i. des Anrechtes auf Haus und Wand verlustig gehen)", 5 R 24f. Kol $3_{38.39}$; U-KI-SÌ-GA-^{d}Nigid-a(k)(-ta) ba-(n-)ra-zi(g) „er hob sich hinweg aus dem Neste des Zû", CT 15, 41f (K 4628) Rs$_5$; ES [igi-..].-íll-a-mu(-t?) aba ba-(n-)ra-[è-(e)d-e?], in-du-mu(-t) aba ba-(n-)ra-šubb-u „Wer kann meinem Blick entgehen? Wer kann meinem Schritt entfliehen?", ASK 21 Vs.$_{67.69}$; ba-(n-)ra-bal = ibbalkit „er ist darüber hinweggegangen", „er hat überschritten", ASK 4 Kol. 3_{13}; igi-bi ki-kúr-šù ḫa-ba-(n-)ra-n-má-má(-e) „möge sie ihr Antlitz nach einem anderen Ort hinwenden", 2 R 17f. Kol. 4_{41}; bar-ta-bi-šù ḫa-ba-(n-)ra-gubb-a „möge er abseits treten", ebenda$_{43}$; tuḫu abla-bi-ta ba-(n-)ra-n-dib-dibb-ene „die Tauben fangen sie weg

[1]) So wohl statt -gá(r)-gă-ar (= redupliziertes gar) aufzufassen.

[2]) Oder ist -ra nur ein Versehen für -ka (< ..k-a) und zu übersetzen: „wegen des Lukasi (usw.)".

aus ihren Behausungen", CT 16, 9 Kol. 1_{32}; namḫu U-KI-SÌ-GA-bi-ta ba-n-ra-n-RI-RI-ene „die Schwalben treiben sie weg aus ihren Nestern", ebenda$_{36}$; ki-kug-a-ani-šù imma-(n-)ra-n-tum-an(n) (< -tum-en) „er hat dich zu seinem heiligen Ort mit sich hinweggenommen", 4 R 25 Kol. 4_{7}.

§ 498 (*b*) Auch das Infix -nga-, in älterer Sprache -(n)ga- „auch", „und auch", „ebenfalls" (§ 403), „wiederum", „eben" (stark identifizierend und hervorhebend), stellt allem Anschein nach eine pronominale Kette -n-ga- (ursprünglich vielleicht -n-da-) „mit ihm", „zu ihm" (oder ähnlich) dar.

Vgl. zur Bedeutung „auch", „und" usw. die in § 403 angeführten Beispiele, zur Bedeutung „wiederum" die in § 499 angeführte Stelle. Zur identifizierenden und hervorhebenden Bedeutung beachte die Wiedergabe von i-n-ga-me-(e)nden, i-nga-me-(e)nzen und a-n-ga-me-(e)š durch ninuma, attunuma und šunuma „wir sind es, die", „eben wir" oder ähnlich, HGT 152 Kol. $6_{35\text{-}41}$; kur-gú-si-a a-n-ga-m mu-n-da-bal-eš-a „alle Länder, die von ihm abgefallen waren", Datum des 12. Jahres Samsuiluna's (BE VI 2 S. 73.)[1] Beachte schliesslich auch (geschr.) gal-mu-zu gal-ì(?)-ga-tùm-mu, Gudea, Zyl. A $7_{9.10}$; gal-na-ga-mu-zu, Eannatum, Geierstele Rs. 1_{32} (u. ö.).

§ 499 (*c*) Ein Infix vom Charakter einer pronominalen Kette bildet auch der zweite Bestandteil der zusammengesetzten Präfixe immi-, altsumerisch eme-, und imma-, altsumerisch ema-, ES auch inga-, welche sich in das einfache verbale Präfix e- (i-) und die dimensionale Bestimmung -me-, -mmi- „an es heran" (§ 587), bez. die Kombination -me-'a- (> -ma-, -mma-) „an es heran für sich" (§ 617 ff.) zerlegen. Der zusammengesetzte Charakter der genannten Präfixe ergibt sich ohne weiteres daraus, dass bei einer Kombinierung von e-ma- mit dem Infix -(n)ga- (§ 498) dieses letztere zwischen e- und -ma- gesetzt, also e-(n)ga-ma- gebildet wird.

Vgl. die beiden Parallelstellen: lù...ḫe-(i-n-)šù-gí-g]í-a-k-a lù-Umma^{ki}-ke šu-UL-DU e-ma-(n-)da(-n)-dū̃(g), Lagašu^{ki}(-k) gaba-bi šu-e-ma(-n)-uš „obwohl Lagaš Leute zu ihm schickte (um die Sache gütlich beizulegen), antwortete dar Ummäer *hochmütig*(?), und *wies* Lagaš *ab*(?) (*drangsalierte* Lagaš?)", Geierstele $2_{1\text{-}7}$, und Lagašu^{ki}(-k) bar-GAR.IM.ba.k-ak-a gaba-bi šu-e-(n)ga-ma-uš „und wiederum *wies*(?) er Lagaš in betreff des ..... *ab*", ebenda Kol. $3_{1\text{-}5}$;

---

[1]) Thureau-Dangin, CDSA S. 50 Anm. 1, fasst dagegen angam an dieser Stelle als „zum zweiten Mal".

ferner [nam-érim] mu(-n)tar; Ur-^{d}Ningirsu ù nam-érim nu-(i-n)gama(-n)tar, di-bi sá-ḫe-(i-)b-i(-e), ITT II 5758 Rs.$_{1-5}$ (Brief).

Wegen der engen Verbindung dieser Infixe mit dem Präfix i- und aus sonstigen praktischen Gründen werden die Verbindungen immi- und imma- in § 590ff. und 613ff. als verbale Präfixe behandelt.

(*d*) Zu dem Reflexivinfix -'-a-, das sich aus den Präfixen §499a ba- und imma- erheben lässt und das wohl aus -'-a- „mir" entstanden ist, s. bei den genannten Präfixen in § 609 und 617ff.

(e) Zu dem präfigierten lokativischen b-i- „auf (es)" §499b usw., das einen Bestandteil der Präfixe bí- und ba- bildet, s. § 514 und bei den genannten Präfixen in § 587 und 609.

ε. Postpositionen als Infixe.

Die Frage, ob auch eine subjektslose Postposition, also bei- §500 spielsweise -ta- „aus" statt -n-ta- oder -b-ta- „aus ihm", als Infix in die Verbalform eintreten kann, ist wegen des ausgeprägten Kettencharakters des sumerischen Sprachgefüges, bez. der sonst stets zu beobachtenden substantivischen oder pronominalen Einleitung der Kette, zu verneinen. Von vornherein müssten schon all die Fälle ausser Betracht bleiben, wo die Postposition durch ein verbales Subjektselement von der Verbalwurzel, mit welcher allein eine Verbindung der subjektslosen Postposition denkbar wäre, getrennt ist, wie z. B. in ba-(n-)ta(-n)-díb, „er hat herausgenommen (aus 3600 Menschen)", Entemena, Stalagmitgefäss 1_{10}, bei Gudea ba-(n-)ta-n-díb, Statue B 3_{30}; aber auch die unmittelbare Verbindung mit der Verbalwurzel ist bis jetzt nur in einem, zudem noch ganz anders gearteten und deshalb hier nicht in Betracht kommenden exzeptionellen Fall (persönliche Fassung der Postposition, § 382) nachweisbar; jedenfalls ist sie nicht irgendwie im Sumerischen zum Prinzip geworden. Es ist deshalb anzunehmen, dass überall da, wo scheinbar die nackte Postposition sich als Infix findet, vor dieser ein das Kettensubjekt darstellendes n verschliffen worden ist (§ 502a). Man beachte dazu besonders auch, dass sich nur die konsonantisch anlautenden Postpositionen, vor denen das n, weil im Silbenauslaut stehend, verschliffen werden kann, als scheinbar subjektslose Postpositionen finden, nicht aber auch die vokalisch anlautenden Postpositionen -a und -e, vor denen eine Verschleifung des n unmöglich ist.[1]

c. Lautliche Veränderungen der Infixe. §501

---

[1]) Zu -ne-a- „ihnen" und -ene-a- „euch", wo -ne- und -ene-, die sonst als Dativ vorkommen, Personalelemente darstellen, s. § 492b und 491b.

α. Das n der Infixe -na- „ihm“ und -ne- „ihnen“, die stets unmittelbar hinter dem verbalen Präfix stehen, wie auch das n von -ni- „darin“, „darauf“, wenn dieses Infix unmittelbar hinter dem verbalen Präfix steht, wird in spätsumerischer und vor allem in nachsumerischer Zeit häufig, nach dem Präfix i- fast stets verdoppelt; dagegen tritt keine Verdoppelung des n von -ni- ein, wenn ihm bereits ein anderes Infix vorausgeht. Ebenso wird auch das n von -na-, -ne- und -ni- nicht verdoppelt nach dem zweisilbigen zusammengesetzten Präfix imma-. Die Regel lässt sich also so fassen, dass das n unmittelbar hinter dem einsilbigen verbalen Präfix verdoppelt wird. Beachte dazu auch die ganz entsprechende Verdoppelung des unmittelbar nach dem Präfix i- stehenden m der zusammengesetzten Präfixe immi- und imma- gegenüber dem altsumerischen eme- (imi-) und ema- (§ 594. 621).

Vgl. i-nna-n--ba „er hat ihr geschenkt“, ITT III 5279_{17} (Šu-Sin von Ur, 5. Jahr); KA-i-nni(-n)-^{gá}gär^{ar}[1] „er klagte gegen ihn“, ITT III 6439_{4}; i-nna-n-sì(m) „er hat ihm gegeben“, BE VI 2 Nr. $39_{7.45}$; i-nne-n-sim-uš (geschr. in-ne-en-sì(m)-uš) „sie haben ihnen gegeben“, BE VI 2 Nr. 10_{33}; GAR-a-nni-b-kú-a (< i-ni-b-kú-e) „sie wird sie dadurch ernähren“, BE VI 2 Nr. 4_{15}; a-nni-b-ti-ti(-e) = urišsišu, nu-(i-)nni-b-ti-ti(-e) = ula urišsišu, HCT 142 Kol. $4_{14.15}$; i-nni-n-ḫun(g) „er hat ihn gemietet“, ASK 1 Kol. 2_{39}; mu-nna-bb-i(-e) „er spricht zu ihm“, 4 R 11 Rs.$_{29}$; ba-nna-n-gù „er hat zu ihm gesagt“, 5 R 25 Kol. $4_{5.11}$.

Dagegen ohne Verdoppelung des n von -ni-: i-nna-ni-n-tū(r) „sie hat ihm (ihr) eingebracht“, BE VI 2 Nr. 40_{6}; mu-nna-ni-b-gí-gi(-e) „er antwortet ihm“, CT VI 17, 19ff.$_{125}$; 4 R 7f. Kol. 1_{25}; CT 16, 42ff.$_{127}$, usw.; GÁL-imma-ni-n-tàg „er öffnete damit“, 4 R 25f. Kol. 1_{49}; ES imma-ni-n-mal „er brachte hinein“, 4 R 11 Rs.$_{21}$.

§ 502 β. Verdoppelung des n innerhalb des Infixes -ene- „auf euch“, findet sich in ba-enne-n-dul (geschr. ba-e-en-ne-en-dul) „er hat euch niedergeschlagen“, BE XXIX 1 Nr. 6 Kol. 5_{12}.

§ 502a γ. Das n der Infixe -n-ta-, -n-da- und -n-ši- wie auch das n von -n-ga- (und -n-ra-) wird als im Silbenauslaut stehender verlierbarer Konsonant in der sumerischen Periode (ähnlich wie das verbale Subjekts-n) verschliffen.

Vgl. e-(n-)šù(-n)-sâ „sie hat von ihm gekauft“, RTC 16 Kol. 2_{2} (Entemena); lù-Urim^{ki}-a(k)-da ^{giš}tukul e-(n-)da(-n)-sīg „mit den Uräern kämpfte er“, HGT 34 Kol. 1_{37-40} (Šarrukin); e-(n-)ga(-n)-díb „und er nahm ihn gefangen“, HGT 34 Kol. 1_{28}; da-BAD-a-mu(-t)

[1]) Siehe Anmr. 1 auf S. 195.

lù la-ba-(n-)ta-è „aus meinem .... entweicht niemand", Gudea, Zyl. A 9_{26}; igi-mu-(n-)ši(-n)-bar „er blickte auf ihn", Gudea, Zyl. A 1_3.

Erst in der späteren sumerischen Zeit beginnt das n erhalten zu bleiben, jedoch nur, wenn das Infix unmittelbar hinter dem einfachen Präfix i- (a-) steht; gegen das Ende der sumerischen Zeit und später findet es sich regelmässig nach diesem Präfix, in nachsumerischer Zeit oft auch nach den übrigen Präfixen. Dagegen erscheint es (abgesehen von ganz späten Texten) nicht, wenn dem betreffenden Infix bereits ein anderes Infix vorangeht.[1] Auch das n von -(n-)ra wird (bis auf einen gelegentlichen Fall in später Zeit) nicht wieder gesetzt. § 502b

Vgl. a-n-da-ti „er befindet sich bei ihm", ITT I $1100_{4.10}$; i-n-ši(-n)-sâ-a „dass er von ihm gekauft hat", ITT III 6439_9; i-n-ši-n-sâ „er hat von ihm gekauft", BE VI 2 Nr. 33_7 u. o.; i-n-gá-e-zu „auch du weisst", CT 17, $25ff._{62}$; mu-n-da-bal-eš-a „die von ihm abgefallen waren", Datenformel bes 13. Jahres Samsuilunas (BE VI 2 S. 73).

Dagegen šu-nam-til-ake i-nne-(n-)ši-n-garr-a „der ihnen das Leben geschenkt hat", Samsuiluna, Zyl. VA 5951 Kol. $2_{18.19}$; mu-nne-(n-)ši-n-ḫalla „er teilte ihnen zu", CT 16, 19_{62} (s. aber § 492b). — ba-(n-)ra-è „er ist herausgegangen", usw. (§ 497).

6. Das b der Infixe -b-ta-, -b-da- und -b-ši- geht in der Gudeazeit fast regelmässig und in der folgenden Zeit sehr häufig in m über, wenn es dem Präfix i- folgt; nur nach dem aus i- entstandenen a- scheint sich das b stets zu halten, dagegen findet sich der Übergang in m regelmässig nach dem aus i- entstandenen u-.[2] § 503

Vgl. lù É-ninnu-ta i-m-ta-b-è-è(-e)-a „wer (die Statue) aus E-ninnu entfernt", Gudea, Statue B $8_{6.7}$, neben lù É-ann-a(k)-ta

[1]) Beachte dazu die in § 501 behandelte Erscheinung, welche der hier besprochenen insofern parallel ist, als es sich in beiden Fällen um Setzung zweier Konsonanten unmittelbar hinter dem Präfix, dagegen nur eines Konsonanten in der zweiten Silbe nach dem Präfix handelt.

[2]) Da sich die Infixe -b-ta-, -b-da- und -b-ši- nur nach dem Präfix i-, u. z. nur unmittelbar auf dieses folgend, finden, so bildet die erwähnte Erscheinung eine vollkommene Parallele zu dem Übergang des unmittelbar hinter dem Präfix i- stehenden Kausativelementes -b- in m (§ 521). Die Regel lässt sich deshalb allgemeiner dahin fassen, dass das vokallose pronominale b (jedoch auch das Subjektselement?), wenn es unmittelbar hinter dem Präfix i- steht, in m übergehen kann. Nach den mit einem Lippenlaut beginnenden, bez. einen solchen in sich einschliessenden Präfixen ba-, mu- und imma-, und ebenso auch, wenn schon ein anderes Infix vorangeht, wird statt -b-ta- usw. stets -n-ta-, bez. -(n-)ta- usw. gebraucht; also beispielsweise ba-n-da-, mu-n-da-, imma-(n-)da-, ma-(e-)ra-(n-)da- usw., nie ba-b-da- usw.

i-b-ta-b-è-è(-e)-a „wer (die Statue) aus Eanna entfernt“, Gudea, Statue C $4_{5.6}$; ḫursag-Magan-ta nà-esi i-m-ta(-n)-ĕ „aus dem Gebirge Magan holte er Ušû-Steine“, Gudea, Statue D $4_{15.16}$; kur-Magan-ta nà-esi i-m-ta(-n)-ĕ „aus dem Lande Magan holte er Ušû-Steine, Statue A 2_6-3_1; B 7_{10-11}; C $3_{14.15}$; E $8_{17.18}$; G $3_{1.2}$; mu ī(d)-Buranunna ... ᵈRim-ᵈSin ... mu-n-ball-a, šà-gú-bi agar-dagall-a i-m-ta(-n)-è-a „Jahr (benannt danach), dass Rim-Sin den Eufratfluss ... grub und seine Fluten aus ihm über weite Fluren herausführte“, Datum des 24. Jahres Rim-Sin's (CDSA S. 52, Kol. 3_{33-38}); kur-gal-ta u-m-ta-è-(e)n-a-zu-šù „wenn du aus dem grossen Berge hervorgetreten bist (hervortrittst)“, 5 R 50 Kol. $1_{1.3.5}$; šu-u-m-ta-gur-gurr-a = ittanagrara, 4 R 3f. Kol. 1_{17} (CT 17, 19ff.$_{17}$: (geschr.) šu-ta-ta-gur-gur-ra); (geschr.) ḫu-um-ta-zalag (< ḫe-i-b-ta-zalag) „er möge erstrahlen“, CT 17, 19ff.$_{182}$. — Síg-ušubb-a-mu-ni(-n)-garr-a-ni(-d) ᵈUtu i-m-da-ḫúl „über den Backstein, den er in die Form gelegt hatte, freute sich Šamaš“, Gudea, Zyl. A $19_{18.19}$. — Saḫar-bi šà(g)-b(i)-a i-m-ši(-n)-gí „seine Erdmassen brachte er in dasselbe wieder zurück“, Ur-Bau, Statue 3_8; û(d). ᵈNingirsuk-e uru-ni-šù igi-zi(d) i-m-ši(-n)-barr-a „als Ningirsu freundlich auf seine Stadt hinschaute“, Gudea, Statue B $3_{6.7}$.

Beachte, dass die Urkunden von Nippur dagegen stets -b-ta-, nie -m-ta- bieten; vgl. z. B. i-b-ta-n-è „er hat gepachtet“, wörtlich „er hat (daraus) herausgeführt“, UPUM VIII 1 Nr. 21; 31; 86; 90.

§ 504 ε. Über die Umwandlung des d von -(n-)da- in t (bez. nur Schreibung des d mit t(?)) in dem aus -n-da-ni- entstandenen -(n-)ti-ni- bei Gudea s. 507.

§ 505 ζ. Das e der Infixe der 2. Person Singularis (und Pluralis?) wird in den Inschriften der sumerischen Zeit (Telloh) stets von dem auslautenden Vokal des vorangehenden Präfixes absorbiert, wofür dieser gelängt und bei entsprechenden Akzentverhältnissen mit Zirkumflex betont wird. In nachsumerischer Zeit wird das -e- stets von dem i- der Präfixe i- und bi-, öfters auch von dem u des Präfixes mu-, nicht dagegen von dem a von ba- absorbiert.

Vgl. ḫa-mu-(e-)ra-sim-une „sie mögen dir geben“,[1] ITT I 1100_{16} (Zeit der Dynastie von Akkad); ga-mu-(e-)ra(-')-búr-búr „ich will dir (deinen Traum) deuten“, Gudea, Zyl. A 5_{15}; mārandu(g) (< mūrandu(g) < mu-e-ra-n-dug) „er hat dir befohlen“, Gudea, Zyl. A 5_{18}; tur-dug-a-zu maḫ-dug-a-ám šu-ba-a-ši-b-ti(-e) (< šu-ba-e-ši-b-ti-e) „das Geringste, was du sagst, wird er wie Grosses von dir annehmen“, Gudea, Zyl. A. 7_3; mà ana mu-ù-da(-')-zu

[1]) Siehe § 493.

(< mu-e-da-'-zu) „o Ningirsu, was weiss ich bei dir?" (d. i. „was ist mein Wissen bei dir"),[1] Gudea, Zyl. A $9_{3.4}$; ga-mu-(e-)ra-b-dím „ich will für dich machen", HGT 142 Kol. 2_{10}; (geschr.) KA-ḫa-ra-ab-šā-šā-gi-ne (< KA-ḫe-i-e-ra-b-ša(g)-šag-ene) „sie mögen zu dir flehen", LIH 60 Kol. $2_{14.15}$.

Dagegen mu-e-da-ná(-e) „(die Menschheit) geht mit dir zur Ruhe", MST Nr. 4_{8-10}, und die übrigen in § 485 für die 2. Person des Infixes angeführten Beispiele; ba-enne-n-dul (geschr. ba-e-en-ne-en-dul) „er hat euch überwältigt", BE XXIX 1 Nr. 6 Kol. 5_{12} + KARI 14 Kol. 2_{47}.

Über die Umlautung des aus u + e kontrahierten u von mūra- §505a
infolge von Vokalangleichung in a s. § 564.

η. Das Dativinfix -(')a- „mir", das sich mit dem Präfix mu- § 506
unter Verdrängung von dessen u zu ma- verbindet (§ 563), scheint in dieser Verbindung unter dem Einfluss des m von m(u)- bisweilen zu u, also der ganze, aus Präfix mu- und Infix -'-a- bestehende Komplex zu mu- werden zu können, vorausgesetzt, dass nicht auch hier das Lokativinfix -'-i- (mit Präfix mu also mu(-'-i)-) vorliegt.

Vgl. mubdime (geschr. mu-ub-dím-e; < mu-'-a-b-dím-e) = ippešam[2] „er macht mir (bez. für mich)", HGT 142 Rs. Kol. 2_{19}; numubdime (geschr. nu-mu!-ub-dím-e[3]; < nu-mu-'-a-b-dím-e) = ula ippešam[2] „er macht mir nicht", ebenda_{20}; vielleicht auch in urri-bi tū-mu mu(-'-*a*)-n-kar „selbiger Feind hat *mir* meine Kleider genommen", CT 15, 24f. Rs._9; za-mu mu(-'-*a*)-n-TAR „meine Edelsteine hat er *mir* abgerissen", ebenda_{10}; é-e(-k) lugal-bi gù-ba(-n)-dé: É-ninnu(-k) me-bi an-ki-a PA-è-mu(-'-*a*)-agg-e(n) „der Herr dieses Hauses sprach: Die Bestimmungen von Eninnu sollst du *mir* im Himmel und auf Erden erstehen lassen", Gudea, Zyl. $\text{A.}_{10\,11}$ (hier ist a vielleicht deshalb in u übergegangen, um zu vermeiden, dass zwei a zusammenstossen); nam-šag-a,-mu(-'-*a*)-tarr-eš-a(,-a) šu-na-mu-(')-da-ni-bal-ene „das gute Schicksal, das sie *mir* bestimmt haben, mögen sie mir nicht ändern", Lugalzaggisi, Vasen Kol. 3_{32-34}.

ϑ. Das a des Infixes -(n-)da- „mit ihm", -'-da- „mit mir" § 507
usw. wird bei Gudea unter dem Einfluss des Vokals eines ihm folgenden -ni-, also infolge von vorwärts gerichteter Vokalan-

---

[1]) Vielleicht aber als ana mu-'-da-zu „was kann ich wissen?" zu analysieren?

[2]) Text falsch îpušam, bez. ula îpušam.

[3]) Im Original ist mu- ausgelassen.

gleichung, bisweilen zu i; das so entstehende -di- ist mit dem Zeichen ti geschrieben; also -(n-)ti-ni- < -(n-)da-ni-.

Vgl. ....-a ù(d)-mu(n-)ti-ni-b-zal-e „während ihm der Tag über .... anbrach", Gudea, Zyl. A $19_{1.2}$; dEnki(k)-da É-AN-kirr-ak-a šà(g)-mu-(n-)ti-ni-b-kúš-ù (< šag-mu-n-da-ni-b-kuš-e) „mit Enki im E-AN.kirra .....t er", Gudea, Zyl. A $22_{12.13}$.

§ 508 ι. Das a des Infixes -e-ra- „dir" wird in nachsumerischen Texten infolge rückwärtsgerichteter Vokalangleichung an das e, das aus der Kontraktion des e von ḫe- „möge", des Präfixes i- und des Personalelementes -e- „du" entstanden ist, bisweilen zu i; also ḫeri- (< ḫe-i-e-ra-).

Vgl. SUḪ-ME-bi (geschr.) ḫe-ri-íb-zál(a)-ga (< ḫe-i-e-ra-b-zalag-e) „möge sie dir ihr Antlitz freundlich machen", 5 R 50f. Kol. 3_{24}; sag-zu (geschr.) ḫe-ri-íb-íl-la (< ḫe-i-e-ra-b-íl-e) „er möge dir dein Haupt erheben", ebenda_{26}; (geschr.) ḫe-ri-íb-šã-ga (< ḫe-i-e-ra-b-šag-e) „er möge gut für dich machen", ebenda_{61}; zi-.... ḫe-ri-pá(d) (< ḫe-i-e-ra-pad) „der Geist (oder dergl.) des .... möge über dich gerufen sein", CT 16, 39 $\text{Rs}_{11.12}$; 16, 9f. Kol. 4_{20}; daneben bisweilen die Variante zi-.... i-ri-pá(d) (< i-e-ra-'-pád) = utammeka „ich habe den Geist des .... über dich gerufen", CT 16, 24 ff. Kol. 4_{11}; CT 17, 3_{20}; CT 13, 30 $\text{ff.}_{64.114}$.

§ 509 κ. Ähnlich wird vereinzelt auch -da in nicht kontrahiertem -e-da- „mit dir" zu -di unter dem Einfluss des vorangehenden e (also Rückwärtsangleichung des Vokals).

Vgl. ba-e-di-ḫuluḫ-e „sie zittert vor dir", CT 15, 15_{14}.

§ 510 λ. Beachte schliesslich auch in späten Texten die Umwandlung von -(n-)ta- in -(n-)te- nach ume-, also ebenfalls infolge rückwärtsgerichteter Vokalangleichung.

Vgl. kuš-ni-ta (geschr.) ú-me-te-gur-gur = zumuršu kuppir, CT 17, 29f._{35}; GAR kuš-an(i)-a (geschr.) ú-me-te-su-ub-su-ub, CT $17{,}1_{3}$.

§ 511 μ. Die Postposition -šù der Infixe -n-šù- „zu ihm", -'-šù- „zu mir" usw. erscheint in dieser ursprünglicheren Form und Schreibung nur in der älteren Sprache (bis zur Dynastie von Akkad), während sie in der jüngeren sumerischen Zeit (Ur-Bau, Gudea, Dynastie von Ur) bereits durchgängig zu -ši geworden ist. Im älteren Sumerisch findet sich -ši statt -šù nur bisweilen (seit Entemena) und, wie es scheint, nur dann, wenn die Postposition akzentlos ist und in offener Silbe steht.

Vgl. e-(n-)šù(-n)-sâ „sie hat von ihm gekauft", RTC 17 Kol. 2_{3} (Enlitarzi); 16 Kol. 2_{2} (Entemena, Enlitarzi); e-(n-)šù-n-TÀG, Ovale Platte, Kol. 4_{27}; nam-tarr-a-ubita e-(n-)šù(-n)-gar „die alten Bestimmungen hat er für ihn (wieder)hergestellt", Urukagina, Kegel BC $8_{7\text{-}9}$; ga-(e-)šù(-')-sâ „ich will (ihn) von dir kaufen", ebenda 11_{23}; ud-a mu-(n-)šù-sâ-sâ(-e) „wenn er von ihm kauft", ebenda 11_{25}; a-mu-na-(n-)šù(-n)-ru „er hat ihm dafür geweiht", Enannatum I., Streitkolben$_{12}$.

Ḫe-(i-)na-(n-)ši-gub „er möge deswegen vor ihm stehen", Entemena, Kegel A (SAKI S. 36) Kol. 6_8, B (HRETA 1)$_{200}$, neben ḫe-(i-)na-(n-)šù-gub (ebenso), Entemena, Backstein B 4_5; ḫe-(i-n-)ši-gí-gí(-e)-a-k-a „obwohl er zu ihm schickte", Ovale Platte 4_2, neben ḫe-(n-)šù-gí-gí(-e-)-a (ebenso), Entemena, Kegel A 4_{18}.

I-m-ši(-n)-gí „er hat sie dahin zurückgebracht", Ur-Bau, Statue 3_2; igi-zi(d) mu-(n-)ši(-n)-bar „er blickte freundlich auf ihn", Gudea, Zyl. A 1_3; šu-ba-(n-)ši(-n)-ti „er nahm von ihm an", ebenda 2_{22}; i-n-ši-n-sâ „er hat von ihm gekauft", BE VI 2 Nr. 33_7; 68_{11} (Samsuiluna) u. o.

d. Die Rangfolge bei mehreren Infixen. § 512

α. Treten in eine Verbalform mehrere der in § 487—496 behandelten Infixe ein, so wird unter diesen die Rangfolge Dativinfix — Infix, das mit -da, -ta oder -šù gebildet ist — Lokativinfix beobachtet. Mehr als zwei dieser Infixe werden nicht gesetzt.

Vgl. ᵈNingirsu(k)-É-ninnu(-k)-ra .... nam-ti(l)-lugal-ni,-Enannatumm,-a(k)-šù a-mu-na-(n-)šù(-n)-ru „dem Ningirsu von Eninnu hat er für das Leben seines Herrn Enannatum geweiht", Enannatum I., Streitkolben$_{1\text{-}12}$; nam-til-ani-šù ᵈNingirsu(k)-ra É-ninnu-a ḫe-(i-)na-(n-)šù-gub „für sein Leben (zu bitten) möge er vor Ningirsu in Eninnu stehen", Entemena, Backstein B $4_{2\text{-}5}$; é-malbak-a(k)-ta e-ne-(n-)ta(-n)-gar „(das und das) hat er ihnen aus dem ....haus herausgegeben", RTC 58 Kol. 5_6-6_1; guškin-kù(g)-babbarr-a šu-mu-na-ni(-n)-tag „mit Gold und Silber hat er es ihm verziert" (ni = damit), Entemena, Tonnagel$_{7.8}$; mu-na-ni-n-dū „er hat ihm (ihr) darin erbaut", LIH 62_{38}; 61_{40}; e-bi Ī(d)-nun-ta Guedinna(k)-šù i-b-ta-ni(-n)-è „diesen Graben liess er aus dem grossen Kanal in das Guedinna hineinfliessen", Entemena, Kegel 2_1; ù(d)-mu-(n-)ti-ni-b-zal-e, Gudea, Zyl. A 19_2; šà(g)-mu-(n-)ti-ni-b-kúš-ù, ebenda 22_{13}.

β. Die in § 497-499b behandelten Infixe spezieller Be- § 513 deutung haben jedoch ihren Platz noch vor der mit dem Dativinfix beginnenden Reihe, u. z. in der Rangfolge: Infix -(n-)ga- „auch" — lokatives Infix -m-i- (= -b-i-) — Reflexivinfix -(')a- — Infix -(n-)ra- „weg". Eine Kombination von -(n-)ra- mit einem folgenden Dativinfix usw. findet sich allerdings nicht, wahrscheinlich wohl deswegen, weil die Sprache sich noch seiner

Verwandtschaft mit dem Dativinfix usw. bewusst ist. In ähnlicher Weise dürfte sich die Tatsache, dass die Verbalthemen immi-LAL und bi-LAL nicht mit einem Infix verbunden werden (§ 588.593), daraus erklären, dass diese Themen mit einem Lokativelement gebildet sind, dem nach § 512 kein anderes Infix folgen kann. Dagegen nehmen die Reflexivthemen imma-LAL und ba-LAL alle gewöhnlichen Infixe in sich auf (§ 611.620), u. z. allem Anschein nach deswegen, weil durch die Kombination des Lokativinfixes mit dem Reflexivinfix die Regel von § 512 bereits durchbrochen und durch die lautliche Verschmelzung der beiden Elemente der Sprache wohl auch das Bewusstsein der Identität des Präfixelementes bi mit dem Lokativinfix geschwunden ist.

Vgl. šu-e-(n)ga-m(i-')a(-n)-uš (geschr. šu-e-ga-ma-uš), Eannatum, Geierstele 2_7; nu-(i-n)ga-ma(-n)-tar, ITT II 5758 Rs.$_{1-5}$; lù-tur-a(-k) gig-a-ani ḫe-(i-)mm(i-')a-(n)ra-b-.... „des Kranken Krankheit möge hinwegge....t sein" (bez. viell. „mögest du hinweg....en", 4 R 29 Nr. 1 Rs.$_{19}$; Gudea(-e) en-^{d}Ningirsu(k)-ra i-mm(i-')a-na(-n)-uš „(das und das) brachte Gudea dem Herrn Ningirsu herbei", Gudea, Zyl. A $16_{11.12}$; i-mm(i-')a-na-ni-b-gar „*sie* ....te*n* ihm daran", ebenda 14_6.

§ 514 e. Ungewöhnliche Stellung der dimensionalen Kette.

α. In den mit den Präfixen bi- und ba- gebildeten Verbalformen steht, wenn die Zerlegung des ersteren in bi-i + i- und des letzteren in bi-i + i + '-a- (§ 587.609) richtig ist, die Lokativkette b-i- „auf ihn", „auf es" an der Spitze der Verbalform vor dem eigentlichen Präfix i-; der Grund für diese Erscheinung liegt wohl darin, dass das Pronominalelement b- „selbiger" auf etwas Vorangegangenes hinweist und deshalb die Kette b-i zu der Zeit, als die Stellung der dimensionalen Ketten noch eine freiere war, zur Anknüpfung an das Vorangehende gern an die Spitze der Verbalform gestellt wurde und diesen Platz schliesslich auch beibehielt, als die Stellung der übrigen Ketten auf die Infixstellung eingeschränkt wurde. Man beachte dazu, dass dagegen als ein eigentliches Infix ein dem -n-i- „darin", „darauf" entsprechendes -b-i- nicht gesetzt wird und auch die Infixe -b-ta-, -b-da- und -b-ši- nur unmittelbar hinter dem verbalen Präfix stehen können (§ 503 Anm. 2). Dass diese letzteren nicht auch vor das verbale Präfix i- gesetzt wurden, hat offenbar seinen Grund in ihrem Anlaut mit zwei Konsonanten. Darf man dagegen vielleicht vermuten, dass wie dem Infix -ni- ein lokatives bi- entspricht, etwa auch ein dem Infix -na- entsprechendes Dativpräfix ba- bestand?

β. Unsicher und vorläufig wenig wahrscheinlich ist dagegen die Annahme, dass auch die mit dem pronominalen Element n „er" gebildeten Infixe n-a „ihm" und n-i „auf ihm" gelegentlich vor dem Präfix i- stehen könnten; denn die Verbalformen, auf Grund deren man dies folgern zu können glaubte, lassen entweder auch eine andere, wahrscheinlichere Erklärung zu oder sind gegenwärtig noch zu undurchsichtig, um eine sichere Analyse zu gestatten. §514a

Vgl. z. B. die Briefeinleitungsformel Me-sīg-gan-e (geschr.) na-bi-a Allamu(-r) ù-(i-)na(-e)-dū̄(g), ITT I 1119_{1-4}, wo vielleicht nicht zu übersetzen ist: „Was Mesiggan zu ihm spricht, sage dem Allamu", sondern „alles, was Mesiggan spricht, sage dem Allamu"; d. h. die Form (geschr.) na-bi-a ist wohl nicht in na- „ihm" (+ Präfix i-) usw., bez. in (weggelassenes Präfix i- +) na- „ihm" usw. zu zerlegen, sondern na wahrscheinlich als (a)na[1] „was (auch immer)" aufzufassen, welches mit der Verbalform i-b-e(-e)-a „(was) er spricht" zu (a)na-(i-)b-e(-e)-a[2] „was immer er spricht" zusammengezogen ist. — Die Verbalformen (geschr.) PA-nam-è, gú-bi-nam-gí und nam-tùm, Gudea, Zyl. A 1_{4-9}, gír-nam-mi-gub, ebenda 2_4, 4_3, und nam-mi-sl, ebenda 21_{1-11}, sind dagegen noch nicht sicher zu analysieren.

f. Erstarrter Gebrauch der Infixe. §515

α. Die Infixe -b-ta- (-b-da-, -b-ši-), -n-ta- (-n-da-), -n-ši- und -ni- werden bei gewissen Verben bisweilen auch dann gesetzt, wenn keine ihnen entsprechende dimensionale Bestimmung im Satze vorangeht oder auch nur der Gegenstand, auf den sie sich beziehen, genannt ist. Besonders lässt sich das bei dem Infix -b-ta- (-n-ta-) „aus ihm" und dem Verbum è „herausgehen", sowie bei -ni- „in es" und tu(r) „hineingehen" beobachten, wo die genannten Infixe gewissermassen zu Adverbien der Bedeutung „heraus" und „hinein" geworden sind. Es handelt sich hierbei um die Erstarrung einer häufig vorkommenden Verbindung, da die betreffenden Verben in der Regel mit einer dimensionalen Bestimmung und demgemäss mit einem diese wieder aufnehmenden Infix verbunden wurden.

Vgl. Samsuiluna ...., - utu - zalag - ka[lam-šù] - i-b-ta-n-è-a „Samsuiluna, die Sonne, welche Licht über das Land hat ausgehen lassen", Samsuiluna, Zyl. VA 5951 Kol. $1_{26.27}$, wo -b-ta- sich auf das nicht genannte Etwas bezieht, von welchem das

---

[1]) Vgl. dazu die Entstehung von name „jeder" aus ana-me-a (§ 265).

[2]) Dafür in AO 4138 (RA VI S. 139) Kol. 1_3 mit Kausativ-n statt Kausativ-b (a)na-(i-n-)e-a.

Licht ausstrahlt; utu ki-šarr-a m(u-'-)a-(n-)ta-è „die Sonne ging mir am Horizonte auf (wörtlich: ging mir heraus (aus ihm))", Gudea, Zyl. A 4_{22}; Ištar-rabiat-ke Dušubtum,-nin-ani,-ra 10-gìn-kù(g)-babbar i-nna-ni-n-tū(r) „Ištar-rabiat hat ihrer Herrin Dušubtum 10 Sekel Silber eingebracht", BE VI 2 Nr. $8_{9\text{-}12}$.

§ 516 β. Ein erstarrter Gebrauch des Infixes liegt auch vor, wenn bei einer Änderung der Konstruktion des Verbums (Verbindung mit einer anderen Postposition) die Verbalform trotzdem mit dem der alten Konstruktion entsprechenden Infix versehen wird; so beispielsweise bei sâ „kaufen", das in älterer Zeit mit -šù (= „von (jemandem)"), später bisweilen auch mit der Dativpostposition -ra und in nachsumerischer Zeit ständig mit ki—ta „von" konstruirt wird.

Vgl. 1 sag-geme,-.... Zanini-šù Dìm-tur,-dam-sangu-^{d}Ningirsuk-ak,-e e-(n-)šù(-n)-sâ „eine Sklavin .... hat von Zanini Dimtur, die Gemahlin des Priesters des Ningirsu, gekauft", RTC 16 Kol. 1_1-2_2; ^{d}Bau-da-nu-me-a Lù-dingirr-ak-e Ur-lugal-šù i-n-ši(-n)-sâ „die Baudanumea hat Ludingirra von Ur-lugal gekauft", ITT II $832_{2\text{-}5}$ (Šu-Sin von Ur). — Dagegen Duga-^{d}Bau,-dumu-Abba-gina(-k) Abba-gina-ra $3^1/_2$-gìn-kù(g)-babbar-šù Ur-^{d}Šul-...-k-e i-n-ši(-n)-sâ-a „dass Ur-^{d}Šul.... die Duga-Bau, die Tochter des Abba-gina, von Abba-gina gekauft hat", ITT II $830_{1\text{-}7}$ (4. Jahr Amar-Sin's); $^1/_3$-sar-6-gìn-é-dū-a ki-Amurrum-malik-ta Abil-Amurrim,-šeš-gal-ani(,-e) i-n-ši-n-sâ „$^1/_3$ Sar 6 gin gebautes Haus hat von Amurrum-malik Abil-Amurrim, sein ältester Bruder, gekauft", BE VI 2 Nr. $33_{1\text{-}7}$ (Samsuiluna).

3. Akkusativische Personalelemente.

§ 517 a. α. Unmittelbar mit der Verbalform verbundene Personalelemente, welche in der Funktion eines Akkusativobjektes stehen, lassen sich bis jetzt unzweideutig nur bei den mit der Verbalwurzel endenden Formen des Präteritums nachweisen, an welche sie als postpositive Elemente antreten. Sie lauten:

Sg.	1.	-en	„mich"	Pl.	1.	-enden	„uns"
	2.	-en	„dich"		2.	-enzen	„euch"
	3.	—	„ihn"		3.	-eš	„sie",

stimmen also mit den Subjektselementen des Permansivthemas überein; allem Anschein nach ist die mit dem Akkusativelement versehene Verbalform auch wohl von der Sprache überhaupt als eine Art Permansivform beabsichtigt gewesen, indem beispielweise i-n-garr-en „er hat mich gesetzt" ursprünglich bedeutete „ich bin (= -en) (einer, den) er gesetzt hat (= i-n-gar)".

Vgl. Nin-mu, a(ii)a-zu(-e) mu-e-ši-n-gí-(e)nn-am (geschr. -gí-in-nam) „o meine Herrin, dein Vater hat mich zu dir geschickt", HGT 28 Kol. 1_{45}; en-e mae mu-n-ši[1]-n-gi-en „der Herr hat mich zu dir[1] geschickt", 4 R 17 Vs.$_{40}$; ES urri-bi šu-ni mu-(')-ši[2]-n-ir, meda[3] mu-n-gamm-en „dieser Feind hat seine Hand an mich gelegt und mich durch ....[3] getötet (niedergebeugt?)", CT 15, 24Rs.$_{7}$; — Mu(-')-nnigin-enzen „(mit einem bunten Ulinnu) habe ich euch umschlossen", 4 R 21 Nr. 1 Vs.$_{6.8}$. — X, -šeš-Šu-ilišu-k,-e Agade^{ki}-ta mu(-n)-laḫ-èš „(die und die Sklaven hat Lugal-ušumgal, Fürst von Lagaš, von Šu-ilišu gekauft;) X, der Bruder des Šu-ilišu, hat sie von Akkad gebracht", RTC $80_{11\text{-}15}$.

β. Für das lautliche Verhalten dieser Akkusativelemente gilt dasselbe, was zu den ihnen der Form nach entsprechenden permansivischen Subjektselementen bemerkt worden ist. Demnach wird z. B. das anlautende e der Akkusativelemente in bestimmten Fällen mit dem Vokal der vokalisch endenden Wurzel verschmolzen;[4] das n von -en usw. kann verschliffen und andererseits in nachsumerischer Zeit vor dem Relativ-a und dem hervorhebenden -am verdoppelt werden; der Auslaut -en, bez. -e(n) kann in späten Texten als -an und -a(n) erscheinen, usw. § 518

Vgl. a(ii)a-ni(-e) la-ba-n-zu-(e)š (= -zūš; geschr. -zu-uš); ^{d}Gibil da-bi-da b(a)-gin, ḫul-gál imin-bi igi mi-n-zu-(e)š „sein Vater kannte sie nicht; Gibil aber ging mit ihnen, und die sieben Böse, sie erkannte er", CT 12, 42ff.$_{72\text{-}78}$.

Lù-kúr-maḫ-ám gi-AŠ-gim mu-n-sīg-sīgg-e(n) „ein mächtiger Feind hat mich wie ein .....-Rohr zerschlagen", 4 R 19 Nr. 3_{13}; gig-a mu-n-dū-e(n) „(die Göttin in ihrem Zorn) hat mich krank gemacht", 4 R 10 Vs.$_{52}$.

^{d}Ninḫursagga,-ama-i-n-dím-enn-a-mu!,-š „für Ninḫursag, meine Mutter, die mich geschaffen hat", LIH 98.$99_{44.45}$; nin-mu, a(ii)a-zu(-e) mu-e-ši-n-gí-(e)nn-am (geschr. -gí-in-nam) „o meine Herrin, dein Vater hat mich zu dir geschickt", HGT 28 Kol. 1_{25}.

Imma-(n-)ra-n-tumm-a(n) (< -tum-en) „(Enki) hat dich mit sich (zu seinem heiligen Orte) hinweggenommen", 4 R 25 Kol. 4_{7}; mu-n-tab-tabb-an (geschr. mu-un-tab-tab-bà-a-an; < -tab-tab-en) „(ein Gott) hat mich zerpresst", ebenda$_{21}$.

Šul-ba(-')-dibb-an-a (< ba-'-dibb-en-a), ù-bara-e⟨-ši-KU-un e⟩ne-

---

1) -n-ši- „zu ihm" ist hier verderbt aus -e-ši- „zu dir".
2) K41 (PSBA 1895 S. 64ff.)$_{11}$ hat dafür verderbt -n-ši.
3) K41 bietet dafür ní-te-a „durch Furcht", „durch Schrecken".
4) Beachte aber auch § 450.

till-a-zu-šù[1] = edlu ša akmûkama adi uballituka la aṣlaluma „o Held, den [2] ich ergriff und in betreff dessen [2] ich nicht ruhte, bis ich ihn [2] lebendig gemacht hatte“, 4 R 13 Nr. 1 $Rs._{38}$. Beachte in ba(-’)-dibb-an-a die Angleichung des e von -en an das folgende Relativ-a.

§ 519 b. Ob auch die mit der Endung -eš endigende 3. Person Pluralis des Präteritums und die ebenfalls mit Endungen endigenden Präsens-Futurformen mit unmittelbar mit ihnen verbundenen pronominalen Akkusativelementen versehen werden konnten, entzieht sich noch unserer Kenntnis; siehe aber die Bemerkungen zur vermutlichen Entstehung der infigierten Kausativelemente aus Akkusativelementen in § 526.

§ 520 c. Die Gleichsetzungen an-ta-mu = išanni,[3] íll-a-mu = ilanni [sic?],[3] ki-ta-mu = šuppilanni und gamm-a-mu = quddidanni in dem Vokabular 5 R 21 Nr. 1 Kol. 1_{24-27} sind für die Erschliessung eines Akkusativpronomens der 1. Pers. Sing. beim Imperativ nicht verwendbar. Wenn wir es nicht überhaupt mit künstlichen nachsumerischen Bildungen zu tun haben, so kann, da an-ta und ki-ta keine Verbalstämme sind, die eigentliche Bedeutung von an-ta-mu und kita-mu nur „mein Oben“ und „mein Unten“, und ebenso von íll-a-mu und gamm-a-mu nur „mein Hochsein“ und „mein Gebeugtsein (befiehl, bewirke o. dergl.)“ sein; es handelt sich hier also nicht um ein Akkusativpronomen, sondern um das Possessivum.

4. Die Kausativelemente.

§ 521 a. α. Unmittelbar vor der Verbalwurzel eingefügtes -n- oder -b- gibt dem Verbalstamm kausativ-transitive Bedeutung. Hat z. B. der einfache Stamm zig den Sinn „aufstehen“, „sich erheben“, „weggehen“, so bedeuten die Stämme -b-zig und -n-zig „aufstehen lassen“, „entfernen“, „herausreissen“. Ebenso stehen nebeneinander: gí „zurückkehren“, -b-gí „zurückkehren lassen“; íl „hoch sein“, -b-íl und -n-íl „erheben“; kúr „anders sein“, -b-kúr „ändern“; gál „gesetzt sein“, „vorhanden sein“, -b-gál „setzen“, vorhanden sein lassen“, „schaffen“; gul „gross sein“, -b-gul „gross machen, usw.

---

[1]) Vgl. in dem altbabylonischen Paralleltext BE XXIX 1 Nr. 7_{59}: (geschr.) [.... ù-ba-]ra-e-ši!-KU!-un en-na-til-la-zu-šù

[2]) Im Sumerischen steht im Relativsatz die 2. Person: -en „dich“, -e-ši- „in betreff deiner“, -zu „dein“.

[3]) Išanni und ilann (sic?) in Z. 24 und 25 sind miteinander verwechselt.

Vgl. ì-zig-en = etbi „ich bin aufgestanden", HGT 150 Kol. 1_3, und ga-(i-'-)zi(g) = lutbi „ich will aufstehen", $ebenda_3$; dagegen ga-(i-)b-zi(g) und ga-(i-)n-zi(g) = lušetbi „ich will aufstehen lassen", ebenda Kol. $2_{2.4}$; ebenso im Imperativ (welcher die Präfixe der Wurzel nachsetzt): zig-a = tibi „steh auf", Kol. 1_1, dagegen zig-a-b (geschr. zi-gal-ab) und zig-a-n (geschr. zi-ga-an) = šutbi „lass aufstehen", Kol. $2_{1.3}$; i-b-zig-eš (geschr. íb-zi-gi-eš) = issuḫu „sie haben herausgezogen", wörtlich „sie haben aufstehen (aufbrechen) lassen", 2 R 8 Nr. 2 (= ASK 5) Kol. 2_{54}. — Û(d)-kúr-šù lù-lù-ra (geschr. lù-lù-ù-ra) nu-(i-)gí-gí-(e)d-e „in Zukunft wird einer gegen den andern nicht umkehren" (= ul itâr), BE VI 2 Nr. $59_{10.11}$; umun-mu šà(g)-ibb-a-ani ki-bi-šù ḫa-m(u-'-)a-gí-gí(-e) „der Zorn meines Herrn möge mir an seinen Ort zurückkehren" (= lîtûra), 4 R 10 $Vs._1$; dagegen i-nna-b-gí-gí(-e) „er wird ihm zurückzahlen", wörtlich „er wird (das Geld) zu ihm zurückkehren lassen", ASK 1 Kol. 1_{14}; mu-na-ni-b-gí-gí(-e) „sie erwidert ihm", wörtlich „sie lässt (die Rede) zu ihm damit (= -ni-, d. h. mit dem, was sie im Folgenden sagt) zurückkehren", HGT $22_{35.57}$; 25 Kol. 1_{50}; Gudea, Zyl. A 5_{11}. — Nu-(i-)gub = ula izzaz „er steht nicht", RA XI S. 43 (AO $5403)_{16}$, und ga-(i-'-)gub = luzziz „ich will treten (stehen)", $ebenda_{12}$; dagegen ki-kúrr-a bí-b-gubb-u-a „(der Mensch,) der es an einem anderen Ort aufstellen wird", R-S-Š-b_{45}; ba-(n-)ra-è „er ist herausgegangen", „er ist ausgeschieden", ASK 1 Kol. 1_7; dagegen i-b-ta-b-è-è(-e)-a „wer (die Statue aus Eanna) herausbringen (entfernen) wird", Gudea, Statue C 4_6. — Gul-a (geschr. gu-la) „gross" (intransitives Verbaladjektiv); dagegen bí-b-gull-a „welcher gross gemacht hat", LIH 98.99_{54}; Datum des 1. Jahres Ammizadugas (BE VI 2 S. 97 f.).

β. Häufig finden sich die beiden Kausativelemente, wenigstens § 522
im Präsens-Futur, auch vor Verbalwurzeln, die an sich allem Anschein nach schon transitiv sind, wie z. B. bei sim „geben", dim „machen", usw. In diesen Fällen dienen -b- und -n- wohl lediglich dazu, die transitive Bedeutung der Wurzel zu akzentuieren.

Vgl. ḫa-m(u-'-)a-b-sim-u(n) „du mögest mir geben", ITT I 1119_6; ḫe-(i-)na-b-sim-u(n) „du mögest ihm geben", ITT II $760_{7.10}$; 3418_5; 3756_6; a-b-dímm-en „ich mache", HGT 142 Kol. 2_7; ḫe-(i-)b-dím-e „er möge machen", $ebenda_8$; na-(i-)b-dím-ene „sie mögen nicht machen", $ebenda_{12}$, usw.

γ. Die passiven Permansivformen der zuletzt genannten Art § 523
von Verben werden dagegen in der Regel von der nackten Wurzel gebildet.

Vgl. Bazi,-dumu-Šeš-šeš-(k),-ra Luḫupipi nam-géme-ni-šù ba-nna-šì(m) „die Luḫupipi wurde dem Bazi, dem Sohne des Šeš-šeš, zur Sklavin gegeben", ITT II $733_{12.13}$; é nu-(i-)dū, uru nu(-i)-dím „ein Haus war noch nicht gebaut, eine Stadt noch nicht geschaffen", CT 13, 16_4.

§ 524 δ. Indessen können sehr wohl von den mit -b- (und -n-) gebildeten Kausativen auch wieder passive Permansivformen gebildet werden, welche dann gegenüber den einfachen Intransitiven kausativ-passive Bedeutung haben. Ebenso finden sich auch von den an sich transitiven Verben, deren Präsens-Futurformen mit dem Kausativelement -b- gebildet werden, Permansivformen mit -b-.

Vgl. Kil-...., -mà-láḫ,-...., Lugal-ida,-mà-láḫ,-.... É-A.ḫal.ni[ki]-k-a ì-duru(n)-durun-eš „Kil...., der Schiffer, und Lugal-ida, der Schiffer, befinden sich in E-Aḫalni," ITT I 1436, neben Gusilla,-.... Dingir-mu-da a-n-da-ti, Dù-Lugal-ü-a[ki]-a a-b-duru(n) „Gusilla ist in Du-Lugal-ua stationiert und wohnt bei Dingir-mu", ITT I 1100_{1-6}.

Bár(a)-ru-a-dingir-ene(-k)-Nam-nun-da-ki-garr-a-a-b-dū-a ì(-n)-gul-gul „die .... Heiligtümer der Götter, die im Nam-nun-da-ki-garr-a gebaut worden waren, zerstörte er", Entemena, Kegel 2_{39-42}.

§ 525 ε. Mittels der kausativen Elemente -b- und -n- gebildete Kausativformen der schon an sich transitiven Verben, wie z. B. „(jemanden etwas) machen lassen" von dím „machen", sind bis jetzt nicht sicher nachweisbar.

§ 526 b. Die ursprüngliche Funktion der beiden Kausativelemente dürfte wohl die von Akkusativinfixen der 3. Person gewesen sein. Das würde auch gut zu ihrer Stellung zwischen den dimensionalen Infixen und der Verbalwurzel stimmen, da auch das Akkusativobjekt als die nächste Ergänzung des Verbums im Satz seine natürliche Stellung unmittelbar vor dem Verbum hat. In historischer Zeit ist aber diese ursprüngliche Bedeutung der Elemente nicht mehr gefühlt worden; beachte dazu, dass in HGT 150 ga-(i-)b-zi(g) und ga-(i-)n-zi(g) nur mit lušetbi „ich will aufstehen lassen" (Kol. $2_{2.4}$), und zig-a-b und zig-a-n nur mit šutbi „lass aufstehen" (Kol. $2_{1.3}$), nicht mit lušetbišu „ich will ihn aufstehen lassen" und šutbišu „lass ihn aufstehen" übersetzt werden, und ebenso in HGT 142 beispielsweise a-b-dímm-en mit eppeš „ich mache", nicht mit eppessu „ich mache es (ihn, sie)", ḫe-(i-)b-dím-e mit lîpuš „er möge machen", nicht mit lîpussu „er möge es (ihn, sie) machen", usw.

c. Zur Stellung von Kausativ- und Subjektselement. § 527

α. Wie oben erwähnt, hat das Kausativelement seinen Platz zwischen dem dimensionalen Element und der Verbalwurzel, eine Stellung, die im aktiven Präteritum auch das Subjektselement einnimmt. Bei einer Konkurrenz der beiden Bildungselemente wird die Reihenfolge Kausativelement—Subjektselement beobachtet, wobei allerdings zu beachten ist, dass das Beweismaterial noch sehr dürftig ist.

Vgl. giš-šudeš-ann-a-bi bí-bb-e-mar-m[ar] (geschr. bí-íb-bi-mar-m[ar]), giš-sagkul-ann-a-bi ba-e-sil-sil = mêdilêša (šaqûti) tašḫu[ṭ(?)], sikkurêša (šaqûti) tušalliṭ(?) „ihre hohen Riegel hast du auf (von) ihr ....., ihre hohen Verschlüsse hast du .....", K 11174 (BA V S. 632) Vs.$_{16.18}$. Ist vielleicht auch (geschr.) zi-šà-mu-ši-ni-gál „du hast Leben in mich hineingelegt (o. ä.)" Gudea, Zyl. A 3_{13}, als mu-(')-ši-n-e-gál (statt als mu-(')-ši-ni(-e)-gál) zu analysieren?

Wenn sich die genannte Rangfolge der beiden Elemente als richtig erweist, so würde ihre Entstehung auf eine Sprachstufe des Sumerischen zurückgehen, auf welcher das aktive Satzsubjekt noch nicht als eine Art dimensionale Ergänzung in der natürlichen Sprechweise vom Verbum weiter entfernt stand als das Akkusativobjekt (§ 107. 108), sondern als unmittelbarste Ergänzung des Verbalbegriffes auch seinen Platz unmittelbar vor demselben hatte.

β. Von praktischer Bedeutung ist die Frage nach der Rang- § 528
folge von Kausativ- und Subjektselement indessen nur bei einer Konkurrenz des Kausativelementes mit den nicht lediglich in einem Konsonanten bestehenden präteritalen Subjektselementen, also beispielsweise mit -e- „du" (s. die im vorigen Paragraphen angeführten Fälle). In den Fällen, wo durch die gleichzeitige Setzung von Kausativ- und Subjektselement zwei vokallose Konsonanten zusammentreffen würden, verzichtet die Sprache in der Regel auf die Setzung des Kausativelementes; so vor allem bei Verben, die, wie beispielsweise dím „machen" und sim „geben", an sich schon transitiv sind.

Vgl. mu-na(-n)-dím „er machte für ihn", Gudea, Streitkolben A 3_4, und i-n-dím-enn-a „welche mich geschaffen hat", LIH 98.99$_{45}$, gegenüber den Präsens-Futurformen a-b-dímm-en „ich mache", „du machst", usw., HGT 142 Kol. 2_{1-21}; i-nna-n-sì(m) „er hat ihm gegeben", BE VI 2 Nr. $39_{7.15}$ u. o., gegenüber ḫe-(i-)na-b-sim-u(n) „du mögest ihm geben", ITT II 760, 3418, usw.; ḫe-bí(-')-gub „fürwahr, ich stellte darauf auf", Warad-Sin, Kanephore 2_7, gegenüber bí-b-gubb-u-a „welcher aufstellen wird", R-S-Š-b$_{45}$, usw.

§ 529 γ. Bei manchen Verben dagegen, u. z. offensichtlich bei solchen, deren Wurzel primärerweise intransitiv ist oder hauptsächlich als intransitiv gefühlt wird, wird das Kausativelement meistens auch im Präteritum gesetzt, dafür aber das konsonantische Subjektselement unterdrückt. Als solche Verben sind u. a. zu nennen íl „hoch sein“, Kausativum -n-íl „erhöhen“, „emporheben“; gul „gross sein“, -b-gul „grossmachen“; gar „gesetzt sein“, -b-gar und -n-gar „setzen“.

Vgl. ^{d}Lugal-GIŠ.A.TU.GAB+LIS, - mu-nam-lugall-a(k)-mu-m - bí-b-gull-a,-š „für Lugal-GIŠ.A.TU.GAB+LIS, der meinen königlichen Namen gross gemacht hat“, LIH 98. $99_{52.54}$; ^{d}Enlil, - nam-enn-ani - bí-b-gull-a „Enlil, der seine Herrschaft gross gemacht hat“, Datum des 1. Jahres Ammizadugas (BE VI 2 S. 97f.); ^{d}Utu,-....-nam-lugal-ani-bí-b-gul-a-š „für Enlil, der sein Königtum gross gemacht hat“, Datum a Samsuditanas (BE VI 2 S. 106). — Sag-bi ḫu-mu-ni-n-íl „fürwahr, ich erhob sein (ihr) Haupt“, Warad-Sin, Zyl. A 2_{8}; B (VA 5950) Kol. 2_{30}; kur-sukud-u-gim sulimm-a igi[1]-bí-n-ÍL „wie einen hohen Berg .....te ich es mit Schrecken“, Warad-Sin, Kanephore $2_{4.5}$; ^{d}Ninni-..., - sag-nam!-lugall-an(i)-ake - an-š(u)-i-ni-b-íll-a,-š (geschr. an-ši-in-íb-íl-la-aš) „für Ninni, die mein Königtum erhöht hat“, Datum des 29. Jahres Ammiditanas (BE VI 2 S. 93f.); sag-bi saḫar-ta ḫursag-gim ḫe-(i-)ni-b-íl „wie einen Berg erhob ich ihr Haupt mit Erdmassen“, 5 R 62 Nr. $2_{28.29}$. — Nam-tarr-a-mu duri-šù ḫu-mu-(e-)ra-b-gar „meinen Schicksalsbeschluss habe ich dir für immer gesetzt“, HGT 74 Kol. 5_{6}; Nibru^{ki}-a nig-gin-a mi-ni-n-gar(r-a) „in Nippur setzte ich Gerechtigkeit ein“, ebenda 5_{24}; nig-zi(d) nig-si-sá mi-ni-n-gar „(in Isin) setzte ich Recht und Gerechtigkeit ein“, ebenda Kol. 6_{10-12}; ugul-mu-na-ni-n-gar „ich flehte zu ihm darum“, Warad-Sin, Zyl. B (VA 5950) Kol. 2_{9}. — Lù-gú-mu-ni-da-b-dū-uš-a „die, welche ihm Widerstand leisteten“, wörtlich etwa „welche Nacken gegen ihn machten“, Samsuiluna, VA 5951 Kol. $1_{11.12}$; $3_{31.32}$.

§ 530 d. Lautliche Veränderungen.

α. Das Kausativ-n schwindet als verlierbarer Konsonant in der alten Sprache, wenn es im Silbenauslaut steht.

Vgl. alam-lù-é-^{d}Bau(-k)-mu-n-dū-a-k-am ki-gubb-a-bi lù nu-(i-n-)zi-zi(-e) „den Standort der Statue des Mannes, der das Haus der Bau gebaut hat, wird niemand herausreissen“, Gudea, Statue E 9_{6-12}.

§530a β. Das Kausativ-b wird in folgenden Fällen geschärft und in der Schrift durch Doppel-b bezeichnet:

---

[1]) Vielleicht Versehen für ḫe- „fürwahr“?

(*a*) Vor der vokalisch anlautenden Wurzel e, i „sagen" in der zweiten Hälfte der dritten Dynastie von Ur und in der nachsumerischen Zeit.

Vgl. di-barădabbīn (geschr. ba-ra-a-da-ab-bi-in; < bara-i-e-da-b-e-en)[1] „ich werde nicht mit dir prozessieren", RTC 289_8 (58. Jahr Šulgis); mu-na-bb-i(-e) (geschr. mu-na-ab-bi) „er sagt zu ihm", 4 R 11 Rs.$_{29}$; mu-nna-bb-i(-e), ebenda$_{33}$; na-mba-bb-i-(e)n (geschr. nam-ba-ab-bi-en) „sage nicht", CT 16, 27ff.$_{86.88.90}$; ḫu-mu-(e-)ra-bb-i(-e) „er möge zu dir sagen", CT 16,42$_{108}$; sá-a-bb-i-ene = ikaššadu „sie erlangen", HGT 150 Kol. 3_6; sá-nu-(i-)bb-i-ene = ul ikaššadu „sie erlangen nicht", ebenda$_7$.

Dagegen di-bi sá-ḫe-(i-)b-i(-e) (geschr. sá-ḫe-bi) „er möge sein Recht erlangen", ITT II 5758 Rs.$_5$ (Lugal-ušumgal); Lugal-kù-zu(-e) (a)na-(i-)b-i(-e)-a[2] Lugal-ušumgal(-ra) ù-(i-)na(-e)-dū(g) „was Lugalkuzu sagt, sprich zu Lugal-ušumgal", ebenda Vs.$_{1-4}$.

(*b*) Vor dem präteritalen Subjektselement -e- „du" in nach- §530b
sumerischer Zeit.

Vgl. bi-bb-e-mar-m[ar] (geschr. bí-íb-bi-mar-m[ar]) = tašḫuṭ(?) „du hast ....", K 11174 (BA V S. 632) Vs.$_{16}$.

γ. Das b wird seit der Zeit Gudeas häufig zu m, wenn es §531
unmittelbar auf das Präfix i- folgt[3].

Vgl. gû(d)-UL máš-UL.DU si-i-m-sá-sá-e, Gudea, Zyl. A 1_{14}, neben ki-b(i-)a di-uru-m(u)-a(k) si-ba-ni-b-sá-e(n) „daselbst leite ich das Gericht meiner Stadt", Gudea, Zyl. A 10_{26}; egir-ni i-m-uš „er folgte ihm" (wörtlich = ?), Gudea, Zyl. B 2_{10}.

5. Die Präfixe.

An der Spitze der nicht negierten indikativischen Verbalform, §532
also vor der Verbalwurzel und gegebenen Falls auch vor dem präteritalen Subjektselement, dem Kausativelement und den gewöhnlichen dimensionalen Infixen, stehen die Bildungselemente i-, mu-, al-, bi-, ba-, immi- und imma-, welche dieser ihrer Stellung wegen zum Unterschied von den ihnen folgenden infigierten Elementen als die verbalen Präfixe im engeren Sinne oder schlechthin als die verbalen Präfixe bezeichnet werden.

Aller Wahrscheinlichkeit nach ist nur das Präfix i- ein ein- §533
faches Element; es dient im voll entwickelten Verbalsystem dazu, die finite Verbalform als solche kenntlich zu machen, stellt also

[1]) Oder ist zu lesen sá-barădabbīn?

[2]) Siehe § 514a.

[3]) Beachte dazu den ganz analogen und unter der gleichen Bedingung stattfindenden Übergang des vokallosen b der Infixe in m (§ 501).

in gewissem Sinne das eigentliche Verbalelement dar. Allem Anschein nach ist es auch in den übrigen der oben aufgeführten Präfixe enthalten und darf demnach als Grundpräfix bezeichnet werden. Die ausser i- in mu-, bi-, ba- usw. enthaltenen weiteren Elemente sind adverbielle Bestimmungen, die jedoch im Unterschied von den dimensionalen Infixen sich eng mit dem Präfix i- verbunden und in dieser Verbindung z. T. auch ihre Bedeutung modifiziert haben haben.

A. Das Präfix i-.

§ 534 a. Ursprung und Bedeutung des Präfixes.

α. Das Präfix i- (geschr. ì-, i-, i...), im älteren Sumerisch vorzugsweise e- neben i- (geschr. ì-), ist zweifellos mit dem Pronomen -e „dieser", „der", „er" identisch und stellt ursprünglich das pronominale Subjekt einer mit der Verbalwurzel gebildeten identifizierenden Kette dar; vgl. ì-gub „er ist getreten", „er steht", ursprünglich „er getreten seiend", „er stehend". Man beachte dazu, dass auch das nominale Subjektselement -e auf das Pronomen e „der" zurückgeht (§ 340), ursprünglich also mit dem das verbale Subjekt bildenden e identisch ist, bez. eine emphatische Verdoppelung desselben darstellt; vgl. lugal-e e-dū-e „der König baut", ursprünglich lugal, e e-dū-e „der König, er baut", also Emphase von lugal e-dū-e „der König baut", wie andererseits auch das präfigierte e der Verbalform, wenn diese nach einem substantivischen Subjekt steht, auf eine emphatische Redeweise zurückgeht, indem lugal-e i-dū-e ursprünglicheres lugal-e, e dū-e darstellt und „er, der König, er baut" bedeutet.[1]

§ 535 Mit der fortschreitenden Verbalisierung der die spätere Verbalform bildenden Kette musste naturgemäss das Pronomen e, welches das Subjekt der Kette bildete, allmählich auch seinen pronominalen Charakter verlieren, um schliesslich zu einem blossen Bildungselement zu werden, durch dessen Verbindung mit der Verbalwurzel die finite Verbalform begründet wird. Ausschliesslich als solches Bildungselement tritt uns das Präfix i- in der historischen Zeit der sumerischen Sprache entgegen. Beachte dazu einerseits, dass im historischen Verbalsystem das Subjekt der Verbalform durch die in § 437ff. behandelten Subjektselemente ausgedrückt wird, und andererseits, dass das Präfix auch Verbalformen der 1.

[1]) Als teilweise Parallele kann hierzu aus dem Semitischen die Entstehung der Nominativendung -u aus dem Pronomen der 3. Person Singularis und die Bildung der finiten Verbalformen mittels der persönlichen Fürwörter angeführt werden.

und 2. Person einleitet, also seine ursprüngliche Beziehung zur dritten Person vollkommen verloren hat.[1]

β. Aus den Ausführungen über die Entstehung des Präfixes § 536
i- ergibt sich, dass dieses an sich völlig indifferent gegen Unterschiede der Aktionsart und Zeitlage ist und dass deshalb transitive sowohl als intransitive, präsentisch-futurische wie auch präteritale Formen mit seiner Hilfe gebildet werden können.

Vgl. für das aktive Präsens-Futur: ì-lá-e „er wird zahlen", BE VI 2 Nr. 40_{16}; ì-ba-ene „sie werden teilen", BE VI 2 Nr. 43. — Für das aktive Präteritum: i-n-dŭ „er hat gelöst", BE VI 2 Nr. 64_{11}; i-n-dū „er hat gebaut", HGT 6_{9}; $7_{1.16}$; e-(n-)šù(-n)-sâ „sie hat von ihm gekauft", RTC 16 Kol. 2_{2}. — Für das intransitive Präsens-Futur: nu-(i-)gí-gí-(e)d-e „er wird nicht umkehren", BE VI 2 Nr. 43_{25}. — Für das intransitive Präteritum: ì-zi(g) „er ist aufgestanden", HGT 150 Kol. 1_{7}; i-nna-te-en „du bist an ihn herangetreten", AO 5403 (RA XI S. $43)_{2.9}$.

Trotzdem kann durch den Kontrast mit anderen Verbalthemen § 537
die mit i- gebildete Verbalform eine besondere Bedeutungsnüanze erhalten, die sich jedoch entsprechend dem Charakter des i- als Grundpräfix stets als einfache und konkrete darstellt. Dies gilt vor allem hinsichtlich der Zeitlage der mit i- gebildeten Verbalform, insofern als diese stets an der Gegenwart als der vom Sprecher unmittelbar empfundenen Zeit orientiert ist und deshalb beispielsweise im Präteritum das Perfektum, d. h. die Vergangenheit als vom Standpunkt der Gegenwart aus betrachtet und in ihren Folgen noch in die Gegenwart hineinragend, bezeichnet im Gegensatz zu der mit mu- gebildeten Präteritalform, welche die von keinem bestimmten Zeitpunkt aus betrachtete, zeitlich nicht orientierte Vergangenheit darstellt; also: i-n-dū „er hat gebaut", mu-n-dū „er baute". In ähnlicher Weise bezeichnet die mit i-gebildete Präsens-Futurform die unmittelbare Gegenwart oder die Zukunft als von der Gegenwart aus betrachtet, bez. auch als von der Gegenwart ausgehend; also: i-dū-e „er wird von jetzt ab „bauen", mu-dū-e „er wird irgendeinmal bauen".

Beweisend für die perfektische Bedeutung des Themas i-n-LAL § 537a
ist vor allem die Tatsache, dass in den Rechtsurkunden die zu beurkundende Handlung mittels des Themas i-n-LAL, nicht mittels

---

[2]) Vgl. dazu als Parallele aus dem Semitischen (Hebräisch und Aramänisch) die Entstehung des Verbs *hawā „sein" aus dem Pronomen der 3. Person Singularis hû „er" und die Bildung von Formen auch der 1. und 2. Person von diesem Verb.

des zeitlosen Themas mu-n-LAL berichtet wird; denn die Urkunde will selbstverständlich nicht lediglich mitteilen, dass irgendeinmal in der Vergangenheit das oder das geschehen ist, sondern zielt gerade im Gegenteil darauf hin, die Folgen der von ihr beurkundeten Handlung für die Gegenwart (und Zukunft) festzulegen.

Vgl. e-(n-)šù(-n)-sâ „sie hat von ihm gekauft (und nun ist es es im Besitz der Käuferin)", RTC 16 Kol. 2_2; 17 Kol. 2_3; e-na(-n)-lá „sie hat ihm (das Kaufgeld) gezahlt (und er hat somit nun keine Ansprüche mehr gegen sie)", RTC 25_{12}; e-na(-n)-sì(m) „sie hat ihm gegeben", RTC 17 Kol. 3_1; šu-n(i)-a i-ni(-n)-gí „er hat in ihre Hand zurückgegeben", RTC 27, Kol. 6_{10}; i-nna(-n)-ba „er hat ihr geschenkt", ITT III 5279_{17}; mu-lugal-bi i-n-pad-eš „beim Namen ihres Königs haben sie geschworen", ebenda_{46}; BE VI 2 Nr. 69_{19}; i-n-dŭ „er hat gelöst", BE VI 2 Nr. 64_{11}.

§537b Weiteres über den aus dem Gegensatz zu anderen Verbalthemen sich ergebenden Gebrauch des Themas i-LAL wird aus praktischen Gründen erst bei den übrigen Präfixen angeführt werden (§ 549ff, 573ff., 606). Ebenso s. zu dem öfteren Gebrauch des Themas i-n-LAL in älterer Zeit als historisches Tempus bei dem Präfix mu- (§ 552).

§ 538 b. Lautliche Veränderungen.

α. Werden den mit i- gebildeten Verbalformen die Partikeln nu- und bara- „nicht", ḫe-, u- und ga- „möge" oder na- „möge nicht" vorgesetzt, so wird das Präfix i- von dem Vokal der betreffenden Partikel absorbiert; dieser letztere wird dafür gedehnt und bei günstigen Akzentverhältnissen mit Schleifton gesprochen.

Vgl. nūbkur(u)nea (geschr. nu-ù-ub-kúr(u)-ne-a; < nu-i-b-kur-ene-a) „dass sie nicht ändern werden", ITT III 5299_{45}; ba-bi nu-(i-)na-n-sim-a-a(k) (geschr. nu-ù-na-an-sì-ma-a) „davon, dass er dieses Geschenk ihr nicht gegeben habe", RTC $293_{8.9}$; šu-Alla(-k) nu-(i-n-)da-me-a-š, KA é-gal nu-(i-n-)da-n-šubb-a-š (in beiden Fällen geschr. nu-ù-da-....) „ohne dass die Hand des Alla dabei war und ohne dass der Palast dabei ....", RTC $291_{4.5}$; nam-dam-šù-ám ...g-a-n(i)-a nu-(i-)ná-a (geschr. nu-ù-ná-a) „dass *er sie* nicht als seine Frau *be*schlafen habe", ITT 948 Rs._1; nu-(i-)b-dímm-en (geschr. nu-ub-dím-me-en) „du machst nicht", HGT 142 Kol. 2_7; ḫe-(i-)b-dím-e (geschr. ḫe-ib-dím-e „möge er machen", ebenda_8; na-(i-)b-dím-e (geschr. na-ab-dím-e) „möge er nicht machen", ebenda_9; unādu(g) (geschr. ù-na-a-dū̄; < u-i-na-e-dug) „sprich zu ihm", ITT II 260_2; 3418_1; 3756_2 u. o.; ga-(i-)-na-b-dū̄(g) „ich will zu ihr sprechen", Gudea, Zyl. A 3_{23}; ga-(i-)b-dím „ich will machen", HGT

142 Kol. 2_5; ga-(i-'-)zi(g̃) „ich will aufbrechen", HGT 150 Kol. 1_2.

In nachsumerischer Zeit wird jedoch der Kontraktionsvokal in der Regel wieder gekürzt und ein folgender einfacher Konsonant, der einem Bildungselement angehört, öfters (wie nach dem einfachen Präfix i-) verdoppelt. § 539

Vgl. nu-(i-)nni-b-ti-ti(-e) (geschr. nu-un-ni-íb-ti-ti) = ula ureššešu, HGT 142 Kol. 4_{15}, neben (geschr.) ḫe-ni-íb-ti-ti, ebenda$_{16}$; ḫe-(i-)nna-b-dím-e (geschr. ḫe-en-na-ab-dím-e) „möge er ihm machen", HGT 142 Kol 2_{16}; ga-(i-)nna-b-dím „ich will für ihn machen", ebenda$_{15}$; na-(i-)nna-b-dím-ene „sie mögen ihm nicht machen", ebenda$_{17}$; sá-nu-(i-)bb-i-(e)ne „sie erreichen nicht", HGT 150 Kol. 3_7.

β. In nachsumerischer (und sumerischer?) Zeit wird i- öfter § 540
auch mit dem auslautenden a der unmittelbar vor der Verbalform stehenden Fragewörter aba „wer?" und ana, ES ta „was?" kontrahiert.

Vgl. anārabdaḫe(n) (geschr. a-na-a-ra-ab-daḫ[-e], CT 17, 38 Vs.$_{26.27}$ Var.; a-na-ra-ab-daḫ-e, CT 17,25_{60} Var.; < ana i-e-ra-b-daḫ-en) „was könnte ich dir hinzufügen?"; (geschr.) a-ba-zi-zi (< aba(-e) i(-n)-zi-zi-e) „wer reisst heraus?", CT 16, 19ff.$_{162}$; ES (geschr.) ta-ra-ab-dū̆(g) (< ta i-e-ra-b-dug) „was hat sie dir getan?", SK 5 Kol. 2_{41}-3_3. — Für die sumerische Zeit vgl. vielleicht (a)na-(i-)b-i(-e)-a (geschr. na-bi-a) „was immer er sagt", ITT I 1119_2 u. o. (s. § 514a).

γ. Kontraktion des Präfixes i- mit dem folgenden Vokal § 541
dagegen findet statt, wenn auf das Präfix das Pronominalelement -e- „du" folgt.

Vgl. me-šù (i-)e-túm = aiš tubbal „wohin hast du gebracht?"(?), akk. „wohin willst du bringen?", HGT 152 Kol. 10_6; me-da (i-)e-túm = e tubbal, ebenda$_7$; ES a(i)a-mu(-e) ta-ám (i-)e-ra-n-dū̆(g), ta-ám (i-)e-ra-n-táḫ „was hat mein Vater dir befohlen und was hat er dir noch aufgetragen?", HGT 28 Kol. 1_{51}.

δ. Vor vokallosem n oder b wandelt sich i- häufig in a-, § 542
sodass also die betreffenden Verbalformen mit an- und ab- anlauten. Besonders findet sich der Umlaut in a auch vor dem verdoppelten n des Infixes -ni- (also Anlaut anni-). Eine genauere Untersuchung über die Umlautung in den verschiedenen Perioden und an den verschiedenen Lokalitäten steht noch aus. Bis jetzt lässt sich wenigstens so viel sagen, dass dieser Vokalwechsel (bis auf vereinzelte Fälle) nicht im aktiven Präteritum und auch nicht in der Verbindung i-nna- stattfindet.

Vgl. für das Präsens: mu-sarr-a-bi a-b-ta-gir-i-a (geschr. -gíri-a) „(der Mann), der selbige Inschrift ....en wird", Eannatum,

Mörser $4_{4.5}$; a-b-ta-*kú*(-e)-a „aus welchem er *isst*", Entemena, Silbergefäss$_{15}$; lù im-sarr-a-e a-b-...-e-a „wer diese beschriebene Tafel zerstören wird", HGT 34 Kol. 28_{21-23} (Rimuš); lù im-sarr-a-e a-b-...-e-a „wer diese beschriebene Tafel zerstören wird", ebenda Kol. $3_{40.41}$ (Šarrukin); a-b-dimm-en „ich mache", HGT 142 Kol. 2_6; a-nni-b-ti-ti(-e) = urešševšu, ebenda Kol. 4_{14}; sá-a-bb-i-ene = ikaššadû „sie erlangen", HGT 150 Kol. 3_6; a-n-ri-rig-a (< i-n-ri(g)-rig-e) „er wird ....en", ASK 6 Vs.$_{10}$.

Dagegen i-b-zir-i-a „wer zerstören wird", Gudea, Statue B 8_{10}; šu-i-b-ta-b-ùr-u-a „(wer) auslöschen wird", ebenda$_9$; šu-ni i-b-bal-e-a „dessen Hand umstürzen wird", ebenda 8_{43}; i-nna-b-kallag-ene „sie werden ihm als Rente liefern", BE VI 2 Nr. 28_{25}; i-nna-b-kal(a)g-ene, BE VI 2 Nr. 48_{30}.

Für das Permansivum vgl. a-n-da-ti „er befindet sich bei ihm", ITT I $1100_{4.11}$; a-b-dū-a „welche gebaut worden waren", Entemena, Kegel 2_{41}; a-b-duru(n) „er wohnt", ITT I 1100_5; a-b-duru-durun-eš „sie wohnen", ebenda$_{15}$; me-a a-n-sǐ, bez. a-n-še, a-n-ti, a-n-bi „wo befindet er sich?", HGT 152 Kol. 9_{15-18}; me-a a-n-sǐ-eš, bez. a-n-ti-eš „wo befinden sie sich?", ebenda$_{19.20}$; a-n-ga-m(e) „er ist (auch)" (enklitisch), HGT $6_{41.43}$; BE VI 2 Nr. 38_{26} (Datum Samsuilunas); ḫur-a-n-ga-me-(e)š = šunuma, HGT 152 Kol. 6_{42}.

Dagegen i-b-duru-durun-eš „sie wohnen", ITT II 1363_9; i-nga-me-(e)nden = nînuma, HGT 152 Kol. 6_{35}; i-nga-me-(e)nzen = attunuma, ebenda$_{37}$; i-nga-me-(e)š-âm = šunuma, ebenda$_{39}$; enene i-nga-me-a (neben enene a-nga-m(e)) = šunuma, ebenda$_{40\ (41)}$.

Für das aktive Präteritum: i-b-ta-ni(-n)-è „er hat aus ihm (in das Guedinna) hineingeleitet", Entemena, Kegel 2_8; i-n-dū-a „welcher gebaut hat", Gudea, Statue A Überschrift$_6$; B 1_7; šu-nigin 3-lugal mu-bi 356-mu i-b-â „zusammen 3 Könige herrschten 356 Jahre", HGT 2 Kol. 11_{17-19}; in Kontrakten: i-n-ši-n-sâ „er hat gekauft", i-nna-n-lá „er hat ihm bezahlt", i-n-dŭ „er hat gelöst", i-n-gar „er hat gemacht" usw.

Dagegen tukum-bi ⟨lù⟩ DUMU-SAL-lù(-k) zag-a-n-uš „wenn ein Mann die Tochter eines Mannes anstösst(?)", MI $28_{1.3}$; me-šù a-n-túm „wohin hat er gebracht?(?)" (akk. aiš ubbal „wohin bringt er?"), HGT 152 Kol. 10_8; meda a-n-túm = ai ubbal, ebenda$_9$;[1] 1-gín-kù(g)-babbar-máš-a-n-tuk(u) „1 Sekel Silber, verzinslich", BE VI 2 Nr. 22_1, neben 15-gín-kù(g)-babbar-máš-i-n-tuk(u), BE VI 2 Nr. 16_2.

§ 543 ε. Umlautung von i- in a- vor dem vokallosen Subjekts-

[1]) Zu den Verbalformen s. Anmerk. 2 auf S. 89.

element -ʼ- „ich“, findet sich in [me-šù a(-ʼ)]-túm „wohin habe ich gebracht?(?)“ (akk. = eiš ubbal anâku „wohin soll ich bringen?“), HGT 152 Kol. 10_4; meda a-(ʼ-)túm = ai ubbal, ebenda$_5$; vgl. dazu die oben angeführten Formen me-šù a-n-túm und meda a-n-túm.

ζ. Regelmässig findet die Umlautung des Präfixes i- in a- statt im Imperativ, bei welchem das Präfix und die übrigen sonst vor der Wurzel stehenden Bildungselemente der Wurzel nachgesetzt werden. § 544

Vgl. dímm-a-na-b (geschr. dím-ma-na-ab; < dim-i-na-b) „mache ihm“, HGT 142 Kol. 2_{14}; siehe dazu beim Imperativ (§ 676).

η. In späten Texten wird i- bisweilen zu u-, wenn ihm vokalloses -m-, das nach § 503 aus -b- entstanden ist, folgt (also Anlaut u-m-ta- usw. statt i-b-ta- usw.). § 545

Vgl. (geschr.) um-ta-è-na-zu-šù (< i-b-ta-è-en-a-zu-šù) „wenn du aus ihm heraustrittst“, 5 R 50 Kol. $1_{1.3.5}$; (geschr.) šu-um-ta-gur-gur-ra (< šu-i-b-ta-gur-gur-e) = ittanagrar(a), 4 R 3_{17a}.

c. Ersatz des Präfixes i- durch das Präfix mu-. § 546

α. Vor den Infixen der 1. und 2. Person Singularis, also beispielsweise vor -ʼ-a- mir“, -e-ra- „dir“, -ʼ-da- „mit mir“, -e-da- „mit dir“, -ʼ-ši- „zu mir“, „auf mich“, -e-ši- „zu dir“, „auf dich“, usw., wird das Präfix i- in der Regel durch das Präfix mu- verdrängt.

Vgl. m(u-ʼ-)a-n-sì(m) „er gab mir“, „er hat mir gegeben“, LIH 98. 99_{26}, 5 R 12 Nr. 1 Rs.$_9$ u. ö., das sowohl zum Thema mu-n-sì(m) „er gab“, wie zum Thema i-n-sì(m) „er hat gegeben“ zu stellen ist; beachte dazu vor allem: „Lugal-KU-ŠÁR-aru(d)-Baz[i-k,-e] m(u-ʼ-)a-n-sì(m)“ bí-n-dū̄(g); ba-bi Lugal-KU-ŠÁR-e nu-ù-na-n-sim-a-a(k) É-ᵈNinmarki-k-a nam-érim-bi i-n-tar „„Lugal-KU-ŠÁR, der Sklave des Bazi, hat es mir gegeben“, behauptete sie; dagegen schwor Lugal-KU-ŠÁR im Tempel der Ninmarki, dass er ihr dieses Geschenk(?) nicht gegeben habe“, RTC 295_{6-11}; ḫa-m(u-ʼ-)a-b-dim-e „er möge mir machen“, HGT 142 Kol. 2_{21}, neben ḫe-(i-)nna-b-dím-e „er möge ihm machen“, ebenda$_{13}$; ga-mu-(e-)ra-b-dím „ich will dir machen“, HGT 142 Kol. 2_{10}, neben ga-(i-)nna-b-dím „ich will ihm machen“, ebenda$_{15}$; lá-m(u-ʼ-)a „zahle mir“, Urukagina, Kegel BC 11_{27}, 12_8, neben dímm-a-na-b (< dimm-i-na-b) „mache ihm“, HGT 152 Kol. 2_{14}; marandu(g) (< mu-e-ra-ndug) „er hat dir befohlen“, Gudea, Zyl. A 5_{18}; mu-e-da-zi-zi(-e) „(die Menschheit) steht mit dir auf“, MST Nr. 4_{10}; ga-mu-(e-)ra(-ʼ)-búr-búr „ich will dir lösen“, Gudea, Zyl. A 5_{12}.

β. Dagegen behauptet sich das Präfix i- vor einem Infix der 2. Person nach den Fragewörtern und öfters nach den Wunschpartikeln ḫe- und ga-. § 547

Vgl. anărabdaḫen (< ana-i-e-ra-b-daḫ-en) „was könnte ich dir hinzufügen?“, CT 17, 18_{26}; ES a(ii)a-mu(-e) ta-ám (i-)e-ra-n-dū̆(g), ta-ám (i-)e-ra-n-taḫ „was hat mein Vater dir befohlen, und was hat er dir hinzugefügt?“ HGT 28 Kol. 1_{51}.

Lù-gula-bi(-e) „ga-(i-e-)šù(-')-sâ“ ù-(i-)na(-n)-dū̆(g) „wenn selbiger Vornehmer zu ihm sagt: Ich will es von dir kaufen“, Urukagina, Kegel BC 11_{35-37} (s. auch 11_{23}); (geschr.) šu-ḫe-a-da-peš-e (< šu-ḫe-i-e-da-peš-e) „sie mögen unter dir strotzen“, Gudea, Zyl. A 11_{9}; (geschr.) KA-ḫe-ra-ab-šă-šă-gi-ne (< KA-ḫe-i-e-ra-b-ša(g)-šag-ene) „sie mögen für dich (zu dir?) flehen“, LIH 60 Kol. $2_{14.15}$; (geschr.) ḫe-ri-ib-zál(a)-ga(< ḫe-i-e-ra-b-zalag-e) „sie möge dir leuchten lassen“, 5 R 50f. Kol. 3_{24}; sag-zu ḫe-(i-e-)ri-b-ill-a „sie möge dir dein Haupt erheben“, $ebenda_{26}$; ḫe-(i-e-)ri-b-šag-a „er möge gut für dich machen“, $ebenda_{61}$.

§ 548 γ. Die Verbalform selbst anlautend findet sich i- vor -e- nur in (geschr.) i-ri-pá(d) (< i-e-ra-'-pad) „ich habe über dich gerufen“ (= utammeka), CT 16, 24 Kol. 4_{11}, für das aber sonst gewöhnlich ḫe-ri-pá(d) (< ḫe-i-e-ra-pad) „es sei über dich gesprochen“ steht.

§ 548a d. Zu dem Ersatz des Präfixes mu- durch i- s. § 562.

B. Das Präfix mu-.

§ 549 a. Bedeutung.

α. Dass das Präfix mu- seiner Bedeutung nach in gewisser Hinsicht dem Präfix i- nahesteht, ergibt sich daraus, dass nach § 546 dieses letztere Präfix vor den Infixen der 1. und 2. Person durch das Präfix mu-, und andererseits nach § 562 das Präfix mu- vor Infixen, die mit vokallosem b (und m) beginnen, durch das Präfix i- verdrängt wird. Beachte ausserdem, dass öfters auch dieselben Verben oder Reihen von Verben unter ganz gleichen syntaktischen Verhältnissen das eine Mal mit i-, das andere Mal mit mu- gebildet werden.

Vgl. z. B. Uš,-isag-Umma[ki]-k,-e .... narua-bi ì(-n)-pad, edin-Lagašu[ki](-k)-šù ì-gin „Uš, der Išakku von Umma, riss jene Stele heraus und drang in das Gebiet von Lagaš ein“, Entemena, Kegel 1_{13-21}, neben narua-bi lù-Umma[ki]-k-e mu(-n)-pad, edin-Lagašu[ki](-k)-šù mu-gin „diese Stele riss der Ummäer heraus und in das Gebiet von Lagaš drang er ein“, AO 4399 (NFT S. 216) Kol. 1; Gudea, -lù-É-ninnu-[d]Ningirsuk-a(k)-i-n-dū-a „Gudea, der das E-ninnu des Ningirsu erbaut hat“, Gudea, Statue A, Überschrift, neben alan-lù-é-[d]Bau(-k)-mu(-n)-dū-a-k-ám „die Statue des Mannes, der das Haus der Bau gebaut hat“, Gudea, Statue E 9_{6-8}.

β. Dennoch versteht es sich von selbst, dass die Präfixe mu- und i- nicht bedeutungsgleich sein können. In der Tat weisen auch alle Beobachtungen darauf hin, dass im Gegensatz zu dem Thema i-LAL, welches nach § 537 die berichtete Handlung vom Standpunkt der unmittelbaren Gegenwart aus gesehen und auf diese bezogen darstellt, das Thema mu-LAL die Handlung ohne Beziehung auf eine bestimmte Zeitsphäre berichtet. § 550

(*1*) (*a*) Sehr deutlich kommt die zeitlose Bedeutung von mu-LAL im Präteritum zum Ausdruck; denn während i-n-dím bedeutet „er hat gemacht (und nun ist es gemacht)", also perfektische Bedeutung hat (§ 537), bedeutet mu-n-dím lediglich „er machte (irgendeinmal in der Vergangenheit)". Ähnlich wie der griechische Aorist ist deshalb auch das Thema mu-n-LAL das Tempus der historischen Erzählung. § 551

Vgl. û(d)-é-dNingirsuk-a(k)-mu(-n)-dū-a(-a) dNingirsu(k),-lugal-ki-ág-ni,-e a-abba(-k)-igi-nim-ta a-abba(-k)-sigg-a-šù gìr-bi IG-mu-na(-n)-KÍD; ... giš-erin ... kur-bi(-t) i-m-ta-n-è,[1] šar-ùr ... mu-na(-n)-dū; šar-gaz ... mu-na(-n)-dū; giš-erin-bi ig-gal-šù mu(-n)-dím, UL-kù(g)-a mi-ni(-n)-dar, É-ninnu-a mu-na(-n)-DU.DU usw. „als er das Haus des Ningirsu baute, da öffnete ihm Ningirsu die Wege vom oberen Meer bis zum unteren Meer; Zedern usw. holte er aus ihren Bergen; einen Saruru machte er für ihn; einen šar-gaz machte er für ihn; jene Zedern zimmerte er zu grossen Türen, mit strahlendem Zierrat schmückte er sie, in E-ninnu stellte er sie ihm auf" usw., Gudea, Statue B $5_{21 ff.}$.

Gegen die obige Bedeutungsbestimmung von mu-n-LAL spricht natürlich nicht, dass in den älteren Inschriften häufig auch i-n-LAL als historisches Tempus gebraucht wird. Das ist offenbar volkstümliche Erzählungsweise, die auch nicht unmittelbar mit der Gegenwart in Verbindung stehende vergangene Ereignisse mit Vorliebe von der Gegenwart oder von einem in der Vergangenheit als unmittelbar gegenwärtig angenommenen Zeitpunkt aus betrachtet; beachte dazu, dass auch im Deutschen der gewöhnliche Mann fast ausschliesslich im Perfektum, wenn nicht im Präsens, erzählt. § 552

Vgl. z. B. uru-Unu(g)ki e(-n)-ḫul, bád-bi e-(n)ga-..., lù-Unugki-a(k)-da tukul e-(n-)da(-n)-sīg, tún-KÁR e-ni(-n)-sì(g) usw. „(Šarru-kin) schlug die Stadt Uruk und zerstörte ihre Mauer; mit den Urukäern kämpfte er, und er besiegte sie" usw., HGT 34 Kol. 1_{12-21}.

(*b*) Ausschliesslich im zeitlosen Thema mu-n-LAL wird in den § 553

---

[1]) Zu i- statt mu- in diesem Fall s. § 562.

Bau- und Weihinschriften die Handlung, auf deren Bericht die Inschrift eigentlich abzielt, berichtet, offenbar deswegen, weil der Urheber der Inschrift sich mit dieser auch an spätere Geschlechter wendet, zu deren Zeit die in der Inschrift berichtete Handlung schon weit zurückliegt und bereits der vergangenen Geschichte angehört (oder angehören kann); vom Standpunkt dieser späteren Zeit aus sprechend teilt die Inschrift einfach als eine geschichtliche Tatsache mit, dass in früherer Zeit einmal der und der das und das Werk gebaut oder geweiht habe; hervorzuheben, dass dieses Werk nun gebaut oder geweiht sei, liegt dagegen nicht in der Absicht der Inschrift.[1]

Vgl. ^{d}IG-alim,-....,-lugal-ani(,-r) Gudea,-isag-Lagašu^{ki}-k,-e nam-til-ani-šù a-mu-na(-n)-ru „(diesen Streitkolben) weihte (einst) für sein Leben Gudea, der Fürst von Lagaš, dem Ningirsu, seinem Herrn", Gudea, Streitkolben B; ^{d}Ningirsu-É-ninnu(-k)-ra Dudu,-sangu-^{d}Ningirsuk-ak,-e URU+A^{ki}-ta mu-na-(n-)ta(-n)-ĕ, ríg-ùr-šù mu-na(-n)-dím „(diesen Stein) holte dem Ningirsu von E-ninnu Dudu, der Priester des Ningirsu, aus URU+A und bildete ihn ihm zu einem Streitkolben*untersatz*", Entemena, Untersatz-Platte.

§ 554 (*c*) Eine besonders gute Illustration für diese vom Standpunkt der Zukunft aus erfolgende Betrachtung einer mit mu-n-LAL berichteten Handlung als ein zeitlos-historisches Ereignis im Gegensatz zu der auf die Gegenwart zu beziehenden mit i-n-LAL berichteten Handlung bieten die in inhaltlich fast identischem Zusammenhang vorkommenden Relativformen mu-n-dū-a „welcher erbaute", Gudea, Statue E 9_{6-10}, und i-n-dū-a „welcher erbaut hat", Ur-Ningirsu, Backstein B 1_{8}-2_{4}; denn wenn sich Ur-Ningirsu als ....,-dumu-Gudea,-lù-É-ninnu-^{d}Ningirsuk-a(k)-i-n-dū-a,-k,-e „Sohn Gudeas, des Mannes, der das Eninnu des Ningirsu gebaut hat" bezeichnet, so bekundet er damit, dass der Tempel, den Gudea gebaut, zu seiner, des Ur-Ningirsu, Zeit, also in der damals unmittelbaren Gegenwart, noch steht; dagegen bedeutet alam-lù-é-^{d}Bau(-k)-mu-n-dū-a-k-am ki-gubb-a-bi lù nu-(i-n-)zi-zi(-e) in der Inschrift Gudeas: „(auch in später Zukunft) wird (gewisslich) niemand den Standplatz der Statue des Mannes, der (einstmals) das Haus der Bau erbaute, herausreissen", wobei nicht voraus-

[1]) Man beachte dazu, dass bestimmte Bauinschriften in den Fundamenten der betreffenden Bauwerke niedergelegt wurden, wo sie in der Regel nur gefunden und gelesen werden konnten, wenn das ganze Bauwerk abgetragen worden war. Hier würde es gar keinen Sinn haben, wenn die Inschrift beispielsweise die Idee „ich habe gebaut (und nun ist es gebaut)" betonen wollte.

gesetzt wird, dass zu jener Zeit das von Gudea erbaute Haus der Bau noch so, wie es Gudea gebaut, steht und nicht etwa schon durch einen Neubau ersetzt worden ist.

(*d*) In etwas anderer Art dagegen scheint (allerdings in spät- § 555
nachsumerischem Text) in dem präteritalem Relativsatz, der einem nicht auf die unmittelbare Gegenwart bezüglichen Imperativ vorangeht, das Thema mu-n-LAL die künftige, aber noch vor der Handlung des Imperativs liegende Handlung als mit der augenblicklichen Gegenwart nicht in Verbindung stehend zu bezeichnen (also ähnlich wie die mit mu- gebildete Futurform, § 559, jedoch als Präteritum im Sinne eines Futurum exaktum).

Vgl. z. B. ià-nun,-túr-kug-a-ta-mu-n-túmm-a, ga,-amaš-kug-a-ta-mu-n-túmm-a, ià-nun-kug-a,-túr-sikil-...... ĭn-ĭmm-a ú-me-ni-sì „Butter, die aus einem heiligen Viehhof gebracht worden ist, Milch, die aus einer heiligen Hürde gebracht worden ist, auf die(se) heilige Butter des reinen Viehhofes sprich die Beschwörung aus“, CT 17, 19ff.$_{170\text{-}174}$; hier ist der Sinn nicht, dass die Butter bereits jetzt, sondern erst in der Zukunft vor der Handlung des Imperativs aus dem Viehhof herbeigebracht sein muss.

(*e*) Werden Präteritalformen des zeitlosen Themas mu-LAL § 556
mit solchen des unmittelbar auf die Gegenwart zu beziehenden Themas i-LAL (u. z. in der Reihenfolge mu-n-LAL — i-n-LAL) gegensätzlich einander gegenübergestellt, so rücken die mittels des Themas mu-n-LAL berichteten Handlungen naturgemäss in einen weiteren Abstand von der Gegenwart als die mit Hilfe von i-n-LAL berichteten. Das Thema mu-n-LAL dient alsdann dazu, die Vorzeitigkeit vor der mit i-n-LAL bezeichneten Handlung auszudrücken, bez. besonders hervorzuheben, nimmt also in diesem Fall eine unserem Plusquamperfektum entsprechende Bedeutung an.

Vgl. 1 ^{SAL}ama-anšu-.... Nin-izkim-ti,-dam-isag-Adaba^{ki}-k-ak,-e Bara-nam-tarr-a,-dam-Lugalanda,-isag-Lagašu^{ki}-k,-a(k),-ra 2-kammak-a šu-mu-na(-n)-tág; Anedanumea,-lù-ni,-Malga,-Suda(-d)-mu-(n-)da-ginn-a,-a(<-e) mu(-n)-tùm; 1-tü-.... Ninizkimti-e Malga(-r) mu-na(-n)-sì(m). 2-mana-A.EN.NA.DA .... Barnamtarra,-dam-isag-Lagašu^{ki}-k-ak,-e 2-kammak-a Ninizkimti,-dam-isag-Adaba^{ki}-k-a(k),-ra šu-e-na(-n)-tág; Malga(-d) e-(n-)da-gin; 1-tü-.... Barnamtarra(-e) Anedanumea(-r) e-na(-n)-sì(m) „1 Eselin usw. hatte (zuvor) Ninizkimti, die Gemahlin des Fürsten von Adab, der Barnamtarra, der Gemahlin Lugalandas, des Fürsten von Lagaš, zum zweiten Mal[1] geschickt; ihr Dienstmann Anedanumea, der mit Malga

[1]) V. i. „als zweites Geschenk“.

und Suda gereist war, hatte es gebracht; 1 ....-Kleid hatte Ninizkimti dem Malga geschenkt. 2 Minen ....-Metall(?) hat (jetzt) Barnamtarra, die Gemahlin des Fürsten von Lagaš, zum zweiten Mal der Ninizkimti, der Gemahlin des Fürsten von Adab, geschickt; mit Malga ist (Anedanumea) gereist; 1 Kleid .... hat Barnamtarra dem Anedanumea geschenkt", RTC 19; der Sinn dieser Stelle ist „nachdem Ninizkimti der Barnamtarra die und die Geschenke geschickt hatte, hat Barnamtarra ihrerseits ihr die und die Geschenke geschickt"; 1 dü(r)-ANŠU.BAR.AN.IGI.SÁ, 4 SAL-BAR.AN.IGI-SÁ ... isagg-e Barnamtarra(-r) mu-na(-n)-ba; Eniggal,-nubanda(,-e) ... SAG.APINn-ak-ene(-r) e-ne(-n)-gar „1 ....-Füllen, 4 weibliche .... usw. hatte der Fürst der Barnamtarra zugeteilt (geschenkt?); Eniggal, der Laputtû, hat sie den Oberpflügern zugewiesen", Bab. IV S. 247b; 5-TAR-kua usw. Nesag,-šu.ḫa(,-e) mu(-n)-DU;[1] Eniggal,-nubanda(,-e) é-mü-a[2] ì(-n)-DU „5 TARfische usw. hatte Nesag, der Fischer gebracht; Eniggal, der Laputtû, hat sie ins Familienhaus (= Frauenhaus) gebracht," RTC 30.[3]

§ 557 Beachte hierzu besonders auch, dass die Urkunden, denen die obigen Beispiele entnommen sind, durchaus nicht die mit mu-n-LAL berichteten Handlungen zu beurkunden beabsichtigen, sondern lediglich die gemäss § 537 a mittels i-n-LAL berichteten. Das ergibt sich ganz deutlich daraus, dass die zuerst genannten Handlungen in den Urkunden bisweilen auch mittels der Relativform mu-n-LAL-a berichtet werden; vgl. z. B. 5 TAR-kua usw. Nesag ... . mu(-n)-rá-a, Eniggal,-nubanda(-,e) é-nig-gar-a ì(-n)-DU „5 TAR-Fische usw., welche Nesag ...... (zuvor) gebracht hatte, hat Eniggal, der Laputtû, in das Vorratshaus gebracht", RTC 31. Beachte ferner auch, dass in diesem wie in dem oben zuletzt zitierten Fall die Folgen der mit mu-n-LAL berichteten Handlungen in der für die Urkunde unmittelbaren Gegenwart schon gar nicht mehr bestehen, sondern durch die eigentlich zu beurkundende Handlung bereits wieder aufgehoben, bez. beendet sind; denn die in obigen Beispielen von den Fischern gebrachten Fische befinden sich zur Zeit der Niederschrift der Urkunde (oder Notiz) nicht mehr bei Eniggal, sondern sind bereits wieder in das Familienhaus usw. weitergeliefert.

§ 558 In den Wirtschaftstexten findet sich allerdings oft auch mu(-n)-

[1]) Wahrscheinlich wohl mu(-n)-rá; vgl. mu(-n)-rá-a (geschr. mu-DU-a) in dem in der übernächsten Anmerkung zitierten Beispiel.

[2]) Oder àma (< é-mū = é-SAL) nach àma (= MÀ+SAL für É+SAL), Glosse a-ma, = maštaku, Chic. Voc.241.

DU usw. allein, d. h. ohne dass ihm noch ein mit i- gebildetes Präteritum folgt. Indessen auch da soll das Thema mu-n-LAL ausdrücken, dass die Handlung in ihren unmittelbaren Folgen in der Gegenwart nicht mehr andauert, sondern durch eine andere Handlung, die der Schreiber zu nennen nicht für nötig erachtet, überholt ist; es liegt hier also lediglich eine geschäftsmässige Abkürzung der Urkunde oder richtiger der Notiz vor.

(*2*) Im Gegensatz zu den mit dem Präfix i- gebildeten Präsens- § 559
Futurformen, welche die gegenwärtige oder zukünftige Handlung als mit der Gegenwart in Verbindung stehend bezeichnen, drückt das mit mu- gebildete Präsens-Futurthema die zeitlose Gegenwart oder die hinsichtlich ihres Zeitpunktes unbestimmte Zukunft aus.

(*a*) Aus diesem Grunde wird genau wie das präteritale erzählende Tempus auch das Präsens historicum vom Thema mu-LAL gebildet.

Vgl. kù(g)-^{d}Ninnik-e sukkal-ani,-^{d}Nin-šubur,-ra gù-mu-na-dé-e „die Heilige, Ištar, spricht zu ihrem Sukkallu Ninšubur", HGT 25 Vs. Kol. 1_{30}; kù(g)-^{d}Ninnik-e mu-na-ni-b-gí-gí(-e) „die Heilige, Ištar, antwortet ihm", ebenda$_{50}$; ^{d}Asa-lù-dû(-e) .... a(ii)a-ni,-^{d}Enki(k),-ra .... gù-mu-nna-dé-e „Marduk spricht zu seinem Vater Enki", 4 R 7f. Kol. $7_{16,17}$. [^{d}Enkik-e] dumu-ni,-^{d}Asa-lù-dû(,-ra) .... mu-nna-ni-b-gí-gí(-e) „Ea antwortet seinem Sohne Marduk", ebenda$_{24}$.

(*b*) Als unbestimmtes Futur wird mu-LAL-e, wie es scheint, § 560
mit Vorliebe auch in futurischen odar zeitlos präsentischen Bedingungssätzen gebraucht.

Vgl. mu-a $2\,{}^{2}/_{3}$-še-gur .... X, Y ù Z,-šeš-anene(,-e) Naramtum,-ama-nene,-ra i-nna-b-kalag-ene; ibila še-ba ià-ba ù sìg-ba nu-mu-na-b-kalag-e, nigga(r)-Awilia,-adda-n(i),-ak-e[1] ba-(n-)ra-ĕ-(e)d-e „Jährlich $2^{2}/_{3}$ Kor Getreide usw. werden X, Y und ihr Bruder Z ihrer Mutter Naramtum als Rente geben; sollte ein Erbe ihr die Getreide-, Öl- und Wollrente nicht geben, so wird er seines väterlichen Vermögens verlustig gehen", BE VI 2 Nr. 48_{28-38}; ähnlich auch BE VI 2 Nr. 28_{19-27};[2] id-a ${}^{1}/_{5}$*(gur)*-še-ta-ám .... še-ba, ià-ba ù sìg-ba i-nna-b-kallag-ene; lù še-ba, ià-ba ù sìg-ba nu-mu-nna-b-kallag-ene,[3] nam-ibila-ani nu-mu-n-â-e „monatlich je $^{1}/_{5}$ Kor Getreide usw. werden sie ihm als Rente geben; wird einer ihm die Getreide-, Öl- und Wollrente nicht geben, so wird er nicht mehr Erbe sein", UPUM VIII 1 Nr. 16_{20-25}; in diesen Beispielen bedeutet

---

1) Statt ...k-e sollte richtig -ta stehen.

2) Hier ist jedoch Bedingungssatz und Relativsatz vermengt.

3) Fehlerhaft Plural statt des Singulars.

i-nna-b-kalag-ene „sie geben jetzt", bez. „sie werden von jetzt ab geben", nu-mu-na-b-kalag-e dagegen „wenn er in Zukunft zu irgend einer Zeit nicht gibt", und ähnlich im Hauptsatz nu-mu-n-â-e „er wird in der jetzt noch unbestimmten Zukunft nicht ausüben";[1] ud-a á-tuku-ní-te-dingirr-a(k) ⟨igi-⟩mu-ni-n-lá(-en), dingir ár-(ì- oder mu-)â-en, lugal-ra ba-nna-bb-i(-en) „wenn du Gewinn der Gottesfurcht erschaust, dann erhebst du den Gott und segnest den König", SELGT K 2024 Kol. 3_{24-26}. Aus älterer Zeit vgl. ud-a mu-(n-)šù-sâ-sâ(-e) „wenn er von ihm kauft", Urukagina, Kegel BC 11_{25} (dagegen negativ ud-a nu-(i-n-)šù-sâ-sâ(-e), Kegel B 11_7, û(d)-nu-(i-n-)šù-sâ-sâ(-e)-a,-a, Kegel C 11_7). Beachte aber auch neben ud-a mu-bal-e „wenn er überschreitet", Eannatum, Geierstele Vs. 19_1, 21_4 usw., das ebenso konstante ud-a .... šu-ì-bal-e „wenn er überschreitet", ebenda Vs. $17_{7.8}$, Rs. 1_{19} usw.[2]

§ 561 b. Zur Entstehung des Präfixes.

Die Frage, ob das Präfix mu- ein einfaches Wurzelwort ist oder eine Zusammensetzung des Präfixes e- mit einem vorangestellten Element darstellt, also auf mu-e-, mu-i- zurückgeht, lässt sich vorläufig noch nicht ganz mit Sicherheit entscheiden; doch ist das letztere nach der oben eruierten Bedeutung von mu- unbedingt das Wahrscheinlichere. Das dem Präfix i- vorangestellte Element mu- dürfte alsdann ursprünglich wohl ein Zeitadverbium etwa der Bedeutung „einmal", „damals" oder ähnlich gewesen sein. Hierdurch wird es aber wahrscheinlich, dass mu- ursprünglich auch den mit den Präfixen bi-, ba-, immi- usw. gebildeten Verbalformen vorangestellt und somit auch von diesen Themen das zeitlich unbestimmte Tempus gebildet werden konnte; eine derartige Verbindung liegt wohl auch noch vor in izi mu-ba(-n)-sì(g) „er legte Feuer daran an", Eannatum, Mörser 4_4, falls man diese Stelle nach narua-bi(-e) izi ba(-n)-sì(g) „an jene Stele hat er Feuer angelegt", Entemena, Kegel $2_{36.37}$, und é- ᵈGatumdu-k-e izi ba(-n)-sì(g) „an das Haus der Gatumdu hat er Feuer angelegt", Urukagina, Tontafel Vs. $3_{14.15}$, erklären darauf. Dagegen sind der-

---

1) Allerdings ist vielleicht damit zu rechnen, dass in den nachsumerischen Kontrakten der Anlaut numu- bisweilen wohl auch aus nû- (<nu-i-; § 538) infolge Auflösung des langen mit Zirkumflex betonten û in umu entstanden ist.

2) Beachte ferner auch, dass sich bara-mu-bal-e auf der Geierstele auch ausserhalb eines Bedingungsgefüges (z. B. Vs. 20_{19}, Rs. 1_{19}) neben šu-bal-bara-(i-)agg-e und bara-(i-)padd-u findet; deutet das darauf hin, dass die Anwendung von mu- (wie die der dimensionalen Elemente) hier von der Bedeutung des Verbs abhängig ist?

artige Verbindungen in der späteren Zeit (ähnlich wie in den in § 562 genannten Fällen) nicht mehr gebräuchlich; die mit bi-, ba-, immi- usw. gebildeten Verbalformen bilden also in der späteren Zeit kein zeitloses Tempus mehr.

c. Ersatz von mu- durch das Präfix i-. § 562

α. Vor vokallosem pronominalen b, also vor dem präteritalen Subjektselement -b-, vor dem Kausativelement -b- und dem b der Infixe -b-ta-, -b-ši-, -b-da-, sowie auch vor dem m, das nach § 503 und 531 aus pronominalem -b- entstanden ist, wird statt mu- stets das Präfix i- gebraucht, demnach statt mu-b- und mu-m- stets nur i-b- und i-m- gebildet. Der Grund hierfür ist offenbar die Abneigung gegen eine Häufung von Lippenlauten in Verbindung mit einem diesen nahestehenden Vokal.

Vgl. z. B. in dem im zeitlosen Tempus erzählenden Passus Gudea, Statue A $5_{21\,ff.}$: ḫursag-Martu(-k)-ta [nâ]nagal i-m-ta(-n)-ĕ, narua-šù mu(-n)-dím, kisal-É-ninnu-k-a mu-na-ni(-n)-dū „er holte Steinblöcke aus dem Gebirge von Martu, bearbeitete sie zu Stelen und stellte sie ihm im Hofe von Eninnu auf“, $6_{6\,12}$; Gubin[ki]-ḫursag-[giš]halub-ta [giš]ḫalub i-m-ta(-n)-ĕ mušen-šar-úr-šù mu-na(-n)-dím „aus Gubin, dem Ḫuluppugebirge, holte er Ḫuluppuholz und verarbeitete es für ihn zu einem Šarurvogel(?)“, ebenda 6_{45-50}; vergleiche damit andererseits ḫursag-Kimaš-k-a urudu mu-ni(-n)-bal, rìg-...-šù mu-na(-n)-dím „im Gebirge von Kimaš grub er Kupfer und verarbeitete es zu einem Streitkolben“, ebenda 6_{21-25}, und [giš]tukul uru-Anšan-Elam[ki] mu(-n)-sīg, nam-raḳ-bi [d]Ningirsu(k)-ra É-ninnu-a mu-na-ni(-n)-tū(r) „die Stadt Anšan in (?) Elam schlug er mit Waffen und ihre Beute weihte er dem Ningirsu in E-ninnu“, ebenda 6_{64-69}.

β. Das nach § 563, 506 und 495 aus mu-'-a-b- (sonst > mab-), bez. auch aus mu-'-i-b-, entstehende mub- fällt nicht unter diese Regel, da hier das b von dem Präfix durch das später allerdings durch Kontraktion verschwindende Infix -'-i-, bez. -'-a-, getrennt ist. Vgl. (geschr.) mu-ub-dím-e = ippešam „er macht für mich“, HGT 142 Rs. Kol. 2_{19}, und beachte auch (geschr.) mu-ub-tag und mu-ub-ri, CT 15,7 ff. Vs.$_{15.16}$. Wie es scheint vermeidet jedoch die Sprache auch hier in der Regel die Verbindung mub- durch Aufgabe des b; vgl. z. B. mu(-'-i)-ti-ti(-e) = ureššeanni und nu-mu(-'-i)-ti-ti(-e) = ula ureššeanni, HGT 142 Rs. Kol. $4_{12.13}$, neben a-nni-b-ti-ti(-e) = ureššešu, ebenda$_{14}$, ḫe-(i-)ni-b-ti-ti(-e) = lireššišu usw., ebenda$_{16}$. §562a

§ 562b d. Zu der umgekehrten Erscheinung, Eintreten des Präfixes mu- für i-, s. § 546.

§ 563 e. Lautliche Veränderungen.

α. Vor dem Infix -(’-)a- „mir“ verliert mu- seinen Vokal; also ma- statt mu-’-a-.

Vgl. m(u-’-)a-n-sì(m) (geschr. ma-an-sì) „er hat mir gegeben“, RTC 295_7; Warad-Sin, Tonnagel 2_7; LIH 98.99_{26}; 5 R 12 Nr. 1_{25}; öfter auch in Eigennamen, z. B. ᵈNanna-zi-mu(-’-)a-n-sì(m) „Nanna hat mir Leben (Atem) gegeben“, LIH 41_6; ES m(u-’-)a-n-zem (geschr. mà-an!-ze-em), 5 R 12 Nr. 1_{25}; m(u-’-)a-n-dū̄(g) „er hat mir befohlen“, Gudea, Zyl. A 4_{20}; HGT 25 Kol. 1_{53}; mã-ra m(u-’-)a-n-taḫ „er hat mir hinzugefügt“, ebenda_{54}; (geschr.) ma-a-dū̄(g) (< mu-’-a-e-dug) „du hast mir befohlen“, Gudea, Zyl. A 4_{20}; m(u-’-)a-(n-)ta-è „(die Sonne) ging mir auf“, Gudea, Zyl. A 4_{22}; igi-šù (geschr.) ḫa-ma-gin (< ḫe-mu-’-a-gin) „er möge mir vorangehen“, ebenda 3_{20}; (geschr.) ḫa-ma-ab-sì-mu (< ḫe-mu-’-a-b-sim-en) „du mögest mir geben“, ITT I 1119_6; Gudea, Zyl. A 4_{22}; geschr. ḫa-ma-pá-de (< ḫe-mu-’-a-pad-e) „sie möge mir sagen“, Gudea, Zyl. A 3_{28}; ḫa-m(u-’-)a-b-dím-e „er möge mir machen“, HGT 142 Kol. 2_{21}.

Zu der gelegentlichen Rückbildung von ma- in mu- s. § 506.

§ 564 β. Folgt dem Präfix mu- das Infix -e-ra- „dir“, so wird das nach § 505 aus u und e kontrahierte ũ infolge vorwärtsgerichteter Angleichung an das a von -ra zu ã; also mũra- (< mu-e-ra-) > mãra-.

Vgl. (geschr.) ma-ra-an-dū̄(g) (< mu-e-ra-n-dug) „er hat dir befohlen“, Gudea, Zyl. A 5_{18}; (geschr.) ma-ra-ta-è-a (< mu-e-ra-n-ta-è-a) „welche dir aufging“, ebenda 5_{19}; (geschr.) gù-ma-ra-a-dé (< gù-mu-e-ra-n-dé) „sie hat dir verkündet“, ebenda 6_2; (geschr.) ma-ra-sì(m) (< mu-e-ra-’-sim) „ich habe dir gegeben“, HGT 74 Kol. 3_{16}.

§ 565 Dagegen bleibt mũra- erhalten nach den Partikeln ga-, ḫa- und ḫu- (< ḫe-), nu- (und na-?).

Vgl. ga-mu-(e-)ra(-’)-búr-búr „ich will dir deuten“, Gudea, Zyl. A 5_{12}: šu-zi(d) ga-mu-(e-)ra-b-gar „ich will es dir getreulich ausführen“, ebenda 2_{12}; ga-mu-(e-)ra(-’)-dū „ich will dir bauen“, ebenda 2_{14}; (geschr.) gù-ga-mu-ra-a-dé (< gù-ga-mu-e-ra-’-dé) „ich will dir verkünden“, ebenda 9_{10}; ga-mu-(e-)ra-b-dím „ich will dir machen“, HGT 142 Kol. 2_{10}.

Ḫa-mu-(e-)ra-sim-une [1] „sie mögen dir geben“, ITT 1100_{16}

[1]) Siehe dazu § 493.

(Zeit der Dyn. von Akkad); ḫa-mu-(e-)ra-(n-)ta-DU „(vom Himmel) her möge dir (Überfluss) kommen“, Gudea, Zyl. A 11_{8}; ḫu-mu-(e-)ra-b-sim-u (< ḫe-mu-e-ra-b-sim-e) „er möge dir geben“, CT 16, 42ff.$_{110}$; ḫu-mu-(e-)ra-bb-i(-e) „er möge dir sagen“, ebenda$_{98}$; ḫu-mu-(e-)ra-bb-i-ene „sie mögen zu dir sprechen“, 5 R 50 Kol. 4_{33}.

Nu-mu-(e-)ra-n-TUG-a = ul i-šu-ka (Var. ul i-qab-bi), SBH 2 Rs.$_{33}$.

Ebenso scheint mūra- erhalten zu bleiben nach dem un- § 566
mittelbar vor dem Präfix stehenden Fragewort aba „wer?“ (und ana „was?“). Vgl. (geschr.) a-ba mu-ra-an-sì = mannu inamdin, 2 R 16 Kol. 2_{32}.

Auch in Formen ohne eine vorgesetzte Partikel findet sich § 567
bisweilen mūra-.

Vgl. ᵈNingirsu(k), é-zu mu-(e-)ra(-')-dū „o Ningirsu, dein Haus habe ich dir gebaut“, Gudea, Zyl. B 2_{21} (unmittelbar hinter šu-zi(d) ma-ra-a-gar (< mu-e-ra-'-gar) „ich habe dir getreulich erfüllt“, ebenda$_{20}$); šu-zi(d) mu-(e-)ra(-')-gar (geschr. mu-ra-a-gar), HGT 74 Kol. 4_{21}; mu-(e-)ra-gi-en „ich machte sicher für dich“, ebenda 3_{24}; (geschr.) sub-bí ša-mu-ra-da-an-SAR.SAR = ikarrabuka, 4 R 17 Vs.$_{13}$, und ša-mu-ra-da-an-sū-gi-eš = izzazzuka, ebenda$_{15.21}$.

γ. Vor dem Infix -ni- wird das u von mu- seit der Zeit der § 568
jüngeren Fürsten von Lagaš (Gudea) mehr oder minder häufig, in den Inschriften der Zeit Samsuilunas dagegen fast durchgängig infolge vorwärtsgerichteter Angleichung an das i von -ni- in i umgelautet; die Verbalformen lauten dann also mit mi-ni- statt mit mu-ni- an. Feste Regeln für das Eintreten oder Nichteintreten des Umlauts in der Zeit vor Samsuiluna lassen sich bis jetzt noch nicht aufstellen.

Vgl. bei Gudea: (geschr.) [sag]-an-šù-mi-ni-íb-il, Zyl. A 1_{2}; sag-an-šù-mi-ni-íl, ebenda 4_{5}; šu-mi-ni-SAR-SAR, ebenda 1_{13}; mi-ni-sì-sì, ebenda 22_{11}; Statue B 6_{22}; mi-ni-DU-a, Zyl. A 22_{24}; mi-ni-DU, Statue B 6_{16}; Zyl. A 16_{6}; ù(d)-mi-ni-íb-zal-zal-e, Zyl. A 5_{9}; ù(d)-mi-ni-íb-zal-a-šù, ebenda 6_{10}; mi-ni-KU-KU; ebenda 8_{9}; dubbin-mi-ni-íb-kin, Zyl. B 4_{7}; mi-ni-gar, ebenda 4_{2}, usw. neben igi-mu-ni-dŭ-ám, Zyl. A 1_{18}; mu-ni-gar-ra-ni, ebenda 19_{8}; mu-ni-tu, ebenda 20_{18}; mu-ni-bal, Statue B 6_{23}, usw.

Bei Samsuiluna: mi-ni-n-sà-eš, LIH 98.99$_{10.11}$; mi-ni-n-dū-a, § 569
ebenda$_{65}$; mi-ni(-')-dŭ, ebenda$_{70}$; sag-(a)nene mi-ni-n-íl, ebenda$_{72.73}$; mi-ni(-')-gen, ebenda$_{75}$; šu-mi-ni-n-barr-a, Zyl. VA 5951 Kol. 2_{12}; mi-ni-b-dŭ, ebenda 3_{10}; mi-ni-n-mull-a, Datum des 7. Jahres, usw. — Dagegen (vereinzelt) sag-bi mu-ni-n-íl, VA 5951 Kol. $3_{1?}$; mu-

ni-n-tarr-eš, ebenda 3_{25}; mu-ni-n-PA+KAB+DU-es, ebenda $3_{26.27}$.[1]

§ 569 Wird dagegen (in nachsumerischer Zeit) der Verbindung mu-ni- die Beteurungspartikel ḫe- vorangestellt, so bleibt das u erhalten; die betreffenden Verbalformen lauten dann nach Umwandlung von ḫe- in ḫu- mit ḫu-mu-ni- an.

Vgl. ḫu-mu-ni-n-il, Warad-Sin, Zyl. A Kol. 2_{3}; RA IX S. 123 (Kudurmabuk) Kol. 2_{12}; LIH 98_{76} (Samsuiluna); ḫu-mu-ni(-')-maḫ; ebenda$_{76}$; hu-mu-ni(-')-nigin, LIH 58_{15}, usw.

§ 570 Statt mi-ni- findet sich vereinzelt auch die Schreibung me-ni-.

Vgl. ᵈNinurta(k)-...-e nam-me-ni-b-tarr-e (geschr. nam-me-ni-íb-tarr-ri) „Ninurta bestimmt ihm das Los", 4 R 13 Nr. 1 Vs.$_{51\,(48)}$, Var. nam-mi-ni-ib tar-ri, SBMGN S. 26 Anm. 1.

Auch in den in späten Texten so häufigen Imperativen der Form ú-me-ni-šub „wirf", ú-me-ni-sì(m) „gib" usw. mag me-ni- bisweilen aus mu-ni- entstanden sein; siehe dazu § 656.

§ 571 δ. Zu der Schärfung des m von mu- nach der Prohibitivpartikel na- in nachsumerischer Zeit (also na-mmu-, geschr. nam-mu- < na-mu-) s. § 672. Schärfung des m- von mu- nach der dialektischen Wunschpartikel de- findet sich in de-mm(u-')a-ḫun(g)-e (geschr. de-em-mà-ḫun-e) „es möge sich über mich beruhigen (= li-nu-ḫa-am)", 4 R 21 Nr. 2 Vs.$_{23.25}$.

C. Das Präfix al-.

§ 572 a. Vorkommen des Präfixes.

Verbalformen, die mit dem Präfix al- gebildet sind, treten uns bis jetzt mit Ausnahme vielleicht eines Falles bei Eannatum nur in Texten der nachsumerischen Periode, und zwar hauptsächlich im Permansiv, weniger häufig auch im Präsens-Futur entgegen.

Vgl. zum Permansiv: di-bi al-til = dînšu gamir „seine Gerichtssache ist fertig (entschieden)", 5 R 24 Nr. 1_{31}; ĭ(n)-bi al-til (= awazu gamrat) „seine Sache ist fertig", CT 8, 22 b_{14}; BE 1 Nr. 88_{18}; 105_{26}; 61_{23}; 13_{21}; šag-ani al-dû(g) (= libbašu ṭâb) „sein Herz ist zufrieden", BAP 90_{10}; CT 8, 22 b_{15}; BE VI 1 Nr. 88_{17}; 105_{26}; 61_{22}; 65_{7}; en-ud-a-al-til-a = adi ûm balṭu „solange er am Leben ist", 4 R 28 Nr. 1 Vs.$_{16}$; šu-ni al-gid = ga-ta-šu! za-an-bi-la „seine Hände sind .....", HGT 142 Kol. 3_{21};[2] ne-nam al-dím =

---

[1]) Beachte, dass die Verbindung mi-ni- sich ausschliesslich im ersten Teil der Inschrift (bis 3_{10}), mu-ni- dagegen ebenso ausschliesslich im letzten Teil der Inschrift (von 3_{13} ab) findet.

[2]) Vgl. šu—gid (konstruiert mit -ni- und -na-) = qât X ṣabâtu „jemandes Hand ergreifen", „jemandem Beistand leisten".

ki-a-am-ma-at „so ist es“, HGT 140_{11}; [gal]la-mu al-šā(g) = ûri da[miq] „meine Scham ist gut (rein, unversehrt)“, 2 R 16 Kol. 3_{3}; dū-a-bi al-šā(g) ù tü-NIG-IB ba-n-tu[1] „sie ist vollkommen gut und mit dem ulapu bekleidet“, $ebenda_{26.27}$; kúr-kúrr-u-zu al-gī(g) = ana nukkurika mariṣ „dein Ändern (Geändertwerden) ist schwer“, 2 R 16 Kol. $5_{12.13}$; gišgišimmar-al-NEm-a (geschr. al-NE-mà) = ba[šlu], 2 R 46 Nr. 2 Kol. 2_{13}; gišgišimmar-al-gáll-a (geschr. al-gál-la) = našû, 2 R 46 Nr. 2_{11}; gišgišimmar-al-ug-a (geschr. al-ū-ga) = mîtum, „abgestorbene Palme“, wörtlich „Palme, die abgestorben ist“, HGT 133 Kol. 1_{18}; gišgišimmar-al-ḫabb-a = bîšu „faulig gewordene Palme“, $ebenda_{19}$; tukum-bi lù(-k) é-e-uss-a-ni kizlaḫ-lù(-k) al-tág, lugal-é-ak-e lu⟨gal⟩-kizlaḫ(-ak)-ra „kizlaḫ-zu al-tág ....“ i-nna-n-dū(g) „wenn das Grundstück eines Mannes, das neben dem Haus eines andern liegt, unbenutzt gelassen ist und der Besitzer des Hauses zu dem Besitzer des Grundstücks sagt: Dein Grundstück ist unbenutzt gelassen (usw.)“, ZSSR S. 187ff. C Kol. 1_{21}-2_{4}; kizlaḫ-....-al-tág i-nna-b-sim-u „*ein* Stück, das *nicht*(?) unangebaut gelassen ist, wird *er*(?) ihm geben“, ebenda $C_{10.11}$. — Mit reduplizierter Wurzel (= Permansiv II_{1} im Akkadischen): al-gā(r)-gar = nuppuḫ „(das Feuer oder ähnlich) ist entfacht“, HGT 142 Kol. 3_{14}; al-ḫul-ḫ[ul] = qul[lul] „er ist verflucht“, HGT 136 Kol. 4_{10}; al-zin-zim = nuṭṭup[2] „er ist ge....“, HGT 142 Kol. 3_{13}; al-zin-zimm-en = nuṭṭupâku „ich bin ge....“, $ebenda_{15}$; al-ḫúl-ḫú]l-en][3] = ubbudâku „ich bin zugrunde gerichtet“, $ebenda_{1}$; al-gú-gú = bu-zu-ul, $ebenda_{18}$; al-...-... = zuqqut, $ebenda_{18}$.

Zum Präsens-Futur: še al-ág-e „er wird das Getreide zahlen (darmessen)“, BE VI 2 Nr. 15_{11}; 17_{8}; 51_{10}; 63_{9}; sag-si-sá al-â-e = iššer „er wird erfolgreich sein“, wörtlicher „er wird Fortschritte (oder dergl.) machen“, HGT 142 Kol. 4_{10}; gišgišimmar enna 3-kūš al-sukud-e, a a-b-bal-e „bis er die Palmen 3 Ellen hoch gebracht hat, wird er Wasser giessen“, UPUM VIII 1 Nr. 21_{13-15}; im-dū-a-bi GIŠ-SAR-gibil ù GIŠ-SAR-libirr-a(k) zag-si(?)-bi 4-kūš al-sukud-e „seine Lehmmauer, u. z. (die Mauer), die die Seiten des neuen und des alten Gartens umgibt, wird er 4 Ellen hoch machen“, $ebenda_{22-24}$; aru(d)-bi al-búr-e „(alsdann) wird dieser Sklave ....“ (oder „er wird diesen Sklaven ....“), ZSSR XLI S. 187ff. C Kol. $3_{13.14}$; tukum-bi Naramtum Awilia,-dam-ani,-ra „dam-mu nu-(i-)me-(e)n“ ba-na-n-dū(g), dubbin al-tarr-une, kù(g)-šù bí-b-sim-uš (statt bí-b-

[1]) Für tü.

[2]) Text fehlerhaft nu-du-uḫ (Schülertext).

[3]) Ḫúl-ḫúl ist Fehler für ḫul-ḫul.

sim-une oder bí-b-sim-u) „wenn Naramtum zu ihrem Gatten Awilia sagt: „Du bist nicht (mehr) mein Mann", wird man ihr das Sklavenmal einschneiden und sie für Geld verkaufen", BE VI 2 Nr. $48_{15.16}$; Awirtum-ke KARA-LIL al-dū-dū(-e)-ma Šalurtum,-ama-ani GAR a-nni-b-kú-a (< -kú-e) „Awirtum wird Hierodule werden und ihre Mutter Šalurtum damit ernähren", BE VI 2 Nr. 4_{12-15}.

§ 573 b. Bedeutung.

α. Die oben angeführten mit al- gebildeten Permansivformen lassen ohne weiteres erkennen, dass das Präfix al- in Verbindung mit dem Permansivthema dazu dient, den fertigen intransitiven Zustand zu bezeichnen, bez. besonders hervorzuheben. Von dem einfachen Intransitivthema i-LAL unterscheidet sich daher das Thema al-LAL in folgenden zwei, innerlich aber zusammenhängenden Punkten:

(*1*) Während i-LAL das Intransitivum sowohl als vergangenes Ereignis, das von der Gegenwart aus betrachtet ist, als auch als gegenwärtigen Zustand, der in der Vergangenheit geworden ist, bezeichnet, wird das Thema al-LAL nur in der letzten Bedeutung gebraucht. Das Präfix al- schränkt also den Bedeutungsbereich des Intransitivthemas auf die Gegenwart ein, ähnlich wie das Präfix mu- ihn auf die Vergangenheit einschränkt.[1] Die Themen al-LAL und i-LAL können daher bei rein permansivischer Bedeutung mit einander wechseln.

Vgl. šag-ani ì-dû(g) „sein Herz ist zufrieden", BE 1 Nr. 88_{17}. 113_{24}, neben dem oben angeführten šag-ani al-dû(g); nig-nam-ḫul-dímm-a-kuš-(a)n(i)-a-ì-gall-a „alles Böse, das in seinem Körper vorhandenen ist", 4 R 28 Nr. 1 Vs.$_7$, und gán-šag-a-dingirr-ene-k-a ki-sim-a,-ki-ḫúl-isagk-a(k) e-gáll-am „in den guten Gefilden der Götter befanden sich Lehen und (?) Lustörter des Fürsten", Urukagina, Kegel BC 4_{13-18}, neben malba-al-gáll-a-gim = kima maḫîri ibaššû „entsprechend dem bestehenden Preise", ASK 2 Kol. 3_{30}. Beachte vor allem auch, dass als negierte Form zu al-LAL das vom Thema ì-LAL gebildete nu-(i-)LAL gebraucht wird (s. § 581).

Dagegen ì-zi(g) = itbi „er ist aufgebrochen", „er brach auf", HGT 150 Kol. 1_7, nie al-zi(g); ì-gin „er ging", Entemena, Kegel 1_{21}.

§ 574 (*2*) Während das Intransitivthema i-LAL sowohl die aktive als die rein intransitive und passive Nüanze des Intransitivums ausdrücken kann, stellt das Thema al-LAL lediglich das reine Intransitivum, bez. die passive Nüanze des Intransitivums dar; ein Intransitivum, das zugleich eine Tätigkeit darstellt, wird demnach

1) Vgl. mu-gin „er ging (einmal)", ì-gin „er ist gegangen".

nicht durch al-LAL, sondern durch i-LAL (und mu-LAL) ausgedrückt, während das Intransitivum, das den Zustand und vor allem den durch das Erleiden einer Handlung eingetretenen Zustand bezeichnet, hauptsächlich durch al-LAL ausgedrückt wird.

Vgl. ì-zi(g) = itbi „er stand auf", „er ist aufgestanden", „er brach auf", „er ist aufgebrochen", HGT 150 Kol. 1_{7}; ì-zig-en = etbi „ich bin aufgestanden", $ebenda_{3}$; ì-gin „er ist gegangen", Entemena, Kegel I_{21}; mu-na-gin „er ging zu ihr", Gudea, Zyl. A 4_{7}; Ḫammurabi,-lugal,-izkimti-An-ᵈEnlil-bi(-k)-ta-igi-erim-(a)n(i)-a(k)-šù-ì-ginn-a,-a (< i-gin-a,-e) „Hammurabi, der König, der unter dem Beistand Anus und Enlils vor seinem Heere einherzog", Datum des 31. Jahres Hammurabis (BE VI 2 S. 63); i-nna-te-en = etḫišum „ich bin an ihn herangetreten", RA XI S. 43 $(AO\ 5403)_{3}$; mu-na-te „er trat zu ihr (ihm)", HGT 76 Kol. $7_{7.11.16}$; mu-nn-a-te „er trat an ihn heran CT 17, $19ff._{222}$; mu-nna-te-eš „sie sind an ihn herangetreten", $ebenda_{159}$ Beachte hierzu im Akkadischen auch die Wiedergabe mit dem Präteritum, nicht mit dem Permansiv.

Dagegen al-gub = izzaz „er steht", RA XI S. 43_{14}; al-gubb-en = azzaz „ich stehe", $ebenda_{15}$; al-gubb-uš „sie stehen", „sie standen", akkadisch izzizu „sie sind (waren) getreten", ASK 2 Kol. 2_{21}; šag-ani al-dû(g) „sein Herz ist befriedigt" (s. § 572) gegen šag-ani ì-dû(g) „sein Herz ist zufrieden (als Tätigkeit)" (s. § 573).

Trotz ihrer permansivischen Bedeutung erscheinen dagegen § 575
ständig mit i- verbunden die Verben me „(etwas) sein", gál „vorhanden sein", maḫ „erhaben sein", babbar „weiss sein" usw., das erste wohl deswegen, weil es als ein tätiges, bez. sogar als ein transitives Intransitivum gefühlt wird,[1] die letzteren (z. T. vielleicht aber auch me) wohl deswegen, weil die Wurzeln an sich schon permansivisch-intransitiv sind.

Vgl. lù-Dubrumm-ak-e ᵈUtuḫegal bar-lugal-ᵈEnlill-e-á-sim-a-ì-me-a-ì(-n)-zu-a-keš „weil der Dubräer wusste, dass Utuḫegal der von Enlil mit Vollmacht versehene König war", RA IX S. 112 Kol. 4_{15-18}; urudu-ki-lugal-gubb-a-ì-maḫ-a „einen erhabenen ehernen Königsstand" (wörtlich „der erhaben ist"), Datum des 13. Jahres Ammizadugas (BE VI 2 S. 103); ud-a udu e-babbar, wenn das Schaf weiss ist", Ovale Platte 1_{19}; PISAN-dubb-a(k) kišib-gidd-a-Lù-ᵈ...,-ugula-ušbar ì-gál „Tafelbehälter, in welchem sich die Urkundenzusammenstellung des Lù...., des Webersekretärs, befindet", ITT II 3099_{1-4}.

---

[1]) Indem das Prädikatsnomen gewissermassen als Objekt aufgefasst wird.

§ 576 Andererseits findet sich auch bei den tätigen Intransitiven gelegentlich al-, wenn diese den Zustand bezeichnen sollen, also permansivisch gebraucht werden.

Vgl. malba-al-DU-a = maḫîru illaku „der laufende Preis“, „der Preis, der gang und gäbe ist“, ASK 2 Kol. $3_{28.29}$; zae-al-du-(e)nn-a-š sag-gig-a si-ba-ni-b-si-sá-e(n) = atta ina alâkika ṣalmât qaqqadi tuštêšir „während du dahinziehst, leitest du die Schwarzköpfigen“, 4 R 17 Vs $_{45}$; ES ibi-sù al-dī(-en) ...., aba(r)-šù al-di-di(-en) .... = ina maḫri allakma ...., arki allakma .... „wenn ich voranziehe, da ...., und wenn ich hinterherziehe, da ....,“ ASK 21 Rs.$_{39-42}$; Igi-^{d}Nanna(-k)-šù-al-DU „vor Nanna wandelt er(?)“, Eigenname, BE VI 2 Nr. 21_{4}.

§ 577 Eine ähnliche Bedeutungsabgrenzung wie zwischen al-LAL und i-LAL (bez. mu-LAL) lässt sich auch zwischen den im passiven Sinne gebrauchten Intransitivthemen al-LAL und ba-LAL(§ 605 ff.) beobachten. Denn während das letztere sowohl das eigentliche Geschehen des Ereignisses in der Vergangenheit als auch den daraus entstandenen Zustand bezeichnen kann, drückt al-LAL nur den letzteren, u. z. mit ausdrücklicher Betonung desselben, aus. Das passiv gebrauchte Thema al-LAL stellt also stets nur eine passive Nüanze des Intransitivums dar, während die reine Passividee durch ba-LAL bezeichnet wird.

Vgl. hierzu vor allem die Wiedergabe von ba-ḫul-ḫul, HGT 136 Kol. 4_{11}, mit dem akkadischen passiven Präteritum iqqalil „er wurde geschändet“, „er ist geschändet worden“, dagegen von al-ḫul-ḫul, ebenda$_{10}$, mit dem akkadischen Permansiv qullul „er ist geschändet“; ferner auch die übrigen in § 572 angeführten Beispiele, in denen das Thema al-LAL-LAL mit dem akkadischen Permansiv II wiedergegeben wird.

§ 578 β. Die Funktion des Präfixes al- in den Präsens-Futurformen dagegen ist noch wenig geklärt. Bei dem noch sehr dürftigen Untersuchungsmaterial ist es auch noch nicht als völlig sicher anzunehmen, dass die betreffenden Formen durchweg (oder ursprünglich überhaupt?) als transitive Formen aufzufassen sind und nicht vielleicht (ursprünglich wenigstens?) eine Futurbildung des Intransitivthemas al-LAL darstellen. Sollte dies letztere zutreffen, dann würde dem al- in al-LAL-e wohl auch eine ähnliche Bedeutug zukommen wie im präteritalem Intransitivum, d. h. es würde den in der Zukunft fertigen Zustand bezeichnen.

Beachte insbesondere 12-še-gur-maš-nu-b-tuk X ù Y-ge šu-ba-n-ti-eš; mu(-n)-tùm-û(d)-ebura-k-a kara-Nibru^{ki}-k-a še al-ág-e, BE VI 2

Nr. 15_{1-11}, wo es, falls al-ág-e nicht etwa lediglich ein Versehen für den Plural al-ág-ene ist, naheliegen würde zu übersetzen: „12 Kor Getreide, unverzinslich, haben X und Y empfangen; beim Einbringen zur Zeit der Feldfruchternte wird das Getreide auf dem Kai von Nippur dargemessen werden (bez. vielleicht: dargemessen sein)". Sehr wahrscheinlich ist allerdings diese Auffassung der Verbalform angesichts des parallel gebrauchten ì-lá-e „er wird zahlen" nicht. Beachte ferner auch die allem Anschein nach intransitive Futurform in Awirtum-ke KARA-LIL al-dū-dū(-e) „Awirtum wird Hierodule werden", BE VI 2 Nr. $4_{12.13}$; dagegen scheint beispielsweise in al-sukud-e UPUM VIII 1 Nr. 21_{24} (s. § 572), doch wohl eine transitive Form vorzuliegen.

c. Über die Bildung und Entstehung des Elementes al- lässt sich noch nichts Sicheres sagen. Haben die mit al- gebildeten Futurformen wie beispielsweise al-sukud-e von sukud „hoch sein" wirklich transitive Bedeutung, dann wäre es nicht unmöglich, dass (wenigstens in diesen Futurformen) al- ein Kausativelement enthält und al-LAL-e deshalb vielleicht als a-l-LAL-e zu analysieren und als Parallelform zu a-b-LAL-e und a-n-LAL-e zu betrachten ist. Damit würde aber auch sofort die Frage auftauchen, ob al-LAL-e dann nicht überhaupt aus a-n-LAL-e durch Umwandlung von n in l entstanden ist, und in gleicher Weise könnte man schliesslich vermuten, dass auch das Permansivthema al-LAL auf a-n-LAL zurückgeht; man beachte hierzu, dass in den älteren Texten das Thema al-LAL nicht zweifelfrei zu belegen ist, und andererseits auch, dass vom Stamme n-LAL gebildete Permansivformen in nachsumerischen Texten verhältnismässig häufig vorkommen in Fällen, wo man die Bildung al-LAL erwarten könnte; vgl. z. B. šu-a-n-PI = qâtam pite, HGT 142 Kol. 3_{18}; ka-mu šu-a-n-bar (geschr. šu-a-an-bar) = pîa wuššur HGT 140_{13}; me-a a-n-ti-en = ali anâku und ali atta „wo bin ich?", „wo bist du?", HGT 152 Kol. $9_{22.24}$; me-a a-n-ti-enden „wo sind wir?", ebenda_{25}; me-a a-n-ti „wo ist er?", ebenda_{17}, usw. Beachte ferner auch, dass z. B. neben en ud-a al-til-a „solange er lebt", 4 R 28 Nr. 1 Rs._{16} sich auch das gleichbedeutende ene ud-a a-b-til-a (vom Kausativstamm b-til), 4 R 17 Vs._{4}, findet und dass statt kizlaḫ [.....] al-[tág], ZSSR XLI S. 187ff. B Kol. 1_{10}, das Duplikat C [kizlaḫ ..... r]a a-b-tág ... bietet. § 579

Daneben aber besteht auch, u. z. vor allem im Intransitivthema, die Möglichkeit, dass al- ein besonderes selbständiges Element von adverbieller Bedeutung darstellt, das dem Thema i-LAL vorangesetzt wurde, wobei aber das Präfix i- durch Synkope § 580 schwand (also ursprüngliches al-i-LAL zu al-LAL wurde). Zu einer sicheren Entscheidung zwischen den zwei genannten Möglichkeiten reicht unser gegenwärtiges Untersuchungsmaterial nicht aus; immerhin aber spricht vielleicht für die zuletzt genannte Möglichkeit der Umstand, dass die negierten indikativischen Formen und der positive Prekativ zu al-LAL vom Thema i-LAL (§ 581), nicht vom Thema i-n-LAL gebildet werden. Dem Element al- würde in diesem Falle vielleicht eine Bedeutung wie „fertig", „zu Ende" o. dergl. zugekommen sein.

§ 581 d. Ersatz von al- durch i-.

Die indikativischen Verneinungs- und die positiven Wunschformen zu al-LAL und al-LAL-e werden von den Themen i-LAL und i-LAL-e gebildet.

Vgl. nu-(i-)gă(r)-gar = ula nuppuḫ „es ist nicht entfacht", HGT 142 Kol. 3_{10}, und ḫe-(i-)gă(r)-gar = linnapiḫ „möge es entfacht sein", $ebenda_{11}$, zu al-gă(r)-gar „es ist entfacht", $ebenda_{9}$; nu-(i-)zin-zim = ula nuṭṭup,[1] HGT 142 Kol. 3_{14}, zu al-zin-zim = nuṭṭup,[1] $ebenda_{13}$; nu-(i-)ḫúl-ḫúl[2]-en = ula ubbudâku „ich bin nicht vorloren" und ga-(i-'-)ḫúl-ḫúl = lûtebid[3] „möge ich verloren sein", $ebenda_{2.3}$, zu al-ḫúl-ḫúl-en = ubbudâku „ich bin verloren", $ebenda_{1}$.

Sag-si-sá nu-(i-)â-e = ula iššer „er ist nicht erfolgreich" und sag-si-sá ḫe-(i-)â-e = lîšir „er möge erfolgreich sein", HGT 142 Kol. $4_{11.4}$, zu sag-si-sá al-â-e „er ist erfolgreich", $ebenda_{10}$.

§ 582 Nur in späten Texten wird bisweilen die negierte Form zu al-LAL als nu-al-LAL gebildet.

Vgl. di-bi nu-al-til „seine Gerichtssache ist noch nicht fertig (entschieden)", 5 R 24 Nr. 1 Kol. 1_{32}, zu di-bi al-til „seine Gerichtssache ist entschieden", $ebenda_{31}$; nu-al-til „(die Tafel) ist nicht vollendet", CT 17, 15ff. Kol. 6_{19}, zu al-til „(die Tafel) ist vollendet", HGT 75 Kol. 4_{32}.

Dass diese Bildung einen Rückhalt an der alten Sprache habe, ist sehr unwahrscheinlich; vermutlich stellt sie lediglich eine ganz mechanische Analogiebildung der späten Schreiber nach den akkadischen negierten Formen dar. Unsicher ist die Form [ba-ra(?)] al-tág, ZSSR S. 187ff. B Kol. 1_{10}, neben der Variante [ba-]ra-ab-tág, ebenda C Kol. 1_{10}.

§ 583 Im Gegensatz zu den in § 581 genannten, vom einfachen

1) Text versehentlich nu-du-úḫ.

2) Ḫúl statt ḫul!

3) Text versehentlich li-te-bi-id.

Stamm LAL gebildeten Formen wird die negierte Wunschform zwar ebenfalls vom Thema i-LAL, jedoch vom Stamme n-LAL, also als na-(i-)n-LAL und na-(i-)n-LAL-e gebildet.

Vgl. na-(i-)n-gă(r)-gar = la innapiḫ, HGT 142 Kol. 3_{12}, zu al-gă(r)-gar, $ebenda_{9}$; sag-si-sá na-(i-)n-â-e = a îšir „nicht möge er Erfolg haben", und sag-si-sá na-(i-)nn-â-en (geschr. na-an-na-â-en) = la teššer „nicht mögest du Erfolg haben", ebenda Kol. $4_{5.7}$, zu sag-si-sá al-â-e „er hat Erfolg", $ebenda_{10}$; na-(i-)n-zaḫ!-zaḫ!-ene = la ûtebbidû, ebenda Kol. 3_{7}, neben ḫe-(i-)zaḫ!-zaḫ!-ene = lîtebbidû, $ebenda_{6}$.

Allem Anschein nach ist der Grund für diese Erscheinung lediglich der, dass man der Partikel na- in nachsumerischer Zeit gern einen Nasal folgen lässt; vgl. dazu die Auflösung von nabba- (< na-ba-) in namba- (§ 672).

Unter der Voraussetzung, dass al- ein ursprünglich selbstän- § 584
diges, den fertigen Zustand bezeichnendes Element darstellt, würde sich seine Weglassung in der negierten indikativischen Form und im Prekativ ohne weiteres daraus erklären, dass das Nichtgeschehensein einer Handlung an sich schon einen Zustand bezeichnet und deshalb nicht durch ein besonderes Element ausgedrückt zu werden braucht, während bei den Wunschformen in der Regel an sich schon mehr Gewicht auf das Eintreten des Zustandes als auf das Geschehnis, das dem Zustand vorangeht, gelegt wird.

D. DAS PRÄFIX BI-.

a. Bedeutung. § 585

Das Präfix bi- (geschr. bí-, in älterer Zeit und in späten Texten bisweilen auch bi-) drückt neben der Funktion, die es als verbales Präfix ausübt, gleichzeitig auch eine dimensionale Beziehung aus, deren Bedeutung sich im allgemeinen als „darauf", „darüber", „daran" bestimmen lässt; es hat demnach eine ähnliche Bedeutung wie die aus den Präfixen i- und mu- und dem Lokativinfix ni- bestehenden Verbindungen i-ni- und mu-ni-, wie ja in der Tat meistens auch eine lokativische Bestimmung der mit bi- gebildeten Verbalform vorangeht und öfters auch Verben mit derartigen Ergänzungen sowohl mit bí- als auch mit i-ni- oder mu-ni- konstruiert werden.

Vgl. lù kin-â-a-mu i-b-zirr-e-a, ki-gubb-a-bi i-b-da-b-kúrr-u-a, ki-kúrr-**a** **bí**-b-gubb-u-a, mu-sarr-a-b(i)-**a** šu-**bí**-b-ùr-u-a, mu-ni **bí**-b-sarr-e-a „wer das Werk, das ich geschaffen, zerstört oder seinen Standort (im Tempel) ändert oder es an einem (ganz) anderen Ort aufstellt oder seine Inschrift auslöscht (wörtlich: die Hand über seine Inschrift hinwegfegen lässt) und seinen (eigenen) Namen darauf schreibt", R-S-Š-b_{43-49}; ähnlich lù É-ann-a(k)-ta i-b-ta-b-è-è(-e)-a, i-b-zir-e-a, mu-sarr-a-b(i)-**a** šu-**bí**-b-ùr-u-a „wer (die Statue) aus Eanna wegführt, sie zerstört oder ihre Namensschrift auslöscht", Gudea, Statue C 4_{5-8}; û(d) ᵈUtu(-e) ... nam-en-bi â-(e)d-e mu-na-n-sim-a-ta zir-bi šu-ni-**šù** **bí**-n-si-a „als Šamaš die Herrschaft über sie auszuüben ihm verliehen und ihr Leitseil in seine Hand gegeben", LIH 62_{22-30} (ähnlich 61_{25-34}), und û(d) .... Unu(g)ᵏⁱ šu-mu-**šù** **bí**-n-si-eš-a „als sie Uruk in meine Hand gegeben hatten", Rim-Sin, Tonnagel $A_{25.26}$, neben û(d) .... Unu(g)ᵏⁱ šu-mu-**šù** m(u-'-)a-**ni**-n-si-eš-a „als sie mir Uruk in meine Hand gegeben hatten", Rim-Sin, Steintafel A $Rs._{5.6}$; Eannatumm-e Uri(m)ᵏⁱ TÚN.KÁRA **bí**-(n)-sì(g) „Eannatum schlug Ur", Eannatum, Feldstein A 4_9 (ähnlich Feldstein A $3_{14.20.24}$, $4_{7.10}$; B 3_{19}; Backstein A 4_3), neben Entemena(k),-dumu-Eannatumm-ak,-e TÚN.KÁRA ì-**ni**(-n)-sì(g) „Entemena, der Sohn des Eannatum, schlug ihn (den Ur-Lumma)", Entemena, Kegel 3_{11-14}, und lù-Urimᵏⁱ-a(k)-da ᵍⁱˢtukul e-(n-)da(-n)-sīg, TÚN.KÁRA e-**ni**(-n)-sì(g) „mit dem Uräer kämpfte er und er schlug ihn", HGT 34 Kol. 1_{37-42} (ähnlich 1_{16-24}); narua-Mesilimm-a(k) ki-bi(-e) **bí**(-n)-gí „die Stele Mesilims stellte er wieder her", wörtlich „brachte er zurück an ihren Ort", Entemena, Kegel 2_{6-8}; mu Uru-Sag-PA.KAB.DU g-a ki-bi(-e) **bí**-n-gí-a „Jahr (benannt danach), dass er Uru-Sag..iga wiederhergestellt hat", Datum Warad-Sins (BE VI 2 Nr. $3_{9.10}$, HGT 81); mu Samsuiluna,-lugal bád-Isinnᵏⁱ-a(k)-ba-gull-a ki-bi-**šù** **bí**-n-gí-a „Jahr (benannt danach), dass Samsuiluna, der König, die zerstörte Mauer von Isin wiederhergestellt hat", Datum des 15. Jahres Samsuilunas (BE VI 2 Nr. 46); gú-n(i)-**a** gìr-**bí**(-n)-gub „auf seinen Nacken setzte er den Fuss", RA IX S. 112ff. Kol. 4_{29}; šu-bí-n-ti „er hat genommen", wörtlich „er hat die Hand darauf gelegt",[1] ASK 2 Kol. $2_{33.34}$.

§ 586 Zur Schreibung mit bi- (bez. zu dessen Identität mit bí-) vergleiche TÚN.KÁRA bi(-n)-sì(g) „er schlug", Eannatum, Backstein B $2_{5.7.9.10}$, neben TÚN.KÁRA bí(-n)-sì(g), Eannatum, Feldstein A 4_9 usw. (s. o.); giš-bi-(-n)-ŠUM „er opferte", DoP 46_8, neben giš-bí(-n)-ŠUM, Gudea, Zyl. A $_{8.25}$; maš bi(-n)-pá(d), Ur-Nina, Tafel A 2_6, neben maš-e bí(-n)-pá(d), Gudea, Statue B 3_{14}; Zyl. A 13_{17}; ŠÙ.GÁNA bi(-n)-ra „er warf die Feldmessschnur darüber(?)", Entemena, Kegel 1_{11}; (geschr.) nam-bi-šub-ba (< na-bi-šubb-en) = la tanassuk „wirf (lege) nicht hin", Sm 526 (MAT Pl. $24)_{32}$; ÁG-nam-bi-gí-gí(-en) = la

¹) **-n-ti, -b-ti = „sein-lassen" von ti „sein", „sich befinden".**

tašabbit „töte nicht", ebenda$_{34}$. Beachte auch die verschiedene Schreibung des Präfixes auf der Bertinschen Tafel in Kol. $_{13-18}$:

bí	(< bí-'-)	anaku! šuati	„ich (auf) ihn"
bi-i	(= bî- < bi-'-)	(„)	„
bi, bí	(< bi-e-)	atta šuati	„du (auf) ihn"
bi-e		(„)	„
bi-in	(= bi-n-)	šû šuati	„er (auf) ihn"
(bí-) in	(= bi-n-)	(„)	„

b. Formanalyse. § 587

Die dimensionale Nebenbedeutung des Präfixes bi- lässt vermuten, dass es aus einem dimensionalen Element, bez. einer dimensionalen Kette und dem einfachen Präfix i- zusammengesetzt ist, also wahrscheinlich in bi-i- zu zerlegen ist. Das dem Präfix i- vorangestellte bi dürfte seinerseits wieder in b-i- „auf ihn", „auf es" zu zerlegen sein, dessen erster Teil das pronominale Element b, und dessen zweiter Teil das Lokativelement -i ist. Seiner Bildung nach stellt dieses bi-i- eine Parallele zu dem Infix -n-i- dar, und seine Voransetzung vor dem verbalen Präfix i- beweist, dass ursprünglich die Stellung der mit dem Verbum verbundenen pronominalen Ketten eine freiere war und erst allmählich durch den Sprachgebrauch auf die Infixstellung eingeschränkt worden ist. Die unterschiedliche Behandlung von b-i dagegen ist allem Anschein nach dadurch veranlasst worden, dass das Element b zurückweisende Bedeutung („selbiger") hat und deshalb gern an die Spitze der Verbalform gestellt wurde.

c. Das Präfix bi- verbindet sich nicht mit einem Infix; zur Ursache dieser Erscheinung s. § 513. Ist ein weiteres Infix, wie beispielsweise ein Dativelement erforderlich, so treten an die Stelle von bi- die einfachen Präfixe i- und mu-. Die lokativische Beziehung wird dabei im Verbum häufig nicht besonders ausgedrückt; ist jedoch ihre Kenntlichmachung der Deutlichkeit des Satzsinnes wegen nötig, so muss sie mit Hilfe von -ni- ausgedrückt werden. § 588

Vgl. z. B. ^{d}Ningirsu(k)-...-ra É-ninnu ... mu-na(-n)-dū, ki-bi(-e) mu-na(-n)-gí „dem Ningirsu erbaute er das Eninnu und stellte es ihm wieder her", wörtlich „brachte es zurück an seinen Platz", Gudea, Backstein F (ähnlich Statue B 5_{12-17}), und Nam-nun-da-ki-garr-a úr-bi nà-a mu-na-ni(-n)-dū, ... ^{d}Ningirsu(k)-ra, ... ^{d}Nina(-r) ki-bi(-e) mu-na(-n)-gí „den Grund des Nam-nun-da-ki-garra baute er mit Steinen und stellte ihn dem Ningirsu und der Nina wieder her", Entemena, Kegel 5_{9-18}, neben dem oben angeführten ki-bi(-e) bí(-n)-gí und ki-bi-šù bí-n-gí; Unu(g)^{ki} šu-mu-šù m(u-'-)a-ni-n-si-eš

„sie gaben mir Uruk in meine Hand", Rim-Sin, Steintafel A Rs.$_{5.6}$, neben Unug^{ki} šu-mu-šù bí-n-si-eš „sie gaben Uruk in meine Hand", Rim-Sin, Tonnagel A$_{26}$.

§ 589 d. Lautliche Veränderung des Präfixes.

Zur Schärfung des b von bí- nach der Prohibitivpartikel na- und der Auflösung des so entstehenden bb in mb (also na-mbi- < na-bbi- < na-bi-) s. § 672.

E. Das Präfix immi-.

§ 590 a. Zur Form und Schreibweise.

Das Präfix immi- (geschr. im-mi-), in späten nachsumerischen Texten vereinzelt auch imme- (geschr. im-me-), erscheint im älteren Sumerisch als eme- (geschr. e-me-) und imi- (geschr. ì-mi-); s. hierzu bei den lautlichen Veränderungen (§ 594 ff.).

§ 591 b. Bedeutung.

Abgesehen von seiner Funktion als Verbalpräfix drückt immi- auch eine dimensionale Beziehung aus, die sich etwa durch „daran", „dazu", darauf" wiedergeben lässt; es berührt sich also eng mit dem Präfix bí- und den Verbindungen i-ni- und mu-ni-, wie sich ja auch tätsächlich bei einer Reihe von Verben beobachten lässt, dass sie unter ganz gleichen oder ähnlichen syntaktischen Verhältnissen mit immi-, bí- oder i-ni- konstruiert werden. Wonach sich jedoch der jeweilige Gebrauch dieser Präfixe richtet, ist gegenwärtig noch nicht sicher zu ermitteln.

Vgl. lium-zagin šu-immi-n-dŭ „eine reine Tafel (oder eine Tafel aus Blaustein?) hielt er in der Hand", Gudea, Zyl. A 5$_{5}$, neben lium-zagin šu-bí-n-dŭ-a „welcher eine reine Tafel aus Blaustein in der Hand hielt", ebenda 6$_{4}$; gi-dubb-a(k)-KÙ(G).GÌ-a šu-immi(-n)-dŭ „ein glänzendes (goldenes?) Schreibrohr hielt sie in der Hand" Gudea, Zyl. A 4$_{25}$, neben gi-dubb-a(k)-KÙ(G).GÌ šu-bí(-n)-dŭ-a, „welche ein glänzendes Schreibrohr in der Hand hielt, ebenda 5$_{22}$; dub-MUL-a-n-dug-a immi-gál, Zyl. A 4$_{26}$, neben dub-MUL-dug-a bí-gáll-a... ebenda 5$_{23}$; é-nig-gar-a(k)-z(u)-a kišib ù-(im)mi(-e)-kúr „an deinem Vorratshaus löse ab das Siegel", Zyl. A 6$_{16}$, neben é-nig-gar-a-n(i)-a kišib bí(-n)-kúr „an seinem Vorratshause löste er ab das Siegel", ebenda 7$_{13}$ in dem Bericht über die Ausführung jenes Befehls, wogegen in den beiden den obigen parallelen Sätzen šunir-ki-ág-(a)ni ù-mu-na(-e)-dím, mu-zu ù-(im)mi(-e)-sar „sein geliebtes Šurinnu fertigte ihm an und deinen Namen schreibe darauf", 6$_{22.23}$, und šunir-ki-ág-(a)ni mu-na(-n)-dím, mu-ni immi(-n)-sar „sein geliebtes Šurinnu fertigte er ihm an und seinen Namen schrieb er darauf", ebenda 7$_{22.23}$, sowohl beim Befehl, als auch im Bericht über dessen

Ausführung das Präfix immi- gebraucht wird (beachte jedoch die Konstruktion mit bí- in lù .... mu-ni bí-b-sarr-e-a „wer seinen Namen darauf schreiben wird", R-S-Š-b_{49}); é-a-ni ... ḫu-mu-na(-')-dū, ki-bi(-e) ḫe-(im)mi(-')-gí „sein Haus, fürwahr, erbaute ich ihm und stellte es wieder her", wörtlich „brachte es zurück an seinen Platz", Warad-Sin, Steintafel $Vs._{15}$—$Rs._{2}$, neben ki-bi(-e) bí(-n)-gí, und ki-bi-šù bí-n-gí in den in § 585 angeführten Beispielen; erim mu-na-sū(g), [d]Utu-ḫegal,-nita-kalag-a(,-e) TÚN-KÁRA immi(-n)-sì(g) „ein Heer rückte gegen ihn an; Utuḫegal aber, der starke Mann, schlug es", RA IX S. 112f. Kol. 4_{8}, neben TÚN.KÁRA bí(-n)-sì(g) und TÚN.KÁRA e-ni(-n)-sì(g) in den § 585 angeführten Beispielen; bar-e-b(i)-ak-a Íl-šù lù ḫe-(i-n-)šù-gí-gí(-e)-a, Íl-...-e „e-kisurra(-k) mã-k-am" i(m)mi(-n)-dū(g) „obwohl er wegen dieses Grabens Leute zu Il schickte, so sagte Il darauf (doch nur): Der Grenzgraben gehört mir", Entemena, Kegel 4_{16-29}, neben bar-še-b(i)-ak-a lù ḫe-(n-)ši-gí-gí(-e)-a-ka, ... Ur-Lumma-k-e ... „Antasurra mã-k-am kisurra-mu(-m)" bí(-n)-dū(g) „obwohl er wegen dieses Getreides Leute zu ihm schickte, sagte Urlumma darauf (doch nur): Das Antasurra ist mein Gebiet", Ovale Platte 4_{1-9}; ki-tuš-šà(g)-dug-an(i)-a gall-e-š ḫe-(i)mmi(-')-tuš „in seiner ihm wohlgefälligen Wohnung liess ich ihn grossartig wohnen", Warad-Sin, Steintafel $Rs._{2-4}$; ki-tus-neḫa ḫe-(i)mmi(-')-tuš „in ruhiger Wohnstätte liess ich sie wohnen", LIH 58_{30-32}; IŠ.DÙ.KÍD-bi ki-5-a i(m)mi(-n)-dub „ihre Leichenhaufen (Grabhügel?) schüttete er an 5 Stellen auf", Entemena, Kegel 3_{25-27}, dagegen ohne Ortsbestimmung und deshalb mit nichtdimensionalem Präfix IŠ.DÙ.KÍD-bi 20 mu(-n)-dub „20 Leichenhügel von ihnen schüttete er auf", Eannatum, Backstein A 4_{8} (u. ä. ö.).

b. Formanalyse. § 592

Auch immi- ist kein einheitliches Präfix, sondern allem Anschein nach in das einfache Präfix i- und das Infix -(m)mi- (-me-, -mi-) zu zerlegen, welch letzterem allein die durch das Präfix ausgedrückte dimensionale Bedeutung zukommen kann und welches offenbar eine mit der Postposition e-, -i „auf", „über" usw. gebildete pronominale Kette m-e, m-i „auf ihm", „über ihm" oder dergl. darstellt. Vermutlich ist dieses Infix m-i aus älterem b-i durch „Erweichung" des b in m (w) infolge seiner Stellung zwischen zwei Vokalen entstanden. Trifft das zu, dann würden bí- und immi- genau die gleichen Bildungselemente, nur in verschiedener Anordnung enthalten, nämlich ersteres in der Anordnung b-i + i-, letzteres in der Ordnung i + bi-i-.

c. Wie bí-, u. z. offenbar aus demselben Grunde wie dieses § 593

(s. § 588), wird auch immi- nicht mit Infixen kombiniert; lediglich das Infix -ni- findet sich bisweilen nach immi-, wobei allerdings vorläufig noch unentschieden bleiben muss, ob die Verbindung immi-ni- nicht vielleicht lediglich einen fehlerhaften Pleonasmus, bez. eine irrtümliche Vermengung von immi- und mi-ni- darstellt (ganz abgesehen davon, dass IM in manchen Fällen auch eine Objektsergänzung zum Verbalstamm darstellen kann, also gar nicht zu den Bildungselementen gehört).

Vgl. Šugalam,-ki-ḫuš-b(i)-a (geschr.) IM-mi-ni-gar, Gudea, Zyl. A 22_{21}; é ḫursag-gim i-m-mú-mú-(e)ne, dugud-gim an-šag-i (geschr.) im-mi-ni-íb-sǎ-sǎ-(e)ne, gû(d)-gim si-immi-b-íl-íl-(e)ne, ebenda 21_{19-21}; immi-ni-n-ug-a „den du getötet hast", 2 R 19 Nr. 1 Vs.$_{23}$.

§ 594 d. Lautliche Veränderungen.

α. Das m der altsumerischen Präfixformen eme- und imi- wird in spätsumerischer Zeit (Ur-Bau, Gudea, 3. Dynastie von Ur) und in der nachsumerischen Periode geschärft und in der Schrift als Doppel-m wiedergegeben (also: immi-); bei Gudea (und auch später noch bisweilen) findet indessen die Verdoppelung des m nicht statt, wenn dem Präfix noch eine Partikel (nu-, ḫe-, ù- usw.) vorangeht, offenbar deswegen, weil hier die Länge des aus dem Vokal der Partikel und dem Präfixvokal i kontrahierten Vokals die Schärfung des m in jener Periode noch verhindert. Die Verdoppelung des m ist völlig parallel der des n der Infixe -na- und -ni- nach dem Präfix i-, mit welchem ja auch das anlautende i- von immi- identisch ist.

Vgl. bei Gudea: mu-ni i-mmi(-n)-sar „seinen Namen schrieb er darauf", Gudea, Zyl. A 7_{23}; dagegen nach Partikeln Ù an-bar-a sag-nu-(i)mi-b-dū-e „am Tage neigt (stützt?) er nicht das Haupt zum Schlaf", Gudea, Zyl. A $7_{8.9}$; mu-zu ù-(i)mi(-e)-sar „deinen Namen schreibe darauf", ebenda 6_{23}; kišib ù-(i)mi(-e)-kúr „ändere das Siegel daran", ebenda 6_{16}.

In späterer Zeit: sag-bi ḫe-(i)mmi(-')-íl (aber Variante ḫe-(i)mi(-')-íl) „fürwahr ich erhob ihr Haupt", LIH $58_{13.14}$; ù-(i)mmi-lá (geschr. ù-um-mi-lá) = ana .... u-šar-ma, SBH 56 Vs.$_{74.76}$.

§ 595 β. Die beiden e von e-me-, das schon in der alten Sprache aus noch nicht ersichtlichen Gründen in manchen Verbalformen auch als i-mi- erscheint, gehen in jüngerer sumerischer Zeit durchweg in i- über (also stets immi-); beachte dazu auch den ganz analogen Wechsel zwischen e- und i- beim einfachen Präfix in alter Zeit und den völligen Übergang von e in i in jüngerer sumerischer Zeit.

Vgl. e-me-mú-mú (-sar-sar), Entemena, Kegel 2_5, und ì-mi(n)-dū̄(g), ebenda 4_{29}; TÚN-KÁRA immi(-n)-sì(g), RA IX S. 112f. Kol. 4_8; i-mmi(-n)-sar, Gudea, Zyl. A 7_{23} (s. die Beispiele in § 591). Für gelegentliches imme- in später nachsumerischer Zeit vgl. šu-ani-šù imme-n-gar (geschr. im-me-in-gar) = ana sêpišu iškun, CT 16, 12ff. Kol. 6_8.

γ. Wie das einfache Präfix i- wird auch das anlautende i- von § 596
i-mmi, i-mi- von dem Vokal einer vorangehenden Partikel (nu-, ḫe-, ù- usw.) absorbiert.

Vgl. Ù ... sag-nu-(i)mi-b-dū-e, Gudea, Zyl. A $7_{8.9}$, und die übrigen unter α angeführten Beispiele.

δ. Umlaut des anlautenden i in a findet sich, wie es scheint, § 597
nur in nachsumerischen Texten.

Vgl. KA-šu-a-mmi-n-gál (geschr. -ám-mi-in-gál) „er hat sich nieder geworfen", 4 R 26 Nr. 8_{13}, neben KA-a šu-mi-ni-b-gáll-a, 4 R 27 Nr. 3_7; nam-a-mmi-b-tarr-e (geschr. nam-ám-mi-íb-tar-ri) „er bestimmt das Schicksal über ihn", BE XXIX Nr. 6 Kol. 5_7; Nr. 7_{49} (Variante nam-mi-ni-b-tarr-e, 4 R 13 Nr. 1 Rs.$_{19}$).

F. Das Präfix ba-.

a. Zur Bedeutung des Präfixes. § 598

α. Die Reflexivbedeutung.

(*a*) Die mit ba- gebildeten Verbalformen werden im Akkadischen ausserordentlich häufig mit der t-Form des akkadischen Verbums übersetzt.

Vgl. ba-na-n-dū̄(g) = iqtabi, 5 R 25 Kol. $3_{25.30.37}$; ba-na-n-dū̄(g), bez. ba-na-n-gù, BE VI 2 Nr. $40_{9.14}$, = iqtabi, BAP $90_{14.20}$, $97_{10.16}$; ba-(n-)ra-ĕ-(e)d-e = îtella, 5 R 25 Kol $3_{39.45}$; ba-TIL = imtût, ebenda Kol. 4_{16}; ba-n-zaḫ = iḫtaliq, ebenda 4_{16}; ugu-bi-a-n-dé (= ugu-ba-n-dé, MI 28_{71}) = ittabat(a), ebenda$_{17}$; galla-ba-n-dag = ittaparka, ebenda$_{18}$; tur-a ba-b-â = imtaraṣ(u), ebenda$_{19}$; ba-(n-)da-kúr = ittakir, Br. 1148; si-ba-ni-b-si-sá-e(n) = tušte(š)-šer, Br. 3463; ba-ni-n-gar = ištakan, ittaškan, Br. 11978; ba-ni-n-uš = êtemid, Br. 5062; ba-b-tumm-u = itabbal (urspr. I_2 von wabâlum), Br. 4902; ba-(n-)ra-bal = ittabalkit, Br. 270; (geschr.) ba-an-da-íl-la = ittaši, Br. 6148; ba-šub = ittandi, Br. 1434; (geschr.) ba-an-ze-ir = itteḫilṣ(u), Br. 4205, usw.

Es ergibt sich hieraus ganz deutlich, dass das Präfix ba- oder ein bestimmter Bestandteil desselben die gleiche oder eine ähnliche Funktion wie das t der akkadischen Reflexivformen ausübt, d. h. eine bestimmte Reflexivbeziehung der Verbalform ausdrückt. Diese kann, wie die in den folgenden Paragraphen angeführten Beispiele zeigen werden, in jeder Art dimensionaler Zurückbeziehung auf das Subjekt der Verbalform bestehen, also beispielsweise die Ideen „für sich", „zu sich", „von sich aus" usw. darstellen, u. z. hängt es dabei ganz von der Natur des betreffenden Verbums, bez. von dem Sprachgebrauch ab, welche der verschiedenen Nüanzen der Reflexividee im Einzelfall in den Vordergrund der Bedeutung treten soll. Dagegen wird die akkusativische Reflexivbeziehung nicht durch das Präfix ba- bezeichnet.

§ 599 (*b*) Im Aktivum beachte z. B. zur Illustration der durch ba- ausgedrückten Reflexividee „für sich", „zu sich", „an sich" den Gegensatz der Bedeutung von i-n-tùm (i-n-rá, i-n-ĭr) „er hat gebracht" (bez. mu-n-tùm usw. „er brachte") = akkadisch ûbil und der Bedeutung von ba-n-tùm (ba-n-túm, ba-n-ĭr usw.) „er hat an sich gebracht", „an sich, mit sich genommen", „selbst genommen", „mitgenommen" usw. = akk. itbal (< urspr. ittabal < iwtabal) in: 5 TAR-kua .... Nesag,-ŠU.HA(,-e) mu(-n)-DU; Eniggál,-nubanda(,-e) é-mū-a ì(-n)-DU „5 TAR-Fische usw. hatte der Fischer Nesag gebracht; Eniggal, der Laputtû, hat sie ins Frauenhaus gebracht", RTC 30_{1-18}; 1 maš ...., mašdaria-dam-sangu-^{d}Nin-DAR-k-a(k), Barnamtarra(-r) .... mu-na-n-DU, En-kù(g),-AB,-e ba-n-DU „1 Zicklein, die Abgabe der Frau des Priesters des NinDAR, hatte diese der Barnamtarra gebracht; Enku(g), der Schlächter hat es an sich (mit sich) genommen", RTC 43; û(d) kù(g)-babbar mu-n-tùm-(u)d-a-š é-ani-šù(!) ba-b-tur-e = inu kaspa ubbalu, ana bîtišu irrub(!) „sobald er das Geld gebracht haben wird, wird er in sein Haus einziehen", ASK 2 Kol. $4_{39.40}$; mu-GIŠ-SAR-a-nna-mà-ma(-e)-a(-a) 35-SAR-kizlaḫ ... nam-á-kúš-ani-šù Lù-Isinna(-e) ba-n-túmm-u „dafür(?), dass er ihm den Garten bewirtschaften wird, wird Lù-Isinna ein unbebautes Grundstück von 25 Sar als seinen Lohn erhalten",[1] UPUM VIII 1 Nr. 21_{16-21}; egir-^{d}Sin-abušu-ba-TIL-a-ta Aba-^{d}Enlil-gim-[k]e šu-^{d}Nannatumm-a(k)-ta kišib-di(l)-dili-^{d}Sin-abušu(-k) ba-n-tùm „nach dem Tode des Sin-abušu hat Aba-Enlil-gim aus der Hand des Nannatum die Rechtstitel des Sin-abušu erhalten", BE VI 2 Nr. 42_{8-12}.

Die gleiche Bedeutung hat ba- auch in šu-ba-n-ti „er hat empfangen", wörtlich: „er hat für sich genommen" usw.; vgl. z. B. $5\,^{1}/_{5}$-še-gur-lugal .... ki-Lukalla(-k)-ta Ludingirra(-e) šu-ba(-n)-ti „$5\,^{1}/_{5}$ Königskor Getreide hat von Lukalla Ludingirra erhalten", TT 294_{1-5}; 2-še-gur-maš-i-n-tuk ki-Ummi-waqarat,-dam-^{d}Ninurta-

[1]) Oder besser wohl: „in dem Jahr, da er ihm den Garten .....en (....t haben) wird, wird er.....".

mansi(-k),-ta Aḫi-lumur šu-ba-n-ti „2 Kor Getreide, verzinslich, hat von Ummi-waqarat, der Frau des Ninurta-mansi, Aḫi-lumur erhalten", BE VI 2 Nr. 63_{1-6}; AMAR+ŠE.AMAR+ŠE.razu-ni Gudea-š kù(g)-^{d}Gatumdug-e šu-ba-(n-)ši(-n)-ti „seine Gebete nahm die Heilige Gatumdu von Gudea an", Gudea, Zyl. A 4_{2}. Beachte dazu auch die Gegenüberstellung der beiden Themen šu-bí-n-ti = ilqi, imḫur, ASK 2 Kol. 4_{33-34}, und šu-ba-n-ti = ilteqi, imtaḫar, $ebenda_{27-28}$ (grammatischer Text).

Die Idee „für sich" im Sinne von „zu seinem Nutzen" drückt § 600
ba- beispielsweise bei dem Verbum sim „geben" aus. Vgl. ^{d}Sin-abušu,-dumu-^{d}Nanna-lù-ti kišib-di(l)-dili-nam-gala(-k) ù ḫala-ba-ni ^{d}Nannatum,-NU-AB,-šù šu-n(i)-a ba-n-sim-a .... egir-^{d}Sin-abušu-ba-TIL-a-ta Aba-^{d}Enlil-gim šu-^{d}Nannatumm-a(k)-ta kišib-di(l)-dili-^{d}Sin-abušu(-k) ba-n-tùm „die Rechtstitel zu dem Kaluamt und dem Erbteil des Sinabušu, des Sohnes des Nanna-luti, die er dem Išakku Nannatum für sich in die Hand gegeben (d. h. anvertraut) hatte, (selbige) Rechtstitel des Sinabušu hat nach dem Tode des Sinabušu Aba-Enlil-gim aus der Hand des Nannatum erhalten", BE VI 2 Nr. 42_{1-10}. Beachte auch die Unterscheidung von iddin „er gab" und ittadin „er hat für sich gegeben", „zu seinem Nutzen (usw.) gegeben" im Kodex Hammurabi und die Gegenüberstellung von du(g)-dug-a-ni i-n-sì(m) = qabâšu iddin und dū(g)-dug-a-ni ba-n-sì(m) = qabâšu ittadin, 2 R 8 Nr. 2 Kol. $2_{58.59}$ (grammatischer Text).

Nicht weniger häufig findet sich im Aktivum die Reflexividee in § 601
der Bedeutung „von sich aus", „seinerseits", „selbst", „von selbst", „aus eigenem Antrieb" u. ä. Vgl. z. B. die Fortsetzung der oben zitierten Stelle BE VI 2 Nr. 42_{1-10}: ù(d)-kúr-šù KA-gál-kišib-di(l)-dili(-k) Aba-^{d}Enlil-gimi ba-nni-b(?)-gí-gí(-e) „in Zukunft wird Aba-Enlil-gim von sich aus (= seinerseits, selbst) gegenüber einem Reklamanten (bez. einer Reklamation) wegen der Rechtstitel verantwortlich sein", Z. 11.12; ähnlich KA-gall-a und KA-garr-a ba-ni-b-gí-gí(-e), Str.W. $37_{13.14}$; 57_{15-17}; VS 13, 87_{14}; tukum-bi ⟨lù(-e)⟩ DUMU⟨.SAL⟩-lù(-k) ba-n-sīg „wenn ein Mensch die Tochter eines Menschen von sich aus (d. h. aus freien Stücken, ohne dass er durch etwas dazu gezwungen worden ist, u. ä.) schlägt", MT 28 Kol. $4_{6.7}$; tukum-bi ^{d}Enlil-issu-ke Ama-sukkal,-dam-ani,-ra „dam-mu nu-(i-)me-en" ba-na-n-dū(g) „wenn Enlil-issu zu Ama-sukkal, seinem Eheweib, aus freien Stücken spricht: Du bist nicht (mehr) mein Weib", BE VI 2 Nr. 40_{7-9} (entsprechenderweise auch im Akkadischen šumma abu ana mârišu „ul mâri atta" iqtabi „wenn ein Vater zu seinem Sohne

sagt: Du bist nicht mein Sohn", 5 R 25 Kol. 3_{34-39}); dagegen „Lugal-KU.DUG,-aru(d)-Bazi-k,-e m(u-'-)a-n-si(m)" bi-n-dū(g) „sie erklärte (vor Gericht, als sie verhört wurde): Lugal-KU.DUG, der Sklave des Bazi, hat es mir gegeben", RTC $295_{6.7}$.

§ 602 (*c*) Die gleichen Nüanzen der Reflexivbedeutung, wie sie oben für das Aktivum nachgewiesen wurden, lassen sich auch in den mit ba- gebildeten aktiven Intransitiven beobachten.

Vgl. tukum-bi .... ba-TIL, ba-zaḫ .... „wenn (der gemietete Sklave) stirbt, entflieht (usw.)", 5 R 25 Kol. 4_{13-16}, akkadisch šumma .... imtût, iḫtaliq usw. (der Sklave wird nicht veranlasst zu fliehen, sondern flieht von selbst, bez. für sich, zu seinem Nutzen); egir-ᵈSin-abušu-ba-TIL-a-ta „nachdem Sinabušu gestorben war", BE VI 2 Nr. 42_8; é-ani, nig-û(d)-ullia-ta-ba-dū, aba ba-sūn, ... ḫu-mu-na(-')-dū „sein Haus, das in alter Zeit gebaut worden, dann aber (von selbst) altersschwach geworden war, baute ich ihm", Warad-Sin, Steintafel, $Vs._{15}$—$Rs._1$; é-ta ba-ra-ĕ-(e)d-e „er wird aus dem Hause ausscheiden" „des Anspruches auf das Haus (des Besitzes des Hauses u. ä.) verlustig gehen", wörtlich etwa „er wird mit sich aus dem Hause herausgehen (akkadisch itella)", 5 R 25 Kol. 3_{33-39}.

§ 603 Eine Bestätigung der Bedeutung „von sich aus", „von selbst" des Präfixes ba- beim Intransitivum darf darin gesehen werden, dass das einfache Präfix i- angewendet wird, wenn die Idee „von selbst" durch ni-te-an(i)-a (oder ähnlich) ausgedrückt wird, da es dann nicht mehr nötig ist, sie im Präfix zum Ausdruck zu bringen; vgl. 6-bád-gal-gall-a-bi, Sumulail,-pagibilga-5-kamma-mu(,-e) mi-ni-n-dū-a, nam-sumun-b(i)-a ní-te-anene-a i-šub-subb-us-ám .... gal-bi immi(-')-dū „diese 6 grossen Festungen, die mein fünfter Vorfahre Sumulail gebaut hatte und die in ihrem Alter von selbst verfallen waren, baute ich auf das Grossartigste", LIH 98.99_{61-71}.

§ 604 Man beachte besonders, dass keineswegs das Präfix ba- die Intransitividee (etwa durch eine akkusativisch-reflexive Bedeutung) begründet; die Intransitividee wird vielmehr lediglich durch das Intransitivthema ausgedrückt, dem ba- durch die von ihm bewirkte dimensional-reflexive Ergänzung nur eine besondere Bedeutungsnüanze verleiht.

§ 605 (*d*) In jüngerer sumerischer Zeit (seit der Zeit der Dynastie von Akkad) und später wird das dimensional-reflexive Intransitivum ba-LAL mit besonderer Vorliebe auch zum Ausdruck der Passividee verwendet.

Vgl. z. B. in den Datenformeln der Könige der 3. Dynastie

von Ur und vorher bereits in den Datenformeln der Fürsten von Lagaš: mu má-gur-maḫ ba-dím „Jahr (benannt): die erhabene Grossbarke wurde gefertigt", Datum des 8. Jahres Šu^{d}-Sins (SAK S. 234 = MIO 762), neben der mit dem aktiven Subjekt und demzufolge auch mit der aktiven Verbalform versehenen gewöhnlichen Formel desselben Jahres mu ^{d}Šu-^{d}Šin,-lugal-Urim^{ki}-ak,-e má-gur-maḫ ^{d}Enlil-^{d}Ninlil-ra mu-ne(-n)-dím „Jahr: Šu-Sin, der König von Ur, baute das erhabene Grossschiff für Enlil und Ninlil", (ebenda, Anm. k = RA III S. 124); mu na-maḫ-^{d}Enlill-a(k) badū „Jahr: die erhabene Stele des Enlil wurde angefertigt", 6. Jahr Šu-^{d}Sins (SAK S. 234 = OBI 127 Rs.$_{3}$), neben mu ^{d}Šu-^{d}Sin,-lugal-Urim^{ki}-ak,-e na-rū-a-maḫ ^{d}Enlil-^{d}Ninlil-ra mu-ne(-n)-dū „Jahr: Šu-Sin, der König von Ur, fertigte eine erhabene Stele für Enlil und Ninlil", RTC 295; mu-uss-a Kimaš^{ki} ba-ḫul „Zweites Jahr: Kimaš wurde verheert", 57. Jahr Šulgis (SAK S. 232 = MIO 622), neben mu ^{d}Sulgi,-....-lugal-^{d}ubd-a(k)-limmu-b(i)-ak,-e Kimaš^{ki}, Ḫumurti^{ki} ù mada bi .... mu(-n)-ḫul, mu-uss-a-bi „Jahr: Šulgi, ... der König der vier Weltgegenden, verheerte Kimaš, Ḫumurti und ihre Länder, sein folgendes Jahr" (ebenda = CT 5, 25f. Kol. 8_{8}); Gudea,-isag; mu giš-guza-^{d}Nina(-k) ba-dímm-a „(Regierung) Gudea(s), (des) Fürst(en); Jahr (benannt danach), dass der Thron der Nina angefertigt wurde", RTC 189, und andere in SAK, S. 226ff., angeführte Datenformeln.

Aus nachsumerischer Zeit vgl z. B. é-ani, nig-û(d)-ullia-ta-ba-dū, aba ba-sūn, nam-ti(l)-mu-šù ḫu-mu-na(-')-dū „sein Haus, das vor alters gebaut worden, dann aber durch Alter verfallen war, fürwahr, baute ich ihm für mein Leben", Warad-Sin, Steintafel Vs.$_{15}$-Rs$_{1}$; mu Samsuiluna,-lugal[,-e] bád-di(l)-dili-gal-gal-Emutba[l-a(k)]-ba-gul! uš-a ki[-bi-šù bí-n-gí-a] „Jahr (benannt danach), dass Samsuiluna, der König, die grossen Festungen von Emutbal, welche zerstört worden waren, wiederherstellte", Datum des 17. Jahres Samsuilunas (BE VI 2 Nr. 47).[1]

---

[1]) Auch in den Datenformeln der älteren nachsumerischen Zeit wird bei Weglassung des aktiven Subjekts die Passivkonstruktion angewendet; vgl. z. B. mu bád-^{d}Utu-garr-a ba-dū „Jahr: die Mauer von Iškun-Šamaš wurde gebaut", Datum des 11. Jahres Rim-Sins (Str. W. 97); mu Kisurra^{ki} ba-dibb-a ù .... BÁD^{ki} ba-ḫul-a „Jahr (benannt danach), dass Kisurra genommen und (die Stadt) Dûrum(?) verheert wurde", 21. Jahr Rim-Sins (Bab. VII S. 45d). Mit der Zeit wurde es aber immer mehr üblich, auch bei Weglassung des aktiven Subjektes die aktive Verbalform zu setzen; vgl. mu bád-^{d}Utu-garra(-k) .... mu-n-dū-a „Jahr (benannt danach), dass er die

§ 606 Es ist hierbei zu beachten, dass auch die Passividee nicht eigentlich durch das Präfix ba- begründet wird, sondern durch das Intransitivthema, wie ja tatsächlich auch bereits die einfachen nichtreflexiven Intransitivthemen i-LAL, i-b-LAL und i-n-LAL (letztere von den Kausativstämmen b-LAL und n-LAL), zu welchen ba-LAL, ba-b-LAL und ba-n-LAL die Medialformen darstellen, Passivbedeutung haben; vgl. z. B. bár(a)-RU-a-dingirr-ene(-k), Nam-nun-da-ki-garr-a(-a) a-b-dū-a, ì(-n)-gul-gul „die .... Heiligtümer der Götter,[1] die im Namnundakigarra gebaut waren, zerstörte er“, Entemena, Kegel 2_{39}. Über die Gründe, aus denen in späterer Zeit das dimensional-reflexive Intransitivum vorzugsweise Träger der Passividee wurde, ist bis jetzt nichts Sicheres zu sagen; beachte zudem auch, dass nach § 608 dem Präfix ba- noch eine nichtreflexive dimensionale Bedeutung zukommt, die indessen bei der Verwendung von ba-LAL als Träger der Passividee in späterer Zeit völlig übersehen wird.

§ 607 Über die Art und Weise, wie sich das passivische Thema ba-LAL von dem passivisch gebrauchten al-LAL unterscheidet, s. § 577.

§ 608 β. Dimensionale Bedeutung von ba-.

Neben der Reflexividee wird durch das Präfix ba- zum mindesten in vielen Fällen auch die Idee „darauf“, „dazu“, „daran“ usw. ausgedrückt, also die gleiche dimensionale Idee, die durch das nichtmediale Präfix bi- zum Ausdruck gebracht wird; beachte dazu, dass tatsächlich auch bei manchen Verben der reflexiven ba-Form eine nichtreflexive bi-Form gegenüber steht.

Vgl. z. B. .... nig-mussa-ᵈBau(-k) é-libir ubita-k-am; .... nig-mussa-ᵈBau(-k) é-gibil, Gudea,-lù-é-dū-a-k,-e ba-n-taḫḫ-a-ám „das und das waren ehedem die Vermählungsgeschenke der Bau im alten Tempel; das und das sind die Vermählungsgeschenke der Bau im neuen Haus, die Gudea, der Mann, der den Tempel gebaut hat, von sich aus zu jenen hinzugefügt hat“, Gudea, Statue E $6_{2.3}$, $7_{15\text{-}21}$ und F $4_{18\text{-}20}$, $6_{13\text{-}19}$, neben dem nichtmedialen bí-n-taḫ = uṣṣip, „er hat dazu hinzugefügt“, ASK 2 Kol. 1_{45}; tukum-bi .... ba-na-n-dū̄(g) „wenn er aus freien Stücken zu ihm sagt“, BE VI 2 Nr. $40_{6\text{-}9}$; $_{12.13}$; 5 R 25 Kol. $3_{23\text{-}25}$; $_{29.30}$; $_{33\text{-}37}$ u. o. (= šumma .... iqtabi, 5 R 25 Kol. $3_{23\text{-}25}$; $_{29.30}$; $_{33\text{-}37}$ u. o) neben bí-n-dū̄(g) „sie sagte, RTC 295_7; ITT III 6439_5;[2] šu-ba-n-ti „er

Mauer von Iškun-Šamaš baute“, Str. W. 97; mu bád-gal Kara-ᵈUtu(-k) mu-n-dū-a „Jahr (benannt danach), dess er die grosse Festung Kar-Šamaš erbaute“, Datum des 42. Jahres Hammurabis (BE VI 2 Nr. 13).

[1]) Oder „die von den Göttern .... ten Heiligtümer“?

[2]) Vgl. auch ᵈŠà-zu-ab-ti-la-bí-en-dū̄(g) = ᵈMarduk-balâtsu-iqbi, 5 R 44 Kol. 2_8.

hat für sich genommen", „erhalten", wörtlich „er hat für sich die Hand darauf gelegt", = akkadisch ilteqi, imtaḫar, ASK 2 Kol. $2_{24.27}$, neben šu-bí-n-ti „er hat gefasst", „er hat genommen", wörtlich „er hat die Hand darauf gelegt", = akk. ilqi, imḫur ebenda$_{33\text{-}36}$.

Zur Erklärung dieser Doppelbedeutung von ba- siehe im folgenden.

b. Formanalyse. § 609

α. Der Umstand, dass das Präfix ba- nicht nur die Reflexividee, sondern zu gleicher Zeit auch wie das Präfix bi- die dimensionale Idee „darauf", „daran" usw. ausdrückt, zeigt, dass ba- genau genommen die Reflexivform zu dem nichtreflexiven Präfix bi- ist, ganz ähnlich wie nach § 617 ff. imma- die Reflexivform zu dem nichtreflexiven immi- darstellt. Wie der Vergleich mit imma- (und immi-) zeigt, muss die Reflexividee, d. h. die Idee „für sich", „an sich" usw., bez. in der 1. und 2. Person „für mich", „für dich" usw., an dem Element -a- haften; aller Wahrscheinlichkeit nach ist dieses mit der pronominalen Dativ- oder Lokativkette ’-a „für mich" identisch, hat jedoch im Laufe der Zeit seine Beziehung zur 1. Person aufgegeben hat und ist zum allgemeinen Reflexivelement geworden. Das Präfix ba- ist demnach (unter vorläufiger Ausserachtlassung des in ihm ausserdem noch enthaltenen Grundpräfixes i-) in die Doppelkette b-i- + ’-a- (ähnlich wie imma- in immi + ’-a-) zu zerlegen. Ob in der Form (geschr.) ugu-bi-an-dé-e (= ugu-ba-n-dé) = ittabat(a) „er ist verloren gegangen", „er ist entflohen", 5 R 24 f. Kol. 4_{17}, noch eine richtige Erinnerung an diesen Ursprung des Präfixes ba- oder lediglich eine späte irrtümliche Zerlegung des Präfixes vorliegt, lässt sich gegenwärtig noch nicht entscheiden; beachte aber auch die Gleichsetzungen der Bertinschen Tafel in Kol.$3_{21\text{-}23}$:

bi	šu-[ ]
bi-a	a-na šu-a-[ ]
ba	(„),

wo es indessen wiederum unsicher ist, ob es sich hier um das Präfix ba- oder um die Lokativform des enklitischen Possesiv- oder Demonstrativpronomens handelt.

Der Gebrauch des Themas ba-n-LAL als Passivform zu dem einfachen Thema i-n-LAL kann demnach nur auf der sekundären Verdrängung eines zu erschliessenden, dem nichtreflexiven Präfix i- entsprechenden einfachen Medialpäfixes ’-a-i- beruhen.[1]

[1]) Möglicherweise ist dieses zu postulierende einfache Medialpräfix auch in der historischen Sprache noch in einigen Verbalformen erhalten. Vgl.

§ 610 β. Auch ba- enthält offenbar in sich das Grundpräfix i-, das jedoch in historischer Zeit durch Kontraktion geschwunden ist. Unsicher aber bleibt die Art der Verknüpfung von i- mit den in ba- ausserdem enthaltenen dimensionalen Ketten b-i und '-a, insofern als an sich sowohl eine Reihenfolge b-i+i+'-a-, als auch b-i+'-a+i- denkbar wäre. Nach den in der Anmerkung zum vorigen Paragraphen angeführten möglicherweise mit dem einfachen Reflexivpräfix ('-)a-i- gebildeten Formen ist jedoch die zuletzt genannte Reihenfolge die wahrscheinlichere. Beachte auch die Bemerkungen zu dem Reflexpräfix abba- (§ 623) und ferner die Verbindung mu-ba- (< mu+b-i+'-a+i- oder mu+i-+b-i-+'-a- ?) (§ 561).

§ 611 c. Die mit ba- gebildeten Verbalformen können im Gegensatz zu den mit dem einfachen Präfix bi- gebildeten alle Infixe in sich aufnehmen. Vgl. dazu das gleiche Verhalten von imma- gegenüber immi- und siehe zur Begründung § 513.

Vgl. ki-b(i)-a di-uru-m(u)-a(k) si-ba-ni-b-sá-sá(-en) „an dieser Stätte werde ich das Gericht meiner Stadt leiten", Gudea, Zyl. A 10_{26}; tur-dug-a-zu maḫ-dug-a-ám šu-ba-a-ši-b-ti(-e) (< šu-ba-e-ši-b-ti-e) „das Kleinste, was du sagst(?), wird er von dir wie Grosses annehmen", Gudea, Zyl. A 7_3; AMAR+ŠE-AMAR+ŠE-razu-ni Gudea-š kù(g)-^{d}Gatumdug-e šu-ba-(n-)ši(-n)-ti „sein Gebet nahm die Heilige, Gatumdu, von Gudea an", ebenda $4_{1.2}$; tukum-bi .... ba-na-n-dū(g) „wenn er zu ihr sagt", BE $40_{7f.;\ 14f.}$.

§ 612 d. Lautliche Veränderungen.

α. Zur Schärfung des b von ba- nach der Prohibitivpartike na- und Auflösung des so entstandenen bb in mb (also namba- < na-bba- < na-ba-) s. § 672.

§ 612a β. Zur Zerlegung von ba- in bi-a-, bez. vielleicht Bewahrung der alten nichtkontrahierten Form, s. § 609.

G. Das Präfix imma-.

§ 613 a. Zur Form und Schreibweise.

Das Präfix imma- erscheint in der alten Sprache (vor der Dynastie von Gutium) als ema- (geschr. e-ma-), seit der Zeit

---

z. B. tukum-bi ⟨lù(-e?)⟩ DUMU-⟨SAL⟩-lù(-k) ba-n-sīg, nig-šag-ani a-i-m-šub-šub (< a-i-b-šub-šub) „wenn jemand die Tochter eines (anderen) Mannes schlägt und dadurch ihre Leibesfrucht abtreibt (bez. bewirkt, dass sie ihre Leibesfrucht fallen lässt)", MI 28 Kol. 4_{6-9} (ähnlich $_{1-4}$), wo nach der akkadischen Parallelstelle šumma awilum mârat awilim imḫasma ša libbiša uštaddiši, KH Rs. 18_{23-27}, zu urteilen a-i-m-šub-šub vielleicht die Medialform zu i-m-šub-šub = ušaddi(ši) (u. z. in der ursprünglichen nichtkontrahierten Gestalt) darstellt; allerdings könnte geradesogut auch ein zusammengesetztes Verbum a—RU vorliegen. Auch a-mu-na(-n)-ru „er weihte ihm", „stiftete

Gudeas und der Dynastie von Ur als imma- (geschr. im-ma-), im Eme-SAL neben dem gewöhnlichen imma- nach einer Vokabularangabe auch als inga-, geschr. in-ga-.

Vgl. (geschr.) e-ma-zi(g) „er rückte an", Ovale Platte 4_{11}; (geschr.) im-ma-DU „er trat heran", Gudea, Zyl. A $18_{8.24}$; (geschr.) in-ga-da-te | im-ma-da-te | iṭ-ṭe-[hi-šu(m)] „er trat an ihn heran", 5 R 12 Nr. 1_{26}.

b. Bedeutung. § 614

α. Wie das Präfix ba- drückt auch imma- die dimensionale Reflexividee (§ 598) aus. Die mit imma- gebildeten Verbalformen werden deshalb im Akkadischen gewöhnlich mit der t-Form wiedergegeben, wie andererseits auch Verbalformen, die gewöhnlich mit dem reflexiven Präfix ba- gebildet werden, öfters mit imma- gebildet erscheinen.

Vgl. z. B. igi-imma-n-sì = îtamar, CT 17, 41 b_{10}; = ittaplas, $ebenda_{14}$; gaba-imma-n-ri = uštamḫir, $ebenda_{12.16}$; imma-n-uš = irtedišu, CT 16, 12 Kol. $6_{3.5}$; [im]ma-n-da-kúr = ittekir, CT 17,31_{21}; imma-n-da-n-šub = uštamqit, 5 R 50 Kol. 2_{52}; ES imma-ni-n-mal = ištakan, 4 R 11 $Rs._{21}$; imma-n-da-n-urr!-eš = itarru[ru](!), CT 16, 39 $Vs._{8}$; imma-n-da-n-ti-eš = iṭṭardu(?), $ebenda_{6}$; imma-ra-n-LÀḪ-[...] = uštarmû(?), 2 R 19 Nr. 2 $Rs._{15}$; imm-(n-)da-te, ES inga-(n-)da-te = iṭṭe[ḫi], 5 R 12 Nr. 1 $Rs._{10}$; imma-(n-)ra-n-tùmm-a(n) (< -tùmm-en) = itbalka (urspr. I_2 von wabâlum), 4 R 25 Kol. $4_{7.9.12}$.

Íll-e nam-isag-Umma[ki]-a(k) šu-ema(-n)-ti „Il nahm das Fürstentum von Umma an sich", „bemächtigte sich des Fürstentums von Umma", Entemena, Kegel 3_{34-37}, neben Agade[ki](-e) nam-lugal šu-ba-b-ti-a-ta „nachdem Akkad das Königtum an sich genommen hat(te)", SAK 170 b Kol. 4_{12-14}, und šu-ba-n-ti „er hat an sich genommen", „erhalten" in den Urkunden; šà(g)-lù-sar.ú-ta šu-ni(-e) ema-(n-)ta(-n)-díb „aus 36 000 Menschen ergriff ihn für sich seine Hand" (= „aus 36 000 Menschen wählte er ihn sich aus"), Urukagina, Kegel BC 8_{5-6}, neben šà(g)-lù-sar-ta šu-ni(-e) ba-(n-)ta(-n)-díb „aus 36 000 Menschen griff ihn sich seine Hand heraus", Entemena, Stalagmitgefäss 1_{10}, und šà(g)-lù-sar geš-ta šu-ni(-e) ba-(n-)ta-n-díb „aus 216 000 Menschen griff ihn sich seine Hand", Gudea, Statue B $3_{10.11}$.

Wie mit ba- werden auch mit imma- nicht nur transitive, § 615 sondern auch intransitive Reflexivformen gebildet, für welche das

---

ihm" könnte sich unter Umständen als (ursprüngliche) Reflexivform der Bedeutung „er stellte (setzte) für sich (von sich aus) hin (als Weihgeschenk)" erweisen.

Gleiche gilt, was in § 600 ff. und 605 f. zu den mit ba- gebildeten Intransitiv- und Passivformen bemerkt worden ist.

Vgl. zum aktiven Intransitivum: imma-(n-)da-te = iṭṭe[ḫišu(m)] „er trat an ihn heran"; 5 R 12 Nr. 1_{26}; ušub-e imma-DU „er trat an die Backsteinform heran", Gudea, Zyl. A 18_{24}; Umma^ki^ ema-zi(g) „Umma erhob sich (zum Kampf)", Ovale Platte, $4_{10.11}$.

Zum passiven Intransitivum: sag-gi̇(g) ḫe-(i)mma-(n-)ra-n-zi-zi(-e?) (akk. linnasiḫ) „die Kopfkrankheit möge hinweggetrieben werden", CT 17, 19 ff._{49}, neben dem gleichbedeutenden sag-gi̇(g) ḫa-ba-(n-)ra-n-zi-zi(-e?) (akk. linnasiḫ), CT 17, 19_{47}.

§ 616 β. Daneben aber drückt imma-, bez. ein in ihm enthaltener Bestandteil, genau wie das Präfix immi- auch die dimensionale Idee „dazu", „daran" usw. aus; man beachte dazu, dass der mit imma- gebildeten Verbalform in der Regel eine direktivisch-lokativische Bestimmung vorangeht, sowie dass mit imma- verbundene Verbalformen bei nichtreflexiver, aber sonst gleichartiger Bedeutung auch mit immi-, bi- und i-ni- verbunden werden.

Vgl. „...." na-b(i)-a mu-šù imma(-n)-šà „so und so benannte er diese Stele", wörtlich „das und das hat er als Name auf (oder über) die Stele von sich aus darauf gerufen", Gudea, Zyl. A 24_{1-3}, neben mu-^d^Inannak-e-e-ni(-n)-sà-a-ni „sein Name, den Ištar über ihn gerufen hatte", Eannatum, Geierstele $5_{24.25}$; nam-isag-Umma^ki^-a(k) šu-ema(-n)-ti „er riss das Fürstentum von Umma an sich", wörtlich „er legte für sich die Hand auf das Fürstentum Umma", neben šu-ba-n-ti „er hat für sich die Hand darauf gelegt" (§ 599) und šu-bi-n-ti „er hat die Hand darauf gelegt", „hat genommen", „hat empfangen", ASK 2 Kol. $2_{26f.;33}$ (§ 585); e-e imma-gin „er trat an das Haus heran", Gudea, Zyl. A 18_8; ušub-e imma-gin „er trat an die Backsteinform heran", ebenda_{24}.

Zur Erklärung der Doppelbedeutung von imma- siehe im folgenden.

§ 617 c. Formanalyse des Präfixes.

α. Dass das Präfix imma- kein einfaches Bildungselement ist, ergibt schon ein blosser Vergleich der beiden einander parallelen Stellen Lagašu^ki^(-k) gaba-bi(-e) šu-e-ma(-n)-ús „er (d. i. der Ummäer) griff Lagaš an (?)", wörtlich wohl „er legte (für sich, von sich aus) die Hand an die Brust Lagaš's (= der Lagašäer)", Eannatum, Geierstele Vs. 2_{5-7}, und Lagašu^ki^(-k) bar-GAR-IM-b(i)-ak-ak-a gaba-bi(-e) šu-e-(n)ga-ma(-n)-ús „wegen jenes... griff er Lagaš wiederum an (?)", ebenda 3_{2-5}; denn in der letzten Stelle ist durch Einfügung des Infixes -(n)ga- „auch", wiederum" (§ 403 ff.) das Präfix in die beiden Teile e- und -ma- zerlegt, von denen das erstere zweifellos das die Verbalfunktion ausübende einfache Präfix e- ist, das letztere dagegen ein Infix -ma- (in der späteren Sprache -mma-) darstellt, dem die übrigen sich in dem Präfix imma- vereinigenden Bedeutungen, nämlich die Reflexivbedeutung und die dimensionale Bedeutung „daran" usw., zukommen müssen.

β. Auch dieser letztere Bestandteil -ma- des Präfixes kann § 618 wegen der ihm zukommenden Doppelbedeutung nicht einheitlich sein. Wie bei ba- haftet ohne Zweifel auch hier die Reflexividee an dem Element -a- (< ursprünglichem -'-a-, § 609), woraus sich wieder ergibt, dass die dimensionale Bedeutung „daran", „darauf" usw. dem dann übrigbleibenden Element -m...- zukommt; dieses letztere ist natürlich die nach § 592 auch in dem Präfix immi- enthaltene dimensionale Kette -m-i- (< -b-i-) „an es", „auf es", deren i vor dem folgenden Vokal a geschwunden ist genau wie das i in den in § 27 angeführten Fällen und in dem Präfix ba- < bi-a- (§ 609). Mit anderen Worten imma- (< immi-a-) stellt die Reflexivform zu dem Präfix immi- dar, wie ba- (< bi-'a- o. ä.) die zu bi- darstellt.

γ. Imma- (< i+b-i+'-a-) würde dann also genau die gleichen § 619 Bestandteile wie das Präfix ba- (< b-i+'-a+i-) in sich enthalten, lediglich in anderer Anordnung, indem in dem einen Fall die dimensionalen Ketten dem verbalen Präfix i- vorangehen, in dem andern dagegen ihm nachgestellt, also nach Art der gewöhnlichen dimensionalen Infixe behandelt sind. Ob diese verschiedene Anordnung vielleicht auch zu einem syntaktischen Bedeutungsunterschied führt, lässt sich noch nicht sagen.

d. Im Gegensatz zu dem nichtreflexiven immi- kann imma- § 620 (genau so wie ba- im Gegensatz zu bi-) mit sämtlichen Infixen verbunden werden. Zur Begründung s. § 513.

Vgl. šà(g)-lù-šar.ú-ta šu-ni(-e) e-ma-(n-)ta(-n)-díb „aus 36 000 griff ihn ‚sich seine Hand heraus", Urukagina, Kegel BC $8_{5.6}$; dur-bi ... imma-(n-)ši(-n)-lá „seinen Esel schirrte er daran (an den Wagen) an", Gudea, Zyl. A 7_{21}; Magan Meluḫḫa kur-bi-ta imma-(n-)ta-ĕ-(e)d-e (oder -ĕ-(e)ne) „Magan und Meluḫḫa werden aus ihren Bergen herbeikommen", Gudea, Zyl. A 9_{19}; ḫúll-a-gim imma-na-ni(-n)-gar „wie einer, der sich freut, setzte er ihm daran" (oder ähnlich), Gudea, Zyl. A 17_{28}, 20_{4}.

e. Lautliche Veränderungen. § 621

Die bei imma- zu beobachtenden lautlichen Veränderungen sind im allgemeinen die gleichen wie bei immi- (§ 594-596).

α. Zur Schärfung und Verdoppelung des m, die zu derselben Zeit eintritt und unter denselben Bedingungen erfolgt wie bei immi-, vergleiche in alter Zeit: Umma^{ki} ema-zi(g) „Umma erhob sich (zum Angriff)“, Ovale Platte 4_{11}; bei Gudea: giš imma-(n-)ta(-n)-gar „er legte sich Holz aus ihm heraus (zum Bau)“, Zyl. A 7_{14}, dagegen nach Partikeln beispielsweise Ù(-e) nu-(i)ma-(n-)ši-tû(r) „er ging nicht schlafen“, Statue F 2_{5}, und giš ù-(i)ma-(n-)ta(-e)-gar „lege dir Holz aus ihm heraus (zum Bau)“, Zyl. A 6_{16}; in nachsumerischer Zeit: ḫe-(i)mma-(n-)ra-n-zi-zi(-e) „sie möge herausgerissen werden“, CT 17, 19ff.$_{47}$. — Zu dem gelegentlichen Wandel des mm in ng im ES-Dialekt s. § 613.

§ 621a β. Zum Übergang des e von ema- in i s. bereits in § 613.

§ 621b γ. Zur Kontraktion des anlautenden e, i von eme- und imma- (= Präfix i-) mit dem Vokal einer ihm vorangehenden Partikel vergleiche die oben in § 621 angeführten Beispiele ù-(i)ma-(n-)ta(-e)-gar, Gudea, Zyl. A 6_{16}; Ù(-e) nu-(i)ma-(n-)ši-tû(r), Gudea, Statue F 2_{5}; ḫe-(i)mma-(n-)ra-n-zi-zi(-e), CT 17, 19ff.$_{47}$.

§ 622 δ. In späten Texten wird das i vor imma- unter dem Einfluss des folgenden mm bisweilen zu u.

Vgl. ḫursag-ani-ta umma-(n-)da-n-ri „von seinen (ihren) Bergen führte er sie mit sich“ (akk. itarâ), CT 15, 14 Vs.$_{22}$.

H. Das Präfix abba-.

§ 623 Auf der 2. Tafel der Serie Ana ittišu werden zu dem nicht reflexiven aktiven Präteritum bí-n-LAL (und zu dem nicht reflexiven präsentisch-futurischen Verbalthema LAL-ed-ám) reflexive aktive Präteritalformen nach dem Schema abba-LAL gestellt; vgl. taḫḫ-id-am = iaṣap (Versehen für uṣṣap ?) „er wird hinzufügen“, bí-n-taḫ = uṣṣip und (!) uraddi „er hat (dazu) hinzugefügt“, abba-taḫ = (utaṣṣip! und urtaddi!)[1] „er hat für sich (von sich aus) hinzugefügt“, Kol. $2_{44\text{-}46}$; sim-ud-am! = inaddin „er wird geben“, bí-n-sì(m) = iddin „er hat (dazu) gegeben“, abba-sì(m) = ittadin „er hat für sich (dazu) gegeben“, $2_{47\text{-}49}$; gur-(u)d-am, gurr-ud-am = utâr![2] „er wird zurückgeben (wenden u. ä.)“, bí-n-gur = utêr „er hat zurückgegeben“, abba-gur = uttêr „er hat für sich (von sich aus) zurückgegeben“, $2_{50\text{-}52}$; sig-id-am = išappak![3] „er wird hinschütten“,

1) Die Tafel hat irrtümlicherweise die abba-taḫ entsprechenden akkadischen Reflexivformen weggelassen und dafür das noch zu bí-n-taḫ gehörige uraddi als akkadisches Äquivalent für abba-taḫ eingesetzt; es sind also 4 Zeilen der Vorlage in 2 zusammengezogen.

2) Die Tafel gibt unrichtigerweise das Medium uttâr.

3) Die Tafel bietet versehentlich išpuk.

bí-n-sì(g)![1] = išpuk „er schüttete hin“, abba-sì(g)![1] = ištapak „er schüttete für sich hin“, $2_{53\text{-}55}$.

Das Präfix kommt sonst nirgends vor, und es ist deshalb § 624
auch nicht sicher, ob eine richtige Bildung vorliegt; sehr auffällig ist auch das Fehlen des Subjektselementes. Eine Analyse des Präfixes ist vorläufig nicht möglich; nach Analogie von ba- und imma- ist zu vermuten, dass das eigentliche Reflexivelement wohl in dem letzten a enthalten ist oder enthalten sein soll. Ob man dann abba- als aus abbi-'a-, und abbi- etwa als aus i-b-i- (=immi-) entstanden erklären darf, ist völlig unsicher.

6. Das Präsens-Futurelement -ed.

a. Das unmittelbar hinter der Verbalwurzel angefügte Ele- § 625
ment -ed, mit welchem die präsentisch-futurischen Verbalnomina LAL-e(d) und LAL-ed-a (§ 683, 686, 689, 696 usw.) gebildet werden, dient auch innerhalb des finiten Verbums zur Bildung gewisser intransitiver Präsens-Futurformen. Die Präsens-Futurendungen werden an den aus Wurzel und -ed bestehenden Präsens-Futurstamm angefügt, sodass sich also als Schema der ganzen Verbalform i-LAL-ed-en usw. ergibt.

Vgl. é-ta ba-(n-)ra-è-(e)d-e = ina bîti ittaṣṣi „er wird aus dem Hause herausgehen“, 2 R 11 Kol. 1_{10}, zu dem Präteritum é-ta ba-(n-)ra-è = ina bîti ittaṣi „er ist aus dem Hause herausgegangen“, ebenda 1_{6}; é-nig-gun-a-ta ba-(n-)ra-ĕ-(e)d-e (= itella!) „er wird aus dem Haus und der beweglichen Habe herausgehen“, „er wird Haus und Habe verlieren“, 5 R 25 Kol. $3_{44.45}$, und ähnlich ebenda$_{33.38f.}$; BE VI 2 Nr. 40_{15}; 48_{25}; 4_{26}; usug-^{d}Ea(-k)-ta na-mba-gubb-ud-e(n), na-mba-nigin-ed-e(n) „in dem heiligen Gebiet Ea's stehe nicht, geh nicht darin umher!“, CT 16, 27ff.$_{82}$ (ähnlich auch ebenda$_{82}$), zu ba-gub „er stand (darin)“ und ba-nigin „er ging (darin) umher“; giš-guza-n(i)-a na-mba-ṭuš-ud-en, giš-nà-(e)d-a-n(i)-a na-mba-nú-ud-en „auf seinen Stuhl setze dich nicht, auf sein Bett lege dich nicht schlafen“, CT 16, 30ff.$_{110.111}$, zu ba-tuš „er hat sich darauf gesetzt“ und ba-nú „er hat sich darauf gelegt“, ùr-šù na-mba-ĕ-(e)d-e(n), é-ki-tuš-an(i)-a na-mba-tu-tu-(e)d-e(n) „auf das .... steige nicht hinauf, in sein Wohnhaus tritt nicht ein“, ebenda$_{112}$, zu ba-ĕ „er ist dahin emporgestiegen“ und ba-tū(r) „er ist hineingetreten“; ŭ(d)-kúr-šù lù lù-ra nu-(i-)gí-gí-(e)d-e „in Zukunft wird einer gegen den andern nicht umkehren (und klagen)“, BE VI 2 Nr. 23_{24} (= ula itârma ...

[1]) Die Tafel bietet bí-n-sig-e und abba-sig-e; die Vorlage hat demnach wahrscheinlich neben den Präteritalfomen auch die entsprechenden Präsensformen gegeben.

ula iragam, CT 8, $28a_{10-16}$), zu i-gí „er ist umgekehrt"; nu-mu-(e-)ra-tem-ad-en „ich werde nicht an dich herantreten", AO 5403 (RA XI S. $43)_{6}$, na-(i-)nna-tem-ad-en „mögest du nicht an ihn herantreten", $ebenda_{3}$, na-(i-)mma-tem-ad-en „mögest du nicht an mich herantreten", $ebenda_{4}$, lù-gallu(-r) bara-(i-)n-tem-ad-e(n), bara-(i-)n-gí-gí-(e)d-e(n), CT 16, $30ff._{109}$, und kuš-lù-gallu-dumu-dingir-an(i)-a(k) bara-(i-)n-tem-ad-a(n), bara-(i-)n-gí-gí-(e)d-e(n), CT 16, 12ff. Kol. 5_{23} „dem Menschen (bez. dem Leib des Menschen, des Sohnes seines Gottes) wirst du dich nicht wieder nahen" (wörtlich „zurückkehren und nahen"), zu i-te „er ist herangetreten" und i-gí „er ist umgekehrt".

Dagegen im Transitivum bei den gleichen Verben ohne -ed: gìr(i)-(a)nene gìr-ani-ta bara-(i-)n-tem-aene, bara-(i-)n-gí-gí-ene „nicht werden sie wieder ihre Füsse auf seine Füsse legen (wörtlich: zurückkehren und daraufkommen lassen)", ASK 11 Kol. 2_{69-71}; ba-nni-b-gí-gí(-e) „er wird darauf von sich aus antworten (= verantwortlich sein)", wörtlich „(das Wort) zurückkehren lassen", Str. W. 37_{14}; VS 13, 87_{14}; 13, $85a_{12}$ u. o.

Eine genaue Untersuchung über die Frage, welche Intransitiva ihr Präsens-Futur mit Hilfe von -ed bilden, fehlt bis jetzt noch. Zur Bildung ohne -ed vgl. z. B. mu-e-da-zi-zi(-e) „(die Menschheit) steht mit dir auf", und mu-e-da-ná(-e) „sie geht mit dir schlafen", MST Nr. 4_{8-10}.

§ 626 b. Durch Anfügung von -ed an den Verbalstamm (d. i. an die Wurzel) intransitiver und aktiver Präteritalformen dagegen entstehen, wie es scheint, Formen von der Bedeutung eines Futurum exactum. Vgl.

α. im Intransitivum: û(d)-Geme-^{d}Lama-ba-TIL-ed-a-a (geschr. ba-TIL-e-da-a)[1] Lù-^{d}Bau,-aru(d)-Dug-a-zid-a-k,-e ù Ur-^{b}Sulgi(r-a)k-e i-n-ba-ane (< i-n-ba-ene) „wenn Geme-Lama gestorben sein wird, werden Lu-Bau, der Sklave des Duga-zida, und Ur-Šulgi teilen", ITT II 2781_{16-21}.

β. im Intransitivum: û(d) temen-mu m(u-'-)a-sig-en-a, é-mu(-e) û(d) šu-zi(d) m(u-'-)a-(n-)ši(-e)-tum-ud-a(-a) (geschr. ma-ši-DU-da), ḫursag-ki-mèr-mer-tuš-a-šù gìr-mu ki-i-bí-uš „wenn du mir meinen temennu legen wirst, (ja) sobald du (nur) mir getreulich die Hand an mein Haus gelegt haben wirst, soll mein Fuss zum Gebirge, wo der Südwind wohnt, gehen[2] (und ich werde dir .....)", Gudea, Zyl. A 11_{18-21}; É-ninnu,-é-nam-lugal(-ak)-mu(,-e) siba-zi(d) Gudea û(d) šu-zi(d)

[1]) Analysiert: ba-TIL („er ist gestorben") + -ed (Futurelement) + -a (nominalisierendes Element) + a (Postposition, zu û(d) gehörend).

[2]) Eventuell „ich werde meinen Fuss .... gehen lassen".

m(u-'-)a-(n-)ši(-e)-tum-ud-a(-a) an-šù IM-A-E gù-ba-dé(-en) „sobald du mir, o getreuer Hirt Gudea, an mein königliches Haus E-ninnu getreulich die Hand angelegt haben wirst, werde ich vom Himmel einen Wolkenwind (Wasserwind?) herbeirufen", Gudea, Zyl. A 11_{4-7}; û(d)-kù(g)-babbar-mu-n-tum-ud-a-š é-ani-šù ba-b-tur-e = inu kaspa ubbalu, ana bîtišu irrub(!) „sobald er das Geld gebracht haben wird (akk. wenn er .... bringen wird), wird er in sein Haus einziehen", ASK Nr. 2 Kol. $4_{39.40}$ (ähnlich$_{41-54}$).

c. Zu den lautlichen Veränderungen des Elementes -ed § 627
siehe beim Verbalnomen (§ 721 ff.).

7. Die Negationen.

Die Verneinung der indikativischen Verbalform geschieht § 628
durch negierende Partikeln, welche der positiven Verbalform vorangesetzt und mit ihr zu einer Form verbunden werden.

a. Die gewöhnliche einfache Negation ist nu- § 629
„nicht". Über das lautliche Verhalten derselben bei ihrer Verbindung mit der Verbalform ist folgendes zu beachten:

α. Keine Veränderung erfährt nu- vor dem Präfix mu-.

Vgl. lù-gaba-ru nu-mu-ni(-n)-tuk „einen Gegner gab er ihm nicht", HGT 34 Kol. 5_{36}, zu mu-ni(-n)-tuk „er gab ihm"; nu-mu-(e-)ra-tem-ad-en „ich trete nicht an dich heran", AO 5403 (RA XI S. 43)$_6$, zu mu-(e-)ra-tem-ad-en „ich trete an dich heran".

Indessen geht in ES-Texten vor dem aus mu-'-a- entstandenen § 630
ma- das u von nu- infolge vorwärtsgerichteter Vokalangleichung an das a von ma- bisweilen in a über.

Vgl. sukkal-e ...l-a na-m(u-'-)a-bb-i(-e) „der Hausmeister sagt nicht zu mir: Warte!", SK 199 Kol. 3_{25}.[1]

β. Mit dem anlautenden i der Präfixe i-, immi-, imma- und § 631
inga- wird nu- kontrahiert, wobei das i- der Präfixe von dem u der Negation absorbiert wird; dieses letztere wird dafür gedehnt und bei günstigen Akzentverhältnissen mit Schleifton gesprochen.

Vgl. nu-(i-)b-kúr-(u)ne-a (geschr. nu-ù-ub-kur(u)-ne-a = nûb-kur(u)nea) „dass sie nicht ändern werden", ITT III 5279 (RA X S. 93)$_{45}$, von i-b-kur-une „sie werden ändern"; mu .... ibila

[1]) Beachte dazu aber, dass nach Chic. Voc.$_{102}$ und CT 12, 27e Vs. Kol. 2_{18} NA = akk. la „nicht" auch den Lautwert nu haben soll. Das wird sich indessen doch wohl nur auf eine bestimmte Mundart (bez. ein bestimmtes Schrifttum) beziehen; möglicherweise beruht die Ansetzung des Lautwertes nu- für na- sogar nur auf dem Bestreben, abweichende Wortformen der Dialekte wieder an die Formen des Hauptdialektes anzugleichen.

nu-(i-n-)tuk-a-šù (geschr. nu-ù-tuk-a-šù) „weil er einen Sohn nicht hatte", ITT III 6439 (RA X S. $95)_{14}$, zu i-n-tuk „er hat (genommen)"; nu-(i-)zig-en (geschr. nu-zi-gi-en) „ich bin nicht aufgestanden", HGT 150 Kol. 1_4, zu ì-zig-en „ich bin aufgestanden"; weitere Beispiele s. in § 537. — Sag-nu-(im)mi-b-dū-e „nicht neigt(?) er das Haupt (zum Schlaf)", Gudea, Zyl. A 7_9, zu immi-b-dū-e (s. § 592). — Ù(-e) nu-(im)ma-(n-)ši-tû(r) „er fiel nicht in Schlaf", Gudea, Statue F 2_5 (s. § 621). — Nu-(i-n)ga-m (geschr. nu-ga-ám) „ist auch nicht" (§ 403), Gudea, Statue B 7_{50}.

§ 632 Eine ungewöhnliche Zusammenziehung von nũe- < nu-i-e- (= Negation + Präfix i- + -e- „du") zu ne- liegt dagegen vor in dumu-mu, ana-mu ne-zu (< nu-i-e-zu) „mein Sohn, was von mir weisst du nicht?", CT 4, 8a $Rs._{27}$, wofür die Parallelstellen, wie z. B. CT 17, 38_{36}, dumu-mu ana nu-(i-)e-zu bieten.

§ 633 Die in nachsumerischen Texten (Urkunden) sich bisweilen findenden unkontrahierten, also mit nu-i- oder nu-a- anlautenden Formen beruhen auf einer rein mechanischen Bildung der negierten Form nach Analogie des Akkadischen. Vgl. z. B. ugu-bi nu-a-n-tuk (geschr. nu-an-tuk) „(eine Forderung) gegen ihn hat er nicht", 5 R 29 Nr. 1 Kol. 2_4, zu ugu-bi a-n-tuk „er hat (eine Forderung) gegen ihn", $ebenda_3$.

§ 634 γ. Vor den Präfixen bí- und ba- wird nu- durch vorwärtsgerichtete Vokalangleichung und vorwärtsgerichtete partielle Konsonantenassimilation zu li- und la-.

Vgl. É-kurr-a é-ᵈMullill-a(k)-šù tū(r)-tū(r)-(i)d-a-mu-de idu-e gaba-mu(-e) šu-li-bí-ma(r)-ma(r)(-e) (< šu-nu-bi-ma(r)-ma(r)-e) „wenn ich in Ekur in das Haus Enlils eintrete, hält mich der Pförtner nicht zurück", SK 199 Kol. $3_{25.26}$; nig-name ugu-an(i)-a li-bí-n-tuk (< nu-bi-n-tuk) „irgend etwas (= irgend welche Forderung) hat er nicht gegen (= an) ihn", HGT 65 Kol. $4_{8.9}$; zag ki-.... nam-ama-ᵈNinni(k)-zu li-bí-n-kin-kin = adi ašrât .... ilûtiki la ište'u „solange er nicht die Stätten deiner Gottheit gesucht hat(?)", RA S. $74ff._{31}$; ī(d)-tur-turr-e šu-luḫ lù(-e) li-bí-n-â(-e), saḫar nu-mu-(n-)da-n-zi-zi-i „an den kleinen Kanälen macht der Mensch nicht ....., Erde an ihnen nicht ....t er", BE XXIX 1 Nr. 2 u. 3_{10}.

Sá-la-ba-e-dū(g) (< sá-nu-ba-e-dug) „du hast nicht für dich erreicht", HGT 150 Kol. 3_5, zu sá-ba-e-dū(g) „du hast für dich erreicht", $ebenda_4$; mu ..... ĭ(nim)-ibila-(e)ne-k-a ba-n-gin-a-šù lù-ĭ(nim)m-a(k) nam-erím-e la-ba-sì(m) „weil er durch(?) die Aussage der Erben (in seinen Angaben) bestätigt wurde (?), wurde der Zeuge (= koll.) nicht zum Schwur gegeben", ITT III 5279 (RA X

S. 93)$_{30f.}$; sadu(g)-bi lù(-e) la-ba-ni-lá-e „seine Einkünfte wird niemand verringern", Gudea, Statue E 9_{12}; ū(d)-imin-ám še la-ba-ḪAR „sieben Tage lang wurde Getreide nicht gemahlen (oder verzinst?)", Gudea; Statue B 7_{30}; la-ba-sīg „er wurde nicht geschlagen", ebenda 4_{10}; da.BAD-a-mu(-t) lù la-ba-(n-)ta-è(-e) „aus meinem .... entrinnt niemand", Gudea, Zyl. A 9_{26}; a(ii)a-ni(-e) la-ba-n-zu-uš „sein Vater erkannte sie nicht", CT 16, 43ff.$_{72}$.

Im älteren Sumerisch indessen hat die Umwandlung von nu- in la- vor dem Präfix ba- (und in li- vor bi- ?) noch nicht stattgefunden (oder wird zum wenigsten nicht in der Schrift zum Ausdruck gebracht). § 635

Vgl. kua-bi lù nu-ba-(n-)da-b-karr-e „seine Fische (d. i. die Fische darin) soll niemand von ihm wegnehmen", Ovale Platte, Kol. 3_9; né a-nag-nag nu-ba-sim-u (< nu-ba-sim-e), ebenda 2_8.[1]

Nu- vor ba- in späten nachsumerischen Texten dagegen beruht auf einer rein mechanischen Bildung der negierten Form nach Analogie des Akkadischen; vgl. z. B. máš nu-ba-b-tuku (Var. nu-ba-n-tuku) = ṣiptu ul iši „es hat (= trägt) keinen Zins", 5 R 40 Nr. 4 Vs.$_{17}$. § 636

δ. Zur Bildung der negativen Formen des Permansivs al-LAL (und ba-LAL) vom Thema i-LAL, nicht von al-LAL, siehe § 581. Zu den in nachsumerischen Texten vorkommenden negativen Formen, in welchen nu- rein mechanisch der positiven Form al-LAL vorangestellt ist, s. § 584. § 637

b. Die Negation bara- „durchaus nicht", „nie" o. ä. bewirkt eine stärkere Verneinung als nu-. Dies erklärt auch, dass die Negation öfters in mehr oder minder prohibitivem Sinne gebraucht wird. § 638

Vgl. Ḫammurabi-men, ū(d)-ullia-ta lugal-lugal-ene-r bara-(i-)n-dímm-a ^{d}Utu,-lugal-m(u,-)a ḫu-mu-na(-')-dū „was seit den fernsten Zeiten kein König unter den Königen (je) gebaut hat, das habe ich, Hammurabi, dem Šamaš, meinem Herrn, erbaut", LIH 58_{32-40}; dari-dagall-a-šù ki-surr-a-^{d}Ningirsuk-ak-e bara-mu-bal-e, ^{e}pà-bi šù-bal-bara-(i-)ag-e, na-rū-a-bi bara-(i-)padd-u „in alle Ewigkeit wird er (der Ummäer) nie über die Grenze Ningirsus gehen,[2] nie seinen Graben .....en, nie dessen Stele herausreissen", Eannatum, Geier-

[1]) Dagegen dürfte in (geschr.) ù-urudu-nu ù-anna-nu, zabar-nu, kinga-lù-nu ba-mà-mà, Gudea, Statue B 7_{51}, das nu vor ba-mà-mà wohl nicht zu diesem, sondern wie bei den vorangehenden Substantiven als -nu(-i-m (<-nu-i-me) zu kinga-lù(-k) zu ziehen sein.

[2]) Oder „in das Gebiet Ningirsus übertreten"?

stele Vs. 20_{16}-21_{3}; enna-ba-(n-)ra-(i-)n-ta-ri-(e)nn-a-š, enna-ba-(n-)ra-(i-)n-ta-zig-aenn-a-š u bara-(i-)n-da-b-kú-e(n), a bara-(i-)n-da-b-nag-e(n) „bis du aus ihm entwichen bist, bis du aus ihm dich hinweggehoben hast, sollst du auf keine Weise Speise bei ihm essen, auf keine Weise Wasser bei ihm trinken", CT 16, 12ff.$_{56.57}$; gìr(i)-nene gìr-ani-ta bara-(i-)n-tem-aene, bara-(i-)n-gí-gí-ene „ihre Füsse werden sie nie wieder auf seine Füsse legen", ASK Nr. 11 Kol. 2_{69-71}; kuš-lugallu-....(-k) bara-(i-)n-tem-ad-a(n), bara-(i-)n-gí-gí-(i)d-e(n) „dem Leib des Menschen wirst du dich nicht wieder nahen", CT 16, 12ff. Kol. 5_{23}; [....-^{d}Innana(-k)]-ta á-zu bara-mu(-'-i?-)n-gí(-en) = [ina .... ^{d}]Ištar idka la tanî'amma, 4 R 23 Nr. 2_{3}; ḫul-gál igi-bi bara-(i-)n-da-nigin = limnu panišu la ussaḫḫa[ršu], 4 R 13 Nr. 3_{8}.

8. Beteurungsformen.

§ 639 a. In nachsumerischer Zeit tritt uns in den Inschriften der Könige von Larsam und Babylon, u. z. zuerst in den Inschriften Warad-Sin's von Larsam, eine besondere Beteuerungsform des Präteritums entgegen, die in der Art gebildet wird, dass der gewöhnlichen Präteritalform die sonst den Wunsch bezeichnende Partikel ḫe- vorangesetzt wird. Aller Wahrscheinlichkeit nach beruht diese Bildung auf einer Nachahmung der akkadischen mit lu gebildeten Beteurungsform (vgl. lu allik „fürwahr, ich ging"); in den uns überkommenen Originalinschriften der sumerischen Periode findet sich keine Spur dieser Beteurungsformen, und vermutlich sind deshalb auch die Beteuerungsformen, die sich in der Lugal-anni-mundu-Inschrift (HGT 75) finden, wie manche andere Eigentümlichkeiten dieser Inschrift auf das Konto der Abschreiber zu setzen, welche die alte Sprache dem zu ihrer Zeit üblichen Sumerisch anglichen.

Vgl. é-ani ḫu-mu-na(-')-dū, ki-bi-(-e) ḫe-(i)mmi(-')-gí „sein Haus, fürwahr, erbaute ich ihm und stellte es wieder her", Warad-Sin, Steintafel$_{15-22}$; Ká-dingirr-a(k)^{ki} mu-bi ḫu-mu-ni(-')-maḫ, ^{d}ubd-a(k)-limmu-b(i)-a ḫe-bí(-')-diri(g) „Babylons Namen, fürwahr, machte ich erhaben, in den vier Weltgegenden, fürwahr, machte ich ihn gross", LIH 98.99$_{76-79}$; igi-.... ḫu-mu-(')-ši-n-barr-eš „fürwahr, sie blickten auf mich", ebenda$_{86-88}$; ní-melam-nam-lugall-a(k)-mu zag-an-ki-ke ḫe-(i-)n-dul „die Furcht vor meiner königlichen Majestät hat, fürwahr, (sogar) die Grenzen des Himmels und der Erde bedeckt", ebenda$_{80-83}$; — Ḫe-bí(-')-dū (bez. ḫe-(i-)ne(-')-dū) „fürwahr ich erbaute (ihnen)", HGT 75 Kol. 1_{33} (Lugal-anni-mundu); ḫe-(i-)ni(-')-tuš „fürwahr, ich habe darin wohnen lassen", ebenda$_{37}$, und ḫe-(i-)ni(-')-duru(n)-durun, ebenso, ebenda$_{39}$.

Zu den lautlichen Veränderungen der Partikel ḫe- siehe bei den Wunschformen (§ 643 ff.).

b. Eine echt sumerische Beteuerungsform dagegen liegt § 640
vielleicht vor in (geschr.) ga-nam-me-ám „fürwahr, er (sie, es) ist", Gudea, Zyl. A $5_{17.25}$, 6_{8}, und in dem als Beteuerungspartikel gebrauchten (geschr.) ga-nam „fürwahr (so ist es)", 2 R 16 Rs. Kol. $1_{42.45}$. Eine sichere und restlose Analyse dieser Bildungen ist allerdings noch nicht möglich. Sind sie vielleicht als eine Zusammensetzung von ga „ich will (das und das tun)" und na-(i-)m(e), bez. na-(i-)mme-ám „er (sie, es) möge nicht sein" = „wenn er (sie, es) nicht ist" zu erklären, sodass der ganze Ausdruck ursprünglich bedeutete: „ich will das und das tun, wenn er (sie, es) nicht ist", bez. „wenn das und das nicht der Fall ist"? Möglich wäre aber auch eine Zusammensetzung von i-m(e), bez. i-me-ám „er ist" mit einer Beteuerungspartikel gana „fürwahr" (vielleicht identisch mit gana „wohlan!", bez. gin-a „auf!", wörtlich „gehe!"?).

Vgl. ganam, ga(-i)-ug-aend-en-gišen, ga-(i-)n-kú; ganam ga(-i)-til-ed-en-gišen, ga-bí-b-gar „Fürwahr, da ich ja doch sterben muss, so will ich essen"; „fürwahr, da ich ja doch leben muss, so will ich hinlegen (= sparen)", 2 R 16 Rs. Kol. 1_{42-45}; lù-....-zid-a-gub-u-n(i-)a ug i-ná-ná-a šeš-mu,-^{d}Ningirsu(k) ga-na(-i)-mme-ám „der Mann, dem zur Rechten und Linken Löwen lagen, das ist, fürwahr, mein Bruder Ningirsu", Gudea, Zyl. A 5_{13-17}; kisikil,-....,-gi-dubb-a(k)-kù(g)-gī(n)-šu-bí(-n)-dŭ-a .... SAL+KU-mu,-^{d}Nidaba ga-na-(i-)mme-ám „das junge Weib, das einen goldenen Schreibgriffel in der Hand hielt, das, fürwahr ist meine Schwester Nidaba", ebenda 5_{21-23}; síga-....-usubb-a-gáll-a síga-zi(d)-É-ninnu(-k) ga-na(-i)-mme-ám „der Backstein, der in die Form gelegt wurde, das ist, fürwahr, der echte Backstein von E-ninnu", ebenda $6_{7.8}$.

c. Liegen vielleicht auch in den im vorigen Paragraphen § 640a
angeführten Formen ga(-i)-ug-aend-en und ga-til-ed-en Beteuerungsformen, u. z. der 1. Singularis des Präsens-Futurs vor?

II. Die Wunschformen.

Die Wunschformen des sumerischen Verbums werden mit § 641
Hilfe von Partikeln gebildet, welche der indikativischen Form vorangesetzt werden und sich mit dieser zu einer einheitlichen Form verbinden; vgl. z. B. ḫe-(i-)me-(e)n „du mögest sein" < ḫe „möge" + i-me-(e)n „du bist"; na-(i-)b-dímm-en „du mögest nicht machen" < na- „möge nicht" + i-b-dímm-en „du machst".

A. DIE POSITIVEN WUNSCHFORMEN.

1. Die Wunschpartikel ḫe-.

§ 642 a. Bildung und Bedeutung der Wunschform.

Die Partikel ḫe- „möge" bildet Wunschformen der 2. und 3. Person. Bei aktiv-transitiver Bedeutung der Verbalform verbindet sich ḫe-, soweit das uns bekannte Material in Frage kommt, mit der Präsens-Futurform, bei intransitiver oder passiver Bedeutung mit der intransitiven oder passiven Präsens-Futurform, wenn der Wunsch auf den Eintritt der Handlung gerichtet ist, dagegen mit der Permansivform, wenn der Wunsch nach dem durch die intransitive oder passive Handlung geschaffenen Zustand ausgedrückt werden soll. Im Gebrauch verwischt sich allerdings bisweilen der Unterschied zwischen den genannten intransitiven (oder passiven) Wunschformen, sodass öfters ḫe- mit Permansiv gebraucht wird, wo man eher ḫe- mit Präsens-Futur erwarten würde. Ob im Transitivum ḫe- sich auch mit der Präteritalform verbinden kann und alsdann den Wunsch nach dem Eingetretensein einer aktiv-transitiven Handlung ausdrückt, lässt sich gegenwärtig noch nicht feststellen. Zu der nachsumerischen Verwendung der mit ḫe- verbundenen Präteritalformen als Beteuerungsformen s. § 639.

Vgl. im Aktivum: ḫe-(i-)b-dím-e „er möge machen", HGT 142 Kol. 2_{8}, zu a-b-dím-e (< i-b-dím-e) „er macht", „er wird machen" (s. a-b-dímm-en „ich mache", ebenda$_{7}$); ḫe-(i-)nna-b-dím-ene „sie mögen ihm machen", ebenda$_{17}$, zu i-nna-b-dím-ene „sie machen ihm"; ḫa-m(u-')a-b-dím-e „er möge mir machen", ebenda$_{23}$, zu m(u-')a-b-dím-e „er macht mir" (s. mu-ub-dím-e (< mabdíme?) „er macht(!) mir", ebenda$_{19}$); aša(g)-bur-limmu(-gán) ḫa-m(u-')a-b-sim-u(n) „4 Bur Feld mögest du mir geben", ITT I 1119$_{1-6}$ (Brief); ^{d}Utua-ra ù-(i-)na-a-dŭ(g) (< ù-(i-)na-e-dug): 1 še-gur .... Duga-zida(-r) ḫe-(i-)na-b-sim-u(n) „Zu Utua sprich: 1 Kor Getreide mögest du dem Dugazida geben", ITT II 3756$_{1-6}$ (Brief).

Im Intransivum: nam-érim edinn-a ki-kug-a-šù ḫa-ba-ni-b-è-(e)d-e „der Bann möge in die Steppe an einen reinen Ort hinausgebracht werden", ASK Nr. 9 Rs.$_{1}$, neben ba-(n-)ra-è-(e)d-e, ASK 1 Kol. 1_{10}, und ba-(n-)ra-ĕ-(e)d-e, BE VI 2 Nr. 4_{26}, „er (sie) wird aus ihm herausgehen"; ḫe-(i-)zaḫ!-zaḫ![1]-ene = li-te-bi-du „sie mögen verloren gehen", HGT 142 Kol. 3_{6} (Schülertext), zu al-zaḫ-zaḫ-ene „sie gehen verloren" (s. al-ḫúl-ḫúl[2]-ene = u-te-bi-du, ebenda$_{4}$).

Ḫe-(i-)gă(r)-gar = linnapiḫ „es möge entfacht sein (werden)",

---

1) Ungenau geschrieben ḫe-ḪA-ḪA-ene.

2) Irrtümlich für ḫul-ḫul.

HGT 142 Rs. Kol. 3_{11}, zu al-gă(r)-gar = nuppuḫ „es ist entfacht", ebenda$_9$; ḫe-(i-)gub = lizziz „er möge stehen", AO 5403 (RA XI S. 43)$_{13}$, zu al-gub = izzaz „er steht", ebenda$_{14}$; .... ḫe-(i-)me-(e)n, ... ḫe-(i-)me-(e)n „mögest du .... sein, oder mögest du .... sein", CT 16, 27ff.$_{1-44}$, zu i-me-(e)n „du bist"; izkim-mu ḫe-(i-)šā(g) „mein Vorzeichen sei gut", Gudea, Zyl. A 3_{18}, zu al-šā(g) = damiq „es ist gut", 2 R 16 Kol. 2_2; kŭrr-a-zu TUR-TURl-a-bi ḫe-(i-)gī(g) = bêlûtka el ṣuḫḫuri limraṣ „deine Herrschaft zu verkleinern sei schwierig (unmöglich)", 4 R 13 Nr. 1 Rs.$_5$, neben kúr-kúrr-u-zu al-gī(g) = ana nukkurika mariṣ „dich zu ändern ist schwer (unmöglich)", 2 R 16 Kol. 5_{13}; nam-til-ani ḫe-(i-)sú(d) „sein Leben sei lang (gemacht)", Gudea, Statue C 4_1; uru-....-m(u-)a û(d)-mu ḫe-(i-)sú(d)-sud (geschr. ḫe-sú-sú-ud) „in meiner Stadt möge meine Lebenszeit lang (gemacht) sein", Warad-Sin, Steintafel Rs.$_{20.21}$; Gudea, nam-ti(l) ḫa-mu-(e-)ra-sú(d) „o Gudea, das Leben sei dir lang (gemacht)", Gudea, Zyl. B $24_{7.8}$; zi-ann-a(k) ḫe-(i-)pá(d), zi-ki-a(k) ḫe-(i-)pá(d) „der Geist (die Seele, der Lebenshauch)[1] des Himmels sei (zur Beschwörung) gerufen, der Geist der Erde sei gerufen", CT 16, 12ff. Kol. 2_{28}, u. o.; numun-ani ḫe-(i-)til, bal-ani ḫe-(i-)tar „sein Same möge vertilgt, seine Dynastie abgeschnitten sein (werden)", Gudea, Statue $4_{16.17}$.

b. Lautliche Veränderungen der Partikel ḫe-. § 643

α. Vor den Präfixen (Präfixgruppen) ba-, m(u-'-)a- (geschr. ma-) und (i-e-)ra- wird ḫe- infolge vorwärtsgerichteter Vokalassimilation zu ḫa-; es entstehen also die Verbindungen ḫa-ba-, ḫa-ma- und ḫa-ra-.

Vgl. ki-a-nag-e ḫa-ba-gub „am Trinkplatz möge sie stehen (aufgestellt sein)", Gudea, Statue B 7_{55}; gaba-bi šu-ḫa-ba-b-gí-gí-(e)ne (Var. šu-ḫa-ba-b-gí-gí-ene) „ihre Brust mögen sie wenden", ASK 11 Anhang, Kol. 4_{14} (11 Kol. 4_{38}); sag-gī(g) .... ann-a(sic?) ḫa-ba-ĕ-(e)de, ... ki-šù ḫa-ba-ĕ-(e)d-e „die Kopfkrankheit steige zum Himmel empor, sie steige zur Erde hinab", CT 17, $19_{88.90}$; igi-bi ki-kúr-šu ḫa-ba-(n-)ra-n-mà-mà(-e) „sie möge ihr Antlitz nach einem anderen Orte richten", ASK 11 Kol. 4_{41}.

Igi-šù ḫa-m(u-'-)a-rá „er möge mir vorangehen", Gudea, Zyl. A 3_{20}; šà(g)-bi ḫa-m(u-'-)a-pad-e „seine Deutung möge sie mir

---

[1]) Zi = napištu und nîšu; zu nîšu „Leben" vgl. ina'eš „er wird leben", („gesunden"), Ehelolf, OLZ 1921 Sp. 155; muna'išu „der Lebendigmacher", „Tierarzt", AH S. 440b, und das altakkadische a-na na-é-si ŠU-DUR-X, šar-rí A-ga-deki „für das Leben ŠU-DUR-X's, des Königs von Akkad", EDSA, Pl. $3a_{3-7}$.

sagen", ebenda 3_{28}; ḫa-m(u-'-)a-b-dím-e „er möge mir machen", HGT 142 Kol. 2_{23}.

KA-ḫa-(i-e-)ra-b-šā(g)-šag-ene, KA-šu-ḫa-(i-e-)ra-b-tagg-ene „sie mögen zu dir flehen und sich vor dir niederwerfen", LIH 60 Kol. $2_{14\text{-}17}$.

§ 644 Ob auch in sam-Nana(-k) ....-ta (geschr.) ḫa-ab-ta-è(-e) „den Kaufpreis für Nana möge er aus ....en", RTC 293 Rs.$_{10.11}$ (Šu-Sin von Ur), neben sonstigem ḫe-(i-)b-ta-, ḫe-(i-)b-da- usw. Assimilation des e von ḫe- vor der Präfixgruppe (i-)b-ta- vorliegt, ist unsicher; es ist nicht ausgeschlossen, dass der Anlaut ḫa-, falls er nicht überhaupt auf einem Versehen des Schreibers beruht, vielleicht als aus ḫe-'a-i- (mit Reflexivelement -'a- (?), § 609) entstanden zu erklären ist; s. auch § 648.

§ 645 β. In der sumerischen Zeit wird ḫe- stets auch vor dem Präfix mu- zu ḫa-; beachte z. B. die Präfixverbindungen ḫa-mu- (< ḫa-mu-'-i-, bez. ḫa-mu-'-a-), ḫa-mu-(e-)ra-, ḫa-mu-'-da-, ḫa-mu-(e-)da-, ḫa-mu-(n-)da-, ḫa-mu-n-a-, ḫa-mu-(n-)ši- usw. Auch hier liegt Vokalangleichung, allerdings nur eine partielle vor, insofern als das helle e von ḫe- zu einem dem u von mu- klanglich näherstehenden a geworden ist. Dabei spielt jedoch in der Mehrzahl der Fälle auch das Streben nach einem gewissen Vokalrythmus mit, indem die verbalen Präfixe offensichtlich eine Vokalfolge a—u, bez. a—u—a (wie sie z. B. auch in ga-mu-ra-búr-bùr, § 666, vorliegt) oder a—u—i usw. erstreben. Bei ḫa-mu- (< ḫa-ma- < ḫa-mu-'-a-) und ḫa-mu-ra- (< ḫa-mara < ḫa-mu-e-ra-) dürfte wohl überhaupt totale Assimilation vorliegen, da das u der Präfixe mu- und mu-ra- allem Anschein nach an die Stelle eines älteren a getreten ist.

Vgl. še-mu ḫa-mu(-'-a)-tum-u(n) (geschr. ḫa-mu-TÚM) „mein Getreide mögest du mir bringen", Ovale Platte 4_3; mà-ra ḫa-mu(-'-a)-Ùr-u(n) „du mögest mir .... ", Gudea, Zyl. A 3_{17}; [d]lama-šag-a-zu gìr-a ḫa-mu-(')-da-rá „dein guter Schutzgeist möge hinter mir wandeln", Gudea, Zyl. 3_{21}; mu-nu-gáll-a ḫa-mu-na-(n-)ta-è „Jahre des Mangels mögen ihm erstehen", Gudea, Statue B 9_{21}.

§ 646 γ. In nachsumerischer Zeit dagegen wird ḫe- vor mu- infolge totaler Vokalassimilation zu ḫu-, sodass die Verbindungen ḫu-mu-, ḫu-mu-(e-)ra-, ḫu-mu-na- usw. entstehen; beachte hier die Bevorzugung der Vokalfolge u—u—a.

Vgl. á-ágg-a-bi ḫu-mu-(e-)ra-b-sim-u „Kunde über sie möge er dir geben", CT 16, 42ff.$_{110}$; ĭ(nim)-bi ḫu-mu-(e-)ra-bb-i(-e) „ihre Sache (d. h. wie es sich mit ihnen verhält) möge er dir sagen", ebenda$_{98}$; ḫu-mu-ni-b-tu-tu(-e) „er möge hineinbringen", 4 R 12_{44};

ᵈEnki(k) ḫu-mu-e-da-ḫúl-a (< -ḫúl-e) „Enki möge sich über dich freuen", 5 R 50 Kol. 3_{22}.

Die gleiche Assimilation ist auch in den nachsumerischen Beteuerungsformen zu beobachten; vgl. Ká-dingirr-a(k)[ki] mu-bi ḫu-mu-ni(-')-maḫ „Babylons Namen, fürwahr, machte ich erhaben", LIH $98.99_{76.77}$; igi-zal(a)g-a-nene-a ḫu-mu-(')-ši-n-barr-eš, „mit leuchtendem Antlitz, fürwahr, schauten sie auf mich", $ebenda_{86-88}$; ḫu-ma-na(-')-dū „fürwahr, ich erbaute ihm", LIH 58_{40}; ḫu-mu(-')-bal „fürwahr, ich grub", $ebenda_{18}$.

δ. Gelegentlich wird das e von ḫe- (< ḫe-i-) in spätnach- § 647
sumerischer Zeit auch vor dem Infix -m-ta (< -b-ta-) in Annäherung an den Lippenlaut m zu u.

Vgl. kù(g)-babbar-sig-a-gim musir-bi ḫu-(i-)m-ta-zalag „wie gutes Silber möge sein .... erstrahlen", 4 R 3 f. Kol. 3_{40}.

ε. Ob in Lù-dingirr-a(k),-dumu-Guzani-k,-e Damgula,-dumu-mu § 648
(geschr.) ḫa-an-tuku „Ludingirra, der Sohn des Guzani, möge meine Tochter Damgula (zur Frau) nehmen", Sá-tilla $XXI_{5.6}$ (Šu-Sin von Ur; ähnlich $ebenda_{16.17}$), die Verbalform als aus ḫe-i-n-tuk-e[1] und demgemäss das a von ḫa- als aus e durch partielle Assimilation an das u der Verbalwurzel tuk entstanden aufzufassen ist oder ob vielleicht ḫa- eine Kontraktion von ḫe-'a-i- (d. i. ḫe + Reflexivelement -'-a + Präfix i-; vgl. dazu das entsprechende ba-n-tuk, $ebenda_{11.21}$) darstellt, ist vor der Hand noch unsicher. Vgl. auch § 644.

c. Anderweitige Verwendung der mit ḫe- gebildeten § 649
Wunschform.

α. Zu dem Gebrauch der selbständigen Wunschform im Sinne einer eine Wahl freistellenden Einräumung s. § 427.

β. Zur Substantivierung der Wunschform mittels des nomi- § 650
nalisierenden Elementes -a (= den Wunsch bezeichnender Inhaltssatz) s. § 434; zur Verbindung dieses substantivierten Wunschsatzes mit der Postposition -šù zum Ausdruck des abhängigen Finalsatzes s. § 438; zu der Verbindung des substantivischen Wunschsatzes mit -k-a zur Bezeichnung der gegensätzlichen Einräumung s. § 439.

2. Die dialektische Wunschpartikel de-.

a. In einigen ES-Texten wird als Wunschpartikel statt und § 651
neben ḫe- auch de- gebraucht. Ob dies nur eine dialektische

---

1) Oder liegt hier ein Fall vor, wo ḫe- mit dem aktiven Präteritum verbunden wird (§ 642) und ist demgemäss zu analysieren: ḫe-i-n-tuk „er möge genommen haben" = „er möge (meine Tochter zur Frau) haben"?

Variation von ḫe- ist oder eine besondere, von ḫe- zu unterscheidende Partikel, lässt sich noch nicht sicher feststellen. Die Konstruktion von de- ist allem Anschein nach die gleiche wie die von ḫe-.

Vgl. ES šà(g)-zu de-(i-)nna-ḫun(g)-e, bar-zu de-(i-)nna-šed-e „dein Herz möge sich über ihn beruhigen, dein Gemüt möge über ihn befriedigt werden", ASK Nr. 19 Rs.$_{7.9}$, und ES bar-zu de-(i-)n-šed-e, de-(i-e-)ra-bi(-e?) „dein Gemüt möge sich beruhigen! möge zu dir gesagt werden", SBH 30 Rs.$_{51}$, neben ES šà(g)-zu ḫe-(i-)n-ḫung-a, bar-zu ḫe-(i-)n-šed-e „dein Herz möge sich beruhigen, dein Herz möge sich besänftigen", SBH 53 Rs.$_{56}$; ES šà-kù(g)-bi ga-(i-)n-ḫun(g), arazu ga-(i-)nna-b-dū̄(g), šà(g)-imm-a-k-e [1] de-mm(u-'-)a-ḫun(g)-e (geschr. de-em-mà-ḫun-e) „sein reines Herz will ich besänftigen, ein Gebet will ich zu ihm sprechen; das Herz des .... möge sich über mich beruhigen (= li-nu-ḫa-am)", 4 R 21 Nr. 2 Vs.$_{23.25}$; ES šab ḫun(g)-ù, ḫun(g)-ù, de-(i-)nna-n-tuk-a „o Herz (oder: im Herzen) sei beruhigt, sei beruhigt! möge man zu ihm sprechen (= liqqabišum)", ebenda$_{30-32}$; ES šab ḫung-a [2] (Var. ḫung-ù), ḫung-a,[2] de-(i-e-)ra-n-tuk-a „o Herz (oder: im Herzen) sei beruhigt, sei beruhigt! möge man zu dir sprechen (= liqqabika)", SBH 13 Vs.$_{12}$; ES mulu-arazu-k-e, arazu de-(i-e-)ra-bbi(-e) „o Herr des Gebetes, Gebete mögen zu dir gesprochen werden", SBH Vs.$_{18}$; ES suba(-e) šibirr-an(i)-a de-mu-n-gí-gí(-e) „der Hirt möge sie mit seinem Stabe töten", ASK 17 Rs.$_{14}$; ES de-(i-)n-mal (für ḫe-(i-)gal) „es möge (vorhanden) sein", SBH 53 Vs.$_{70.72}$.

§ 652 b. Das e von de- unterliegt nicht der Vokalangleichung; beachte z. B. in den angeführten Beispielen die Verbindungen de-(i-e-)ra- und de-mm(u-'-)a-.

3. Die Wunschpartikel u-.

§ 653 a. Bildung und Bedeutung der Wunschform.

Mit Hilfe der Partikel u-, geschr. ù- (so stets in alter Zeit) und ú- (so neben ù- in späten nachsumerischen Texten), werden Wunschformen der 2. und 3. Person gebildet; ob auch Wunschformen der 1. Person, ist gegenwärtig noch nicht sicher zu entscheiden. Die 2. Person wird im Sinne eines milderen Imperativs gebraucht.

§ 664 Das Tempus, mit welchem sich u- verbindet, ist trotz der prä-

---

[1]) Geschr. šà-im-ma-k-e, Var. šà-è-ma-ke.

[2]) Geschr. ḫun-gá; oder ist nach der akkadischen Übersetzung nûḫam vielleicht ḫun(g)-mà (< ḫun(g)-mu-'-a) „besänftige dich über mich" beabsichtigt?

sentisch-futurischen Bedeutung der Wunschform das Präteritum. Vielleicht erklärt sich das aus der vermutlichen Grundbedeutung „wenn“ der Partikel u-, wozu man vergleichen möge, dass auch im Deutschen „o wenn doch“ mit dem Konjunktiv des Präteritums verbunden wird. — Soweit sich bis jetzt sicher sehen lässt, scheinen mit u- nur aktiv-transitive Formen gebildet zu werden.

α. Zur 2. Person vgl. z. B. die Aufforderung šunir ù-mu- § 655
na(-e)-dím „ein Šurinnu fertige ihm an!“, Gudea, Zyl. A 6_{22}, neben šunir mu-na(-n)-dím „das Šurinnu fertigte er ihm an“, ebenda 7_{22}, als Bericht über die Ausführung jener Aufforderung; lugal-zu(-r) ^{giš}gigri ù-mu-na!(-e)-DI „deinem Herrn baue (?) einen Wagen!“, ebenda 6_{11}, neben giš-ḫalubb-a(k) .... giš-gigri-zagin-šù mu-na(-n)-DI „Ḫuluppuhölzer .... verarbeitete er zu einem glänzenden Wagen“, $7_{18.19}$; mu-zu ù-(im)mi(-e)-sar „deinen Namen schreibe darauf!“, 6_{23}, neben mu-ni immi(-n)-sar „seinen Namen schrieb er darauf“, 7_{23}; giš ù-(im)ma-(n)-ta(-e)-gar „Holz lege dir aus ihm heraus (zum Bau)!“, 6_{16}, neben giš imma-(n-)ta(-n)-gar „Holz legte er sich aus ihm heraus“, 7_{14}; anšu-dur ù-(i-n-)ši(-e)-lá „einen Eselhengst spanne daran!“ 6_{18}. Beachte besonders die für die Feststellung der mit u- verbundenen Verbalform wichtige Pleneschreibung in Ur-^{d}Nun-gal-ra ù-na-a-dū(g) (< ù-i-na-e-dug) „zu Ur-Nun-gal sprich“, ITT II $760_{1.2}$ und auch sonst in der Einleitungsformel der Briefe zur Zeit der 3. Dynastie von Ur (z. B. ITT II $3418_{1.2}$; $3756_{1.2}$; $4126_{1.2}$; $4145_{1.2}$), neben Allamu(-r) ù-na-dū(g) (< ù-i-na-e-dug) „zu Allamu sprich“, ITT I $1119_{3.4}$ (so auch sonst zur Zeit der Dynastie von Akkad).

Sehr schwierig ist dagegen die genauere Erklärung der in § 656
späten nachsumerischen Texten so häufigen Aufforderungsformen der 2. Person nach den Schemen (geschr.) ú-me-LAL, ú-me-ni-LAL, ú-me-te-LAL, ù-mu-e-ni-LAL, ù-mu-e-ši-n-LAL usw. Gegen die durch den Wechsel von u-me- und u-mu-e- scheinbar nahe gelegte Annahme, dass ume- in allen Fällen aus u-mu-e- (= u- + Präfix mu- + Subjektselement -e- „du“) durch Schwund des u vor dem Vokal e entstanden sei, spricht die Tatsache, dass das Subjektselement nicht vor dem Infix stehen kann, wie es nach jener Erklärung bei u-me-te-LAL, u-mu-e-ši-LAL und u-me-ni-LAL, u-mu-e-ni-LAL der Fall sein würde; will man die mit ume- anlautenden Formen vom Thema mu-LAL ableiten, so müsste man daher schon annehmen, dass das me- nur einfaches mu- darstellt, wie ja auch tatsächlich sich zu dem unten aufgeführten u-me-te-gur-gur die Variante (geschr.) u-mu-un-te-gur-gur (< u-mu-n-ta-e-gur-gur) findet. Daneben

aber wäre es auch ebensogut möglich, dass ume- auf u-(im)me- zurückgeht, also vom Thema immi-LAL herzuleiten ist, und diese Ableitung wird in manchen Fällen offenbar auch durch die lokativische Beziehung der Verbalform gefordert (s. unten zu šu-u-me-ti). Allerdings würde diese Ableitung bei u-me-te-LAL wiederum nicht möglich sein, da nach immi- kein Infix steht. Ebenso könnte in diesem Fall aus dem gleichen Grunde das nach ume- so überaus häufige -ni- nicht das Lokativinfix darstellen; aber selbst in den Fällen, wo ume- = u-mu- wäre, würde die beinahe durchgängige Setzung des Lokativinfixes immerhin sehr auffällig sein. Es muss daher als wahrscheinlich erscheinen, dass das -ni- wenigstens in einer grösseren Anzahl von Fällen das Kausativelement -n- und das Subjektselement -e- „du“ darstellt, also umeni-LAL als u-(i)mmi-n-e-LAL oder u-mu-n-e-LAL (neben u-mu-ni-e-LAL) zu analysieren ist (vgl. dazu § 527). In Formen wie (geschr.) u-mu-e-ni-LAL dagegen liegt zweifellos eine Zerdehnung von ursprünglicherem umeni-LAL vor, u. z. in falscher Analogie nach der zum einfachen Thema mu-LAL gehörigen Form u-mu-e-LAL. Aus all dem ergibt sich, dass man in späterer Zeit keine richtigen Vorstellungen mehr über die genauere grammatische Zusammensetzung der u-Formen hatte und deshalb Formen verschiedener Bildung zusammengeworfen hat.

Vgl. (geschr.) šu-ú-me-ti „ergreife“, „nimm“, wörtlich „lege die Hand darauf“, also sicher aus šu-u-immi-e-ti zu erklären, CT 16, 37$_{30}$; 17,25f.$_{64}$; 17, 9ff.$_{73}$; 17, 9ff.$_{41f.\ 74.\ 226.\ 228}$; 17, 18ff.$_{63.78}$; 17, 15ff. Kol. 1$_{20}$, 6$_{8}$; 16, 24ff. Kol. 1$_{26}$; 4 R 18 Nr. 6 Rs.$_{17}$; 4 R 7f. Kol. 1$_{33}$; beachte dazu šu-bí-n-ti „er hat ergriffen“, wörtlich „er hat die Hand darauf gelegt“, und die Reflexivformen šu-ba-n-ti und šu-e(m)ma(-n)-ti „er hat für sich genommen“, wörtlich „er hat für sich die Hand darauf gelegt“ (§ 585, 608 und 616); lù-gallu-bi(-e?) KU-surr-a ú.me-ḪAR nam-šub-Eridug^{ki}-a(k) ú.me.ni-sì(g), zi-dingir-gal-gal-ene-ke ú.me.ni-pá(d), utuk-ḫul, ala-ḫul gidim-ḫul zi-ann-a(k)$^{(šic ?)}$-ki-bida-ke ù-(i-)nne(-e)-pá(d) „diesen Menschen .... ein ....., die Beschwörung von Eridu sprich (lege) darüber, den Geist der grossen Götter rufe darüber, über den bösen Utuku, den bösen Alû und den bösen Etimmu rufe den Geist von Himmel und Erde“, CT 17, 9ff.$_{88\text{-}103}$; duk-sarr-a a ú.me.ni-sì(g), ^{giš}šinig-^{giš}erin-babbar-a(k) šà(g)-bi(-e) ú.me.ni-sì(g), nam-šub-Eridug^{ki}-a(k) ù.mu.e.ni-šit, a-bi(-e) nam-šub šu-gal-ù.mu.e.ni-dú, a-bi lù-gallu(-e) ù.mu.e.ni-sì(g), GAR-LAG-GÁ sagg-an(i)-a ù.me.ni-gar, lù-gallu .... ù.me.te-gur-gur[1],

1) Variante (geschr.) ú-mu-un-te-gur-gur (< u-mu-n-ta-e-gur-gur), CT 17, 9ff.$_{83}$.

alam-bi zag-giš-ná ..... ù.me.[ni-...], lù-bi ugu-n(i)-a a ù.me.ni-..., a-nam-šibb-a(k) ù.me.ni-tù, nig-na-gibill-a ú.me.ni-è, a-kuš-n(i-)a a-n-ta-surr-a-ta nam-tar kuš-ni-ta a-gim ḫe-(i-)mma-n-sur-surr-a; a-bi duk-šù ù.mu.e.ni.ši-n-gí, sila-dagall-a-šù ù-mu-n-dub[2] „in einen .... Krug fülle Wasser, Samenkörner der weissen Zeder schütte hinein, die Beschwörung von Eridu rezitiere darüber, über dieses Wasser mache sehr vollkommen die Beschwörung, selbiges Wasser spritze auf den Menschen, eine geknetete Speise lege auf seinen Kopf, ...e den Menschen, stelle sein Bild an der Seite seines Bettes auf, auf selbigen Menschen lass das Wasser ....en, das Wasser der Beschwörung giesse auf ihn, ein Feuerbecken ....., und in dem Wasser seines Leibes, das von ihm ausge....en, möge der Namtar von seinem Leibe wie Wasser aus....en; jenes Wasser aber tu wieder zurück in den Krug und giesse es auf die Strasse“, CT 17, 31f.$_{30\text{-}62}$.

β. Zur 3. Person vgl. z. B. lù-Umma^{ki}-a(k) e-ki-surr-a-^{d}Nin- § 657
girsuk-ak-a .... a-n-ta-bal-ed-a .... ^{d}Enlil-e ḫe-ḫalamm-e, ^{d}Ningirsuk-e sa-šušgal-ni ù-(i-)na(-n)-šuš, ... nam-lù-gālu(-e) uru-n(i)-a šu-ù-(i-)na(-n)-zi(g), šà(g)-uru-n(i)-ak-a ḫa-(i-)ni-gaz-e „den Ummäer, der den Grenzgraben des Ningirsu überschreitet, möge Enlil vernichten und Ningirsu möge sein Šušgalnetz auf ihn decken, in seiner Stadt möge die Bevölkerung die Hand gegen ihn erheben,[2] mitten in seiner Stadt möge sie ihn erschlagen“, Entemena, Kegel B (HRETA Nr. 1)$_{201\text{-}222}$; ES zìr-an-ki-a(k) aš-a-ni-(d) a-ba-ni-n-tab (< u-ba-ni-n-dib) = litmuḫ edišsiša ṣirrit šamê u irṣitim „sie allein möge das Leitseil von Himmel und Erde ergreifen“, RA XI S. 114$_{23}$; möglicherweise liegt die 3. Person auch vor in é-mu(-e) û(d)-šu-zi(d)-m(u-’-)a-(n-)ši(-e)-tum-ud-a(-a) ḫursag-ki-mér-mer-tuš-a-šù gir-mu ki-i-bí(-n)-uš (< ki-u-bí-n-uš) „sobald du getreulich Hand angelegt hast an mein Haus, möge mein Fuss zu dem Gebirge, wo die Südstürme wohnen, wandeln“, Gudea, Zyl. A 11$_{19\text{-}21}$; Girsu^{ki}-....-šù gir-zu ki-i-bí(-n)-uš, é-nigg-a(k)-z(u-)a kišib ù-(im)mi(-e)-kúr usw. „nach Girsu möge dein Fuss wandeln, an deinem Vorratshause mögest du das Siegel ändern“ usw., Zyl. A 6$_{15.16}$.

b. Anderweitige Verwendung der u-Form. § 658

α. Über den Gebrauch der selbständigen u-Form in bedingendem Sinne (als Vordersatz eines Bedingungsgefüges) s. § 426.

β. Auch im Relativsatz hat die u-Form allem Anschein nach § 659

---

[1]) Variante (geschr.) ú.me.ni-dub-bu, CT 17, 9ff.$_{87}$.

[2]) Oder vielleicht: „die Bevölkerung seiner Stadt möge er gegen ihn aufreizen“ = nam-lù-gal(u)-uru-n(i)-a(k) šu-ù-(i-)na(-n)-zi(g)?

bedingende Bedeutung, bez. dient dazu, den bedingenden Charakter des Relativsatzes besonders hervorzuheben (deutsch also etwa „welcher das und das tun sollte", bez. „getan haben sollte"); bis jetzt sind nur derartige Relativsätze in futurischer Bedeutung zu belegen. Man beachte, dass öfters dem mit der u-Form gebildeten Relativsatz ein indikativischer futurischer Relativsatz folgt, jedoch nur dann, wenn die beiden Relativsätze in der Art zusammengehören, dass der erste die Voraussetzung für den zweiten bildet; der mit der u-Form gebildete Relativsatz drückt demnach in diesen Fällen die Vorzeitigkeit vor der Handlung des indikativischen futurischen Relativsatzes aus, wozu ja auch stimmt, dass die u-Form vom Präteritum gebildet wird. Ob auch der selbständige mit der u-Form gebildete Relativsatz neben seiner bedingenden Funktion futurisch-präteritale Bedeutung (im Sinne eines Futurum exactum) hat (bez. gehabt hat), lässt sich noch nicht sagen. Geht der indikativische Relativsatz in den (relativisch zu verstehenden) Hauptsatz über, so wird vor diesem entsprechenderweise auch die selbständige u-Form gesetzt.

Vgl. lù dingir-mu-gim ^{d}Ningirsuk-e dingirr-ani kalamm-a gù-ù-mu-na-ni(-n)-dé-a, é-dingir-m(u)ak-e igi-..l-a na-(i-)b-ag-e „der Mann, dem Ningirsu seinen Gott gleich wie meinen im Lande proklamiert,[1] möge das Haus meines Gottes nicht vernachlässigen", Gudea, Statue I 3_{11}-4_{4}; zag-mu-dû(g)-ka lù dingir-mu-gim dingirr-ani ^{d}Ningirsu(k),-lugal-mu(,-e) kalamm-a gù-ù-(i-)na(-n)-dé-a, di-kŭ-a-m(u)-a šu-i-b-bal-e-a (geschr. šu-i-íb-bal-e-a), ... LI-DU-KA-kešd-u-mu(-t) mu-mu ù-(i-n-)ta(-n)-gar, mu-ni ba-mà-mà(-e) „der Mensch, welchem mein Herr Ningirsu seinen Gott (d. i. seinen persönlichen Schutzgott) gleichwie (mir) meinen Gott[1] am Anfang eines guten Jahres im Lande proklamiert und der dann meine Gerichtssatzungen übertritt und, nachdem er aus meiner Tempelliturgie(?) meinen Namen entfernt hat, seinen Namen dafür einsetzt", Gudea, Statue B 8_{11-22}; lù .... igi-ni-šù nu-(i-n-)tuk-a û(d)-ullia-ta .... isag-Lagašu^{ki}(-k),-É-ninnû-^{d}Ningirsu(k),-lugal-mu(,-r) - ù-(i-)na(-n)-dū-a, - lù-nig-UL-e-PA-è-a-ám dū̄(g)-dū̄(g)-ni lù nu-(i-n-)kúr-e „der Mensch, der nicht vor Augen hat, dass seit den ältesten Zeiten niemand die Verfügungen eines Fürsten von Lagaš, der dadurch, dass er dem Ningirsu, meinem Herrn, das E-ninnu erbaute, Schönes vollbracht hat, zu ändern pflegte", Gudea, Statue B 8_{26-27}.

---

[1]) Bedeutet das vielleicht „welchem Ningirsu denselben Schutzgott wie mir bestimmt"?

γ. Die selbständige (wie auch die relativische?) u-Form § 660
wird ferner auch in finaler Bedeutung gebraucht.

Vgl. ^giš^šár-úr.... enn-e ki-bal kur SAG.KI-ni ù-(im)ma-(n)-da(-n)-gidd-a, KA.MI.RÍ-ani ù-(im)ma(-n)-ra, libiš-bi ù-mu(-n)-DU, enn-a(k) GÍR-NITA-min-kam-(a)ni .... me-ni-da mu-na-(n-)da-dib-e „damit er den Šarur, wenn der Herr mit ihm das Feindesland und die Bergländer ....t, auf sein ....e und damit er ihre Herzen ....e, lässt er den zweiten Šakanakku des Herrn ihm mit seinem ....en", Gudea, Zyl. B 8_{2-9}; ambar-bi kua-ḪI-suḫur kua-suḫur ù-(i-n-)DU, ^giš^gi-nisigg-a-bi gi-kua-KU+ŠU-úr ù-(i-n-)DU, imin-NAR.RA.GAB-Guedinn-ak-e ^d^Ningirsu(k)-ra É-ninnu-a KA-bi tu(r)-tu(r)-(u)d-a ^d^KAL .... me-ni-da mu-na-(n-)da-dib-e „damit er die ....-Fische und die ....-Fische ihre Teiche ....en lasse, damit er das ....-Rohr sein Röhricht ....en lasse, und damit die sieben .... des Guedinna dem Ningirsu ihre .... in das E-ninnu hineinbringen(?), lässt er den ^d^KAL .... ihm mit seinem ....en", ebenda 12_{1-6}; beachte, dass sonst in 6_1-12_{25} statt der u-Form der finale Infinitiv („um zu ....en") gesetzt ist.

δ. Über die späte akkadische Wiedergabe der u-Form § 661
durch den Imperativ mit -ma „und" siehe § 412.

c. Lautliche Veränderungen der Partikel u-. § 662

Vor dem Präfix ba- wird u- in späten Texten zu a-, vor bí- bei Gudea, wie es scheint, zu ì-, in beiden Fällen infolge einer Angleichung von u- an den Vokal des ihm unmittelbar folgenden Präfixes. Beachte das ähnliche Verhalten der Negation nu- (§ 634).

Vgl. zì̀r-an-ki-a(k) aš-ani(-d) a-ba-ni-n-tab „sie allein möge das Leitseil von Himmel und Erde ergreifen", RA XI S. 144_{23}; ^d^alad-^d^lama-nig-šag-a(-k) sag-an(i)-a a-ba-ni-n-gub „ein guter Šêdu und ein guter Lamassu möge ihm zu Häupten stehen", ASK 11 Kol. $2_{40.41}$; gu-.... á-zid-a-ni-šù a-ba-ni(-e)-keš, šu-gur-.... šu-sì-tur-á-gubb-u-ani-ta ú.me.ni-gar „eine Schnur .... binde an seine rechte Hand und einen Ring .... stecke an den kleinen Finger seiner linken Hand", ebenda 2_{45-49}; sìg-babbar-sìg-babbar[1] giš-ná-d-an(i)-a .... á(Var. a-)ba-ni-n-keš „weisse Wollfäden binde an sein Bett", ebenda $2_{55.56}$ (beachte hier die Schreibung mit á!); sìg-gĭ(g)-sìg-gĭ(g)[1] á-gubb-u-ani-ta a-ba-ni-n-keš „schwarze Wollfäden binde zu seiner Linken an", ebenda $2_{58.59}$; ^d^Asa-alim-nunn-a(k), a-kug-a a-sikill-a a-ba-ni-n-sú, a-ba-ni-n-sikil, a-ba-ni-n-zál(g)-zál(g) „o Marduk, mit reinem Wasser, mil hellem Wasser besprenge ihn, reinige ihn, mache ihn strahlend", ebenda 4_{1-8}; sag-an(i)-a a-ba-n-sū̃(g)-sug-eš

---

[1]) Vermutlich haben SÌG-BABBAR und SÌG-GĬ(G) besondere Lautwerte.

= ina rêšišu lizzizû „sie mögen ihm zu Häupten stehen", CT 16, 35f. Kol. $4_{8\text{-}9}$.

Zu ì- < ù- vor bí vgl. (geschr.) ki-ì-bí-uš, Gudea, Zyl. A. $11_{19\text{-}21}$ und $6_{15.16}$, in den beiden letzten Beispielen von § 657.

4. Die Wunschpartikel ga- (ES auch da-).

§ 663 a. Bildung und Bedeutung.

α. Mit der Partikel ga- werden Wunschformen oder Kohortative der 1. Person der Bedeutung „lass mich das und das tun" gebildet, die zugleich aber auch in der Bedeutung „ich will das und das tun" gebraucht werden.

§ 663a Auch im ES-Dialekt werden die Wunschformen der 1. Person mit ga- gebildet; die dialektische Partikel da-, die der Partikel de- der 2. und 3. Person entspricht, ist bis jetzt nur in einer Form belegt (s. § 667).

§ 664 β. Die Verbalform, mit welcher ga- verbunden wird, ist ihrer grammatischen Zusammensetzung nach oder wenigstens hinsichtlich ihres Verhältnisses zu dem uns im Indikativ entgegentretenden Verbalsystem, noch wenig durchsichtig.

§ 665 (*a*) Im Singular ist die mit ga- verbundene Verbalform endungslos, und es ist deshalb anzunehmen, dass sie das Subjektselement infigiert, welches dann doch wohl wie im transitiven Präteritum das unmittelbar vor der Verbalwurzel stehende Pronominalelement -'- „ich" sein dürfte; sie ohne weiteres mit dem Präteritum gleichzusetzen trifft jedoch auf Schwierigkeiten, da die intransitive ga-Form auf die gleiche Art (nur ohne Kausativelement) und nicht, wie man unter jener Annahme erwarten müsste, durch Verbindung von ga- mit dem in der 1. Person Singularis auf -en endigenden intransitiven Präteritum gebildet wird. Immerhin könnte sich dies vielleicht daraus erklären, dass hier noch eine ältere Bildungsweise des intransitiven Präteritums nach Art des transitiven vorliegt. Beachte ferner, dass auch die Pluralbildung (§ 666) von der für das transitive Präteritum zu erschliessenden (§ 453) abweicht. Als nicht ganz ausgeschlossen muss vorläufig auch noch betrachtet werden, dass das Subjektselement, weil möglicherweise bereits in dem Element -ga enthalten, vor der Verbalwurzel vielleicht überhaupt nicht gesetzt wird; wahrscheinlich ist dies aber, nach den mit den anderen Wunschpartikeln verbundenen Verbalformen zu urteilen, nicht. Doch könnte immerhin dafür sprechen, dass im Transitivum die Kausativelemente -n- und -b- wie in den indikativischen Futurformen regelmässig gesetzt werden, während sie im Präteritum zugunsten der Subjektselemente in der Regel vernachlässigt werden; vgl. z. B. ga-(i-)b-dim „lass mich machen“ gegen i(-’)-dim „ich habe gemacht“ usw. Indessen könnte sich diese Erscheinung wieder daraus erklären, dass durch die für die 1. Person charakteristisch gewordene Partikel ga- die 1. Person genügend kenntlich gemacht wird und deshalb das Subjektselement vor der Verbalwurzel zugunsten der Kausativelemente unterdrückt wurde. Das Schema der singularischen ga-Form wäre dann je nachdem im Transitivum ga-(i-)n(-’)-LAL und ga-(i-)b(-’)-LAL oder ga-(i-)n-LAL und ga-(i-)b-LAL, im Intransitivum ga(-i-’)-LAL oder ga(-i)-LAL.

Vgl. im Transitivum: ga-(i-)b(-’)-dím (bez. ga-(i-)b-dím), geschr. ga-ab-dím = lûpuš „lass mich machen“, „ich will machen“, HGT 142 Kol. 2_5, zu a-b-dímm-en (< i-b-dím-en) „ich mache“, $ebenda_6$, und i(-’)-dím „ich habe gemacht“; ga-(i-)b(-’)-zi(g) und ga-(i-)n(-’)-zi(g) = lušetbi „ich will aufstehen (aufbrechen) lassen“, HGT 150 Kol. $2_{2.4}$, von b-zig und n-zig „aufstehen lassen“ (vgl. zig-a-b und zig-a-n „lass aufstehen“, $ebenda_{1.3}$); ga-(i-)n(-’)-kú „lass mich essen“, 2 R 16 Kol. 4_{43}; ga-(i-)na-b(-’)-du̿(g), Gudea, Zyl. A 3_{23}, ES ga-(i-)nna-b(-’)-du̿(g), ASK 15 $Rs._{15}$, „ich will zu ihr sprechen“; ga-(i-)nna-b(-’)-dím „ich will ihm machen“, HGT 142 Kol. 2_5; ga-mu-(e-)ra-b(-’)-du̿(g) „ich will dir erzählen“, 4 R 27 Nr. 3_{13}; ga-mu-(e-)ra(-’)-búr-búr „ich will dir (den Traum) deuten“, Gudea, Zyl. A 5_{12}; ga-bí-b(-’)-gar = luškun, 2 R 16 Kol. 4_{45}; ga-ba-(n-)da-n(-’)-kú „ich will mit ihm (für mich) essen“, ASK 11 Kol. 2_{16}; ga-ba-(n-)da-n(-’)-nag „ich will mit ihm (für mich) trinken“, ebenda 2_{17}.

Im Intransitivum: ga(-i-’)-zi(g) (bez. ga(-i)-zi(g)) „ich will aufstehen“, HGT 150 Kol. 1_3, zu ì-zig-en „ich bin aufgestanden“, ebenda 1_2, bez. ì-zi-zi(-e) „ich werde aufstehen“; ga(-i-’)-gub = lu-zi-iz „ich will stehen“, AO 5403 (RA XI S. $43)_{12}$, zu al-gubb-en = a-za-az „ich stehe“, $ebenda_{15}$; ga(-i-’)-ti(l) „ich möge leben“ in ga(-i-’)-til-a-šù „auf dass ich leben möge“, Vase H aus Nippur (SAK S. $158)_8$; ga-(i-)n-tuš (< ga-i-n-’-tuš, bez. ga-i-’-tuš) „lass mich wohnen“ = aššabu „der Hausmieter“ (§ 123); ga-ba-(n-)da-n(-’)-ná „ich will bei ihm liegen“, ASK 11 Kol. 2_{18}; ga-ba(-’)-gub „ich will mich stellen“, 4 R Nr. 3 $Vs._{10ff.}$.

(*b*) Der Plural der mit ga- gebildeten Wunschform wird, § 666
wenigstens im ES, dadurch gebildet, dass an die Singularform das Element -en angefügt wird, welches also eine Art Pluralendung der 1. Person darstellt; das Personalelement der 1. Puralis scheint hier demnach -’-...-en zu sein. Im Hauptdialekt ist der Plural bis jetzt noch nicht belegt.

Vgl. ES ganu ga-(i-)ni(-')-rì-en, ga-(i-)ni(-')-rì-en, menden úru-šù ga-(i-)ni(-')-rì-en = alkam i nillikšu(m), i nillikšu(m); nînu ana âlišu i nillikšu(m) „auf, lasst uns zu ihm gehen, lasst uns zu ihm gehen; (ja) wir, zu ihm in seine Stadt lasst uns gehen!" ASK $17_{22\text{-}25}$; uku mà(-r?) mar-m(u-'-)a-nzen, írr-a da-(i-'-)marr-en „ihr Leute, eilet zu mir, eine Klage lasst uns machen", akkadisch (mit Änderung der Person und teilweise auch des Genus verbi) nišî liḫîšânimma ṭakribtu liššakin „die Menschen mögen zu mir kommen und eine Klage werde gemacht", SBH 14 $Vs._{18.19}$; ähnlich írr-a-É-kurr-a(k) da-(i-)mmarr-en (geschr. da-ám!-mar-ri-en), isiš da-(i-)marr-en, akkadisch ebenfalls mit Änderung der Konstruktion: takribtu ana E-kur liššakin, takribtu liššakin, $ebenda_{31.32}$.

§ 667 γ. Ihrer Bedeutung und Bildung nach noch nicht sicher zu erklären sind die intransitiven ga-Formen in den Vordersätzen von (geschr.) ga-nam ga-ū-ga-en-de-en-giš-en, ga-an-kú; ga-ti-li-de-en-giš-en, ga-bí-íb-gar, akkadisch: pi-qa a-ma-at-man lu-ku-ul; pi-qa a-bal-lu-uṭ lu-uš-kun „da (?) ich (?) sterben werde, lass mich essen; da (?) ich (?) leben werde, will ich hinlegen (= sparen?)", 2 R 16 Kol. $4_{42\text{-}45}$. Vielleicht handelt es sich hier nicht um die mit ga- gebildete Aufforderungsform, sondern um durch ga- verstärkte, d. h. emphatische präsentisch-futurische Behauptungsformen; also ga-(i-)ug-aed-en „ich werde (gewisslich) sterben" und ga-(i-)til-ed-en „ich werde (gewisslich) leben". Beachte auch die Formen (geschr.) ga-ba-ni-b-gí-gí, ga-ba-ni-ib-gur-ru-de, und IM-ga-ba-ab-dúb-bu in HGT 1 Kol. $1_{4\text{-}7}$ (nachsumerisch).

§ 668 b. Über die Entstehung von ga- und sein ursprüngliches Verhältnis zu der Wunschartikel ḫe-, sowie über die Frage, ob mit ga- ursprünglich auch Wunschformen der anderen Personen gebildet werden konnten, lässt sich gegenwärtig noch nichts Sicheres sagen.

§ 669 c. Anderweitige Verwendung der ga-Form.

Zur Substantivierung der mit ga- gebildeten Wunschform mittels des nominalisierenden Elementes -a sowie zur Verbindung des so entstehenden prekativischen Inhaltssatzes mit šù „für", „wegen" zum Ausdruck des abhängigen Absichtssatzes (z. B. ga-(i-)til-a-šù „auf das ich laben möge") s. §. 438.

B. DIE NEGIERTE WUNSCHFORM.

1. Die Prohibitivpartikel na-.

§ 670 a. Bildung und Gebrauch der Prohibitivformen.

Die negierten Wunschformen der 2. und 3. Person, welche den mit ḫe- gebildeten positiven Wunschformen entsprechen, werden mit der Partikel na- „möge nicht“ gebildet. Die Konstruktion ist die gleiche wie bei ḫe- (§ 642). Die 2. Person wird auch als Verneinung des Imperativs, der selbst keine Negation zu sich nehmen kann, gebraucht. Ob auch Prohibitivformen der 1. Person mit na- gebildet werden, lässt sich nicht feststellen, da bis jetzt verneinte Wunschformen der 1. Person noch nicht zu belegen sind.

Vgl. im Transitivum mit Präsens-Futur: na-(i-)b-dím-e „möge er nicht machen“, HGT 142 Kol. 2_{9}, zu a-b-dím-e (< i-b-dím-e) „er macht“; na-(i-)b-dím-ene „mögen sie nicht machen“, ebenda$_{12}$, zu a-b-dím-ene „sie machen“; igi-..l-a na-(i-)b-agg-e „er möge nicht vernachlässigen“, Gudea, Statue I $4_{3.4}$; na-(i)mmi-ḫul-e „er möge sie nicht zerstören“, Gudea, Statue B 7_{57}.

Im Intransitivum (*a*) mit Präsens-Futur: na-(i-)nna-tem-ad-en = la teṭeḫišum „nähere dich ihm nicht“, AO 5403 (RA XI S. 43)$_{4}$, zu i-nna-tem-ad-en „du näherst dich ihm“; na-mm(u-’-)a-tem-ad-en „komm nicht an mich heran“; ebenda$_{5}$; giš-guza-n(i-)a na-mba-tuš-(u)d-en, giš-ná-d-an(i)-a na-mba-nú-(u)d-en „auf seinem Stuhl mögest du nicht sitzen, auf seinem Bett mögest du nicht liegen“, CT 16, 30ff.$_{110.112}$. — (*b*) mit Permansiv: na-(i-)mme „es möge nicht sein“, bez. „wenn es nicht ist“, z. B. in enene-da-na-(i-)mme „ohne sie“, „ausser ihnen“, wörtlich „wenn es nicht mit ihnen ist“ (o. ä.), HGT 152 Kol. 7_{23}.

b. *Über die Entstehung der Partikel* wie auch über § 671
ihr formales Verhältnis zu dem die Behauptungsform negierenden nu- ist gegenwärtig noch nichts Genaues zu sagen; doch lässt es der Umstand, dass nu- und na- in gleicher Weise mit n anlauten, wohl als wahrscheinlich erscheinen, dass zwischen ihnen ein Zusammenhang besteht. Stellt deshalb na- vielleicht eine Verschmelzung von nu- „nicht“ mit einer Wunschpartikel a- (o. ä.) „möge“ dar?

c. *Konsonantenschärfung und Nasalierung* § 672
nach na-.

α. In nachsumerischer Zeit wird nach na- nicht nur wie nach ḫe-, ga- und nu- das n der Präfixverbindungen (i-)na-, (i-)ni- usw., sondern auch das m des Präfixes mu- geschärft und in der Schrift verdoppelt, also neben na-(i-)nna- (geschr. na-an-na-) usw. auch na-mmu- (geschr. nam-mu-) gebildet. In gleicher Weise wurde nach na- ursprünglich auch das b der Präfixe bi- und ba- geschärft gesprochen, das so entstehende bb wird jedoch wieder in die nasalierte Lautgruppe mb aufgelöst, sodass also die betreffenden

Formen mit nambi- und namba- (< na-bbi- und na-bba-) anlauten.[1]

Vgl. neben na-(i-)nna-tem-ad-en „tritt nicht an ihn heran", AO 5403 (RA XI S. 43)$_{4}$: na-mm(u-')a-tem-ad-en „komme nicht an mich heran", ebenda$_{5}$; (geschr.) nam-mu-un-ḪA-ḪA-en (< na-mu-'-e-zaḫ-zaḫ-en) = la tûtebbidanni, HGT 142 Kol. 3$_{8}$. — Na-mbí-b-ḫuluḫḫ-amen (< -ḫuluḫ-en, bez. ḫuluḫ-aen) „nicht mögest du stören", 2 R 14 Nr. 1 Vs.$_{9(10)}$; (geschr.) nam-bi-šubb-a (< na-bi-šubb-en) „lege nicht darin hin", Sm 526 (MAT Pl. 24)$_{32}$; ÁG-na-mbi-gí-gí(-en) „töte nicht" ebenda$_{34}$. — Na-mba-tuš-(u)d-en „nicht mögest du darauf sitzen", CT 30ff.$_{110}$; na-mba-nú-ud-en „nicht mögest du darauf liegen", ebenda$_{112}$; na-mba-tu(r)-tu(r)-(e)ne „nicht mögen sie darin eintreten", CT 16, 19ff.$_{220}$; na-mba-gubb-ud-e(n) „nicht mögest du (darin) stehen", CT 16, 27ff.$_{82.84}$.

Dagegen in sumerischer Zeit: û(d)-na-bí-b-zal-e(n) „nicht mögest du den Tag darüber anbrechen lassen", ITT II 3418$_{6}$; šu-na-mu-('-)da-ni-bal-ene sie mögen es mir nicht ändern", Lugalzaggisi, Vasen 3$_{34}$.

§ 672a β. Die Vorliebe für den vokallosen Nasal nach na-, der durch die im vorigen Paragraphen behandelten Vorgänge entsteht, führt in nachsumerischer Zeit dazu, dass auch nach dem aus na- und dem Präfix i- kontrahierten na-, wenn es dem System nach unmittelbar vor der Wurzel stehen sollte, ein vom System nicht gefordertes n eingefügt wird.

Vgl. z. B. sag-si-sá na-(i-)n-â-e = a i-še-ir, HGT 142 Kol. 4$_{5}$, und sogar mit Verdoppelung des n sag-si-sá na-(-i)nn-â-en = la te-še-ir, ebenda$_{8.9}$, neben sag-si-sá ḫe-(i-)â-e = li-še-ir und sag-si-sá nu(-i)-â-e = u-la i-še-ir, ebenda$_{4.11}$; na-(i-)n-zaḫ-zaḫ-ene = la u-te-bi-du neben ḫe(-i)-zaḫ-zaḫ-ene = li-te-bi-du, ebenda Kol. 3$_{7.6}$.

2. Bara- als Prohibitivpartikel.

§ 673 Zu dem Gebrauch der starken Negation bara- in prohibitivem Sinne s. § 638.

III. Die Befehlsform.

1. Bildung.

§ 674 a. Das hervorstechendste Charakteristikum der Befehlsform besteht darin, dass sie mit der Verbalwurzel beginnt und die verbalen Bildungselemente (Präfixe, Infixe, Kausativelement), die in der Behauptungsform vor der Wurzel stehen, dieser nachgesetzt

[1]) Eine Prohibitivpartikel nam- gibt eš also nicht; sie liegt natürlich auch nicht in den Bildungen nam-LAL-e (< na-i-b-LAL-e), namta-LAL-e (< na-i-b-ta-LAL-e) usw. vor.

werden. Die Reihenfolge der Bildungselemente ist hierbei die gleiche wie in der Behauptungsform. Ein Subjektselement dagegen wird nicht gesetzt offenbar deswegen, weil der Imperativ stets an eine zweite Person gerichtet ist und deshalb eine besondere Bezeichnung der Person durch ein Subjektselement überflüssig erscheint.[1] Man bildet also den Imperativ LAL-a (< LAL-i) zu dem Präsens oder Permansiv (2. Pers. Sing.) i-LAL-en, LAL-a-n zu i-n-LAL-en, LAL-a-na-b zu i-na-b-LAL-en, LAL-bi-b zu bi-b-LAL-en, LAL-m(u-'-)a zu m(u-'-)a-LAL-en, LAL-ba-n-ši-b zu ba-n-ši-b-LAL-en, usw.

Vgl. zig-a „stehe auf", HGT 150 Kol. 1_{1}, zu ì-zig-en „du bist aufgestanden", ebenda_{5}; ginn-a „gehe", CT 16, 19ff._{134}, 16, 42ff._{138}, zu e-gin „er ist gegangen", „er ging", Entemena, Kegel 3_{33}; gubb-a „stehe", AO 5403 (RA XI S. $43)_{11}$, zu al-gub „er steht", ebenda_{14}. — Te-a-na „tritt an ihn heran", ebenda_{1}, zu i-nna-te-en „du tratst an ihn heran", ebenda_{2}; è-ba-(n-)ra „gehe heraus", CT 16, $27\text{ff.}_{92.94}$, zu ba-(n-)ra-è „er ist herausgegangen".

Dímm-a-b „mache", HGT 142 Kol. 2_{1}, zu a-b-dimm-en „ich mache" („du machst)", ebenda_{6}; zig-a-b und zig-a-n = šutbi „lass aufstehen", HGT 150 Kol. $2_{1.2}$, zu ga-(i-)b-zi(g) und ga-(i-)n-zi(g) = lušetbi „ich will aufstehen lassen", $\text{ebenda}_{2.4}$; nam-á-gal-zu gub-bí-b „deine Macht errichte darauf auf", LIH 60 Kol. $2_{8.9}$, zu bí-b-gubb-en „du stellst darauf auf". — Dimm-a-na-b „mache ihm", HGT 142 Kol. 2_{14}, zu i-nna-b-dím-en „du machst ihm"; gú-zu gur-a-n-ši-b „wende dein Haupt zu ihm hin", ASK 19_{18}, zu i-n-ši-b-gur-en „du wendest zu ihm hin"; lá-m(u-'-)a „wäge mir dar", Urukagina, Kegel 11_{27}, 12_{3}, zu m(u-'-)a-lá-en „du wägst mir dar".

b. Der Plural des Imperativs wird dadurch gebildet, dass § 675
an die Singularform bei vokalischem Auslaut derselben die Endung -nzen, bei konsonantischem Auslaut die Endung -zen angefügt wird. Man beachte die Berührung dieser Bildungselemente mit den Endungen -enzen und -(e)nzen der 2. Pluralis des Präsens und Permansivs.

Vgl. ES mar-m(u-'-)a-nzen „kommet her zu mir", SBH 14_{18}, $21_{33.36}$, zu dem Singular mar-m(u-'-)a „komme zu mir"; è-(i-n-)ta-b-zen „bringt (den Hund) hinaus", Phil. CBS 1596 (AJSL XXIV S. 284) Rs._{7}, zu è-(i-n-)ta-b „bring ihn hinaus"; sirr[2]-a-b-zen „fangt ihn", ebenda Rs._{9}, zu sirr-a-b „fange ihn".

---

[1]) Vgl. dazu die gleiche Erscheinung im Semitischen (qtul „töte" neben taqtul „du tötest) und im Indogermanischen (leg-e „sammle" neben leg-i-s „du sammelst").

[2]) Nach Lutz's Umschrift.

§675a Nur als Kuriosität sei erwähnt, dass in der Bilinguis des Šamaš-šum-ukin der Plural des Imperativs einmal durch Anfügung der Pluralendung -eš und das andere Mal durch Anfügung des pluralischen Possessivpronomens -(a)nene an die Verbalwurzel gebildet wird. Vgl. nig-AG-AGd-a-mu ..!... igi-bar-eš-ám ..... dū(g)-dū(g)-nene šag-a-mu = ipšêtia ..... naplisâma ..... atmâ dumqêa „meine Werke schaut an und befehlet Gutes für mich“, 5 R 62 Nr. 2_{62-65}.

§675b c. Der Imperativ wird nicht mit einer Negation verbunden; die verneinte Befehlsform wird durch die 2 Person des Prohibitivs ausgedrückt (s. § 670).

§676 2. Lautliche Besonderheiten der Präfixe beim Imperativ.

a. Das Präfix e-, i- wird zu -a umgelautet.

Vgl. zig-a (< zig-e, zig-i) „stehe auf“, „brich auf“, HGT 150 Kol. 1_1; zig-a-n (< zig-i-n) „lass aufbrechen“, ebenda Kol. 2_4; dímm-a-b (< dimm-i-b) „mache“, HGT 142 Rs. Kol. 2_2; dímm-a-na-b (< dimm-i-na-b) „mache ihm“, ebenda$_{14}$; gú-zu gur-a-n-ši-b (< gur-i-n-ši-b) „wende dein Haupt nach ihm“, ASK 19_{18}.

§677 b. Als -e oder -i erscheint das Präfix jedoch bisweilen nach vokalisch auslautender, vereinzelt auch nach konsonantisch auslautender Wurzel (bis jetzt in beiden Fällen nur in Texten aus nachsumerischer Zeit).

Vgl. SI-sá-e = šutêšir „leite“, „regiere“, BE XXIV 1 Nr. 7_{56} und Duplikat 4 R 13 Nr. 1 Rs.$_{32}$ (neben dem kontrahierten si-sá des Duplikats 6 Rs. Kol. 3_5; s. unter d); u-sikill-a(!) kú-e „iss reine Speise“, 4 R 13 Nr. 2_5 (dagegen GAR-bi kú-a „iss sein Brot“, 4 R 17 Vs.$_{55}$); šu-zu luḫḫ-i „wasche deine Hände“, 4 R 13 Nr. 2_1 (dagegen in der folgenden Zeile: šu-nene šu-luḫḫ-a, oder richtiger wohl nur luḫḫ-a, „wasche ihre Hände“).

§678 c. Als -u erscheint das Präfix i- (in Texten aus nachsumerischer Zeit) nach u-vokaligen Wurzeln, die auf einen dem u nahestehenden Konsonanten (Lippenlaut usw.) auslauten, sowie nach bad „fern sein“ (vgl. dazu die entsprechende Umwandlung des e der Präsens-Futurendungen und des Futurelementes -ed, wie auch des a des Verbalnomens nach den gleichen Wurzeln; s. § 470.723.720). Demselben Wandel unterliegt in gleichen Fällen auch das i des nachgestellten Präfixes -imma- in älterer nachsumerischer Zeit.

Vgl. sill-a sill-a, badd-u badd-u, gaba-zu tul-u-b (geschr. tu-lu-ub) = puṭur duppir, isi rêqi, iratka nî'i „löse, entsühne! entferne dich, weiche! wende deine Brust!“, KARI 31 Rs.$_8$; igi-n(i-)a badd-u (Var. badd-a), aga-n(i-)a badd-u (Var. badd-a) „vor ihm weiche, hinter ihm weiche!", CT 16, 12ff. Kol. 5_{25}. — Subb-umani, Univ. Mus. Phil., Tafel B[1] Kol. 3_{27}, = Imperativ zu imma-nin-sub (in dem Bericht über die Ausführung des Rates), Kol. 3_{32}.

d. Kontraktion des nachgestellten Präfixes -a mit auslautendem a der Wurzel liegt vor in [s]i-sá (= si-sã < si-sá-a) „leite", „regiere", BE XXIX 1 Nr. 6 Rs. Kol. 3_{5} (gegen si-sá-e der Duplikate Nr. 7_{56} und 4 R 13 Nr. 1 $Rs._{32}$). § 679

3. Irrtümliche Verwendung des Kausativelementes im Imperativ. § 680

In späten nachsumerischen Texten wird öfters der kausativtransitive Imperativauslaut -a-b irrtümlicherweise auch bei dem Imperativ. der Intransitiva statt des richtigen Auslauts -a gesetzt; der Auslaut -a-b wird also als Imperativendung betrachtet.

Vgl. ginn-a-b „gehe", CT 16, $1ff._{264}$, statt ginn-a (so CT 16, $19ff._{134}$, 16, $42ff._{138}$); zig-a-b „stehe auf", „entweiche", CT 16, $27ff._{78.80}$, statt zig-a (so HGT 150 Kol. 1_{1}); till-a-b = nagmir „sei vernichtet", 4 R 13 Nr. 1 $Vs._{42}$, statt till-a.

Vereinzelt wird in nachsumerischen, grammatisch mehr oder minder ungenauen Texten der Imperativauslaut -a-b irrtümlich auch auf den korrekterweise nur auf -a auslautenden Infinitiv übertragen; s. § 709. § 681

IV. Die Verbalnomina.

A. ALLGEMEINE KLASSIFIZIERUNG USW.

Die Verbalnomina zerfallen in zwei Klassen, nämlich in solche, die nur aus dem Verbalstamm bestehen (Schema LAL und LAL-ed), und solche, die vom Verbalstamm durch Anfügung des Bildungselementes -a gebildet sind (Schema LAL-a und LAL-ed-a). Die erste dieser zwei Bildungen stellt das Nomen agentis, die zweite das abstrakte Nomen actionis dar. § 682

Die vom einfachen Wurzelstamm gebildeten Verbalnomina LAL und LAL-a sind, da sie kein die Zeit bestimmendes Element enthalten, an sich zeitlos und können daher in präsentischer, präteritaler und futurischer Bedeutung erscheinen. Die Verbalnomina LAL-ed und LAL-ed-a dagegen, welche die Wurzel durch das Präsens-Futurelement -ed ergänzen, haben deshalb futurische oder (zeitlos) präsentische, also eine hinsichtlich der Zeitsphäre begrenztere Bedeutung. Infolge der von diesen Bildungen ausge- § 683

[1]) So von mir seinerzeit bezeichnet; veröffentlicht von Langdon in UPUM X 1 (mir nicht zugänglich).

übten Kontrastwirkung schränkt sich auch der Gebrauch der Formen LÀL und LAL-a in der Hauptsache auf die präteritale und präsentische Bedeutung ein.

§ 684 Zu dem Doppelcharakter des Verbalnomens einerseits als Nomen (Substantiv und Adjektiv) und andererseits als Verbalbegriff, wie auch zu den sich hieraus ergebenden verschiedenartigen Konstruktionsmöglichkeiten siehe § 105, 691 f., 695ff. und 713ff.

B. DIE VERBALNOMINA IM EINZELNEN.

1. Die Nomina agentis LAL und LAL-e(d).

§ 685 a. Zur Bildung und Bedeutung.

α. Der Gebrauch der reinen Wurzel und des mit -ed erweiterten Stammes LAL-ed als Nomen agentis hat seine Parallele in dem gleichem Gebrauch sowohl der Wurzel wie des Stammes LAL-ed im finiten Verbum (§ 104). Ob der Gebrauch und die Bedeutung des in der reinen Wurzel bestehenden Verbalnomens von jeher auf die des Nomen agentis beschränkt war oder ob ursprünglich einmal, wie man vielleicht vermuten könnte, die nackte Wurzel auch die Bedeutung eines Nomen actionis hatte, also beispielsweise gul neben „zerstörend" auch „zerstören", „das Zerstören" bedeutete, lässt sich jetzt nicht mehr feststellen; die wenigen Fälle, wo in der Sprache der historischen Zeit der Infinitiv dem ersten Anschein nach nur durch die Wurzel dargestellt wird, lassen stets auch eine andere Erklärung, bez. eine Zurückführung auf die Form LAL-a zu.

§ 686 β. Zur futurisch-präsentischen Partizipialbedeutung des Verbalnomens LAL-ed vergleiche:

(*a*) Futurisch: lù-é-lugal-(a)n(i)-a(k)-dū-(e)d-am isag-ra guškin kur-bi-ta saḫar-b(i-)a mu-na-DU „als einem, der das Haus seines Herrn bauen wollte, wurde dem Fürsten Gold aus seinen (d. i. des Goldes) Gebirgen in seiner Erde (= als Erz?) gebracht", Gudea, Zyl. A $16_{18\text{-}20}$ (es handelt sich hier noch um die Vorbereitungen zum Tempelbau, der erst von Kol. 20 ab berichtet wird); isag-É-ninnu-dū(-ed)-ra nig-gal-gal-e šu-mu-na-b-IL „dem Išakku, der das E-ninnu bauen wollte, wurden Kostbarkeiten gebracht", ebenda 16_{13} (dass hier das Partizipium dū(d) (< du-ed) vorliegt, ergibt sich aus dem -ra, da -dū-ra bei Gudea zu dū(r) werden würde). Zu der futurischen Bedeutung des prädikativ gebrauchten LAL-ed in LAL-ed-am s. unten noch besonders in § 689.

(*b*) Zeitlos präsentisch: nin-an-ki-a-nam-tarr-id-e, ᵈNintu,-ama-dingirr-ene-k,-e „die Herrin, die im Himmel und auf Erden das Geschick bestimmt, Nintu, die Mutter der Götter", Gudea, Statue

A 3_{4-6}; An,-nun-nam-tarr-id,-e gù-zi(d) mu-na-n-dé „Anu, der Hohe, der das Geschick bestimmt, sprach zu ihm das festbleibende Wort", SK 199, Kol. $2_{18.19}$; dBau, - nin - Girsu[ki]-a - nam-tarr-i(d),-nin-di-kŭ-uru-n(i)-a(k) „Bau, die Herrin, die in Girsu das Geschick bestimmt, die Herrin, die für ihre Stadt das Recht entscheidet", Gudea, Statue E 1_{1-7}; dNina,-nin-dEnlil-gim-nam-tarr-i(d), dNina-mu, dug-a-zu zid-a-ám „o Nina, Herrin, die wie Enlil das Geschick bestimmt, o meine Nina, deren Wort zuverlässig ist", Gudea, Zyl. A 4_{8-10}; û(d) An - dEnlil-bi, - a(ii)a-dingirr-ene(-k)-nam-tarr-i(d)-meš .... „als An und Enlil, die Väter der Götter, die das Geschick bestimmen, ...", Warad-Sin, Zyl. VA 5950 Kol. 1_{1-3}; Warad-dSin-, nun-ní-tem-a(d) „Warad-Sin, der Fürst, der Ehrfurcht hat", Warad-Sin, Tonnagel 1_{22}; Rim-dSin,-É-babbar-da-ní-tem-a(d) „Rim-Sin, der vor E-babbar Ehrfurcht Habende", Rim-Sin, Steintafel A $Vs._{11}$; imin-bi-ene ní-nu-tem-ad-ameš „die Sieben haben keine Furcht", bez. „welche keine Furcht haben", CT 16, 21_{140}; dNinšubur,-[....]-sim-u(d)-dingir-ene(-k) „Ninšubur, welcher den Göttern das .... gibt", Rim-Sin, Tonnagel A_{1-6}.

γ. Nach Art des aktiv-transitiven Partizipiums werden auch § 687
die Verbalnomina gewisser intransitiver Verbalformen durch die blosse Wurzel gebildet; vgl. z. B. die eigentlich solche Verbalnomina darstellenden Adjektiva dû(g) „gut (seiend)", kùg „glänzend", „rein", „heilig", sikil „rein", diri(g) „mehr seiend", „überragend", maḫ „erhaben", usw. von ì-dû(g), al-dû(g) „er ist gut", ì-kù(g) „er ist rein (glänzend)", ì-maḫ „er ist erhaben", usw. Diese Adjektiva erscheinen z. T. auch in der Form dug-a, kug-a, sikill-a, dirig-a usw., also nach Art des passiven Partizipiums gebildet, während andere intransitive Partizipien, wie es scheint, lediglich nach der zuletzt genannten Art gebildet werden (s. § 711ff.) Dieses Nebeneinanderbestehen der beiden Partizipialbildungen im Intransitivum erklärt sich daraus, dass das letztere eine Mittelstellung zwischen dem transitiven Aktivum und dem Passivum einnimmt.

Vgl. Ur-dBa-u....,-mu-dû(g)-sà-a-dBau-k,-e „Ur-Bau, der von Bau mit einem guten Namen Genannte", Ur-bau, Statue 1_{4-11}; û(d) dNingirsuk-e .... Gudea siba-zi(d)-šù kalamm-a ba-ni(-n)-pad-a „als Ningirsu den Gudea als ständigen Hirten im Lande proklamierte (sich erkor)", Gudea, Statue B 3_{6-9}; kù(g)-dInnannak-e mu-na-ni-b-gí-gí(-e) „Ištar, die Heilige, antwortet ihm", HGT 25 Kol. 1_{50}.

b. Der Gebrauch des Nomen agentis. § 688

α. Das Nomen agentis kann sowohl adjektivisch als auch

substantivisch gebraucht werden, doch werden die in letzterem Sinne gebrauchten Partizipien oder partizipialen Verbindungen, die nicht zu ständigen Bezeichnungen, wie beispielsweise zu Berufsnamen, geworden sind, in der Regel wie die substantivisch gebrauchten Adjektiva an lù „Mensch" usw. angelehnt. Dagegen steht in der in § 692 näher beschriebenen Konstruktion mit dem Genetiv das substantivisch gebrauchte Nomen agentis in der Regel ohne diese Anlehnung an lù.

Vgl. zum adjektivischen Gebrauch: é-dumu-nita-nu-tuku „das ein männliches Kind nicht habende Haus", Gudea, Statue B 7_{44}, und andere in § 686ff. angeführte Beispiele.

Zum substantivischen Gebrauch: di-kŭ „der das Recht Entscheidende", „der Richter", z. B. in Lù-dŠara Ur-dKA-DI di-kŭ-bi-meš „Lù-Šara und Ur-KA-DI sind (waren) ihre (d. i. der Gerichtssache) Richter", ITT II 929_{19-21}; kù(g)-dím „Edelmetallbearbeiter", „Gold- und Silberschmied", TT 159 Kol. 6_6, 9_{33}; dub-sar „Tafelschreiber", ebenda 94 Kol. 3_{63}; 101 Kol. 3_{12} u. o.; bur-gul „Steingravierer", „Siegelschneider", BE VI 2 Nr. 49_{49}. — Dagegen lù-é-lugal-(a)n(i)-a(k)-dū-(e)d-am „als der Erbauer des Hauses seines Herrn", Gudea, Zyl. A 16_{18}, weil hier keine Berufsbezeichnung o. dgl. vorliegt.

§ 689 β. Wie jedes andere Nomen kann auch das Nomen agentis prädikativ gebraucht werden, indem es mit den Enkliticis -men „ich bin", -am „er ist", -(a)meš „sie sind", usw. verbunden wird. Besonders hervorzuheben ist die Bildung LAL-ed-am, die oft an die Stelle der finiten Futurform ì-LAL-e tritt.

Vgl. sim-ud-am (geschr. sì-mu-dam) = akk. inaddin „er wird geben", wörtlich „er ist gebend", bez. „er ist ein geben Werdender", ASK 2 Kol. 1_{47}; 3 Vs.$_{10}$; taḫḫ-id-am = iaṣap (besser wohl uṣṣap) „er wird hinzufügen", ASK 2 Kol. 1_{45}; gur-(u)d-am, Var. gurr-ud-am = uttâr und besser utâr „er wird zurückgeben", ebenda Kol. $1_{50.32}$; sig-id-am = išapak(!) „er wird aufschütten", ebenda 1_{53}; mà-mà-(e)d-am = iššakan (besser išakkan) „er wird setzen", ebenda 1_{43}; tukum-bi Enlil-idzu-ke Ama-sukkal,-dam-ani,-ra „dam-mu nu-(i-)me-(e)n" ba-na-n-dū(g), 19-gìn-kù(g)-bi gurr-ud-am ù $^1/_2$-mana kù(g)-dam-tág-ni-ra ì-lá-e „Wenn Enlil-idsu zu seiner Ehefrau sagt: „Du bist nicht mein Weib", so wird er jene 19 Sekel Silber zurückgeben und ausserdem noch $^1/_2$ Mine Silber als ihr Entlassungsgeld zahlen", BE VI 2 Nr. 40_{7-11}; mu-tùm-ū(d)-ebura-k-a kù(g) ù máš-bi gurr-ud-am „bei der Einbringung zur Zeit der Ernte wird er das Geld und dessen Zins zurückgeben", BE VI 2 Nr. $22_{9.10}$; itu-síg-ak-a síg ki-garr-a-bi-šù gurr-ud-am „im Monat Siwan wird er für jene (andere) Lehmsteine zurückgeben", BE VI 2 Nr. 21_{6-8}; máš-1-gur $^1/_5$-ban-limmu-še tabh-ed-am „als Zins für 1 Kor wird er $^1/_5+^4/_{30}$ Kor Getreide hinzufügen", BE VI 1 Nr. 28_2.

Zu beachten ist allerdings, dass es in der 3. Person nicht immer möglich ist, zu entscheiden, ob wirklich die aktive Bildung LAL-ed-am „er wird ....en" oder die passive Bildung LAL-ed-a-m „er wird ge....t werden" vorliegt.

In dem Verbalsystem der späten, grammatisch nicht zuver- § 690
lässigen Tafel ASK Nr. 4 wird irrtümlicherweise das Thema LAL-ed-am als Präteritum aufgefasst und zu ihm durch Anfügung von -e und -e-meš eine besondere Futurform der 3. Person Singularis LAL-ed-am-e und der 3. Person Pluralis LAL-ed-am-e-meš gebildet. Vgl. sim-ud-am = iddin, sim-ud-am-e = inamdin, sim-ud-am-e-meš = inamdinu, Kol. 1_{38-40}; gurr-ud-am = utîr, gurr-ud-am-e = utâr(a), gurr-ud-am-e-meš = utârû, Kol. 1_{42-44}; nu-gurr-ud-am = ul utîr, Kol. 1_{45}; dagegen richtig als Präsens-Futur nu-sim-ud-am = ul inamdin, 1_{41}, und nu-gurr-ud-am = ul utâr(i) 1_{45}, Variante. Beachte auch in der Inschrift Lugal-anni-mundu's von Adab, die uns nur in nachsumerischen, sprachlich umgearbeiteten Abschriften vorliegt: Marhaši[ki] lium-šù gurr-ud-am = (Marhaši[ki]) a-na li-im u-te-ir, BE VI 2 Nr. 130 Vs.$_5$ (— HGT 75 Kol. 1_6).

c. Kasusergänzungen beim Nomen agentis. § 691

α. Als Verbalform kann das Nomen agentis mit Akkusativobjekt, Dativ- und Lokativergänzung und sonstigen dimensionalen Bestimmungen versehen werden; wie der finiten Verbalform müssen diese Ergänzungen auch dem Nomen agentis stets vorangehen.

Vgl. Íl,-aša(g)-gana-kar-kar,-nig-érim-dū(g)-dug,-e „Il, der Felder und Äcker Raubende, der Böses Planende", Entemena, Kegel 4_{19-23}; lù,-lù-si-sá-ra-nig-érim-â,-gim „gleich einem Manne, der einem Gerechten Böses tut (getan hat)", Gudea, Statue B 9_{24}; Warad-[d]Sin,-Lagašu[ki]-Girsu[ki]-ki-bi(-e)-gí-gí-men „ich Warad-Sin, der Lagaš und Girsu wiederherstellt (wiederhergestellt hat)", Warad-Sin, Tonnagel $1_{16.17}$.

β. Als Substantivum kann das Nomen agentis auch mit § 692
einem Genetiv verbunden werden; dieser übt jedoch nicht wie im Deutschen (z. B. in „der Erbauer des Tempels") oder im Akkadischen (z. B. in mupahhir niši saphâtim „der Sammler der zerstreuten Bevölkerung", KH Kol. $2_{49.50}$) die logische Funktion des Akkusativobjektes aus, sondern drückt immer nur eine entferntere, also eine dativische oder sonstige dimensionale Beziehung

aus. Die Akkusativbeziehung dagegen wird stets durch den dem Nomen agentis vorangestellten Akkusativ (§ 692) zum Ausdruck gebracht.

Vgl. lù - ŠUKU-^{d}NINNI-gul-gul-É-ninnu(-k)-men „ich, der (dem Tempel) É-ninnu die Einkünfte vermehrt (vermehrt hat)“, wörtlich „der Einkünftemehrer des Tempels E-ninnu“, Warad-Sin, Tonnagel $1_{14.15}$; lù-ní-tuku-éš-É-babbar-a(k) „der vor dem Tempel E-babbar Ehrfurcht hegt“, wörtlich „der Ehrfurchthegende des Tempels E-babbar“, ebenda $1_{10.11}$ (neben ^{d}Rim-Sin,-É-babbar-da-ní-tem-a(d) „Rim-Sin, der vor E-babbar Ehrfurcht Hegende“, Rim-Sin, Steintafel A Vs.$_{7-11}$); Eannatum,-isag-Lagašu^{ki}-k,-e, kur-gú-gar-gar-^{d}Ningirsuk-ak-e „Eannatum, der Fürst von Lagaš, der dem Ningirsu die Länder unterwirft (unterworfen hat)“, Eannatum, Feldstein A 6_{12-16}, E 4_{4-14}.

2. Die Nomina actionis LAL-a und LAL-ed-a.

§ 693 Das Element -a, durch dessen Anfügung an die nackte oder um das Futurelement -ed vermehrte Wurzel das abstrakte Nomen actionis gebildet wird (§ 382), stellte ursprünglich und in ursprünglicherer Gestalt jedenfalls einmal, dem agglutinierenden (ursprünglich isolierenden) Charakter der Sprache entsprechend, ein besonderes Wort dar, u. z. vermutlich wohl ein Substantiv etwa von der Bedeutung „Sein“, sodass z. B. dímm-a „machen“ wörtlich etwa „das ein Machender Sein“ bedeutet haben würde. Das Nomen actionis würde hiernach also eigentlich eine Zusammensetzung des in der blossen Wurzel bestehenden Nomen actionis (dím „machend“) und eines die Identität ausdrückenden Substantivs darstellen. Auf der uns vorliegenden Stufe des Sumerischen wird dieser Ursprung natürlich nicht mehr gefühlt; das sichtlich schon völlig abgeschliffene -a ist bereits zum blossen Bildungselement geworden. Identisch mit diesem -a des abstrakten Verbalnomens ist das -a der Inhalts- und Relativsätze (§ 429.268), dessen Funktion es ist, den finiten Satz zu nominalisieren, ihn also gewissermassen ebenfalls zu einem Verbalnomen zu machen.

§ 694 Ihrer Abstraktbedeutung gemäss dienen die Bildungen LAL-a und LAL-ed-a zunächst als Infinitive oder infinitivische Substantiva; also dímm-a „machen“, bez. „das Machen“, garr-a „setzen“, bez. „das Setzen“. In einer eigentümlichen appositionellen Verwendung unter gleichzeitiger konkret-persönlicher Fassung dienen indessen die Bildungen LAL-a und LAL-ed-a auch dazu, die in unserer Sprache durch das intransitive oder passive Partizipium bezeichneten Beziehungen auszudrücken, sodass also beispielsweise dímm-a neben

„machen“ auch „gemacht“, ginn-a neben „gehen“ auch „gehend“, „gegangen“ wiedergeben kann.

I. Das Nomen actionis in infinitivischer Bedeutung.

a. Als Substantiv kann das infinitivische Verbalnomen § 695
in folgenden syntaktischen Verbindungen erscheinen:

α. Als Subjekt eines verbalen Ausdrucks (Verbum, Identifikation oder Vergleich).

Vgl. šù-lá(-a) šu-barr-id-a, tur-a til-ad-a zae!-da [ì-gál] (oder zae-da[-k-am]) „den Gebundenen zu befreien, den Kranken leben (= genesen) zu lassen, steht in deiner Macht“ (wörtlich „ist bei dir“), 4 R 17 Vs.$_{36}$; ki-sag-mà-mà(-a)-na-(i-)mme „ein nicht zu betretender Ort“, wörtlich „ein Ort, ein Dahingehen möge nicht sein (bez. kann nicht sein)“, CT 19, 17 Kol. 2_{36}; ki-pad-a-na-(i-)mme „ein Ort, der nicht anzusehen ist“, ebenda$_{35}$; ^{d}Sin sumugg-a-bi gig-a, sumugg-a-bi ann-a dalla-mu-n-è-a „Sin, dessen Bedrängtsein schlimm ist, dessen Bedrängtsein am Himmel hochgestiegen ist“ (wörtliche Übersetzung), CT 16, 19ff.$_{136.138}$.

β. Als Akkusativobjekt eines Verbums. § 696

(*a*) Als eigentliches Akkusativobjekt ist bis jetzt nur der von einem Verbum des Befehlens, Bittens, Gestattens usw. abhängige Infinitivus Futuri zu belegen.

Vgl. è-ani dū-(e)d-a m(u-’-)a-n-dū̄(g) „sein Haus zu bauen hat er mir befohlen“, Gudea, Zyl. A 4_{20}; ũ(d) .... é-ani dū-ud-e, ki-bi(-e) gí-gí-(e)d-e mā-r(a) m(u-’-)a-n-dug-a(-a) „als er mir sein Haus zu bauen und wiederherzustellen befohlen hatte“, Warad-Sin, Tonnagel 1_{25}-2_{7}; kalamm-ani usall-a ná-(e)d-e, uku-dagal-a-ni silimm-a duri-šù tùm-tùmm-ud-e á-gál ḫu-mu-(’-)da-n-ág „fürwahr, den hohen Auftrag hat er mir gegeben, sein Land in Geborgenheit lagern zu lassen und seine ausgebreiteten Völker dauernd in Frieden zu regieren“, LIH 98. $99_{27\text{-}33}$; Urim^{ki} dagal-ed-e BÚRn-a-bi ugul imma-n-mà-mà, ^{d}Nanna,-lugal-mu(,-e) mu-(’-)ši-n-še(g) „Ur zu erweitern gestattete mir Nanna auf meine demütige Bitte“, Warad-Sin, Backstein B 1_{10}-2_{2}; nam-siba-bi â-(e)d-e m(u-’-)a-n-sì(m) „die Herrschaft über sie auszuüben hat er mir verliehen“, LIH 98. $99_{25.26}$; ḫursag-a-abba(-k) nam-ḫe-bi kú-(e)d-e sage-š immi-n-PA+KAB+DU „den Reichtum der Gebirgsländer und der Meere zu essen hat er ihr (der Stadt Ur) geschenkt“, Warad-Sin, VA 5950 Kol. $1_{35.37}$.

Nur eine lautlich abgeänderte Form dieses Infinitivus Futuri § 696a
liegt vor in dūba „zu bauen“, welches sich bei Gudea verschiedene Male vor einem Verbum des Befehlens findet und offenbar aus dūda (< dū-ed-a) mit unregelmässigem Übergang des d von

-ed- in b zur Differenzierung von dem d der Wurzel dū entstanden ist.

Vgl. é-ani (geschr.) dū-ba mu-na(-n)-dū̆(g) „sein Haus zu bauen befahl er ihm“, Gudea, Zyl. A 1_{10}; éš-É-ninnu-n(i)-a(k) dū-ba za-ra ma-(e-)ra-n-dū̆(g) „das Haus(?) seines E-ninnu zu bauen hat er dir befohlen“, ebenda 5_{18}; é-a⟨ni⟩ dū-ba mul-kù(g)-b(i)-a gù-ma-(e-)rã-dé (< gù-mu-e-ra-n-dé) „sein Haus zu bauen hat er dir durch seinen heiligen .... befohlen“, ebenda $6_{1.2}$.

Beachte dazu einerseits den regelmässigen Infinitivus Futuri dū-da in der im vorigen Paragraphen angeführten Stelle é-ani dū-(e)d-a m(u-'-)a-n-dū̆(g), Gudea, Zyl. A 4_{20}, und andererseits die ähnliche Differenzierung von zwei nur durch einen Vokal getrennten Dentalen in nitalam < nita-dam (§ 72).

§ 697 Wird der Begriff des Befehlens usw., von welchem der Infinitiv als logisches direktes Objekt abhängig ist, durch ein Substantivum des Befehlens usw. dargestellt, so tritt der Infinitiv zu diesem in das Genetivverhältnis (= Genetivus obiectivus), steht aber stets dem Substantiv voran und muss deshalb durch das dem letzteren angefügte Possessivpronomen -bi wieder aufgenommen werden (§ 161).[1]

Vgl. é-mu dū-(e)d-a(k) izkim-bi ga-(i-e-)ra-b(-')-sì(m) „das Vorzeichen für die Erbauung meines Hauses will ich dir geben“, Gudea, Zyl. A 9_9; šuluḫ-ḫalamm-a-bi ki-bi(-e) gí-gí-(e)d-e ^{d}Nanna-....(-e) á-bi ḫu-mu-(')-da-n-ág „Nanna hat mir den Auftrag (die Vollmacht) gegeben, seine (d. i Ur's) zerstörten šuluḫḫê wiederherzustellen“, Warad-Sin, Zyl. VA 5950 Kol. 1_{54-57}.

§ 698 (*b*) Als eine Art inneres Akkusativobjekt kann der Infinitiv Futuri auch jedem anderen Verbum, u. z. auch dem schon mit einem eigentlichen Akkusativobjekt versehenen Verbum vorangestellt werden; er hat in diesem Falle finale Bedeutung, entspricht also dem deutschen „um zu mit Infinitiv“, bez. einem mit „damit“ gebildeten Absichtssatze.

Vgl. uku - gú-ī(d)-Dur-...[2],-gú-ī(d)-Dabann-ak-a - ba-durun-eš-a kituš-neḫa tuš-ud-e Bád-Samsuiluna^{ki} bí-n-dū „um die Menschen, die an den Ufern des Turnat und des Daban wohnen, in ruhiger Wohnung wohnen zu lassen, erbaute er Dur-Samsuiluna“, wörtlich „ein .... in ruhiger Wohnung wohnen Lassen erbaute er Dur-Samsuiluna“, Samsuiluna, Zyl. VA 5951 Kol. 3_{30}-3_6; É-á-ágg-a-KILI-

---

[1]) Zu der gleichen Erscheinung beim Inhaltssatz s. § 431.

[2]) Zeichen KIB, das aus ROEC 343 entstanden ist.

ŭr-ŭr .... nam-ti-^{d}Rim-Sin(-k) û(d)-dari-šù gall-id-e ù nam-tilani-šù mu-na(-n)-dū „damit das Leben Rim-Sin's lange dauere und auch für sein (eigenes) Leben erbaute er ihm das E-a-agga-KILI-ur-ur", Rim-Sin, Steintafel B Rs.$_{5\text{-}10}$; iá-ga-bi éš-É-ninnu-a múš-nu-tumm-ud-a ^{d}En-lulim .... en-^{d}Ningirsu(k)-ra me-ni-da mu-na-(n-)da-dib-e „damit er ihre Milch und ihr Fett (ihre Butter) im Tempel E-ninnu nicht ausgehen lasse, lässt er den En-lulim dem Herrn Ningirsu mit seinem ....en", Gudea, Zyl. B $10_{6\text{-}8}$; uru-dū-ad-a, ki-tus garr-ad-a .... ^{d}Lugal-ennu(n)-Uru-kug-ak-am en-^{d}Ningirsu(k)-ra me-ni-da mu-na-(n-)da-dib-e „die Stadt zu bauen, die Wohnungen anzulegen lässt er den Lugal-ennun-Urukuga (bez. den ^{d}LUGAL, den Hüter von Uruku) dem Herrn Ningirsu mit seinem ....en", Gudea, Zyl. B.$12_{19\text{-}25}$.

γ. Als Regens eines genetivischen Ausdrucks (Genetivs § 699
oder Possessivspronomens).

(*a*) Ein solcher Genetiv, bez. das ihn ersetzende Possessivpronomen, bezeichnet das logische Subjekt des Infinitivs.

Vgl. mit nachgestelltem Genetiv: sim-a-b[1]-lugall-ake dug-a-ŠU.QA.DŬ-ke = nadânu ša šarri ṭubbu ša šaqî „das Geben des Königs ist (die Folge davon(?)), dass der Mundschenk(?) (ihn) aufheitert(?)", Sm 61 (AJSL XXVIII S. 242) Rs.$_{5.6}$; sim-a-b[1]-lugall-ake šag-a-agrig-(a)ke = nadânu ša šarri ṭubbu ša abarakku, ebenda$_{7.8}$.

Mit vorangestelltem Genetiv(?) und wiederaufnehmendem Possessivpronomen: Umma^{ki}(-k) e-bi bal-ed-a-bi(-d) gìr-bi ^{d}Ninkik-e ki(-t) ḫe-(i-n-)da-karr-e „wenn Umma diesen Graben überschreitet, möge Ninki seinen Fuss (= gìr-bi; oder „seine Macht" = né-bi?) von der Erde hinwegraffen", Eannatum, Geierstele Rs. $5_{37\text{-}41}$.

Nur mit Possessivpronomen: é-a-tù-a-šù tur-a-zu-de „bei deinem Eintreten in das bît rimki", „wenn du in das bît rimki eintrittst", 5 R 50f. Kol. 3_{21}; e-a-tù-a-šù tem-ad-a-zu-de „wenn du dich dem bît rimki nahst", ebenda 3_{54}; ES É-kurr-a é-^{d}Mullill-a(k)-šù tū-tū-(e)d-a-mu-de „wenn ich in E-kur in das Haus Enlils eintrete", SK 199 Kol. 3_{25}.

(*b*) Der subjektslose, mit Objekt versehene aktive Infinitiv, § 700
bez. der mit passivem Subjekt versehene passiv aufgefasste Infinitiv, kann auch mit Genetiv oder Possessivpronomen verbunden werden, welche ein Genetivverhältnis ihres Beziehungswortes zu dem Objekt, bez. passiven Subjekt des Infinitivs ausdrücken.

Vgl. é-m(u-)a(k) uš-ki-garr-a-bi-da ḫe-gál ḫe-(i-n-)da-gin „zu-

---

[1]) Zum irrtümlichen Auslaut -a-b siehe § 709.

gleich mit der Grundlegung (bez. der Legung des Grundes) meines Hauses (vorangestellter Genetiv) möge Überfluss kommen", Gudea, Zyl. A. $11_{10.11}$.

§ 701 δ. Als Regens einer Postposition (= Regens einer dimensionalen Kette).

(*a*) Der Infinitiv mit Genetivpostposition -ak, also der Genetiv des Infinitivs, bei einem Substantiv des Sagens usw. zur Bezeichnung des logischen Akkusativobjektes; s. § 697.

§ 702 (*b*) Der subjektslose Infinitiv mit einer Postposition, die von einem Verbum abhängig ist.

Geme-ᵈLama(-k),-dumu-Ba(ii)a(-k),-ra aš-an(i)-a ì-til-a-ni-a mu-a 6-še-gur-lugal, 10-mana-siggi, 6-sila-ià-giš Lù-ᵈBau-k-e sim-u-š ba-tŭ(r) „Lu-Bau hat sich verpflichtet, der Geme-Lama, der Tochter des Ba(ii)a, solange sie allein lebt, jährlich 6 Königskor Getreide, 10 Minen Wolle und 6 Sila Öl zu geben" (wörtlich „er ist eingegangen in (oder auf) das Geben" usw.), ITT II 2781_{4-11}.

§ 703 (*c*) Der nach § 699 durch das aktive (und intransitive) Subjektspossessiv, bez. auch durch den vorangestellten und wiederaufgenommenen Subjektsgenetiv ergänzte Infinitiv mit einer Postposition als selbständiger adverbieller Satzteil.

(*1*) Sehr ausgedehnt ist der Gebrauch eines solchen Infinitivs mit -da „mit", „gleichzeitig mit" zum Ausdruck deutscher mit „wenn", „als" usw. eingeleiteter Temporalsätze. Nach § 364 geht hierbei in nachsumerischer Zeit das a von -da in der Regel in e über; nach § 363 fällt in der sumerischen Periode meistens und oft, wenigstens nach -bi und -ni, auch später noch das a von -da ab und ebenso auch das dann im Auslaut stehende verlierbare d.

Vgl. é-m(u)-a(k) uš-ki-garr-a-bi-da ḫe-gál ḫe-(i-n-)da-gin „mit der Grundlegung meines Hauses möge Überfluss kommen" = „wenn der Grund meines Hauses gelegt wird (ist), möge Überfluss kommen", Gudea, Zyl. $A_{10.11}$.

É-kurr-a é-ᵈMullill-a(k)-šù tū-tū-(e)d-a-mu-de idu-e gaba-mu šu-li-bí-mà-mà(-e) „wenn ich in E-kur in das Haus Enlils eintrete, hält mich der Pförtner nicht zurück", SK 199 Kol. $3_{25.26}$; é-a-tù-a-šù tur-a-zu-de ᵈEnki(k) ḫu-mu-e-da-ḫúll-a (< -ḫúll-e) „wenn du in das bît rimki eintrittst, möge Enlil sich über dich freuen", 5 R 50 f. Kol. 3_{20}; a-ᵈEnkik-e lù-tur-a sú-sú-(e)d-a-mu-de, lù-tur-a ḫuluḫḫ-a-mu-de, te-lù-tur-a ra-ra-(e)d-a-mu-de, ugu-lù-tur-a-ke gù-dé(-a!)-mu-de, nam-šub-Eridugᵏⁱ-a(k) sim-ud-a-mu-de utug-šeg-a, ᵈlama-šeg-a da-m(u-)a ḫe-(i-)gub „wenn ich den Kranken mit dem Wasser Eas besprenge, den Kranken erzittern mache, die Wange des Kranken schlage, über den Kranken schreie und die Beschwörung von Eridu über ihm vollziehe, da möge ein guter Utukku und ein guter Lamassu an meiner Seite stehen", CT 16, 1ff.$_{185-194}$; lù-tur-a-šù tem-ad-a-mu-de „wenn ich dem Kranken nahe", CT 16, 1ff.$_{149.180}$ Var.; lù-tur-a-šù tem-aed-e-mu-de, ebenda$_{180.235}$.

Umma^{ki}(-k) e-bi bal-e-da-bi(-d) GIR-bi ^{d}Ninkik-e ki(-t) ḫe-(i-n-)da-karr-e „wenn Umma diesen Graben überschreitet, möge Ninki seine Macht (oder „seinen Fuss") von der Erde hinwegraffen", Eannatum, Geierstele Rs. Kol. 5$_{37-41}$; ká-gal-3-kamm-a tū-tū-(e)d-a-ni(-d) nà-nunuz-tabb-a-zag-an(i)-a(k) lù(-e) ba-(n-)da-n-[kar] „als sie in das dritte Tor eintrat, nahm man ihr die .... ihrer .... ab", HGT 23 Rs.$_{18.19}$; ES enemm-ani ann-a dirig-a-bi(-d) kur-gi(g)-nanam, enemm-ani ki-a di-(e)d-a-bi(-d) kur-ba-ba-nanam „sein Wort, wenn es am Himmel dahinfährt, bedrängt die Länder, sein Wort, wenn es auf Erden dahinzieht, zerbricht die Länder", SBH 2 Vs.$_{21.33}$ + 5 Vs.$_{15-16}$.

(*2*) Seltener findet sich der Infinitiv mit -šù „auf", „zu", § 704
der im Deutschen in der Regel ebenfalls mit einem wenn-Satz wiederzugeben ist.

Vgl. ^{d}Nigi(d)^{mušen}-gim SÍG.gí-a-bi-šù an i-m-ši-dúb-dúb „wenn er (nämlich der Tempel) wie der Nigi .....t, gerät der Himmel in Aufruhr", Gudea, Zyl. A 9$_{14.15}$; nu-gubb-ud-e-zu-šù = ana la uzuzzika, BA V S. 706 (K 5126)$_{5}$; utug-ḫul-é-a-til-a šu-nu-garr-a-zu-šù dingir-lù-gallu-ke = utukku limnu ša ina bîti ....[....] ilu u amelu ana la gamâlika, CT 16, 30ff.$_{167}$ (grammatisch bedenklich).

(*3*) Auch der Infinitiv mit -a „in", welcher ebenfalls mit § 705
„wenn", „als", genauer wohl mit „während", „solange als", bez. auch mit „indem" wiedergeben werden kann, ist nicht sehr häufig.

Vgl. ^{d}Ninurta .... guza-bara-maḫ tuš-a-n(i-)a, IM-gal gur-u-n(i-)a, An-^{d}Enlil-da zag-di-a-n(i-)a, ... ^{d}Bau arazu-lugall-ak-e ugul-mà-mà-ed-an(i)-a, ^{d}Ninurta,-.... nam-tarr-aed-an(i)-a, ù(d)-b(i)-a .... „wenn Ninurta sich auf den Thron des Grossgemaches setzt, den namriru trägt, mit Anu und Enlil gleich ist, wenn Bau ein Gebet zum Herrn (oder: für den König?) fleht und Ninurta das Schicksal bestimmt, da ....", ASK 10 Vs.$_{13-27}$; hierher gehört auch der Ausdruck aš-a-n(i-)a „allein", wörtlich „in seinem Alleinsein" = „indem er allein ist"; s. § 309 und vgl. noch aš-a-n(i-)a ì-til-a-ni-a „solange sie allein lebt (= ledig bleibt)", ITT II 2781$_{5}$.

b. Als Verbalform kann der Infinitiv mit Akkusativobjekt § 706
als auch mit dimensionalen Bestimmungen versehen werden; wie der finiten Verbalform müssen diese Ergänzungen auch dem Infinitiv stets vorangehen.

Vgl. uru-dū-ad-a, ki-tuš garr-a-da „die Stadt zu bauen, Wohnungen anzulegen", Gudea, Zyl. A 12_{19}; kalamm-ani usall-a ná-(e)d-e, uku-dagall-a-ni silimm-a duri-šù tùm-tùmm-ud-e á-gal-ḫu-mu-(ʼ-)da-n-ág „er hat mir den hohen Auftrag gegeben, sein Land in Sicherheit lagern zu lassen uad seine ausgedehnten Völker in Frieden zu regieren", LIH 98.99_{27-31}.

§ 707 Dagegen nimmt der Infinitiv gewöhnlich nicht ein Subjekt nach Art des Satzsubjektes zu sich; nach § 699 wird vielmehr die Subjektsbeziehung durch den vom Infinitiv als einem Nomen abhängigen Genetiv oder durch das Possessivpronomen ausgedrückt. Das unbestimmte Subjekt („man") wird in der Regel (wie im Deutschen) beim Infinitiv überhaupt nicht bezeichnet.

§ 708 c. Als Verbalnomen nimmt der Infinitiv weder ein Präfix noch ein Infix zu sich, und ebenso kann er auch nicht mit einem Kausativelement verbunden werden. Ob der Infinitiv in intransitiver oder in kausativ-transitiver Bedeutung gebraucht ist, muss sich deshalb aus dem Zusammenhang ergeben.

Vgl. zur kausativen Bedeutung: kalamm-ani usall-a ná-(e)d-e „sein Land in Sicherheit lagern zu lassen", LIH $98.99_{27.28}$, = mâ(t)su aburriš šurbuṣam, LIH $97_{24.25}$, AK 74 Kol. 1_{20}; uku-gú-ī(d)-Dur....,-gú-ī(d)-Dabann-ak-a - ba-durun-eš-a ki-tus-neḫa-a tuš-ud-e „um die Menschen, die am Turnat und am Daban wohnen, in sicherer Wohnung wohnen zu lassen", Samsuiluna, Zyl. VA 5951 Kol. 2_{30-33}.

§ 708a Gelegentlich scheint die Reduplikation der Wurzel zum Ausdruck des Kausativums zu dienen; doch fehlt noch eine eingehendere Untersuchung hierüber.

§ 709 Nur in spät nachsumerischer Zeit erscheint in grammatisch mehr oder minder ungenauen Texten vereinzelt der Infinitiv mit dem Auslaut -a-b, der aus dem nominalisierenden Element -a und dem Kausativelement -b besteht; es handelt sich hierbei jedoch nur um eine irrtümliche Übertragung des imperativischen Auslautes -a-b (< -i-b) auf den Infinitiv.

Vgl. sim-a-b(geschr. si-ma-ab)-lugall-ak-e dug-a-ŠU.QA.DŪ-k-e = nadânu ša šarri ṭubbu ša šaqî „das Geben (Gewähren) des Königs ist (die Folge(?) davon), dass der Mundschenk(?) (ihn) aufheitert(?)", Sm 61 (AJSL XXVIII S. 242) $\text{Rs.}_{5.6}$; sim-a-b-lugall-ak-e šag-a-agrig-(a)k-e = nadânu ša šarri dummuqu ša abarakku, $\text{ebenda}_{7.8}$; puḫrum-Nibru^ki-k-a ī(n)-īm-a igi-bí-n-dū-eš-ma 1-sar-é-dū-a gaba-ri-eše-iku.eš(-gana)-aša(g)-gana.da sim-a-b bí-n-bí-eš „in der Versammlung von Nippur betrachteten sie die Sache und befahlen 1 Sar gebautes

Haus für ein Ibel und drei Iku ....-Feld zu geben", BE VI 2 Nr. 10_{16-19}.

II. Das appositionell gebrauchte Nomen actionis. (Passives und intransitives Partizipium).

a. Eigentümliche Bedeutungsentwicklung des appositionell gebrauchten Verbalnomens. § 710

α. Als Apposition eines Substantivums drückt das Verbalnomen auf -a ein Modifikationsverhältnis aus, wie es im Deutschen durch das passive oder intransitive Partizipium oder durch einen diesem entsprechenden Relativsatz bezeichnet wird. So ist z. B. lù-šu-tagg-a-mu, welches wörtlich „der Mensch, meine Handanlegung", „der Mensch, meine Berührung" bedeutet, seiner Bedeutung nach gleichwertig mit „der von mir (mit der Hand) berührte Mensch", „der Mensch, den ich berührt", bez. „der Mensch, an den ich die Hand angelegt habe". Wir haben es hier mit genau der gleichen Ausdruckweise zu tun, wie sie in der bekannten türkischen Bildung gör-dü-üm at „das von mir gesehene Pferd", „das Pferd, welches ich sehe (sehen werde, gesehen habe)" vorliegt, das wörtlich „mein Sehen, das Pferd", oder in einer für uns bequemeren Wortfolge „das Pferd, mein Sehen" bedeutet. Man beachte, dass in der besprochenen Ausdrucksart das abstrakte Nomen actionis in einer eigentümlichen Weise konkret gebraucht ist, insofern als mit ihm die Person oder der Gegenstand bezeichnet wird, an welchem, mit welchem usw. die durch das Nomen actionis bezeichnete Handlung vollzogen wird. Dieser Gebrauch ist auch dem Deutschen nicht unbekannt, wenngleich er hier auch nicht solche Ausdehnung angenommen hat wie in den agglutinierenden Sprachen; so bezeichnet beispielsweise „Verfügung" nicht bloss die Handlung des Verfügens, sondern auch das, was verfügt worden ist; „das Schreiben" nicht nur die Tätigkeit des Schreibens, sondern auch das, was geschrieben ist, und „Abkürzung" nicht nur den Akt des Abkürzens, sondern auch die Schriftzeichen, mit welchem ein bestimmtes Wort abgekürzt wird. Dass das Verbalnomen auf -a, welches hinsichtlich des Genus verbi an sich indifferent ist und als Infinitiv sogar vorzugsweise im aktiven Sinne gebraucht wird, in appositioneller Anwendung die Funktion eines passiven, nicht eines aktiv-transitiven Partizipiums übernimmt, liegt in der Hauptsache wohl daran, dass für das aktive Partizipium bereits die nackte Verbalwurzel gebraucht wird. Beachte dazu, dass auch im Deutschen das abstrakte Tätigkeitssubstantiv wie z. B. das bereits erwähnte „Verfügung" oder das Infinitivsubstantiv „das Schreiben", obwohl sie in reiner Abstraktbedeutung aktiven Sinn haben, konkret gebraucht nur den passivischen Sinn, „das Verfügte", „das Geschriebene", nicht aber auch den aktivischen Sinn „der Verfügende" und „der Schreibende" annehmen. Immerhin aber erhält sich die aktivische Bedeutung auch beim appositionell gebrauchte Nomen abstractum wenigstens in dem eine Mittelstufe zwischen Aktivum und Passivum bildenden Intransitivum, insofern als auch das tätige intransitive Partizipium (abgesehen von der in § 687 besprochenen, dem Nomen agentis entsprechenden Bildung) mittels des Abstraktthemas LAL-a gebildet wird, wie z. B. ginn-a „gehend", „gegangen", „einer, der geht (bez. gegangen ist)".

Wenn im folgenden das appositionell gebrauchte Verbalnomen auf -a als Partizipium Passivi oder Intransitivi bezeichnet wird, so ist aus dem oben Gesagten ersichtlich, dass diese Bezeichnungen keineswegs den eigentlichen Charakter des Verbalnomens bezeichnen sollen, sondern lediglich der Kürze des Ausdrucks wegen angewendet werden.

§ 711 β. Beispiele.

(*a*) Für das als passives Partizipium gebrauchte Verbalnomen: é-dū-a „gebautes Haus" (im Gegensatz zu dem unbebauten Grundstück = kizlaḫ usw.), BE VI 2 Nr. 12_1, 33_1 u. o.; di-till-a „beendigte Gerichtssache", ITT II 925_1, 928_1, 929_1, u. o. 13-ANŠU-SAL-...., 34-anšu-dūr-...., kù(g)-ta-sâ-a, Unu(g)^{ki}-ta-irr-a „13 Eselinnen ...., 34 Eselhengste ...., für Geld gekauft und von Uruk hergebracht", ITT 49_{1-4}; ŠU-NIGIN 15-udu-ḫi-a zig-a „zusammen 15 Schafe, verausgabt", TT 25 Kol. $5_{1.2}$.

(*b*) Für das im Sinne eines intransitiven Partizipiums gebrauchte Verbalnomen: Itium,-lu-gĭr,-Šušana^{ki}-šù-ginn-a „Itium, der ...., (der) nach Susa gereist (ist)", RTC 381 Rs.$_{4.5}$; Nûr-Sin,-sukkal,-NE.ḪU.NE^{ki}-ta-ginn-i (< ginn-a) „Nûr-Sin, der Sukkallu, der von NE.ḪU.NE gekommen ist (war)", RTC 375_{18}; malba-gubb-a-gim „entsprechend dem stehenden Preise", ASK 2 Kol. 1_{31}; nig-ga(r)-é-a-gáll-a „die im Hause vorhandene Habe", BE 2 Nr. 48_9; kindar-kurr-ak-e-durun-a-meš „in den Höhlen der Erde Wohnende sind sie", CT 16, 42ff.$_{88}$; a-dû(g)-ḫe-gál,-nig-nu-till-id-a „gutes Wasser und Überfluss, die nicht aufhören", Sin-idinnam, Tonnagel A_{15-16}.

§ 712 Hierher gehören auch die auf -a auslautenden Adjektiva wie dug-a „gut", kug-a „glänzend", „hell", sikill-a „rein", dirig-a „grösser", „überragend", šag-a „gut", „günstig", usw. (§ 164), welche ihrer Bildung nach Partizipien zu den finiten Formen ì-dû(g), al-dû(g) „er ist gut", ì-sikil „er ist rein", al-šã(g) „es ist gut", „es ist günstig" usw. darstellen. Über das Verhältnis dieser Bildungen zu den neben ihnen bestehenden kürzeren, nach Art des aktiv-transitiven Partizipiums nur aus der Wurzel gebildeten Formen dû(g) „gut", sikil „rein", kù(g) „glänzend", „rein", „heilig", usw. s. § 163 und 687. Die auf -a gebildeten Adjektiva werden in der Regel nur bei ausgesprochen relativischem oder partizipialem Charakter des Adjektivums und deshalb beispielsweise stets bei einer grammatischen Attraktion des letzteren gebraucht; bei substantivischem und rein adjektivischem Sinn des Adjektivs dagegen wird in der Regel die in der blossen Verbalwurzel bestehende Adjektivform verwendet, obwohl sich bei adjektivischem Gebrauch auch öfters die Bildung LAL-a findet.

Vgl. é-mu-....,-me-bi-me-gal-gal,-me-me-a-dirig-a „mein Haus, dessen Bestimmungen grosse Bestimmungen und grösser als alle (anderen) Bestimmungen sind", Gudea, Zyl. A $9_{11.12}$; ^{d}Rim-^{d}Sin,-nun-igi-gál-tuku, - banda-bi - dirig-a „Rim-Sin, der Fürst, welcher Klugheit besitzt, dessen Weisheit gross ist", Datum des 26. Jahres Rim-Sin's, AO 7025 (CDSA S. 52ff.) Kol. $3_{43.44}$; ki-zã-ra-dug-a „an den Ort, der dir gut scheint", RA XII S. 74ff.$_{23}$; É-ninnu,-síg-zi(d)-^{d}Enlil-e-nam-dug-a-tarr-a „E-ninnu, der festehende Bau, dem von Enlil ein gutes Geschick bestimmt worden ist", Gudea, Zyl. B 1_{8}; É-U-nam-til-a(k),-ùnu-kug-a,-ki-IM-dúbb-ud-a-ni „E-U-namtila, die heilige Stätte, wo sie ruht", Warad-Sin, Steintafel Vs.$_{12\text{-}14}$.

Dagegen ^{d}Utu-....,-diri(g)-dingir-Anun(a)k-ene(-k),-lugal-ani,-r „dem Šamaš ...., dem Grössten der Anunnaki, seinem Herrn", Sinidinnam, Tonnagel $B_{1\text{-}5}$; kù(g)-^{d}Innanak-e mu-na-ni-b-gí-gí(-e) „Ištar, die Heilige, antwortet ihm", HGT 25 Kol. 1_{50}.

b. Konstruktion. § 713

α. Aus der Identität des appositionell gebrauchten Verbalnomens mit dem infinitivischen Nomen actionis ergibt sich, dass die grammatischen Beziehungen des ersteren in derselben Weise ausgedrückt werden können wie bei dem letzteren. Beachte im Einzelnen:

(a) Wie beim Infinitiv mit unbestimmtem Subjekt dieses § 713a letztere nicht besonders bezeichnet, sondern in einem solchen Fall das nackte Verbalnomen gebraucht wird, so wird auch beim appositionell gebrauchten Verbalnomen das unbestimmte Subjekt „man" nicht ausgedrückt.

Vgl. kur-nu-gí-a „das Land, aus welchem man nicht zurückkehrt" („das Land, aus welchem nicht zurückgekehrt wird"), wörtlich „das Land, ein nicht-(aus-ihm-)Zurückkehren“, CT 15, 45_1.

§ 714 (*b*) Das bestimmte aktive Subjekt des Verbalnomens (bez. bei Auffassung des letzteren als Partizipium Passivi das mit „von beim Passivum“ eingeleitete logische Subjekt) wird durch den Genetiv oder das diesen ersetzende Possessivpronomen ausgedrückt; das Verbalnomen erscheint also hierbei in seiner Eigenschaft als Substantiv. Voranstellung des Genetivs wie beim Infinitiv dagegen ist hier natürlich nicht möglich wegen der appositionellen Anlehnung des Verbalnomens an sein Beziehungswort.

Vgl. Eannatum-...., -mu-pad-a-ᵈEnlill-ak,-e „Eannatum, über welchen Enlil einen Namen gerufen hat“, „E., über welchen von Enlil ein Name gerufen worden ist“, „E., der von Enlil mit Namen Gerufene“, wörtlich „E., die (über ihn) einen Namen Ausrufung des Enlil“, Eannatum, Feldstein $A_{5.6}$, $B_{10\text{-}11}$; Gudea,-nam-nir-gál-gešdar-maḫ-sim-a-ᵈIG-ALIM-k-ak,-e „Gudea, welchem von IG-ALIM die Herrenschaft und ein erhabenes Szepter verliehen worden ist“, Gudea, Statue D 1_{19}-2_1; Ur-ᵈBau(-k),-geštu-sim-a-ᵈEnkik-ak,-e „Ur-Bau, dem von Enki Verstand verliehen worden ist“, Ur-Bau, Statue 1_{12}; Ur-ᵈBau(-k),-mu-dû(g)-sà-a-ᵈBau-k,-e „Ur-Bau, über den von Bau ein guter Name genannt worden ist“, ebenda 1_{14}; Gudea,-ùnu-maḫ-a-tud-a-ᵈGatumdug-ak-am „Gudea, der von Gatumdu an erhabener Stätte Geborene“, Gudea, Zyl. A 17_{13}.

Lù-šù-tagg-a-mu „der von mir berührte Mensch“, CT 16, 1ff.$_{278}$; ᵈBur-ᵈSin,-zid-e-š-pad-a-zu „Bur-Sin, der fest von dir Erwählte“, BE XXIX 1 Nr. 1 Kol. 4_{37}.

Zur späteren verbalen Konstruktion des Subjektes s. § 717.

§ 715 In gleicher Weise wird auch, entsprechend der Konstruktion des intransitiven Infinitivs mit Subjektsgenetiv oder Possessivpronomen (§ 699; z. B. in dem dort angeführten tur-a-zu-de „bei deinem Eintreten“), das Subjekt des intransitiven Verbaladjektivs auf -a durch den Genetiv, bez. das Possessivpronomen ausgedrückt.

Vgl. é-ki-tuš-a-mu „das Haus, darin ich wohne“, wörtlich „das Haus, der Ort, mein Wohnen“, CT 16, 12ff. Kol. 3_{55}. Zur (späteren?) verbalen Konstruktion s. § 718.

§715a Die meisten der hierher gehörigen Zusammensetzungen von Substantiv und Verbalnomen — der Natur der Sache nach handelt es sich fast durchweg um Verbindungen mit ki „Ort“ — haben bereits den Charakter von zusammengesetzten Substantiven angenommen und werfen als solche oft das -a des Verbalnomens ab. Vgl. z. B. ki-tuš „Wohnung“, statt ki-tuš-a; ki-è „Ausgang“ statt ki-è-a; ki-nà „Lager“ statt ki-nà-a, usw. Dasselbe ist z. T.

auch bei Zusammensetzungen mit dem transitiven Verbalnomen der Fall; vgl. z. B. ki-di-kŭ „Gerichtsstätte" statt ki-di-kŭ-a.

(*c*) Das passive Subjekt des Partizipiums Passivi, in Wirklichkeit das nähere Objekt des transitiv zu verstehenden appositionell gebrauchten Nomen actionis, wird (in Übereinstimmung mit der Konstruktion des Infinitivs, § 706) durch den dem Verbalnomen vorangestellten Akkusativ ausgedrückt; das Verbalnomen zeigt sich dabei in seinem Charakter als Verbalform. § 716

Vgl. Ur-^{d}Bau(-k),-geštu-sim-a-^{d}Enkik-ak,-e „Ur-Bau, welchem von Enki Verstand gegeben ist", „Ur-Bau, dem Enki Verstand gegeben hat", wörtlich „Ur-Bau, ein (ihm) Verstand Geben des Enki", Ur-Bau, Statue 1_{12}, und andere der in § 713 aufgeführten Beispiele. Ferner: ki-gìr-ginn-a-mu „der Ort, da ich gehe", wörtlich „der Ort, mein den Fuss (darauf) Gehenlassen", „der Ort, wo von mir der Fuss gehen gelassen wird" = ema allaku, CT 16, $1ff._{276}$ (ginn-a hat hier nicht etwa die intransitive Bedeutung „gehen", sondern die kausative „gehen lassen" (§ 708) und erst gìr—ginn-a „den Fuss gehen lassen" ergibt die Bedeutung „gehen").

β. (*a*) Allem Anschein nach erst in spätsumerischer Zeit wird das aktive Subjekt des appositionell gebrauchten Nomen actionis bisweilen auch nach der Art des Subjekts des finiten Verbums mit Hilfe des Subjektselementes -e ausgedrückt, wobei also das Verbalnomen nicht in seiner Eigenschaft als Nomen, sondern als Verbalform funktioniert. § 717

Vgl. é,-Ann-e-^{d}Enlill-e - nam-Lagašu^{ki}(-k)-tarr-a,-^{d}Ningirsuk-a(k)-nam-nir-gál-(a)ni-kur-kurr-e-zu-a „das Haus, in welchem (oder: durch welches) Anu und Enlil das Geschick von Lagas bestimmt haben (bez. bestimmen), an welchem alle Länder die Hoheit Ningirsus erkennen", Gudea, Zyl. B $24_{9\text{-}13}$; É-ninnu,-síg-zi(d)-^{d}Enlil-e-nam-dug-a-tarr-a „Eninnu, der feststehende Bau, welchem Enlil ein gutes Geschick bestimmt hat", Gudea, Zyl. B 1_3; siba,-^{d}Ningirsuk-e-gù-dé-a,-r „der Hirte, den Nirgirsu berufen hat", ebenda 6_{17}; nin-mu,-dumu-An-kug-e-tud-a „o meine Herrin, von der strahlenden Antu geborenes (bez. von dem strahlenden An erzeugtes) Kind", Gudea, Zyl. A 2_{26}; ^{d}Amar-^{d}Sin,-^{d}Enlill-e - Nibru^{ki}-a - mu-pad-a „Amar-Sin, über welchen Enlil in Nippur einen Namen gerufen hat", Amar-Sin, Backstein $C_{1\text{-}4}$; ebenso ^{d}Amar-^{d}Sin,-Nibru^{ki}-a-Enlill-e-mu-pad-a, Backstein $B_{1\text{-}4}$; wohl auch in en-kur-e-tud-a „o Herr, der vom grossen Berg erzeugt (geboren) ist", BE XXIX 1 Nr. 1 Kol. 3_{37}.

(*b*) Häufiger noch wird dem intransitiven Verbaladjektiv (ebenfalls erst in spätsumerischer Zeit?) nach Art des intransitiven § 718

Subjekts beim finiten Verbum das Subjekt im Kasus absolutus vorangestellt.

Vgl. ḫursag,-ki-mér-mer-tuš-a,-šù „nach dem Gebirge, wo die Südstürme wohnen", Gudea, Zyl. A 11_{20}; dù-dù,-ki-a-nu-ĕ-(e)d-a(,-e?) a ma-(e-)ra-ĕ-(e)d-e „zu(?) den Hügeln (?), zu (?) denen das Wasser nicht emporzusteigen pflegte, wird das Wasser emporsteigen", ebenda $11_{14\text{-}15}$; é-mu,-É-ninnu-....,-me-bi .... me-me-a-dirig-a „mein Haus E-ninnu, dessen Bestimmungen grösser als alle (anderen) Bestimmungen sind", Gudea, Zyl. A $9_{11.12}$; ^{d}Rim-^{d}Sin....,-banda-bi-dirig-a „Rim-Sin, dessen Klugheit gross ist", AO 7025 (CDSA S. 52ff.) Kol. $3_{43\text{-}44}$; ki-lugal-gubb-a „der Standort des Königs (im Tempel)", wörtlich „die Stätte, darauf der König steht", Datenformeln, 13. Jahr Hammurabis, 8. Jahr Samsuilunas, 15. Jahr Ammiditanas, 13. und 17(+a). Jahr Ammizadugas (stets neben der kürzeren Form ki-lugal-gub).[1]

§ 719 γ. Zu beachten ist, dass beim appositionell gebrauchten Verbalnomen auf -a die grammatische Beziehung zu dem Beziehungssubstantiv (ebenso wie beim Relativsatz) nicht besonders bezeichnet wird; ob die Beziehung subjektivisch, akkusativisch, dativisch oder sonstwie dimensional zu fassen ist, muss sich aus dem Sinn ergeben.

Für die subjektivische Beziehung vgl. sukkal-NE.ḪU.NE^{ki}-ta-ginn-i (< -ginn-a) „der Sukkallu, der von NE.ḪU.NE gekommen war", RTC 375_{18}, und die übrigen in § 711 (*b*) angeführten Beispiele.

Für die akkusativische (bez. passiv-subiektivische) Beziehung: é-dū-a, wörtlich „das Haus, ein es gebaut Haben", „das gebaute Haus", BE 2 Nr. 12_{1}, und die übrigen in § 711(*a*) angeführten Beispiele.

Für die dativische Beziehung: Ur-^{d}Bau(-k),-geštu-sim-a-^{d}Enkik-ak,-e „Ur-Bau, welchem Enki Verstand verliehen hat", Ur-Bau, Statue 1_{12}; É-ninnu,-síg-zi(d),-^{d}Enlil-e-nam-dug-a-tarr-a E-ninnu, der feststehende Bau, dem Enlil ein gutes Geschick bestimmt hat", Gudea, Zyl. B 1_{3}.

Für sonstige dimensionale Beziehungen: é-Ann-e-^{d}Enlill-e-nam-Lagašu^{ki}(-k)-tarr-a,-^{d}Ningirsuk-a(k)-nam-nir-gál-(a)ni-kur-kurr-e-zu-a „das Haus, in welchem (oder: durch welches) Anu und Enlil das Geschick von Lagaš bestimmt haben, an welchem die Länder

1) Ursprünglich wird dieses intransitive Subjekt ebenso wie das passive (§ 716) als Akkusativobjekt des kausativ verstandenen Verbalnomens mit unbestimmtem aktiven Subjekt, das nach § 707 nicht ausgedrückt wird, aufgefasst worden sein; also z. B. me-bi-me-me-a-dirig-a = „dessen Bestimmungen man grösser gemacht hat als alle anderen Bestimmungen".

die Hoheit Ningirsus erkennen, Gudea, Zyl. B $24_{9.13}$; lù-tur-a „der Mensch, in welchen (ein Dämon) eingegangen ist", „der Besessene", „der Kranke", Gudea, Zyl. B 4_{17}; CT 16, 1ff.$_{149.151}$; kur-nu-gí-a „das Land, aus welchem nicht zurückgekehrt wird", „das Land ohne Wiederkehr", „die Unterwelt", CT 15, 45 Vs.$_{1}$.

Dagegen wird die genetivische Beziehung durch das Possessiv- § 720
pronomen kenntlich gemacht.

Vgl. é-mu,-É-ninnu-....,-me-bi-me-gal-gal,-me-me-a-dirig-a „mein Haus E-ninnu, dessen Bestimmungen grosse Bestimmungen und grösser als alle (anderen) Bestimmungen sind", Gudea, Zyl. A $9_{11.12}$; ᵈRim-ᵈSin-....,-banda-bi-dirig-a „Rim-Sin, dessen Klugheit gross ist", AO 7025 (CDSA S. 52ff.) Kol. $3_{43.44}$; ᵈNinurta,-ní-giš-gě-zu-kalamm-a-lá-e (< -lá-a) „o Ninurta, dessen gefürchteter Schatten über das Land ausgestreckt ist", ASK Nr. 10_{9}.

Diese dem Anschein nach unterschiedliche Behandlung der Genetivbeziehung stellt indessen keine Durchbrechung des Prinzipes dar, die Kasusbeziehung zum Beziehungssubstantiv nicht auszudrücken, da z. B. in dem oben zuerst angeführten Beispiel me-bi „seine Bestimmungen" für ....-a(k) me-bi (vorangestellter Genetiv mit diesen wieder aufnehmendem Possessivpronomen) steht und somit auch hier, da der vorangestellte Genetiv fehlt, die eigentliche Genetivbeziehung nicht ausgedrückt ist.

C. LAUTLICHE VERÄNDERUNGEN DER BILDUNGS-ELEMENTE DER VERBALNOMINA.

1. Das Element -a. § 721

a. Häufig, u. z. besonders nach vokalisch auslautenden Wurzeln, wird das -a zu -e, bez. -i. Fast ständig ist dieser Wechsel in nachsumerischer Zeit beim nackten Infinitiv Futuri (LAL-ed-e < LAL-ed-a) zu beobachten; er findet sich aber gelegentlich schon bei Gudea (neben LAL-ed-a).

Vgl. Xᵏⁱ-ta, bez. Xᵏⁱ-šù ginn-e (geschr. gin-ni) „von X gekommen", bez. „nach X abgereist", RTC $375_{7.10.13.18.22.24}$ u. o., neben ginn-a (geschr. gin-na) 375_{4}, $374_{2.4}$, $377_{3.7}$ u. o.; malba-lá-e = maḫîru enšu, maḫîru maṭû „geringes Gewicht", ASK 2 Kol. $3_{20.21}$; šu-gìr-lá-e = qâtâ u šêpâ bu-uz-zu-la-ti, 2 R 27 Nr. 2 Kol. 2_{10}; ᵈNinurta,-ní-giš-gě-zu-kalamm-a-lá-e „o Ninurta, dessen gefürchteter Schatten über das Land ausgestreckt ist", ASK Nr. 10_{9}; lugal-mu ᵈEnkike, šag-a-zíl-zíl-e-bi zā-k-am „o mein Herr Enki, Gunst erweisen und Gnade erzeigen ist dein", CT 16ff.$_{366}$ (vgl. auch 17, 19_{96}).

É-kù(g) dū-(e)d-e gú-bi mu-(n-)ši-b-zi(g) „ein heiliges Haus zu bauen schickte er sich an", Gudea, Zyl. A 1_{16}; é-dū-(e)d-e igi-zu ù-dug-a nu-(i-n-)ši-tŭ-tŭ(-e) „um dein Haus zu bauen wird dein Auge nicht in süssen Schlaf eingehen (fallen)", ebenda 6_{11}, neben é-ani dū-(e)d-a m(u-'-)a-n-dū̄(g) „sein Haus zu bauen hat er mir befohlen", ebenda 4_{20}; uru-dū-ad-a (geschr. dū-a-da) „die Stadt zu bauen", „damit er die Stadt baue", Gudea, Zyl. B. 12_{19}.[1]

Û(d) .... é-ani dū-ud-e .... mā-ra m(u-'-)a-n-dug-a „als er mir sein Haus zu bauen befohlen hatte", Warad-Sin, Tonnagel 1_{25}-2_7; kalamm-ani usall-a ná-(e)d-e, uku-dagall-a-ni silimm-a duri-šù tùm-tùmm-ud-e „sein Land in Sicherheit lagern zu lassen, seine ausgedehnten Völker ständig in Frieden zu leiten", LIH $98.99_{27.31}$.

§ 722 Nur selten, u. z. nur in spätnachsumerischer Zeit, findet sich der Übergang von -a in -e im Infinitiv Futuri auch vor Possessivpronomen und Postposition.

Vgl. tem-aed-e-mu-de, geschr. te-mà-e-de-mu-de (< tem-ad-a-mu-da) „bei meinem Nahen", CT 16, 1 ff.$_{235.180}$, an letzterer Stelle neben der Variante (geschr.) te-mà-da-mu-de; nu-gubb-ud-e-zu-šù (geschr. nu-gub-bu-de-zu-šù) = ana la uzuzzika, K 5126 (BA $V)_5$.

§ 723 b. Nach den Verbalwurzeln, nach denen das e der Präsens-Futurendungen und des Futurelementes -ed, sowie das -a des Imperativs zu u wird, wird auch das -a des Verbalnomens häufig zu u.

Vgl. ursag,-šà(g)-an-gim-sud-u-zu „o Held, dessen .... wie das Himmelsinnere ist", Gudea, Zyl. A 9_2; enn-a šàg-an-gim sud-u-(a)ni, ebenda 7_4; sim-u-š ba-tŭ(r) „er hat sich verpflichtet zu geben", ITT II 2781_{11}; tul-u (geschr. tu-lu) gidd-a-bi = šadâdu u nî'u „herbeiziehen und zurücktreiben", RA XII S. $74_{23.24}$; liru-tul-u (geschr. tu-lu) = rummû ša kirimmi, CT 19, 30 Kol. 4_4; CT 19, 40 K 5803_5 + 2 R 25 Nr. 6_{10}; ummeda-liru-tul-u = târîtu ša kirimmašu rummû, ASK 11 Kol. 1_{42}; GÍR-gal-tu(l)-tul-u-n[(i-)a] (geschr. tu-tu-lu-n[a]) „in seinem ....en" = danniš urt[ammima], Šurpu VII_{33} (4 R 19 Nr. 1 Vs.$_{33}$); LI.DU.KA-kešd-u „Liedersammlung", Gudea, Statue B 8_{21}; ḫull-u-bi = limniš, CT 26, 19_{48}; gub-u und gubb-u „links" neben zid-a „rechts" usw.

§ 724 2. Das Präsens-Futurelement -ed.[2]

a. Als verlierbarer Konsonant schwindet das d von -ed im Wort- und Silbenauslaut, bleibt dagegen erhalten vor vokalisch anlautenden Bildungselementen, da es alsdann im Silbenanlaut steht.

---

[1]) Ob und inwieweit vielleicht in sumerischer Zeit der Infinitivauslaut e ein dimensionales Element in sich enthält, lässt sich bis jetzt noch nicht feststellen.

[2]) Da die lautlichen Erscheinungen, welche an dem zur Bildung

Vgl. ^{d}Nina,-nin-^{d}Enlil-gim-nam-tarr-i(d) (geschr. -nam-tar-ri) „o Nina, Herrin, die wie Enlil das Geschick bestimmt", Gudea, Zyl. A $4_{8.9}$; isag-É-ninnu-dū(-d)-ra (< dū-ed-ra)[1] „dem Fürsten, der im Begriff steht (stand), das E-ninnu zu bauen", Gudea, Zyl. A 15_{17}; 16_{13}; nun-ní-tem-a(d) (geschr. -te-mà) „der Ehrfurcht hegende Fürst", Warad-Sin, Tonnagel 1_{22}. — Dagegen ba-(n-)ra-è-(e)d-e (geschr. ba-ra-è-de), „er wird herausgehen", 2 R 11 Kol. 1_{10}; nin-an-ki-a-nam-tarr-id-e „die Herrin, die im Himmel und auf Erden das Geschick bestimmt", Gudea, Statue A 3_{4}; é gin-id-a (geschr. gi-ni-da) „Häuser zu errichten", Gudea, Zyl. B 6_{13}; sim-ud-am (geschr. sì-mu-dam) „er wird geben", ASK Nr. 2 Kol. 1_{47}.

b. Nach vokalisch auslautender Wurzel wird das e von -ed § 725 in der Regel von dem auslautenden Vokal der Wurzel absorbiert, wofür dieser gelängt wird und Zirkumflexbetonung erhält.

Vgl. dûde (geschr. dū-ù-de) < dū-ed-e „zu bauen", Warad-Sin, Tonnagel 2_{5}; (geschr. dū-de) Gudea, Zyl. A 1_{16}, 6_{11}; (geschr.) šu-si-sá-da Gudea, Zyl. B 6_{11}, šu-si-sá-a-da, ebenda 7_{16} (< šu-si-sá-ed-a) „zu leiten"; (geschr.) nú-de und Var. nú-ù-de (< nú-ed-e) „lagern zu lassen", LIH 98.99_{28}; nam-siba-bi â-(e)d-e „die Hirtenschaft über sie auszuüben", LIH 98.99_{25}; tu-tu-(e)d-a-ni „sein Hineingehen", Gudea, Zyl. B 5_{4}.

c. Nach u- vokaligen Wurzeln, die auf einen dem u nahe- § 726 stehenden Konsonanten auslauten, wie auch nach den sonstigen Wurzeln, nach denen das e der postpositiven Personalelemente in u übergeht (§ 470), wird auch das e von -ed zu u.

Vgl. tùm-tùmm-ud-e „zu führen", „zu leiten", LIH 98.99_{31}; gull-ud-e „zu vergrössern", Warad-Sin, Zyl. VA 5950 Kol. 2_{7}; gurr-ud-am „er wird zurückgeben", AŠK 2 Kol. $1_{32.50}$; sim-ud-am „er wird geben", ebenda Kol. 1_{47}; sim-ud-a „zu geben", Gudea, Zyl. B 6_{25}; nu-kúrr-ud-a(-m) „ist unveränderlich", 4 R 20 Nr. 3_{17}; nam-ba-gubb-ud-e(n) „stehe nicht", CT 16,27 ff.$_{82}$.

d. Auf der Geierstele Eannatums, sowie bei Gudea, da § 727 jedoch nur in Zyl. B, erscheint das Futurelement in Fällen, wo ihm der Vokal a folgt, teilweise auch als -ad-. Ob jedoch das a des letzteren lediglich auf einer Angleichung des e von -ed an das dem Futurelement folgende a beruht oder ob -ad vielleicht eine ältere Form von -ed darstellt, ist noch nicht mit Sicherheit zu entscheiden.

---

finiter Verbalformen benutzten -ed (§ 625ff.) zu beobachten sind, die gleichen sind, so werden sie, um eine Wiederholung zu vermeiden, hier mitbehandelt.

[1]) S. § 686.

Vgl. KA-da gurr-ad-am (geschr. gur-ra-da-ām) „er wird sich von der Vereinbarung abwenden (bez. sich umwenden)", Eannatum, Geierstele Vs. 17_4, 18_{13}, Rs. 2_6, 5_{27} (neben geschr. KA-da gur-da-ām, Vs. 22_6), dagegen bal-ed-a-bi(-d) (geschr. bal-e-da-bí) „wenn er überschreitet", Rs. 5_{38}; dū-ad-a (geschr. dū-a-da) „um zu bauen", Gudea, Zyl. B 12_{19}, 15_5; sim-ad-a „um zu geben", Zyl. B 12_9; si-a-da „um zu füllen", Zyl. B 14_{25}, 10_{10}; zig-ad-a „um steigen zu lassen", 11_{17}; gáll-ad-a „um vorhanden sein zu lassen", ebenda 14_{26}; gubb-ad-a „um stehen zu lassen", ebenda 15_1; ki-tuš-garr-ad-a „um Wohnstätten anzulegen", ebenda 12_{19}; dagegen dū-(e)d-a, Zyl. A 4_{20}, und dū-(e)d-e, Zyl. A 1_{16}, 6_{11}, „zu bauen"; sim-ud-a „um zu geben", Zyl. B 6_{14}; gin-id-a „um fest zu errichten", Zyl. B 6_{13}; sikil-ed-a „um zu reinigen", Zyl. B 6_{24}, 9_9; kug-id-a „um zu heiligen", Zyl. B 9_6.

§ 728 In nachsumerischer Zeit findet sich das Futurelement in der Form -ad regelmässig in dem Präsens-Futurstamm tem-ad (geschr. te-mà-d..).

Vgl. nu-mu-(e-)ra-tem-ad-en „ich werde dir nicht nahen", AO 5403 (RA XI S. $43)_6$; na-(i-)nna-tem-ad-en „nahe ihm nicht", ebenda$_4$; tem-ad-a-mu-de „bei meinem Nahen", CT 16, 1ff.$_{149}$.

Beachte aber auch l[ù-tur-a ti]l-a-da zae(!)-da ì-[gál] (o. ä.) „den Kranken lebendig zu machen steht in deiner Macht", 4 R 17 Vs.$_{36}$.

§ 728a e. Schwund des e von -ed infolge von Synkope scheint vorzuliegen in gur-(e)d-am (geschr. gur-da-ām) „er wird umkehren", Eannatum, Geierstele Vs. 22_6 (neben sonstigem gurr-ad-am, gesch. gurr-ra-da-ām), und in gur-(e)d-am (geschr. gur-dam) „er wird zurückgeben", ASK 2 Kol. 1_{50} (neben gurr-ud-am, geschr. gur-ru-dam, ebenda). Möglicherweise liegt jedoch in beiden Fällen nur ein Schreibversehen vor, oder ist hier vielleicht gur mit dem Lautwert guru anzusetzen?

§ 729 f. In spätsumerischen Texten wird das kurze und an sich unbetonte e vor ed ähnlich wie das e der verbalen Personalendungen öfters irrtümlicherweise gedehnt und mit Zirkumflex betont.

Vgl. z. B. kugẽde, geschr. kù-gi-e-de, „zu reinigen" CT 17, 38ff.$_{75}$ (Var.), neben kúgida (geschr. kù-gi-da), Gudea, Zyl. B 9_6, und kúgide (geschr. kù-gi-de), CT 17, 38ff.$_{67}$.

§ 730 Dieses mit Schleifton betonte e von -ed wird schliesslich sogar, ähnlich wie das e der verbalen Personalendungen, in die Vokalverbindung ae aufgelöst, wobei der Ton zweifellos auf dem a ruhte (§ 30).

Vgl. (geschr.) kù-ga-e-de (= kugáede) „rein zu machen",

CT 17, 38ff.$_{75}$, neben dem eben angeführten ku-gi-e-de (= kugēde) und kù-gi-de (= kúgide); (geschr.) sikil-la-e-de „rein (hell) zu machen", CT 17, 38ff.$_{76}$, neben sikil-e-de, ebenda$_{69}$, und sikil-e-da, Gudea, Zyl. B 9$_{7}$; (geschr.) šen-šen-na-e-de „glänzend zu machen", CT 17, 38ff.$_{77}$, neben šen-šen-e-de, ebenda Var.; (geschr.) te-mà-e-de-mu-de „bei meinem Nahen", CT 16, 1ff.$_{225.180}$, neben te-mà-da-mu-de, ebenda$_{149}$; (geschr.) sì-sì-ga-e-de „niederzuwerfen", 4 R 18$_{52a}$; (geschr.) dû-ga-e-da-na (< dug-ed-a-ni-a) „wenn er gut macht", ASK 10$_{19}$, neben dû-gi-da, Gudea, Zyl. B 6$_{13}$; (geschr.) nam-tar-ra-e-da-na (< nam-tar-ed-a-ni-a) „wenn er das Schicksal bestimmt", ASK 10$_{23}$, neben nam-tar-ri-da, Gudea, Zyl. A 1$_{1}$.

C. PARADIGMEN DER VERBALFORMEN. § 731

I. Die Verbalnomina.

1. Das Nomen agentis.

Präsentisch und präterital:	Präsentisch-futurisch:
gar	garri(d)
setzend, gesetzt habend	setzend, setzen werdend

2. Das Nomen actionis.

Präsentisch und präterital:	Präsentisch-futurisch:
garra	garrida
setzen, gesetzt haben	setzen, setzen werden
gesetzt werden, gesetzt sein	gesetzt werdend
gesetzt	gesetzt werden, werdend

II. Das Verbum finitum.

A. Das Verbum ohne Infixe.

I. DAS TRANSITIVUM.

1. Thema i-lal.

a. Ohne Kausativelement.

1. Behauptungsform.

Präsens-Futur.

	Bejahend:		Verneinend:
Sg. 1.	igarren	Sg. 1.	nugarren
2.	igarren	2.	nugarren
3.	igarre	3.	nugarre
Pl. 1.	igarrenden	Pl. 1.	nugarrenden
2.	igarrenzen	2.	nugarrenzen
3.	igarrene	3.	nugarrene
	ich setze, usw.		ich setze nicht, usw.

Präteritum.

Bejahend:	Verneinend:
Sg. 1. igar	Sg. 1. nugar
2. iegar, egar, igar	2. nuegar, nugar
3. ingar	3. nungar
Ko. 3. ibgar	Ko. 3. nubgar
Pl. 1.	Pl. 1. ....
2.	2. ....
3. ingarreš	3. nungarreš
ich habe gesetzt	ich habe nicht gesetzt

Beteuerndes Präteritum (nachsumerisch).

Sg. 1. ḫegar	Pl. 1. ....
2. ḫegar	2. ....
3. ḫengar	3. ḫengarreš
Ko. 3. ḫebgar	

fürwahr, ich habe gesetzt, usw.

Futurum exaktum (?).

Sg. 1. igarri(d)	Ko. 3. ibgarri(d)
2. i(e)garri(d)	Pl. 3. ingarrideš
3. ingarri(d)	

ich werde gesetzt haben, usw.

2. Wunschform.

α. mit ga-.

Sg. 1. gagar	Pl. 1. gagarren
möge sich setzen	mögen wir setzen.

β. mit ḫe- „möge“ und na- „möge nicht“.

Sg. 2. ḫegarren	Sg. 2. nagarren
3. ḫegarre	3. nagarre
Pl. 2. ḫegarrenzen	Pl. 2. nagarrenzen
3. ḫegarrene	3. nagarrene
mögest du setzen	mögest du nicht setzen

γ. mit u-.

Sg. 1. ugar	Pl. 1. ....
2. uegar, ugar	2. ....
3. ungar	3. ungareš

möge ich setzen, wenn ich setze, usw.

2. Befehlsform.

Sg. 2. garra	Pl. 2. garanzen
setze	setzet

b. Kausativformen.

(*a*) mit -b-.

1. Behauptungsform.

Präsens-Futur.

Sg. 1.	abgarren, ibgarren	Sg. 1.	nubgarren
2.	abgarren	2.	nubgarren
3.	abgarre	3.	nubgarre
	ich setze		ich setze nicht

Präteritum

Sg. 1.	ibgar	Sg. 1.	nubgar
2.	ibbegar	2.	nubbegar
3.	ibgar	3.	nubgar
Ko. 3.	ibgar	Ko. 3.	nubgar
Pl. 1.	....	Pl. 1.	....
2.	....	2.	....
3.	ibgarreš	3.	nubgarreš
	ich habe gesetzt		ich habe nicht gesetzt

2. Wunschform.

α. mit ga-.

Sg. 1.	gabgar	Pl. 1.	gabgarren
	möge ich setzen		mögen wir setzen

β. mit ḫe nicht na- möge nichr.

Sg. 2.	ḫebgarren	Sg. 2.	nabgarren
3.	ḫebgarre	3.	nabgarre
Pl. 2.	ḫebgarrenzen	Pl. 2.	nabgarrenzen
3.	ḫebgarrene	3.	nabgarrene
	mögest du setzen		mögest du nicht setzen

γ. mit u-.

Nicht belegt

3. Befehlsform.

Sg. 2.	garrab	Pl. 2.	garrabzen
	setze		setzet

(*b*) mit -n-.

1. Behauptungsform.

Präsens-Futur.

Sg. 1.	ingarren	Sg. 1.	nungarren
2.	ingarren	2.	nungarren
3.	ingarre, usw.	3.	nungarre, usw.
	ich setze, usw.		ich setze nicht, usw:

Präteritum.

Sg. 1.	ingar	Sg. 1.	nungar
2.	in(n)egar	2.	nun(n)egar

3. ingar	3. nungar
Ko. 3.	Ko. 3. ....
Pl. 1.	Pl. 1. ....
2.	2. ....
3. ingarreš	3. nungarreš
ich habe gesetzt	ich habe nicht gesetzt

2. Wunschform.

α. mit ga-.

Sg. 1. gangar	Pl. 1. gangarren
möge ich setzen	mögen wir setzen

β. mit ḫe- „möge" und na- „möge„ nicht.

Sg. 2. ḫengarren	Sg. 2. nangarren
3. ḫengarre	3. nangarre
Pl. 2. ḫengarrenzen	2. nangarrenzen
3. ḫengarrene	3. nangarrene
mögest du setzen	mögest du nicht setzen

γ. mit u-.

Sg. 1. ungar	Pl. 1. ....
2. unegar	2. ....
3. ungar	3. ungarreš

3. Befehlsform.

Sg. 2. garran	Pl. 2. garranzen.

2. Thema mu-lal.

a. Ohne Kausativelement.

1. Behauptungsform.

Präsens-Futur.

Sg. 1. mugarren	Sg. 1. numugarren
2. mugarren	2. numugarren
3. mugarre usw.	3. numugarre
ich setze	ich setze nicht

Präteritum.

Sg. 1. mugar	Sg. 1. numugar
2. muegar, mugar	2. numuegar, numugar
3. mungar	3. mungar
Ko. 3. mubgar	Ko. 3. numubgar
Pl. 1.	Pl. 1. ....
2.	2. ....
3. mungarreš	3. numungarreš
ich setzte	ich setzte nicht

Beteuerndes Präteritum (nachsumerisch).

Sg. 1.	ḫumugar	Pl. 1.	....
2.	ḫumuegar, ḫumugar	2.	....
3.	ḫumungar	3.	ḫumungarreš
Ko. 3.	ḫumubgar		
	fürwahr, ich setzte, usw.		

Futurum exaktum.

Sg. 1.	mugarri(d)	Pl. 1.	....
2.	muegarri(d)	2.	....
3.	mungarri(d)	3.	mungarrideš
	ich werde gesetzt haben, usw.		

2. Wunschform.

α. mit ga-.

Sg. 1.	gamugar	Pl. 1.	gamugarren
	möge ich setzen		mögen wir setzen

β. mit ḫe- und na-.

Sg. 2.	ḫamugarren, ḫumugarren	Sg. 2.	namugarren, nammugar- [ren
3.	ḫamugarre	3.	namugarre
Pl. 2.	ḫamugarrenzen	2.	namugarrenzen
3.	ḫamugarrene	3.	namugarrene
	mögest du setzen		mögest du nicht setzen

γ. mit u-.

Sg. 1.	umugar	Pl. 1.	....
2.	umuegar	2.	....
3.	umungar	3.	umungarreš
	möge ich setzen		

3. Befehlsform.

Sg. 2.	garmu (?)	Pl. 2.	garmunzen (?)
	setze		setzet

b. mit Kausativelement -b- und -n-.

Präsens-Futur.

Sg. 1.	mubgarren	Sg. 1.	numubgarren
Sg. 1.	mungarren	Sg. 1.	numungarren
	ich setze		ich setze nicht

Präteritum.

Sg. 1.	mubgar	Sg. 1.	mungar
2.	mubbegar	2.	munnegar
3.	mubgar	3.	mungar
Ko. 3.	mubgar	Ko. 3.	....
Pl. 3.	mubgarreš	Pl. 3.	mungarreš
	ich setzte		ich setzte

Sg. 1. numubgar	Sg. 1. numungar
ich setzte nicht	ich setzte nicht

3. Thema al-lal.

Präsens-Futur.

Sg. 3. alage	Pl. 3. alagene
er wird darmessen	sie werden darmessen
neben iage, bez. inage.	

4. Thema bi-lal.

a. ohne Kausativelement.

1. Behauptungsform.

Präsens-Futur.

Sg. 1. bigarren	Sg. 1. libigarren
2. bigarren	2. libigarren
3. bigarre	3. libigarre
ich setze darauf	ich setze nicht darauf

Präteritum.

Sg. 1. bigar	Sg. 1. libigar
2. biegar, bigar	2. libiegar, libigar
3. bingar	3. libingar
Ko. 3. bibgar	Ko. 3. libibgar
Pl. 3. bingarreš	Pl. 3. libingarreš
ich habe darauf gesetzt	ich habe nicht daraufge- [setzt
ich setzte darauf	ich setzte nicht darauf

2. Wunschform.

α. mit ga-.

Sg. 1. gabigar	Pl. 1. gabigarren
möge ich darauf setzen	mögen wir darauf setzen

β. mit ḫe- und na-.

Sg. 2. ḫebigarren	Sg. 2. na(m)bigarren
3. ḫebigarre usw.	3. na(m)bigarre usw.
mögest du darauf setzen	mögest du nicht darauf [setzen

γ. mit u-.

Sg. 1. ibigar	Sg. 3. ibingar usw.
möge ich darauf setzen	

3. Befehlsform.

Sg. 2. garbi	Pl. 2. garbinzen
setze darauf	setzet darauf

b. mit Kausativelement -b- und -n-.

1. Behauptungsform.

Präsens-Futur.

Sg. 1.	bibgarren	Sg. 1.	libibgarren
Sg. 1.	bingarren	Sg. 1.	libingarren
	ich setze darauf		ich setze nicht darauf

Präteritum.

Sg. 1.	bibgar	Sg. 1.	bingar
2.	bibbegar	2.	binnegar
3.	bibgar	3.	bingar
Ko. 3.	bibgar	Ko. 3.	.....
Pl. 3.	bibgarreš	Pl. 3.	bingarreš
	ich setze darauf		ich setze nicht darauf

2. Befehlsform.

Sg 2.	garbib	Pl. 2.	garbibzen
2.	garbin	Pl. 2.	garbinzen
	setze darauf		setzet darauf

5. Thema immi-lal.

a. ohne Kausativelement.

1. Behauptungsform.

Präsens-Futur.

Sg. 1.	immigarren	Sg. 1.	nummigarren
3.	immigarre	3.	nummigarre
	ich setze daran		ich setze nicht daran

Präteritum.

Sg. 1.	immigar	Sg. 1.	nummigar
2.	immigar, immiegar	2.	nummi(e)gar
3.	immingar	3.	nummingar
Ko. 2.	immibgar	Ko. 3.	nummibgar
Pl. 3.	immingarreš	Pl. 3.	nummingarreš
	ich setzte daran		ich setzte nicht daran

2. Wunschform.

α. mit ga-.

Sg. 1.	gammigar	Pl. 1.	gammigarren
	möge ich daran setzen		mögen wir daran setzen

β. mit ḫe- und na-.

Sg. 2.	ḫemmigarren	Sg. 2.	nammigarren
3.	ḫemmigarre	3.	nammigarre
	mögest du daran setzen		mögest du nicht daran [setzen

γ. mit u-.

Sg. 2. ummigar	Sg. 3. ummingar
mögest du daran setzen	möge er daran setzen

3. Befehlsform.

Sg. 2. garrami	Pl. 2. garraminzen
setze daran	setzet daran

b. mit Kausativelement -b- und -n-.

1. Behauptungsform.

Präsens-Futur.

Sg. 1. immibgarren	Sg. 1. nummibgarren
Sg. 1. immingarren	Sg. 2. nummingarre
ich setze daran	ich setze nicht daran

2. Befehlsform.

Sg. 2. garramib	Pl. 2. garramibzen
Sg. 2. garramin	Pl. 2. garraminzen
setze daran	setzet daran

6. Thema ba-lal.

a. ohne Kausativelement.

1. Behauptungsform.

Präsens-Futur.

Sg. 1. bagarren	Sg. 1. labagarren
2. bagarren	2. labagarren
3. bagarre	3. labagarre
Pl. 1. bagarrenden	Pl. 1. labagarrenden
2. bagarrenden	2. labagarrenzen
3. bagarrene	3. labagarrene
ich setze für mich (darauf)	ich setze nicht für mich [(darauf)

Präteritum.

Sg. 1. bãgar	Sg. 1. labãgar
2. baegar, bãgar	2. labaegar, labãgar
3. bangar	3. labangar
Ko. 3. babgar	Ko. 3. lababgar
Pl. 3. bangarreš	Pl. 3. labangarreš
ich setzte für mich (darauf)	ich setzte nicht für mich [(darauf)

2. Wunschform.

α. mit ga-.

Sg. 1. gabagar	Pl. 1. gabagarren
möge ich für mich setzen	mögen wir für uns setzen

β. mit ḫe- und na-.

Sg. 2. ḫabagarren	Pl. 2. na(m)bagarren

Sg. 3. ḫabagarre	Sg. 3. na(m)bagarre
Pl. 2. ḫabagarrenzen	Pl. 2. na(m)bagarrenzen
3. ḫabagarrenden	3. na(m)bagarrene
mögest du für dich setzen	mögest du nicht für dich [setzen

γ. mit u-.

Sg. 1. abagar	Sg. 2. abaegar

möge ich für mich (darauf) setzen

3. Befehlsform.

Sg. 2. garba	Pl. 2. garbanzen
setze für dich (darauf)	setzet für euch (darauf)

b. mit Kausativelement -b- und -n-.

1. Behauptungsform.

Präsens-Futur.

Sg. 1. babgarren	Sg. 1. lababgarren
Sg. 1. bangarren	Sg. 1. labangarren
ich setze für mich (darauf)	ich setze nicht für mich (darauf)

Präteritum.

Sg. 1. babgar	Sg. 1. bangar
2. babbegar	2. bannegar
3. babgar	3. bangar
Ko. 3. babgar	Ko. 3. —
Pl. 3. babgarreš	Pl. 3. bangarreš
ich setzte für mich (darauf)	ich setzte für mich (darauf)
Sg. 1. lababgar	Sg. 1. labangar

ich setzte nicht für mich (darauf)

2. Wunschform.

Sg. 2. ḫababgarren	Sg. 2. na(m)babgarren
Sg. 2. ḫabangarren	Sg. 2. na(m)bangarren
mögest du für dich (darauf) setzen	mögest du nicht für dich (darauf) setzen

3. Befehlsform.

Sg. 2. garbab	Pl. 2. garbabzen
Sg. 2. garban	3. garbanzen
setze für dich (darauf)	setzet für euch (darauf)

7. Thema imma-lal.

a. ohne Kausativelement.

1. Behauptungsform.

Präsens-Futur.

Sg. 1. immagarren	Sg. 1. nummagarren
ich setze für mich daran	ich setze nicht für mich [daran

Präteritum.

Sg. 1.	immagar	Sg. 1.	nummagar
2.	immagar, immaegar	2.	nummagar, nummaegar
3.	immangar	3.	nummangar
Ko. 3.	immabgar	Ko. 3.	nummabgar
Pl. 3.	immangarreš	Pl. 3.	nummangarreš
	ich setzte für mich daran		ich setzte nicht für mich daran

2. Wunschform.

α. mit ga-.

Sg. 1.	gammagar	Pl. 1.	gammagarren
	möge ich für mich daran setzen		mögen wir für uns daran setzen

β. mit ḫe- und na-.

Sg. 2.	ḫemmagarren	Sg. 2.	nammagarren
	mögest du für dich daran setzen		mögest du nicht für dich daran setzen

γ. mit u-.

Sg. 2.	u(m)ma(e)gar
	mögest du für dich daran setzen

2. Befehlsform.

Sg. 2.	garrama	Pl. 2.	garramanzen
	setze für dich daran		setzet für euch daran

II. DAS INTRANSITIVUM.

1. Thema i-lal.

a. ohne Kausativelement.

1. Behauptungsform.

Präteritum, bez. Permansiv.

Sg. 1.	igubben	Sg. 1.	nugubben
2.	igubben	2.	nugubben
3.	igub	3.	nugub
Pl. 1.	igubbenden	Pl. 1.	nugubbenden
2.	igubbenzen	2.	nugubbenzen
3.	igubbuš (< igubbeš)	3.	nugubbuš
	ich bin getreten ich stehe ich bin gestellt worden		ich bin nicht getreten ich stehe nicht ich bin nicht getreten

Präsens-Futur.

Sg. 1.	igubbuden (<i-gub-ed-en)	Sg. 1.	nugubbuden
2.	igubbuden	2.	nugubbuden
3.	igubbude	3.	nugubbude
Pl. 1.	igubbudenden	Pl. 1.	nugubbudenden
2.	igubbudenzen	2.	nugubbudenzen

Pl. 3. igubbudene	Pl. 3. nugubbudene
ich werde treten (stehen)	ich werde nicht treten
ich werde gestellt werden	

2. Wunschform.

α. mit ga-.

Sg. 1. gagub	Pl. 2. gagubben.
möge ich treten (stehen)	mögen wir treten (stehen)

β. mit ḫe- und na-

Präteritum, bez. Permansiv.

Sg. 2. ḫegubben	Sg. 2. nagubben, namgubben
3. ḫegub	3. nagub
Pl. 2. ḫegubbenzen	Pl. 2. nagubbenzen
3. ḫegubbuš	3. nagubbuš
mögest du getreten sein	mögest du nicht getreten [sein
mögest du stehen	mögest du nicht stehen

Präsens-Futur.

Sg. 2. ḫegubbuden	Sg. 2. nagubbuden
3. ḫegubbude	3. nagubbude
Pl. 2. ḫegubbudenzen	Pl. 2. nagubbudenzen
3. ḫegubbudene	3. nagubbudene
mögest du treten	mögest du nicht treten
mögest du (in Zukunft) stehen	mögest du (in Zukunft) nicht stehen

3. Befehlsform.

Sg. 2. gubba	Pl. 2. gubbanzen
tritt, stehe	tretet, stehet

b. mit Kausativelement -b- und -n-.

1. Behauptungsform.

Permansiv.

Sg. 1. abdurunen, ibdurunen	Sg. 1. nubdurunen
2. abdurunen	2. nubdurunen
3. abdurun	3. nubdurun
Pl. 1. abdurunenden	1. nubdurunenden
2. abdurunenzen	2. nubdurunenzen
3. abduruneš	3. nubduruneš
ich bin stationiert (worden)	ich bin nicht stationiert (worden)
ich wohne	
Sg. 1. andurunen	Sg. 1. nundurunen
ich bin stationiert (worden)	ich bin nicht stationiert [(worden)

2. Wunschform.

α. mit ga-.

Sg. 1. gabdurun	Pl. 1. gabdurunen

Sg. 1.	gandurun	Pl. 1.	gandurunen
	möge ich stationiert sein		mögen wir stationiert sein

β. mit ḫe- und na-.

Permansiv.

Sg. 2.	ḫebdurunen	Sg. 2.	nabdurunen
3.	ḫebdurun	3.	nabdurun
Pl. 2.	ḫebdurunenzen	Pl. 2.	nabdurunenzen
3.	ḫebduruneš	3.	nabduruneš
	möge ich stationiert sein		möge ich nicht stationiert [sein
Sg. 2.	ḫendurunen	Sg. 2.	nandurunen
	möge ich stationiert sein		möge ich nicht stationiert [sein

2. Thema mu-lal.

a. ohne Kausativelement.

Behauptungsform.

Präteritum.

Sg. 1.	mugubben	Sg. 1.	numugubben
2.	mugubben	2.	numugubben
3.	mugub usw.	3.	numugub usw.
	ich trat		ich trat nicht

3. Thema al-lal.

1. Behauptungsform.

Permansiv.

Sg. 1.	algubben	Sg. 1.	nugubben
2.	algubben		usw.
3.	algub		(s. Thema i-lal)
Pl. 1.	algubbenden		
2.	algubbenzen		
3.	algubbuš		
	ich stehe (< ich bin getreten)		ich stehe nicht ich bin nicht getreten

2. Wunschform.

Vom Thema i-lal.

3. Befehlsform.

Vom Thema i-lal.

4. Thema bi-lal.

Nicht belegbar.

5. Thema immi-lal.

Nicht belegbar.

6. Thema ba-lal.

1. Behauptungsform.

α. intransitiv.

Sg. 1.	bagubben	Sg. 1.	labagubben
2.	bagubben	2.	labagubben
3.	bagub	3.	labagub
Pl. 1.	bagubbenden	Pl. 1.	labagubbenden
2.	bagubbenzen	2.	labagubbenzen
3.	bagubbuš	3.	labagubbuš
	ich bin von mir aus (darauf) getreten ich stehe von mir aus (darauf)		ich bin nicht von mir aus (darauf) getreten

β. passiv.

Sg. 1.	bagarren	Sg. 1.	labagarren
2.	bagarren	2.	labagarren
3.	bagar	3.	labagar
	ich bin (darauf) gesetzt worden		ich wurde nicht (darauf) gesetzt[1]

Präsens-Futur.

Sg. 1.	bagubbuden	Sg. 1.	labagubbuden
2.	bagubbuden	2.	labagubbuden
3.	bagubbude	3.	labagubbude
	ich werde von mir aus (darauf) treten (stehen)		ich werde nicht von mir aus (darauf) treten

2. Wunschform.

α. mit ga-.

Sg. 1.	gabagub	Pl. 1.	gabagubben
	möge ich von mir aus (darauf) treten (stehen)		möge ich nicht von mir aus (darauf) treten (stehen)

β. mit ḫe- und na-.

Präteritum, bez. Permansiv.

Sg. 2.	ḫabagubben	Sg. 2.	nambagubben
3.	ḫabagub	3.	nambagub
	mögest du von dir aus (darauf) stehen		mögest du nicht von dir aus (darauf) stehen

Präsens-Futur.

Sg. 2.	ḫabagubbuden	Sg. 2.	nambagubbuden
3.	ḫabagubbude	3.	nambagubbude
	mögest du von dir aus (darauf) treten		mögest du nicht von dir aus (darauf) treten

---

[1]) Dagegen nugarren usw. vom Thema i-lal „ich bin nicht gesetzt worden“.

3. Befehlsform.

Sg. 2.	gubba (= gub+ba) tritt, stehe	Pl. 2.	gubbanzen tretet, stehet

7. Thema imma-lal.

1. Behauptungsform.

Präteritum, bez. Permansiv.

Sg. 1.	immagubben	Sg. 1.	nummagubben
2.	immagubben	2.	nummagubben
3.	immagub	3.	nummagub
Pl. 1.	immagubbenden	Pl. 1.	nummagubbenden
2.	immagubbenzen	2.	nummagubbenzen
3.	immagubbuš	3.	nummagubbuš
	ich bin von mir aus daran getreten		ich bin nicht von mir aus daran getreten

Präsens-Futur.

Sg. 1.	immagubbuden	Sg. 1.	nummagubbuden
2.	immagubbuden	2.	nummagubbuden
3.	immagubbude	3.	nummagubbude
	ich trete von mir aus daran		ich trete nicht von mir aus daran

2. Wunschform.

α. mit ga-.

Sg. 1.	gammagub möge ich von mir aus daran treten	Pl. 1.	gammagubben mögen wir von uns aus daran treten

β. mit ḫe- und na-.

Präteritum, bezw. Permansiv.

Sg. 2.	ḫemmagubben	Sg. 2.	nammagubben
3.	ḫemmagub	3.	nammagub
	mögest du von dir aus daran getreten sein (daran stehen)		mögest du von dir aus nicht daran getreten sein (nicht daran stehen)

3. Befehlsform.

Sg. 2.	gubbuma (< gubbama) tritt von dir aus daran	Pl. 2.	gubbumanzen tretet von euch aus daran

B. Das Verbum mit Infixen.

I. Infix -'-a- „mir"

a. Thema i-lal.

Ersetzt durch die Formen von mu-lal.[1]

1) Ebenso auch die Themen bi-LAL und immi-LAL, wie allem Anschein nach auch die Themen ba-LAL und imma-LAL.

b. Thema mu-lal.

A. TRANSITIVUM.

1. Behauptungsform.

Präsens-Futur.

α. ohne Kausativelement.

Sg. 2. magarren	Pl. 2. magarrenzen
3. magarre	3. magarrene
du setzest mir	ihr setzet mir

β. mit Kausativelement -b- und -n-.

Sg. 2. mabgarren	Sg. 2. mangarren
du setzest mir	du setzest mir

Präteritum.

α. ohne Kausativelement.

Sg. 2. maegar, mãgar	Pl. 2. ....
3. mangar,	Pl. 3. mangarreš
du setztest mir	sie setzten mir

β. mit Kausativelement -b- und -n-.

Sg. 3. mabgar	Sg. 3. mangar
er setzte mir	er setzte mir

2. Wunschform.

Sg. 2. ḫamagarren	Pl. 2. ḫamagarrenzen
2. ḫamagarre	3. ḫamagarre
mögest du mir setzen, usw.	

3. Befehlsform.

α. ohne Kausativelement.

Sg. 2. gara	Pl. 2. garmanzen
setze mir	setzet mir

β. mit Kausativelement -b- und -n-.

Sg. 2. garmab	Pl. 2. garmabzen
Sg. 2. garman	Pl. 2. garmanzen
setze mir	setzet mir

B. INTRANSITIVUM.

1. Behauptungsform.

Präteritum.

Sg. 3. magub	Pl. 3. magubbuš
er ist zu mir getreten	sie sind zu mir getreten

Präsens-Futur.

Sg. 3. magubbude	Pl. 3. magubbudene
er wird zu mir treten	sie werden zu mir treten

2. Wunschform.

Präteritum.

Sg. 3. ḫamagub
er möge zu mir getreten sein, er möge vor mir stehen

Präsens-Futur.

Sg. 3. ḫamagubbude
er möge zu mir treten

3. Befehlsform.

Sg. 2. gubma
tritt zu mir

Pl. 2. gubmanzen
tretet zu mir

2. Infix -(e-)ra- „dir".

a. Thema i-lal.

1. Nach Fragewörtern.

S. § 547.

2. Wunschform.

Sg. 3. ḫarabgarre
er möge dir setzen

Pl. 3. ḫarabgarrene
sie mögen dir setzen

Sonst durch mu-lal ersetzt.

b. Thema mu-lal.

1. Behauptungsform.

Präsens-Futur.

Sg. 1. maragarren, muragarren; marabgarren, murabgarren
ich setze dir, ich werde dir setzen

Sg. 1. maragubbuden, muragubbuden
ich trete zu dir, ich werde zu dir treten

Präteritum.

Sg. 1. maragar, muragar
2. mara(e)gar
3. marangar
Pl. 3. marangarreš
ich setzte dir

Sg. 1. maragubben
2. maragubben
3. maragub
Pl. 3. maragubbuš
ich trat zu dir

2. Wunschform.

Sg. 1. gamura(b)gar
möge ich dir setzen

Sg. 3. ḫamura(b)garre
möge er dir setzen

Sg. 1. gamuragub
möge ich zu dir treten

Sg. 3. ḫamuragub
möge er zu dir treten

3. Infix -n-a- „ihm", „ihr"; -ne- „ihnen".

a. Thema i-lal.

1. Behauptungsform.

Sg. 1. inna(b)garren
ich setze ihm

Sg. 1. inne(b)garren
ich setze ihnen

Sg. 3. innangar er hat ihm gesetzt	Sg. 3. innengar er hat ihnen gesetzt
Sg. 1. innagubben ich bin zu ihm getreten	Sg. 1. innegubben ich bin zu ihnen getreten
Sg. 3. nunnangar er hat ihm nicht gesetzt	Sg. 3. nunnengar er hat ihnen nicht gesetzt

2, Wunschform.

Sg. 1. ganna(b)gar möge ich ihm setzen	Sg. 1. ganne(b)gar möge ich ihnen setzen
Sg. 3. ḫe(n)na(b)garre möge er ihm setzen	Sg. 3. ḫe(n)ne(b)garre möge er ihnen setzen
Sg. 3. nanna(b)garre möge er ihm nicht setzen	Sg. 3. nanne(b)garre möge er ihnen nicht setzen
Sg. 3. nannagubbude möge er nicht zu ihm treten	Sg. 3. nannegubbude möge er nicht zu ihnen tre- [ten

3. Befehlsform.

Sg. 2. garrana(b) setze ihm	Sg. 2. garrane(b) setze ihnen
Sg. 2. gubbana tritt zu ihm	Sa. 2. gubbane tritt zu ihnen

4. Infix -'-i- „auf mich".

Thema mu-lal.

1. Behauptungsform.

Sg. 3. mu(b)garre er setzt auf mich	Sg. 3. numu(b)garre er setzt nicht auf mich
Sg. 3. mungar er setzte auf mich	Sg. 3. numungar er setzte nicht auf mich

2. Wunschform.

Sg. 2. .... mögest du auf mich setzen	Sg. 2. nammu(n)garren mögest du nicht auf mich [setzen

3. Befehlsform.

Sg. 2. garramu setze auf mich	Pl. 2. garramunzen setzet auf mich

5. Infix -n-i- „auf ihn".

a. Thema i-lal.

1. Behauptungsform.

Sg. 3. anni(b)garre er setzt auf ihn	Sg. 3. nunni(b)garre er setzt nicht auf ihn
Sg. 3. iningar er hat auf ihn gesetzt	Sg. 3. nuningar er hat nicht auf ihn gesetzt

2. Wunschform.

Sg. 3. ḫeni(b)garre möge er auf ihn setzen	Sg. 3. nanni(b)garre möge er nicht auf ihn setzen

3. Befehlsform.

Sg. 2. garrani(b) setze auf ihn	Pl. 2. garranibzen setzet auf ihn

b. Thema mu-lal.

Behauptungsform.

Sg. 3. muningar er setzte auf ihn	Sg. 3. numuningar er setzte nicht auf ihn

c. Thema ba-lal.

Sg. 3. baningar er setzte sich auf ihn	Sg. 3. labaningar er setzte nicht für sich auf ihn

d. Thema imma-lal.

Sg. 3. immaningar
er legte für sich auf ihn (daran)

6. Infix -'-ši- „zu mir", „auf mich".

a. Thema mu-lal (auch für i-lal).

1. Behauptungsform.

Sg. 3. muši(b)garre er setzt zu mir hin	Sg. 3. mušingar er setzte zu mir hin

2. Wunschform.

Sg. 3. ḫumuši(b)garre er möge zu mir hin setzen	Sg. 3. nammušibgarre er möge nicht zu mir hin setzen

3. Befehlsform.

Sg. 2. garmuši(b) setze zu mir hin	Pl. 2. garmušibzen setzet zu mir hin

b. Thema ba-lal.

1. Behauptungsform.

Sg. 3. baši(b)garre er setzt für sich auf mich	Sg. 3. bašingar er hat für sich auf mich gesetzt

2. Befehlsform.

Sg. 3. garbašib setze für dich auf mich	Pl. 2. garbašibzen setzet für euch auf mich

7. Infix -e-ši- „zu dir", „auf dich".

a. Thema mu-lal (auch für i-lal).

1. Behauptungsform.

Sg. 3. muešibgarre er setzt auf dich	Sg. 3. muešingar er setzte auf dich

2. Wunschform.

Sg. 1.	gamuešibgar möge ich auf dich setzen	Sg. 3.	ḫumuešibgarre möge er auf dich setzen

b. Thema ba-lal.

1. Behauptungsform.

Sg. 1.	baešibgarren ich setze für mich auf dich	Sg. 3.	baešingar er setzte für sich auf dich

2. Wunschform.

Sg. 3.	gabaešibgar möge ich für mich auf dich setzen	Sg. 3.	ḫabaešibgarre möge er für sich auf dich setzen

8. Infix -n-ši- „zu ihm", „zu ihnen" usw.

a. Thema i-lal.

1. Behauptungsform.

Sg. 3.	inši(n)garre er setzt auf ihn (sie)	Sg. 3.	inšingar er hat auf ihn (sie) gesetzt

2. Wunschform.

Sg. 1.	ganši(b)gar möge ich auf ihn setzen	Sg. 3.	ḫenšibgarre möge er auf ihn setzen

3. Befehlsform.

Sg. 2.	garranšib setze auf ihn	Pl. 2.	garranšibzen setzet auf ihn

b. Thema mu-lal.

1. Behauptungsform.

Sg. 3.	munšibgarre er setzt auf ihn	Sg. 1.	munšigar ich setzte auf ihn

c. Thema ba-lal.

1. Behauptungsform.

Sg. 3.	bansibgarre er setzt für sich auf ihn	Sg. 3.	bansingar er setzte für sich auf ihn

2. Wunschform.

Sg. 3.	gabanšibgar möge ich für mich auf ihn setzen	Sg. 3.	ḫabanšibgarre möge er für sich auf ihn setzen

3. Befehlsform.

Sg. 2.	garbanšib setze für dich auf ihn	Pl. 2.	garbanšibzen setzet für euch auf ihn

9. Infix -b-ši- „zu ihm", „darauf".

Thema i-lal (auch für mu-lal).

Sg. 2.	imšigarre er setzt darauf	Sg. 3.	imšingar er hat darauf gesetzt

10. Infixe -'-da- „mit mir", -'-ta- „aus mir".

a. Thema mu-lal (auch für i-lal).

1. Behauptungsform.

Sg. 3. mudagarre er setzt mit mir	Sg. 3 mutagarre er setzt aus mir

2. Wunschform.

Sg. 3. ḫumudagarre er möge mit mir setzen	Sg. 3. ḫumutagarre er möge aus mir setzen

3. Befehlsform.

Sg. 2. garmuda setze mit mir	Pl. 2. garmuta setze aus mir

b. Thema ba-lal.

Behauptungsform.

Sg. 3. badagarre er setzt für sich mit mir (darauf)	Sg. 3. batagarre er setzt für sich aus mir (darauf)

11. Infixe -e-da- „mit dir", -e-ta- „aus dir".

a. Thema mu-lal (auch für i-lal).

Sg. 3. muedagarre er setzt mit dir	Sg. 3. muetagarre er setzt aus dir

b. Thema ba-lal.

Sg. 3. baedagarre er setzt für sich mit dir (darauf)	Sg. 2. baetagarre er setzt für sich aus dir (darauf)

12. Infixe -n-da- „mit ihm", -n-ta- „aus ihm".

a. Thema i-lal.

Sg. 3. indagarre, andagarre er setzt mit ihm	Sg. 3. intagarre; antagarre er setzt aus ihm
Sg. 3. indangar er hat mit ihm gesetzt	Sg. 3. intangar er hat aus ihm gesetzt
Sg. 1. gandagar möge ich mit ihm setzen	Sg. 1. gantagar möge ich aus ihm setzen
Sg. 3. ḫendagarre möge er mit ihm setzen	Sg. 3. ḫentagarre möge er aus ihm setzen
Sg. 2. garranda setze mit ihm	Sg. 2. garranta setze aus ihm
Sg. 3. nundagarre er setzt nicht mit ihm	Sg. 3. nuntagarre er setzt nicht aus ihm

b. Thema mu-lal.

Sg. 3. mundagarre er setzt mit ihm	Sg. 3. muntagarre er setzt aus ihm

c. Thema ba-lal.

Sg. 3. bandagarre er setzt für sich mit ihm (darauf)	Sg. 3. bantagarre er setzt für sich aus ihm (darauf)

13. Infixe -b-da „mit ihm“ und -b-ta- „aus ihm“.

Thema i-lal (auch für mu-lal).

Sg. 3. ibdagarre, abdagarre er setzt mit ihm	Sg. 3. ibtagarre, abtagarre er setzt aus ihm
Sg. 3. ibdangar er hat mit ihm gesetzt	Sg. 3. ibtangar er hat aus ihm gesetzt
Sg. 1. gabdagar möge ich mit ihm setzen	Sg. 1. gabtagar möge ich aus ihm setzen
Sg. 3. hebdagarre möge er mit ihm setzen	Sg. 3. ḫebtagarre möge er aus ihm setzen
Sg. 2. garrabda setze mit ihm	Sg. 2. garrabta setze aus ihm

14. Verbalformen mit mehreren Infixen.

a. Dativ + ni.

Sg. 3. maningar er hat mir hineingesetzt	Sg. 2. garmani setze mir hinein
Sg. 3. maraningar er hat dir hineingesetzt	Sg. 3. ḫamuranigarre er möge dir hineinsetzen
Sg. 3. innaningar er hat ihm hineingesetzt	Sg. 2. garrannani(b) setze ihm hinein
Sg. 3. inneningar er hat ihnen hineingesetzt	Sg. 2. garranneni(b) setze ihnen hinein
Sg. 3. nunaningar er hat ihm nicht hineingesetzt	Sg. 3. nannaningarre er möge ihm nicht hineinsetzen
Sg. 3. munaningar er setzte ihm hinein	Sg. 3. numunaningar er setzte ihm nicht hinein
Sg. 3. bannaningar er setzte ihm für sich hinein	Sg. 2. garbannani setze ihm für dich hinein

b. Dativ + (n-)ta, (n-)da und (n-)ši.

Sg. 3. matangar er setzte mir aus ihm	Sg. 2. garmata setze mir aus ihm
Sg. 3. madangar er setzte mir mit ihm	Sg. 2. garmada setze mir mit ihm
Sg. 3. mašingar er setzte mir zu ihm	Sg. 2. garmaši setze mir zu ihm
Sg. 3. maratangar er setzte dir aus ihm	

Sg. 3. innatangar er hat ihm aus ihm gesetzt	Sg. 2. garrannata setze ihm aus ihm
Sg. 3. munatangar er setzte ihm aus ihm	

c. b-ta usw. + ni.

Sg. 3. ibtaningar er setzte aus ihm in es hinein	Sg. 2. garrabtani setze aus ihm in es hinein.

C. Das Verbum mit Akkusativelement.

Thema i-lal.

Präteritum.

Sg. 3. ingarren er hat mich gesetzt	Sg. 3. ingarrenden er hat uns gesetzt
ingarren er hat dich gesetzt	ingarrenzen er hat euch gesetzt
.... er hat ihn (sie, es) gesetzt	ingarreš er hat sie gesetzt

---

Nachträge.

S. 14 Z. 37 vor nitlam füge ein: i-n-tutk-ene (geschr. in-tu-ut-ki-e-ne), Variante zu (geschr.) in-túk-túk-e-ne, „sie bringen ins Schwanken", CT 17, 27 f.$_{17}$ (beachte dazu túku mit Glosse tu-ku = nâ[šu] „sich bewegen", „schwanken", Yale Voc.$_{100}$).

S. 15 Z. 15 füge an: und in ES ^{d}Mullil (geschr. ^{d}Mu-ul-lil) < Umun-lil = ^{d}En-lil, ^{d}Ellil (< ^{d}Ewen-lil) „Enlil".

S. 16 nach Z. 23 füge ein:

Beachte auch die Zusammenziehung der Präfixverbindung bia- (< b-i+'-a+i-) zu ba- und der Präfixverbindung immia- (< immi +'-a-) zu imma-; s. § 609 und 617ff.

§ 27a m^{a}. Schwund eines kurzen unbetonten u vor unmittelbar folgendem a findet sich in Zusammensetzungen von -mu „mein" und -zu „dein" mit -a „in" und -ak „von" (Genetivelement), sowie in der Präfixverbindung ma- < mua- (< mu+i+'-a-).

Vgl. šu-m(u-)a „in meiner Hand", 4 R 21 Nr. 2 Vs.$_{17}$; á-zid-a-lugal-z(u)-ak-e (geschr. -ză-ge) „zur rechten Seite deines Herrn", Gudea, Zyl. A 6_{12}; zu ma- s. § 563.

S. 21 Z. 37 füge an: érim < nerum, (geschr. ne-ru-m..) „feindselig".

S. 24 Z. 4 hinter ^{d}En-lil füge ein: ES ^{d}Mullil (geschr. ^{d}Mu-ul-lil) < Umun-lil.

S. 25 Z. 6 hinter „Krieger" füge ein: Vielleicht gehört hierher auch zin-zin (geschr. zi-in-zi-in) = nuṭṭupu, Brüss. Vok. S. 8 i Kol. 3_{21}, und zin-zim (geschr. zi-in-zi-im) = nuṭṭupu, HGT 142 Kol. $3_{13\text{-}15}$, dessen m nach (geschr.) al-zi-in-zi-im-me-en (< al-zim-zim-en) = nuṭṭupâku, ebenda$_{15}$, gegenüber dem n ursprünglicher zu sein scheint, vorausgesetzt allerdings, dass die erwähnte Form von dem Schüler, der die Tafel beschrieben hat, richtig gebildet ist (s. aber auch § 61); ferner vielleicht auch inim (< ĭn-ĭm < ĭm-ĭm?), ES enem (geschr. e-ne-em) „Wort", ursprünglich wohl eine Pluralbildung „Worte" (zu dem Singular ĭ(m), ĭ(w) „Wort"); in beiden Fällen geht vielleicht der Übergang des m der ersten Wurzel in n auf das Bestreben zurück, die beiden m zu differenzieren.

S. 25 Z. 22 hinter Vgl. füge ein: mušem (glossiert mu-še-em), HGT 128_{3} (Schülertext), für sonstiges mušen „Vogel" (beachte dazu den Zeichennamen mušennu).

S. 25 Z. 27 hinter Kol. 3_{21} füge ein: (s. jedoch auch § 60, Nachtrag).

S. 28 nach Z. 6 füge ein:

μ^{a}. Unregelmässiger Übergang von d in b, ebenfalls aus § 72a
dem Bestreben, zwei Dentale zu dissimilieren, liegt vor in der Infinitivform dūba (geschr. dū-ba) < dūda (< dū-ed-a) „zu bauen", Gudea Zyl. A 1_{10}, 5_{18}, 6_{7}, neben (geschr.) dū-da 4_{20}; s. § 696a.

S. 35 Z. 3 füge an: bu-buluḫ-e (geschr. bu-bu-luḫ-e) = gitallutum „zittern", „erschreckt werden", 4 R 22 Nr. 2_{5}.

S. 35 Z. 9 füge an: tutk(u) < túk-túku in (geschr.) in-tu-ut-ki-e-ne, Variante zu (geschr.) in-túk-túk-e-ne, „sie bringen ins Schwanken", CT 17, 27f.$_{17}$.

S. 46 nach Z. 16 füge ein:

f. Substantivische Ausdrücke, die eigentlich eine dimen- § 123a
sionale Kette darstellen.

Vgl. bar-ta-bi-šù ḫa-ba-(n-)ra-n-gubb-a „er möge abseits (wörtlich: zu seinem auf-der-Seite) treten", ASK 11 Kol. 4_{43} (Kol. 3_{10}) (später Text), neben bar-šù, bar-bi-šù und bar-bi-ta in parallelen Stellen; vielleicht gehört hierher auch an-ta-mu „erhöhe mich", wörtlich wohl „mein Oben(sein befiehl o. ä.)", und ki-ta-mu „erniedrige(?) mich", wörtlich „mein Unten(sein befiehl o. ä.)", 5 R 21 Nr. 1 Kol. $1_{23.25}$; ebenso vielleicht aus älterer Zeit: geme-ù(d)-bi-ta-k-ene „die Frauen von ehemals", Ovale Platte, Kol. 3_{20} (s. aber auch § 50 und 168 Anm. 1).

S. 110 zu § 301 und Anmerkung 2: Nach Vokabular Sch. 1 (ZA IX S. 219)$_{8-11}$:

„(=i-gi)-u-gal!-bi	igi-10-gál-bi
„(=i-gi)-u[1]-šu[2]-mi-in-nu-„(=gal-bi)	igi-12-gál-bi
„(=i-gi)-u[1]-šu[2]-ia-„(=gal-bi)	igi-15-gál-bi
„(=i-gi)-u[1]-šu[2]-áš-a[3]-„(=gal-bi)	igi-16-gál-bi
„(=i-gi)-u[1]-šu[2]-us-su-„(=gal-bi)	igi-18-gál-bi

wird in der Tat, wie vermutet, das additive Verhältnis mittels der Postposition -šù ausgedrückt.

S. 128 nach Z. 2 füge ein:

§ 349a Nach auf a auslautenden Wörtern oder Wortgruppen erhält sich in sumerischer Zeit indessen bisweilen das a von -ak oder richtiger dokumentiert sich noch in der Zirkumflexbetonung des auslautenden a jener Wörter. In nachsumerischer (auch in sumerischer?) Zeit bleibt es gelegentlich auch nach Wörtern, die auf einen anderen Vokal auslauten, erhalten.

Vgl. nu-(i-)na(-n)-sim-a-a(k) (geschr. -sì-ma-a) nam-érim-bi i-n-tar „er hat einen Eid darauf, dass er es ihr nicht gegeben hat, geleistet", RTC 295$_{6-11}$ (s. § 431); Íll-e nam-isag-Ummaki-(k) (geschr. Ummaki-a) šu-ema(-n)-ti „Il riss das Fürstentum über Umma an sich", Entemena, Kegel Kol. 3$_{34-37}$; Íl,-isag-Ummaki-a,-aša(g)-gana-kar-kar „Il, der Fürst von Umma, der Felder Raubende", ebenda 4$_{18}$.

Zi-ann-a(k) ḫe-(i-)pá(d), zi-ki-a(k) ḫe-(i-)pá(d) „der Geist des Himmels sei gerufen! der Geist der Erde sei gerufen!", ASK 11 Kol. 1$_7$ u. o. (Hier liegt in ki-a(k) indessen wohl nur eine durch den Rythmus veranlasste Analogiebildung zu ann-a(k) vor).

S. 132 nach Z. 21 füge ein:

§ 362 (d) Zu der irrtümlichen Fassung der Postposition -šù als -ku in später nachsumerischer Zeit s. den Nachtrag zu S. 110 (§ 301 und Anm. 2).

---

1) Variante ú?

2) So wohl statt des KU der Kopie zu lesen; bietet das Original aber wirklich KU, dann dürfte entweder der Schreiber sich bei Abfassung der Glosse durch die sumerische Schreibung der Postposition -šù haben beeinflussen lassen oder man fasste in später nachsumerischer Zeit die Postposition -šù irrtümlicher Weise gelegentlich als -ku. Beachte dazu besonders auch die Zeichennamen wie šá-a-a-ak-ku-i-ga-i-gub (< šà(g)-a(ii)a-šù-igi-i-gub) „in das a(u) ist igi getreten", Br. 11710 (vgl. auch Br. 968 und ferner 2931, 5740 und 9646), wobei allerdings möglicherweise auch eine Zurückführung auf ursprüngliches šà(g)-a(ii)a-k-a-igi-i-gub (usw.) in Betracht kommen könnte.

3) In Z. 5 áš-šá; liegt in einem der beiden Fälle eine Verlesung vor?

Berichtigungen.

S. 1 Z. 16f.: trenne »auto-chthone« statt »autoch-thone.«
S. 1 Norm: lies »Sumerische« statt Summerische.
S. 9 Z. 11: lies »Interlinearversion« statt »Interlinarversion«.
S. 9 Z. 22: lies »Schreibgriffel« statt »Schriftgriffel«.
S. 42: § 114 muss vor Z. 27 (9.) statt vor Z. 20 stehen.
S. 47 Z. 12: lies »[nam-]ga-an-tu-ra«.
S. 48 Z. 37: lies »c.« statt »e.«
S. 95 Z. 24: streiche »(*a*)«.
S. 131 Z. 16: lies »sumerischer« statt »summerischer«.
S. 131 Z. 32: lies »-en-na-⟨mu-⟩uš« statt »-en-na⟨mu⟩-uš«.
S. 145 Z. 35: lies »Apposition« statt »Opposition«.
S. 160 Z. 17: lies »ausgedrückte« statt »augedrückte«.
S. 161: § 429 muss vor Z. 2 statt vor Z. 4 stehen.
S. 187 Z. 17: lies »bara-m(u-’-)a-KA-KA-en TÚ-ŠU-mu«.
S. 187 Z. 19: lies »wenn du mir nicht ....« statt »wenn du mir ....«.
S. 204 Z. 24: lies »b-i+’-a+i-« statt »bi-i+i+’-a-«.
S. 256 Z. 32: lies »Transitivum« statt »Intransitivum«.
S. 264 Z. 22: lies »ga-mu-ra-búr-búr« statt »ga-mu-ra-búr-bùr«.
S. 301 Z. 22: lies in der 2. Halbzeile: »gesetzt werden, werden gesetzt werden«.
S. 301 Z. 23: die beiden Halbzeilen sollten nicht eingerückt sein; lies in der 2. Halbzeile »gesetzt werdend, gesetzt werden werdend«.
S. 303 Z. 22: lies »β. mit ḫe- „möge“ und na- „möge nicht“«.
S. 304 Z. 11: lies »„möge nicht“« statt »„möge“ nicht«.